教研相长七书

# 区域社会史研究读本

JIAO YAN XIANG ZHANG QI SHU

胡英泽　张俊峰◎主编

中国社会科学出版社

图书在版编目（CIP）数据

区域社会史研究读本／胡英泽，张俊峰主编. —北京：中国社会科学出版社，
2018.3

ISBN 978 - 7 - 5203 - 2290 - 4

Ⅰ.①区…　Ⅱ.①胡…②张…　Ⅲ.①区域社会学—社会发展史—研究
Ⅳ.①C912.8②K02

中国版本图书馆 CIP 数据核字（2018）第 059068 号

| 出 版 人 | 赵剑英 |
| 责任编辑 | 张　浩 |
| 责任校对 | 张爱华 |
| 责任印制 | 李寡寡 |

| 出　　版 | 中国社会科学出版社 |
| 社　　址 | 北京鼓楼西大街甲 158 号 |
| 邮　　编 | 100720 |
| 网　　址 | http://www.csspw.cn |
| 发 行 部 | 010 - 84083685 |
| 门 市 部 | 010 - 84029450 |
| 经　　销 | 新华书店及其他书店 |

| 印　　刷 | 北京君升印刷有限公司 |
| 装　　订 | 廊坊市广阳区广增装订厂 |
| 版　　次 | 2018 年 3 月第 1 版 |
| 印　　次 | 2018 年 3 月第 1 次印刷 |

| 开　　本 | 710×1000　1/16 |
| 印　　张 | 31 |
| 插　　页 | 2 |
| 字　　数 | 485 千字 |
| 定　　价 | 98.00 元 |

凡购买中国社会科学出版社图书，如有质量问题请与本社营销中心联系调换
电话:010 - 84083683

# "教研相长七书"总序

　　"教学相长"，可谓耳熟能详。《礼记·学记》谓："是故学然后知不足，教然后知困。知不足然后能自反也，知困然后能自强也。故曰：教学相长也。"这里所说的"教研相长"，则是强调教学和研究的互相促进，互相提高。教学和研究，两者融为一体，相得益彰，那是一个大学教师应该感到很欣慰的事情。

　　山西大学中国社会史研究中心成立 20 多年来，秉持教研相长的优良传统，一直强调在做好科学研究的同时，做好本科和研究生的教学工作。既要把自己的研究成果融入教学实践中，又要把教学实践中的问题引入自己的科学研究中，由"知不足""知困"，到"自反""自强"，确实朝着"教研相长"的方向不断努力。

　　2008 年 5 月，在山西大学举行的建校 106 周年纪念活动中，我在大会上有一个发言，题目叫作"走向田野与社会的史学"，初步总结了社会史研究中心成立以来立足前沿、学科融合、关注现实、培养人才、教研相长五个方面所谓的"经验之谈"。其中的"教研相长"如此谈道：

　　　　教师的天职是教书育人，传道、授业、解惑即为师之本。目前，高校普遍存在的一个令人担忧的现象是重科研而轻教学，它与不合理的各种考核和晋升条件有直接的关联，也与社会风气的影响直接相关。我记得，1985 年留校任教后，乔志强先生曾和我有过一次认真的谈话，主题就是讲教学是教师的第一要务，站不稳三尺讲台，就没有立身之本，青年教师要把过好教学关当作工作后的第一关去认真对待，不得丝毫马虎。三十年来，我一直把老师的忠告铭记心间，即使在最近这些年繁重的行政工作压力下，我也尽量给本科生上课，争取上好每一节课。对自己的学生我也如此要求，尽管可能会累一点，但我们作为一个教师，心里实在有一种良心上的满足感。目前，由我带头的《区域社会史研究导论》课程已成为国家优秀精品课程，团队也获得国家优秀教学团队的荣誉。我们还以精品课程为核心，开展了"校园历史文化节""鉴知精品课程青年教师培训班"两项活动，有关的教材也在积极的编写过程中。事实证明，通过高质量的教学活动，大大促进了科学研究的广度和深度。教研相长绝非空词。

"教研相长"是山西大学中国社会史研究中心成立以来的一个好传统。乔志强先生在世时，不仅开拓性地率先开展社会史的研究，而且带领众弟子编写《中国近代社会史》一书，以此获得了教育部优秀教学成果奖，成为至今许多高校本科生、研究生的必读书和教材。乔先生仙逝后，我们又继承和发扬这一传统，虽然将研究的重心由整体社会史转向区域社会史，但教研相长却一以贯之，努力以赴。围绕10多年前为本科生开设的《区域社会史研究导论》课程，我们组建了"区域社会史"教学团队，获得了国家精品课程、视频公开课、优秀教学团队等荣誉，山西大学历史学科以此成为国家级特色学科，并建立了国家级的校外大学生实践教学基地。2014年，山西大学中国社会史研究中心被人力资源和社会保障部、教育部共同授予"全国教育系统先进单位"的荣誉称号。

毋庸讳言，目前中国高等教育仍然面临着许多挑战和问题，其中重科研轻教学的现象表现比较突出，许多高校的研究机构人员很少甚或没有为本科生上课的教学任务，导致科研与教学的严重脱节。重知识传授轻能力培养，重课堂学习轻研究训练，已经成为普遍诟病的问题。山西大学中国社会史研究中心不足10人，我们既作为研究团队，又作为教学团队，一肩双任，虽苦犹乐，这是因为我们首先是一个大学的老师。在科研和教学的长期实践过程中，我们确实有一份责任感，又有一份快乐感。

"教研相长七书"的一个小小意愿，就是把我们长期以来围绕中国社会史、区域社会史的教学实践公之于世，接受大学生、研究生和社会各界的意见和批评，以便继续深化这方面的工作。

以下就"教研相长七书"分别作以简要的介绍：

一、乔志强主编《中国近代社会史》（人民出版社 1992 年版）。该书为乔志强先生"和青年教师的集体尝试"，该书分社会构成、社会生活、社会功能三编建构中国近代社会史的知识体系，内容包括人口、家庭、宗族；社区与民族；社层变动；物质生活；精神生活；人际关系；教养功能；控制功能等。有学者称为"乔氏体系，三大板块"。正文之前有乔志强先生撰写的长达 35 页的"导论"，讨论社会史研究的对象、社会史的知识结构、研究社会史的意义、怎样研究社会史四个问题。这是国内第一本系统的社会史研究著作，有评论认为此书为社会史研究"从理论探讨到实际操作迈出的第一步"，"具有某种划时代的意义"。该书又有台北南天书局 1998 年 6 月中文繁体本，已经成为许多大学本科生、研究生的必读教材。

二、行龙主编《区域社会史研究导论》。2004 年开始，由我牵头在山西大学历史系开设《区域社会史研究导论》课程，期间，或历史专业选修课，或全校公开课，连续十余年未曾间断。该课程以"集体授课"的形式进行，中国社会史研究中心的 8 位教师共同担当本课程的授课任务。2007 年，该课程被评为国家级精品课程，次年区域社会史教学团队被评为国家级优秀教学团队；2013 年，该课程作为教育部精品视频公开课向社会开放。授课的同时，我们就在进行着相关教材的编写，结合授课实际和学生的反映，大家一起讨论，反复修订，课程讲授—田野考察—修订教材，不断地循环往复，终于完成了这本经过 10 余年努力而成的教材。该书共七章一个绪论，讲授区域社会史研究的趋向、学科定位、区域特性、小地方与大历史、区域社会史研究的理论、方法、资料等内容，意在提供给学生一个怎样研究区域社会史的入门教材。

三、行龙主编《近代山西社会研究——走向田野与社会》（中国社会科学出版社 2002 年版）。本书为"山西大学百年校庆学术丛书"之一种，"是我和近几届硕士研究生共同完成的"。"本书除前面两篇有关社会史及区域社会史的理论问题（行龙：《中国社会史研究中的几个问题》；乔志强、行龙：《近代华北农村社会变迁论——兼论地域社会史研究的理论与方法》）外，对近代以来山西人口、水资源及水案、灾荒、集市、民教冲突、祁太秧歌等分专题进行了研究。应当说这些问题都是之前很少涉猎或没有研究过的问题，我们试图从社会史的角度对此进行探讨。"时间过得真快，一晃该书已面世 14 个年头，昔日的硕士生已成长为大学的教授，我感到很是欣慰。又，正是本书当年的责任编辑郭沂纹先生的肯定和支持，才催生了"教研相长七书"，对此要对她道一声感谢！

四、行龙主编《集体化时代的山西农村社会研究》。此书可以看作前书的姊妹篇，也是社会史研究中心硕士生毕业论文修改而成。集体化时代的农村社会研究，是近年来中心的一个主要研究方向，多篇硕士、博士论文围绕此方向展开。该书所涉内容包括两大类：一类为集体化时代的某个村庄问题的研究，典型农村如西沟、张庄，一般农村如赤桥、剪子湾、道备等；另一类为专题研究，如新区土改、医疗卫生、水土保持、农田水利、文化生活等。需要说明的是，正如前书的副标题一样，各篇论文的形成，都实践和体现了"走向田野与社会"的理念。论文"或以资料翔实见长，或以立题新颖取胜，各位都注意到充分利用田野调查和地方文献，下过一番苦功夫"。现经中心诸位教师讨论，从数十篇中选取十篇结集出版，接受读者的指正与批评。

五、行龙主编、郭永平副主编《在田野中发现历史——学生田野调查报告（永济篇）》。走向田野与社会，是我们多年来从事社会史和区域社会史教研工作中的追求与实践。"这里的田野包含两层意思：一是相对于校园和图书馆的田地与原野，也就是基层社会和农村；二是人类学意义上的田野工作，也就是参与观察实地考察的方法；这里的社会也有两层含义：一是现实的社会，我们必须关注现实社会，懂得从现在推延到过去或者由过去推延到现在；二是社会史意义上的社会，这是一个整体的社会，一个'自下而上'的社会。"① 田野工作是中心和历史学专业每一届学生的必修课，多年来，我们一直坚持这一做法，学生收获良多。

位于山西省南部的永济，是我们与永济市人民政府共同建立的国家大学生校外实践教学基地，近年来，山西大学社会史研究中心的教师结合《区域社会史研究导论》课程讲授，带领学生在永济进行了多次田野考察，该书收录的学生作品含学术论文、调查报告、田野日记三部分。

---

① 行龙：《走向田野与社会》（修订版），生活·读书·新知三联书店 2015 年版，第 19 页。

虽显稚嫩，但对我们而言却十分重要，因为这是多年来学生田野工作的一次集中展现。

六、行龙著《山西区域社会史十五讲》。该书从我近年来发表的数十篇有关山西区域社会史的论文中辑出。书分六部分内容，涉及山西区域社会史研究的主要脉络，新的研究领域、田野考察、资料发掘、人物研究及山西大学校史的相关问题。这些论文都是在教学过程中"初次亮相"，进而吸收各方意见成稿，也可以说是本人"教研相长"的成果。

七、胡英泽、张俊峰主编《区域社会史研究读本》。这个"读本"，或可叫做"选本"，也就是一个教学参考书。记得我们读大学的时候，有一门课程是"历史要籍介绍及选读"，很受学生欢迎。区域社会史是一个新兴的研究领域，30 年来却有那么多的成果出现，既要选的精当，又要使学生爱读，既要有理论方法的引导意义，又要兼顾具体的实践操作，实在也是一件很难的事情。又，这个读本只收录了部分中国学者的作品，限于篇幅未能收录海外学者的作品（有机会可再编一本《海外读本》），意在使读者减少隔膜感而增进亲近感，这样的初衷或许更符合读者的口味。"学识有限，难免挂一漏万，留遗珠之憾"，并非一句客套话。

"教研相长七书"编订之际，既有一分欣慰，又有一分忐忑。我们在长期从事历史研究的过程中，认真地从事了相关的教学工作，从大家的谈论中，从学生的反映中，我们能够感受到做教师的快乐。另外，"教研相长"又是一个需要长期坚持和努力的过程，在目前这样的环境中也是需要比别人付出更多心血的过程。过程之漫长并不可怕，好在这个过程是快乐的。

时值 2016 年教师节即将来临，新的学期也将开始，愿以"教研相长七书"以为纪念，期望读者诸位多加指教。

"教研相长七书"整理、编排过程中，马维强同志付出了辛勤的劳动，特以致谢。

行　龙

2016 年 8 月 29 日

于山西大学中国社会史研究中心

# 前　言

20世纪90年代中期以来，中国社会史研究领域开始由整体社会史向区域社会史转变。1998年，乔志强、行龙教授二人主编的《近代华北农村社会变迁》，在《中国近代社会史》一书的基础上，结合学术发展趋势，较早论述了区域社会史研究的基本知识体系和理论方法，这既是中国社会史研究向广度和深度继续发展的需要，也是拓展社会史研究领域的必然。进入21世纪以来，行龙教授及其团队，以山西为中心，开展区域社会史研究，倡导"走向田野与社会"，优先与人类学对话，吸收多学科的理论与方法，并将这一学术理念融入本科教学和人才培养当中，开设了《区域社会史研究导论》系列课程。经过努力，这门课程逐步由校级精品课程而为省级精品课程、国家级精品课程、教育部精品视频公开课，课程团队成员既由衷喜悦，又深感责任重大。

近年来，学界围绕某一研究领域或课程建设，编写读本已蔚然成风。区域社会史研究导论课程突出强调研究性与实践性相结合，在教学和研究过程中，我们深深感受到学界已有的研究成果，对于解决我们教学科研当中的问题，辅助教学，实现教研相长，具有很好的指导性和示范性。为此，我们编辑了这本读本，目的是扩大学生的视野，了解区域社会史研究现状，初步掌握区域社会史的研究方法。读本的编写，只收录了中国大陆及港台学者的论文，在地域上兼顾南北，所选作品均为社会史研究知名学者的代表作，论文既有理论探讨，也有个案研究，理论探讨反映了区域社会史研究代表性观点；个案研究则意在以区域为中心，揭示地方社会内在的运行机制，既可作为学生入门的典型示范，也可作为该领域研究者的重要参考。

我们真诚感谢全体作者，承蒙他们同意授权刊发大作，嘉惠学林。

中国社会史研究复兴三十年来，格局多元，流派纷呈，成果丰富。受读本篇幅所限，兼之我们学识有限，难免挂一漏万，留遗珠之憾，不当之处，敬请方家指正。

胡英泽　张俊峰

2017 年 3 月

# 目　录

## 理论探讨

## 民间信仰

## 水利社会

# 市 镇

# 宗 族

# 士绅、公共空间

# 社会生活、社会变迁

理论探讨

# 地域社会与文化的结构过程

## ——珠江三角洲研究的历史学与人类学对话

刘志伟<sup>*</sup>

本文标题所用的"结构过程"一词，是从耶鲁大学人类学系萧凤霞教授的一篇英文文章中借来的，她在这篇文章中写道：

> 我们一直以来往往不必要地把"结构"和"变迁"这两个概念截然二分。实际上，我们要明白"个人"在分析研究中所发挥的"作用"，要了解的不是"结构"（structure），而是"结构过程"（structuring）。个人透过他们有目的的行动，织造了关系和意义（结构）的网络，这网络又进一步帮助或限制他们作出某些行动；这是一个永无止境的过程。①

萧凤霞教授与我在珠江三角洲从事社会文化历史研究合作多年，这篇文章概略地回顾了她在这一地区从事人类学研究的历程，文中的 structuring 一词，很难用合适的中文词汇表达，译为"结构过程"，似乎有点勉强，意思也不如英文贴切，但中文没有进行式，只好在"结构"后面加"过程"来表达。我之所以特别把这个也许不是很贴切的词用在标题上，是因为 structuring 这个词可以表达在人类学影响下社会经济史研究的

* 刘志伟（1955— ），广东韶关人，中山大学历史系教授，中山大学历史人类学研究中心主任，研究方向：明清社会经济史，历史人类学。代表作：《在国家与社会之间：明清广东地区里甲赋役制度与乡村社会》。本文原载《历史研究》2003 年第 1 期。

① 萧凤霞：《廿载华南研究之旅》，《清华社会学评论》2001 年第 1 期。

追求，也比较简单地表达了十多年来我与科大卫、萧凤霞等学者一起，在珠江三角洲进行乡村社会文化研究的主要议题。不久前在纪念梁启超《新史学》发表 100 周年的学术讨论会上，我提交了一篇萧凤霞与我合写的关于"疍民"研究的文章，就是讨论这种结构过程的一种尝试。我在会上简单提到了我与人类学者的合作，有朋友问道："是什么动机、什么理由促使您去做这个合作？在这个合作当中得出来的这样一些研究上的收获有哪部分有可能对历史学开放？或者说反弹回历史学，给历史学提供新的动力和能源？"这个问题问得非常好，促使我想到自己应该另写一篇文章作为回应。

20 世纪 80 年代中期，我开始与萧凤霞、科大卫等合作开展珠江三角洲研究，正值人类学者和历史学者都努力反省既有的研究范式之际，我们也很自然地从各自学科的角度重新思考，并在研究实践中探索珠江三角洲乡村社会研究的方法。萧凤霞教授在 70 年代后期已经在珠江三角洲进行田野调查，她在社会科学理论和方法上的造诣也是我不能企及的。因此，与她多年的合作和对话，对我思考研究珠江三角洲社会历史的视角和方法，有着深刻的影响。这篇短文很难在理论上系统地讨论方法论问题，只想以我们在珠江三角洲乡村社会研究的经验，谈谈社会经济史研究在与人类学对话中关注的一些问题和研究取向，我相信这样的漫谈不能够很深入地回答这位朋友在会上所提问题，但也算有一个初步的交代。

# 沙田：垦殖的文化权力格局

在珠江三角洲，所谓"沙田"，一般是指明清以后开垦成为耕地的冲积平原。作为一个在宋明代以后发育起来的典型的河口三角洲，珠江三角洲的历史首先是广袤的冲积平原的形成，以及土地开垦和地区开发的历史。如果我们用社会经济史惯用的叙述方式，去写这一历史，一般可以作这样的表述：

从新石器时代，一直到唐宋时期的几千年间，由于珠江流域自然植被丰茂，江河含沙量比后来小，三角洲发育缓慢。在顺德、新会等地出土的距今两千多年的鳄鱼遗骨和唐宋时代人类生活遗物并存的现象，说明唐宋以前的一两千年间，这一区域仍是山丘、沼泽相错分布，基本上仍属于海陆相错的地区。随着该地区逐渐成陆，在汉唐之间，这个地区已经有了初步的开发①，但其中相当多的地方仍是水草茂盛的沼泽地。②宋代以后，这一地区渐渐淤积形成大片的陆地，开发明显加快，逐渐出现不少居民点，甚至形成了一些市场中心，也出现了多间寺院。③ 明代以后，珠江三角洲沙田垦殖规模进一步扩大，开发速度明显加快。④ 明代初年，明朝政府在从市桥台地以南、顺德桂洲、香山小榄到新会江门一带屯田⑤，开始了珠江三角洲新沙田区大规模开垦的过程，经过从明到清数百年间的发展，形成了今天珠江三角洲的基本格局。

对于这样一个历史过程，社会经济史学家长期以来关注的重点，是土地垦殖过程和开发方式，以及开发过程形成的土地占有形态和生产方式，也讨论土地开发的历史地位和社会影响等。⑥ 这种研究框架与传统历史学不同，其出发点和分析的工具，是一套基于古典经济学传统的概念体系，由资源的开发到资源的控制，在逻辑上不言而喻是形成社会经济结构的基础，一系列描述经济关系和社会结构的概念，被凝固化之后，成为不证自明的研究起点，活生生的历史活动成为这些概念的逻辑展开过程。

我在与人类学家合作开始进行珠江三角洲乡村社会研究的时候，作为一个社会经济史学的研究者，很自然地从社会经济史传统的关怀入手。我选择了几个研究地点，基本上都是在明代以后珠江三角洲沙田开发的起点，同时是控制着大片沙田的大宗族聚居地。我最初关注的重点，是沙田开发手段、宗族土地占有方式、沙田租佃形态、大土地占有对宗族形态的影响，等等。但是，当我们在这些特定的地点展开研究时，很快

---

① 参见佛山地区革命委员会珠江三角洲农业志编写组《珠江三角洲农业志（初稿）一·珠江三角洲形成发育和开发史》，1976 年，第 46—70 页。

② 赵焕庭：《珠江河口演变》，海洋出版社 1990 年版，第 87—98 页。

③ 如在后来的顺德县境内，有宝林寺、兴福寺、隆福寺、化乐寺等（见万历《顺德县志》卷十《杂志》）；在南海的桑园围内有沙头的崇胜寺（见《（南海沙头莫氏）鹿显承堂重修族谱》）。

④ 嘉庆《龙山乡志》卷首《龙山图说》："考元宋以前，山外皆海，潦水岁为患，民依高阜而居，未盛也。明代修筑诸堤，于是海变桑田，烟户始众。"

⑤ 嘉靖《广东通志》卷二十六《民物志七》；万历《广东通志》卷六《事纪五》。

⑥ 例如谭棣华《清代珠江三角洲的沙田》（广东人民出版社 1993 年版）就是一本非常好的研究珠江三角洲沙田开发史的专著。

就发现，现实的社会生活和历史活动，比起我们头脑里那些固定化的概念要生动复杂得多。

　　无论是通过文献，还是通过实地考察，进入珠江三角洲乡村社会，都会被一组组对立的概念抓住：沙田与民田、地主与佃户、大族与下户、耕家与耕仔、汉人与疍家。从概念上定义这些词语的意义以及他们的关系并不困难，我们也很习惯从这些概念出发去阐明土地开发和社会经济变迁。但我们深入乡村，首先直接体会到的，是这些概念的不确定性和流动性。历史学者很自然会从这种流动性追寻这些概念所表达的社会关系的历史，会关注到这些概念在历史中如何形成和演变；而人类学的传统会引导我们注意这些概念体现的权力关系和社会文化结构，人们如何在特定的结构中形成这些概念，从概念的流动性去解释社会和文化的复杂结构。把两方面的视角结合起来看，珠江三角洲地区土地开垦史中形成的"沙田—民田"的空间格局，呈现了一个复杂的社会与文化结构的形成过程。①

　　从字面意义来说，珠江三角洲的所谓"沙田"，指的是在沿海地带由江河带来的泥沙冲积而成的土地；所谓"民田"，则指按照民田科则征纳田赋的土地。这两个字面意义看起来并非相对称的术语②，被用作两类田地以至两种不同的地理区域的分类概念，这一事实本身已表明，这两个概念其实包含了比它们字面意思更丰富、更复杂的内涵。珠江三角洲的所谓"民田区"，大部分田地其实也是淤积平原，沙田区和民田区的区分，并不只是土地自然形态的差别，更是在地方社会历史发展过程中形成的一种经济关系，一种地方政治格局，一种身份区分，一种"族群"认同标记。两个区域之间，除了自然形态差异外，更存在一种独特的控制与被控制关系。

　　所有这些，都透过"沙田—民田"这种界限分明的地域空间格局呈

---

　　① 参见刘志伟《地域空间中的国家秩序：珠江三角洲沙田—民田格局的形成》，《清史研究》1999 年第 2 期。

　　② 珠江三角洲地区的"沙田"作为一个与"民田"相对称的概念，是由政府征收赋税的角度来定义的。光绪十二年的《清查沿海沙田升科给照拟定章程》（见加拿大英属哥伦比亚大学藏手钞本《广东清代档案录·沙坦》）规定："然沙坦与民田，历年既久，壤土相连，即各业户，食业有年，自问亦未能辨别。现拟就税论田，如系升税，即属沙田，如系常税，即系民田，如有田无税，则显系溢坦。"

现出来，是一种交织着生态、政治、经济和社会文化诸因素的空间关系。明清时期在珠江三角洲地区参与沙田开发的人们，不但用人工的力量把滩涂开发成耕地，也在特定的制度与社会环境下创造了他们的社会文化关系。那些明代初年在老三角洲定居下来并拥有新三角洲开发霸权的地方势力，在他们揭开沙田开发历史新一页的时候，利用种种国家制度和文化象征，把自己在地方上的权力和王朝正统性联系起来，在控制地方经济资源、运用政治权力、重新定义地方文化等方面，都拥有一种特殊的垄断性地位，明清时期新开发的沙田全部控制在拥有这种文化权力的势力手上。其他势力，即使经济实力上升了，也必须用同一套文化手段，改变自己的社会身份和文化认同，在同一秩序下掌控王朝正统性象征，获得和稳固自己的政治经济权利。所以说，"民田—沙田"格局体现的是一种文化权力的结构。在明清时代，尽管曾经有挑战这种秩序的尝试（例如明末清初的"社贼"），但经历过动乱之后，社会的重建还是延续了这种秩序。进入民国以后，当我们看到这种秩序开始动摇的时候，王朝的权力及其基于这种权力的文化规范已经在改变中了。[①] 在这样一种思路下，下面将讨论到一些具体的社会文化范畴，展现了这种结构的动态过程。

## 宗族：血缘群体的文化系谱

在中国社会史研究的传统中，宗族问题历来是作为宗法制度下血缘组织的历史来讨论的，人类学功能学派的中国宗族研究，对社会史领域的宗族研究有深刻影响。[②] 我在关注珠江三角洲地区宗族历史的研究过程

---

① See Helen Siu, "Subverting Lineage Power: Local Bosses and Territorial Control in the 1940s." In David Faure&HelenSiu（eds.），*Down to Earth: The Territorial Bond in South China*. Stanford: Stanford University Press, 1995.

② 人类学在中国宗族研究领域的功能主义取向，早期有林耀华的《从人类学的观点考察中国宗族乡村》（《社会学界》第 9 卷，1936 年），但最有影响的当然是 Maurice Freedman, *Lineage Organization in Southeastern China*, London: Athlone Press, 1958, *Chinese Lineage and Society: Fukien and Kwang-tung*, London: Athlone Press, 1966。中国社会史的宗族研究，有些不一定直接受这些人类学研究的影响，但通过其他间接的途径，社会史的宗族研究仍然有很明显的功能主义色彩，近年来郑振满的《明清福建家族组织与社会变迁》（湖南教育出版社 1992 年版）仍可见功能主义方法的影响。

中，开始也主要是从弗里德曼的研究中学习分析性研究方法。自 20 世纪
80 年代中期以来，我与萧凤霞、科大卫一起在珠江三角洲从事乡村研究
过程中，深感功能学派对于宗族问题的观点不足以解释明清宗族与地域
社会发展中的许多问题。我们一直就宗族问题展开研究和讨论，努力寻
找宗族研究的新取向。

在历史学的视野里，明清宗族一般被视为古老制度的延续和残余，
而我们在珠江三角洲遇到的宗族，却是在明清时期兴起和发展出来的新
制度，这一事实成为促使我们重新思考珠江三角洲宗族发展与地方社会
历史关系的出发点。萧凤霞对于珠江三角洲社会和文化的人类学研究，
强调个人总是在特定的权力与文化结构的多层关系网络中，运用这个结
构中的文化象征和语言，去确立自己的位置，也就创造了自己所处的社
会与文化结构。① 科大卫通过历史文献的分析，讨论了宗族是明清社会变
迁过程的一种文化创造。② 他们的研究启发我在研究番禺沙湾宗族的历史
时，把着眼点放在宗族在沙田开发过程中的文化意义上。

珠江三角洲地区宗族组织与沙田经营的关系，早已引起研究者注
意。③ 由于沙田开发和经营需要大量资金和劳动力组织，人们也就很自然
地多从沙田开发、经营和防卫需要以及沙田的丰厚收入来解释珠江三角
洲地区宗族组织特别发达的原因。不过，以番禺沙湾的情况来看，在沙
田控制上，宗族的意义其实主要不是一种经营组织，更多的是一种文化
资源，这种文化资源我们不妨称为"祖先的权力"。

所谓祖先的权力，是在特定社会结构下文化权力运用的方式。在沙
湾，宗族成员是一种社会身份的标志。在社区内有权参与社区事务的所
谓"五大姓"的资格，既不是根据人数多少，也不是根据财产状况，而
是根据他们是否在社区中建有祖先祠堂。形成鲜明对比的是，居住在沙

① See Helen Siu, "Recycling Tradition: Culture, History and Political Economy in the Chrysan-themum Festival of South China". *Comparative Studies in Society and History*, 32, No. 4, 1990, pp. 765 – 794.

② David Faure, "The Lineage as a Cultural Invention: The Case of the Pearl River Delta." *Modern China*, 15, No. 1, 1989, pp. 2 – 36.

③ 陈翰笙:《解放前的农民与地主——华南农村危机研究》，中国社会科学出版社 1984 年版。

湾边缘和远离宗族聚居社区的沙田区居民，既无祠堂，也没有宗族的组织，对于祖先的来历，基本上一无所知，很少能说出四代以前祖先的名字。他们虽然世代在沙田区谋生，但对那些从海上浮生出来，甚至是他们亲手开发出来的沙田，根本不可能拥有任何权利，连在堤围上搭茅寮居住，都必须以租种像沙湾何族这类大族的沙田为前提。在这一地区，建有祠堂，有一套关于祖先出自名门望族或家世显赫的历史传说，有被正统规范所认可的定居历史的宗族，与那些没有组成宗族的，讲不出祖先来历的"水流柴"之间，有着被视为天然的社会区分。居住在珠江三角洲的民田区与沙田区交接地带的大乡镇中的大族，就是依靠着这种文化上的优势，确立对沙田的控制权，使这一地区形成了一种"埋面"统治"开面"的地域性的社会政治格局。

这种祖先的权力来自国家与地方社会互动的历史中形成的政治与文化议程，并且需要运用这个议程的文化象征，通过具体行动来产生和维护。在地域社会中各种势力争夺沙田开发权和地方控制权的明争暗斗日趋激烈时，尽可能"培养"出祖先与士大夫文化传统的联系，无疑可以占据更有利的位置。根据正统的礼仪规范组成宗族也就成了一种最有效的手段和途径。

了解这一点，就不难明白沙湾何族关于祖先来历和定居沙湾的传说的基本意义所在。要组成一个宗族，需要一个能被正统的文化传统所认同的历史，这是一个社会成员具有某种社会身份和社会权利的证明和价值来源。沙湾何族的历史传说，不管真实与否，我们都可以把它看成是一个确认传统、昭示今日的"神话"。关于始迁祖何人鉴定居沙湾的传说，特别强调了其沙田是通过李昴英的关系，向政府承买下来的。这就使他们定居和开发沙田的权利的合法性和合理性更能得到认可。于是，宗族实际上意味着由祖宗的恩泽衍生出来的一系列权利，而这种被及子孙的恩泽又来自士大夫文化的价值体系。①

大多数珠江三角洲宗族声称他们的血统来自中原，这种"历史记忆"

---

① See Liu Zhiwei, "Lineage on the Sands: The Case of Shawan." In David Faure& Helen Siu (eds.), *Down to Earth: The Territorial Bond in South China*. Stanford: Stanford University Press, 1995.

是将自己转化为帝国秩序中具有"合法"身份的成员的文化手段。通过认同国家文化的方式，强调自己行为合乎礼法，炫耀功名以及宗族门第。编写族谱、建立祠堂，是他们加强这种形象的有效方式。通过确认"汉人"身份，他们划清了自己同当地原居民之间的界限。在明清时期这样一个自我区分的过程中，单姓的社区在珠江三角洲出现了。他们获取了广袤的沙田，控制圩市和庙宇，炫耀自己与士大夫的联系，这些向上提升自己社会地位的人演示一些被认为是中国文化认同的正统命题以及身份标志，创造了一套最后为官方和地方权势共同使用的排他的语言。在这样的认识下，我把明清宗族的血缘性，更多地理解为一种文化的表达。在我的研究视野里，在明清族谱中众所周知的虚构世系和攀附贵胄现象，就不应只视为地方势力炫耀其社会身份和权力的手法，而可以放在特定的地方社会历史过程中去讨论，并从中读出其历史和文化意义。而作为历史学者，我们更有专长去发挥，也更有责任去探讨的，是所谓祖先的权力，如何在本地特定政治、经济和文化演变背景下，通过什么样的文化机制，以什么样的方式在地方社会建立起来。①

## 神明：地方社会的国家秩序

在神明崇拜与祭祀仪式的研究上，人类学研究与历史学研究本来可以说是各异其趣的。历史学研究很少关注神明崇拜在乡村中展现的实态，也罕有从神明祭祀去考察乡村社会结构与变迁。武雅士、华琛、王斯福等人类学家对汉人社会神明崇拜和祭祀仪式的研究②，揭示了乡村中神明

---

① 参见刘志伟《传说、附会与历史真实：祖先故事的结构及其意义》，《中国谱牒研究》，上海古籍出版社 1999 年版；《族谱与文化认同——广东族谱中的口述传统》，《中华谱牒研究》，上海科学技术文献出版社 2000 年版；科大卫、刘志伟：《宗族与地方社会的国家认同——明清华南地区宗族发展的意识形态基础》，《历史研究》2000 年第 3 期。

② See Arthur Wolf, "Gods, ghosts, and ancestors." In Arthur Wolf (ed.), *Religion and Ritual in Chinese Society*, Stanford: Stanford University Press, 1974; James Watson, "Standardizing the Gods: The Promotion of T'ien Hou ('Empress of Heaven') along the South China Coast, 960 – 1960." In David Johnson, Andrew Nathan, Evelyn Rawski (eds.), *Popular Culture in Late Imperial China*. Berkeley: University of California Press, 1985, pp. 255 – 291; Stephan Feuchtwang, *The Imperial Metaphor: Popular Religion in China*. London: Routledge, 1992.

信仰与仪式如何体现了王朝秩序，及其在建立和维系乡村社会秩序方面的功能。他们的研究提供了一个把民间信仰放进乡村社会史研究视野的接合点，在他们的启发下，我们把乡村中的神明崇拜理解为乡村秩序的表达，信仰与仪式不但反映了社会的象征意义，更在具体的实践过程创造新的意义，神明信仰的形成和仪式行为，也是改变社会文化网络的历史过程的动力。

华琛关于天后的研究，揭示了地方化神明，经过一个"统一化"的过程，被提升到成为王朝权力的象征，再在建立地方社会秩序过程中发挥作用，受他的研究启发，我试图考察了在珠江三角洲地域社会建构过程中扮演重要角色的北帝崇拜的历史。

无论在历史文献上，还是从对乡村庙宇的实地考察，我们都可以发现北帝崇拜在珠江三角洲有着特殊的地位，是一个强烈地表达了地域社会权力秩序的意象。在历史文献中，我们看到明清时期地方士人如何在理论上论证北帝崇拜的正统性①，也了解到民间传说与明王朝历史的联系，具有正统地位的神明崇拜与地方性民间信仰如何在现实中统一共存。② 但我更重视的，是北帝崇拜的正统性如何在特定的地方社会和文化的结构变迁中被确立起来，并在地域社会秩序的建构中发挥影响的历史过程。番禺沙湾独特的北帝崇拜传统，提供了一个很好的例子。在考察了沙湾宗族发展形态与地域社会文化结构的历史过程的基础上，我进一步考察在大族霸权的社会环境下，地方社会中各种人如何通过信仰的建立和神明祭祀安排，编织地方社会的文化与权力网络的过程。③

在我十多年前做过田野调查的沙湾，现在是一个由何、李、王、黎、赵等姓氏聚居的大乡镇，但各姓的祖先最早在沙湾定居初期，是分别居住的，后来随着人口繁衍，各姓聚居地逐渐连成一片，各姓之间的联系也日渐密切。关于北帝来历的传说，暗示北帝本来是某个姓氏的神，后来演变为属于全乡的神，而北帝祭祀制度的逐渐形成，很可能就是沙湾

---

① 屈大均：《广东新语》卷六，《神语》。

② 参见刘志伟《神明的正统性与地方化：关于珠江三角洲北帝崇拜的一个解释》，《中山大学史学集刊》第 2 集，广东人民出版社 1994 年版。

③ 以下关于沙湾北帝崇拜的讨论，参见刘志伟《大族阴影下的民间神祭祀：沙湾的北帝崇拜》，收入《寺庙与民间文化》，（台北）汉学研究中心，1994 年。

各姓村落整合为统一的社区的过程。然而，社区整合并不仅仅是各个血缘群体结成地域联盟，其中必然包含了不同群体的兴衰隆替，甚至彼此之间的矛盾冲突。地方神祭祀仪式的安排，其实是不同的社会群体利用作为调整和确认他们之间社会关系的一种手段，这从北帝祭祀的轮值制度的形成和演变可以体现出来。

在珠江三角洲沙田开发过程中，不同地方势力之间的争夺异常尖锐。新沙田区的开发和经营，一般都由老开发区的大族所垄断，这些大族依靠在社会地位和人身关系上的优势，控制和奴役新沙田区的农民。沙湾北帝祭祀传统的形成和演变，与沙湾逐渐变成地域中心的过程有着内在的联系。除了培养子弟猎取功名，建立宗族这些最常见的手段外，崇祀像北帝一类被标签为正统性的神明，也是社会群体表达自己身份认同的一种重要方式。

这一假设可以从一个相关的事实得到支持，在沙湾的旁边，有一个小村落，村里的居民，被沙湾镇里人称为"疍家仔""水流柴"，虽然这个村子与沙湾几乎是紧连在一起，但村子过去却被沙湾镇的居民认为属于沙田区，村里人过去也被视为"开面人"。与其他沙田区的疍民一样，这个村子本来既没有祠堂，也没有神庙，村民也无资格参与沙湾的北帝祭祀活动。1989 年我们在沙湾调查时，在这个村子看见一座非常简陋的北帝庙，这座小庙大约建于 20 世纪 40 年代。当我们向沙湾人问到这座北帝庙的情况时，人们以一种不屑的态度说他们只是学镇里人拜北帝。这个村的北帝崇拜显然是一种新传统形成的开始。同其他沙田区的正在形成中的聚落相比，这个村子可能已经有比较固定的居民，这种新发展起来的村落在文化上的模仿，反映出某种具有正统性象征的神明崇拜，可能被利用作为改变社会地位的文化手段。民间神祭祀传统的形成和变化，是地域社会变迁的一种文化机制。

人类学家关于神明崇拜的正统性如何在地方社会中发挥影响的研究视角，启发我们在历史研究中把正统性问题置于一个地方历史过程去认识。在这一点上，我对赤湾天后庙的历史资料的解读，既受到人类学的影响，又提出了在人类学视野里相对模糊的历史视角。[1]

---

① 参见刘志伟《官方庙宇意义的转变：赤湾天后庙的历史》（待刊稿）。

位于珠江口的赤湾天后庙，是一座在三角洲地区天后崇拜中居于中心地位的庙宇，历次修建都由朝廷和地方官员捐资，人们一般相信这是一座标准的官方庙宇。然而，该庙重修碑记显示，在明清时期，这座庙宇的"官方"性质随着历史环境的不同而有不同的意义。这从赤湾天后庙自明代以来的修建历史可见一斑。当明初朝廷与东南亚各国朝贡关系密切之时，一群朝廷使节建立赤湾天后庙，以为其航海安全之庇护；[①] 明代后期朝贡贸易衰落后，赤湾天后庙的重建对于地方官员来说，则是平定地方动乱的象征[②]，与此同时，在当地兴起的地方势力也透过实际上把持这座庙宇，表达了他们对王朝统治的认同，强化其在地方上的控制权；清初，平南王尚可喜割据广东，则通过重修赤湾天后庙，在强调对朝廷忠诚的背后，为其违背朝廷政策而进行的海上商业活动寻求合理性和神明的荫护；[③] 清中叶以后，由于朝廷对天后崇拜的重视，赤湾天后庙被地方政府列入祀典，保护包括洋商在内的海上商业活动成为官方赋予该庙的意义之一。[④] 由此可见，作为"官方"庙宇所具有的所谓"正统性"，并不是一个可以清晰界定的抽象范畴，而是在不同的语境中，用不同的话语表达出来的象征。在地方社会中的"正统性"，并不必就是由王朝礼制所规范的标准。皇帝的封赠、朝廷和地方官员捐建、海上救难的灵验、平定地方盗乱，直到纳入官方祀典等，都可以被用来证明神明"正统性"的根据。尤其是通过尽量把地方神庙和这些官方的象征联系起来，对于控制庙宇的势力，是重要的资源。而王朝和地方历史的变迁，包括地方政治和经济环境的变化、王朝制度的演变、民间与士人的信仰和世界观的变化等，往往都可能改变这种资源的运用方式。官府和民间也都可能从自己的需要出发，找到可以利用的表达模式。

在这个问题上，萧凤霞以中山小榄镇菊花会为对象的研究，从人类学的角度阐释了社会与文化现象的历史过程，揭示这些节日活动中的文化表现的性质、意涵和动力，如何与地域的政治经济演变相互交错，并

① 嘉庆《新安县志》卷二十三，《艺文志二》，黄谏《新建赤湾天后庙后殿记》。

② 康熙《新安县志》卷十二，《艺文志》，吴国光《重修赤湾天后庙记》。

③ 康熙《东莞县志》卷九，《祠庙》，王应华《赤湾天后庙记》。

④ 嘉庆《新安县志》卷二十三，《艺文志二》，孙海观《重修赤湾天后庙引》。

探讨研究者如何利用丰富的历史材料，重新思考既有的分析工具，对我们用历史的方法去研究信仰和仪式行为与地方社会文化的历史过程关系有极大的启发。[①]

# 户籍：王朝制度的文化议程

户籍制度研究，在中国历史学传统下，是社会史研究的主要领域之一。在明清珠江三角洲地域社会发展的过程中，国家的户籍制度与地方教化以及社会秩序的建立有密切的联系，户籍制度可以理解为地域社会建构过程的一种国家话语。当我们的研究深入宗族和祭祀仪式等地方制度的建立机制时，可以体会到，国家的编户齐民政策不仅是一个政治和行政的议程，更是一个文化的议程。[②] 有关这个问题，本文不可能做详细说明，仅以一个简单的事实为例：明清时期珠江三角洲的族谱，有一类相当常见的记载，就是关于本族的户籍及其来历的记事。[③] 此种记事在许多族谱中被郑重其事地记录下来，这一事实本身已经说明户籍与本地宗族社会的历史有着某种特别的因缘。

作为宗族发展的出发点的定居史，与政府的户籍登记就是直接相联系的。根据科大卫的见解，为人熟知的南雄珠玑巷南迁传说，本质上是一个关于宗族肇基的传说，它强调的是祖先定居的历史，这个故事的结构显示了定居的历史与户籍登记的关系。[④] 结构完整的珠玑巷故事的核心内容是，那批一起南迁的人，是从原籍取得政府的迁移文引，合法地迁到珠江三角洲地区定居，他们一来到珠江三角洲地区，就到当地政府办

---

① Helen Siu, "Recycling Tradition: Culture, History and Political Economy in the Chrysanthemum Festival of South China." *Comparative Studies in Society and History*, 32, No. 4, 1990, pp. 765 – 794.

② 参见刘志伟《在国家与社会之间：明清广东里甲赋役制度研究》，中山大学出版社 1997 年版。

③ 从陈支平《近 500 年福建的家族社会与文化》（上海三联书店 1991 年版）和郑振满《明清福建家族组织与社会变迁》（湖南教育出版社 1992 年版）两书，可见在福建的族谱中，关于宗族之户籍的记载也是很常见的。

④ See David Faure, "The Lineage as a Cultural Invention: The Case of the Pearl River Delta." *Modern China*, 15, No. 1, 1989, pp. 2 – 36.

理了户籍登记。

珠玑巷传说中特别强调的入籍问题，反映了当时一种被共同接受的观念，即一个在当地有居住权并得到合法身份的人，应该有来历清楚的户籍登记。这种观念的形成是明初严格推行户籍登记制度的产物。事实上，珠江三角洲很多宗族，都是明初在政府的户籍登记政策下，定居下来并成为王朝编户齐民的。这在珠江三角洲开发与地方社会整合的历史中是非常重要的事件。

仔细研读本地区的族谱，我们发现，由于入籍意味着定居，入籍祖先在宗族追祀的祖先中也就常常有着特殊的地位。有的宗族就是以入籍祖作为开基祖，有些宗族虽然以入籍前数代的祖先为始祖，也往往是为了与祖先来自宋代的说法不矛盾，才在入籍祖之前再往前推若干代，另立一个始祖，而入籍祖仍然具有开基祖的地位。明清宗族有一个很重要的特点，就是以始迁祖为宗族祭祀的主要对象，尽管由于种种原因，不同的宗族可能会按照不同的标准选择追奉始祖，但不管始迁祖是否被奉为始祖，其地位都是比较特殊的。既然入籍与宗族的定居历史相联系，入籍祖即使没有被列为始祖，在族谱或家族的历史中也常常会给予其特别的关注。①

广东地区许多宗族的历史实际上是从明初入籍开始这一事实，反映了在广东社会发展的历史上，明代初年是一个相当重要的时期。这时，许多原来分布在各处山林之中的无籍土著和流移人口，或由于王朝实行户籍登记政策而定居下来，登记成为明王朝的编户齐民，这种户籍登记后来成为广东地区宗族发展的一个重要前提。许多明清时期在地方上有影响的大族有比较清楚文字记录的历史，就是从明初的户籍登记开始的。随着明朝政府将更多的人编入户籍，许多原来流动不定的人口由此定居下来，成为国家的编户齐民。一个能够获得正统性认同的宗族历史无疑是以得到权利定居在一个村子开始，入籍就是这种定居合法化的最有力证明。登记为王朝的编户齐民，之所以成为宗族正统性的一种标志，是因为在中国传统社会，"无籍之徒"历来被视为"化外之民"，并不具有

① 刘志伟：《传说、附会与历史真实：祖先故事的结构及其意义》，上海图书馆编：《中国谱牒研究》，上海古籍出版社1999年版。

正统性的身份。有明一代，广东地区频繁发生社会动乱，很大程度上与基于这一区分的矛盾激化有关。① 而且，明代初年推行黄册里甲制的过程，尤其是将无籍之人收编为军户的做法，使许多过去不受政府户籍束缚的社会成员，切身体会到有籍和无籍之间的社会意义。"编户齐民"和"无籍之徒"作为重要的社会分类，直接与正统性、合法性的认同联系起来。在明清时期地区开发的过程中，在土地控制方面的矛盾和争夺越来越尖锐，也使得这种正统性身份越来越成为土地控制的一种潜在资源，户籍问题因此变得更为敏感。

明代里甲制的演变，导致了本来只是以家庭为登记单位的户籍，在明中叶以后成为所有宗族成员可以共同享有的一种身份资格证明。于是，宗族不但成了可以向其他人炫耀家族历史，提高家族声望，在地域性的竞争中取得优势的一种象征；而且，每一个社会成员，只要能够证明他是有合法户籍的宗族成员，就可以使用祖先（或以祖先名义）开立的户籍、购置土地、登记纳税、参加科举考试，以及享有其他需要编户齐民身份才能合法享有的权利。到了明代一条鞭法改革之后，在新的户籍赋役制度下，许多社会成员还可以在不需要承担赋役责任（这时的赋役责任来自土地占有，而不是户籍）的情况下，以编户齐民的身份得到某种正统性认同。户籍制度与宗族社会的这种结合，使户籍自然就被视为宗族的一种重要文化和制度性资源，甚至成为一种社会身份的标签。由于合法占有土地和参加科举考试，是传统中国社会流动机制下两个最重要的上升途径，而这两种资格都必须以户籍为根据，所以户籍成为把"编户齐民"与"无籍之徒""化外之民"之间社会身份区分固定下来的制度性因素。这一关系还可以进而与族群认同的形成联系起来讨论。

## 族群：身份认同的社会文化过程

在珠江三角洲，族群认同问题突出表现在"疍民"与"汉人"的身

---

① 参见刘志伟《明代广东地区的"盗乱"与里甲制度》，收入《中山大学史学集刊》第3辑，广东人民出版社1995年版。

份上，"汉"与"疍"认同的社会文化与历史意涵，展现了珠江三角洲地方社会与文化结构的动态过程。①

在历史文献中，珠江三角洲的"疍民"总是作为一个文化或者族群的范畴出现，与那些自称来自中原的"汉人"区别开来。雍正皇帝在1729 年发出的一个上谕曰："粤东地方，四民之外，另有一种，名曰疍户，即瑶蛮之类。"② 许多研究华南的历史学家都假设珠江三角洲的汉人与疍家在职业、文化和血统上是区分开来的。但是不少历史资料显示，在珠江三角洲，人口的构成和职业的区分并不是僵化的。很多世纪以来，不少水上居民变成了农民，反之亦然。在珠江三角洲开发成熟的明清时期，当被称为"疍民"的人们参与沙田的开发，最终成为农业耕作者的时候，这个过程尤其明显。

在珠江三角洲的田野经验让我们意识到，疍民的身份并非一个僵化的标记。正如华德英指出的，在疍民身份认同问题上，他者加诸的标签同局内人的自我认同之间存在着明显的差别。③ 从历史的角度来看，我们的兴趣在于考察"汉"或"疍"的标签如何在具体的社会文化历史过程中被制造出来，并在人们头脑里凝固起来？地方权势以什么手段去将一些模糊的社会界限用一些僵化的身份特征把不同的群体清楚区分开来，最终设定了这些僵化的社会身份的原旨？另一方面，被歧视的群体又用什么文化手段绕过障碍去改变自己的身份？王朝制度的运作有没有提供讨价还价的空间？还有，沙田生态的历史发展如何为本地的居民提供改变自己身份的环境？

中国的历史学著作一再强化一种观念，这种观念认为，边疆地区开发的历史，是以北方向南方移民的方式实现的。北方的移民带来"先进的"生产方式和"先进"的文化，通过移民开发的历史过程，向南方疆

---

① 本节讨论根据萧凤霞教授和我合作的论文 "Lineage, Market, Pirate, and Dan: Ethnicity in the Pearl River Delta of South China." 该文将收入 Pamela Kyle Crossley, Helen Siu, Donald Sutton, *Empire at the Margins: Culture, Ethnicity and Frontier in Early Modern China* 一书。

② 《清世宗宝皇帝实录》卷81，雍正七年五月壬申。

③ See Barbara Ward, Varieties of the Conscious Model: The Fishermen of South China. In Barbara E. Ward, *Through Other Eyes: An Anthropologist's View of Hong Kong*. The Chinese University Press, 1985.

域渗透，通过人口迁移从政治中心扩散出来实现"王化"。对这样一种观念，人类学者显然比历史学者更敏感。人类学者会更着重分析本地人如何运用文化策略把自己与真实的或想象的"中心"联系起来，经过一个提升自己社会地位的过程，最终取得一个被认为是主流文化的标记，并且各就各位地去确认自己身份。人类学者的这一视角，可以启发历史学者反省，在历史著作中一再被强化的观念，很可能只是本地人利用教化的语言而采取的文化策略，有关移民的历史叙述，应该是被研究的对象，而不是研究所得的结论。

从这些问题出发，我们认为，明清王朝及其在地方上推行教化的议程，是合理化社会位置并强化其权威的重要因素。如果说，"汉人"的认同可以通过证明自己的中原血统，建立地域性宗族，合法地占有土地，通过科举获取功名来建立的话，那么这个过程是地方权势以及王朝权威运作互动的结果。历史学家习惯用汉化模式去说明汉民族形成和帝国形成过程，在这个模式下，朝廷积极和有目的地通过教化或军事征服从中央向周边扩张。我们如果尝试摆脱这一模式的框框，提出另一视角，就不妨把帝国视为一个文化的观念，教化的过程，不是通过自上而下强令推行的，而是本地人自下而上利用国家秩序的语言，在地方社会中运用以提升自己的地位。

由这个角度去看，族群标签的制造，是一个复杂历史过程的结果，在这个过程中，畲和汉的身份区分是由士大夫与宗族的语言去表达的，从而形成具体化的范畴去定义并区分本地的人群。某些声音在历史文献中得以凸显，某些声音则消失得无影无踪。来自政治中心的直接行政影响可以是微不足道和支离破碎的，值得关注的是，行政的议程如何同地方社会的历史在某些时候互相配合，形成具有永恒意义的身份特征。在这个定义身份的政治议程背后，有一个关于国家建造更为宏观的分析课题。如果国家建造的过程是包含着本地人如何用自己的办法去将自己同中心联系起来，我们与其将"边疆"视为一个承受国家制度扩张的开放空间，不如更多地关注地方上的人们如何运用他们的创意和能量建立自己的身份认同。

这样一种思路和眼光，对历史学固有研究框架带来的冲击也许具有一定的颠覆性。移民、开发、教化和文化传播的历史，不仅仅是文明扩张的历史，更被理解为基于本地社会的动力去建立国家秩序的表述语言。原来假设在汉化过程之前已经存在，由于汉化而得以逐渐改变的族群标签，变成在汉化过程形成的身份认同。这就为历史学带来了新的课题，历史研究从史料利用范围到史料解读方法，从问题意识到历史观念，都需要有根本的改变。

# 结　语

我不期望这样一篇根据个人点滴的研究经验写成的短文，能够全面反省社会经济史区域研究的取向，更不可能把我最近十多年研究珠江三角洲地区社会历史的所有课题囊括在内。即使在以上提及的几个议题上，一些关键性的讨论仍没有展开，更谈不上系统化地提出有关珠江三角洲社会历史的解释。罗列了几个议题，只希望举例说明自己在与人类学者合作过程的学科对话中，逐步形成的一些社会经济史研究的旨趣所在。

在以上讨论的五个议题中，沙田（土地开垦与地区开发）、宗族、户籍，一直是中国社会经济史研究的主要课题，神明崇拜与族群问题虽然过去一般不在社会经济史研究的视野中，但近年来越来越受到关注。在这些课题上，社会经济史学家与人类学学家的出发点、问题视角和研究方法可能有诸多差异，但基本的关怀却是一致的。而且，中国的社会经济史研究采用的分析概念和方法，本来就来自社会科学各个学科，从来都是在与包括人类学在内的社会科学对话中发展的。早期的人类学研究所建立的一套比较规范的、普遍的研究话语，曾经为历史学提供了审视社会现象的框架和结构，近年的人类学家注意到社会和文化结构的形成本身是一个历史过程，为历史学与人类学之间展开对话开辟了更宽广的舞台。如果说人类学家已经把社会文化结构理解为一个历史过程的话，那么，历史学家应该清楚，一旦用一些固定化的概念去表述变动中的结构的时候，就会影响人们对历史事实的了解和历史的陈述。今天的历史学家与人类学家对话时提供的历史解释，就不会仅仅是一种"历史背景"，而应该是一种理解"结构"的历史方法。如果说，在对话中，人类学已经在结构（structure）这个字后面加了过程（ing），我们历史学家就不得不重新反省对"过程"的结构做历史阐释的角度和方法。

数年前，我与陈春声写过一篇题为《历史学本位的传统中国乡村社会研究》的笔谈①，近年来受到一些年轻朋友的批评，指责我们坚持历史学本位是抗拒跨学科研究。以上所述，也可以说是对这种批评的一些回应。我认为，无论历史学如何与人类学对话，我们的研究仍然是历史学本位的，无论是问题的意识，资料的选择与解读，分析的方法，基本上不能脱离社会经济史的取向。我并不懂、也没有能力从事人类学的研究，但是，也许应该不厌其烦地强调的是，当人类学者越来越关注结构的过程的时候，历史学者当然应该相应地重视过程的结构，但这个结构，不应该只限于其他社会科学研究已经解释过的结构，而是用历史方法去阐释的结构过程。在与人类学研究对话中，社会经济史研究不但可以扩大研究的课题，更应该改变研究的范式。然而，在跨学科的对话中，历史学者不应该放弃历史学的视角、历史学的取向，以及历史分析的方法。我始终认为，社会经济史研究者只有坚守历史学本位，才有资格与人类学及所有社会科学对话。我们从社会科学研究得到启发的同时，更应该通过本学科的研究，为社会科学的理论体系做出贡献。

---

① 《中国历史学年鉴·1997》，中华书局1998年版。

# "地方性知识""地方感"与
# "跨区域研究"的前景

杨念群[*]

## 一 "宗族""庙宇"与区域社会史研究

中国社会史研究的重现大约是在 20 世纪 80 年代。在此之前,中国经济史和政治史占据着绝对垄断的地位。中国经济史和政治史是描述社会经济形态总体演变趋势的工具,虽然"中国经济史"中间往往加上"社会"二字,叫"中国社会经济史",实际上在传统中国经济史的研究框架内,是看不到什么"社会"的影子的。因为中国历史的变迁图景只容纳了生产力变迁下一种粗线条的人际阶级关系的变迁,而不会给社会意义上的变化留下什么位置。

20 世纪 80 年代受"现代化理论"的影响,中国近代史学界率先提出了"社会变迁"的问题,力求突破从"生产形态"的角度理解历史演变的旧路子,用新的描述取代老的分析,如用"社会分层"取代"阶级分析",用"结构—功能"框架取代"社会发展阶段论"。这种替代式研究因为区别于传统经济史的陈旧语汇和公式化的论证方式,一度风靡史学界。这种治史风格与 80 年代整个思想界的阐释风格也比较吻合,即喜欢从大处着眼,搞超大范围的中西比较和框架分析,诠释单位也往往着眼

　* 杨念群(1964—　),历史学博士,中国人民大学清史研究所副所长,代表作:《儒学地域化的近代形态——三大知识群体互动的比较研究》《中层理论:东西方思想会通下的中国史研究》《再造"病人"——中西医冲突下的空间政治》等。本文原载《天津社会科学》2004 年第 6 期,有删减。

于整个"中国"和"世界"的关系，在这两个系统的作用下，"社会"仍屈从于宏大叙事的压迫而没有什么机会进行细节的展现。

真正把"社会"当作一种分析单位，而不是屈从于"结构"束缚和成为现代化演变分析的附庸是从20世纪90年代开始的。90年代的中国史界开始注意把历史演变不仅仅看作时间因果序列的问题，而且也是"空间"转换的问题。也就是说，仅仅以"中国"为研究单位，其实研究的只是一个"政治"与"制度"的实体，探讨这个实体的运作固然重要，却难以发现基层社会的运行状态。因此，有必要重新界定新的研究空间，首先面临的一个问题是"什么是社会"？在西方史学界，"社会"是与"国家"相对抗的一种空间，它被理解为一种区别于上层世界的"公共领域"。可"公共领域"又往往被理解为是在城市中出现的，与"市民社会"的出现相匹配。所以，"公共领域"被引进中国时，由于缺乏西方的历史情境，在应用中国历史分析时少有成功的例子。相反，由于中国人口以农为生者占绝大多数，因此，把乡土中国中的"村落"定位为"社会"研究对象似乎就变得顺理成章了。

中国乡土社区的基础单位是村落，村落是由血缘和地缘关系结合而成的一个相对独立的社会生活空间，是一个由各种形式的社会活动组成的群体。吴文藻和费孝通主张，以一个村做研究中心来考察宗教的皈依以及其他种种社会联系，进而观察这种社会关系如何互相影响、如何综合决定社区的合作生活。从这研究中心循着亲属系统、经济往来、社会合作等路线，推广我们的研究范围到邻近村落以及市镇。[①] 费孝通对"村落"的定位实际上为中国社会史研究找到了一个相当合适的研究单位，对以后的研究具有决定性的导向作用。同时，对"村落"中"宗族"的研究被认为是村落研究的"戏眼"，拥有核心的地位。这取决于一种假设，即村庄的经济、政治和文化活动都是以"宗族"为主导而展开和进行的。"宗族"的存在和凝聚力成为乡土中国能够组成一种"社会"的核心理由。以"宗族"为核心编织整个中国乡村社会的图景，当然有它的充分依据，"宗族"在宋明以后逐渐成为中国南方具有支配力的乡村社会组织，早已是不争的事实。"宗族"也理解为在地方社会中解决法律纠纷

---

① 费孝通：《江村经济》，《费孝通文集》第2卷，群言出版社1999年版，第5页。

的最大单位。① 问题在于，"宗族"理论之所以成立是建立在以下假设基础之上的，即"宗族"的存在恰恰是与集权政治保持距离的结果。也就是说，只有在远离政治中心控制的情况下才有广泛生存的可能。因为"宗族"产生时，在基层社会中所具有的自治作用，恰恰是其远离正统统治模式后造成的结果。也正因为如此，"宗族"的分布必然有其"区域性"的特征乃至限制，而不可能是均质的，好像中国的乡村社会到处无一例外地都被"宗族"所控制似的。既然"宗族"不可能在全部乡村社会中起绝对主导作用，那么，以"宗族"为核心的研究就有修正的必要。

中国社会史研究的另一个"核心词"是"庙宇"。"庙宇"进入社会史的视野，是因为受到了人类学"象征理论"的影响。一些学者认为，仅仅从"村庄"和"宗族"这样的角度切入某个区域进行分析，具有太多的"功能论"色彩，好像农民的生活节奏完全是受一种极端实用和功利的逻辑所支配，比如受某种纯粹的"生活需要"的支配。一些人类学家认为，尽管农村的生活场景有可能是受某种特定的需要关系所控制，但从文化的角度看，仍有可能超越一定的功利目的具有某种较为纯粹的"精神气质"。"庙宇"就是凝聚这种"精神气质"的最佳场所，它有可能透露的正是农民生活世界中不受功利准则支配的那一部分图景。

"庙宇"象征着中国农民具有自己独立的"精神世界"，这好像是个很诱人的看法。可一旦落实到研究中，情况要复杂得多。很难在具体的分析中区分"精神"与"功能"两个层次，原因就是中国与西方的最大的差别乃在于，中国农村中的信仰很难像西方那样可以轻易地定位为"宗教"。"庙宇"在村落中基本不会表现为一种纯粹的宗教空间，或具有什么纯粹的"宗教"意义，它更多地起着凝聚社区世俗活动的作用。道理很简单，中国人本身的信仰系统特别是"民间信仰"系统仍是被相当功利的原则所支配，一般都会服务于"求子""求财"的功利性目的。故此，有人指称，中国根本没有"信仰"只有"迷信"，即中国基层的拜神、拜偶像均是以功利的心理为信奉基础的。所以，中国乡村实际上并

① ［英］弗里德曼：《中国东南的宗族组织》，刘晓春译，上海人民出版社 2000 年版，第 145 页。

不存在可以独立支撑纯粹宗教信仰的空间，即使在形式上有可能发现某种相似的空间，也往往与村落的生活需求密不可分。这样一来，"庙宇"很可能在不同地区的作用差异极大，在一些地区起核心作用，换个地方其作用又可能极其微弱。所以，单纯挪用西方的"表演理论"来单独地寻求"庙宇"的文化象征意义，效果自然是相当有限的。

中国社会史研究自从实现了"区域转向"之后，形成了多元并存的发展局面，出现了诸如"华北模式""关中模式""江南模式""岭南模式"等流派。虽然这些"模式"所包含的内容并非十分明晰，也不能说已系统地提出了区别于以往理论的完整表述，但它们都有一个共同的特点，即基本上是以"村落"为单位，以"宗族""庙宇"为核心论题展开论述的，虽有个别的观点是从市场网络、经济变迁和城乡关系等方向力图区别于"村落取向"。由于区域社会史找到了"宗族"和"庙宇"两个可以从组织与象征层面把握乡土社会的工具，所以，中国社会史研究逐步变成了"区域社会史"研究，而"区域社会史"研究又成为"进村找庙"的同义词。

## 二 从"地方性知识"到"地方感"

"地方性知识"一度成为"区域社会史"研究的另一种表述。正如有学者指出的，"地方性知识"其实是"后现代主义"话语的一种表述，是用以对抗"全球化逻辑"的一种工具和武器，只不过这种趋向由人类学家吉尔兹加以放大了而已。①

"地方性知识"强调"文化持有者的内部视界"，来自人类学对"族内人"（insider）和"外来者"（outsider）如何分别看待他们的思维和解释立场及话语表达的问题，有学者概括为"emic/etic"。Emic 是文化承担者本身的认知，代表着内部的世界观乃至其超自然的感知方式，是内部的描写，亦是内部知识体系的传承者。Etic 则代表着一种外来的客观的"科学"的观察。这种划分合理与否另当别论，但其中隐含的悖论却是相

① ［美］克利福德·吉尔兹：《地方性知识——阐释人类学论文集》，王海龙、张家瑄译，中央编译出版社 2000 年版。

当明显的：他何以在成为一个研究对象本身的"文化"体悟者的同时，又能跳出其限定给予一种"超在地性"解释？

吉尔兹引用"贴近感知经验"和"遥距感知经验"两个心理分析概念来概括这个困境。囿于贴近感知经验的概念会使文化人类学研究者湮没在眼前的琐细现象中，且同样易于使他们纠缠于俗务而忽略实质；但局限于遥距感知经验的学者也容易流于术语的抽象和艰涩而使人不得其要领。吉尔兹的设想是：人类学家应该怎样使用原材料来创设与其文化持有者文化状况相吻合的确切的诠释。"它既不应完全沉湎于文化持有者的心境和理解，把他的文化描写志中的巫术部分写得像是一个真正的巫师写得那样，又不能像请一个对于音色没有任何真切概念的聋子去鉴别音色似的，把一部文化描写志中的巫术部分写得像是一个几何学家写的那样。"① 关键在于这个"度"在哪里呢？

20 世纪 80 年代，柯文《在中国发现历史》提到了"移情"的问题，意思是美国汉学家往往为美国的既得利益设置诠释中国的框架，为了避免这个弊端，应该改弦易辙从中国人的视角出发重新审视原来出于政治目的构建的中国图像。可是柯文的框架又面临着一个新的问题，何以知晓自己的视角是否真正从中国本身出发了呢？这个"中国视角"的标准是什么？柯文提出的方法也不外乎"注重下层""横向切剖"的区域社会史视角。这个视角其实与是否是"中国的"没有太多的关系，而仍是国际社会史趋向塑造的一个结果。如果说真有什么联系的话，也是与 20 世纪 30 年代中国社会学家提出的"乡绅理论"中所倡导的"地方社会"应具有自主性等观点有暗合之处。就笔者的认知来说，真正的"移情"是培养一种与本地情境相认同的"地方感觉"，而不是急于把这种感觉归纳为一种系统知识。

王汎森最近提到要研究近代中国的"感觉世界"（structure of feeling）与"自我认知的框架"（frames of self-perception），这两种研究取向与所谓的"思想"有相当大的差异。王汎森所指的"感觉世界"仍是指晚清与民国文人诗酒唱酬时所酝酿出的一种心境，这种微妙的"心境"与

---

① ［美］克利福德·吉尔兹：《地方性知识——阐释人类学论文集》，王海龙、张家瑄译，中央编译出版社 2000 年版，第 73—74 页。

"情境"与他们在报刊上所表述的各类精英表达如"革命""民族主义"等有相当大的不同。① 笔者认为，这些文人的报刊言论仍是一种"知识形态"，这些"知识形态"是可以用分析和解释等概念来加以规范的，可是属于知识界自身的"感觉世界"的变化却不可以用这样的"规范"加以说明，这种"感觉世界"甚至影响了知识分子的行动选择。比如，他之所以会选择暴力的行动策略，往往不是由头脑中的"知识框架"所支配，也许是一种感觉世界作用的结果。这种"感觉作用"到底是什么，恐怕不能用"知识类型"的方法予以定位。

在社会史研究中，对研究"地方性知识"的提倡无疑为打破精英知识框架的垄断前进了一大步，对"地方性知识"的分析，使得中国社会史研究从对底层社会的感性认识提升到了理性的规范认知的水平。但问题也随之出现了，那就是乡村社会中（当然也包括城市）人们的行动和思维逻辑往往并非能用"知识"分析的方法加以解读。在研究中往往会出现这样的现象，当研究者对乡民的行为方式不能理解时，就会动用自身教育所获得的资源斥其为"迷信"和"非理性"。而当另一些"反西方中心论"或持守"本土主义"策略的学者，虽然力求从政治正确性的角度理解乡民的行动逻辑，却依然沿袭着"知识类型学"的分类方法，试图把民间世界构造成与精英世界相对立的图像加以把握。他们没有意识到，民间世界之所以区别于上层精英，可能恰恰就在于其存在着难以用上层精英的知识加以把握的感觉世界，乡民们往往凭借从"感觉世界"提炼的原则安排日常生活。要理解这些"感觉世界"仅仅应用"地方性知识"的解析方法恐怕是远远不够的。以民间信仰研究为例，中国是否有民间宗教本来就是一个争论不休的问题。杨庆堃用"制度性宗教"与"分散性宗教"定位中国民间与官方的信仰，只是一个变通性的权宜划分策略，实属无奈。抛开这个问题存而不论，中国社会史界对民间信仰的研究仍明显存在着一个公式，即以民间社会接受上层信仰的程度来衡量下层社会的信仰程度。像国外的一些人类学家，如王斯福与武雅士等都认为中国民间宗教区别于一般精英宗教（儒道佛），却又都不自觉地认为

---

① 王汎森：《中国近代思想文化史研究的若干思考》，《新史学》（台湾）第 14 卷，2003 年第 4 期。

基层信仰一定受上层宗教意识形态的制约，甚至民间信仰就是官方意识形态的一种隐喻形式。这就是以"知识形态"来臆测民间信仰的实例。其实，中国民间社会的信仰形态要远为复杂多样，即使其部分内容可以为"知识类型"所规范，但生活中大量的细节却远非其所能概括，这些细节是由"感觉世界"所构成的。以京郊的"四大门"信仰为例，"四大门"是京郊民间对四种动物的崇拜信仰，通过乡村"顶香看病"的人群把神力灌输到底层社会。对"四大门"的信仰不是一种可以明确把握的"知识系统"，而是日常生活中积累起来的一种感觉经验。这种感觉经验只有在一定的区域内才是有效的，越出此边界，"感觉世界"就会消失。这种感觉经验不具备普遍意义，而只具备区域性特征，不能用上层的规范性知识去描述它们，而且，这个"感觉世界"在遭遇上层宗教形态时，有可能恰恰在实际上起着支配它的作用。如京郊的许多主流宗教的庙宇，像关帝庙等，其灵验的程度是由"四大门"的香火催动着才产生效果的，可当居住在庙里的"四大门"狐仙离去后，关帝庙立刻就失去了信众，据说是不灵验了。① 这种感觉经验到底如何界定，是很难用"地方性知识"的框架加以描述的，必须从乡民自身的经验世界中去体验。

## 三 政治变迁的地方性逻辑和跨地方性逻辑

传统的"政治史"研究在古代史方面基本上是社会形态理论的一种附庸，在近代史方面基本上是"革命史"逻辑的附庸。其话语霸权曾经笼罩中国史学界达数十年之久，直到 20 世纪 90 年代才出现了一些异样的声音。"区域社会史"研究就是这种别样声音异军突起的结果。特别是近代"政治史"研究描述的一个突出主题是近代的国家机器是如何以摧枯拉朽的态势冲决了"地方自治"的基础，从而使中国转变为现代一体性的民族国家的。"政治"借助普世性的全球化目标拥有了毋庸置疑的正当

---

① 参见杨念群《民国初年北京地区"四大门"信仰与"地方感觉"的构造——兼论京郊"巫"与"医"的近代角色之争》，载孙江主编《事件·记忆·叙述》，浙江人民出版社 2004 年版。

性。"区域社会史"研究的出现好像就是要故意质疑这种"正当性"。"区域社会史"的一个潜在前提是：近代政治为了达到民族国家的普遍性目标，摧毁了中国基层社会赖以存在的文化基础。这种行为不仅被赋予了意识形态的合法性，而且也被赋予了学术论证的合法性。要破解这个话语霸权，首先应打破以整体政治为主要关注对象的传统做法，把注意力重新集中到"社会"层面上来，想方设法发掘民族国家成立以前深藏在基层中的文化资源。

"国家—社会"的二元对立框架是社会史研究中出现频率最高的一对关系范畴。它基本上脱胎于西方对"市民社会"与"公共领域"关系的探讨，这个理论有一个价值预设，即"国家"与"社会"之间在近代意义上必然处于一种高度紧张的对抗状态，是一种极具张力的关系。这个范畴向中国的横移使得中国社会史家力图寻找到一种类似西方那样的与"国家"相对抗的"社会场域"，以摆脱"政治史"研究中只依据宏大结构阐释"帝国"向近代"国家"转变过程的单一解说。前述对"宗族"和"庙宇"的特别关注，就是在乡村中寻找对抗"国家"资源的一种尝试。"宗族"在地方社会中的"自主性"作用与"庙宇"的宗教凝聚功能，都昭示出它们是国家很难加以全面控制的场域。尽管中华人民共和国成立后这两个"场域"一度被国家强力取缔，改革开放后的复兴仿佛正好说明了类似西方的对抗性场域的存在。这个尝试与"后现代"思潮中力求发掘本土性资源以对抗现代化过程的想法有相契合的地方。不过在中国，作为发展中国家的一员，总是觉得在现代化目标未全面实现之前奢谈"后现代"似乎于理难合。在这种心态的作用下，"后现代"思潮在中国史学界总是以羞羞答答的面目示人，即使用了此种方法的学者，似乎也羞于承认。

对地方性文化传统的关注是"区域社会史"兴起的一个最为正当的理由，但对"政治"的诠释却很容易被"碎片化"地置于区域社会的框架里得到重新理解。把"政治"放到"地方史"的故事脉络中加以阐释已成为当代"区域社会史"的一项重要任务。它认为，所谓的国家政治，只有从乡民的日常生活习俗和记忆中加以理解才可以触摸到。所谓"国家"的制度功能，与乡民头脑中关于"国家"的理念是处于分离状态的。"国家"更多的是一种乡民从集体无意识中获取"正统"观念的主要来源。这个视角的好处是能够使我们初步认识政治运作和变迁的地方性逻辑，其弱点是政治的变化并非是一种地方性的行为所能简单地加以解释的，尤其是近代政治的变迁往往与大规模的跨区域政治运动和国家建设密不可分，仅仅从某个区域的视角理解这种政治变化显然是不够的。[①] 不过，这个视角中包含的以下思考仍是值得肯定的，即它并不把"社会"看作与"国家"处于对抗状态的"场域"，而是在互动的状态中加以理解。至于互动会采取什么样的形式或互动到什么程度，最终取决于地方性的特征，而不是一种均质性的理解。

从具体场景中理解"国家"与乡村社会的互动，的确是有相当难度的。因为，乡村社会与上层制度之间形成的微妙关系，往往不能用抽象的语词加以概括。日本学者曾经提出过"共同体理论"，战后的一些日本学者曾经比较信奉机械性的马克思主义社会形态转换理论，只是他们比中国学者更早地意识到了这种理论的缺陷，并较早地反思战后用"奴隶社会—封建社会"的公式诠释中国历史的弊端，提出了以"共同体理论"和"地域社会理论"重新解释中国历史演变的想法。比如，按照"共同体模式"把中国古代社会划分成"国家共同体""家族共同体"和"反政府共同体"三级构造的局面。"共同体理论"的贡献是他们比中国学者更早地区分了上层社会与乡土社会，从而把乡土社会当作一种独立的场域加以解析。然而，问题也出在这里，即这样明确地划分上层和下层社会，用"共同体"的概念标示出明确的界限，显然过于武断和机械了。用"家族共同体"概括乡村社会，进一步凸显了"家族"的核心位置，同时也可能简化了乡村社会的多样生活状态。[②]

从乡土社会实际的运行情况看，古代中国事实上不仅有世袭君主制专断权力与官僚制常规权力的同时并存，而且还有正式的专制权力与非正式的基础结构权力的同时并存，而帝制中国的基础结构权力远未正规化和制度化，并没有被纳入正式的官僚系统。这种"基础结构权力"很

---

① 陈春声：《乡村的故事与国家的历史——以樟林为例兼论传统乡村社会研究的方法 问题》，载黄宗智主编《中国乡村研究》第二辑，商务印书馆 2003 年版，第 1—33 页。

② ［日］谷川道雄：《试论中国古代社会的基本构造》，《中国社会历史评论》第四辑，商务印书馆 2002 年版，第 12 页。

显然也并非以"家族"为核心的"共同体"结构所能概括。笔者比较同意以下一种看法，即前近代帝国基础结构权力的不发达，不能简单地理解为帝国没有足够的能力深入民间，更不宜把这种相对"软弱"的基础渗透力，视为民间控制力增强并抵消和减弱国家渗透力的结果。事实上，这种地方治理方式在很大程度上出自国家的设计。① 这种局面的形成不是国家失去了对基层社会进行控制的能力，而是失去了向社会底层渗透的动力。中国的统治者并不像早期近代欧洲的专制主义君主那样，面临列国竞争、弱肉强食的生存压力，因此，没有必要对民间拼命榨取，扩充军队，并为此把官僚机器竭力向底层延伸。② 所以，在这种状态下，从地方社会的故事逻辑中来理解帝国的政治运转就是一个比较合适的角度。

可是到了近代，情况大变。晚清帝国为了向民族国家的普世性目标转变，竭尽全力地向地方社会渗透，通过榨取地方资源用于现代化的建设。其实际情形正好和前近代帝国相反，因为受到西方列强的持续性紧逼，晚清到民国初年的这段时间，国家正值拥有这种向社会渗透的新型动力的最高峰，这个榨取的过程是通过"跨地域"的形式得以实现的。因此，从"地方性逻辑"出发来理解近代政治的形成与国家的关系显然是不够的，必须具备从"跨地区逻辑"的视野解读现代政治的能力。

现代政治从近代以来一直对基层社会具有超强的支配能力，已经是不争的事实，尤其是中华人民共和国成立后这种超强的支配力达到了前无古人的程度。但这并不意味着对这种政治形态的理解只能从"跨地区逻辑"的角度予以认知。政治的强力乃至暴力的支配也许能从"地方性逻辑"的角度加以别样地理解。现代政治对地方社会的塑造从规模和力度上都是空前的，"政治"不仅在形式上摧毁了地方传统赖以生存的核心组织，也大量毁灭了具有象征意义的符号系统。中华人民共和国成立以后，"宗族"由公社和生产队取代，"庙宇"被拆作为办公机关。从表面上看，"上层政治"已无可争辩地取代了地方传统的位置。然而，事情并非如此简单。笔者发现，即使在"文化大革命"时期，政治也可能受某

---

① 李怀印：《中国乡村治理之传统形式：河北省获鹿县之实例》，黄宗智主编：《中国乡村研究》第一辑，商务印书馆 2003 年版，第 102 页。

② 同上书，第 108 页。

种"地方性逻辑"的制约。比如,笔者所关注的"赤脚医生",从媒体宣传上看"赤脚医生"完全是政治运动的产物,是"文化大革命"塑造成的政治角色。从"赤脚医生"的选拔开始,仿佛就严格遵循着阶级成分划分的标准,"赤脚医生"救死扶伤、不分昼夜的出诊举动背后的道德动机也被诠释为一种"政治"动员生效的结果。实际上"赤脚医生"从选拔到忘我无私的出诊行为都受到"地方性逻辑"的塑造。如选拔时的标准更多地是从是否在本村本乡出生的角度考虑的,"政治"标准远不及乡土身份认同所起的作用。"赤脚医生"的待遇一般高于普通农民,大多与队干部的待遇相仿,出诊的能动性更是受到亲情网络和利益取向的双重规约。

所以,"政治"对地方社会的塑造尽管在制度层面已达到无孔不入的地步,却依然与地方社会早已形成的传统行为逻辑密不可分地纠缠在一起,很难清晰地剥离开来。对"政治"变迁的地区逻辑和跨地方性逻辑的理解也应从这一复杂的纠葛状态中寻求解释。

## 四 跨区域研究的前景

"区域社会史"研究无疑为中国历史研究走出单一的模式做出了重要的贡献,但"社会史"研究的内涵不应该仅仅从地方性的角度加以界定,或者仅仅被理解为具有"区域社会"这个单一向度的研究。因为,尤其是近代以来,中国许多社会现象的发生都具有跨地域的特征。特别是"政治"作为一种强制性的力量,几乎对社会具有了某种无孔不入的支配能力。"政治"何以具有这种穿透区域生活的能力?这种能力是古已有之还是一种现代性现象?在古代,帝国是没有能力把势力深入基层社会还是故意这样设计的?这本身就是一个有趣的课题。关于跨区域研究的前景,笔者认为,至少有以下几个方面值得注意。

第一,"意识形态"再研究。

以往我们理解"意识形态"仅仅把它看作统治阶级上层的一种"政治意识",基本上把它等同于维护统治阶级的合法性或压迫底层社会的工具,是负面的概念。"区域社会史"兴起以后,更是通过发掘地方性文化资源,形成了和"意识形态"相对立的阐释视角,这就更加强化了"意识形态"的负面色彩。实际上，所谓的"意识形态"并不仅仅是上层统治阶级单纯维护统治"合法性"的工具，它还是一种能贯穿上下层社会的治理策略。比如，在宋代以后整个中华帝国的统治气质发生了一种改变，按有的学者的话说是"全面转向了内在"，其表现包括文官的大量使用和地方治理自主性的增强。这样的转变并非是帝国完全没有能力控制地方社会，而很有可能是一种主动的设计，即形成正式的官僚制与非正式的乡村治理的有机结合，甚至有意出让原属于官僚制度的部分权力。这样的过程也可以看作"意识形态"实施的结果。"意识形态"的范围由此可能被大大拓展了，它不仅仅是统治阶级维护合法性的工具，而且是跨区域研究视野中应该予以充分重视的治理策略。

第二，"社会动员形态"的研究。

"区域社会"的一个主要特征是其相对静态和稳定的状况。中国在步入现代社会以前，以"村落"为单位的基层社会有自己安排生活节奏的逻辑，这种逻辑肯定缓慢地变化着，但总的基调是封闭和自足的。在这样的环境里，即使出现某种局部的社会动员状态，如农民反叛，其范围也大多是有限的，很难突破区域范围的限制，当然有个别大规模的农民暴动除外。最为关键的是，前近代中国由上到下进行大规模社会动员的例子绝少发生，似乎上层社会与底层社会因此而达成了某种默契。所以，在前近代中国，往往可以从地域社会的脉络中理解上层政治的表现形态。

进入近代以后，中国的社会动员能力明显发生变化，乡村社会很难维系原有的静态生活，近代许多有形的物质和无形的文化几乎无孔不入地向基层渗透，其强度大大突破了"区域"所划定的传统界限。而这种传播往往是借助政治运动才播散到民间的。甚至可以这样说，通过形形色色的广泛社会动员，乡村社会的封闭性才被逐渐打破，乡村接受现代性的东西不是一种自发的过程，而是动员强制的结果，这与前近代社会有了根本的不同。邹谠称为"全能主义"，以区别于西方定义的"专制主义"。

正是因为近代社会动员的跨地区性的程度远远超过以往各个朝代，所以，如果仅仅从"区域社会史"的角度理解这种变化显然是不够的，需要有更开阔的视野。然而，目前国内对"社会动员形态"的研究仍局限在"革命史叙事"的框架之内，实际上根本没有细致地分析中共社会动员机制的形成到底和以往有何区别，或者把"社会动员"的过程理所当然地看作实现现代化目标的合理性步骤，根本没有具体研究这一步骤形成的确切理由。

第三，"城市史研究"的薄弱及其改善途径。

"城市史研究"在中国史学界一直处于边缘状态，与乡村研究大规模引进社会理论后的繁荣相比，"城市史"像个被冷落的孩子，独自待在角落里。20世纪90年代，"市民社会"与"公共领域"理论大行其道，介绍该方法者大有人在。美国汉学界使用其方法研究城市史者也不乏其人，却鲜见国内城市史研究对之进行有效的回应。其实，"城市"在中国乡村的包围下虽显得孤立，但它却是近代新思潮的发源地，而且也往往是乡村近代制度的始作俑者。中国农村广泛推行的"赤脚医生"制度就是中国三级卫生保健制度的结晶，而"三级卫生保健"制度的推行却是从城市开始的。北京协和医院最早成立了一个"卫生实验区"，以"协和"为中心，实施地段、诊所和医院三级诊疗计划，使医疗资源能够自动渗进居民的生活区域，力图改变医院被动接受病人的惯例。可是，后来发现这个卫生实验区的模式仍受"协和模式"的影响，即医疗成本过高，不符合中国国情。于是，协和毕业的陈志潜下乡到了定县，以定县为实验区实施平民保健计划，实施县、乡和村三级保健网络，并从本地培养卫生员，节省了医疗成本。然而，"定县模式"仍有缺陷，即完全排斥中医和本地医疗资源，所以，并不能从根本上解决成本问题。"赤脚医生"则采取不中不西、亦中亦西的培训方法，使三级卫生保健在乡村的分布渗透到了家庭一级。

从"协和卫生实验区"到"赤脚医生"的演变过程，说明城市变迁模式对中国乡村的变革始终具有举足轻重的示范作用，特别是城市变革的经验往往通过跨区域的社会动员形式对农村的变化发生影响。可是，目前中国的"城市史"研究却不能令人满意，其明显表征是仅仅把城市做条块分割式的功能分析。如把城市分成经济、文化、宗教等空间区域，隔断进行分析；或者仅仅描述城市表层社会生活的变化图景，而没有把城市内部的变化与更为复杂的社会动员和乡村变革联系起来进行研究。因为近代中国的城市并不是孤立的产物，而是一系列近代物质与精神文明的聚焦点和扩散点，因此，城市史研究应与政治史、区域社会史结合起来才能显示出新意。

民间信仰

# 信仰空间与社区历史的演变

## ——以樟林的神庙系统为例

### 陈春声[*]

在关于传统中国民间信仰的研究中,人们常常用"信仰圈"或"祭祀圈"之类的术语来表达神明和庙宇的信仰空间。在常见的分析架构之下,不管是"信仰圈"还是"祭祀圈",往往都被理解为一种比较确定的、可满足共时性研究需要的人群地域范围。而民间信仰的实际情况要复杂许多。本文试图通过对广东东部一个村落的神庙系统的研究[①],描述一个相互重叠的、动态的信仰空间的演变过程,以及这种信仰空间所蕴涵的权力支配关系和"超地域"的社会心理内容。

## 一 社区早期发展与社庙系统的形成

我们要讨论的名为"樟林"的村落,位于广东东部韩江三角洲北部

---

\* 陈春声(1959— ),广东揭西人,历史学博士,中山大学历史系教授,代表作有《市场机制与社会变迁:18 世纪广东米价分析》等。本文原载《清史研究》1999 年第 2 期。

① 作者自 1990 年以来一直在这个叫樟林的乡村进行乡村社会史的田野调查,已发表的相关研究成果包括:《从"游火帝歌"看清代樟林社会——兼论潮州歌册的社会史资料价值》,《潮学研究》第 1 辑,汕头大学出版社 1993 年版;《社神崇拜与社区地域关系——樟林三山国王的研究》,《中山大学史学集刊》第 2 辑,广东人民出版社 1994 年版;《樟林港史补证三则》,《潮学研究》第 2 辑,汕头大学出版社 1994 年版;《商人庙宇与"地方化"——樟林火帝庙、天后宫、风伯庙之比较》,"商人与地方文化"学术研讨会论文(香港,1994 年 8 月);《"八二风灾"所见之民国初年潮汕侨乡——以樟林为例》,《潮学研究》第 6 辑,汕头大学出版社 1997 年版;《村落历史与天后传说的演变——以樟林的四个天后宫为例》,"天后庙:神像、建筑与社会组织学术研讨会"论文(香港中文大学,1997 年 1 月)等。

边缘。明代成化十四年（1478）以前，此地归潮州府海阳县管辖；成化
十四年至嘉靖四十二年（1478—1563）隶属饶平县；嘉靖四十二年
（1563）澄海设县以后，樟林及其所属的苏湾都划归澄海，后来逐渐成为
澄海县北部最重要的政治、军事和市场中心。

明代嘉靖二十六年（1547）所修《潮州府志》已记载饶平县苏湾都
江北堡有"樟林村"，但当时樟林并非一个聚落。根据1981年8月在当
地发现的一批文献①，从元初至明中叶，所谓的"樟林村"是由散居在今
樟林北面莲花山麓的陆厝围、周厝围、蔡厝围、程厝围、小陇、大陇等
小乡里组成的，其居民主要是渔户或疍户，负担军役和渔课，归设于附
近的东陇渔泊所管辖。嘉靖三十五年（1556）三月，为了防御日益严重
的海盗、倭寇的侵扰，原散居于莲花山麓的各个小村落开始在山下埔地
合建一个大的聚落，同年十月樟林排年户共15姓户丁上呈潮州知府，请
求在这个新建的聚落设防自卫：

> 缘居等海滨蚁民命乖运蹇，居址莲胜荒丘，三五成室，七八共
> 居。可为生者，耕田捕海；遵治化者，变物完官。前属海阳，今隶
> 饶平，课排军民，凛分赫然。如今复为不幸，寇倭猖獗，东海汪洋，
> 无可御堵，西土孔迩，难以救援。况又河口军卫、驿地步兵各自保
> 守，庶个穷黎，哀救无门。家室所有，悉为洗迄。惨惨哭哭，莫可
> 奈何。今遗余苏商度计阻，必合聚筑稍能存生。故本年三月合集众
> 村移会南面官埔创住。但斯地樟林樻楠丛什，可为屋具，四面沟湖
> 深曼，可为备防。然又众庶激奋，欢愿捐资筑防……且立防之计，
> 虽居等之私利，实有溥及于州外数十里之民也；无事我村安寝，耕
> 插种植，亦犹众村之民也。有警众村附入，官军督捕，犹如王府之
> 铁库也。甚至上宪按巡，邑主追缉，亦有止居也……兹伏恳爷爷中
> 达宪天，俯从民便，慈□准筑，则活万命匪浅矣。②

该呈文得到知府批准，樟林开始建筑寨墙和炮柜，是为樟林"创乡"

---

① 这些文献现以"樟林乡土史料"为题，以专集形式收藏于广东省澄海县博物馆。
② 《樟林乡土史料·建寨呈文》。

之始。

据记载，樟林创乡之初，"一村之中，尚犹未满百灶也"①。不过，既然建寨之初已有"有警众村附入"的打算，之后就不断有外村人口迁入樟林居住的记载。② 据称，最后落成的寨墙周长八百丈零五尺，整个城寨占地约600亩③，俨然成为在地域社会中有较大影响力的一个大聚落。隆庆五年（1571）澄海新县城落成之前，樟林即为知县经常驻跸之所：

> 澄海一县创设于明嘉靖四十二年。其地原属海（阳）、揭（阳）、饶（平）三邑，因鞭长不能及腹，难于控驭争输。故割地增设一令，亦未暇计及其山川形胜、土地物宜也。官此者来无定居，或驻蓬州，或樟林，或冠陇，至今土人犹能言之。④

此外，明代的地方文献、潮州戏文和碑刻中，还有许多记载，从不同角度反映嘉靖至万历年间樟林在地方社会中的地位已经相当引人注目。⑤

就是在这样的情形之下，从万历年间开始，樟林的社庙系统开始形成，社区内部的地域支配关系，也通过社庙之间关系的互动表现出来。

万历十四年（1586），村民们在社区南部村口修建山海雄镇庙作为全村的主庙，祭祀三山国王。⑥ 以后的100多年间，山海雄镇庙的三山国王一直是全村的主神。万历二十五年（1597），樟林分为东、西、南、北四

---

① 《樟林乡土史料·乡党里甲解疑》。

② 如《樟林乡土史料·古迹大观》载："东潮，本黄岗余家，移住俺乡，请米入册八百零亩，照下例输纳。"

③ 《樟林乡土史料·上林氏记述》。按：《樟林乡土史料》中有一段长达3200字的关于樟林本地历史的记述，无标题，落款"时康熙戊辰正月望日八十三岁上林氏撰"。本文作者将其定名为"上林氏记述"。也有本地学者引用该材料时，注其出处为"佚名篇"（参见黄光舜《闲堂杂录》，1996年铅印本）。

④ 康熙《澄海县志》卷首"自序"。

⑤ 参见杨彩《南澳赋》，见陈天资《东里志》卷七，《艺文·赋》；《重补摘锦潮调金花女大全》，见《明本潮州戏文五种》，广东人民出版社1985年版，第791页；现存于樟林"山海雄镇"庙内之《察院禁约》（万历十四年，1586）和《均匀碑》（万历二十年，1592）。

⑥ 参见现立于山海雄镇庙前之《庙宇重光碑记》。

社。① 这一社区内部地域空间的划分，一直保持至现代。社区地域空间分化以后，山海雄镇庙继续保持全村主庙的地位，同时又履行南社社庙的职能。此后的几十年间，东、西、北三社也都建立了自己的社庙。这些社庙分别位于社区东面、西面和北面的入口；东社为三山国王庙，西社为北帝庙，北社则为"七圣妇人"庙。至迟在明代末年，樟林的社庙系统已经形成。

毫无疑问，南社的山海雄镇庙（也叫南社宫）拥有最高的地位和最大的影响力。它建立于樟林分社之前，一开始就是全村的主庙。分社之后，它在当地人观念中具有双重的意义。一方面，它是南社的社庙，每年巡游时南社每家每户都要捐钱，庙内祭祀的大王爷、二王爷、三王爷、大夫人、二夫人、三夫人、大舍爷（少爷）、二舍爷、督抚两院和花公花妈分别被请到10个地方供人祭拜和看戏（叫"坐厂"）。这10个"厂"都在南社的范围内。另一方面，山海雄镇庙仍然是樟林乡最"大"的庙，是全乡都有"份"的。虽然南社宫的神明只在本社"坐厂"，但正月二十日出游时，游神的路线却包括了南、北、东、西四社。直到现在，全樟林各家各户的门楣上每年游神后都会贴上一张盖有"山海雄镇"四字的神符，保佑平安。

东社三山国王庙（东社宫）建立的确切年代，已不可考。但该庙崇祯十一年（1638）已有一次大规模重修②，由此推测建庙的年代当在万历二十五年（1597）分社之后不久。《澄海县志》在记载各地社庙时，有"樟林社庙二，俱祀三山国王。一在东社，一在南社"的说法③，可见，东社宫和南社宫一样，其作为社庙的地位，是得到官府认可的，这一点使它相对于北社和西社的社庙，有了某种优越的地位。每年正月游神时，东社宫的神明在本社分坐8厂，但也可以巡游东、西、南、北四社的地界，西社宫和北社宫的神明则无此权利。至于与南社宫的关系，东社人的解释与其他人的说法完全不同。东社以外的乡人普遍知道一个传说，即南社宫的二王爷（或说三王爷）天性喜欢玩耍，一日到了东社的大埕，

----

① 《樟林乡土史料·上林氏记述》。
② 《樟林乡土史料·建庙募题序》。
③ 乾隆《澄海县志》卷七《坛庙》。

见有一个秋千架，就上去荡秋千，以后一连几天在此玩耍，不愿回宫。东社人见此，只好在大埕边上为他修了一座庙。所以东社宫内只有一位国王，而且庙前一直保留着秋千架，东社王爷巡游时，也要搭秋千架抬着巡游。东社国王巡游的日期紧跟在南社之后，前者是正月二十一日，后者为正月二十日。而东社人则宣称，从南社宫移到东社宫的是东社的三舍爷，原来两个社庙同日出游，有一次两支巡游队伍在城内相遇，打起架来，结果东社就抢了南社的三舍爷到东社，变成了东社的四舍爷。以后为了避免冲突，东社才主动把游神的日期推后一天。而且，南社游神经过东社宫时，东社宫要掩起门来，不然南社的三夫人见到其舍爷，就会哭起来。按照东社老人的说法，樟林乡最先是从东社发展起来的，南社宫也是从东社宫分香火分出来的。这些不同的解释反映了在地域支配关系中的不同立场。不过，在实际的社区内部关系中，东社的力量是难于与南社抗争的。直至康熙年间，东社人还是承认自己"地偏人贫，举手维艰"①。其时正值"复界"不久，乡内各社庙先后修复，唯独东社宫因本社没有有钱人，修复之事迟迟未举，"以至神像露处，任从风雨摧剥"，后来全社 146 丁每丁出银一钱，上梁之日又每家出米 5 升，才得以重建。②

北社和西社还有两个未被《澄海县志》记载的社庙，分别为七圣夫人庙和玄天上帝（北帝）庙。在口头传说中，七圣夫人原为西社社神，据说樟林寨在明末曾被一伙以"曾阿三"为首的海寇攻破③，西社的冤死鬼太多，经常作乱，七圣夫人皆为女流之辈，过于懦弱，无力弹压，只好辞职到北社当社神。玄天上帝来西社继任，把所有冤魂收起来压在自己座下，结果就无法出门巡游。根据《澄海县志》的记载，北社的七圣夫

---

① 《樟林乡土史料·建庙募题序》。

② 同上。

③ "曾阿三打破樟林寨"在当地是流传很广的传说，民国年间当地文人陈汰余所著《樟林乡土志略》对该传说有详细记述，但他也指出此事"无文献可考"（1945 年稿本，见"居民之来源""灾变""古迹"等部分）。据顺治《潮州府志·兵事部》载，明正统十一年（1446）潮州沿海确有土名"曾阿三"（即曾耙头）的大海盗活动，但樟林 110 年后才建寨。实际上，嘉靖四十二年（1563）九月确有一伙海盗洗劫过建寨仅 7 年的樟林（参见《樟林乡土史料·抄录呈明府主沟河界址》）；嘉靖四十四年（1565）十月大海盗吴平在官军追击下从饶平县凤凰山南逃，也是从樟林掠民舟出海的（《明世宗实录》卷五五四，嘉靖四十五年（1566）正月庚辰）。

人宫建于明崇祯五年至八年间（1632—1635），时任澄海知县的叶日藩题赠有"扶阳锡祉"牌匾①，至今仍悬挂于神龛前。西社的北帝庙又称"武当行宫"，其创建年代已不可考，当地人认为应在明代天启以前就已有该庙存在，因为天启四年（1624）西社贡生郑廷魁赴省考试，各社庙以庙金资助其路费（详后），西社北帝庙应在其中。后来郑廷魁为了答谢社庙，曾捐田十三亩作为北帝庙产业。② 现在北帝庙庙额上款有"雍正甲寅桐月之吉"字样，甲寅年即雍正十二年（1734），当地人认为这次工程只是一次重修。无论如何，北社七圣夫人庙和西社北帝庙至今没有神明巡游的仪式，确是事实。

尽管与各社社庙有关的传说、仪式和记载所反映的庙宇之间的关系并不"平等"，其背后所代表的各社在地域支配关系中的地位也有差别，但还是可以见到各社庙在公共事务中互相合作的例证。一次后来被再三提起的举措，就是前述天启四年（1624）西社贡生郑廷魁赴省考试③，"此人义烈为乡，应支各社庙金资助，遂得春闱"。清顺治十四年（1657）郑廷魁已在福建按察使任上，专门"具白金十两、匾额一个，于各社神庙以酬前礼"。④ 后来郑廷魁官至江南右布政使，是樟林及附近之苏湾都北部地区历史上所出的官位最高者，其子孙在地方社会中一直维持着很大的影响力。⑤

## 二 火帝庙创建与社区内部格局的转变

从嘉靖到康熙的100多年间，潮州地区经历了倭寇海盗之乱、清朝与

---

① 嘉庆《澄海县志》卷十六《祀典》。

② 同上。

③ 《樟林乡土史料·上林氏记述》记为"贡生郑廷魁往京"，误。今据康熙《澄海县志》卷十五《人物·清正》改正。

④ 《樟林乡土史料·上林氏记述》。

⑤ 郑廷魁从子郑以勋（铁侯）于顺治十一年（1654）成贡生，是时土匪作乱，知县王躬允劝其任樟林乡正，郑以勋捐资御匪，乡里因而免受骚扰。去世后，康熙二十三年（1684）知县王岱专门为他立神道碑，其孙郑英到乾隆十四年（1749）又重修此碑和神道。康熙年间廷魁之祖父、父亲均被封赠为大中大夫，廷魁又建敕书楼于西社祖祠前，供奉封敕。郑廷魁致仕后曾在此居住，以后郑氏子孙一直"世居其地"（《樟林乡土史料》；《樟林乡土志略》；乾隆《澄海县志》卷十《园第》；卷十六《宦望》；卷十七《行谊》）。

南明的战争、迁海和三藩之乱等一系列重大动乱事件，地方社会重新整合。樟林也经历了十余次的破寨复村、迁徙复归的反复，最后一次破寨是康熙十八年（1679），"五月初七日黎明，海寇邱辉率伙众数千劫掠我乡焉，里内物洗如空"①。前述社区内部的分化与各个社庙相互关系的变化，都是在这样的比较不安定的背景下进行的。康熙二十三年（1684）清政府统一台湾，同年开海禁，潮州沿海为时100多年的社会动乱局面终于告一段落。②

在长达几代人的由乱到治的时间里，随着韩江入海口周围泥坪、滩涂的围垦开发，樟林人已经成为韩江三角洲北部地区大片田园的所有者和耕种者，乡民生计逐步由以渔业为主转变为以农业为主。雍正九年（1731）朝廷应广东总督郝玉麟之请，裁复界后设于樟林城寨内的东陇河泊所，改设樟林巡检司。③ 这一转变，说明政府已正式承认樟林居民的身份从渔户或蜑户改变为一般民户。乾隆初年，樟林社区的地理格局发生了重大变化，与地域支配关系有关的各个庙宇之间的关系，也有了很大不同。这一转变，是在樟林逐步成为当时广东东部最重要的近海帆船贸易口岸的背景下出现的。

由韩江的支流北溪，经宋代人工开凿的运河山尾溪，进入韩江干流，直达潮州府城的水路，是传统时期韩江中上游地区最便捷的入海航运通道。而樟林就正好位于北溪入海口，所谓"河海交汇之墟"④，具有成为重要贸易口岸的地理条件。清代海上贸易性质的转变，使樟林港的兴起有了可能。康熙二十三年（1684）开海禁，四十二年（1703）规定"商贾船只许用双桅"⑤，使海上贸易成为合法的活动。康熙二十四年（1685）粤海关在澄海设5个税馆，樟林口为其中之一。⑥

乾隆初年开始，清政府鼓励本国商人从海外船运米粮回国。当时整

---

① 《樟林乡土史料·上林氏记述》。

② 参见拙作《明清之际潮州的海盗与私人海上贸易》，《文史知识》1997年第9期。

③ 《清世宗实录》卷一百零五，雍正九年四月戊戌。

④ 尹佩绅：《凤山记序》，《拨充凤伯庙祀祭香灯章程碑记》。

⑤ 《古今图书集成》，《刑典·律令部汇考三七》。

⑥ 嘉庆《澄海县志》卷十四《赋税》。

个韩江流域都是严重缺粮地区①，政府的鼓励对潮州商人从海外运米进口起了很大的促进作用，文献中经常可以见到澄海人从暹罗船运大米回国而被议叙的记载。乾隆《澄海县志》载："自海南诸郡转输米石者，尤为全潮所仰给。"②经由澄海从海外输入的米粮，对保证整个潮州府的粮食供应有重要意义，而樟林正是米粮进口的最主要口岸，是"商、渔船只停泊之处，米谷聚积之所"③。正是以大规模的米谷长途贸易为契机，樟林港从乾隆初年开始有了迅速的发展。嘉庆年间任澄海知县的尹佩绅指出，樟林已经是当时全县最重要的贸易口岸：

> 澄滨大海，民多业于海。樟林尤河海交汇之墟，闽商浙客，巨舰高桅，扬帆挂席，出入往来之处也。④

由于港口的发展，樟林社区内部出现了许多商号和店铺，原来位于南社与东社之间的贸易场所（即所谓"内市"）不能满足贸易的需要，乾隆七年（1742）经官府批准，在村子西面的原护寨河沟的两边荒地，建设了一个新的交易中心。据乾隆五十六年（1791）所立《樟林扩埠碑记》载：

> 乾隆七年，奉前县宪杨给示，招民户将樟林沟两旁沟乾荒地许民首建盖铺。东西两计共计建铺一百零二间，后接盖小木板，下面河沟沟水疏通灌溉。每年输纳官租，迄今四十九载，历输无异。至郑允信等十二间，地租向无输官，历纳元天上帝、土地爷两庙香灯。⑤

这一举措导致樟林社区地域格局的重大变化。

---

① 参见陈春声《市场机制与社会变迁——18 世纪广东米价分析》，中山大学出版社 1992 年版，第 34—36、54—57 页。

② 乾隆《澄海县志》卷二《埠市》。

③ 乾隆《潮州府志》卷三十四《关隘》。

④ 尹佩绅：《凤山记序》，《拨充风伯庙祀祭香灯章程碑记》。

⑤ 《澄海县文物志》，澄海县博物馆 1987 年铅印本，第 136 页，原书误"元天上帝"为"先王上帝"，现据笔者所见原碑改正。

首先，原在社区西面，与樟林隔河相望的塘西村，由于河沟两岸铺屋的兴建，与樟林连接了起来。在嘉靖《潮州府志》中，"塘西"是与樟林并列的苏湾都江北堡八村之一①，当时的"塘西"应该也是包括了若干散居的小村。万历二十五年（1597），现在的塘西地方开始有人聚居②，此后 100 多年间，塘西一直是一个独立发展的"村"。直至乾隆七年（1742），塘西和樟林之间仍然隔着一条深宽的河沟和一个大水塘。乾隆七年（1742）铺屋的兴建，特别是后来商业街区的迅速发展，不但使两个"村"在地理空间上的间隔不复存在，更重要的是在心理上也逐渐导致两村居民对一个统一的"樟林"的认同。尽管嘉庆十九年（1814）澄海知县李书吉重修《澄海县志》时，仍旧把"塘西"和"樟林"并列为两个独立的"村"③，但当地人已经逐渐把"塘西"视为"樟林乡"的一个"社"，原来塘西的主庙三山国王庙（塘西宫）也终于成为樟林乡的一个社庙。

其次，在原樟林乡的西北面，塘西乡的北面荒埔地上出现了一片新的居住区，后来成为樟林乡一个新的"社"——仙陇社。当地传说，此地原为一片沙丘，只有坟堆和一座破庙，乾隆八年（1743）以后开始有人居住。④ 此时距樟林开村已有 187 年，所以仙陇最开始时的名称叫"新陇"。仙陇的东面与原来的樟林乡有一条河沟相隔，南面与塘西隔着很宽的水塘，但是这些水面两边后来都变成了商业街区，仙陇也就与樟林连成了一片，成为社区的一部分。

最后，以乾隆七年（1742）在河沟两旁兴建的店铺为核心，商业街区的范围继续扩大，与之相邻的南社、东社、塘西和仙陇等社也有部分街巷逐步被商铺所占据，最后在包括塘西和仙陇的新的社区中央，出现了长发、古新、广盛、仙桥、洽兴、顺兴、永兴和仙园 8 个商业街区。光绪年间当地流行的《樟林游火帝歌》描述了"八街"兴盛时的面貌：

---

① 嘉靖《潮州府志》卷八《杂志》。
② 参见《澄海县地名志》，澄海县人民政府测绘地名办公室 1986 年铅印本，第 33 页。
③ 嘉庆《澄海县志》卷八《都图》。
④ 《澄海县地名志》，第 31 页。

只等按下不必言，唱出八街人知端。第一有钱长发厂，第二有钱永兴街，沽行豆行全整齐。第三就是西门外，西门一厂人俱闲，厂名叫作古新街。第四仙桥近涵头，高楼茶居也都齐。第五就是洽兴街，洋货交易在外畔。第六顺兴多洋行，也有当铺甲糖房。第七广盛销海味，亦有扣枯共牵罾。第八仙园四角街，酒坊药行也大间。①

这样，至迟在乾隆末年，樟林的面积比原来扩大了一倍，包括这八个商业街区，以及东、西、南、北、塘西、仙陇六社，以后人们一直用"六社八街"这一说法来描述"樟林埠"的地理格局。而地理格局的改变，又导致了社区内部神庙系统及其相互关系的重大改变。

最为引人注目的变化是，山海雄镇庙作为全乡主庙的地位，被位于八街街口新建的"火帝庙"所取代。据称，火帝庙建于樟林扩埠的次年，即乾隆八年（1743），关于建庙的因由，本地流传着一个妇孺皆知的故事：

> 父老相传，清代中叶，樟林以通洋港口名噪沿海诸邑，商业发达，人口兴旺。然铺户常遭火患，商贾不胜其苦。有杨天德者知本县，视事樟林司，喻民所苦。杨通五行，精堪舆术，谓樟林常欲火者，莲花山其源也。山系炉灶，樟河沟乃其通天火管，必使之为阴沟，空其火南行出海，始无患。又踏勘相基，自为分金字向，教建火帝庙于河沟中游，祀赤帝以制回禄。后火灾果锐减，民德之，特制禄位牌一面，高二尺，宽数寸，绿底金字，文曰："澄海县正堂天德杨公长生禄位"，并祀火帝庙，每值岁之二月中旬，随南极大帝出游，并设一厂以供游罢休息。②

笔者查乾隆以后的有关方志，澄海县并无一个叫"杨天德"的知

---

① 陈春声：《从"游火帝歌"看清代樟林社会——兼论潮州歌册的社会史资料价值》文后附有《樟林游火帝歌》全文，可供参考。

② 参见黄光舜《闲堂杂录》卷一《楹联·河沟顶火帝庙》。

县。从《明清进士题名录》中，知道雍正庚戌科云南楚雄县出有一名叫杨天德的进士，嘉庆《楚雄县志》载其出任过广东顺德知县。据广东的有关县志记载，他于乾隆八年（1743）任封川知县，十一年（1746）任保昌知县，十四年（1749）调署琼山知县，十六年（1751）又回到保昌任上。① 在所有的官方文献中，找不到这个叫杨天德的人曾出任澄海知县的记载。有意思的是，当地人在知道上述疑点之后，仍然坚持这个故事的真实性，他们的解释是："杨天德任封川知县之前在广东候补过一段时间，乾隆七年（1742）短期署理过澄海知县……或因署理时间过短而县志不载。"②

以杨天德为中心的这个故事，渲染的重点在于杨天德的身份和有资格参与建庙决定的各色人等的地位。根据《樟林游火帝歌》的说法，除了杨天德外，樟林司巡检和六社乡绅都参与了建庙的决定过程：

> 当时上轿游入城，直入武庙关爷厅，和尚闻知来迎接，接入县主到大厅。杨爷下礼拜神明，和尚擂鼓共敲钟，拜毕进入后堂来，和尚进茶不迟停。樟林司爷一闻知，慌张也到武庙来，六社乡绅也尽到，礼毕坐下言东西。

这样的说法不但赋予火帝崇拜以正统性的色彩，而且暗示着火帝庙的建立从一开始就得到地方上最有势力者的承认。关于杨天德的故事、在火帝庙中为杨天德建立长生禄位的安排、每年二月游火帝时为杨天德设立专"厂"拜祀和以全套知县执事抬着杨天德牌位为火帝神像开道的做法，为火帝的主神地位提供了一种具有象征意义的文化合理性。

那么，实际上真正有资格建设和管理火帝庙，并可能大力渲染以上传说的是什么人呢？从火帝庙建于"八街"街口，传说中建庙的直接动

---

① 参见嘉庆《楚雄县志》册七《人物》、乾隆《保昌县志》卷八《职官》、咸丰《琼山县志》卷十三《职官》。

② 黄光武：《云南进士广东知县——杨天德生平简介》，《澄海文史资料》第9辑（1992年10月）。

因在于防止商铺火灾这两点已可推想，火帝庙最初可能是八街商人的庙宇。后来火帝成为樟林全乡的主神，成为社区中唯一可以游遍全乡的神明，除了地理格局变化等因素外，或者反映随着海上贸易的发展，商人在这个港口市镇上地位和影响力的提高。从每年二月火帝巡游的仪式中，可以明显看出商人的势力和影响。

火帝巡游的活动从每年二月初一日开始，至二月十五日游神正日结束，历时半个月。社区内部地域关系的方方面面，在一系列的仪式上得到充分展现。

二月初一至十四日的主要活动是以"八街"为中心的"坐厂"。长发、古新、广盛、仙桥、洽兴、顺兴、永兴、仙园每街各设一厂，分别摆放火帝、夫人和6位太子的神像，其中摆放火帝和杨天德牌位的一厂为"大厂"，余为"子厂"。"大厂"和"子厂"按顺序在各街轮流设立，各街区每隔8年就有一次设"大厂"的机会。火帝"坐厂"严格限制在"八街"的范围内轮流，说明它确实是"八街"的神明。除了帝君、夫人，刚好有6位太子，正好一街一厂，也不能不是有意识的安排。

对于在商业活动中发展起来的"八街"来说，"坐厂"提供了充分展示其经济力量的机会。正月下旬起八个街区的上空已全部盖上蓝白相间的长大布幅，以遮阳光及防春雨，叫作"挽天"。"神厂"设在商铺里面，被选中的铺号要歇业半月。"大厂"一般要占两个铺面。"神厂"以榕树枝叶扎成彩门，门口挂上灯柜和各种灯饰，厂内布置典雅，摆放红木桌椅、醉翁椅、花几、名人字画、盆景等，入夜还请有清音小锣鼓，奏乐配唱。各厂陈放的花灯大多是从潮州府城订购的。① "坐厂"和巡游的费用完全由八街上的商号捐题，不需向一般的民户摊派。

按照当地人的讲法，火帝"坐厂"长达半个月，实际上是八街商人想多赚钱的一种安排。樟林的火帝巡游在周围地区闻名遐迩，澄海、海阳、饶平、南澳和福建的诏安各县的人，都专门来樟林看游神和花灯。这些人在樟林的亲戚朋友家中一住半月，每天上街观灯、看戏、听曲，

---

① 可参见李绍雄《粤东古港樟林二月花灯盛会纪要》，《汕头文史》第11辑，"潮汕文化丛拾"，汕头市政协文史资料委员会1992年版。

无疑会使八街的商店多做生意。还有火帝忌水，而农历二月十五日粤东已届春雨时节，游神日遇到下雨就必须顺延，称为"挨日"。有时雨水不停，一拖就是十天半月，令家里住满亲戚朋友的人家叫苦不迭：

> 亲情（戚）来到一大堆，可比一群蛀米龟。城市之人爱脸面，宰鸡杀鸭掠池鱼。

传说中，有时为了招待久住不走外地客人，樟林人连耕牛都要卖掉。所以，当地人常常无可奈何地抱怨，"挨日"的惯例也是八街商人为了多做生意想出来的鬼主意。

正月十五是游神"正日"，在各个街区"坐厂"的神明会集在一起，由杨天德的牌位和全套知县执事开路，在"乡绅耆老"的伴随下，巡游六社八街。巡游路线同样显示"重八街、轻六社"的原则，游神队伍至少经过八街4次，走遍每一条街道。而在六社则只是从每社的中间一穿而过，主要是为了经过各社社庙的门前。

直至今日，整个社区的人仍然承认火帝庙是全樟林的主庙。

随着社区地域格局的变化和火帝庙主庙地位的确立，各社社庙的地位及其相互关系也发生了变化。这种变化同样在火帝巡游的仪式中得以表达。

随着塘西成为"六社"之一，原来塘西村的主庙成为樟林的一个社庙。塘西宫至迟在清初已经建立，乾隆二十七年（1762）前后有过一次大规模的重建①，由于塘西有100多年独立发展的历史，塘西宫在樟林的六个社庙中具有仅次于山海雄镇庙的地位。每年正月十二，塘西社国王出巡，是樟林各社神和其他神祇巡游的开始。正月十五火帝巡游"正日"，分别在八街"坐厂"的火帝、夫人、六位舍爷和杨天德牌位等，都要到塘西国王庙前集中，由此出发开始一天的巡游。塘西社的长老摆香案在此跪送"圣驾"，并准备一台潮剧或外江戏昼夜演出。塘西宫前是游神当天仅次于山海雄镇庙仪式最为隆重的地方。不过，塘西宫内只祭祀一位国王和夫人，并且没有督抚两院，比起山海雄镇庙仍然逊色许多。

---

① 《李兴芳长生禄位碑》，见黄光舜《闲堂杂录》卷三《文献》。

更为重要的是，现在塘西人也普遍认为塘西国王庙只是塘西人所有，而山海雄镇庙他们也是"有份"的。

另一个引人注目的变化是，北帝庙丧失了作为西社社庙的地位。前引《樟林扩埠碑记》提到，乾隆七年（1742）樟林扩埠时，有"郑允信等十二间，地租向无输官，历纳元天上帝、土地爷两庙香灯"，被称为"香灯铺"。乾隆五十六年（1791）还立碑再次强调这些香灯铺的地位，说明当时北帝庙尚未衰落。而现在我们见到的北帝庙已经香火稀落，满目疮痍，早已失去西社社庙的地位。这种情况与火帝庙兴起有直接的关系。按一般的理解，北帝属水，与火帝相克，而火帝庙偏偏就位于与北帝庙隔河相对的位置。所以，火帝巡游的路线（本地人叫"安路"）要七弯八拐地避开玄天上帝庙前的一段路。但是，火帝成为全乡的主神后，每次巡游一定要经过各社社庙，各社耆老也要在本社庙前掇香恭迎火帝"圣驾"，西社社庙同样不能不去。结果就只能是北帝庙丧失其社庙的地位。前述北帝要坐镇庙内压制冤魂的传说开始流传，西社人为了有一个可以出巡的社神，就把原在村外山脚井仔泉地方的土地神（称"感天大帝"）请到村内，为他修了一个行宫，每年正月二十九日抬出来巡游。开始时只是巡游那几天才把神像请到行宫摆放，后来就干脆不再送回井仔泉旧庙。这样，感天大帝庙终于取代玄天上帝庙成为西社的社庙。火帝巡游时与西社有关的仪式，都在新的社庙前举行。

南社的山海雄镇庙是火帝唯一在"八街"外"坐厂"并供人祭拜的地方。南社提前在此搭建了高大的安放神轿的棚子（即"厂"），供游神队伍中午吃饭时安置神像。神像对面同样搭有戏棚，连演几天大戏。二月十五日中午吃饭时，这里热闹非凡，成为一个祭祀中心。笔者多次在当地参加游神活动，也在多个不同场合下问有份抬神轿的人，为什么中午火帝要在南社宫前"坐厂"，得到的回答基本一样：南社宫国王很大，全乡有份，所以火帝要在这里停一停。不过，社区重新整合之后，火帝是唯一可以巡游六社八街的神明。虽然塘西和仙陇的居民后来也认为山海雄镇庙自己"有份"，也在自己的门槛上张贴"山海雄镇"的神符，但山海雄镇庙国王巡游的范围始终只限于南、北、东、西四社，而不进入塘西和仙陇二社的地界。

仙陇社庙（仙陇宫）的建立在乾隆二十四年（1759）[①]，也是祭祀三山国王。仙陇社建立最晚，可能最初本社的居民在社区内部也比较没有地位，因此存在着一些含有歧视、压制成分的关于仙陇的传说和禁忌。外社人一直传说仙陇宫国王头上长有一只螺，形象凶，实际上并非三山国王。而且仙陇的国王非常"孤毒"（潮州话，极端小气、排外之意），外社的人不得进入仙陇宫，进去了一定会有报应。因此仙陇宫一直只限于本社人拜祭。樟林的绝大多数人终身不敢进入这间阴森而神秘的小庙。又传说仙陇宫国王的座下压着许多凶神恶煞，国王一离开，这些魔鬼就会作乱害人，故仙陇宫的国王不能巡游。据说，20世纪曾巡游过两次，20年代巡游一次之后就闹农会；30年代末又巡游一次，次年日本兵就烧了整个仙陇社。

经过清代中叶开始社区的重新整合，樟林形成了以八街的火帝庙为主神，下有六社社庙，社庙之下再分24座土地庙（福德祠）的神庙系统。[②] 土地庙的祭祀范围叫"地头"，是次于社的地域信仰单位。每年正月二十九日是土地庙举行较大祭祀活动或土地爷巡游的日子。[③] 这样的格局一直维持到现在。

## 三　"官方庙宇"的建立及其意义

在主神—社神—土地庙的系统之外，樟林还有多座具有明显官方色彩的庙宇，是由地方官员和绿营官兵建立或参与建设的。这些庙宇在社区内部的生活中意义各不相同，但其发展同样反映了地方社会的变迁。

康熙三年（1664）迁界之前，樟林和塘西地方并无设置任何官府的机构。康熙八年（1669）奉旨迁民归复开耕，同年迁东陇河泊所署于樟

---

① 《东里镇大事记（1743—1911）》，东里镇志编撰办公室1989年油印本，第2页。据黄光舜《闲堂杂录》卷二十《年表》，仙陇宫原有《仙陇国王庙碑记》，记该庙建于乾隆二十四年（1759），该碑记已佚。

② 陈国梁、卢明：《樟林社会概况调查》，中山大学社会研究所1937年版，第67—70页。

③ 有关樟林土地庙的信仰和祭祀情况，作者将另文进行讨论，限于篇幅，本文的分析只及于社庙这一层次。

林①，樟林始有官方行政机构之设。雍正九年（1731）"裁广东澄海县东陇河泊所大使缺，改设樟林镇巡检一员"②。樟林巡检司是当时澄海县的两个巡检司之一，其管辖范围并不限于樟林本乡，而是包括了苏湾都北部的大片地区。

康熙八年（1669）复界时，在东、西、南、北四社的中央修建了一个城寨（当地人称为"城仔内"），周围一百四十丈，高一丈四尺。③城内设澄海协右营守备署和樟林母汛④，乾隆年间守备署有马、步兵660人，营房73间，专辖澄海县沿海地区的水陆汛地18处。樟林汛为右营守备下辖的6个母汛之一，有营房9间，汛兵24名，并辖苏湾都北部的东陇、鸿沟、盐灶、九溪桥4汛。⑤

设于"城仔内"的官方机构，还包括康熙二十五年（1686）设置的樟林急递铺。⑥由于这种地域性的政治中心和军事重地的地位，官员们在这个港口乡镇有较强的影响力和控制力。他们不但参与了火帝庙和一些社庙的祭祀活动，而且自己出面在樟林建立了多座有明显官方色彩的庙宇。

樟林巡检司是社区内部最重要的官方机构，巡检也参与每年一度的火帝巡游活动，其最重要的仪式是二月二十三日晚上的"分标"。从二月初火帝开始"坐厂"之时起，巡检司署即张灯结彩，表示"与民同乐"。火帝巡游的前两天晚上，八街的锣鼓、花灯、彩旗（当地人叫"标"）队伍要先集中到"城仔内"为巡检司署作表演，而"司爷"和"司奶"也亲自颁发银牌、"标仔"（小旗），以示奖励之意。此外，南社的山海雄镇庙和东社的国王宫游神之日，"安路"的最后一站也是巡检司署，抬神轿者要在司署门前将神轿高高举起，据说是为了让"司爷"和"司奶"可以看到本社的神明。这个仪式叫"撑安"。

---

① 嘉庆《澄海县志》卷四《文署廨》。

② 《清世宗实录》卷一百零五，雍正九年四月戊戌。

③ 乾隆《潮州府志》卷六《城池》。

④ 康熙二十三年（1684）右营守备署移住约20里外的南洋，乾隆八年（1743）再迁回樟林，直至清末。

⑤ 乾隆《澄海县志》卷十《营汛》。

⑥ 乾隆《澄海县志》卷十《塘铺》。

樟林乡内直接由官员出面兴建或参与建设的庙宇有关帝庙、朱子祠（后改文昌庙）和风伯庙等。

关帝庙位于"城仔内"右营守备署东南侧，是绿营官兵祭祀的庙宇，一直由右营守备管理和控制：

> 关帝庙，在樟林城堡南门内。康熙年间建。乾隆九年甲子右营守备谢英重修。嘉庆六年辛亥守备谢富、绅士陈先等重修。①

根据当地人的传说，城内关帝庙盖建时岁干支与关羽生年相同。据此推算，当建于康熙十七年（1678）。②其时距右营守备署在樟林设立不到10年时间。据《樟林游火帝歌》的说法，乾隆初年知县杨天德来到樟林，就是在关帝庙中，与巡检司官员和六社乡绅商议建立火帝庙之事的。由此可以知道，关帝庙也是乡绅与官员们议事的地方之一。

朱子祠在"城仔内"河泊所署（即后来之巡检司署）西侧，距城寨西门不远处。据称建于明代万历年间，参与其事者为"乡间俊彦"。③但康熙末年该庙已被营勇占据，雍正元年（1723）澄海知县刘琦龄出面赶走营兵，重修此庙。④根据苏湾都盐灶乡进士李嵩德所撰之《苏湾北考亭朱子祠碑记》，朱子祠为苏湾都北部（当地人称为"苏北"）地区的士子所共有，其时出面"白诸邑侯刘公琦龄"的，包括了"苏北"各乡的士绅，重修时也是"同都人士起而葺之"，而不独限于樟林一乡之人。⑤

不过，朱子祠建立以后，"历年有所倾圮剥落，且司署侵其右，兵营塞其前，不久恐鞠为茂草矣"⑥，这次占据朱子祠的是巡检司署。⑦结果，嘉庆十五年（1810）诸生请知县齐守业再次"清复"，并依嘉庆六年（1801）所颁"文昌帝君主持文运，福国佑民。崇正教，辟邪说，灵迹最

---

① 嘉庆《澄海县志》卷十六《祀典》。
② 参见黄光舜《闲堂杂录》卷二《年表》。
③ 李嵩德：《苏湾北考亭朱子祠碑记》，乾隆《澄海县志》卷二十五《艺文》。
④ 乾隆《澄海县志》卷七《坛庙》。
⑤ 乾隆《澄海县志》卷二十五《艺文》。
⑥ 李书吉：《樟林文昌庙碑记》，嘉庆《澄海县志》卷二十五《艺文·碑记下》。
⑦ 嘉庆《澄海县志》卷十六《祀典》。

著。允宜列入祀典，用光文治"的诏令，将朱子祠改建为文昌庙，"左配韩文公，右配朱文公"①。文昌庙的重建工程于嘉庆十七年（1812）三月完工，其时知县齐守业即将卸任。继任之李书吉于次年参谒新建的文昌庙，应诸生之请，撰写《樟林文昌庙碑记》②，并拨沙坦为文昌庙产业：

> 又询之祭费，则称也酿收事。噫，是何可久耶？适查有大新围堤外新涨沙坦一百二十五亩，进士洲旁新涨沙坦五亩四分，狮山脚堤外靳涨洲畔五亩五分，未经人报升，拨归帝君庙以作祭费。

嘉庆十九年（1814），李书吉又于樟林文昌庙内设义学，延师课徒。规定上述庙田中，一百二十五亩沙坦的租银作为"延师束脩之用"，其余部分的收入作为祭费。③ 自此，文昌庙成为"苏北"士夫文人的庙宇，其日常祭祀、产业管理以及与田土相关的诉讼，都由"庙内文武绅衿"（即所谓"司事"）负责。属于文庙所有的最大一块沙坦也被称为"秀才坪"。④ 光绪十年（1884）署澄海知县葛兆兰为"秀才坪"（又名"煎匙围"）被外人强占事，会同沙田局官员亲到该地踏勘，出示勒石，"联衔禀奉批准归还樟林文昌庙祭业"。⑤ 同时，发出田产执照，归樟林文庙绅董附贡生陈荣光、陈之纲，廪生陈士祯、陈炳章等收执，也立碑为记。⑥从朱子祠到文昌庙的 100 多年发展中，我们见到了县官和本地士绅合作，在樟林保持一个地域性的有鲜明士大夫色彩的庙宇所做的不懈努力。不过，不断发生庙宇、产业被营兵和外人强占之事，可能反映这类士大夫的庙宇在民间仍然缺乏广泛而有力量的信仰基础。

风伯庙建立于嘉庆二十四年（1819），主事者为澄海知县尹佩绅。嘉庆十年（1805）樟林发生了惊动朝廷的林泮、林五私通海盗案，两名主

---

① 嘉庆《澄海县志》卷十六《祀典》。

② 嘉庆《澄海县志》卷十五《学校》。

③ 嘉庆《澄海县志》卷十五《学校》。

④ 《樟林苏北文庙碑记》，《澄海县文物志》，澄海县博物馆 1987 年铅印本，第 144—145 页。

⑤ 《苏北文庙煎匙围田告示》，《澄海县文物志》，澄海县博物馆 1987 年铅印本，第 146—147 页。

⑥ 《苏北文庙煎匙围田执照》，《澄海县文物志》，澄海县博物馆 1987 年铅印本，第 147—148 页。

犯被处决后，其家产全部没官变卖。① 嘉庆二十四年（1819），尹佩绅捐俸200两，倡导"镇市中商民"合力捐资共六百八十两，购买林泮没官住宅"大夫第"一座共30间，改建为风伯庙，亲自"虔具牲醴以致祭于风伯之神"②，并在庙前竖立《樟林镇鼎建风伯庙碑记》。③ 据他的说法，在樟林鼎建风伯庙是因为其在海外贸易中的重要地位：

> 樟林，澄之钜镇也。旧无风伯庙，自余宰是邦，越五岁而庙始建焉。夫建庙者何？祈风若也。建于樟林者何？澄滨大海，民多业于海，樟林尤河海交会之墟，闽商浙客，巨舰高桅，扬帆挂席，出入往来之处也。是非风不为利，非风伯之庇不为功。④

风伯庙建立之初，"堂之位仅奉木牌，未及虔塑神像以昭灵爽"⑤。次年潮州天旱米贵，青黄不接之时尹佩绅再到樟林，劝谕商人往台湾、厦门运米回潮接济。他把此次米粮海运顺利归功于风伯的保佑，为其塑造神像。当年十二月"又捐廉银二百二十余两，自买充公四围田十五亩，以俾吾民供奉，永为祭业"。⑥ 其时风伯庙已有"董事职员"三人，但尹佩绅仍认为"庙无主持，何以洁庙宇"，又于道光二年（1822）延请僧人为风伯庙住持。同年，再把东陇港外的泥坪拨归风伯庙收管，每年召佃收割咸草，可得租银四十元。为此事，他又竖立了《拨充风伯庙祭祀香灯章程碑记》。道光六年（1826）和道光七年（1827），尹佩绅再次把两处沙坪和一处铺屋拨归风伯庙，使风伯庙庙产每年收入的租银达126元。⑦ 道光七年（1827）四月，在即将离任之际，尹佩绅对风伯庙的祭祀和庙产管理仍十分关注，又写了《谕风伯庙司事值办祭祀》一文，要求对风伯庙的祭祀礼仪、田产管理和日常开支议定章程，造立

---

① 有关"二林案"的详情，可参见黄光武《嘉庆二年澄海二林通匪案》，《潮学研究》第5辑，汕头大学出版社1996年版。

② 尹佩绅：《凤山记序·祭风伯神文》。

③ 尹佩绅：《凤山记序·樟林镇鼎建风伯庙碑记》。

④ 尹佩绅：《凤山记序·拨充风伯庙祭祀香灯章程碑记》。

⑤ 尹佩绅：《凤山记序·樟林镇鼎建风伯庙碑记》。

⑥ 尹佩绅：《凤山记序·拨充风伯庙祭祀香灯章程碑记》。

⑦ 尹佩绅：《凤山记序·拨充风伯庙祭祀香灯示》。

册籍，以专责成。① 同时，他又再次在风伯庙立碑（即《拨充风伯庙祭祀香灯示》），详细开列嘉庆二十五年（1820）至道光七年（1827）历次捐置和拨归风伯庙的田产所在、面积和租银，并规定了风伯庙每年祭祀的方式：

> 为此示谕各行商、船户、乡民人等知悉，尔等各宜遵照。每值春秋祭祀，讫集伺候本县致祭。所有捐拨田产租银，届期着该司事征收，按照议定章程办理祭品物件，毋致临期周章。

以尹佩绅的知县身份，这样关注一个乡镇上的庙宇，是相当罕见的。

除了关帝庙、文昌庙和风伯庙这些直接由官员建设的庙宇外，樟林还有一个主要由商人建立，但也有明显官方色彩的庙宇，这就是著名的新围天后宫。该庙宇位于村外东南面接近港口入海处的新围地方，建于樟林港贸易最繁盛的乾隆五十二年（1787）至乾隆五十七年（1792）间，是当时广东全省最大的天后宫。这座天后宫的建筑据说是以福建泉州的天后宫为蓝本的，其形制和规模至今仍被当地文人引以为荣。其东西两庑有乾隆五十六年（1791）所立的 22 块建庙捐款碑，从碑记的内容可以看出，捐款者包括了粤东、闽南沿海数县的官员和士绅，也包括了来自韩江上游的嘉应州和大埔县的信众，而最主要的捐献者则是樟林港的"商船户""众槽船舵公"和商号。每年天后诞时，前来拜祭的包括了闽粤交界地方数县的信众，可谓盛极一时。不过，在田野调查中作者的一个深刻印象是，由于新围天后宫的祭祀范围远远不只限于樟林一乡，这个后来被外来的访问者视为樟林古港最重要标志物的天后宫，与社区内部的社会生活似乎并未有密切的联系。近代以后，随着樟林港的衰落，这一特点就充分地表现了出来。

## 四 "信仰空间"的历史与社会心理内涵

通过以上讨论，可以发现，至迟到清代嘉庆年间，樟林已经存在着

---

① 尹佩绅：《凤山记序·谕风伯庙司事值办祭祀》。

一个由火帝庙—各社社庙—各地头土地庙等构成的庙宇等级系统。在这个系统之外，关帝庙、文昌庙、风伯庙和新围天后宫等具有明显官方色彩，其建立和运作包含有较多"外来"因素的庙宇也同时存在着，各有其意义和功能。该庙宇系统以及庙宇之间相互关系的形成，经历了数百年漫长的历史演变过程。与其说某一"共时态"中所见之乡村庙宇的相互关系，反映的是特定地域支配关系的"空间结构"，还不如将其视为一个复杂互动的、长期的历史过程的"结晶"和"缩影"。"信仰空间"实际上"全息"地反映了多重迭合的动态的社会心理的"时间历程"。

民间神祇的"信仰"在很重要的意义上，表达的是大众心理的认同。在樟林乡，这种认同常常表现为乡民们"有份"和"无份"的感觉。"份"是一种相当微妙的情感，一个塘西人对你讲塘西宫他"有份"时，与讲山海雄镇庙他也"有份"时的感觉，是有很大差别的；对于山海雄镇庙来说，南社人讲的"有份"和塘西人讲的"有份"意义也很不相同。火帝巡游时从周围各县赶来参加仪式的人，尽管他们不是樟林人，但跋涉百十里来凑热闹，心里难免还是以为这个活动他（她）是"有份"参与的，但这种感觉自然与樟林本地人参加仪式的"有份"感觉相去甚远。"份"的感觉又是随着时间的推移而不断变化的，火帝庙出现前后，西社北帝庙的地位截然不同，既然习俗和现实的力量都不允许西社人都"有份"的北帝庙继续作为社庙，他们就选择了另外找一个可以巡游的神明作为大家都"有份"的社庙。而在此之后，我们却听到其他社的人说，这个日渐破败的庙宇原来整个樟林都是"有份"的。山海雄镇庙地位的不断变化，也是一个有意义的例证。"份"是交叉的、多重迭合的，一个乡民心目中可以有对于许多庙宇的层次不同的多种"有份"或"无份"的感觉，而对于同一个庙宇或同一个仪式，董事司理者、参与表演者、一般乡民和看热闹的外乡人的"有份"的感觉也很不一样。把这些"有份"和"无份"的复杂关系，放置到像樟林这样一个社区的动态的神庙系统之中去，其实际的存在形态，其实是难以用"祭祀圈"或"信仰圈"之类的简洁的分析性概念来把握的。对"信仰空间"的历时性的过程和场景的重建与"再现"，常常更有助于对实际社会关系的精妙之处的感悟与理解。

用分析性概念把握"有份""无份"之类的感觉的困难，并不意味着在现实生活中"有份"和"无份"的界限是软弱的和可有可无的。实际上，正是这些微妙的难以言明的感觉，在更加深刻的层面上决定了现实社会生活的形式与内容。这一点，我们可以通过清末民初樟林有官方色彩的庙宇的命运来说明。

先看看新围天后宫的结局。如前所述，由于新围天后宫的创立者有许多是外来的官员、商人、船主和水手，其祭祀范围也远远不只限于樟林一乡，这个后来被外来的访问者高度重视的庙宇，与社区内部的社会生活似乎联系比较疏远。在樟林还是一个贸易口岸的时候，许多外来的客商、船户、舵公等在此居住，他们的信仰和财力足以支持一个大规模庙宇的运作，天后宫与社区内部的关系亲疏并不直接对庙宇的命运产生影响。但是，一旦港口衰落和社区性质发生变化，情况就不同了。

咸丰以后海上贸易的性质发生了重大改变，汕头开埠和机器轮船的使用，导致了樟林港传统贸易方式的衰落。港口衰落以后，由于庙宇的主要支持者的离开，新围天后宫日渐破败。经过 1918 年的 8 级大地震和 1922 年"八二风灾"，天后宫的大门和正殿倒塌，仅余两庑和殿后的"梳妆楼"。1949 年以后，其地成为民居。近年在此居住、自称来自莆田的林姓人家，重新为天后设立小神龛拜祭，但香火极为稀落。而且，根据调查时得到的印象，这些自称妈祖后人的林姓人家在此居住，其目的与其说是要延续妈祖的香火，还不如说是等待这个已经被列为县级重点文物保护单位，而且时有重建呼声的庙宇修复时得到一笔搬迁的补偿费。不过，迄今为止，恢复新围天后宫的工作并无实际进展。

其他几个"官方庙宇"的结局，也与新围天后宫相仿。光绪三十一年（1905）废科举考试后，文昌庙当年就改建为进行新式教育的养正学堂；民国初年养正学堂改名为切正小学；1916 年又在庙址改办翠英高等学校；1931 年成为区立第二高等学校。现在此地为樟林中学的一部分。宣统元年（1909）以后，风伯庙一直是学校所在地。是年在此地建立广智高等小学、1931 年改称为区立第一高等小学、1946 年在此地建立了苏北初级中学，直至 20 世纪 90 年代初，风伯庙旧址仍为苏北中学所在地。[1] 关帝庙

---

[1]　参见陈国梁、卢明《樟林社会概况调查》，中山大学社会研究所 1937 年版，第 40 页；陈汰余：《樟林乡土志略·建设》，《东里镇大事记，1911 年以后》，东里镇志编撰办公室 1989 年油印本。

至宣统年间仍然存在，宣统元年（1909）出版的《澄海乡土地理教科书》中，樟林城寨内仍有关帝庙。[①] 辛亥革命后，关帝庙和右营守备、樟林母汛营房都成为民居，50 年代在关帝庙旧址建立了樟林诊所。可见，清末民初的重大社会变动，使这些带有明显"官方色彩"的庙宇失去了存在的基础。近 20 年由火帝庙—各社社庙—各地头土地庙等构成的这个庙宇系统得以重建和恢复活动，连建于路边的极不起眼的猴爷、曰妈之类等蕞尔小庙都有人出面重建，但从来没有人提出过重建关帝庙、文昌庙和风伯庙的建议。

这些有明显"官方色彩"的庙宇，从一开始就具有"外来"的性质。尽管关帝、文昌帝君、风伯神和天后都是列入王朝祀典的神明，不管地方官员和客商船户在这些庙宇的建筑、祭祀仪式和庙产管理上花费了多大心血，这些庙宇实际并未完成"本地化"和"民间化"的过程，庙宇与社区的日常生活始终有较大距离，当地百姓事实上很少对这些比火帝庙和社庙更有"正统性"的庙宇产生"有份"的感觉。官员和客商一旦离开，庙宇的衰落就不可避免了。

与之形成鲜明对比的是火帝庙的命运。火帝庙直至 20 世纪 40 年代末仍然保持其作为全乡主庙的地位，香火很盛。我们访问过的老人，都绘声绘色地描述三四十年代火帝巡游的盛况。50 年代初，民间宗教活动被全面禁止，"大跃进"时火帝庙也因扩建马路被拆除。由于 1957 年对资本主义工商业的社会主义改造，"八街"商人已不复作为一个有影响的社会阶层而存在。在行政区划上，原"八街"被并入西社之中，成为今日的河美管理区。实际上，原来支持火帝庙的主要社会力量，已经不复存在。然而，火帝庙已经有 100 多年的作为樟林主庙的历史传统，樟林全乡人都认为自己"有份"。结果 80 年代政治环境稍微宽松，火帝庙就马上在原址附近的马路中央得以重建，一年一度的"坐厂"游神活动又恢复了。为游火帝事，地方政府与当地百姓屡有矛盾发生，但屡禁不止，游神规模越来越大。与前不同的是，重建的火帝庙已不再是商人的庙宇，火帝巡游的费用也转由原"六社"地域内的有钱有势者承担，火帝、夫人、太子和杨天德牌位"坐厂"的地点也由这些势力所控制，不再局限

----

① 蔡鹏云：《澄海乡土地理教科书》，上海翠英书局 1909 年版，第 5 页。

于"八街"的范围。例如 1992 年火帝巡游时，原来无权设"厂"的塘西社因有几个致富者出了大钱，竟然设了三个"厂"，而原来"八街"范围内，仅在中山路（原来的长发街）一地，由一帮有势力的人设了一"厂"。实际上，近年来"恢复"的火帝巡游，已经由原来的"八街"商人控制社区的活动，变性为农业社区中暴发势力显示其政治、经济力量的仪式性行为。而他们之所以选择火帝巡游作为"合法地"表达力量的场合，归根结底还是因为这个场合全乡都"有份"。

传统的政治力量消退以后，"官方庙宇"的衰落，并不意味着"国家"的观念在乡民的信仰意识中无关紧要。实际上华南乡村社庙的出现，正是明王朝在乡村地区推行里甲制度，在里甲中建立"社祭"制度变化的结果。李书吉特别在其编修的《澄海县志》中提到社庙与里社之祭的关系：

> 里社庙，邑无虑数百。盖废里社而祀于庙者也。社神居中，左五土，右保生，并设总督周公有德、巡抚王公来任（以其有展复功，民怀其德）。岁时合社会饮，水旱疠灾必祷，各乡皆同。[1]

明初国家推行的社祭制度后来变成一种文化传统，尽管露天的"社坛"变成有盖的社庙，但以"社"作为乡村的基本单位，围绕着"社"的祭祀中心"岁时合社会饮，水旱疠灾必祷"，制度上的承袭还是十分清楚的。社庙实际上还兼具明初里甲"厉坛"的部分功能。万历二十五年（1597）创乡不久的樟林开始分"社"，这时的"社"当然与明初划定的里甲的地域范围不相吻合，但"分社立庙"这一行为背后，仍然可以看到国家制度及与之相关的文化传统的"正统性"的深刻影响。至于在社庙中祭祀总督巡抚、在火帝庙中摆放杨天德牌位、关于杨天德传说的存在、七圣夫人庙中悬挂的知县的牌匾等，都在申说着"国家"作为一种政治和文化"正统"的存在。在乡村社会生活中，"功利"层面地方官府与基层社会的关系，与乡民们在文化价值层面上关于"国家"的理念是分离的。对于日夜为生计操劳的百姓来说，"国家"是一种无处不有、无

---

[1] 嘉庆《澄海县志》卷十六《祀典》。

时不在，又充满了遥远的、不可触摸的神秘感的神圣力量，常常是政治、社会与文化"正统"的主要来源。不管现实的政治环境如何，也不管在实际的社会活动中他们对"国家"的理解千差万别，这种理想化的"国家"的"原形"，始终存在于中国老百姓的集体无意识之中。

通过樟林神庙系统的考察，可以发现，乡村庙宇的空间格局及其内部关系，是在长期的历史变迁中文化积淀的结果。多因素互动的、多重迭合的庙宇的"信仰空间"，一直处于生生不息的发展之中。以往的研究，常常把民间信仰作为乡村社会结构和地域支配关系的象征或标志物，但更重要的恐怕是对"信仰空间"之所以存在的历史过程和历史场景的了解，以及对于更加复杂的社会心理情形的感悟。

# 由祭祀圈到信仰圈

## ——台湾民间社会的地域构成与发展

林美容[*]

# 一　导言

有关台湾地域性民间信仰的研究，或是由地域性民间信仰的活动来探讨台湾汉人社会组织的研究中，"祭祀圈"是一个大家耳熟能详的概念。"祭祀圈"一词的使用，几乎囊括所有不同大小范围的地域性民间信仰的组织与活动。事实上，祭祀圈只是地域性民间宗教组织的一种，还有另外一种地域性的民间宗教组织，其性质与祭祀圈有所区别，笔者名之曰"信仰圈"。本人即在探讨祭祀圈与信仰圈之概念的不同，并以实例来说明有祭祀圈到信仰圈的发展过程中，台湾民间社会发展的本质。

"祭祀圈"一词在中国台湾本地学者及日本研究中国台湾的学者的著作中，颇为常见，但除了少数学者将之概念化，把它当作一个概念来处理之外[①]，大部分的学者把它当作一个毋须定义而自明的现象，指涉某一庙宇或某一神明的祭祀范围。也因此，有些著作的行文中，将祭祀圈与其他的名词如信仰范围、信仰区域、信仰社区、信仰圈、信仰区等，互

[*] 林美容（1952—　），台湾南投人，台湾"中央研究院"民族所研究员，主攻文化人类学，代表作《祭祀圈与信仰圈、台湾的民间信仰与社会组织》。本文原载张炎宪编《第三届中国海洋发展史研讨会文集》，"中央研究院"三民主义研究所1988年版，第95—125页。

[①] 施振民：《祭祀圈与社会组织——彰化平原聚落发展模式的探讨》，《"中央研究院"民族学研究所集刊》1975年第36期，第191—208页；许嘉明：《祭祀圈之于居台汉人社会的独特性》，《中华文化复兴月刊》1978年第11期第6卷，第59—69页；林美容：《由祭祀圈来看草屯镇的地方组织》，《"中央研究院"民族学研究所集刊》1987年第62期，第53—114页。

相混用。

另一方面，"祭祀圈"一词的使用也并非那么普遍，尤其很多涉及社区性或地域性民间信仰研究的美国学者，从未使用"祭祀圈"一词，他们用其他的词汇来描述与祭祀圈相同或相似或有关的内涵，如庙宇社区（temple community），区域性的庙宇联合体（regional confederation of temples），地域性祭典（territorial cults），近邻祭典组织（neighborhood cult association），或近邻祭典、村庄祭典（village cults），多村庄祭典（multivillage cults），庆典组织（festival organization），庆典区域（festival area）等。①

此外，台湾本地学者的研究中，也有不用"祭祀圈"一词，但其所描述的社区性或地域性的宗教活动，可用祭祀圈的概念来涵盖，例如乌日乡的宗教组织②，新竹地区的公众崇拜③，中部地区的群体性宗教活动，尤其是有关千秋祭典的部分。④

地域性的民间宗教组织是汉人移民台湾的一个独特的发展，它固然与汉人传统村庄组织及村庄联盟有密切的关系，却也是汉人在台湾特殊的社会与历史条件下之发展的结果。地域性民间宗教组织除了地方性之

---

① Diamond. Norma. K'un Shen. *A Taiwan Village*, New York, Holt. Rinehart & Winston, 1969; Feuchtwang. Stephan. *Domestic and Communal Worship in Taiwan in Religion and Ritual in Chinese Society*, Aurthur P. Wolf ed., Stanford Unirersity Press, 1974, pp. 105 – 129; Schipper Kristorfer M. Neighborhood Cult Association in Traditional Tainan, in The city in Late Imperial China, G. William Skinner ed.. Stanford University Press, 1977, pp. 651 – 676; Litzinger, Charles Albert Temple Community and Village Cultural Integration in North China; Evidence from "Sectarian Cases" (Chiaoan) in Chihei, 1860 – 95. University Microfilms, International, 1983; Sangren, Paul Steven. Ma Tsu, History and the Rhetoric of Legitimacy, Paper Presented in the International conference on Anthropological studies of the Taiwan Area. Accomplishment and Prospects Dec. 25 – 31. National Taiwan University; Jordan, David. Shyunshow and Jinnshiang, Two Kinds of Chinese Religious Processions and their Sociological Implication, A Paper Prensented in the Second International Conference on Sinology, Academia Sinica (in press), 1986.

② 温振华：《清代一个台湾乡村宗教组织的演变》，《史联杂志创刊号》，1980 年，第 91—107 页。

③ 李亦园：《新竹市民宗教行为研究行为研究·第一部：公众崇拜》，"竹苗地区宗教研究计划"调查报告，1987 年。

④ 刘汝锡：《从群体性宗教活动看妈祖信仰》，《台湾文献》1986 年第 37 期第 3 卷，第 21—50 页。

祭祀圈的发展之外，也有区域性的信仰圈的发展，两者均显示汉人以宗教的形式来表达社会联结性（social solidarity）的传统。

地域性民间宗教组织对于了解汉人移民在台湾社会的发展既然如此重要，我们必须有一套清楚确切的概念性的工具，作为探讨地域性民间宗教组织的依据。前人已经提出"祭祀圈"这一概念，而且有很多的探讨，但是这一概念的应用如前所述显然还有混淆、不足的地方，而"信仰圈"正是一个可以消除混淆，弥补"祭祀圈"之不足的概念。本文首先将综合评述前人提出的祭祀圈的概念，再提出信仰圈的概念，将两者加以对照区别，借以确立地域性民间宗教组织的两个类型。这两个概念可以使我们对台湾民间宗教信仰的社会本质，有更清楚的了解。最后本人还要举出一个实例，说明祭祀圈如何可能发展成信仰圈，借以阐明台湾民间信仰之发展的社会与历史脉络。

标题中的民间社会（folk society）必须先说明一下。本人所处理的是群体性、有组织性的民间信仰，而这样的民间信仰的活动中所运用的社会组织的原则才是本文关怀的重心。采用"民间社会"一词，一则可以突显台湾民间信仰的"社会"本质，而不致被认为迷信、功利（多只是基于对个体性民间信仰的主观观察），一则也可以突显台湾"民间"宗教发展的自主性，它完全是汉人在台湾社会与历史的特殊脉络下，依据几种不同的地域人群之结合原则而产生，与官方宗教无涉。

## 二 祭祀圈的概念

基本上，祭祀圈指涉一定的地域范围，以及这个范围内所有居民义务性的共同祭祀组织与祭祀活动。①

最早给祭祀圈下定义的是日本学者冈田谦，他说祭祀圈是"共同奉祀一个主神的民众所居住之地域"。② 接着给祭祀圈重新下定义的是许嘉

---

① 施振民：《祭祀圈与社会组织——彰化平原聚落发展模式的探讨》，《"中央研究院"民族学研究所集刊》1975 年第 36 期，第 201 页。

② ［日］冈田谦：《台湾北部村落に於ける祭祀圈》，《民族学研究》1938 年第 4 期第 1 卷，第 1—22 页。

明，他说祭祀圈是指"以一个主祭神为中心，信徒共同举行祭祀所属的地域单位。其成员则以主祭神名义下之财产所属的地域范围内之住民为限"①。

许嘉明的定义除了特别指陈主祭神名义下有财产，而暗示其法人性格之外，与冈田谦的定义并无多大差异。这两个定义的直接指涉都是一定的地域范围，而间接指涉是这个范围内的居民必须有共同的祭祀活动。这两个定义均以神明为中心来定义祭祀圈。以神明为中心来定义祭祀圈可以涵盖有神无庙的公众祭祀，这也是笔者在研究草屯镇的祭祀圈时所采取的定义。② 不过，许嘉明的定义看起来是以神明为中心，事实上他对祭祀圈的探讨偏重以村庙为中心，故他说祭祀圈研究的具体对象是村庙。③

无论是以神明或是以庙宇为中心来定义祭祀圈，都会产生一个问题，即在一定的地域范围内可能有两个互相重合的祭祀圈，参与共同祭祀的却是同一群人，笔者在草屯镇的研究即发现不少这样的例子，即一个地方又有土地公庙，又有村庙，可能还有三界公的共同祭祀。④ 因此本文重新定义祭祀圈如下，祭祀圈是"为了共神信仰而共同举行祭祀的居民所属的地域单位"。以下分成共神信仰、地域单位、共同祭祀活动、共同祭祀组织、共同祭祀经费这几部分来说明祭祀圈的内涵。

所谓共神信仰是指汉人共同祭拜天地神鬼的文化传统。最基本的是土地公；其次是三界公；再次是地方的保护神；最后是孤魂野鬼。汉人自古即有社祀，社祀即是拜土地公，每个地方都会有一个土地公，土地公是地方神，非拜不可。三界公即天官、地官、水官，合称三官大帝，俗称天公，是掌管天界、阴界、人界的神祇；地方通常在年头向天公祈福（即上元节），年中普度，也是地官生日（即中元节），年尾谢平安演戏酬神（即下元节），都与三界公的信仰有关。地方保护神即地方公庙中

---

① 许嘉明：《祭祀圈之于居台汉人社会的独特性》，《中华文化复兴月刊》1978 年第 11 期第 6 卷，第 62 页。

② 林美容：《由祭祀圈来看草屯镇的地方组织》，《"中央研究院"民族学研究所集刊》1987 年第 62 期，第 59—68 页。

③ 许嘉明：《祭祀圈之于居台汉人社会的独特性》，《中华文化复兴月刊》1978 年第 11 期第 6 卷，第 62 页。

④ 林美容：《由祭祀圈来看草屯镇的地方组织》，《"中央研究院"民族学研究所集刊》1987 年第 62 期，第 92—93 页。

所供奉的神祇，未必只有一个，但通常有一个主神，是地方居民最敬奉的神祇，也是地方的象征，代表一个地方与其他地方发生关联，很多村际活动中常常名义上是村庙主神之间的往来酬酢，即是明证。孤魂野鬼是指无人奉祀的游魂，或惨死的，或无嗣的，台湾各地有很多万应公祠、义民祠，都是祭祀无主的孤魂野鬼。此外神庙也常有普度、普庙口，建醮的活动中也有普施亡魂的仪式，均可见对孤魂野鬼的共同祭祀。

这四类神灵的共同祭祀，以土地公及地方保护神之立庙最为常见，三界公庙则很少见，万应公虽然有庙，却绝少以之作为地方社区的象征。如果一个地方同时有土地公庙与神庙，神庙主神就成为社区的象征，若只有土地公庙，则土地公便是社区的象征。土地公和地方保护神都有一定辖区，三界公则是一个遍在的神灵，不因地方不同而有不同，故没有辖区的意含，但是其祭祀仍有地域范围的界限。并非土地公、三界公、地方保护神、孤魂野鬼的共同祭祀都要齐备，才算有祭祀圈；只要有一种共同祭祀表示一个各别的地域单位（a discrete territorial unit），即有祭祀圈可言。

一个祭祀圈所涵盖的范围，或是一个村庄，或是数个村庄，或是一乡一镇，基本上它以部落（hamlet）为最小的运作单位[1]，而以乡镇为最大的范围。[2] 其范围大小有层级的不同，可分为部落性的祭祀圈，村落性的祭祀圈，超村落的祭祀圈与全镇性的祭祀圈[3]，不同层级的祭祀圈之间通常有包含（embedding）的关系，即大祭祀圈包含小祭祀圈的情形。[4]

祭祀圈本质上是一种地方组织，表现出汉人以神明信仰来结合与组织地方人群的方式。其组织的人群或是村庄的人群，或是同姓聚落区内

---

① 林美容：《由祭祀圈来看草屯镇的地方组织》，《"中央研究院"民族学研究所集刊》1987年第62期，第104页。

② 许嘉明：《祭祀圈之于居台汉人社会的独特性》，《中华文化复兴月刊》1978年第11期第6卷，第62页。

③ 温振华：《清代一个台湾乡村宗教组织的演变》，《史联杂志》创刊号1980年，第91—107页；林美容：《由祭祀圈来看草屯镇的地方组织》，《"中央研究院"民族学研究所集刊》1987年第62期，第92—93页；Sangren, Paul Steven, *History and Magical Power in a Chinese Community*, Stanford：Stanford University Press, 1987.

④ 林美容：《由祭祀圈来看草屯镇的地方组织》，《"中央研究院"民族学研究所集刊》1987年第62期，第81—93页。

的人群，或是同一水利灌溉系统的人群①，或是同祖籍的人群②，不过也有可能是结合不同姓氏的人群③，或是结合不同祖籍的人群。④ 不论祭祀圈结合的是哪一种人群，其范围都有一定的清楚的界限，界限之内的居民就有义务参与共同的祭祀。

共同的祭祀活动主要是神祇的千秋祭典，神诞常常配合民俗节庆⑤，如此可以节省开支，譬如天官的生日是元宵节，玄天上帝的生日也是扫墓时节，地官的生日和万应公生日是中元节，土地公生日是中秋节，太子爷生日是重阳节。神诞时要由炉主代表上供祭拜，居民也要拿祭品到公庙或公众的祭祀场所去拜。祭祀当天通常有演戏，开戏之前有"扮仙"，表示仙人向神祇祝寿之意，并祈祝辖区内的居民平安和顺。有些小部落庆祝土地公生日，居民共宴，称为吃福，或"吃福头"，或"吃土地公福"。神明的千秋祭典当天，尤其是主祭神的生日或是作年尾戏的时候，也常常大"拜拜"，宴请从外地来的亲友。祭典完后的当天或第二天，也常举行"新交旧"，即现任的头家炉主与新产生的头家炉主交换，并举行共宴。一年中较大的祭典，也常伴随着神明的巡境，神明在其辖区内绕境巡行，所过之处，居民设香案祭品敬拜。

至于共同的祭祀组织，以头家炉主的形式为最多，每年在固定的时间，于神前掷筊，"圣筊"的次数最多者为炉主，有时另设副炉主，及头家若干名，炉主是代表域内全体居民祭祀神祇，需准备祭品，安排祭祀事宜，头家则是帮忙炉主性质，如收丁钱、搭戏棚等。卜头家炉主时，或卜出一组头家炉主，由他们负责一年内所有的祭祀，或卜数组头家炉主，每次祭典由一组负责。卜头家炉主的方式通常是由域内全体居民中

---

① 林美容：《由祭祀圈来看草屯镇的地方组织》，《"中央研究院"民族学研究所集刊》1987 年第 62 期，第 99—103 页。

② 许嘉明：《彰化平原福佬客的地域组织》，《"中央研究院"民族学研究所集刊》1975 年第 36 期，第 174 页。

③ 林美容：《由祭祀圈来看草屯镇的地方组织》，《"中央研究院"民族学研究所集刊》1987 年第 62 期，第 99—103 页。

④ 王世庆：《民间信仰在不同祖籍移民的乡村之历史》，《台湾文献》1972 年第 23 期第 3 卷，第 3—38 页。

⑤ 事实上，民间也常利用民俗节日的时候祭拜祖先，一年有所谓七节，即元宵节、清明节、端午节、中元节、中秋节、重阳节、冬节（冬至），都是祭拜祖先的节日。

卜出，有时也采用分区或分邻或分班轮流的方式，将居民分成若干组，每年由一组居民负责祭祀，轮值之组，在组内收丁钱，卜头家炉主。有些人口少，凝聚力强的部落，居民必须每日分户或每月分班轮流负责庙内的打扫烧香。

举行共同祭祀的居民通常有义务共同分担祭祀费用。祭祀费用包括例行祭典的祭品、道士礼、演戏等费用，及平日烧香、点灯的开支，平时的祭祀费用大部分以收丁钱的方式取得，即在域内按男丁人数，或丁口数（通常口钱为丁钱之一半），或按人数，或按户平均收费。此外庙宇的建置、修护、改建、增建等费用，通常由地方居民共同捐献、筹措。除了庙宇、庙地，常常另有田园、水池、山林等庙产，这些多是早期居民筹资购置，名义上是神明所有，实为居民共有。庙产之孳息所得，除充作祭祀费用之外，也可用作维修之资，但若庙宇要重修或改建，常需另行募款。

由以上所述可见，祭祀圈是一种地方性的民间宗教组织，居民以居住关系有义务参与地方性的共同祭祀，其祭祀对象涵盖天地神鬼等多种神灵，但有一个主祭神；祭祀圈有一定的范围，依其范围大小，有部落性、村落性、超村落性与全镇性等不同层次，它与汉人的村庄组织与村庄联盟有密不可分的关系。

## 三 信仰圈的概念

所谓信仰圈，是以某一神明或（和）其分身之信仰为中心，信徒所形成的志愿性宗教组织，信徒的分布有一定的范围，通常必须超越地方社区的范围，才有信仰圈可言。以下分成一神信仰、信仰范围、信徒组织与集体性宗教活动来说明信仰圈之概念的内容。

信仰圈是以一神之信仰为中心，通常历史悠久的庙宇，其主神较有可能发展出信仰圈。不过信仰圈的主神也可能是没有庙宇的。[①] 信仰圈即是以一神为中心，其信仰的对象就只包括该神及其分身，若该神是某一

---

① 例如分布于草屯镇、彰化市、和美镇的"林姓二十四庄私妈祖会"，系由二十四个林姓聚落组成，其所祀妈祖即无庙宇，林美容：《由祭祀圈来看草屯镇的地方组织》，《"中央研究院"民族学研究所集刊》1987年第62期，第90—91页。

庙的主神，信徒的祭祀并不包括庙宇中其他的配祀神、从祀神等，因为这些神祇的祭祀是地方居民的义务，属于祭祀圈的活动。

信仰圈涵盖一定的地域范围，且其范围通常超越最大的地方社区的范围，即超越乡镇的界限。一般来说，台湾的神明信仰具有开放性，庙宇之兴建与祭祀之维持固是社区居民的责任与义务，一旦建立庙宇，并不排除外地来的香客，因为香客多表示香火盛，就会引来更多的香客，增加庙宇之油香钱的收入。也因此，能够形成信仰圈的神祇常常有所谓"荫外方"的传说；这是吸引外地信徒，形成信仰圈的过程中不可少的步骤。不过，本文所指的信仰圈并非随意的、没有组织、没有一定界限的香客或信徒之分布范围①，而是有一定界限、有组织的地域性民间宗教活动的范围。

信仰圈有一定形式的信徒组织，以神明会最为常见，信徒入会完全是志愿性的，而非强迫性。神明会创立时，有些是"招会份"，即招收个人为会员，有些是"招庄头"，即以村庄为单位，加入为会员，因此全体村民都是会员，即使在这种情况下，因为村庄之加入亦是"村民全体"之共同意志，故基本上信仰圈是一个志愿性的宗教组织。神明会的会员资格是可以继承的，即父死由一子继承为会员。现今的会员很多是继承而来，但以"会份"而言，开始时是志愿取得，因此，无疑信仰圈的成员资格是志愿性的。

信仰圈基本上是一种信徒组织，它与庙宇的管理组织以及庙宇的祭祀组织并不一致，是互相分离的。

因为信仰圈是以对某一神明的信仰为主，其活动也就限于对该神的祭祀。该神的千秋祭典，虽然地方社区居民会举行，而信徒必然也要另外举行。此外，为了增加该神的灵力，信徒往往组织轿班会或进香团到其香火的起源地进香。为了加强信徒与该神的仪式性关系，信徒所属的地方社区，在其祭祀圈的活动中，常常会请该神来参与巡境、看戏等；

---

① 高丽珍：《台湾民俗宗教之空间活动：以玄天上帝祭祀活动为例》，台湾师范大学地理研究所硕士论文，1988年，第70页。高丽珍的硕士论文以"朝拜场"（pilgrimage field）的概念来描述到松柏岭受天宫去进香及分火者的分布范围，此一概念应更能切合没有清楚界限、没有固定之组织的信仰范围。

甚至有些地方的信徒自该神分香，在地方上建立庙宇，成为该神的分香子庙，如此，地方信徒每隔一段时间就要前往刈火，与信仰圈之主神的关系就更为密切。而为了表彰信仰圈主神对其信徒所属的地方社区之仪式上统属关系，每年会有过炉仪式，轮流到各角头巡境，供民众祭拜。在农业地区，过炉常常成为社区性的活动，而不只是会员的活动，会员拜，非会员也拜，会员举办"吃会"联谊，非会员也设宴款待亲友。

以下分成几点约略阐述信仰圈与祭祀圈在概念上的不同：

（一）信仰圈以一神信仰为中心，祭祀圈则祭拜多神。汉人的信仰体系里，有共同祭拜天地鬼神的信仰需求，这是祭祀圈所必须满足的，一个部落也许只有一个土地公庙，但除了土地公祭典之外，可能也作平安戏谢天公；能力许可的也许同时有三界公与其他神明的祭典；还有参加村落性或超村落性的祭祀圈，与其他的部落或村落共祀神明、三界公或孤魂野鬼。信仰圈则不然，除了主神之外，并无祭祀其他神灵的义务。信仰圈的主神通常是历史悠久的庙宇的主神，一般认为较具有灵力的神，故其发展是条件式的。祭祀圈则是必需的，有村庄就有祭祀圈，如果村庄内不能满足某种信仰需求，就必须加入更高层次的祭祀圈。

（二）信仰圈的成员资格是志愿性的，祭祀圈的成员资格则为义务性、强迫性的。信仰圈的成员是基于对主神的信仰，志愿为其祭祀出钱出力者所组成；而祭祀圈则是基于同庄共居，或是所属村庄加入某一庙宇"有份"，故所有庄民都必须共同参与其祭祀组织与祭祀活动。信仰圈的成员资格以加入神明会的会员最为常见，起初，会员资格虽是志愿性的，但是以后往往父子相承，后续会员未必真有虔信，或是因神明会已经累积了财产，不愿太多人分享权益，会员资格的取得就会有限制。至于祭祀圈则没有原始成员与后续成员的问题，根本就是没有成员之征集的问题，因为居住关系，某一地域范围内的居民就"自动"成为某一祭祀圈的成员。①

---

① 因居住关系而成为某一祭祀圈的成员，这只是概括的说法，事实上居住可分本居与迁居两种，也就是福佬话所说的"在庄的"和"外来的"两种，前者是祭祀圈的成员，对外地来的新住民是否为祭祀圈的成员，即是否向他们收丁口钱，他们是否可卜头家炉主，每个地方的管理不同，有些是住满十二年才算，有些是随其意愿，缴丁钱者，即可卜头家炉主。

（三）信仰圈是区域性的，祭祀圈是地方性的。信仰圈集结的是区域性的人群，组织的是区域性的活动。其形式虽以神明会为主，但并非所有的神明会都构成信仰圈，很多神明会是附属于庙宇的，只有地方的居民才可以加入，有些甚至限制地方内某一祖籍或者某一姓氏的居民才可以参加，如此的神明会绝对没有信仰圈可言。在台湾，很多村庄未建庙之前，常常以神明会的形式共祀某一神祇，建庙之后神明会可能就解散了。也有些庙宇则是在建庙之后才成立神明会，其任务有些是为主神抬轿；有些凝聚力较弱、经济条件较差的地方，为了使庙宇的祭祀活动能够热络些，热心的居民便组织神明会。这样的神明会是附属于庙宇的，只能算是祭祀圈内部分居民的活动。

到底什么是区域性，什么是地方性，其界限在哪里？笔者同意许嘉明所说，乡镇是汉人社会生活自给自足的最小单位。[1] 以汉人之共同祭祀的社会生活而言，乡镇范围的祭祀圈可能与经济有关，如大溪普济堂的公众祭祀可看出集镇区（marketing community）的重要性[2]；也可能与社会治安有关，如草屯镇朝阳宫昔日为镇内洪、李、林、简四大姓为了和谐自治的需要而产生[3]；也可能只是仪式上的需要，例如很多乡镇性之建醮活动[4]，与孤魂野鬼的共同祭祀有关，是汉人之宇宙观，尤其是人所居处的环境与超自然界之关系的宗教理念下，社区性需求的表征。因此，本文以乡镇为地方性与区域性的分界，范围大于乡镇的才有信仰圈可言。不过地方性与区域性的差别，不仅在于范围大小，而且地方性的公众祭祀具有排他性，非地方社区居民不能参与，而区域性的民间宗教组织却有包容性，其主神之庙宇所在的地方以外的信徒，都可以加入，此亦为祭祀圈与信仰圈的重大差别。

因为区域性与地方性的差别，信仰圈的组织形态与祭祀圈亦有所不

---

① 许嘉明：《祭祀圈之于居台汉人社会的独特性》，《中华文化复兴月刊》1978 年第 11 期第 6 卷，第 59 页。

② 见 Sangren, Paul Steven：*A Chinese Marketing Community, An Historical Ethnography of Ta-ch'i*, Taiwan, Ph. D. Dissertation, Stanford University 1979, p. 444.

③ 林美容：《由祭祀圈来看草屯镇的地方组织》，《"中央研究院"民族学研究所集刊》1987 年第 62 期，第 103 页。

④ 刘枝万：《台湾台北县中和乡建醮祭典》，《"中央研究院"民族学研究所集刊》1972 年第 33 期，第 135—163 页。

同。基本上，信仰圈只是一种信徒组织，它与庙宇组织所涵盖的管理组织及祭祀组织是分化的、不相关的。但在祭祀圈的概念下，庙宇属于地方所有，其管理组织与祭祀组织由地方居民构成，一般而言，地方"头人"构成管理组织，因为他们（或是其祖先）是建庙时出钱最多的，祭祀组织多采用头家炉主制，自全体居民中出卜，代表全体居民执行祭祀事宜。但是有些地方小、人数少、香火不盛的庙宇，可能就没有管理组织与祭祀组织的差别，甚至管理组织、祭祀组织与信徒组织合而为一，没有分化的现象。

（四）信仰圈的活动是非节日性的，祭祀圈的活动是节日性的（calendrical）。信仰圈的活动包括主神的千秋祭典，显示主神之辖域的过炉活动，增加主神灵力的进香活动，以及表示与主神之仪式上的连带之刈火或迎神活动，时间不固定，有些甚至不是每年举行的。祭祀圈的活动具有节日性，如上元节拜天公、中元节普度、中秋节土地公生日、下元节作平安戏、尾牙又拜土地公；村庙神的生日常常与民俗节庆一致。每年按照一定的时间顺序，一一举行多种祭典。因此，固定的节日当天称作"大日"，请戏来酬神的话，戏金就比较贵，"大日"之前称作"节前"，"大日"之后称作"节后"，戏金就比较便宜。

虽然祭祀圈与信仰圈在概念上有如上区别，但是很多学者并未在概念上作如是的区分，他们以"祭祀圈"一词来通称两者，他们所认为的祭祀圈就是有一定地域范围的宗教组织或活动，例如，新埔义民庙的"祭祀圈"①，西港庆安宫王醮的"祭祀圈"②，南鲲鯓代天府的"祭祀圈"等。③ 如果用本文的祭祀圈与信仰圈的概念加以检定的话，可能会发现以

---

① 庄英章：《新竹枋案义民庙的建立及其社会文化意义》，《第二届国际汉学会议论文集》，台北：中央研究院，1986 年；黄清汉：《新埔义民庙祭祀圈结构之研究》，《中国文化大学地学研究所地理组硕士论文》，1987 年。

② ［日］植野弘子：《臺灣南部の王醮と村落—臺南縣—祭祀圈の村落間關係》，《文化人类學》，No. 5，《漢學研究の最前線》，第 64—82 页。

③ 刘枝万区分代天府的（祭祀圈）为三个层次，第一圈是核心圈，是信徒的主要分布地区，可能比较近于本文所谓的祭祀圈；第二圈是与代天府有分香关系者，可用本文所谓的信仰圈来涵盖；第三圈是外围圈，与代天府无甚渊源，须视其组织与活动的性质，即是否有明显的界线，才能判定是否为信仰圈。刘枝万：《台湾的瘟神庙》，《"中央研究院"民族学研究所集刊》1966 年第 22 期，第 53—95 页。

这些庙宇为中心的宗教组织及活动，有祭祀圈与信仰圈的差别。对于学者偏好"祭祀圈"一词，以之同时指涉地方性的公众祭祀与区域性的神明信仰，笔者是颇能释然的，因为这是语言学有关语言使用的一个普遍现象，即以一个表示基本的（primary）、原型的（proto-type）意义范畴之词汇，来同时指涉次要的、延展的意义范畴比即语言学上之"显著"（markedness）的现象。祭祀圈当然是比较基本的，因为有"地方"，就有祭祀圈；祭祀圈可说是汉人之群体祭祀的原型。

## 四 由祭祀圈到信仰圈的发展

由上两节所述，可见祭祀圈与信仰圈是两个不同的概念，用以描述两种不同的地域性民间宗教组织型态，一种是社区性的多神祭祀，社区居民有义务共同参与者；一种是区域性的一神信仰，由信徒志愿组织而成。我们可以想见信仰圈内可以涵盖许多层次大小不同的祭祀圈，祭祀圈则不能涵盖任一信仰圈。一个祭祀圈可发展为信仰圈，但并非所有的祭祀圈都可发展为信仰圈。祭祀圈与信仰圈之间有发展的序列关系，而到底为什么有些祭祀圈可以发展成信仰圈，有些则不能？是什么因素限制信仰圈的发展，而什么条件促成信仰圈的发展呢？本节拟以一实例来说明由祭祀圈到信仰圈的发展，或者可以提供上述诸问题的可能答案。

位于彰化市南瑶路的南瑶宫，其沿革始自清朝彰化县建城时，有一陶工杨谦前来应募，将自家奉祀之笨港天后宫天上圣母之香火携来，筑城完毕，并未带回，在工寮内不时发毫光，为居民发现，暂置于附近土地公庙。乾隆三年（1738），瓦磘在陈姓居民捐献土地，建一小祠，名"妈祖宫"，妈祖移驻于此。同年十一月地方人士发起募资建筑本殿，正式定名南瑶宫。乾隆十四年（1749）增建后殿，乾隆二十九年（1764）增建左廊及禄位祠。道光及同治年间又屡次增建，于同治十一年（1872）完成全庙之建设，同治十二年（1873）举行盛大隆重之祭典。

道光年间编纂的彰化县志，即记录南瑶宫"岁往笨港进香，男女塞道，屡著灵验"。为了往笨港进香，南瑶宫各地信徒纷纷成立轿班会，以护卫圣驾。根据现有文书，最早成立的是老大妈会，系成立于嘉庆十九年（1814），有些则至光绪年间才成立，例如老四妈会、圣四妈会等。共有十个妈祖会轮流举办往笨港之进香（详下）。

日据时期，南瑶宫因香火鼎盛，庙宇太小，每有祭典，香烟弥漫，地方人士倡议改建，大正元年（1912）成立改筑会，由吴汝祥、杨吉臣、吴德功、林烈堂、李崇礼等台中州内士绅董其事。因工程不顺，大正九年（1920）改由老二妈祖会总理林金柱、副总理林泉州两人掌其事，继续募款改建。中间老五妈会大总理林海木、圣四妈会副总理陈庆根亦曾主事，至昭和七年（1932）由老二妈祖会林昌续董其事，改筑终于完成，庙貌焕然一新。

第二次世界大战期间，南瑶宫由日本政府接管，战后由地方管理十年左右，至民国四十四年（1955）由彰化市公所接管迄今。

南瑶宫现有规模颇大，大殿祀主神妈祖，除开基三妈之外，另有各会妈会之分尊，两厢有福德正神及五谷王，中殿祀观音佛祖，后殿为三层楼建筑，三楼祀玉皇大帝，二楼祀三界公，一楼祀广泽尊王，后殿两旁另有香客大楼。彰化市公所寺庙课派有人员在庙内处理日常的庙务，不过每年例行的祭典则由南瑶宫附近的南瑶里全部居民（共 27 邻）及成功里的部分居民（1—5 邻除外，共 13 邻）共同负责。此范围即日据时代彰化街之第 40 保，亦即清朝彰化县下线东堡大埔庄之一部分，原称妈祖宫庄。此即南瑶宫之祭祀圈的范围。

这 40 邻的居民，每年卜六个炉主，分别负责庙内神祇妈祖、三界公、福德正神、观音、国圣公、五谷王德千秋祭典。除主神妈祖之香炉称为大炉之外，其余神祇之香炉称为小炉。为求简便，现在炉主并非由 40 邻内各户之户长中卜出，而是由邻长代表，卜到之邻长当炉主，因南瑶宫之财产及香火之收入颇丰，故未向居民收丁钱，而由庙房（即市公所）补助大炉炉主稻谷四石二斗（以时价计），小炉炉主一石二斗，供其备办牲礼。此外，每年七月十五日中元普度，亦由庙方补助 40 邻，每邻两千元，以备办牲礼等祭品，到庙里来共同祭拜。

南瑶宫的信徒不仅是南瑶里与成功里的居民，另有会妈会的组织为其信徒组织。所谓会妈是指南瑶宫妈祖各个分身，各有一妈祖会，故称之。会妈的神明会组织即称为会妈会，共有十个，即老大妈会、新大妈会、老二妈会、兴二妈会、圣三妈会、新三妈会、老四妈会、圣四妈会、老五妈会与老六妈会。这十个会妈会之会员分布的范围约在大甲溪与浊水溪两岸包夹的内陆地带，排除沿海的泉州人分布地区，而包含漳州人与福佬客占据的大部分地区，① 范围跨越彰化县、台中县、台中市、南投县等中部四县市。

这十个会妈会每年参与南瑶宫妈祖之千秋祭典，除三月二十三日的祭典由地方（也就是南瑶里与成功里40邻）负责外，三月二十二日由新大妈会行三献礼；三月二十四日由老大妈会；二十五日由老二妈会与兴二妈会；二十六日由圣三妈会；二十七日由新三妈会；二十八日由老四妈会与圣四妈会；二十九日由老五妈会；三十日（或四月初一日）由老六妈会，各会轮流举行祭典，并酬神演戏，各会妈会同时举行董事会，总理、董事与值年炉主等开完会后聚餐，亦称为"作会"。

除了作会之外，各会妈会每年必有的活动是"过炉"。通常各会妈会都有角头组织，即根据会员之分布范围分成几个角头，通常"大角"下有"小角"，每年由一个大角头轮流举行过炉。各会妈会之过炉方式大同小异，通常在农历四月或八月间举行，各会妈会之轮值角头的炉主要到南瑶宫请其会妈香炉及金身，香炉要放在炉主家里，神轿则要在角头内绕境。当天轮值之角头内的会员要请其他角头的会员餐宴，称为"吃会"，除兴三妈会、圣四妈会与老六妈会没有吃会，老四妈会之会宴仅由会员代表参加外，其余会妈会之"过炉"，都有吃会。

十个会妈会最重要的共同活动是进香，因为南瑶宫妈祖之香火来自笨港天后宫，故须往笨港进香。笨港天后宫早已因水灾流失不存，但现在信徒进香时，香旗上仍写"笨港进香"，实则多至新港奉天宫交香，以往尚须往杨谦后代所居之宅，为其奉祀妈祖换龙袍，现在此一换龙袍仪式已换至水仙宫举行。按古例，十个会妈会除新大妈会外，分成三组，即老大妈会、老四妈会、圣四妈会合为一组，老二妈会、兴二妈会、老五妈会合为一组，圣三妈会、新三妈会、老六妈会合为一组，三组轮流，每次由一组举办进香。而新大妈会则负责每次进香回来时，妈祖一过浊水溪，就去接妈祖回庙。通常连续进香三年后，停十二年，再依上述顺

---

① 亦有少数泉州籍的村庄在会妈会的分布范围内，如花增乡湾雅口、三家春、桥仔头（属老大妈会），以及秀水乡下仑村、金陵村（属老五妈会）等。

序，各会妈会轮流进香。但 1979 年以后，进香频仍，除 1983 年、1984 年与 1988 年未去进香之外，几乎每年都有进香。

南瑶宫十个会妈会的会员组织各自分开，会务各自独立，各会也各有些财产。各会的会员分布范围大小有别，会员人数最少的是新大妈会，只有一百多人，主要分布在彰化市内；会员人数最多的是老二妈会，七千多人，范围涵盖彰化市、台中市、员林镇、草屯镇、南投县与中寮乡。各会妈会不论人数多少，通常分成几个角头，每一个角头又分成数个小角，小角内视人数多寡，设董事一人至数人。董事之外，"大公"（即会妈会）另设有理监事，由总理综理会务，有些亦设副总理。会妈会内亦设有总干事、秘书、书记或会计等工作人员。上述均为会妈会的管理组织。

许多会妈会的财产，其来源或是创会之始，会员共同出资购得的土地及历年来的孳息所得，或是长久以来会员的捐输、酬赠之累积。这些财产主要由总理负责管理，用以补贴作会、过炉、进香时的各项支出。

南瑶宫由小小之"妈祖宫庄"的庄庙，发展到现在组织庞大无比之跨县市信仰圈，与下列之因素有莫大的关系：

（一）进香活动的举办使会妈会先后成立。南瑶宫于乾隆年间建庙以后，为了往香火起源地的笨港刈香，信徒纷纷成立轿班会。虽不知南瑶宫往笨港进香最早始于何时，但根据一份嘉庆二十一年（1816）的旧契①，嘉庆十九年（1814）即有四十二人共同出资，每人一元，以利息所得供作三月二十三出妈祖千秋祭典之用，此为老大妈会成立之始。此后各会妈即纷纷成立，日本殖民统治台湾前，十个会妈会即告完全成立，故日据时期南瑶宫的香火达于极盛，据闻当时每次进香都有一二十万人。会妈会的成立，使南瑶宫之信徒扩大到彰化市以外的其他地区，以集体的进香活动带动彰化、南投、台中地区之妈祖信仰的热忱。寺庙往母庙刈火的活动，一般仅限于社区的信徒参加，只有像南瑶宫这样，有地方以外的信徒形成固定的组织，参与进香，才有信仰圈可言。无疑，进香活动是形成信仰圈的一个契机，因为它是庙宇活动中比较不排除非祭祀

---

① 李俊雄：《我所知南瑶宫一些事》，彰化（自费出版），1988 年，第 16 页。

圈的信徒参与的活动。

（二）彰化是清朝时期彰化县邑治之所在。雍正元年（1723）台湾府下设彰化县，虎尾溪以北至鸡笼、淡水悉归彰化县所辖，直至雍正九年（1731），大甲溪以北才划归淡水厅。观诸南瑶宫妈祖的信仰圈即在旧彰化县所辖之区域内，但是排除沿海泉州人占据的地区。彰化为旧彰化县的邑治所在，南瑶宫又是彰化县志所载彰化城唯一历史悠久，且为士民公建的妈祖庙①，自然成为县内的信仰中心。日据时期，旧彰化县改为台中州，全区的行政中心移至台中，唯其行政所辖范围并无改变，且斯时十个妈祖会的组织与分布范围已大致底定，行政中心的转移已不能影响南瑶宫妈祖之信仰圈。彰化为早期邑治之所在，有助于南瑶宫之信仰圈的形成，这或许是地域性民间宗教组织与行政官僚体系之层级结构配合的结果，但也可能纯粹是因彰化是旧彰化县内除了沿海地区，开发较早的一个据点，成为泉州人以外其他人群认同的一个中心。不过旧彰化县的行政范围，无形中也为南瑶宫妈祖之信仰圈的最大范围设下了限制。

（三）清治时期彰化县漳泉械斗的频仍。康熙末年以前彰化县是客家人占优势的地区②，至乾隆末年则已变成以闽人为多③，而形成泉州人分布在西海岸平野，漳州人分布在稍近山边的平原，而客家人分布在山区边缘或丘陵台地的情形。④ 在漳、泉、客分布大致底定以后，彰化县却发生几次漳泉械斗，分别是乾隆四十七年（1782）、嘉庆十一年（1806）及嘉庆十四年（1809）各有一次。这三次漳泉械斗虽未明显改变原先祖籍

---

① 彰化县志所载，其余的妈祖都是官建，一在王宫，嘉庆十七年（1812）邑令杨桂森倡建；一在邑治北门内，乾隆三年（1738）北路副将靳光瀚建；一在邑治内，乾隆十三年（1748）邑令陆广霖倡建。南瑶宫则在邑治南门外。

② 陈梦林：《诸罗县志》云："斗六门以北客庄愈多。"（参阅施添福《清代在台汉人的祖籍分布和原乡生活方式》，《地理研究丛书》第15号，台湾师范大学地理学系，1987年，第7—8页）。

③ 郑光策：《上福节相论台事书》有云："按全台大势，漳泉之民居十分之六七，广民在三四之间。以南北论，则北淡水、南凤山多广民，诸、漳二邑名闽户。"（参阅施添福《清代在台汉人的祖籍分布和原乡生活方式》，《地理研究丛书》第15号，台湾师范大学地理学系，1987年，第9页）。

④ 许嘉明：《彰化平原福佬客的地域组织》，《"中央研究院"民族学研究所集刊》1975年第36期，第165—190页。

分布形态，却也造成彰化平原的居民"逃避纷集"①，尤其是乾隆四十七年（1782）那次械斗，波及范围相当广大。此外，乾隆五十一年（1786）的林爽文乱，以及乾隆六十年（1795）的陈周全乱，最后演变成漳人与泉人的争斗、械斗之后，往往清界。有时械斗中即造成人群的移动，漳泉的分界愈是明显，提供了彰化妈祖信仰圈发展的契机。南瑶宫十个妈祖会的成立均在上述几次大的械斗及动乱之后，可见械斗虽非信仰圈形成的直接主因，但是械斗之后，使得大区域范围内人群的同质性更高，却是促成彰化妈祖之大型信仰圈的基础。

南瑶宫妈祖的信仰圈不只涵盖漳州人占据的地区，而且涵盖福佬化的客家人（主要是潮州籍）占据的地区，如埔心乡、永靖乡与田尾乡。旧彰化县闽粤械斗向来不若漳泉械斗激烈，见诸记录的只有道光六年（1826）与咸丰三年（1853）两次，发生的年代晚，规模亦小。客家籍居民自乾隆末年以来在彰化平原地区已是少数族群，自然不可能与优势族群大事争斗，只有像漳泉这样在人数上势均力敌的族群，才有可能发生大拼斗。但是为什么客家籍民在族群关系的互动上明显地依附漳人，而非泉人，这是一个值得探究的问题。

（四）有关彰化妈祖灵异传说与故事的传播。田野调查期间，常常听到有关彰化妈祖之灵异的传说与故事。例如，民国二十四年（1935）屯仔脚大地震时，适值妈祖往笨港进香途中，有关随香信徒及其家属多能平安无事的故事，屡有所闻；又第二次世界大战期间，妈祖展神力，从空中掀裙拨开美军投下之炸弹的传闻，亦是信徒爱好渲染的。日据时期，南瑶宫妈祖的香火达于极盛，但有关的传说故事并非自日据时期才开始，而是最初有香火还未建庙时就有了，两百多年来，与彰化妈祖有关的传说故事多得不胜枚举，譬如有关南瑶宫风水，彰化妈与其他妈祖（如北港妈、新港妈、大甲妈）之间的关系，彰化妈与其他关系密切的庙宇（如接头香的庙宇、进香时过夜的庙宇、进香时必须绕境的村庄等），以及南瑶宫信徒（包括总理、董事等人，炉主及随香客等）所述妈祖之灵验的传说等。这些口传的资料好好收集的话，一定成册成卷。

---

① 施添福：《清代在台汉人的祖籍分布和原乡生活方式》，《地理研究丛书》第15号，台湾师范大学地理学系，1987年。

有些传说故事把彰化妈祖当作一个整体，有些则突显各会妈的特殊性及灵异性。种种传说故事借集体活动尤其是吃会及进香的时候，一再传播，自然更加强信徒对彰化妈祖的信仰，也使得彰化妈祖的信仰圈能够屹立不坠。

# 五　结论与讨论

本文主要以祭祀圈和信仰圈这两个概念来阐明台湾地域性民间信仰的两个组织形态，祭祀圈表示地方性的公众祭祀，在其范围内所有的居民都有义务要参与，信仰圈则为区域性的神明信仰，在某个范围内由信徒志愿参与。本文更以彰化南瑶宫为例，说明其由祭祀圈发展为信仰圈的各种背景因素。

我们由南瑶宫目前的信仰圈，可体会到台湾民间社会一种庞大的组织力。一个横跨台湾中部四县市的大型信仰圈，以会员人数来算不过三四万人，然而它其实代表三四万个家户甚或是家族，因为汉人社会祭祀的最小单位是家户，而南瑶宫的会妈会会员代代相承，几代下来，同一家族往往只算一个会员。以现在会员吃会的情形来看，也有兄弟轮流参加的。参与南瑶宫妈祖信仰圈活动者实不限于登记的会员本人，其家属，甚至其族属都有可能参加。此外，也包括大量的非会员，因为很多地区"过炉"时，非会员一样拜拜请客；由会妈会主办的进香活动，在会员分布区内，也有很多非会员参加。南瑶宫会妈会的组织不仅形式化，而且非常严密，活动也非常频繁，除了前文所述的"作会""过炉"、进香等全会性的活动，常常角头内或小角头内另有自己的活动，包括卜炉主、吃会、卜丁龟，甚至有财产可供会员借贷，这是本文不及详述的。南瑶宫妈祖的信仰圈集结了漳州与"福佬客"这两个方言群，如此超县市、超族群的大型信仰圈，可算是台湾地域性民间宗教组织发展的极致。

祭祀圈的规模较小，只限于指涉地方社区的公众祭祀，但它却是具有普遍性与必需性的宗教组织，其组织力更不容忽视。笔者曾经研究草屯镇的祭祀圈，对祭祀圈活动的规则性，不只惊异，而且感动。"有庄头就有土地"之外，都要做年尾戏，自己村庄没有办法做的，就与其他的村庄联合，而且草屯镇宗族势力颇盛，各姓聚落的分布区都以一个神庙为中心，发展出超村落的祭祀圈，往昔也有一个全镇性的祭祀圈。笔者的结论是，祭祀圈本质上是一种地方组织，表现出汉人以神明信仰来结合与组织地方人群的方式，不同层次的祭祀圈之间的扩展模式，表现出传统汉人社会以聚落（部落）为最小单位之融合与互动的过程。①

不论祭祀圈或信仰圈，都是代表汉人以神明信仰来结合人群的方式，也就是借宗教的形式来形成地缘性的社会组织。民间的活力和组织力必须借宗教的形式才能在空间上展示出来，其中到底有什么文化驱力在运作呢？本文虽也曾以汉人之共同祭拜天地神鬼的信仰需求来解释祭祀圈的产生，归根究底则牵涉到汉人的宇宙观。笔者尚无能对宇宙观多着墨，以阐明它与群体性宗教活动之间的关系，笔者目前所关注的还是在社会组织方面。②

如果我们从祭祀圈与信仰圈之各种活动组织的原则来看，详细地检视到底哪些人结合在一起，共同参与祭祀圈或信仰圈的活动，想想为什么是那些人，而不是另外一些人，或者可以帮助我们了解祭祀圈和信仰圈之形成的因素以及其社会作用。笔者曾经分析草屯镇各祭祀圈所依据的组织原则，发现聚落性和村落性的祭祀圈可以同庄结合的原则来解释，超村落祭祀圈可以同姓结合或水利结合的原则来解释，全镇性的祭祀圈则可以自治结合来解释③。以下先说明祭祀圈的组织原则，再说明信仰圈的组织原则，所举的例子则不限于草屯镇的祭祀圈和彰化妈的信仰圈。

同庄结合是指同一村庄的人群构成一个祭祀圈。所谓的"村庄"有很多意含，大部分的时候它指的是自然村，不管是大村或小村，集村或散村，有的时候是一个大村加上邻近依附的小部落，有时候它是一个行政单位的村或里，除了草屯镇之外，还有一些地方，学者们所发现的聚

---

① 林美容：《由祭祀圈来看草屯镇的地方组织》，《"中央研究院"民族学研究所集刊（62）》1987年。

② 笔者有一文《从地理与年鉴来看台湾汉人村庄的命运共同体》，可说涉及宗教理念与社会组织之相关，有兴趣者可参考《台湾风物》1988年第38卷第4期。

③ 林美容：《由祭祀圈来看草屯镇的地方组织》，《"中央研究院"民族学研究所集刊（62）》1987年，第99—103页。

落性和村落性的祭祀圈都可用同庄结合来解释。①

同姓结合是指某姓占优势的聚落区内的人群构成一个祭祀圈。一般说来，在台湾汉人的开拓史上，血缘聚落的发展相当普遍②，常常同姓的血缘聚落有集中分布在一个地区的现象，同姓的聚落区内通常会有一个中心庙宇，或位于该姓开发最早的据点，或位于同姓聚落区的中心位置，奉祀该姓祖先所携来的神祇。如此，同姓的聚落区便构成一个超村落的祭祀圈。这些同姓的聚落群通常是同一确实可征的祖先之派下繁衍聚居的结果，不过也有些聚落群仅是同姓而已，并非同宗。这些同姓聚落群所构成的祭祀圈基本上并不排除域内他姓的人来参与祭祀，即使建庙之初仅由该姓居民出资，一旦庙宇建立，自然具有开放性，大家都可以来祭祀。由同姓的血缘聚落所构成的祭祀圈，除了草屯镇洪姓的永清宫、李姓的敦和宫、林姓的龙德庙及简姓的紫微宫之外③，尚有景美高姓的集应庙④，木栅地区林姓的保仪尊王庙⑤，以及芦洲乡李姓的保和宫。⑥

水利结合是指同一水利灌溉系统的居民构成一个祭祀圈。水利对于农业社会非常重要，水利的开凿与水利资源的合理分配更需居民全力以赴，同一水利灌溉系统的居民自然有休戚与共的感觉，借着传统的宗教活动可以增进彼此的和谐，减少冲突，并且化解纠纷。草屯镇内龙泉圳

---

① 王世庆：《民间信仰在不同祖籍移民的乡村之历史》，《台湾文献》1972 年第 23 期第 3 卷，第 3—38 页；温振华：《清代一个台湾乡村宗教组织的演变》，《史联杂志》创刊号，1980 年，第 91—107 页；Schipper Kristofer. M. Neighborhood Cult Association in Traditional Tainan, in G. William Skinner ed. *The City in Late Imperial China*, Stanford：Stanford University Press, 1977, pp. 651 – 676；Sangren Paul Steven, *A Chinese Marketing Community：An History Ethnography of Ta-ch'i*, Taiwan Ph. D. Dissertation Stanford Unversity, 1979。

② 林美容：《草屯镇之聚落发展与宗族发展》，《第二届国际汉学会议论文集》，台北："中央研究院"，1989 年，第 324、342 页。

③ 林美容：《由祭祀圈来看草屯镇的地方组织》，《"中央研究院"民族学研究所集刊 (62)》1987 年，第 88—89 页。

④ 温振华：《台北高姓：一个台湾宗教组织形成之研究》，《台湾风韵》1986 年第 30 期第 4 卷，第 45—46 页。

⑤ Jordan, David, Shyunshow and Jinnshiang：Two Kinds of Chinese Religious Processions and their Sociological Implication, A Paper Prensented in the Second International, conference on sinology, Academia Sinica, 1986, pp. 9 – 10.

⑥ 林秀英：《芦洲的寺庙与聚落》，《台湾文献》1978 年第 29 期第 1 卷，第 178—179 页。

各村庄的居民即共同参与一个超村落的建醮活动。①

自治结合是指地方社区为了自治防卫的需要，而共祀神明，形成一个祭祀圈。清朝嘉庆以后，有所谓的联庄，即数街庄之联合体，以为地方自治之需。联庄常有联庄庙，有时以庙号称联庄，联庄之公产有时亦用公庙之名或其主神之名义所有。② 可见为了地方自治的需要，而形成超村落的祭祀圈，有其历史渊源。戴炎辉曾指出新埔街的广和宫，为地方自治之联庄庙。草屯镇北投朝天宫建于嘉庆十一年（1806），往昔亦为北投堡内四大姓居民为防御自治而设。

此外，有以祖籍结合为原则而形成祭祀圈者，它结合的可能是同一祖籍县份的人群，也可能是同一府的人群（如漳州府、泉州府、潮州府或汀州府）。不过若一村庄系由同一祖籍之村民所构成，其祭祀圈应以同庄结合来解释，只有邻近几个同祖籍的村庄所构成的祭祀圈，才可用祖籍结合来解释。因祖籍结合而形成之祭祀圈，见诸学者之报告者，如万华清水祖师庙往昔为结合泉州安溪人之祭祀中心③，埔心乡旧馆的霖兴宫与田尾乡海丰仑的沛霖宫都是潮州籍的福佬客所形成的超村落祭祀圈。④

祭祀圈亦有可能由不同祖籍之居民结合而形成，例如树林镇的济安宫⑤，也可能受集镇区的影响，如大溪普济堂。⑥

以上所列举的各种祭祀圈的组织原则，其所结合的人群都是地方性的人群，其范围或是村庄，或是联庄，或是一乡一镇。信仰圈则结合区域性的人群，如本文所述彰化妈祖的信仰圈。有关信仰圈的实例当然不只南瑶宫之妈祖一例，其他学者所述及的，如彰化、和美与草屯地区的

---

① 林美容：《由祭祀圈来看草屯镇的地方组织》，《"中央研究院"民族学研究所集刊（62）》1987 年，第 89 页。

② 戴炎辉：《清代台湾之乡治》，台北联经出版社 1979 年版，第 18—19 页。

③ 温振华：《清代台北盆地经济社会的演变》，硕士学位论文，师范大学历史研究所，1978 年。

④ 许嘉明：《彰化平原福佬客的地域组织》，《"中央研究院"民族学研究所集刊（36）》，1925 年，第 174 页。

⑤ 王世庆：《民间信仰在不同祖籍移民的乡村之历史》，《台湾文献》1972 年第 23 期第 3 卷，第 3—38 页。

⑥ Sangren, Paul Steven, *A Chinese Marketing Community: An Historical Ethnography of Ta-ch'i, Taiwan*, Ph. D. Dissertation, Stanford University, 1979.

二十四庄林姓私妈祖会，是一个同姓结合的信仰圈。① 永靖永安宫七十二庄信仰圈为结合清代武东西保之漳州人与客家人而形成。② 无论信仰圈的组织原则为何，其所结合的人群，范围必定跨越乡镇，虽然信仰圈一般说来较不密实，并不包含区域的所有住民，但其为区域性的人群结合，则甚明显。

由祭祀圈和信仰圈来看，台湾民间社会基本上是一种地域构成，以村庄为最小的地域单位，逐步扩大，结合地方性或区域性的人群。祭祀圈虽可发展为信仰圈，但未必所有的信仰圈皆由祭祀圈发展而来，配合区域性人群结合的需要，信仰圈亦可独立发生。但是在由祭祀圈发展为信仰圈的案例中，通常还会保存祭祀圈的组织形态与内涵，因为地方性的公众祭祀不能被抹杀掉。

祭祀圈与信仰圈实表示台湾民间社会的自主性发展，完全是老百姓的自发性组织，与官方的行政官僚体制无关。封建帝国时期，政府最低的行政单位只到县，县以下无行政官，较不受官僚体制的控制，也是民间得以自由发挥其组织力的空间。清朝时间，台湾虽有很多官庙建立，但都只是官方祭祀，不能发展出祭祀圈或信仰圈。这些官庙虽然清朝结束以后就不存在了，许多官庙也随着时间的推移逐渐民间化，或许有些会变成地方公庙，但要形成信仰圈，却未闻其例，彰化南瑶宫不远处，只有一"天后宫"，亦祀妈祖，历史也相当悠久，因是官建，并没有类似南瑶宫之信仰圈的形成。鹿港也是一样，官建的新祖宫与民间所建的天后宫，香火简直不能相比。

民间宗教与官方宗教虽是相平行发展，但两者之间却存在着耐人寻味的关系。王斯福（Feucht Wang）曾经讨论清朝以官方宗教来控制老百姓③，以及官方宗教与大众宗教（popular religion）之间的重叠与形变。桑高仁（Sangren）也曾讨论在调和地方宗教与官方宗教之间的紧张和冲

① 林美容：《由祭祀圈来看草屯镇的地方组织》，《"中央研究院"民族学研究所集刊(62)》，1987年，第90—91页。

② 许嘉明：《彰化平原福佬客的地域组织》，《"中央研究院"民族学研究所集刊（36）》，1975年，第175页。

③ Feuchtwang, Stephan, "School Temple, and City God," in G. William Skinner ed. *The City in Late Imperial China*. Stanford: Stanford University Press, 1977, pp. 581–608.

突时，历史所扮演的角色，他认为地方宗教与官方宗教之间有一种共生关系，而历史是用来使国家合法化。① 此外有一本德文书，书名叫作《台湾的民间宗教与国家传统》，作者 Seiwert 倡言中国台湾民间信仰是一个独立的宗教传统，并不包含儒、释、道，与文字的传统无关，有其实用性，是用来反抗封建与殖民帝国。②

　　对宗教与政治之间的关系，尤其是宗教与国家体制之间的关系，外国学者一向非常重视，但是中国台湾本地的学者却兴趣缺然。本人的论旨虽不在宗教与国家体制的相关上，但由祭祀圈和信仰圈之概念的探讨，已然触及台湾民间信仰的社会本质，以及台湾民间社会的自主发展。希望未来能有学者放宽视野，不只看到民间信仰的社会面，也能深入探究它的政治面。

---

① Sangren, Paul Steven, "Ma Tsu, History, and the Rhetoric Rhetoric of Legitimacy," Paper Presented in the International Conference on Anthropological Studies of Taiwan Area: Accomplishments and Prospects, National Taiwan University, pp. 25 – 31.

② Seaman, Gary, A Book Review, Hubert Seiwert Volksreligion and Nationale Tradition in Taiwan; Studien Zur Regionalen. Religions Geschichet einer Chinesischen. Provinz (Folk Religion and National Tradition in Taiwan: Studies on the Regional Religious History of a Chinese Province) Münchener. Ostasiatische Studien, Band 38. Stuttgart: Franz Steiner Verlag, Wiesbaden, GmbH. 1985, *Asian Folklore Studies* 66 (2), pp. 304 – 305.

# 晋水流域 36 村水利祭祀系统
# 个案研究

## 行 龙[*]

国家与社会的关系是一种复杂的互动关系，除了理论上的探讨之外，从不同角度进行实证的个案研究实在是十分必要的。

本文以晋水流域 36 个村庄对晋祠神灵的祭祀为主要线索展开研究，试图从多村庄祭典的角度探国家与社会的复杂关系，这无疑属于一种典型的区域社会史个案研究。因而首先要求我们利用人类学田野调查的方法，广泛搜集反映"地方性知识"的文本资料，并切身体验当地民众的生活和思想。本文主要利用了生活于毗邻太原晋祠的乡村名人刘大鹏先生所著皇皇上千万字的《晋祠志》及其稿本《晋水志》[①] 以及明清以来各种版本的地方志书。同时，近些年来在晋水流域的多次田野调查也使我们获得了更为深刻的"乡村感受"，有裨于对文本资料的进一步解读。

一

晋水流域 36 村祭祀系统以晋水灌溉体系为基础，概略性地了解晋水流域水利设施及其水利开发的历史进程，对本研究应是至为重要的。

---

* 行龙（1958— ），山西新绛人，历史学博士，山西大学历史系教授，山西大学中国社会史研究中心主任，代表作有《人口问题与近代社会》《走向田野与社会》《晋水流域 36 村水利祭祀系统个案研究》等文。本文原载《史林》2005 年第 4 期。

① 刘大鹏：《晋水志》，光绪三十三年（1907）成书。全书 13 卷，现有 4 卷，为先师乔志强先生所得。此书与《晋祠志》相较，"体例虽殊，而事实则同……有《晋祠志》未载而始补登之者"（《晋水志·凡例》）。

晋水发源于距太原市西南 25 公里的悬瓮山下，悬瓮山系吕梁山脉边沿名山之一。明嘉靖《太原县志》云："山腹有巨石，如瓮形，因此得名"，《山海经》则有"悬瓮之山，晋水出焉"的记载。晋水源头即在三晋名胜晋祠，计有难老、鱼沼、善利三泉，其流量则以难老泉为最。有研究表明，宋代晋水流量最高 2.5 立方米/秒①，昔日滔滔晋水畅流东至古晋阳（今古城营）南六里汇入晋阳沼泽地，东南注入贯穿山西南北境的汾河。如今鱼沼、善利二泉均已干枯，晋水流量可谓微乎其微，十年前甚至出现断流现象。睹物赏景，能不令人浩叹！

晋水的开发和利用历史悠久，渠系的初步形成当在春秋战国之际。史载，周贞定王十六年（公元前 453），晋国世卿智伯联合韩魏欲取赵氏晋阳城，然晋阳城固若金汤，"三月不拔"，于是智伯开渠引晋水以灌之。后赵襄王与韩魏媾和反攻智伯，智伯兵败身亡，晋阳解围，三家分晋，战国纷争的局面由此拉开序幕。因晋水渠系最早为智伯所开，"智伯渠"亦由此得名。

时至汉代，当地民人开始利用"智伯渠"渠道旧迹，修整疏浚，灌溉田亩。《后汉书·安帝纪》载：元初三年（116）"修理太原旧沟渠，灌溉官私田"。此时晋水渠道仅有此一渠——"智伯渠"，亦即后来所称之北河。北河首次灌田兴利，所经之处如安仁、贤辅、古城、金胜等村皆年丰稔熟，农业遂得以发展，《汉书》谓"太原年谷独熟，人庶多资"，描述的正是这一情形。

隋唐时期，晋水进一步得到开发利用。隋开皇四年（584）新开中河、南河，其中南河又分为三河："其中派入大池流经南神桥晋源都东庄，为中河。又一派为陆堡河，流入大寺等村。其南派流入索村等地，为南河。"② 中河、南河的开凿，使晋祠东南部"周回四十一里"的土地得以灌溉，晋水的利用率进一步提高。唐代晋水水利工程主要是两次修建跨越汾河的渡槽工程，将晋水引入对岸的东城。原来，东城地区地多碱卤，井水苦不可食。贞观十三年（639），唐北都太原，长史李绩"架

---

① 王天麻：《晋水历史流量的探讨》，《山西水利史料》第 5 辑。
② 《新唐书·地理志》。

汾引晋水入东城，以甘民食"①。德宗时期第二次修建跨汾渡槽工程，且
"环城树以固堤"，不仅解决了城东居民饮水问题，而且扩大了农田的灌
溉面积，该时期晋水溉田面积已达 112 顷有余。李白游晋祠有"晋祠流
水如碧玉""百尺清潭写翠娥"等诗句，正是对唐时晋水景观的真实
写照。

宋代晋水灌溉系统进一步完善，溉田面积达到鼎盛时期，此举时任
太原尉陈知白功莫大焉。刘大鹏《晋祠志·陈大夫知白传》特表之：

> 宋嘉祐五年，（知白）为太原尉，时晋水奔流，溉田无多，诸多
> 田畴，水虽能及，乃民皆惧以水增赋，悉不敢溉之为用，水竟付之
> 东流。公悉其弊，思利导之，剀切晓谕，民始释然于以水加赋之说
> 为欺罔。郭公京亦为太原尉，助公设法兴水利。于是浚其源为十
> 分。……凡溉田数万亩，水利于是大溥。②

陈知白和郭京此次治水，浚水源为十分，修建分水石塘，划定 3：7
配水比例，设立渠长水甲管理水渠，使晋水管理有了简而易行的制度。
后神宗时期，又经太原人氏史守一进一步兴利除弊，健全配套渠闸桥涵，
使宋代晋水溉田面积最高达到 600 余顷，所谓"晋水之水利无复有遗，
倍加于昔矣"。陈知白因此被乡民喻为西门豹，此后晋水流域百姓于每年
祭祀水神之时必附祭陈公牌位，以示不忘。

宋金之际直至元末，太原城郊成为中原统治者与北方少数民族政权
长期争夺混战的重地，宋太平兴国四年（979），经营千年的古都晋阳被
赵光义放火焚烧，霎时间全部化为灰烬，次年，赵光义又引汾、晋二水
狂灌晋阳废墟。晋水流域因迭遭战乱，渠系破坏严重，争水冲突日趋激
烈，所谓"水利虽云溥博，而水争则极纷纭"③。

明清两代，随着人口数量的明显增长，晋水流域水利资源日趋紧张，

---

① 《新唐书·地理志》。
② 刘大鹏：《晋祠志》卷十八《流寓一》，山西人民出版社 1986 年版，第 478 页。以下仅
以《晋祠志》出之。
③ 《晋水志》卷二《旧制》。

以争夺晋水所有权和使用权的水利纠纷在晋水流域 36 个村庄和不同渠系间不断发生。与此同时，晋水水利管理制度在"国家与社会"的不断调整中日趋严密。明初太原为九边重镇之一。朱元璋统一全国后，封三子朱棡为晋王，古晋阳城废墟及周边成为明初军屯的重要场所，流域内的古城营、五府营、小站营、马圈屯、河下屯、西寨、旧寨等村庄名称本身就与军屯直接相关，至今仍有所谓明初军屯"九营十八寨"之说。按太原驻屯一卫三千户所，粗略估计屯田数和军户数均在两万以上，占到当时太原县耕地面积和人口总数的三分之一。① 明政府为鼓励军屯，将部分民地充公，改为晋府用地，并按"军三民三"的分配办法重新配置水资源，致使"王府与民间参错相连"②。明孝宗时，开始出现北河渠长卖水与王府的现象，嘉靖年间山西布政使司分守冀宁道苏皋"亲履各渠查访审验"，进一步整顿渠长水甲。后万历年间，北河下游金胜村又因水程不足要求变更旧例，再次与王府发生严重冲突，结果亦以"维持旧例"告终。

清代晋水流量已明显减少，尤其是在人口和溉田面积增加的背景下，水利冲突越激烈，水利管理越严密，此所谓"利愈溥而法愈密矣"③。清初晋水管理制度最大的变革是晋水总河制度的建立。先是因晋祠、赤桥、纸房三村位居晋水发源地界，晋水流及下游村庄必经过此三村田畔，"故三村之田有例无程，历年久远，无人管辖"④，在水资源日趋紧张的局势下，"远村人等常欲破此常例"，且越界"强霸"三村之田，使其不得照例灌溉，由此引发了晋水南河与总河三村之间长期激烈的水利争端。雍正七年（1729），太原知县龚新特设晋祠总河渠甲一名，除经营晋祠、赤桥、纸房总河有例无程田亩外，兼管晋水全河事务。与此同时，增定禁饬事宜 7 款，从各方面限制规范渠甲权力，并通令四河一体执行，至此晋水流域各河渠及村庄普遍丈量田亩、清造《河册》，管理体系进一步完善。之后，虽有乾隆年间金胜、董茹与花塔、县民争水，道光末年王郭村与晋祠争水等事件发生，但大多依《河册》为据，"以旧章相质"。世

① 袁汉城：《九营十八寨与明军屯考》，载《晋阳文史资料》第 6 辑。
② 《申明水利禁例公移碑记》，见《晋祠志》卷三十《河例一》，第 794 页。
③ 《晋水志》卷一《晋源》。
④ 《晋祠志》卷三十二《河例三》，第 825 页。

居总河界内的赤桥村人刘大鹏显然对雍正年间此次整顿深为赞许，光绪末年刘氏完成《晋祠志》，论及四河分水时写道："迩年河务和平，总河之人柔恤四河，而四河之人亦皆尊敬总河，故上下相安无事，不至如昔年争水之纷如也。"[①]

民国时期，晋水流域东有汾河泛滥之忧，西有山洪暴发之患，晋水灌溉面积及受益村落明显减少。1921 年，晋水《河册》载，晋水灌溉村庄已减少到 31 个，灌溉面积仅 260 顷 16 亩，晋祠、纸房、赤桥、金胜、索村、王郭、南张、北大寺 8 村共减少水地面积 13 顷 20 亩，小站营、小站、马圈屯、五府营、万花堡、东庄、东庄营 7 村减少灌溉面积计 49 顷 28 亩，最后不得不"退出晋祠水例"[②]。中华人民共和国成立初期，难老、鱼沼、善利三泉总和流量在 2 立方米/秒左右。随着工农业生产的发展，尤其是晋水源泉上游西山一带大量采矿挖煤，加之晋祠附近深井数量不断增加以及气候、生态等多重因素的影响，晋水流量逐年下降。笔者在 1980 年初到晋祠时，其流量已不足 1 立方米/秒，但难老泉水的突涌、鱼沼飞梁的垂滴、智伯渠水的畅流仍然可睹。怎能想到，时隔仅 10 余年，造福千年的晋水竟然断流。笔端至此，又不禁怅然。

综上所述，自春秋战国时代以迄不远的过去，晋水灌区就是三晋乃至全国最古老的水利系统之一，素有"晋阳第一泉"的晋水曾以其甘甜的乳汁浇灌了源远流长的三晋文明，晋水流域 36 村更是"近水楼台先得月"。更值得注意的是，在春秋肇始，宋代鼎盛，明清法密这些晋水开发利用的历史关节点上，晋水流域 36 村对晋祠神灵的祭典也逐渐形成了一套系统完整的运作体系。晋阳之盛得益于晋水，晋祠祭祀基源于晋水，对此加以深入探讨甚为必要。

## 二

三晋之胜，莫逾于晋祠。"谓之晋者，指晋国非指晋水；谓之祠者，

---

① 《晋祠志》卷三《河例二》，第 804 页。

② 引自《晋祠水利志》，山西古籍出版社 2002 年版，第 18—19 页。

祀晋侯非祀晋水神也。"① 晋祠最初即为奉祀周初晋国第一代诸侯唐叔虞的祠堂，然岁月可以改变旧貌，自周初以迄明清，关圣帝、玉皇大帝、三官大帝、东岳大帝、真武大帝、文昌帝、太阳神、土地神、山神、苗裔神、财神、至圣孔子、亚圣孟子、老子、公输子、释迦牟尼、弥陀佛、华严佛、仓王、吕洞宾、药王、五道神等各路神灵云集此名胜佳境，晋祠成为集儒、道、释各家于一体的奉祀祠庙。值得注意的是，晋祠主神在历史长河中亦曾三易其位，周代唐叔虞、宋代圣母、明代水母的渐次嬗变，都与关乎民生的晋水紧密相连。透过这一现象，我们不仅可以感受到水在这一地区的重要地位和作用，更可以从中体会到国家政权与地方社会的微妙互动。

唐叔虞祠创建年代虽不可稽考，然至迟在魏晋时期即已见诸文献。郦道元《水经注》云："昔智伯遏晋水灌晋阳，其川上溯，后人蓄以为沼。沼西际山枕水，有唐叔虞祠。"《魏书·地形志》也有"晋阳西南有悬瓮山，一名龙山，晋水所出，东入汾，有晋王祠"的记载。至于晋祠何以为唐叔虞祠，其最早传说就是太史公《史记·晋世家》中有名的"剪桐封弟"故事：

> 晋唐叔虞者，周武王之子而成王弟。初，武王与叔虞母会时，梦天谓武王曰："余命女生子，名虞，余与之唐。"及生子，文在其手曰"虞"，故遂命之曰虞。武王崩，成王立，唐有乱。周公诛灭唐。成王与叔虞戏，削桐叶为珪以与叔虞，曰"以此封若"。史佚因请择日立叔虞。成王曰："吾与之戏耳。"史佚曰："天子无戏言。言则史书之，礼成之，乐歌之。"于是遂封叔虞于唐。唐在河、汾之东，方百里，故曰唐叔虞。姓姬氏，字子于。唐叔子燮，是为晋侯。

"剪桐封弟"的传说可能也仅是个"故事"，柳宗元就曾有名篇《桐叶封弟辨》对其提出质疑，然晋祠最初的主神为唐叔虞却是毫无疑问的。从《水经注》和《魏书》记载来看，魏晋时期唐叔虞祠已初具规模。据云东魏武定年间，文士祖鸿勋作《晋祠记》，对其山水风光和祠宇楼阁极

---

① 沈魏皆：《晋祠圣母庙辨》，《晋祠志》卷一《祠宇上》，第 22 页。

尽赞美，一时间河东文士竞相传抄。尤其是北齐以晋阳为别都，高欢、高洋父子又崇信佛教，在广建晋阳宫、大明宫、十二院及天龙、开化、童子、崇福等寺院的同时，在晋祠也"大起楼观，穿筑池塘"，祠内读书台、望川亭、流杯亭、涌雪亭、仁智轩、均福堂、难老泉亭、善利泉亭次第兴建，后主高纬天统五年（569）又改晋祠为大崇皇寺。《序行记》谓"自洋以下，皆游集焉"①，足见当日之盛况非凡。

隋、唐两朝是晋阳建城史上的黄金时代，也是唐叔虞祠名声昌隆的时代。隋炀帝未称帝前，长期在晋阳任晋王，开皇年间就曾在晋祠南面建造舍利生生塔。唐开国皇帝李渊晋阳起兵反隋前，曾祈祷于唐叔虞神像前，又因起家于唐叔虞封地古唐国，因名国号为"唐"。唐代诸帝对"王业所基"之晋阳崇爱有加，先后在晋阳设北都、北京，使晋阳成为当时仅次于长安、洛阳的第三大城市。贞观十九年（645）十二月，唐太宗李世民东征还师途经晋阳，曾逗留数月，次年正月撰写《晋祠之铭并序》"树碑制文，亲书之于石"，感恩之情溢于碑碣：

> 昔有隋昏季，纲纪崩沦，四海腾波，三光戢曜。先皇袭千龄之徽号，膺八百之先期，用竭诚心，以祈嘉福。爰初鞠旅，发迹神祠。举风电之长驱，笼天地而遐捲。一戎大定，六合安家。虽膺箓受图，彰于天命；而克昌洪业，实赖神功。②

唐太宗驾幸晋祠，树碑祭祀，是唐叔虞祠最为煊赫于世的时代。然好景不长，继唐之后的五代十国，中国北方是以晋阳为根据地的割据势力与建都中原的中央政权长期激战厮杀的场所。宋初太宗赵光义三下河东，火焚水灌晋阳城，位于晋水源头的唐叔虞祠与晋阳百姓一样，劫后余生，旧貌难现。此后虽有宋、元、明、清历朝修葺或重修，然唐叔虞祠一直处于尴尬难堪之境地。现存元初《重修汾东王庙碑》描写当时唐叔虞祠，只见"庙宇摧毁，神位迫窄"③。元末，唐叔虞祠方位由原来坐

---

① 《晋祠志》卷一《祠宇上》，第 16 页。
② 《晋祠铭碑》，《晋祠志》卷十《金石二》，第 232 页。
③ 《重修汾东王庙记碑》，《晋祠志》卷十《金石二》，第 249 页。

西向东，"际山枕水"（今圣母殿位置）突然改变为"北面南向"，亦即今日所见之唐叔虞祠①，然此祠与前祠已不可同日而语，康熙年间太原知县周在浚来祠所见仅"破屋数楹"，"屋之宇颓弊，较昔尤甚，瓴甓积于中堂，蔓草侵阶，荒秽不治，不可着足"。乾隆三十六年（1771）在上自督抚，下至乡绅，包括梁国治（湖北巡抚兼湖广总督）、朱圭（山西布政使）、徐浩（冀宁道）、周亮（太原县令）、杨二酉（翰林、晋祠南堡人）等人的通力合作下，又一次重建唐叔虞祠。此次重建在原有三间小殿的旧址上，拓宽增高，改建享殿，新建配殿，并"属以长廊，绕以周垣，门阙岿然，登降翼如"，亦即今日偏于齐年柏和善利泉亭东侧的"唐叔祠"。刘大鹏概括此次重修之前的情形是："历代以来虽屡修葺，要皆因陋就简，聊为重新而已。卑微湫隘，究不足以壮观瞻。"②

可以肯定的是，无论唐叔虞祠经历了怎样的风雨荣衰，宋以前唐叔虞祠为晋祠正祠，唐叔虞为晋祠主神确是无疑的。宋以后唐叔虞祠虽"不足以壮观瞻"，然仍以"事关祀典"而享正神之礼，尤其是明"洪武四年（1371）改称唐叔虞之神。岁以三月二十五日有司致祭，载在祀典"③，唐叔虞一直被视为国家正统主神。《晋祠志·祭赛》"祀唐侯"条记载，每年三月二十五日，"太原县知县致祭唐侯于叔虞祠，荐以柔毛刚鬣，拜跪如仪"。嘉靖年间山西巡抚苏祐作"迎降送神祠三章"亦一并收录，其祀文无不透露着官方正统信息：

> 维某年岁次甲子三月二十五日甲子，承祭官太原县知县某（典史代，则称典史某）致祭于唐侯之神曰：惟神剪桐封晋，克绍周德。播王室之恩泽，千古贻厖，保唐地之疆围，万民受福。声灵于以丕昭，祀典因之天颗。兹当春暮，恭逢诞辰，谨具牲醴，式肇明禋。

---

① 关于唐叔虞祠的移位重建历来不得其详。康熙年间周在浚《重修唐叔虞祠记》即有"岂今日之圣母殿实唐叔虞祠耶"的疑问。今人郭怨舟先生也多有探讨，似难定论。参见《晋祠轶事》，山西人民出版社1992年版；《晋阳文史资料》第1辑，政协太原市晋源区委员会1999年印刷。

② 《晋祠志》卷一《祠宇上》，第19页。

③ 苏祐：《重修唐叔虞祠记》，《晋祠志》卷一《祠宇上》，第17页。

仰祈神鉴，享此清芳。尚飨。①

宋代以来，唐叔虞及唐叔虞祠地位在晋祠地位的下降，与圣母殿的创建密不可分，而圣母殿及圣母地位的上升与水的关系亦密不可分。虽然圣母殿具体建于何时仍在争议，但至迟在熙宁年间（1068—1077），加号"昭济圣母"则是可以定论的。此后，圣母及圣母殿屡受加封并重建重修：崇宁初敕重建；元至正二年（1342）重修；明洪武初复加号"广惠显灵昭济圣母"；洪武四年（1371）改号晋源之神，天顺五年（1461）重修，万历壬午年（1582）又"焕然一新"；清后期同治、光绪二帝分别叠加封号；慈禧太后、山西巡抚曾国荃、著名晋商渠本翘等分别赐匾题额，圣母殿可谓隆极一时。

圣母乃唐叔虞母亲邑姜。晋祠初以唐叔虞封地建祠，以子为母屈，母为子贵并建其母之祠，合而祀之，母子并隆，也在情理之中。但圣母地位的日隆，以致明代视圣母为晋源之神，而成为晋祠主神，甚至完全是人们"误将邑姜视水神"了。熙宁年间圣母首次加号即"以祷雨应"为由头，明万历年间最后一次大修仍以此而终。马朝阳《重修晋源圣母祠记》道："万历壬午年，自春徂夏不雨，穑人焦劳，嘉谷用虐。郡伯麓阳孙公日走群神雩祀之，罔应。或言晋源圣母灵赫，徒步涉汾津以身祷，邑侯向公从焉。礼未告成，大雨沛作竟日夜，神人之感其捷影响。既睹庙貌就颓，非徒以祀报也"。于是，"故者革，废者举，不三月，焕然一新"。② 至清初，朱彝尊作《游晋祠记》有"圣母庙不知何所自始，土人遇岁旱，有祷辄应，故庙巍奕，而唐叔虞祠反而居其偏者"的疑惑。③ 顾亭林更有"今人但知圣母，而不知叔虞"的感叹。水神圣母日隆，正神唐叔虞日颓，充分说明官府与地方社会对关乎民生的晋水资源的重视，刘大鹏概括历代加封圣母"皆因祷雨应也"。④ 而乡村百姓在这样一个以农业为主导产业的经济生活中，水对他们而言就是生活和生命之源，国

① 《晋祠志》卷七《祭赛上》，第 161 页。
② 《晋祠志》卷一《祠宇上》，第 21—22 页。
③ 道光《太原县志》卷十三《艺文二》。
④ 《晋祠志》卷八《祭赛下·圣母出行》，第 194 页。

家正统意识形态在实际生活中显得那样无足轻重，甚至可以说是微不足道。难道这就是民人重利轻义的意识表现？这里还应该引起重视的是，宋代开始建造圣母殿，圣母的地位后来甚至超出唐叔虞，与嘉祐四年（1059）知县陈知白创三七分水之制，甚至后来衍生出"跳油锅捞铜钱"的民间传说或许不无关系。唐代两次修建跨汾渡槽工程后，晋水开始引入东城，五代十国时晋阳又成为各方政权激烈争夺的重地，加之宋统一全国后，各地人口数量大多出现逐渐增长的趋势，这里就有一个重新分配有限的水资源的问题。圣母"以祷雨应"而加封，民间因争水而跳油锅，二者均发生在宋代中叶，应当不仅是一种巧合。

如果说唐叔虞、圣母都属于国家正祀系统的神灵，那么"水母"就是一个被民间社会缔造出的地方神了。水母楼位于难老泉水源之上，俗名梳洗楼，其创建年代《晋祠志》记以嘉靖四十二年（1563），但为何而建，何人创建均不得其详，刘大鹏叙其起因为"欲人知为晋源水神，而圣母非水神也"[1]，我看也是牵强附会。至于水母楼上、下层神案上之磬与香炉均系嘉靖十一年（1532）、十三年（1534）造，岂有庙未建而有预铸炉磬之理，刘氏也断然认定为他庙移置之物。更为明显的是，楼中所塑水母像，座为瓮形，一派农庄少妇装饰，红颜淡妆，青丝半垂，头发上还挂着一只篦梳，呈未梳妆完毕之状。其塑像高仅 1.06 米，周长 1.1米。至道光二十四年（1844）重建后呈两层楼阁，楼下三间石洞，极似农舍式样。很显然，从水母塑像及其楼之规制看，水母肯定不是官方首先认可的神灵，而是根据民间传说的"水母娘娘"的故事建造的。虽然至今当地民人对水母娘娘附会甚多，但最早的版本还应是《邑志》所载：

> 俗传晋祠圣母柳姓，金胜村人。姑性严，汲水甚艰。道遇白衣乘马者，欲水饮马，柳与之。乘马者授以鞭，令置瓮底曰："抽鞭则水自足。"柳归母家，其姑误抽鞭，水遂奔流。急呼柳至，坐于瓮，水乃止。相传圣母之座，即瓮口也。[2]

---

[1] 《晋祠志》卷一《祠宇上·水母楼》，第 35 页。
[2] 《晋祠志》卷四十二《杂编》，第 1058 页。

对晋水流域"水母娘娘"这一传说，明代太原知县高汝行则认为："坐瓮之说，盖出田夫野老妇人女子之口，非士、君子、达理者所宜道也。"① 对于俗传柳氏为金胜村人，嫁于晋祠村的说法，世居晋水总河的刘大鹏更斥之为"妄诞至极，断不可信"②。

事实上，水母娘娘的传说，是现实社会中晋水北河中心村落花塔、古城营与下游村庄金胜村争夺晋水水权的一种反映。金胜村，又称大佛寺，属晋水北河最末端的村庄，历来用水不足。按照惯例，北河水例军三民三，六日一程，昼夜轮水。万历年间，金胜村人氏柳桐凤以北河渠长将夜水献于晋府，前水不能便及下游金胜、董茹等村，欲争夜水而起讼，其中一个重要理由就是"晋祠圣母柳氏源头金胜村娘家回马水，军民轮流浇灌禾田，与王府并不相干"。享有用水主动权的花塔、古城营当仁不让，坚持维持现状，此案最后仍以"王府与民间分定日期轮流使水，相传年久，难以更变，应合照旧，将桐凤取问罪论"告终。③乾隆四年（1739）起，金胜、董茹为争春秋水例再与花塔村大兴水讼，在官府的介入下，此次两村共获得三程春水，算是争得部分水权。④处于北河末端不利地理位置的金胜村，在同样性质争取水权的两个回合中，一输一赢，最终取得部分水权，所以金胜村人强化并神化"水母娘娘"在晋水流域的地位也势在必然。至今在 36 村祭祀水母的盛大活动中，仍然保持着金胜村人不到，祭祀活动不得开始的习俗，充分说明民间传统的坚韧性。

往事越千年。晋祠主神在历史长河的洗练中，由唐叔虞而圣母邑姜，再由邑姜而"水母娘娘"。如今，圣母殿以宏大雄伟的建置，际山枕水而居晋祠主轴的突出地位。初受封侯，肇始晋国的唐叔虞却安然偏居晋祠北隅。更有意思的是，民间创造的那位"水母娘娘"选中"永锡难老"的名泉背后，其建置虽似农舍而不足观瞻，但其动人的故事却弥足长远。再套用一句古话，那真是"化荒诞为神奇"。

然而，正是这位民间创造的水母娘娘，受到了晋水流域 36 村子民们

---

① 《晋祠志》卷四十二《杂编》，第 1058 页。
② 同上。
③ 《水利禁例移文碑》，见《晋祠志》卷三十《河例一》，第 800 页。
④ 《晋祠北河水利碑》，见《晋祠志》卷三十三《河例四》，第 862—866 页。

盛大而虔诚的群体祭典。

# 三

在晋祠每年所有神灵的众多祭典活动中，民间创造的地方神——水母的祭典活动，无论其规模、时间都达到了至最。晋水流域祭典水母的活动自农历六月初一至七月初五，连续月余，而且按照晋水四河的用水制度，各村庄依次祭典，渠甲致祭，众民齐集，演剧酬神，宴于祠所，"历年久而不废"。兹据《晋祠志·祭赛》"祀水母"条，罗列如下：

> 初一日，索村渠甲致祭水母于晋水源。祭毕而归，宴于本村之三官庙。
>
> 初二日，枣园头村渠甲致祭水母于晋水源。祭毕而宴于昊天神祠。以上为南河上河。
>
> 初八日，小站营、小站村、马圈屯、五府营、金胜村各渠甲演剧、合祭水母于晋水源。祭毕而宴于昊天神祠。以上金胜村为北河上河，余皆北河下河。金胜使水属下河，故八日同祭。
>
> 初九日，花塔、县民、南城角、杨家北头、罗城、董茹等村渠甲演剧，合祭水母于晋水源。祭毕而宴集昊天神祠。
>
> 初十日，古城营渠甲演剧致祭水母于晋水源。祭毕而宴集文昌宫之五云亭。以上为北河上河。
>
> 十五日，晋祠镇、纸房村、赤桥村渠甲合祭水母于晋水源。演剧凡三日。宴集于同乐亭。以上为总河。
>
> 二十八日，王郭村渠甲致祭水母于晋水源。祭毕而归宴于本村之明秀寺。同日，南张村渠甲致祭水母于晋水源。祭毕而宴于待凤轩。以上为南河下河。
>
> 七月初一日，北大寺村渠甲致祭水母于晋水源。祭毕而归，宴于本村之公所。北大寺村属陆堡河。
>
> 初五日，长巷村、南大寺、东庄营、三家村、万花堡、东庄村、西堡村等渠甲合祭水母于晋水源。以上为中河。

　　除此之外，阖渠渠甲尊敬水神甚虔，除六、七两月致祭外，先有祭事者四：

　　一、惊蛰日，阖河渠甲因起水程均诣祠下，各举祀事。
　　一、清明节，北河渠甲因决水挑河，均行祭礼。而花塔都渠长另设祭品于石塘东致祭。
　　一、三月朔，北河渠甲因轮水程各举祀事。
　　一、三月十八日，董茹、金胜、罗城三村共抵祠下献猪。①

　　值得重视的是，晋水流域 36 村在如此宏大的祭典水母活动中，"凡祭水神必兼祭圣母"，刘大鹏认为此"即是敬叔虞耳"。紧随其后的是七月初四直至十四日连续十天的"圣母出行"，虽然这也是一年一度晋水流域众村庄参与的大型祭典活动，但其中的官方正统色彩却隐约可见。《晋祠志》"圣母出行"条载：初四日"在城绅耆"执抬搁（俗名铁棍，当地一种抬轿的杠物）抵晋祠恭迎圣母出行神像。在城人民则备鼓乐旗伞栖神之楼，中午时分齐集南关厢，随后西南行经南城角村、小站村、小站营，由赤桥村抵晋祠。迎请圣母出行神像的八抬大轿出晋祠另行一路，由赤桥村经南城角村抵西关厢，此时日之将夕，抬搁皆张灯结彩，再入县西门至城中央不偏不倚之十字街，折而南行，出南门抵南关厢，恭奉圣母于龙王庙，此为四日圣母安神礼。
　　初五日，"仍行抬搁，舁神楼，游城内外。人民妇女填街塞巷以观之，官且行赏以劝"。中午时分仍齐集南关厢，先入南门，进县署领赏，官赏搁上童男童女银牌，官眷则赏彩花。然后又出西门返城，再出北门返城。日落后出东门，由东关厢河神庙迎龙王神像十七尊仍返入城，最后出南门奉龙王神像于龙王庙。初五日整天就是周游城内外安龙王之神。初十日由南关厢龙王庙迎圣母至古城营九龙庙，十七龙王随之而至，众民虔诚致祭。次日古城营演剧赛会。十四日由古城营恭送圣母归晋祠，整个"圣母出行"的活动在晋水流域"巡回"一圈后始告结束。圣母出行活动的中心在县城，且"进县署领赏"，十七龙王随圣母汇于古晋阳城

---

　　①　《晋祠志》卷八《祭赛下》，第 189—191 页。

（古城营），最后由古城营送圣母归晋祠，这一群体祭典活动的国家意识形态味道显然不同于祭典水母的民间化依村祭典。

从"渠甲祭资出于众农"的制度中，晋水流域36村祭典水母活动的民间化色彩，而总河晋祠、纸房、赤桥三村及花塔村的特殊性，又会使我们从祭典活动的外表看到其背后水资源争夺的实况。

晋祠、纸房、赤桥三村于十五日合祭水母，"演剧凡三日"。祭典之日在六月望日，恰居持续月余的祭典活动中间，且一般村庄仅在祭典当日演剧一日，或有多村合祭而未演剧者，而三村连续三日演剧，如此安排的深意在于突出晋祠、纸房、赤桥三村的"总河"地位。如前所述，晋祠等三村因地处晋水源头地界，本无渠甲，向来属有例无程，随时浇灌，既不出夫，亦不纳粮。随着水资源在该区域的日趋紧张，"远村人等常欲破此成例"①，尤其是渠甲制创设之初良莠不齐，渠甲成为不同村庄争夺水权时的关键人物。刘大鹏讲道，"充应渠甲者为善良，不愆不忘，率由旧章，自无河案之可虑；渠甲若狡猾，或恃强凌弱，或卖水渔利，或违旧章以争水，或肆贪心以启讼端种种，不一而足"②。雍正初年爆发的南河与总河之争就是一个典型的例子。南河渠长由位居南河末端的王郭村人充任，名为经制渠长，统辖包括南张村、索村、枣园头村、王郭村四村在内的南河事务。时至雍正七年（1729），王郭村人王杰士已把持南河渠长职位达16年之久。在此期间，王杰士"把持需索，无弊不作"，进而更以晋祠稻地无例，无钱不许浇灌，与总河发生严重冲突。太原县知县龚新借此"除王杰士结党把持水利另案归结外"，特在原晋水四河的基础上，将晋祠、赤桥、纸房三村划为渠首范围，并设立晋祠渠长一名，经管南北两河有例无程地亩。尤其是此次整顿以南河推及晋水四河，制定"禁伤事宜七款"规范渠甲：宜按年更换、宜选择良民、宜派定工食、宜秉公派夫、宜永禁卖水、宜各守界限、宜官给印照并分地稽查。③ 雍正初年此次整饬不仅树立了晋祠总河渠长的绝对权威，解决了"南北两河渠甲，由下流而侵及上流，越界

---

① 《晋水志》卷四《总河北河口》。
② 《晋祠志》卷三十一《河例二》，第803页。
③ 《晋水碑文》，见《晋祠志》卷三十二《河例三》，第845—850页。

强霸，致使总河稻粟田亩不得因时灌溉，因启讼端"① 的问题，而且在36村祭典水母的象征性仪式中出现了"地主"与"宾客"之名分。《晋祠志》"祀水母"条载："凡总河祭期，四河各渠长肃衣冠，具贺仪，诣同乐亭庆贺，而总河渠甲待以宾礼。凡四河祭期，总河渠长亦肃衣冠，具贺仪，为之庆贺，以尽地主之礼。"②

花塔村在祭典水母的活动中也很特殊。据载，六月初八、初九、初十三日为北河各村庄祭祀水母之日，要连续演剧三天。然"所演之剧，系花塔村都渠长张某写定，发知单转达古城、小站、罗城、董茹村、五府营，届期各带戏价交付"。③《晋祠志·河例五》又专设"祀晋源水神"条，载"演剧酬神知单：晋水北河都渠长张某为酬报神恩事，特转某村把总知悉：本月初八、九、十日晋祠庙圣母尊前献戏三期，戏价钱几十几千文，至日早到拈香，不可失误。轮流转送，勿得迟延"④。花塔村之所以有如此突出的地位，主要原因有二：其一，北河渠长为花塔村张姓世袭，北河又是整个晋水流域四河中用水量最大的村落群体，晋水流域36村中北河流域即占到19村，而"南三北七"的水权分配使北河明显占据主流。其二，花塔村地处北河咽喉，下游使水必经花塔。加之北河自明初以来，与王府使水"军三民三"，花塔遂成为与总河、王府、北河下游各方争水的焦点村庄。明之嘉靖、万历，清之雍正、乾隆、光绪年间花塔与前述三方均发生过不同程度的水权纠纷。花塔村的作用既如此重要，花塔村张姓世袭的北河都渠长自是当仁不让。按北河因西边山峪洪水泛滥，河床堵塞淤积习为常见，以致有碍渠路，水不畅流，每年清明节、霜降节北河各村决水挑河，破土开渠，担河渣、割河草均按村派夫，届时花塔都渠长统领其事，特制破土知单（有破土行礼仪节、破土口诀、破春土祭文、破秋土祭文）、挑河知单、担河渣知单、割河草知单轮流转达知会各村渠甲，并要求各村"切勿迟误"，都渠长的权威形象俨然可见。与此俨然形象相对应的是，都渠长于每年三月初一北河起程溉田前

---

① 《晋祠志》卷八《祭赛下》，第190页。
② 同上书，第191页。
③ 同上书，第190页。
④ 《晋祠志》卷三十四《河例五》，第875页。

群宴各渠甲的慈然形象：

> 北河上两河轮程溉田，岁以三月初一日起程。是日，花塔都渠长率各村渠甲恭诣晋祠，净献刚鬣（都渠长备）、柔毛（罗城村水甲备）祭祀晋水源神。
>
> 起程祭神之次日，都渠长于其家设筵张乐，以待贺客，名曰贺渠长。北河一切渠甲各备贺仪，皆抵达花塔跻堂拜贺，燕饮为乐。①

在整个晋水流域 36 村水利祭祀系统中，祭典"水母娘娘"是民间社会最为看重的盛大活动。晋祠总河渠长、花塔都渠长能够在此活动中占尽风光，与之在水资源争夺的各个回合中常常处于优势地位的情状是紧密相连的。令人思考和回味的是，晋祠总河渠长因官方介入而确立，花塔北河都渠长的确立与"水母娘娘"的传说一样，也埋伏着一个悠久的民间故事。正是这种无证无据，又难以考定的民间传说，构成了晋水流域水利祭祀系统不可或缺的重要环节。

## 四

犹如晋水流域 36 村在晋水分配和使用中有总河、北河、南河、中河、陆堡河之分，渠甲有总河渠长、都渠长、渠长、众水甲一样，晋水流域水利祭祀活动也有主神与"村庄神"的层次区别。如果说唐叔虞、圣母邑姜、水母娘娘都是全流域各村庄共同祭典的主神的话，那么，取材于跳油锅捞铜钱的花塔村英雄张郎就是一个"村庄神"了。至今流传在晋水流域的"民间话语"如此描绘这一故事：

> 相传数百年以前，晋水南北两河因争水屡起纠纷，甚至每每械斗以致酿成人命事故。有一年清明时节双方又起争端，并且抬着棺材要拼个你死我活。后来县官出面调停，在难老泉边置一大油锅，底下燃起柴火，待油锅沸腾后投入铜钱十枚，代表十股泉水，双方

---

① 《晋祠志》卷三十四《河例五》，第 873 页。

同时派人捞取，捞取几枚铜钱便可得到几股泉水，以此定例，永息争端。参加争水的两河民众面面相觑。此时，北河人群中闪出一位青年，跃入沸腾的油锅捞出七枚铜钱，而后壮烈牺牲。于是县官判定北河得晋水十分之七水量。难老泉前面石塘中石堤和人字堰就是这样建立起来的。据说，北河人群中跃入油锅捞铜钱者为花塔村人，因年久失名，乡人呼为张郎，现"金沙滩"中高两米多的分水石塔，就是后人为纪念张郎而建的"张郎塔"。

对于这样一个附会甚多的动人故事，光绪年间的刘大鹏即断言"荒唐不可信也"。且"询之父老，众口一词，不知其所以然，亦惟讹传讹而已"。① 事实上，张郎跳油锅捞铜钱的故事正是宋代嘉祐初年知县陈知白定三七分水之制的直接反映。虽然我们无从判断张郎的故事起于何时，但花塔村人正是利用（或曰自造）这一传说强化了自己北河都渠长的地位，无中生有的争水英雄张郎成为花塔村张姓都渠长世袭不更的依据。于是，每年清明节代代相传的花塔张姓渠长引朋呼类，设坛祭典张郎便成为晋水源头的一道风景。年深日久，故事变成"真事"。笔者大学时代有一位刘先生曾作"智伯渠头游人过，犹闻乡老叹张郎"的诗句，也可说是画龙点睛了。

在不同的水利集团村庄及单个村庄的"村庄神"中，除了"水母娘娘""张郎"这类纯属子虚乌有而被有目的的"创造"出来的神灵外，晋水流域水利祭祀系统中，还有许多先前为争取本村庄水利权益有过功业，而死后被视为神灵受到顶礼膜拜者，此类神灵至同治年间在晋祠总河界内竟多达九位：太原府、阳曲县、太原县历任知府、知县陆应谷、陈景曾、靳廷钰、龚新、黄捷山、戴广仁；晋祠村乡绅杨家三代杨廷璿、杨二酉、杨云涵。前六位为雍正年间最终定立晋水总河渠甲制度之地方官吏，后三位"为桑梓争利弊"而得崇祀。总河制确立后，赵发善等 14 位总河渠甲特立《晋祠水利纪功碑记》，"略纪其梗概，使后人闻风奋发"②。世居总河界内的刘大鹏在《晋祠志》中特为上述数人立传，崇奉

---

① 《晋水志》卷二《旧制》。
② 《晋祠水利纪功碑记》，《晋祠志》卷三十三《河例四》，第851—852页。

之意溢于言表。在 36 村祭祀水母的盛大活动中，每年六月十五，晋祠、纸房、赤桥渠甲合祭水母，并"将有功于总河之官绅，设木主于献殿，以配享之"①，遂成惯例。不仅如此，雍正间有晋祠豪杰之士，唯杨封翁足以当之的说法。因杨氏家族维护渠众利益，总河流域村民"群以为德，共议于杨公宅侧开口，俾杨公家易于汲水以酬之，因之名曰'人情口'"②。真可谓人神共享了。

然而，就是上面提及的那位被官方和刘大鹏斥之为把持水利，无弊不作的"河蠹"王杰士，却在本籍王郭村受到赞誉。现存王郭村《王氏家谱》稿本中王杰士简直就是一位英勇善斗的传奇人物：

> 其本性刚毅，强悍好斗。一年北河总渠，在古城营满汉武举带领下，强行淘河，并无理垫高南河水平石。王杰士知道后，毫不示弱，终于在他的唆使下，枣元头村民雷四奋勇当先，趁人不备，将武举推下河去，用镰刀砍死。然后投案自首。事后南河五村，共同出钱厚葬雷四，并赡养老母直至百年。
>
> 太原知县，因惧进士（晋祠杨二酉）权威，只听一面之词，修改晋祠水程……王杰士自感执拗不过，遂迁全家至介休县改名换姓，自后下落不明。③

对于河神、龙神这样各地普遍祀奉的水利神灵，晋水流域各村也采取了群体活动的形式。六月二十四日为河神诞辰，"凡沿河人民均于河神庙陈设祭品以祀之"④，《晋祠志》以此简单一句概括祭祀河神事，可以想见，祭祀河神比起祭祀水母娘娘的宏大场面真是太相形见绌了。个中原因也很简单，那就是，流经晋水 36 村流域东界的汾河常常泛滥成灾，民众祭典河神首先是祈祷河神不再给沿河流域带来灾害，而对水母娘娘的祭典则首先是祈望能够更多地兴利益众。祸福之间，利害之间，在民

---

① 《晋祠志》卷八《祭赛下》，第 190 页。
② 《晋水志》卷四《南总河水口》。
③ 王树人、王锡寿：《太原市南郊区王郭村王氏族谱》，1992 年内部自印本。晋祠二中教师武炯生提供。
④ 《晋祠志》卷八《祭赛下》，第 193 页。

众的价值观念里其实是很明晰的。

晋水流域 36 村祀奉的龙神名黑龙神。民间相传，天龙山龙洞中有黑白二龙王，两相争斗，白龙最后战胜黑龙，远近各村因白龙行云布雨，给民间带来雨沛丰年，遂在白龙洞旁修建白龙庙。但也不敢得罪那条黑龙，于是在修建白龙庙的同时，也在南山洼为黑龙建了一座黑龙王庙。刘大鹏《柳子峪志》载："黑龙王灵感所著，不亚白龙王神，凡到白龙王庙祈雨者，必到黑龙王洞虔诚拜祀。"[①] 晋水流域对黑龙神的祭典也很隆重。《晋祠志》载，每年三月初，地处天龙山入口处的纸房村人赴天龙山迎请黑龙王至该村真武庙祭祀，之后是流域各村挨次致祭，直至秋收完毕，晋祠村自纸房村恭迎黑龙王神像至献殿，然后，流域十数村农人合集文昌宫，公议送黑龙神入山之期，次日张报于晋祠南堡，以便众人周知。送神入山前一日，各村抬搁齐集晋祠北门外，由关帝庙请神游行各村，纸房、赤桥、晋祠、索村、东院、三家村、万花堡、濠荒、东庄、南大寺、长巷村、北大寺、塔院 13 村巡行一圈，仍至晋祠北门外安神始散。农历九月初三日，"晋祠纸房等十数村各备旗撒抬搁恭送黑龙王神入天龙山"[②]。一生喜好舞文弄墨的刘大鹏对"天龙山祷雨"的艰辛和虔诚也有诗句形式的表达：

> 乡邻祷雨届新秋，不怕高山在上头。
> 板薛方才跻险岫，转弯却又越深沟。
> 穿林踏磴踵虽破，觅寺寻僧步勿休。
> 既到天龙时已午，拈香献膳向神求。[③]

事实就是如此，虽然在干旱的黄土高原，有晋水这样的自然水源对流域来讲已是至大的福祉，但民间社会在重视晋水的同时，又渴望得到龙神的赐福，以使风调雨顺，年谷丰登。按老话讲，具有迷信色彩，不会带来任何实际利益的龙神也受到了民众虔诚的祭

---

① 刘大鹏：《柳子峪志》，见《晋祠志》下册，第 1283 页。
② 《晋祠志》卷八《祭赛下》，第 203 页。
③ 《晋祠志》卷二十八《文艺上·诗》，第 734 页。

拜，或许，这正是"尽人力而后听天命"这一民间传统文化的内蕴所在。

国家与社会的关系不仅是一种非均衡的、错综复杂的关系，也是一种交互作用，不断互动与调整的关系。在此范畴中，西方与中国应该会有共性的东西，而更多的可能是基于不同经济文化乃至生产生活方式而表现出的特殊性，即使在传统中国范围内，不同的区域空间，不同的具体事件都会有不同的，甚至可能是截然相反的国家与社会间的运作模式。晋水流域36村水利祭祀系统的历史演变过程，可能会对我们相关的讨论提供一个独特的个案。

从晋水流域36村水利祭祀系统演进的过程审视国家与社会的复杂关系，同样促使我们进一步思考"中心"与"边陲"之间的关联。在对中国社会空间的多种论述中，美国学者施坚雅区域体系理论或许是对目前中国研究中影响最大的理论模式。在施坚雅看来，按照河流系统从支脉到干流的层次，中国可分为九大区域，而每一个宏观区域内都包括中心和边际两大部分，各个区域间以及每一个区域内部的中心地带和边缘地带之间，在空间和时间上都存在着差异，基层社会的中心地就是星罗棋布的集市。晋水流域36村水利祭祀系统告诉我们，村庄作为一个具有共同利益的公共团体，在地方社会事务中有着不可忽略的地位。晋水天然地赋予流域各村程度不同的恩惠，因而产生了共同顶礼膜拜的水神，而位居晋水上游的中心村庄与地处下游的边缘村庄，由于空间的不同导致利益的不同，因而导致"村庄神"的出现。再有，与中国南方及其他区域不同，宗族势力、乡绅集团在晋水流域水资源的争夺和祭祀活动中并没有显现出特殊的角色功能，而各村庄推举出的渠甲却有着无可替代的、举足轻重的地位和作用。重要的是，渠甲并不是宗族和乡绅的代表，相反则是某一村庄利益公共体的代表，即如水母娘娘、张郎分别代表金胜村、花塔村的利益，杨廷璿、杨二酉这样本身具有功名的乡绅也代表着晋祠总河的利益。以村庄为共同利益的公共团体，才是晋水流域多村庄水利祭典中最重要的实际角色，村庄在地方社会中的地位和作用不可小觑。换言之，村庄或可说是国家与社会的关联体。本文对晋水流域36村水利祭祀系统的考察，可否对此再提供一个内陆地区个案的例证？笔者最后还想再次强调的是，晋水流域36村水利祭祀系统的背后，隐藏的是多村庄争夺有限水资源的激烈冲突，而这种冲突又是明清以来该区域人口、资源、环境状况日益恶化的表征。只有将晋水流域祭祀系统纳入整个中国社会的总体变迁趋势中，才有可能揭示祭祀背后丰富的历史内容。不过，这是需要另文探讨的问题了。

# 水利社会

# 共同体理论视野下的湘湖水利集团

## ——兼论"库域型"水利社会

### 钱 杭[*]

一般水利史主要关注政府导向、治河防洪、技术工具、用水习惯、航运工程、排灌效益、海塘堤坝、水政官吏、综合开发、赈灾救荒、水利文献等，水利社会史则与之不同，它以一个特定区域内、围绕水利问题形成的一部分特殊的人类社会关系为研究对象，尤其集中关注于某一特定区域独有的制度、组织、规则、象征、传说、人物、家族、利益结构和集团意识形态。建立在这个基础上的水利社会史，就是指上述内容形成、发展与变迁的综合过程。就具体的空间范围来说，水利社会史虽然可以涵盖某大江大河的整个流域，但其主要研究范围和关注对象，还是以平原、山区、都市、村落中的垸堤、江堤、海塘、陂圳、堰渠、溇港、湖泊、水库为核心展开的社会活动过程。在这个意义上，水利社会史的学术路径，就是对与某一特定水利形式相关的各类社会现象的社会史研究，或者是对某一特殊类型水利社会的历史学研究。

与基于自然条件（海洋、江河、湖泊、大泉）的水利社会不同，本文关注的是因人工水库而形成的水利社会，故可称为"库域型"水利社会。两类水利社会当然具有广泛的共性，但在具体的结构、功能、规则、

---

\* 钱杭（1953— ），浙江杭州人，历史学博士，上海师范大学历史系教授。代表作《血缘与地缘之间：中国历史上的联宗与联宗组织》《库域型水利社会研究——萧山湘湖水利集团的兴与衰》。本文为笔者承担 2005 年国家社科基金项目"走向解体：萧山湘湖水利'共同体'的兴衰史"（05BZS012）中期研究成果之一。本文原载《中国社会科学》2008 年第 2 期。

象征及意识形态方面仍然存在一系列明显的差别，其中最核心且最具前提性的差别表现为：前者是围绕自然环境而形成的人类社会，对于这个范围内的人类来说，"自然环境"不是劳动的产物，而是与他们在当地的世代生存史相连的前提，他们的所有活动都在此"自然"平台上平等地展开，所有人对该平台都不存在经济学或法学意义上的权利关系；后者虽然在形成之后也会因逐渐改变（或参与）原先的自然生态而导致出现一种新的自然生态，但就其基本性质而言，水库是劳动，甚至是几代人劳动的产物，参与创造水库的人们与水库之间，存在着建立在创设维护所付成本基础上的权利关系。这层关系构成了"库域型"水利社会史的基本逻辑。因此，"库域型"水利社会史，就可能比基于自然环境的水利社会史更集中地展现出小社会（当地社会）和大社会（外部社会）的政治、经济、文化特质，同时也将更集中地展现出此一环境下人们之间的依存与对抗关系。

同样是"库域型"水利社会，因其水源补给的方式不同，也会形成不同的类型。如附属于黄河、长江、淮河、松花江、新安江等大江大河流域的各类水库，至少在可预期的时段内水源补给不可穷尽。以这类水库为核心而形成的"库域型"水利社会史，与位于江河流域之外，虽有部分水源，但补给不稳定、不充分的"库域型"水利社会史，在基本问题、表现方式、水权制度、利益结构、意识形态等方面都存在着很大差异，值得认真研究。

浙江萧山湘湖，就是一个典型的人工水库；是与海域、江（河）域、泉域基本无关，因而水源补给既不稳定也不充分的人工水库；是一种存在于平原洼地、流速缓慢因而极易淤积的人工水库。围绕湘湖而形成的，就是这样一种特殊类型的"库域型"水利社会。

关于本文标题中所谓"共同体"之称，需略作说明。

"共同体"（community）一词，涉及一批范围广泛的现象，曾被用作包含各种不同社群（associations）的包罗万象的词语。在究竟是将其作为集体或社会类型，还是作为社会关系或情感类型的问题上，研究者经常会感到困惑。1955年，有社会学家找出了不少于94种关于"共同体"的定义。① 其实，问题的产生可远溯至马克思的《资本主义生产以前的各种形式》（1857—1858 年）、② 德国社会学家滕尼斯的《共同体与社会》（1887 年）等经典性文献对"共同体"一词比较宽泛的用法。③

笔者在仔细考虑该词"指"与"所指"的关系后，倾向于将共同体理论主要视为一种关注某类社会关系、互动方式的研究策略和方法。实践证明，我们可以不去过多地顾及共同体理论的概念体系，不必在实际生活中去刻意"寻找共同体"，而是把握住共同体理论的核心范畴——共同利益，运用共同体理论的分析方法——结构、互动，深入中国历史上那些实实在在的水利社会中，这些水利社会已被各类文献清晰记录了发生、发展、兴盛和衰亡的全过程，观察研究它们的内部结构，以所获观察研究成果——中国案例，来检验、丰富共同体的理论体系，并从类型学的角度，全面深化对中国水利社会史的认识程度。

另外，我们可以根据地缘联系、共同利益、自律管理、归属认同这些共同体的一般特征来观察水利集团，但对于水利"社会"，运用这一理论时则应谨慎得多。因此，笔者赞同滕尼斯关于"社会是公众性的，是世界"的观点，④ 确认湘湖水利集团是包容在湘湖"库域型"水利社会中一个特殊的"关系类型"。如果说，水利集团被定义为一个水利"社区"或水利"共同体"确有相当合理性的话，对于一个水利"社会"，则应高度关注构成"共同体"要素之外的那些异质性环节。换言之，水利"共同体"以共同获得和维护某种性质的"水利"为前提，而水利"社会"则将包含一个特定区域内所有已获水利者、未充分获水利者、未获水利者、直接获水害者、间接获水害者、与己无关的居住者等各类人群。因此对本文的完整解读应该是：以共同体理论为分析工具，对以湘湖水利集团为核心的湘湖"库域型"水利社会进行的一项社会史研究。

---

① 如 Hillery, G. A. Jr. , "Definitions of Community: Areas of Agreement," *Rural Sociology*, Vol. 20, 1955, pp. 111-123。

② 《马克思恩格斯全集》第 46 卷上，人民出版社 2003 年版，第 470—520 页。

③ ［德］斐迪南·滕尼斯：《共同体与社会》，林荣远译，商务印书馆 1999 年版。

④ 同上书，第 53 页。

# 一 湘湖水利集团与湘湖库域范围

浙江萧山县城以西的湘湖，是一个湖底面积 3.7 万余亩、方圆 82.5 里的人工水库，北宋徽宗政和二年（1112）由时任萧山县令的著名理学家杨时推动修成。因"山秀而疏，水澄而深，邑之人谓境之胜若潇湘"①，故名之"湘湖"。在湘湖初创时，湖水灌溉范围只及萧山县内化等八乡，及至约 60 年后的南宋孝宗乾道中期，加上许贤乡后，湘湖灌区始扩至后世所统称的九乡。从那时开始，湘湖的主要功能是在秋旱时通过上、下湘湖 18 个放水闸口（霪穴），根据统一的放水顺序、放水总量、放水时间等规则，灌溉崇化、昭名、来苏、安养、长兴、新义（又作辛义）、夏孝、由化、许贤九乡共计 146868.5 亩水田。② 这个格局一直保存至清末。民国十六年（1927）七月，国民党浙江省党部委托孔雪雄、张渭斌等人对萧山湘湖进行了一次全面实测。孔、张等随后提交《湘湖调查计划报告书》，在谈到湘湖当时的实况时说："据县志所载，湘湖周围凡八十二里半，而此次实测周围仅五十六里一百六十二丈，计算现在湖面较前已小三分之一。"③ 至 20 世纪五六十年代，湘湖面积又缩小近一半，湖底高程绝大部分都达 5 米以上，基本已失去对周围农田调蓄水利的作用。到 80 年代中期，剩余水田面积合计 1460 余亩，仅为宋代水田面积的 3.9%。作为自北宋末年修建的并有明确功能目标的人工水库——湘湖近 9 个世纪的历史，就其严格意义来说至此已告结束。此后发生并延续至今的湘湖重建运动，无论其工程将达至何种规模，无论发起者怎样宣称重建后

---

① 钱宰：《临安集》卷 5《湘阴草堂记》，文渊阁四库全书本，上海古籍出版社 1987 年版，集部第 168 册，第 553 页 a。

② 关于萧山湘湖史的基本情况，可参阅笔者以下研究成果《湘湖恩怨：利益共同体与地方乡绅》，熊月之主编《明清以来江南社会与文化论集》，上海社会科学院出版社 2004 年版，第 30—42 页；《湘湖水利不了之局的开端》，唐力行主编《国家、地方、民众的互动与社会变迁》，商务印书馆 2004 年版，第 98—111 页。另据笔者对 9 乡 39 个村落中 63 份受益土地的精确统计，由湘湖所灌农田的总量应为 147898.7 亩，比一向认定的数字多 1030.2 亩。为简便计，本文在引证相关史料时一般仍遵其旧说，不另作更正。

③ 国民党浙江省党部编：《湘湖调查计划报告书》之 2《湘湖之沿革》，民国十六年（1927）第三中山大学印本，第 3 页。

的湘湖会与全盛时期的湘湖多么相像，都已经属于"新（后）湘湖"范畴，那将是另一个研究计划所关心的问题了。

湘湖共有 18 个放水闸口（霪穴），其中南岸 11 穴，北岸 7 穴。各穴名称及所溉农田的位置如下：

（1）南岸 11 穴

石岩穴——崇化乡、昭名乡、由化乡；

黄家霪——崇化乡、昭名乡、由化乡；

童家湫——崇化乡、来苏乡；

凤林穴——新义乡；

亭子头——新义乡；

杨岐（羊骑）穴——新义乡；

许贤霪——许贤乡；

历山南穴——安养乡；

历山北穴——安养乡；

河墅堰——安养乡、长兴乡、夏孝乡；

柳塘——夏孝乡。

（2）北岸 7 穴

石家湫（石湫口）——由化乡；

盛家港（东斗门）——昭名乡、由化乡；

横塘——夏孝乡；

金二穴——夏孝乡；

划船港——夏孝乡；

周婆湫——夏孝乡；

黄家湫——夏孝乡。

九乡中依赖湖水灌溉的农田之所在，就是湘湖库域的大致范围。若视湘湖库域为一大型一级水利集团，那么根据各穴所溉农田的位置，可将九乡再细分为六个基本独立、规模不一且略有重叠的小型次级水利集团：

集团一：崇化乡、昭名乡、由化乡、来苏乡。（石岩穴、黄家霪、童家湫）

集团二：新义乡。（凤林穴、亭子头、杨岐穴）

集团三：许贤乡。（许贤霪）

集团四：安养乡、长兴乡、夏孝乡。（历山南穴、历山北穴、河墅堰）

集团五：夏孝乡。（柳塘、横塘、金二穴、划船港、周婆湫、黄家湫）

集团六：由化乡、昭名乡。（石家湫、盛家港）

如穿越国家行政层级，将目光进一步下移，各次级水利集团又可具体化为77个大小不一的村落。《湘湖调查计划报告书》之七"湘湖与九乡水利之关系及今昔之异同"一节，详列"宋元以来得水利者九乡"的具体情况，描画出由湘湖水利滋养的"乡—（都）图—村"结构：

宋元以来得水利者九乡：

由化乡。一都一图至一都六图。（塘里陈、一都韩、东许、西许、涝湖、长山、塘上王）

夏孝乡。二都一图至二都五图。（市心桥下、东阳桥、梅花楼、西门外、后塘一带）三都一图至三都十二图。（瓦窑头、西兴、杜湖、双庙庄、跨湖桥、孔家庄、张家村）

长兴乡。四都一图至四都四图。（冠山前后、堰斗孙、青山张、闻家堰、潭头、孔家桥、许家里）

安养乡。五都一图。（石门、西山下）五都三图。（山前吴、东汪、西汪、汪家堰、历山）

许贤乡。六都一图至六都四图。（罗磨坂、金街甸、南坞、北坞、下村、石盖、上董、华家里、双桥头、汉浦庄、中坟庄）

新义乡。十五都五图至新十六都。（义桥、新坝、峡山、牌轩下、亭子头）

来苏乡。十八都五图。（凑沿庄、大路张、东庄周、来苏周、单家堰、丁村、西周、下坂金、姚家坂）

崇化乡。十九都四图至二十都二十图。（前吴、后吴、史家桥、西蜀山、新庄、老屋、西山一带、史村曹、大南门、小南门、城中西河）

昭明乡。二十一都十二图。（米市、道源桥、大通桥、吕才庄、车家埭、舒家坂、曾家桥、东蜀山）[①]

各村落中需要利用湖水灌溉的农田，就是湘湖库域的实际边界。

湘湖水利系统的存在，展现并充实了库域九乡间部分利益关系：如果没有湘湖，没有对湘湖有限水源的共同需求，九乡间就只有一般意义

---

① 国民党浙江省党部编：《湘湖调查计划报告书》，第17—19页。

上的地缘关系，而不存在库域关系，更没有与农业命脉紧密相连的发展环境、生存质量等利害关系。因此，与湘湖的水缘关系，在整合了九乡地缘关系的同时，也凝聚并升华了这一地缘关系的社会意义。用日本学者斯波义信的话来说，由湘湖水利灌溉系统连接起来的这个水利集团，已成了一个"与行政意义上的乡、村编制不同的……'地域'"。①

"地域"不同于位置相邻的"地区"，也不是可构成独立单位的"地方"，它是由共同利益连接起来的一个区域性的整体，或者是有整体性意义的区域。国际学术界之所以常用 community 一词来指称"共同体"和"社区"，也用它来描述一个"地域社会"的原因就在于此。"库域型"社会因为涉及的范围较小，因而比海域、江（河）域型社会具有更集中的共同性；又因为沟渠网络的分布较宽，因而比泉域型社会具有覆盖更广的包容性。尤其是当其水源供给不可能达到江、河、大泉般丰裕程度时，其一损俱损、一荣俱荣的整体性意义将被极大地提升。

湘湖水利集团与库域内行政组织呈高度复合的特征，一方面，使水利设施的有效运行、水利目标的基本实现，得到了国家公权力的承认和保障；另一方面，这种保障一旦过度，也将消减水利集团的自治动力，对生存的主动需求会逐渐蜕变为对条文的被动遵守，从而削弱乃至耗损集团成员至关重要的情感归属，这对维护水利集团的长远利益极为不利。日本学者长濑守对南宋萧山县令顾冲主持制定的《湘湖均水利约束记》大加赞赏，认为"以均水为目的的配水技法上升到了'水法'的高度，这一事实说明，国家规章制度已经深及民间的水利集团之中"②。民间的

---

① ［日］斯波义信：《宋代江南经济史研究》后篇第 3 章"绍兴的地域开发"之二"绍兴府萧山县湘湖的水利"，汲古书院 1988 年版，第 574 页；中译本，方健、何忠礼译，江苏人民出版社 2001 年版。本文所引直接译自日文原著。

② 在湘湖史上，将萧山县丞赵善济于南宋高宗绍兴二十八年（1158）主持制定的《均水法》（也称《泄水规矩》）称为"旧约"，将萧山县令顾冲于南宋孝宗淳熙十一年（1184）支持制定的《湘湖均水利约束记》称为"新约"。两个水利法则的基本原则一脉相承，都是所谓"相高低以分先后，计毫厘以酌（约）多寡，限尺寸以制泄放"。较早记录顾冲"新约"的文献是明神宗万历十四年（1586）绍兴知府萧良幹等修纂的《绍兴府志》（以下简称万历《府志》）卷十六《水利志一》所载"宋淳熙十一年邑令钱塘顾冲《湘湖均水利约束记》"，《四库全书存目丛书》，齐鲁书社 1996 年影印本，史部第 200 册，第 631 页 b。［日］长濑守：《宋元水利史研究》第 7 章"宋元时代的水利法"，东京：国书刊行会 1983 年版，第 715 页。

约定"上升"为"水法",固然可使权威性空前提高,却未必一定是好事。约定之基础在于自我限制,人人可以也必须"反求诸己";"水法"的要害在于强制约束,全凭国家公权的外部介入,个人之公德意识是否需要坚守已无关紧要。国家"重水"的意志及维权措施若强,水利体系或可借机保全甚至发展;倘若公权衰退,或其关注焦点由重水改为重粮、重税、重地,与公权紧密捆绑的水利集团岂不要大受连累?这组复杂微妙的关系虽为中国水利史资料所常见,但在湘湖的历史演变轨迹中则表现得更加清晰。究其原因,概在于湘湖"库域型"水利社会维系纽带之纤薄脆弱。

## 二　湘湖水利集团的结构框架

湘湖以西南—东北走向的两列山体为东、西两侧的自然堤防,南、北两侧则需人工建筑堤塘。康熙十年(1671)《萧山县志》卷十一《水利志》记载:

> 湘湖塘:治西二里,跨夏孝、长兴、安养诸乡,周围八十余里,其一带地方东陡门、盛家港、横塘、柳塘、塘子堰、石岩堰、施家河、史家池、童家湫、凤林穴、秦家堰、潘家浜、黄竹塘、杨岐穴、许贤霪、河墅堰、石鮹口,共十七处,皆设塘长看守。[1]

嘉庆年间,萧山著名乡绅於士达所撰《湘湖考略》第 1 则"全湖形势",将上、下湘湖各堤塘的长度以及对应的霪穴,回顾得非常细致:

> 上湖自杨岐山迤南过亭子头,转东而北至糠金山,计五里许,筑塘八百一十余丈,其间有凤林、杨岐二穴。逾糠金山而北则为童

---

[1] 邹勤、聂世棠等纂修:《萧山县志》(以下简称康熙十年《县志》),《中国方志丛书》,台湾成文出版社有限公司 1983 年版,第 1 册,第 344 页。

家湫，从此过小湖庙而东，则为岭头田，迤东北至石岩，计二里许，筑塘三百四十余丈，其间有石斗门、黄家湫二穴，其河墅堰一穴在东汪村，居湖之西，柳塘一穴在井山坞，居湖之西北。此上湖之大略也。下湖自城西石家湫至菊花山，计二里许，筑塘三百五十余丈，石家湫、东斗门二穴分设其间。过菊花山则为横塘穴，其志载金二穴、划船港在东斗门之西。周婆湫在菊花山麓，迹尚存而穴废。黄家湫在横塘西里许。此下湖之大略也。①

至清代前期为止所记录的湘湖各类水利设施，基本上都形成于宋代。

宋代高度重视水利政策的系统贯彻，各路由提举常平使负责，各州由通判负责，各县就由县丞负责。朝廷对县丞的职责一直有明确要求。《宋会要·职官四八·县丞》徽宗崇宁二年（1103）三月二十四日：

> 宰臣蔡京言："熙宁之初，修水土之政……如陂塘可修、灌溉可复、积潦可泄、圩堤可兴之类……县并置丞一员，以掌其事。"从之。②

《宋会要·食货八·水利下》南宋乾道九年（1173）十一月二十五日，孝宗诏：

> 令诸路州县，将所隶公私陂塘川泽之数，开具申报本路常平司籍定，专一督责县丞，以有民田户等第高下分布工力结甲置籍，于农隙日浚治疏导，务要广行潴蓄水利，可以公共灌溉田亩。③

---

① 於士达：《湘湖考略》（以下简称《考略》），撰于清嘉庆元年（1796）。全书由"全图"一、"考略"22 则组成，初刻于嘉庆六年（1801）。道光二十七年（1847）学忍堂补刊本，上海图书馆藏。

② 《宋会要·职官四八·县丞》，续修四库全书本，上海古籍出版社 2002 年版，史部第779 册，第 621 页 a—b。

③ 《宋会要·食货八·水利下》，史部第 782 册，第 81 页 b—82 页 a。

南宋宁宗庆元元年（1195），通州知府李楫具体描述对县丞的要求：

> 诸道每于农隙，专令通判严督所属县丞，躬行阡陌，博访父老，应旧系沟浍及陂塘去处，稍有堙，趣使修缮，务要深阔。或有水利广袤，工费浩瀚，即申监司，别委官相视，量给钱米。如法疏治，毋致灭裂。①

由此可知，宋朝的县丞不仅要协助县令处理一般县政，更要具体负责全县范围内的水利行政事务。在湘湖史上占有重要地位的人物之一就是南宋孝宗乾道年间出任萧山县丞的赵善济。万历《府志》卷三十七《人物志三·名宦前》："赵善济，四明人，乾道中丞萧山……岁旱，九乡多争水，构讼；集议缮修湖防，至今赖焉。"按毛奇龄《湘湖水利志》所，赵善济在制定湘湖《均水法》前，曾经"集塘长暨诸上户与之定议"②，经过反复协商，最后才找出了一个能为全灌区所有成员都能接受的解决办法。"上户"指有实力的湘湖水利集团成员；"塘长"则指维护湘湖堤塘安全的日常负责人，此职与代表政府利益的县丞一样，是水利集团组织结构中的重要环节。

披阅相关文献，可知宋代淮南、江南诸路下辖各县所建陂塘堨坝的数量极大。为了统一管理这些设施，自北宋初年起，各县官府普遍设"陂塘册"，将分布在本辖区内的各类官私陂塘逐一登录；③并由县府专门负责水利的县丞从各水利集团所在的受益村落中挑选富有、能干的上户，充任陂

---

① 《宋会要·食货六一·水利四》，史部第783册，第431页b—432页a。

② 毛奇龄：《湘湖水利志》（以下简称《毛志》）卷一《南宋绍兴年定均水则例》，《四库全书存目丛书》，史部第224册，第614页。《毛志》是研究萧山湘湖水利形成及演变史最系统之资料汇编。作者在明代富玹关于萧山水利问题研究的基础上，广泛收集湘湖水利的成规、前例和逸事，按年代顺序编撰，对湖史沿革和纷争的记述尤为周详。

③ 参见《宋会要·食货七·水利上》，宋仁宗皇祐元年（1049）正月二十五日两浙转运司转述越州余姚县知县谢景初的建议"请下本属，明置簿籍拘管……如有陂湖，明置簿籍拘管"，嘉祐五年（1060）七月二十四日两浙转运司转述睦州桐庐县令刘公臣所言"古来溪涧沟渠泉穴之处……仍令逐县置簿拘管"，史部第782册，第51页b、53页a。

头、陂主、① 团头、陂长、② 塘长、知首等职。王安石变法期间，此制又得到进一步完善。南宋以后，陂塘管理系统愈加严密，甚至出现了"陂泽湖塘池添正副长"和"湖长"一类的职务。③ 上引康熙十年《县志》所谓"塘长"之称、之职，应该也始于北宋，并一直延续下来。宋末元初人潜说友《咸淳临安志》卷三十四《山川十三·湖下》中描述过位于余杭县城以西二里"南下湖"的湖塘。④ 该塘于北宋庆历年以后逐渐遭损，徽宗宣和五年（1123）时由知县江袤修复。为记其事，余杭县丞成无玷作《水利记》一篇，文中就提到了塘长：

> 由庙湾而下，则因其塘长而语之，靡不听令，并力以趋，泊成如期……时湖与溪皆有塘长，官免差科，俾专缮治。既而役之如皂隶，然又常以假人，民厌苦之。罢去既久，禁戒寝弛，骧者弗增，阙者弗茨，蚁蛀鼠穿，獭龟之穴，漫而不瞥者，水至则溃。今稍复增置塘长，而蠲其役；又于五亩塽，举条令，为约束，以绝盗决之弊。

据上文，北宋初就已设有塘长，后来因民"厌苦"而废除，此时（北宋末）则为"复增置"，享受"免差科""蠲其役"的待遇。按《毛志》所说，赵善济曾"集塘长暨诸上户与之定议"，说明在赵善济

---

① 陂头、陂主，合称"头主"。上引宋仁宗皇祐元年（1049）正月二十五日两浙转运司转述越州余姚县知县谢景初建议中就有"如违其所请，头主及给付官司"云云。另参见李焘《续资治通鉴长编》卷一百一十一，宋仁宗明道元年（1032）十一月辛卯诏文"以上户为陂头，部众修筑之"（中华书局 2004 年版，第 2593 页）。

② 《宋会要·食货七·水利上》载，宋仁宗至和元年（1054）仙居县令田渊言："仍逐处立团头、陂长……所差团头、陂长于上等户内，如差夫队头例选差。"史部第 782 册，第 52 页 a。另据《永乐大典》卷 2261《赤山湖》引江宁《句容新志》，可知自宋太宗太平兴国六年（981）起，赤山湖就设有团首、堰长。这组称呼应与团头、陂长同（《永乐大典》，中华书局 1986 年版，第 1 册，第 743 页 b）。

③ 《晦庵先生朱文公文集》卷一百《公移·约束榜》："今晓谕陂塘、湖长等人，如合承水之田阙水，即仰日下量分数放水注荫。如占吝不放之人，仰食水人户指实陈论，追犯人重断施行。"四部丛刊初编本，集部第 128 册，第 25 页 b。

④ 潜说友：《咸淳临安志》卷三十四《山川十三·湖下》"南下湖"，注引成无玷《水利记》，文渊阁四库全书本，史部第 490 册，第 379 页 a。

赴萧任职之前，当地已设有塘长，并且在水利方面拥有相当大的发言权。

塘长作用虽然重要，但正式地位却不高，仅是朝廷承认的"杂泛役"之一种。顾炎武《天下郡国利病书》"徭役"载："役有四：曰粮长，曰塘长，曰里长，曰老人。"（注：粮、塘、老人皆杂泛，唯里长为正役）因此，塘长调动资源能力很小，正常履职难度很大。同书"塘长"引明崇祯二年（1629）华亭郑友玄撰《塘长议》："谚称塘长为'小充军'，盖以兴作必于冬时，天寒凛冽，而携锄荷担于百里、数十里之外，霜栖雪食以赴役，其苦甚也。"①

顾、郑二氏所称之"塘长"，应是概言一般的"塘长"，主要指承担海塘江堤、大湖湖塘维修事务的塘长，苦、难固其然，所负之责却是得域内人群高度共识的"防水""遏浪"；湘湖一类缺水型水库的塘长则不然。职分的苦、难程度或不及前者，责任却只大不小，并呈分裂态势。水库之公共利益在于按时按量放水灌溉，因此须靠塘长尽心尽力、遵时遵约来"护水""守闸"。而总水量的供应不足，又驱使集团内的获利者与库域内外及边缘的未获利者之间，对塘长寄予方向不同的期望。加上水利集团与库域乡村组织复合重叠，因而在湘湖史上，塘长与堤塘所在图的总甲职责相关，利益相连。他们既要共同协调和解决水利集团内部各类"正常"纠纷，又常受外部人员的请托，"纳贿开霫，通同作弊"，甚至与县府中的水利职官纠合一，"蠹则指官，官则庇吏，上下比蒙，一帆穿就"，② 成为不惜瓦解现存水利秩序的利益伙伴。

明代的湘湖，除了由塘长继续承担"专主督率各图人夫，轮修本区水利"外，③ 还有前引南宋朱熹提到过的所谓"湖长"。

---

① 顾炎武：《天下郡国利病书》原编第 7 册，四部丛刊三编本，史部第 19 册，第 18 页 b；原编第 8 册，史部第 20 册，第 15 页 b。

② 富玹、张文瑞等编著：《萧山水利》三刻卷下《湘湖纪事》。《萧山水利》初刻 2 卷，续刻 1 卷，三刻 3 卷，附录 1 卷（《四库全书存目丛书》，史部第 225 册，第 276—351 页）。所收多为明中期以前与湘湖问题有关的文献，是湘湖史研究的第一部资料集，具有重要的史料价值。《毛志》卷二称"《萧山水利志》，福建金事富玹所辑"（《四库全书存目丛书》，第 622 页 a），故湘湖史研究者多简称为《富志》。

③ 顾炎武：《天下郡国利病书》"江宁庐安·塘长"，原编第 8 册，史部第 20 册，第 14 页 b。

明代的湖长和塘长一样，皆非职官，但因享受政府在税役方面给予的优待，所以也必须受公权约束。其产生过程和职权范围，可以转引明正德十五年（1520）浙江巡抚许庭光、浙江等处提刑按察司副使丁沂领衔发布的《禁革侵占湘湖榜例》中关于湖长的内容加以说明：

> 委典史邹仲和踏勘湖岸周围里数，分为九节，于由化、夏孝等九乡，每乡选报家道殷实、行止端正壮丁二名，充为湖长，派管湖岸，每一乡则管一节。若遇仍前占种湖田、偷泄湖水人犯，许湖长呈拿送道，并追递年花利，及查照正统年间"土豪奸民隐占官筑陂塘两月不还，钉发辽东卫分永远充军"事例，问拟发遣。若湖长通同豪民占种分利，不行举首，被人告发或致访出，一体问罪。其各湖长量免丁差二丁，二年后另选更替，一体免差。本府水利，并本县掌印官不时阅视，遇有湖岸坍塌，即起该乡人夫修筑坚固，不致泄漏。每月取具湖长给状，并本县督修湖堤缘由，申缴本道查考。若府县官不行用心提督修筑，并奸豪占湖不举，亦并拿问，应得罪名决不姑贷。[①]

这份《榜例》明文规定了湖长的任职程序、职责范围、待遇标准、监督机制，以及与地方官的关系。可以看出，明代湖长与宋代塘长所司所职基本一致，既享受政府补贴，又由九乡上户选任，因此身份双重，责任双重。区别在于，担任湖长虽然也不轻松，但似乎已不能算是"小充军"的苦差，因为毕竟被赋予了一定的执法权。明中期以后，官府加大对地方自治控制力度的努力于此可见一斑，其目的就是要在公权与私权之间确定一个有效的中介。

## 三　湘湖水利集团的成员资格及用水权问题

凡在湘湖湖水灌溉范围内拥有水田，同时根据"均包湖米"之制交

---

① 《毛志》卷二《禁革侵占湘湖榜例》，第 623 页 b、624 页 a。

纳湖耗,① 因而获得湘湖湖水使用权者,即具备了水利集团的成员资格。
也就是说,集团成员资格的构成前提是在灌区内拥有需要使用湘湖湖水
的地权。不在灌区内拥有水田,自然不具备成员资格;拥有水田而不用
湘湖湖水,亦可以不具备成员资格;一旦土地易手,地权转移,集团成
员资格即告放弃。於士达在《考略》第 16 则"放湖筑坝"一节中,谈到
清嘉庆时当地人具有的权利意识:

> 湖身之粮,派在得利田亩,故得水利者各有定界,而不能相争。
> 届秋开放内河,各就其界先行筑坝。放石家湫、东斗门,共筑坝九
> 处……放石岩穴、黄家霪、童家湫,共筑坝十二处……放横塘、河
> 墅堰、塘子堰,筑两坝……放凤林穴,筑两坝……

筑坝即划界,亦即确定土地权属和用水先后的边界。周易藻《萧山
湘湖志》引来福诒《处分湘湖商榷书》,② 把交纳湖耗作为拥有地权及湘
湖湖水使用权的清晰标志,说明一直到民国年间,湘湖水利集团的成员
资格仍与土地权利相连:

> 湖耗之负担,在田不在人。九乡之田未必尽为九乡人所有,而
> 九乡以外之人又未必不有九乡之田……水利犹在,仍九乡半数之田
> 享有之,而决不溢出九乡以外。由是权利、义务仍复相等。

以上资料证明,湘湖水利集团是湘湖灌区内部分土地(即需要使用
湘湖湖水的水田)所有者的一个横向集合体。这些土地所有者具有完纳
湖耗的同质性。

---

① "均包湖米"是湘湖水利系统的基本制度之一,是杨时主持县政时,为推动湘湖的形
成,在确保国家既定税粮收入不受影响的前提下,对因围建湘湖而被淹占土地原缴税粮所做的重
新安排。其具体内容,是将湖底土地原缴税粮向周围九乡受益农田均摊,每亩七合五勺(详见
拙文《均包湖米:湘湖水利共同体的制度基础》,《浙江社会科学》2004 年第 6 期)。均摊的湖
米又称为"湖耗"。周易藻:《萧山湘湖志》(以下简称《周志》)"续志"载,"自田既成,湖
粮仍加派于九乡得占水利田亩,使国家不至因湖受耗,故名湖耗",第 11 页。该书共 8 卷,外编
1 卷,续志 1 卷,民国十四年(1925)编成,十六年(1927)刊行,有郭曾甄、王仁溥序。
② 《周志》"外编",第 15 页。

地权与水权相对应，或者地权是获得水权的前提，这在宋代是所有湖域、泉域、库域都遵循的通例。北宋仁宗嘉祐五年（1060）七月二十四日，两浙转运司转述睦州桐庐县令刘公臣的一个报告称：

> 天下郡县乡村，有古来溪涧沟渠泉穴之处，并不得人户作埭填筑，占据为主。每遇春农之际，并仰有田分之家，各据顷亩多少，均摊出备工力，修开取令深阔，盛贮其水。或遇水旱，即据田亩轮番取人浇溉。明置文簿拘管，官为印押，给与本处乡长收管。或有贫人、下户贸易田土与别主者，亦据见佃之人承认水分，违者严真之法。①

刘氏所言，清楚地说明由"溪涧沟渠泉穴"构成的"泉域型"社会中，"田分"与"水分"，也就是地权与水权的对应关系。在江河流域，似乎同样如此。南宋孝宗乾道元年（1165），徽州知府吕广问就江河流域的农田水利问题上奏，详细规定了与塘堨修筑管理事务相关的十余条规约，其中也谈到地权与水利集团成员资格的关系：

> 诸塘堨合轮知首之人充，虽田少不该，亦均给水利，不得阻障。
> 若乡例私约轮充，于官簿内开说，充知首人，尽卖田业，新得产家虽合充，止轮当末名，不得越次，仍批官簿。②

该奏包含两层意思：第一，作为管理江河塘堨的民间负责人，"知首"向来由拥有较多田产者轮任，"田少"者"不该"即无资格充任。然而，即使没有资格担任知首，也不因此而失去对水的使用权，只要有地权，无论数量多少，都享有"均给水利"之权；第二，当原知首出售田产、新买家获得田产后，"新得产家"即可充任知首，但只能居于众知首中的最末位。这说明，此前与该水利集团全无关系的某人，一旦购入含有水权的土地，即可成为该集团的成员。换言之，原来有资格充任知

---

① 《宋会要·食货七·水利上》，史部第 782 册，第 53 页 a。
② 《宋会要·食货八·水利下》，史部第 782 册，第 76 页 b—77 页 a。

首者，只要他"尽卖田业"，就意味着不仅放弃了知首的地位，而且还脱离了该集团。

若根据共同体的理论设定，同为湘湖水利集团的成员对于湘湖的权利和义务应该均等，否则这种"最为依赖共同的和相同的活动，最纯洁地表现出真正的帮助、相互支持和相互提携"的关系就无从形成；[1] 这类集体形式就只能始终徘徊在共同体的门槛之外。

实际情况确实非常复杂。由于湘湖灌区内各乡所处地势原有高低之分，而"均包湖米"又表现为一个平均数，每亩"均包"数量没有差别，因此，在水量和流速正常时问题不大；一旦水位、水量、流速出现反常，因地势决定的各乡各村获水时间的先后、长短就等于获利的大小。在14余万亩水田实际受益程度不一的情况下，九乡部分居民一定会感觉到，他们对湘湖所拥有的权利与承担的义务之间未必是平衡的。

南宋绍兴二十八年（1158），萧山发生严重旱灾，湘湖水位下降，灌区水田对水量的依赖性大幅提高。有关各乡居民为配水多少和时间早晚，发生争吵打斗，直至起诉告官。如前所说，萧山县丞赵善济在进行广泛调查后妥善解决了这一纠纷。但事实上，按先后顺序、毫厘尺寸供水的《均水法》，貌似均衡，实质上却已背离了"均包湖米"体现的权、责均等原则。各同质性成员间为此出现紧张对立乃至冲突，亦为早晚必定之事。

於士达《考略》第6则"凤林穴"一节讲述的就是一个典型实例：

> 凤林穴溉新义乡田二万一百余亩。是乡地势最高，河道浅狭……新义乡之所需湖水，较各乡为更要也。然他穴放湖较便……惟凤林一穴……所得之水已属他穴之余滴矣。更可恨者，放湖费尽周折，农民正在车戽之时，略见时雨，行家不遵旧例，白露未交辄先毁坝。是凤林穴之放湖为独难，而所得之水为独少也。

既然新义乡"所需湖水"最为迫切而"所得之水为独少"，又有谁能阻止该乡5个村的农民为此大呼其冤、大打出手？因此，即便在身处同

---

[1] ［德］斐迪南·滕尼斯：《共同体与社会》，林荣远译，商务印书馆1999年版，第63页。

一水利集团，遵循同一规则约定，总体上同属"得利"阶层的集团成员之间，也会形成不同的利益和利害关系。中国农民深受平等付出、平均获利、"不患寡而患不均"之类传统理念的熏陶，只要"均包湖米"及其相应的权利意识，仍然是维持湘湖水利体系最基本的制度架构和价值基础，"均包"了"湖米"的人们，一定会在自己利益受损，或仅仅是未能充分满足的情况下，就得出利益受损之根源概在于"公共利益"的结论，在实践中向它发起挑战，至少会不断提出将"公共利益"向有利于己方倾斜的要求。

由以上实例也可看出，湘湖水利集团的成员虽然具有非常突出的同质性，但由于湘湖水源的先天不足和制度的设计缺陷，集团内部的利益纠纷就不能在有效自律的前提下得到充分的协调和兼顾。于是，为了维持集团的顺利运转，政治权力就不得不保持极高的介入度，这也是导致湘湖水利集团只能成为一种"准共同体"的最基本原因。在湘湖水利集团成员的用水权问题上，更集中地凸显了以上特征。

现代经济学和法学意义上的水权，是指对水的所有、占有、使用、收益及让渡的权利。由于中国古代关于水的基本观念是所有权公有，不存在对水的私有，个人所拥有的只是水的使用权，因此我们所讨论的水权制度，只涉及水的使用权和其他权利，一般不包括所有权。

在一个由稳定湖域形成的水利集团中，必定按照单一原则来确定用水权。在湘湖库域范围内，就是由九乡得利田亩平均分摊湘湖3.7万亩湖底农田原缴税粮，以及日常维护堤塘闸堰所需之工费。受这一基本关系的维系，九乡中依靠湘湖湖水灌溉的这部分居民逐渐形成了一个得失相关、互为牵制的利益集团，和以捍卫既成水利体制为目标的湘湖地方意识形态。这个利益集团和水利体制在用水权上体现的基本原则，就是"均平"。"均平"也是中国古代水权理论的终极价值。很显然，对"均平"原则的破坏，不仅表现为对某一特定水利集团的破坏，而且意味着对中国古代水权理论精神的背离。

在一般的江（河）域、泉域水利集团中，对"均平"原则的破坏，主要表现在由一些大土地所有者（豪强地主）利用强大的经济实力和地方强权，对应属集团成员共享的水利资源形成擅占和霸占之势，从而使得弱势者因无力、无助而无奈、无望，或者被迫放弃农业生产，或者铤而走险、鱼死网破——无论何种结果，最终都将导致水利集团解体。因此这类水利集团都会注意调节集团内部各阶层的权力关系，努力在用水权上体现出原则平等和动态均衡。比如王安石在宋仁宗庆历二年（1042）所撰《萧公神道碑》中，讲到碑主萧定基在担任监成都府市买务时的一段经历：

> 蜀引二江溉诸县田，多少有约。李顺为乱时，成都大豪樊氏盗约，改一昼夜为六，由是他县岁赂樊氏县，乃得其余水。讼二十年不决，转运使以属公。公曰："约所以为均，即不均，约不可恃也。"乃亲决水，视一昼夜，而樊氏县水有余，樊氏即伏罪，诸县得水如故约。[①]

此例中，因"成都大豪樊氏"恃势"盗约，改一昼夜为六"，破坏了"故约"的"均平"原则，明显与江（河）域水利集团最应遵守的"持续水流理论"及"合理用水理论"相抵触，[②] 因而为集团整体利益所不容。樊氏最终以一个民事性的过错，却被按照刑事犯罪处理。

大部分江（河）域、泉域型水利集团内部都有类似樊氏这样的豪强势力，他们一旦需求增长或自我膨胀，就会破坏集团原有的"均平"之势。对于这类"特殊人群"，水利集团的其他成员一般都会在抗议无效之后诉诸法律，依靠公权的力量予以强力纠正。这一现象亦成为中国水利史上所谓"水案"的最大通例。

另外还有一种对均平原则的维护类型，也涉及对一些"特殊人群"

---

① 王安石：《临川先生文集》卷八十九《故淮南江浙荆湖南北等路制置茶盐矾酒税兼都大发运副使赠尚书工部侍郎萧公神道碑》，四部丛刊初编本，集部第155册，第5页a。本文所引亦据南宋绍兴二十一年（1151）两浙转运使司王珏刻本、南宋龙舒刻本校订。

② 持续水流理论（continuous flow theory）和合理用水理论（reasonable use theory）是沿岸水权理论的两个基本原则。前者的内容是：凡是拥有持续不断的水流穿过或沿一边经过的土地所有者，自然拥有了沿岸所有水权，只要水权所有者对水资源的使用不会影响下游的持续水流，那么对水量的使用就没有限制。后者是对前者的进一步补充和修正，在持续水流理论的基础上更强调用水的合理性，即所有水权拥有者的用水权利是平等的，任何人对水资源的使用都不能损害其他水权所有者的用水权利。参见常云昆《黄河断流与黄河水权制度研究》，中国社会科学出版社2001年版，第44页。

的特殊处理，但性质与对"大豪樊氏"完全不同。两宋之际孙觌的《周氏十公记》，讲北宋中期周文坦在江西弋阳买田后，涉及灌溉用水的分配问题：

> 山田高仰，率潴水为塘以备旱，多寡先后有约。公命先溉寡妇者，余田以次受水如约。[①]

"潴水为塘"而成之水源，为典型的山区水库，功能与湘湖大同小异。弋阳多山，灌溉向来是困扰各方的难题，灌溉顺序的先后即意味着农田用水的多少，是最直接的利益分配方式，须严格按"约"行事。周文坦"命先溉寡妇者，余田以次受水如约"，就是在强调"均平"的"约"定之上，附加一个对弱势群体带有慈善性质的特殊保护，使得建立在客观标准基础上的"均平"体现出一种超经济的人性化关怀。与依靠官府、诉诸法律对破坏"均平"之势的豪强势力加以打击的努力相比，这一措施传达出的明显善意，对缓解水利集团内部的矛盾更加有利，可以最大限度地减少对整个系统的破坏冲动。

对湘湖水利集团成员"均平"用水现状形成破坏乃至瓦解的力量，主要不是来自豪强地主对水利规则直接的"盗约"，而是集团内及库域内各类利益群体出于各自不同目的所作的选择。

一种是库域内部分不愿亦无须利用湘湖湖水的居民，以罢湖复田、私开私种湖田等方式来瓦解现存水利集团的凝聚力。根据湘湖地势和水量的特点，湖体的变化将对湖水的流速、流向造成影响。而在所有这些变化中，湖田的增加对于湘湖水利现状是一个最直接、最负面的影响因素。

如前文所引，北宋徽宗宣和元年（1119），距湘湖建成仅7年，萧山就有人向朝廷提出"罢湖复田"的请求。向朝廷提请求的人，是"主罢议"的所谓"乡官"，按身份和财产条件来说，自然可入"豪民"之列；但此人所代表的又非个人，而是利益诉求相近的一个群体。这批人是否为"豪民"其实无关紧要，关键在于他们中的大部分可能在湘湖边上本

---

① 孙觌：《鸿庆居士集》卷二十三，文渊阁四库全书本，集部第74册，第235页a。

来没有土地，或者没有需用湘湖湖水灌溉的水田，因此是水利集团之外的库域居民。府、县主政者的态度还算开明，召集各有关方面合议，希望能够兼顾各方利益，但结果却不理想。罢湖复田的建议虽未被明确指斥为不合理，却遭到湘湖灌区其他受益者的抵制，地方官只得搁置不议。如民国《萧山县志稿》卷三《水利门·湖沼》所说："宣和初年，有淤湖复田之议，民咸不可，遂寝。"①

这些奏请"罢（淤）湖复田"的人们后来遭到舆论极度的丑化，全部成了所谓的"豪民""湖霸"，而官府管理约束的目标，又从中立调控——劝和促谈，走向简单化的刑律责罚，进而破坏了这个主要需凭自觉和公信方能有效维持的结构秩序。这一趋势的几个基本特征，我们从南宋淳熙十年（1183）顾冲对李百七等人占湖为田一案的处理结果中可以看出一个大概。《毛志》卷一"淳熙年清占/立均水约束记"记载了此案的大致经过：

> 六月十四日，乡民王四四论李百七等六人占湖为田，而王四一者，四四兄也。行遇褚百六于途，百六与李百七等皆占田者，因诅四一曰："何为使四四论种湖田？"拦而诅之，握石斲其头，头血，押之往张提举家。而汪琚等十一人列状论王七盗种牛坊坞田甚夥，难以枚计。及追到王七，则七供："牛坊坞田，湖田也，七安敢种哉？张提举雇七插秧秧耳，顾（故）亦不得知亩步圩片多少。"冲乃直揭张提举，而追到褚百六等，各杖百断罪。其他如汪宁、赵七等，或占为田，或占养鱼，或占种荷，或暗置私穴盗水以溉己田，重即解府断罪追偿，轻即就县行遣，湖为之清。

《富志》卷上《邑令顾公萧山水利事迹》记载顾冲根据王七的供词，抓到了一批占田者：

---

① 彭延庆主修、姚莹俊总纂、张宗海续修、杨士龙续纂：《萧山县志稿》（以下简称民国《县志稿》），《中国地方志集成》浙江府县志辑11，江苏古籍出版社、上海书店、巴蜀书社1993年版，第323页。

止追到褚百六、李四二、周十四三名，各从杖一百断罪。怨谤之生，实起于此。如百姓汪宁、赵七、吴五、徐荣祖、周信厚、吴文荣，或占为田，或占养鱼，或占种荷，或暗置私穴盗水以溉己田者，重即解府断罪追偿，轻即就县行遣，尽复为湖。

以上涉案人中略称得上是"豪民"的，也许仅张提举一人，而此人一定已为自己拥有的部分水田交过湖耗，此时更是大肆开发和侵占大量在法律上属于官有的湖田，甚至还公开雇人（王七）耕种，确实太过分。至于其他人，如李百七、王七等，则是既无地权也无水权，趁乱占田、靠湖吃湖的雇农、佃农和一般湖民。淤塞湖面使之成为湖田的做法，对于库域其他需从湘湖均衡获取水利的居民来说当然十分不利，既减少了水面，降低了储水总量，又因为本不在湘湖灌溉体系之内，可以不遵守放水规则，因此顾冲利用政府权力予以取缔，自无可厚非。但令人困惑的是，既然顾冲的处罚号称合情合理，顺乎民意，为何《富志》却说"怨谤之生，实起于此？"如果说对"占湖为田"者棍棒伺候是这些违规者咎由自取的话，对"占湖养鱼"者也不轻饶的依据何在？

就在湘湖成湖前一年的北宋政和元年（1111）三月，徽宗针对荆湖北路提点刑狱公事陈仲宜、提举淮南西路常平等事李西美等人关于"沿江湖池不少，自来系众人采取、小民所赖"的奏本连下两诏：

> 三月十四日诏，近因陈仲宜等言，诸路湖泺池塘陂泽，缘供赡学费，增收遗利，纵许豪富有力之家薄输课利占固，专据其利，驯致贫窭细民，顿失采取莲荷、蒲藕、菱芡、鱼鳖、虾蚬、螺蚌之类，不能糊口营生。若非供纳厚利于豪户，则无縣肯放渔采。兼遇时雨稍愆，即成灾伤。蠲除租课，遗弃地利，因被阻饥。推究始终，为患颇大，理合改更。

> 二十一日诏，弛陂湖塘泺之禁，依元丰旧法，与众共利，听其汲引灌溉，及许濒水之民渔采，以资生计所有。①

---

① 《宋会要·食货七·水利上》，史部第782册，第61页a、b。

　　以上两诏传递的最重要信息，就是皇帝认为沿江湖泊应该体现"与众共利"的原则，即不仅要保证农田耕种者"汲引灌溉"之需，还要允许"濒湖之民"养殖采取，"糊口营生"。不同类型的湖泊（自然型、人工型、沿江型、内陆型、丰水型、缺水型、高原型、平原型等）为达到既满足灌溉、养殖所需，又能维持生态良性循环的目标，要解决很多复杂的技术问题和制度安排。皇帝自然不会对此感兴趣，他重申的只是这样一个宏观的"与众共利"原则，而这个原则恰为社会公众对于公共资源的基本要求，也是维系人类与公共资源和谐友好、长治久安的关键所在。

　　成书于南宋嘉泰元年（1201）的《会稽志》卷十称，湘湖"溉田数千顷，湖生莼丝最美。水利所及者九乡，以畋渔为生业，不可数计"，说明湘湖形成近百年后已经实现了这样一种"生业"分化而和谐的局面，核心为畋，边缘为渔，多种经营，共存共利。该书卷十七《草部》《鱼部》亦有关于湘湖特产的记载。[①] 虽然这些记载中免不了会包含着理想化愿景和某些夸张的成分，但当地逐渐形成了一种基于生业分化基础上的较和谐秩序，则是可信的。

　　既然如此，顾冲20年前完全偏向汲引灌溉之需、一味打压其他生业的动作，不是显得很多余、很不合时宜么？

　　此案说明，由于库域居民不同的居住位置、生计方式和阶层背景，很早就在与湘湖水利的亲疏关系和获取利益的手段上出现了分化，并发生了冲突。绝大部分持批评态度的人，对其中隐含的合理因素不愿也无法加以体谅，不无蛮横地认定，凡是参与"罢湖复田"者，无论出于何种原因，都是缺乏起码公德之心的表现，官府应以防微杜渐的严厉措施，严惩不贷。顾冲就是基于这样的价值判断，对所有涉案人不分青红皂白，一律加以处罚，结果混淆了不同性质的矛盾，自然就激起了种种"怨谤"——真是事倍功半，吃力不讨好。

　　另一种对湘湖水利集团的均平用水权造成损害的力量，来自湘湖库

---

　　① 嘉泰《会稽志》卷17《草部》："萧山湘湖之莼特珍，柔滑而腴。方春，小舟采莼者满湖中。山阴故多莼，然莫及湘湖者。"同上《鱼部》："萧山湘湖之鲫珍美，为越中之冠。"文渊阁四库全书，史部第244册，第366页b、376页b。

域居民中的一部分边缘群体。他们虽然住在湘湖两岸，但生产方式已非单纯农耕，而是兼营渔业、砖瓦业及其他手工业，此外还有部分商贩。这里只略谈其中部分砖瓦业经营者与湘湖水利集团的关系。

民国《县志稿》卷一《制造物》：

> 砖瓦：乾隆志"砖出湘湖各村"。按：湘湖土质细韧，滨湖而居者，如定山、汪家堰、跨湖桥、湖里孙、窑里吴诸村，皆业陶。故砖瓦为邑著名出产，陶肆多以萧山地坪为标识。岁值银七八万元。

据《周志》卷八载，湘湖砖瓦有尺八方、尺六方、太堂、主富、老大延陵、大延陵、中延陵、棒碓砖、洋砖、筒瓦、定瓦、时瓦、尺筒、菊花盆、狮子、瓦将军、花边滴水等 35 个品种。由于湘湖砖瓦以湘湖湖底粘土为原料，品质极好，市场需求量很大，从明代起湘湖砖瓦业即为萧山重要特产，以此为业者遍布上、下湘湖沿岸。至民国十四年（1925），窑所共达 44 处，计上孙 8 处，中孙 7 处，下孙 11 处，山前吴 3 处，跨湖桥 6 处，小窑里吴 4 处，大窑里吴 5 处。至民国十六年（1927），窑所又增至 72 处。湘湖砖瓦业的高度发达，对于湘湖水利态势具有直接影响。原因有二：

其一，湘湖一般水深 2—2.5 米，[①] 上湘湖湖底均高海拔 17.2 米，下湘湖湖底均高海拔 17.1 米。[②] 湘湖湖水流速即取决于这个水深及 1 米左右的湖底落差，全湖各霪穴放水顺序的先后排列和放水时间的长短控制，亦以此为基础。几百年来，砖瓦业逐步改变了湘湖原来水深和湖底均高。早在清初，毛奇龄已指出因砖瓦业而改变的水深，将导致上、下湘湖间的"倒注"，[③] 从而根本性地破坏湘湖水利的制度安排。民国四年

---

① 萧山县志编纂委员会编：《萧山县志》第 2 编第 4 章第 2 节"中部水系"，浙江人民出版社 1987 年版，第 153 页。该志为官修民国《县志稿》编定之后的第一部新志，以下简称《新志》。

② 国民党浙江省党部编：《湘湖调查计划报告书》之十八《湘湖之地平线》："上湘湖地平线，十七·二米突（即上湘湖湖底平均高）。下湘湖地平线十七·一米突（即下湘湖湖底平均高）。"（第 75 页）

③ 《毛志》卷二《湘湖私筑跨水横塘补议》，第 629 页 a。

（1915），浙江巡按使指令浙江省水利委员会第一测量队对湘湖进行实地丈量勘明，提出疏浚开垦方案，并绘图说明具报。同年十一月，队长陈恺率队实测后撰成《湘湖测量报告书》，指出：

> 此次测量之时，适当霪雨之后……全湖虽尽在水底，其水深之量，尽自数寸以至二三四尺不等，间有深至十余尺者，系滨湖窑户历年挖土使然，是非湖之本体也。①

《湘湖调查计划报告书》之二《湘湖之沿革》，用数字更详细地加以说明：

> 湖民以烧砖瓦为业者甚多，现有窑炉七十二只，平均每月烧一百次，每年千余次，计算每窑当耗费湖泥最少计算约二百立方尺，则每年消耗湖泥为二十万立方尺。取泥者既毫无限制，又绝不规则，被挖窑泥之处，往往变为深潭，约有十数丈之深，潭边隐然露硬堤。登高一望，可见下湘湖一带，一片汪洋中，鳞次栉比，皆方形圆形之硬堤，其状仿佛大水浸渍中之田亩。故非熟悉湘湖航线者，入湘湖简直无路可通。若此十年后，湖底深浅完全失去自然状况，整理甚困难也。②

湘湖砖瓦业源自明代，以上两部报告书所反映的，虽为民国初年所见之事实，但显然已是历年积累所致。

湘湖水利集团的核心成员出于自身利益的考虑，对砖瓦业的存在和发展自然极为反感，但他们又无法直接采取行动，只能通过影响官府，假官府之手达到目的；而官府对湘湖砖瓦业则持相对实用的立场，如果因其长期乱采湖底黏土而对湖体造成损害，并因此引起严重后果的，则予以取缔。《毛志》卷二"弘治年何御史清占始末"，谈到明孝宗弘治八年（1495）何舜宾父子一案判决后，官府宣布的处理结果："究占湖事，

---

① 陈恺：《湘湖测量报告书》，民国四年（1915）浙江水利委员会印本，第2页。
② 国民党浙江省党部编：《湘湖调查计划报告书》，第4页。

拟（孙）全以辟，清出所占田一千三百二十七亩，堰池九十六口，地二十六片，瓦窑房屋二百十间，尽还之官。"将"何案"中相关责任人的瓦窑、房屋视为对湘湖水利形成破坏的设施，可以反映明代官府对湘湖砖瓦窑业严厉的态度。但是这些被没收充公的产业毕竟属于案犯所有，对涉案人产业的处分标准，并不能代表官府对该产业本身的政策。就整体而言，湘湖砖瓦业是萧山的大宗特产、名产，不仅事关政府财政收入，而且涉及库域范围内大量居民的就业、生计，政府不能不管，关键是如何维持一个各方都能接受的"度"。因此，官府受水利集团核心成员态度的影响往往十分有限。这一特点在进入清代以后表现得非常明显。

乾隆三十三年（1768），萧山乡绅黄云等联名向浙江省府控告湘湖沿岸部分居民，说他们以砖瓦为业，挖泥取土，湖山不分，必将对水利形成威胁，故要官府出面取缔。控状由省转发绍兴府处理。知府明禄接案后经细勘，认为控状所诉内容情有可原，其行为未构成对湘湖的恶意侵占，后果并不严重；而且举报人的考虑不够周到，对性质的判断也有夸大之处。在随后给省府的正式报告中，明禄指出：

> 卑府遂于乾隆三十三年五月初八日亲诣萧邑，传同各绅士，逐细履勘。其各居民搭盖房屋并窑座处所，均系沿山沿湖一带山零地角，与湖身储水之区并无妨碍。讯据该居民等，佥称生长习业于此，或转辗契买，或积祖相承，实不知始自何年何代。即询之原告绅士黄云等供亦相符。令其指明金线界限，实无从辨色。而该窑户等取土烧砖烧瓦，随时开濬湖身，该绅士等亦称有利于湖；并云居民房屋成功莫毁，仍请照旧免拆等语。诘其因何呈控之由，咸称不过欲清釐湖界起见，并无别情，各等情在案。卑府窃思，以八十里湖旁之地，历经数百年之久，湘湖界址既无可考，如果居民搭盖宇舍有碍于湖，原不容其久占。今履勘之下，尚属有益无损，遽以绅士一呈，即令三百八户顿遭拆毁摈逐，失居失业，难免向隅之泣。在该地居民，祖孙父子相安已久，并不知始自何年何代。今按查鳞册四至，以无完粮契据，即属侵占，亦无从究其始末根由。况世远代湮，沧桑屡易，是否湖身遽难稽考。际此升平盛世，生齿蕃衍，山零地角原不禁民托足谋生。卑府管见，应请仍从其旧，免其拆毁，以安

民业，以杜滋扰。所有该县吊到各契，均行给还，并饬各庄保，嗣后如有在于官地界内混行侵占者，即行呈县究治，永杜后人觊觎之渐。庶小民生计有赖，永戴皇仁宪德于无既矣。如蒙宪允，卑府即当出示晓谕居民永行遵守，理合勘拟具详，伏祈察传。①

"窑户等取土烧砖烧瓦，随时开濬湖身，该绅士等亦称有利于湖"云云，与常识不符，显然是为窑户故意开脱之词；而"遽以绅士一呈，即令三百八户顿遭拆毁摈逐，失居失业，难免向隅之泣"，则是基于实情的担忧。知府之责，安民为上，当然不愿惹此麻烦。因此，明禄建议"仍从其旧，免其拆毁，以安民业，以杜滋扰"，就是一个既合情理又颇现实的选择了。

此案后来又经过一些周折，至乾隆三十八年（1773）三月，浙江布政司王亶望上奏：

> 萧山之湘湖，系宋时开濬成湖，周围八十余里，灌溉田一十四万余亩。湖之周围俱有小山，沿山沿湖一带山侧地角，旧有居民盖屋居住、烧窑生业者三百八户。前有讦讼，委员确勘于乾隆三十三年间，查明屋宇积祖相承，或转辗售卖，不知始自何年，且系陆地筑室，与湖身无碍，而挖土烧砖，湖面日阔，与蓄洩有益，当据府县详禀，毋庸拆迁在案。今钦遵谕旨，再行申禁，嗣后但许住居岸上，不得占垦湖身，有妨水利……乾隆三十八年三月初九日，奉到硃批："知道了，钦此。"②

全案至此定谳。其实，明、清两代统治者对湘湖砖瓦业本身绝不会有任何成见，决定他们采取何种政策的关键，是看该行业的发展是否会对湘湖所在的萧山地方社会的整体平衡造成损害；而湘湖水利集团的立场则要狭隘得多，一切仅以水利集团的直接利害关系为判断基点。

---

① 民国《县志稿》卷三《水利门·湖沼》，第313页。
② 同上书，第314—315页。

其二，湘湖砖瓦业的发展，推动了湘湖地区相关产业以及商业、运输业的兴旺，于是，砖瓦产销通道的顺畅快捷，就成了人们对这个产业链提出的直接要求。而这个要求的实现，对湘湖水利则明显不利。於士达《考略》在调查研究湘湖18个霪穴中的历山南、北二穴的废毁原因时指出：

> 历山南北二穴，志载各溉安养乡田一千五百余亩，山之南北各有河沟，河、湖交界处各设一穴，今则遗迹无存，不知废自何年？访其废穴之由，乃以近村居民以陶为业，不便运泥载瓦，渐次削毁。

於士达进行湘湖霪穴调查的时间是清嘉庆二年（1797），导致二穴废毁定非短时期所能为，至少应该在明前期就已开始。另外，作为划分上、下湘湖标志的跨湖桥及其桥堤的建设，也与此有关。民国《县志稿》卷二《山川门·桥梁》：

> 跨湖桥，在湘湖中，嘉靖三十三年邑中书孙学思字春溪者，拦湖筑堤建桥。毛奇龄《湘湖水利志》：明嘉靖间，孙姓有为中书者忽造跨湖桥于湖中，以通孙、吴二姓往来（湖中非通衢，不过二姓往来，借名利涉，实阴为私占官湖地步也），至今湫口之水不能及石岩，九乡大受其害，父老相传有"孙学思，筑湖堤，湖堤长，害九乡"之谣。康熙二十八年八月大旱，湖涸，豪民孙凯臣等复于下湘湖截湖筑堤，以建桥便行为辞，与九乡构讼。时毛检讨奇龄家居，有"四害五不可"补议呈县，通详藩臬各宪。经县令刘俨勘覆，孙凯臣等各予重杖枷示，湖滨拆毁新堤，永禁私筑，勒石有记。

跨湖桥及桥堤的建造是湘湖史上的一件大案和公案，其意义究竟如何？须仔细斟酌，综合评价。这里只指出一点：跨湖桥及桥堤建成后，湖东、湖西因成通衢，交通条件大为改善，但对湘湖的水流及流速却产生了影响深远的负面作用。正如《毛志》卷二"本朝康熙年清占勒石始末"所分析：

盖水不通洩，便多偏塞；上法下澱，不无倒注。则孙氏筑堤，
正暗行其侵牟之故智，未可引据为口实也。

《毛志》卷二"湘湖水利永禁私筑勒石记"：

夫湖分为三，其于上湖、下湖不无偏曲，然且放水早晚，限有
时刻。堤截水缓，则于限刻最少者每有水未出堤而即行闸止之患。

但问题是，孙氏所作所为是他们所处生存环境的客观反映，更是其
生存权利的必然要求。湘湖孙氏的始迁祖为曾五公，"宋、元间为避兵
燹，徙居于吾萧之湘湖，邑中称巨族者，咸曰湘湖孙氏"①。该族迁居萧
山时，须引湘湖水灌溉的水田已不多，只能在位于上、下湘湖瓶颈处的
西北岸桥头山和城山脚下聚居下来，② 世代以挖取湖泥、烧砖制瓦为业。
孙氏不是湘湖发起人，也不承担湖耗，本非湘湖水利集团成员，虽然也
有历史形成的居住权，但是相当边缘，要求他们与湘湖水利集团的核心
成员一样视湘湖为命脉所在，自然不切实际；而把他们说成与湘湖离心
离德，是必欲毁湘湖而后快的"湖患"，显然也言过其实。前引《萧山湘
湖孙氏宗谱》收录任辰旦于康熙三十年（1691）为萧山孙氏所撰之《萧
山湘湖孙氏宗谱序》，其中有这样一段：

孙氏世居湖滨，无城市喧，聚族而居者不下数万。指其长老之
诵习诗书者，日率其子弟吟咏于山巅水湄，湖光浩荡，烟波万状，
故胸次每多磊落。而耕夫渔叟往来于其间者，暇则恒随其后，是以
都无俗态。至其积善不倦，力行不息，毋以世德之所种有以启之欤。

任辰旦，字千之，号待庵，也是萧山人，因与孙氏有"年家眷弟"
之谊，应酬文字中谀词不免稍多了一些，但上引谱序反映孙氏与湘湖早

---

① 清康熙三十年（1691）任辰旦《萧山湘湖孙氏宗谱序》，《萧山湘湖孙氏宗谱》（22
卷），民国十七年（1928）映雪堂木活字，浙江省萧山市图书馆藏。

② 湘湖孙氏主要聚居在上孙、中孙、下孙、湖里孙等村落中，详见《周志》卷八"村落"。

已构成密切的生存依赖关系，应是基本的事实。

另有一例，也可说明孙氏与湘湖的关系。清光绪元年（1875）孙曾鑫等重修《萧山孙氏宗谱》，该谱卷6 "褒公派系图·本支五房世系图"记：

> 润四公第三子生子三：褒、棻、悰；悰生五子：景颀、景顾、景颛、景顽、景硕；
>
> 景颀生子一：湘，字克俊（公生永乐元年癸未三月初二日丑时，卒天顺八年甲辰四月廿一日申时，寿六十二岁）；
>
> 景顾生子一：湖，字怀德；
>
> 景颛生子一：潮，字居闲；
>
> 景顽生子一：浚，字桓初。[①]

会以湘、湖、潮、浚四字入子孙排行用字者，想必一定对湘湖怀有相当深厚和亲切的感情。

当然，孙氏建造跨湖桥及桥堤，确实会对湘湖水利集团大多数成员的既得利益形成巨大威胁。无论其主观动机为何，跨湖桥都将永久性地破坏湖体，改变湘湖水利现有的自然基础，从而陷水利集团内部原定格局于崩溃。改革将不可避免。

综上所述，湘湖水利集团成员 "均平" 用水权的维持相当脆弱，这主要是因为湘湖无稳定的、大量的水源补给，所以既得利益者就对会影响湖水储量、湖水流速的任何变化反应特别敏感、特别强烈，从而使得整个水利集团为了实现自我保障功能，具有鲜明的排他性。

## 四　集团的排他性

当某一集团概由同质性成员构成，该集团就将因利益的趋同而表现出封闭的、对异质性个人或群体采取排他性策略的特征。也就是说，只要出现与该集团所定宗旨相异的人、事，集团内部就会产生一股排除异质、努力恢复集团本来面目的力量。对于一个集团来说，排他性反应本

---

① 《萧山孙氏宗谱》，富春守正堂木活字本，共10卷10册，日本东洋文库藏。

是维持集团内部的自律、平衡，扩大横向间联合的必然要求；而对于一个农业水利集团来说，统一的秩序是农业再生产诸条件中不可或缺者，因此更具有显著的必要性。

以下几个实例，可从不同角度证明湘湖水利集团正具有这种典型的排他性反应。

### （一）对来自集团内部的异质性因素的排他性反应

前文已经提到，在湘湖成湖仅7年后的北宋宣和元年（1119），就有部分湘湖居民向朝廷提出"废湖复田"的请求。此案经赴京觐见、官府调停、适逢大旱等一系列环节后作罢。

南宋高宗绍兴二十八年（1158）至孝宗乾道初年，萧山发生严重旱灾。与湘湖有关的九乡部分居民，为配水早晚和水量多少，出现了争吵、斗殴，最后发展到民事诉讼。此案在萧山县丞赵善济立《均水法》后逐步平息。孝宗淳熙年间，萧山又因大旱，湘湖居民因水利不均而争斗不已。萧山县令顾冲通过修订赵善济的《均水法》，扩大湘湖水利的受益范围，实现了与"均包湖米"大致适应的"均平"用水权。

由以上三案反映出的排他性，因其所针对者均为水利集团成员，因而处置方式显得较为平和、善意。在地方官府的主持下，通过调整内部规则，协调有关各方的利益需求，使争斗得以平息。如果这时的处置手法过于激烈，势必导致矛盾的激化。《毛志》卷三"湘湖历代禁罚旧例"记载：

> 宋淳熙十一年定例，放水不依时刻先自开发者重罚，若私置霝穴、中夜盗水者，其罚尤倍。注：揭防断臂，窦水断趾。揭防者，私先启防，即先开闸也。窦水者，以穴盗水也。断者，折伤也。一说划堤剃指、盗水钛趾，则肉刑矣，非是。[1]

---

[1] 《毛志》卷三的"湘湖历代禁罚旧例"，汇集了自南宋淳熙十一年（1184）至明正德十五年（1520）330多年间对以各种形式侵占蚕食湘湖水利行为的严格处罚措施。除所谓"断臂断趾"外，还有"侵占多及千亩者死""永远充军"等峻法。但从实际情况来看，绝大多数罚例都未真正实行。

其实，宋代的"定例"只提"重罚"，如《宋刑统·不修堤防盗决堤防》对盗水和破坏水利工程的行为有明确的处罚规定，包括"诸不修堤防及修而失时者，主司杖七十。毁害人家，漂失财物者，坐赃论，减五等"，"诸盗决堤防者，杖一百"，"其故决堤防者，徒三年"等，都没有说到要施"断臂""断趾"之类的酷刑。在实践中，顾冲仅对占田者"各从杖一百断罪"，就引起了所谓的"怨谤"，更何况性质相对要轻的"揭防""窦水"，应无施以肉刑之理。对"暗置私穴盗水以溉己田者"的处罚，是案情重者送绍兴府法办，案情轻者送萧山县发落，即"重即解府断罪追偿，轻即就县行遣"，由政府按律处置。如果案主是像"张提举"一类有身份的乡绅，处理时就更注意把握分寸，留足面子。① 水利集团本身并不拥有对违规者施加体罚之权。毛奇龄在编撰《湘湖水利志》时，对历代处罚力度有明显的夸大，目的是为了强化保卫湘湖的"历史合法性授权"。

### （二）对来自集团外部的异质性因素的排他性反应

如前文所示，南宋乾道四年（1168），萧山县丞赵善济曾经有效阻止或延缓了恩平郡王、招讨使李显忠、大节使周仁等宗室显贵对湘湖的蚕食。这批人既不交纳湖耗，也不承担赋役，是纯粹的异己者。

湘湖周围的几个湖泊，如白马湖、詹家湖、落星湖、梓湖等，也存在类似情况。当朝廷计划将这些湖泊附近的一些湖田赏赐宗室和勋臣时，湖区居民立刻就表示了明确的反对意见，并迅速联络地方官，将讯息上报皇帝，迫使有关当局收回成命。《毛志》卷三"附落星湖梓湖"引顾冲《水利事迹》：

> 或谓水利不讲其故有二：非寄居强占，则君命拨赐。夫寄居强占，犹尚可言；君命拨赐，则臣工太小，谁得而议？而冲谓不然……萧山水利有十，冲到任后已复其四，惟落星、梓湖未得如旧，故吴谅列状举论有云："国家恩赐臣下，或以爵命，或以金帛。爵命高则俸禄自厚，金帛多则阡陌自增，原不必赐以田也。况东南地狭，

---

① 《毛志》卷一《清水穴》，第618页a。

田皆有主，凡夫无主而在官者，必水利耳。若非水利，国家焉得有闲田旷土以待拨赐？"此甚明者。论上，会提举勾郎中公干，未及报闻，而察院朱珍朝陵过萧，是其论，乃取图经去。不十日，于淳熙十一年十一月奏准开掘，得复为湖。

此案虽然不直接针对湘湖，但由于外部势力对湘湖持同样态度，因此，挽救别湖就是挽救湘湖。《富志》卷下引明代刘璋《明金事富公重刻萧山水利事迹序》，称赞拍案而起的吴谅是一位"有回天之力"的"义士"。[①] 其实，仅凭吴谅一纸诉状，并不足以使皇帝收回"君命"。由于吴谅所"论"，代表了湘湖水利集团在发生由外部强加而至的重大威胁时的基本反应，因而引起顾冲、朱珍等官员的高度重视，皇帝当然就不能置若罔闻、置之不理了。

# 五　余论

一部湘湖水利的"保卫史"就其核心内容来说，就是在面对诸如上述各例来自集团外部的挑战时，动员起各种社会资源加以有效抵御。然而令人困惑的是，水利集团发言人或代表者对于所谓"异己"均持宽泛和随意的理解，将本该视为"内部矛盾"而妥为协调的利益纠纷，硬生生地推向了敌对位置。

宋末元初，中原和北方的人口为躲避战乱，大量南下。湘湖周围适于种植水稻的土地早为原先居民圈占完毕，新来者为求生存，只能不择手段，或依附为佃农，或挖土为窑户，或直接蚕食湖底，湘湖遂出现成片淤塞，[②] 水利集团的严密性和封闭性受到严重挑战。对这些损害湘湖完整、动摇水利集团之本的行为，除支持废湖复田的少数人外，多数乡民、乡官坚决反对，有上述行为的新来者被视为"湖霸""湖患"与"山贼"。县官亦动用公权，一方面以公款组织流民疏浚湘湖；另一方面又依

---

① 《富志》卷下，第293页 b。
② 《毛志》卷一"元至正年修湖"记云，"时山贼四起，饥民多乘间窃发，田亩荒秽，湘湖俱芜塞乏水"，第618页 b。

据长期以来形成的习惯做法，强行维持原制，将"湖民侵占之田悉数还官"。

但随着新移民人口增长，势力膨胀，对生存权的简单要求就上升为对发展权的争取，对水利集团原有规则（包括目标和宗旨）的挑战，也逐步由隐而显，由缓而急。受传统公私伦理熏陶支撑的湘湖水利集团成员及其代言人——地方乡绅、乡官，则基本不具备开放的胸怀和智慧，只知从既定的道德道义立场以及狭小的同质性成员圈子出发维护既得利益，把后来者一概视为异类，本可加以适当调整、兼顾的利益关系被完全对立化，丧失了在湘湖库域范围内重建秩序的许多机会。在这方面，南宋顾冲对某些湖民的武断处置已显端倪，清初毛奇龄对孙、吴两族的挞伐更是走向了极端。自然生态的演变虽会使人生发沧海桑田的浩叹，但因成见、偏见而加剧的湖体之淤，消解的湖水之利，其损害的却是相关人群共同的家园。

# 灌溉、环境与水利共同体

## ——基于清代关中中部的分析

### 钞晓鸿[*]

　　本文所考察的关中中部渠堰水利灌溉系统，位于渭河北岸支流流域，除一级支流泾河之外，还有冶河、清河与浊河。后三条河流依次汇合后，最后由石川河注入渭水。

　　引泾灌溉历史悠久、灌区广阔，从战国至唐代，在关中乃至全国颇具影响。后来灌溉面积总体呈萎缩之势。乾隆初年"拒泾引泉"堵塞引泾洞口而专以泉水灌溉，据称灌溉面积"七万"余亩，[①] 清末仅"二百余顷"，[②] 已失去关中水利的中坚地位。20 世纪 30 年代，随着现代引泾工程——泾惠渠的兴建，灌溉能力才大幅提高。[③] 在传统引泾灌溉衰落之时，清河等引水灌溉则愈益凸显。清河亦名清峪河，由耀州南流进入三原、泾阳县，明代主要渠道有 6 条，毛坊渠、工尽渠、原成渠、下五渠（分为 2 个渠系）、木帐渠，灌溉田地千余顷。[④] 清河之东为浊河，又称浊峪河，亦从耀州流入三原，上述下五渠之一与浊水"合流"者为八复渠，

　　* 钞晓鸿（1968—　），陕西渭南人，历史学博士，厦门大学历史系教授，博士生导师，代表作《灌溉环境与水利共同体：基于清代关中中部的分析》《泾渭清浊：乾隆朝的考察辨析及其功用意义》。原载《中国社会科学》2006 年第 4 期。

　　① 唐仲冕：《重修龙洞渠碑》，道光二年（1822）六月，此碑现存西安碑林博物馆。蒋湘南：《后泾渠志》卷 1《泾渠原始·龙洞渠之始》，1925 年重刊本，第 6 页 a—b。

　　② 杨虎城：《泾惠渠颂并序》，1935 年 12 月，此碑现存泾阳县王桥镇社树分水闸李仪祉墓园。

　　③ 中国水利工程学会：《李仪祉先生纪念碑》，1941 年 3 月 8 日，此碑现存李仪祉墓园。叶遇春主编：《泾惠渠志》，三秦出版社 1991 年版，第 116—122 页。

　　④ 成化《重修三原志》卷一《地理志·渠》，第 15 页 b—16 页 b。

清代灌田"二百三十余顷"，其他 5 条渠道共灌田"七百余顷"；[①] 此外浊水各渠道，康熙时据称灌溉田地 200 余顷。[②] 清河之西为冶河，又称冶峪河，由淳化向南流入泾阳，两岸建有多条渠道：上王公渠、畅公渠、磨渠、下王公渠、上北泗渠、下北泗渠、仙里渠、天津渠、高门渠、广利渠、海河渠、海西渠，明清灌田 600 余顷徘徊。[③] 20 世纪 30 年代，上述部分渠堰力图保持原有用水规则并得到地方当局的确认，然而总的灌溉面积已明显下降。[④]

近年笔者在上述灌区考察，找到若干有价值的民间文献。例如清惠渠管理局所存刘屏山《清峪河各渠记事簿》稿本（以下简称《再稿》），是当地水利历史、现状的资料汇编，据《弁言自序》，重新抄录、编写于 1929 年。此簿已经标点出版，作为中法国际合作项目收入《沟洫佚闻杂录》，阅读利用十分方便。[⑤] 但是底本的价值不容忽视：如《八复渠夺回三十日水碑记》碑阴《会议章程六条》，标点本仅收录 4 条，并注明"缺一页"，但查底本原件，碑文完整，并未缺页。[⑥] 更重要的是，结合《再稿》作者笔迹及记载内容，有助于判断笔者在当地查得的另一文献实为《再稿》之初稿（以下简称《初稿》）。[⑦] 对照《初稿》《再稿》，同一篇目的部分表述存在出入，如乾隆年间岳翰屏《清峪河各渠始末记》，《初稿》

---

① 民国《续修陕西通志稿》卷五十七《水利一·三原县》引《旧志》，1932 年刊本，第 23 页 b—24 页 a，按：各种文本对上述渠道有不同写法，如工尽又作工进、原成又作源澄等，本文对此暂不区分，仅根据情况方便使用；其他渠道同。

② 光绪《三原县新志》卷三《田赋·水利》引康熙《三原县志》，光绪六年（1880）刊本，第 21 页 b。

③ 宣统《泾阳县志》卷四《水利志》引《石门庙碑》，宣统三年（1911）刊本，第 13 页 a—b。雍正《陕西通志》卷三十九《水利一·泾阳县》，文渊阁四库全书本，第 116 页 a—b。民国《续修陕西通志稿》卷五十七《水利一·泾阳县》引《旧志》，第 22 页 b。

④ 乾隆《泾阳县（葛）志》卷四《水利志》，乾隆四十三年（1779）刊本，第 1 页 a。王虚白：《呈奉核准规定整顿清浊峪河水利简章》，1936 年 1 月；李协（李仪祉）：《陕西省水利局训令》字第 179 号，1936 年 3 月 22 日，清惠渠管理局档案，编号：灌 01—3。全国经济委员会水利处：《陕西省水利概况》，全国经济委员会 1937 年版，第 447 页。

⑤ 白尔恒、蓝克利、魏丕信编：《沟洫佚闻杂录》，中华书局 2003 年版，第 49—140 页。

⑥ 《沟洫佚闻杂录》，第 125—126、107—108 页。刘屏山：《再稿》，第 274、232—236 页。

⑦ 该初稿原封面题有《水利局/会通行简章/规则》字样，无序，长约 19.5 厘米，宽约 20 厘米，共 114 页。

抄录全文时原本为开垦田地"不下三五顷"、私渠灌溉"不下二三十顷"，但在《再稿》中却分别变成了"不下十余顷"与"不下三十四顷"。[①] 其他资料，此不赘述。

# 一　学术史及水利共同体理论

关中水利一向为学界所注意，相关论著较多，近年利用民间文献研究基层水利社会史呈活跃之势。就前者而言，大致分为三方面：一是水资源环境与河流水文特征研究。史念海等发表了系列研究成果，本文所讨论的时期与区段只是其论述的自然延伸而非重点。[②] 二是关中水利开发史研究。黄盛璋考察了其发展重点与分布特点等，该思路为不少人所继承，且对清代的考察更为细致，不过对清、冶、浊河渠系的研究还相当薄弱。[③] 三是通论性的水利史论著，关中水利是其不可或缺的组成部分，而当地新修水利志记载详细，具有参考价值。[④] 更值得关注的是近年来通过民间文献进行的水权、水利社会史研究：萧正洪探讨关中水权的纵向变化及其特点，认为明清时期用水权的买卖及其与地权的分离是其显著特点。[⑤] 魏丕信就清代引泾工程的自然社会环境、官员意识进行纵向考

---

①　刘屏山：《初稿》，第23—24页；《再稿》，第174页。本文所用民间文献稿本均无页码，文中所署为后人添盖页码。

②　史念海：《河山集》二集，三联书店1981年版；《黄河流域诸河流的演变与治理》，陕西人民出版社1999年版，等等。新近出版的王元林《泾洛流域自然环境变迁研究》（中华书局2005年版）对清代部分已明显加强。

③　黄盛璋：《历史地理论集》，人民出版社1982年版；耿占军：《清代陕西农业地理研究》，西北大学出版社1996年版，第64—70页；桑亚戈：《从〈宫中档乾隆朝奏折〉看清代中叶陕西省河渠水利的时空特征》，《中国历史地理论丛》2001年第2期；萧正洪：《环境与技术选择——清代中国西部地区的农业技术地理研究》，中国社会科学出版社1998年版，第26—33页；李令福：《关中水利开发与环境》，人民出版社2004年版，第305—316页。

④　通论性水利史著作此不赘引。新修水利志如《泾阳水利志》，送审油印稿，1989年；前揭《泾惠渠志》；《咸阳市水利志》，内部印刷，1995年；《陕西省志·水利志》，陕西人民出版社1999年版。

⑤　萧正洪：《历史时期关中地区农田灌溉中的水权问题》，《中国经济史研究》1999年第1期。

察，以此对"拒泾引泉"的形成等进行分析。① 前述中法合作项目一书的"序言"，对开展关中水利社会史研究进行了提纲挈领式的表述，颇具借鉴意义。

共同体的概念比较复杂，既指"原始共同组织"，也可以指资本主义以前"诸生产方式"。② 除了民族—国家这样的大共同体外，还有所谓的小共同体——一般是指农村具有高度认同感的内聚性团体，其具体形态多样，水利共同体即其一。国内学术界以前对大共同体的讨论集中于历史上少数民族的演化进程，近年来对小共同体的讨论渐趋热烈，而且结合与大共同体的关系来分析。在海外尤其是日本的中国史研究，半个多世纪以来，共同体长期是关注的主题之一；日本中国水利组织的开山之作出自清水盛光，而热烈讨论则在 1956 年由丰岛静英引起。③

丰岛静英以绥远、山西等地为例，阐述了"水利共同体"理论：水利设施是共同体的共有财产，而耕地则为各成员私有；灌溉用水是根据成员土地面积来平等分配，并据以分担相应的费用与义务；于是在各自田地量、用水量、夫役费用等方面形成紧密联系，即地、夫、水之间形成有机的统一。④ 由此而引发了热烈的争论，仅日本《历史学研究》杂志即刊发了系列论文，绝大多数学者认同水利共同体这一概念。⑤ 在此前后，一些研究者围绕中国各地的社会经济实态进行具体分析，并与所谓

---

① Pierre-Etienne Will, "Clear Water versus Muddy Water: The Zheng-Bai Irrigation System of Shaanxi Province in the Later-Imperial Period." Edited by Mark Elvin & Liu Ts'ui-jung, *Sediments of Time: Enviroment and Society in Chinese History.* Camgridge University Press, 1998, pp. 283 – 343.

② ［日］大塚义雄：《共同体的基础理论》，于嘉云译，联经出版事业公司 1999 年版，第 4 页，并参"译者说明"。

③ Mark Elvin（伊懋可），"Introduction". Edited by Mark Elvin, etc. *Japanese Studies on the History of Water Control in China: A Selected Bibliography.* The Institute of Advanced Studies, Australian National University, Canberra. With Center for East Asian Cultural Studies for Unesco, The ToyoBunko, Tokyo, 1994, pp. 3 – 35. ［美］杜赞奇：《文化、权力与国家——1900—1942 年的华北农村》，王福明译，江苏人民出版社 1995 年版，第 195—196 页。

④ ［日］丰岛静英：《中国西北部にぉはる水利共同体について》，《历史学研究》第 201 号，1956 年，第 23—35 页。

⑤ 这些论文此不赘列，可参 ［日］森田明《清代水利史研究》，亚纪书房 1974 年版，第 4—9 页。

的"乡绅"问题相联系，其中明代后期以来土地占有变化，相继有"官绅大土地所有"、乡绅是"大土地所有者""乡绅层的大土地所有"等观点。① 森田明进一步论证、阐发水利共同体理论，并用明末清初的地权集中、大土地所有来解释共同体的解体。②

1965 年，森田明回顾了水利共同体的提出及相关讨论，对明清水利团体的共同体特征进行了概括性表述，归纳整理了水利团体的组织、机能及其与村落共同体、政治权力的关系等问题。后又据浙江、山西等地的实证研究指出：水利社会中，水利设施"为共同体所共有"；修浚所需夫役（即劳力）、资金费用是以田地面积或者"灌溉面积来计算"，由用水户共同承担；与各自田地多少（地）相对应的用水量（水）与其所承担的相应义务（夫役人力、金钱费用）互为表里，简言之，"地、夫、钱、水之结合为水利组织之基本原理"。关于其解体的主要原因，森田明解释道："随着明末大地主化的进展，致原为水利组织之核心的中小地主阶层没落，遂造成与既有之秩序发生矛盾、对立的情形加剧"，明末清初，由于中小地主的衰落与乡绅土地所有制的发展，引起了"地、夫之结合关系的混乱与破坏"。田地与夫役、经费之间未能统一，因而以地、夫、钱、水为基本原理的水利共同体趋于瓦解。笔者尚未见到森田明对关中水利的实证研究，不过其主编的论文集中，有论者指出明清关中灌溉系统中地主的"分化"及"地主""佃户"在资金、劳力方面的负担，可见上述的水利共同体理论也在关中研究中得到

① ［日］佐伯有一：《明末の董氏の变——所谓"奴变"の性格に关连して》，原载《东洋史研究》第 16 卷第 1 号，1957 年，此据栾成显翻译本，《日本学者研究中国史论著选译》第 6 卷，中华书局 1993 年版，第 304—340 页；［日］小山正明：《明末清初の大土地所有——とくに江南デルタ地带を中心にして》，《史学杂志》第 66 编第 12 号，第 1028—1057 页（1957 年）、第 67 编第 1 号第 50—72 页（1958 年）连载；［日］安野省三：《明末清初扬子江中流域の大土地所有に关する一考察——湖北汉川县萧尧窦の场合を中心とくて》，《东洋学报》第 44 卷第 3 号，1961 年，第 61—88 页。

② 从地权变化来解释水利共同体在日本学界具有学术传统，此前的今堀诚二即为代表人物之一（参伊懋可前揭书）。另外，水利组织及其变化还有其他解释路径，如用水权的商品化、里甲制、水利惯例、修治负担方式如"业食佃力"等。参［日］丰岛静英前揭文；［日］滨岛敦俊：《业食佃力考》，《东洋史研究》第 39 卷第 1 号，1980 年，第 118—155 页。

呼应与继承。①

国内学界很少探讨水利共同体。萧正洪曾提到关中中部的"水利共同体"，但"共同体的运作及其机制"并非其讨论"重点"，作者力图论证传统农民环境资源利用富有效率。钱杭考察萧山湘湖的"水利共同体"，宋代周边居民以"均包湖米"——承担被淹土地的田赋为前提使用湖水灌溉，并维护堤坝等；钱文指出，在总水量和灌溉面积不变的情况下，共同体内部依存关系可以保持，但经不起必然会发生的变动；作者触及了水利共同体的解体并强调其中的自然与社会因素，这是很有见地的，不过所关注的是共同体的建立与调整而非解体。②

上述森田明等所讨论的水利共同体及相关问题，逻辑分明、自成体系，具有说服力。其中将所谓的"明末清初"土地集中、大土地所有者增多作为论证水利共同体解体的基石。因此，若欲从实证与根本上对这种理论提出反思需要考察水利社会的土地占有状况。

## 二 关中部分地区的地权状况

本文所考察的泾河及石川河支流清河、冶河、浊河，主要流经泾阳、三原、富平等县，所以这里围绕这几县进行分析。

明清时期，泾阳县人多以经商致富，对农业经营似乎兴致不高，地方志一再称："泾之饶，原不出于土，故民亦不甚爱土。"③ 三原县，清代的数部县志亦找不到大土地所有者，反而称"中人之家不能逾十亩"；"卑县富户，全恃贸易，每家仅有墓田数十亩，皆给予守墓之人耕种，并

---

① ［日］森田明：《明清时代の水利团体——その共同体的性格について》，《历史教育》第 13 卷第 9 号，1965 年，第 32—37 页；［日］森田明：《清代水利史研究》，第 3—13、171—206 页；［日］森田明：《清代水利社会史研究》，郑樑生译，（台湾）"国立"编译馆 1996 年版，第 3—41、341—405 页；［日］松田吉郎：《明清时代陕西泾水流域の水利灌溉システム》，森田明主编《中国水利史の研究》，国书刊行会 1995 年版，第 363—394 页。

② 萧正洪：《传统农民与环境理性——以黄土高原地区传统农民与环境之间的关系为例》，《陕西师范大学学报》2000 年第 4 期。钱杭：《"均包湖米"：湘湖水利共同体的制度基础》，《浙江社会科学》2004 年第 6 期。

③ 康熙《泾阳县志》卷三《贡赋志》，康熙九年（1670）刊本；道光《泾阳县志》卷四《食货略》，道光二十九年（1849）刊本。

不取租，只令纳粮"。[①] 清人指出，上述现象在关中较为普遍，"关中致富皆从商贾起家，其多种地者则否，富民种地无过百亩者"。[②] 富平县，清代"农百亩者不多见"；[③] 该县与渭南县的相邻地带，1949 年以前民谣称："三间一院，马房偏岸；大妇小妾，一点点年纪；顷亩田地，雇两伙计。"至今当地老农仍能吟诵，可见富户拥有的土地亦不多。实际上整个关中的地权亦较平均，已有论文加以论证，此不赘述。[④] 不过既然探讨灌溉，就需要对灌溉区的地权状况进行考察。

表 1　　　　　　道光年间冶河高门渠利户及田地统计分析

| 田地区间 | 利户 | | 田地 | | 水田类别及数量 | | |
|---|---|---|---|---|---|---|---|
| | 户数及百分比（%） | | 田地总量及百分比（%） | | 下水地 | 中水地 | 上水地 |
| 0—25 | 227 | 59.11 | 2159.800 | 15.06 | 2070.500 | 63.300 | 26.000 |
| 25—50 | 85 | 22.14 | 3081.003 | 21.49 | 2943.423 | 104.080 | 33.500 |
| 50—75 | 27 | 7.03 | 1584.630 | 11.05 | 1490.370 | 89.260 | 5.000 |
| 75—100 | 13 | 3.39 | 1129.360 | 7.88 | 1117.360 | 12.000 | 0.000 |
| 100—125 | 10 | 2.60 | 1143.800 | 7.98 | 792.100 | 143.200 | 208.500 |
| 125—150 | 4 | 1.04 | 531.710 | 3.71 | 434.710 | 87.000 | 10.000 |
| 150—175 | 1 | 0.26 | 162.100 | 1.13 | 115.400 | 43.700 | 3.000 |
| 175—200 | 2 | 0.52 | 369.400 | 2.58 | 369.400 | 0.000 | 0.000 |
| 200—225 | 1 | 0.26 | 220.000 | 1.53 | 220.000 | 0.000 | 0.000 |
| 225—250 | 7 | 1.82 | 1691.110 | 11.79 | 1681.010 | 4.600 | 5.500 |
| 250—275 | 1 | 0.26 | 253.080 | 1.76 | 253.080 | 0.000 | 0.000 |
| 275—300 | 1 | 0.26 | 285.000 | 1.99 | 285.000 | 0.000 | 0.000 |
| 300—325 | 0 | 0.00 | 0.000 | 0.00 | 0.000 | 0.000 | 0.000 |

---

① 乾隆《三原县（刘）志》卷一《地理志》，乾隆四十八年（1783）刊本；光绪《三原县志》卷八《杂记》，第 14 页 b。

② 张鹏飞：《关中水利议》（不分卷），关中丛书本，第 12 页 a。

③ 乾隆《富平县（乔）志》卷三《乡甲》，乾隆五年刊本。

④ 秦晖：《"关中模式"的社会历史渊源：清初至民国》，《中国经济史研究》1995 年第 1 期。钞晓鸿：《传统商人与区域社会的整合——以明清"陕西商人"与关中社会为例》，《厦门大学学报》2001 年第 1 期。

| 田地区间 | 利户 | | 田地 | | 水田类别及数量 | | |
|---|---|---|---|---|---|---|---|
| | 户数及百分比（%） | | 田地总量及百分比（%） | | 下水地 | 中水地 | 上水地 |
| 325—350 | 3 | 0.78 | 991.880 | 6.92 | 896.980 | 57.600 | 37.300 |
| 350—375 | 1 | 0.26 | 354.100 | 2.47 | 304.000 | 0.000 | 50.100 |
| 375—400 | 1 | 0.26 | 383.200 | 2.67 | 383.200 | 0.000 | 0.000 |
| 合计/平均 | 384 | 100.00 | 14340.173 | 100.00 | 13356.533 | 604.740 | 378.900 |

注：表中的"户"实为所有者的简称，含数户共有；田地面积单位为亩；受水时间单位按照原始表述，依次分为十进位的时、刻、分等，表中以时为单位。

该资料存在散总不符现象，笔者统计出的田地总面积为 14340.173 亩，而作者刘丝如则称 12096.273 亩；共计受水时间与原水册所说相符（即 261.656 时）。另合计百分比有些许误差。

清代冶河高门渠，现存道光二十六年（1846）刘丝如的《刘氏家藏高门通渠水册》。该水册根据受水时刻先后，依次记录了各田块的所有人即利夫或曰利户[①]、类别（分为上、中、下水地）、面积及受水起止时刻、受水时间。笔者对此材料进行了汇总分析，同一户名之下，若标明不同类别田地者则作为不同田块计算，如此共计田地 522 块，分属 384 户或曰所有人（含数人共有）。表 1 是笔者统计出的高门渠灌区地权分配状况。

从统计可知，如果单从田地占有绝对量来说，高门渠灌区不存在所谓的大土地所有者，其中最大面积的 383.2 亩，为刘体乾、刘昌宗所共有。但也应看到，当地的田地占有也并非特别分散。例如 25 亩以下田地户达 227 户，占总户数的近 60%，但拥有田地却不足 20%；而 300 亩以上的 5 户，占总户数的 1.3%，占有田地却为 12.06%。如此说来统计结果与上述水利共同体瓦解之说并不矛盾。然而，水利共同体瓦解的核心是用水权利与承担义务之脱节，田地多者，其灌溉的时间理应也更长；只要其根据田地面积承担相应的修浚劳力与费用，地、夫、费、水之间的有机统一仍能

---

① 利夫即水册中登录的灌溉成员，龙洞渠又称作利户，本文不作区分。水册中的田地是纳入灌溉系统、有权灌溉的田块。

保持，共同体并不会因此瓦解。问题的关键是，田地多者是否超过了其相应的用水量？这就要计算单位面积的用水时间（参下文数据）。

在冶河天津渠，笔者尚未找到清代的田地占有资料，但1949年前后，一户拥有200余亩田地即为典型，如吕家村吕福宾家，"最初有水地60亩，香6寸。曾经千方百计敲诈剥削，至解放时已发展水地240余亩，香6.6尺"。若水地60亩，用水时间为香6寸（也就是6寸香燃尽所用的时间）；水地240余亩则香约为2.4尺，何以实际用水时间却达6.6尺？可见其对用水的占有或掌控超过了相应的田地量，或曰对用水量的占有不以相应的田地量为前提。这一占有不排除超经济方式，后来吕福宾被认定为"恶霸地主"而遭镇压。①

清河与龙洞渠灌区，亦有田地并不集中的其他证据。三原县，"邑北水程之家，每举田，益以庐舍车牛愿卸于人而莫应"；高陵县亦然，据称还更为严重。② 可见清代当地以水地为累，对置办田地并不积极。据20世纪30年代调查：大旱饥荒，农民逃亡、出卖田地，1934年以来，灌溉条件改善，"自耕农数目逐渐增加……自耕农已超过百分之八十六矣"③。若此，当地自耕农占大多数，灌溉改善了生产条件，地权不是集中而是更加分散。

在关中中部灌区，笔者目前找到的最大田产者为王彦清，有"水地五顷叁拾伍亩"，所在渠道的渠长为罗居昇。不过属于下五渠的该渠道各利户的田地均较多（具体数据从略），且分属不同家族。④ 在册田地均较多，说明该渠道灌溉田地并非集中于某户、某几户或者某个家族，尽管单独观察田地面积较大，但从整体而言，地权分布并不集中。

总之，各种资料反映了关中地权相对分散，上千亩的大土地所有者绝少。灌溉区亦然。

---

① 《冶峪河小型水利调查报告》，1951年10月，《沟洫佚闻杂录》，第161页。

② 光绪《三原县新志》卷三《田赋·水利》引康熙县志，第22页a；光绪《高陵县续志》卷一《地理志渠堰附》，光绪十年（1884）刊本，第10页b。"水程"是指利户的用水时间，在此为有权灌溉或拥有水田之意。

③ 全国经济委员会水利处：《陕西省水利概况》，第293页。

④ 《清峪河五渠张务常受水时刻地亩清册》，1915年10月15日造册，此据"三原水利协会照老册子抄录"本，清惠渠管理局档案，编号：01—5，第353—354页。

# 三 水利共同体理论与关中中部实证分析

## （一）史实与逻辑——对水利共同体理论的反思

其一，上述灌区或者根本就不存在地、夫、费、水之间的有机联系，因而其解体无从谈起。然而资料显示，当地的确存在这种有机联系，至少在形式上是存在的。在传统引泾灌区，宋代"计田出丁，疏渠造堰……元明至今，渠工每大兴作，皆援此例"，且有付诸实施的记载。[①]元代规定，利户用水以其承担的义务为前提，"每夫一名，溉夏秋田二顷六十亩，仍验其工给水"。[②] 明代，相关费用根据受水面积"均摊"。[③] 清河灌区：源澄渠用水规则，"仿照"龙洞渠水利章程执行；八复渠，"遇有挑修……按地亩多寡，均匀摊派"。[④] 可见灌区地、夫、费、水之间的有机联系还是比较明显的。那么是否存在下一种可能？

其二，上述灌区尚未出现地、夫、费、水之脱节，地权分散正是共同体所以稳定的前提与证据。但资料证明，当地存在地、夫、费、水之间的分离。关于地、水的脱节，龙洞渠"地自为地，而水自为水也。故买卖地时，水与地分"；源澄渠"仿照龙洞渠规例，买卖当亦如是"。[⑤]乾隆年间八复渠卖水，时人抱怨道，"每月之水尽被首人卖在上游，而利夫浇田者能有几家？"地、夫、水的分离在沐涨渠表现得尤为突出，以至于"全渠利夫，不淘渠打堰，又不上堰办水"。[⑥] 既然上述两种可能性均不存在，那么只能是下一种情况了。

其三，上述灌区既存在地、夫、费、水之间的逻辑关联与有机联系，

① 蒋湘南：《后泾渠志》卷一《泾渠原始》，第 9 页 a；光绪《三原县新志》卷三《田赋·水利》，第 14 页 b。

② 李好文：《长安志图》卷下，文渊阁四库全书本，第 18 页 a。

③ 《抚院明文》，天启四年（1624），此碑现存泾阳县王桥镇西北泾惠渠首碑廊。

④ 刘屏山：《再稿·清峪河源澄渠记》，第 135 页；刘屏山：《再稿·八复水夺回三十日水碑记》，第 231 页。

⑤ 刘屏山：《再稿》，第 289 页（无标题）；《沟洫佚闻杂录》（第 133 页）将其概括为《当水之规》，甚妥。

⑥ 岳翰屏：《清峪河各渠始末记》，刘屏山：《初稿》，第 19 页；刘屏山：《再稿·沐涨渠始末记》，第 291 页。

也出现四者之间的脱离；同时关中地权相对分散，大土地所有者绝少。两种现象并存。结合上述的水利共同体理论及相关实证研究，则说明地权集中并非是所谓水利共同体瓦解的必要条件，地权相对分散未尝不会出现地、夫、费、水之间的脱离，至少在关中中部的灌溉区是如此。

最能证伪土地集中从而破坏原有水利共同体的途径，是具体考察单位面积用水数量而非用水总量——后者不能揭示问题实质而只是一种假象。为了确保可比性，则必须以同一渠道、同一类型田地作为比较对象。在前引高门渠《水册》中，下水地最多（467块），最具代表性（约占所有田块的9成）。为节省篇幅，仅选取单位面积受水时间最多和最少的各10块田地进行比较（具体表格数据从略）：单位面积受水时间最多的10处田块，面积介于2—50亩之间，每亩受水时间介于0.0264—0.0526时；单位面积受水时间最少的10处田块，面积介于20—328亩之间，每亩受水时间介于0.0091—0.0104时。单位面积受水时间最多的10处田块不是出现在该渠道面积最大的田块之中，反而出现在50亩之内，其中不足10亩者即有4户；单位面积受水时间最少的10处田块也不是出现在面积最小者之中，反而均超过了20亩，甚至包括328亩田地的刘文义一户。可见对灌溉实际权利的享用并不以各田块面积绝对数量的多少为转移。

上面是以田块而非利户田地拥有量所进行的统计分析，为了更清晰、全面地论证我们的观点，还要统计、比较拥有田地最多的与最少的10户单位面积的用水时间。从表2可见，拥有田地最多与最少10户之间单位面积受水时间的差距十分显著，前者少、后者反而更多。此又说明，拥有田地总量多少与其单位面积受水量多少之间不存在有机联系；田地多者，其单位面积的受水时间并不见得就多，甚或反而有更少的倾向。除冶河灌区之外，在清河灌区，根据下五渠《乾隆四十二年正月重订地亩清册》[①] 所提供的相关数据进行计算（具体数据从略），同样可以得出单位面积用水数量的多少与各利户田地总量的多少没有对应关系。诸此统计说明，田地少者在单位面积用水方面未必吃亏，而田地多者在单位面积用水方面则未必占到便宜。

---

① 《乾隆四十二年正月重订地亩清册》，抄件，三原水利协会抄录本，现存清惠渠管理局。

**表2　道光年间冶河高门渠大、小田地所有者单位面积受水时间比较**

| 拥有田地最少的 10 户 | | | | 拥有田地最多的 10 户 | | | |
|---|---|---|---|---|---|---|---|
| 利户姓名 | 田地总量 | 受水时间 | 单位面积受水时间 | 利户姓名 | 田地总量 | 受水时间 | 单位面积受水时间 |
| 王家楫 | 0.8 | 0.017 | 0.0213 | 张纯仁 | 246.4 | 3.22 | 0.0131 |
| 玄帝堂 | 0.8 | 0.017 | 0.0213 | 王翼忠 | 246.5 | 2.93 | 0.0119 |
| 杨九有 | 0.9 | 0.019 | 0.0211 | 刘汝寿 | 249.75 | 3.294 | 0.0132 |
| 刑惟简 | 1 | 0.022 | 0.022 | 董才下 董继恩 | 253.08 | 3.145 | 0.0124 |
| 赵邦泰 | 1.2 | 0.026 | 0.0217 | 张承得 | 285 | 4.07 | 0.0143 |
| 郑法 | 1.2 | 0.026 | 0.0217 | 刘文义 | 328 | 3.392 | 0.0103 |
| 韩光裕 | 1.3 | 0.023 | 0.0177 | 文十三 | 328.68 | 7.229 | 0.022 |
| 刘文贵 | 1.4 | 0.03 | 0.0214 | 董洪义 | 335.2 | 4.704 | 0.014 |
| 魏逢圣 | 1.4 | 0.03 | 0.0214 | 马徐 | 354.1 | 5.59 | 0.0158 |
| 郗元玮 | 1.65 | 0.036 | 0.0218 | 刘体乾 刘昌宗 | 383.2 | 5.664 | 0.0148 |

注：单位面积受水时间的单位为：时/亩，原始数据精确不统一系原资料所致，余见表1，表中董洪义 335.2 亩田地中含中水地 57.6 亩、上水地 37.3 亩，马徐 354.1 亩田地中含上水地 50.1 亩，余为下水地。

　　总之，当地对用水的占有或掌控并非以其相应的田地数量为转移。虽不能说土地买卖对水利组织的原有关系不产生任何影响，但可确定大土地所有并非地、夫、费、水关系松懈的必要条件。若欲明晰所谓水利共同体的解体，还必须在土地占有关系之外找原因。

**（二）水利共同体的解体——以沐涨渠为中心**

　　欲明了水利共同体的变迁过程应该从渠堰的初次兴建及用水分配来进行，即最好能找到某渠堰的最早一部水册，再根据后续资料来考察其发展变化。然而目前这一资料条件还不具备。所幸的是，个别资料流露了该方面的一些信息。如清峪河的沐涨渠，就有明代王恕、王承裕父子倡导、众人共同移堰再建、"开新渠"的相关记载。① 修建新的引水渠道，则需要对原有地、夫、费、水对应数额进行较大调整，方能保持四者之间的对应关系。

王恕移堰之后，沐涨渠根据修渠贡献分配用水，"渠开堰成之后，计工多寡，分配用水"田地多者则必须多出劳力钱物，少者则少出。维护与修建同样，常规性疏浚实质是此前修建义务的延续。这样，就形成或保持了所谓的地、夫、费、水的有机统一。

那么这种有机统一是如何松懈与瓦解的呢？该渠原本"额工计亩，照亩定水，额时灌田"，即夫（费）、地、水之间存在有机联系；后来"灌溉不周"则出现了问题，各利户均欲用水，但水量仅能满足部分田地即部分利户，于是采取抓阄的办法，抓到者方能灌溉。但这种看似公平的方式也可以说是不公平的，它使得原本大家共享的权利通过类似赌博的形式过渡给了部分人。这时地、夫（费）、水之间的关联松懈了。因水源短缺，部分人获得的紧缺资源成为他人竞相追逐的目标，出现了灌溉用水的买卖。至此，已经是森田明等人所称的水利共同体（面临）瓦解了。这一变化的起因是"灌溉不周"，即水量不能满足灌溉要求这一客观因素。同时，人为因素不容忽视，渠长就值得注意。

实际上沐涨渠最终的卖水者是渠长而非利户。渠长实行一日出银三两的出卖价格，众利户抓阄，然后再进行买卖。"抓得着者，一日出银三两，交渠长公用；如无钱，许顶于有钱之家"，利户不能享受经常性的用水权利，就不愿承担维修义务；渠长则通过卖工、卖水的方式来解决经费与修治事宜。倘若渠长将此费用全部用在渠道维护上，或情有可原，但却借机卖"工"，实质是出卖用水之权，原本的 36 工后来增加到了 138 工。共有渠道俨然成了渠长的私物，即"全渠民众生命，在渠长一人之手，利夫无权，钱归渠长"。渠道设施、水册地亩、出工费用等阙失混乱，哪里还有地、夫、费、水的有机联系呢？② 上文未说"灌溉不周""占阄抓派"何时发生，从其他资料可知，至晚乾隆朝已经出现。

---

① 嘉靖《重修三原志》卷 1《地理志·河》，第 14 页 a。
② 以上均见刘屏山《再稿·沐涨渠始末记》，第 291—292 页。

结合自然地理与渠系分布，我们发现所谓水利共同体的瓦解未必处于同一时期，这与日本学者所强调的"明末清初"是不同的。清河上的多首制引水渠道，在河水有限、引水口相距较近的情况下，各个渠道水源的保证率是不同的。沐涨渠之上已有源澄渠等多个引水口，所以该渠引水"较上各渠，倍觉其难"。[①] 这对于渠道灌溉的稳定性及水利组织的存续有重要影响。以沐涨渠之下的广惠、广济渠为例：此二渠正德年间开凿而成，[②] 万历《陕西通志》卷11《水利》还将其纳入清河的6条主要渠道，当时还发挥灌溉作用。然而雍正之前此二渠已经湮没，"广惠、广济二渠，今亦废"。[③] 可见广惠、广济二渠的存续时间大大短于引水口在其上游的其他主要渠道。而引水口又在广惠渠之下的三泉渠，开于康熙初年，乾隆中期即不能正常灌溉了。渠道的水源不能保证，有的已臻湮废，何以能保持原有地、夫、费、水之间的关系呢？1924 年调查清峪河各渠水程时，工进、源澄渠尚有水册，而引水口在其下游的下五渠等则无，沐涨渠"水册、旧牍、碑记全无"。[④]

在冶河灌区，处在下游的海西、海河渠，"近代以来已日渐衰落，每当枯水之时，上游各渠拦水之后，下游很难受益"，大多只能利用洪水灌溉。20 世纪 40 年代建成"拦洪夏灌"工程，故称"引洪渠"。[⑤] 可见清河上下游渠道的兴衰变迁，在冶河照样存在。

总之，地权形态不足以解释所谓水利共同体的松懈与瓦解，其解体也未必统一于明末清初时期。对于水利灌溉、水利组织的考察必须结合各地的自然、技术、社会环境来分析。

## 四 环境、用水分配与水利共同体

### （一）关中中部的自然环境、水利灌溉及水利共同体

气候、地势、地貌、地质、植被、河流的水文特征等，是水利灌溉

---

① 周心安：《沐涨渠记》，刘屏山：《再稿》，第 219 页。
② 岳翰屏：《清峪河各渠始末记》及刘屏山注，刘屏山：《初稿》，第 21 页。
③ 雍正《陕西通志》卷三十九《水利一·泾阳县》引《县志》，第 118 页 a。
④ 周心安：《沐涨渠记》及刘屏山题记，刘屏山：《再稿》，第 219—222 页。
⑤ 《泾阳水利志》上册，第 173—174 页。

的自然地理基础。

关中属于大陆性半干旱季风气候，干旱比较显著，春夏连旱尤为突出，夏季降水多以暴雨形式出现。[1] 传统时期的气候记载多为描述性语言，科学观测在陕西出现是 20 世纪之事。[2] 笔者目前查得的关中最早、系统的观测数据出现在 20 世纪 30 年代初，可惜三原、泾阳二县仅有各月雨量及天数记载，且残缺不全，而西安的有关记录系统全面，且距离此二县不远，可以作为接近的参照数据来处理。当然 30 年代与清代属于不同时期，但基于气候类型、特征（当然不包括纵向变化的阶段特征）前后一致这一前提，也可以作为参照数据进行考察。经笔者结合原始数据对 1932—1936 年的若干指标统计分析表明：[3] 当地年降水量一般在 500 毫米以上，蒸发量大于降水量（两者之比为干旱指数），一般年份干旱指数不低于 1.5，如 1933 年、1935 年分别为 1.6、1.5，而 1934 年为 2.1，1932 年高达 4.7。干旱指数高说明气候干燥，作物生长依赖灌溉以补给水分。水源的稳定、充足是灌溉的客观要求，对于传统水利设施更是如此。然而当地的气候特点却是降水的不稳定性，年际、年内分布极为不均。在年际方面，1933 年、1934 年的年降水量分别为 528.7 毫米、579.0 毫米，而 1932 年仅有 285.3 毫米，相当于一般年份的一半左右，1935 年却增至 617.7 毫米。年内分布的不均程度更加显著，降水集中在夏、秋两季，由于季风的强弱、迟早不同，降水量的多少、雨季的早晚长短亦差异明显，如 5—8 月降水占全年的降水量，1933 年是 56.25%，1932 年却达 72.52%，1934 年仅有 37.08%。1932 年 10 月的降水量仅有 0.3 毫米，1934 年却高达 111.9 毫米。降水量分布极不均匀，决定了河流径流量的起伏不定，暴涨暴落，据张家山水文站记载，1933 年泾河最大流量为9200 立方米/秒，而 1954 年仅有 0.7 立方米/秒。[4] 这一水文特征对水利设施极为不利，对传统水利设施更甚。

当地旱、涝灾害均较突出，正常年份少，大多年份不是偏涝就是偏旱，

---

① 余汉章：《陕西水文》，陕西科学技术出版社 1987 年版，第 6、27 页。

② 1918 年高陵县通远坊雨量站为陕西最早的雨量观测站（《陕西省志·水利志》第 29页），泾惠渠建成后，也于 1932 年建立雨量、气温观测设施（《泾惠渠志》，第 220 页）。

③ 原始数据取自《陕西省水利概况》，第 27—36 页，此取笔者计算所得。

④ 叶遇春主编：《泾惠渠志》，三秦出版社 1991 年版，第 2 页。

以致涝灾、大旱，地方志也具体记载了清代比较严重的旱涝灾害，[①] 威胁到当地的水利灌溉，进而对水利组织产生影响。一方面，降水少、干旱，地表径流减少，灌溉可资利用的水源随之减少，但灌溉所需水量不会减少反而更多。在此情况下，清、冶河各渠道，均争取本渠道的灌溉用水需要，加剧了对水资源的争夺，下游渠道常常处于被动地位。各渠争斗的结果，有的增加水程，有的则减少，如同治八年（1869）八复渠减少了一天水程，光绪七年（1881）失而复得。[②] 这一来一往，也关系到各渠道用水天数的增减变化，若欲保持其地、夫、费、水之统一，则必须对原有水程分配进行调整，否则就背离了权利、义务对应关系。另一方面，雨多水涝，水源不成问题，但河流涨溢，山洪暴发，含沙量加大，则会冲毁渠堰，淤塞渠道，龙洞渠"拒泾引泉"正是这一背景下的无奈选择。清、冶河各渠，也会遇到渠堰再建、维修等经费人力问题，若更移引水口，还会涉及与其他渠道之间的利害关系，牵扯到本渠道的水程计算、权利分享与义务负担。诸此均与水利共同体内部的地、夫、费、水关系有关。

简言之，灌溉设施客观上要求水源的稳定性与充足性，与当地降水的不稳定性、旱灾与暴雨常见，这一矛盾是关中水利灌溉所面对的基本问题，也是引发水利冲突、水利社会变迁的诱因，与水利共同体内部基本要素密切相关。

地势地貌与渠首引水方式及渠系分布方面，本区属于鄂尔多斯台地向斜南部边缘褶皱带，由陕北黄土高原南端的石质山区进入关中平原北部的黄土台塬区，受构造运动与断层作用的影响，在两者交接部位形成断层，河流切穿断崖时，往往生成 V 形深切峡谷。[③] 泾阳口镇冶河出谷处，笔者实地考察，当地的断层与 V 形峡谷即十分典型。泾河等流出山谷后，形成河口冲积扇，而整个黄土台塬地势大致由西北向东南倾斜，是理想的自流灌溉开发地带，上述灌溉渠道正是在此地域兴建的。历代

---

① 中央气象局气象科学研究院主编：《中国近五百年旱涝分布图集》，地图出版社 1981 年版，第 326—331 页；宣统《泾阳县志》卷二《地理下·祥异》，第 10 页 a—12 页 b；光绪《三原县志》卷八《杂记》，第 12 页 b—14 页 a。

② 焦云龙、屠兆麟：《八复水夺回三十日水碑记》，光绪七年（1881）四月，刘屏山：《再稿》，第 228 页。

③ 聂树人：《陕西自然地理》，陕西人民出版社 1981 年版，第 3、34、40 页。

引泾工程的渠首位置，南起泾阳县王桥镇的上然村北，北至泾河出谷处即今张家山拦河大坝。该段泾河右岸地势高，塬面并不平整，而左岸地势低、广阔平坦，所以历代引泾渠口、渠道均位于泾河左岸。为了保持渠首段高程，以延续自流灌溉，原有渠口湮废后，新修引水渠口必须向北即更高海拔迁移，明与清初的广惠渠，渠口已相近泾水出谷位置，从空间与当时的技术条件而言，引水口已经到达了可以到达的北界。从古至今，渠首工程采取一首制引水方式，是关中平原引泾灌溉的唯一引水渠道。由张家山向上游"峡谷长 100 公里，谷窄崖陡"，[①] 不具有灌溉条件，所以在引水方面也就不存在争夺河水（当然存在争夺渠水）这一问题。对于主渠道的维护修建，历史上往往动用国家直接支配的资金与夫役（后期也实行按地摊派），其他区段（俗称"民渠"）则归民间承担，清末时经费已很难落实。冶、清、浊河灌区，位置偏北且海拔高于传统引泾（包括后来全用泉水的龙洞渠）灌区，故另辟渠道进行灌溉。冶河除在口镇附近建有上王公与畅公渠外，在水磨村至云阳镇之间的河流两岸开有多条渠道；清河则在杨杜村与鲁桥镇之间河流沿岸建有数条渠道。两岸开凿多条引水渠道，显然是利用了河道两侧地势平坦并由北向南倾斜这一地理条件。[②] 这些渠道的疏浚维护基本由各渠利户内部承担，各渠道存在单独的用水权利与维护义务关系、结成利益团体并与其他渠道相对抗，至于各渠道内部上下游之间的矛盾相对而言则处于次要地位。采取多首制引水方式，且同一河流的多个渠道引水口依次相距不远，在河水径流量偏小等情况下，上下游渠道区位上的差异就愈益明显，因争夺河水即水源而发生冲突。

地势结合地质及水文条件，可以较好地分析渠道变迁及其社会影响。地势规定了河道走向与比降，河道比降与地质条件则对河流侵蚀产生重要影响，侵蚀类型与程度、气候尤其是降水则是形成雨水补给型河流水文特征的基本因子，而渠道引水口正是修建在具有一定水文特征、地质条件河道比降中的某一确定地点。泾河等流经的石质山体，岩性以石灰

① 余汉章：《陕西水文》，第 284 页。

② 宣统《泾阳县志》卷四《水利志》，第 12 页 a—13 页 a；光绪《三原县新志》卷三《田赋·水利》，第 20 页 a—b；《泾阳水利志》上册，第 158—166 页；下册，第 1—7 页。

岩、砂页岩、石英岩为主，易风化侵蚀；地势降低进入台塬区后，黄土土质疏松，抗蚀能力低，所以侵蚀严重。① 战国至明代，引泾渠口逐渐由南向北移动，愈益接近泾河出谷位置，不仅工程量、难度增加，而且地势高、比降大，河水流速快，河床的下切增强，常常造成渠口与泾河水面上下相悬，不能引水，不得不另建渠口。修建之难、淤积堵塞，古人每有言及。② 笔者实地考察，拦河坝至张家山管理站一带河谷，仍是岩石嶙峋，河床深切，砾石散布河谷，当年狭小的引水渠口、涵洞即龙洞何以能避免淤塞呢？乾隆二年（1737）"拒泾引泉"，以避免渠道淤塞，而"为利不能及前代矣"。③ 这一变化势必对原有水利秩序产生影响，远离引水口各县尤为明显。三原县，"泾水低，假泉以代，历泾阳八十里始入界，水势大绌，凡名田地者十不溉一"。④ 此前三原引泾灌溉已呈衰退之势，此番更是雪上加霜，乾隆六年（1741）裁去水粮地16098亩（即改作旱地征收田赋），咸丰、同治时期近20年渠水不能到达三原，光绪年间"渠道淤塞，涓滴全无"。⑤ 长期无水灌溉，水利组织、利户的权利与义务关系又如何能够保持？处于引泾灌溉末端的高陵县更甚，嘉靖时期该县"东、南、北民久不得用水，将夫役告消矣"；只有"西吴、庆丰二里者犹间或用水"。⑥ 无水、夫役业已注销，地、夫、费、水之间的关系当然不存在了。

冶、清河流出峡谷后，于两岸广阔平坦处依次建有多条渠道，黄土疏松，开挖方便；但黄土渠首工程却易于崩溃冲毁，在拦水堰改变了河水流速及方向后，渠首段河床的侵蚀则发生相应变化，土质河床受到的侵蚀包括侧蚀就更为显著，对渠首工程的威胁也更大。如源澄渠，据嘉庆时期记载，康熙年间"堰又崩坏"；乾隆十六年（1751）河水冲毁渠岸

---

① 聂树人：《陕西自然地理》，第168、256—257页；中国科学院地理研究所渭河研究组：《渭河下游河流地貌》，科学出版社1983年版，第83、101页。

② 宫耀亮：《龙洞渠不能更引泾河议》，民国《续修醴泉县志稿》卷十三《艺文二》，1935年铅印本，第40页b。

③ 蒋湘南：《后泾渠志》卷一《泾渠原始》，第6页a—b。

④ 熊士伯：《泾水议》引《三原县志》，光绪《高陵县续志》卷一《地理志渠堰附》，第10页b。

⑤ 光绪《三原县新志》卷三《田赋·水利》，第11页b、19页a—b。

⑥ 光绪《高陵县续志》卷一《地理志渠堰附》，第12页b；嘉靖《高陵县志》卷一《地理》，嘉靖二十年刊本，第9页a。

数十丈；嘉庆二年（1797）"堰口一水成潭，不能摆堰"。再建堰渠，旧
有的权利、义务关系则会出现相应变化。洪武年间，源澄渠即因"河水
冲崩渠口"，移堰于第五氏村北，渠首占用了第五氏土地，只好将"初九
日行程水割于五家"。据称这次变更导致买卖渠水，第五氏灌溉用水有
余，"水积无用，不卖何为？"从而打乱了原有的用水秩序。乾隆中后期
该渠又买地修渠，"仅行水三五年"，又被冲毁，发挥作用时间不长，却
给各利户增添了更多负担。① 另外，渠首重建、位置变更，也会导致相近
渠道之间关系的变化。如工进渠，原本取水口在源澄渠之下，因河道侵
蚀，渠首崩溃，不能引水，后经官方处断，移堰于源澄渠之上，从而在
引用河水方面取得区位优势，甚至"灌田而外，卖水渔利"。② 诸此说明，
利户用水权利与义务的调整，部分买卖水行为，以及渠道之间的关系变
化，其直接原因是渠堰的移动与再建。后者又与各河流的自然环境、土
地开发密切相关。

### （二）上游人口、用水与下游渠堰灌溉

　　明代中期的清河河谷，环境优美，景色宜人，"清谷烟雨"是三原八
景之一。部分水源涵养区植被较好，如冶河与清河之间的嵯峨山，嘉靖
时期仍是"秀拔苍翠"。③ 但至清代，在清河上游的耀州，道光初年记载，
"山后一带多半客民，每遇获麦耕田，均顾（雇）觅闲人，名曰'塘
匠'"，即有不少移民迁入，开垦山地，种植粮食作物；与耀州相邻的同
官，"山头地角有不成片段者，本地人不知开垦，多为客民所佃，近来已
无余地矣"。④ 足见这一带的移民垦殖在道光之前已经开始，否则不会开
垦得几无余地。泾阳、三原北部山塬河谷，自然条件优于耀州、同官，
开垦力度更大、为时更早。黄土土质疏松，易于侵蚀，保护植被以遏制
水土流失唯恐不及，遑论山坡地段大肆开垦。水源涵养区、河流上游植
被破坏后，必然增加了河水含沙量与暴雨之后的洪峰高度，对下游的水

---

① 岳翰屏：《源澄渠始末考证记事》，刘屏山：《初稿》，第61—70页。

② 岳翰屏：《清峪河各渠始末记》，刘屏山：《初稿》，第16—17页。

③ 嘉靖《重修三原志》卷九《词瀚·诗》，第5页a；嘉靖《重修三原志》卷一《地理志·山》，第12页b。

④ 卢坤：《秦疆治略·耀州》《秦疆治略·同官》，清刻本，第18页a、17页a。

利设施产生不利影响。

而且，上游移民迁入、开垦田地，用水量亦随之增多。乾隆时期岳翰屏记载："沿河一带上下游，私渠横开，不下十余道，所浇田亩，不下二三十顷。"若遇干旱，上游霸占拦截，"点滴不得下流"。[①] 清末民初的刘屏山写道：自杨家河至杨杜村，清河沿岸"以旱作水者，不下五六十顷"，拦截了大量河水，严重影响了下游工进等渠的灌溉及民众生计。[②] 根据水册记载，各利户的用水时间、起止是明确的，当上游"点滴不得下流"时，或者只要渠道某一用水时段无水可灌时，则水册上所规定的用水秩序就无法落实。[③] 距引水渠口距离最远的一些田地无法灌溉，清中期源澄渠的太和斗，"地远而水微，久不能灌，上堵（即斗）有地者提灌之，今则尽成水粮旱地"[④]。所谓"私渠"所浇田地，有灌溉之实，却不承担相应的水地（即较多）田赋，仍以旱地纳粮；这里的"水粮旱地"则相反，实已无法灌溉，还得交纳更多田赋。当利户提供了相应义务即夫、费，却未相应地取得用水权利时，地、夫、费、水之间的对立统一又怎能保持呢？当利户无法灌溉还得承担"水粮"田赋、提供相应的修浚义务时，谁会心甘情愿呢？

上游移民不仅开辟农田，而且种植需水量极大的水稻，岳翰屏写道："湖广人入北山务农者，凡遇沟水、泉水入河者，莫不阻截以务稻田。"从而增加了用水量、减少了清河水源补给，造成下游渠道更加用水困难，"所以冬水还能使用，入夏则非费钱不行，犹有费钱而点水不见者，如此艰难，人何贵有此水地哉？"[⑤] 水册中的田地常常得不到灌溉，地、夫、费、水之间的关系又如何能够保持呢？这样的"水地"又有什么值得珍视的呢？

在冶河流域，据刘屏山记载，上王公渠以北即淳化县地界，"夹河两

① 岳翰屏：《清峪河各渠始末记》，刘屏山：《初稿》及刘屏山题记，第23—25页。
② 刘屏山：《再稿·清峪河流毛坊渠及各私渠记》，第276页。
③ 有些水册即使没有具体到各利户，但至少各个斗渠的起止时刻是明确的。《公（工）进渠水册》，泾阳县清惠渠管理局档案，编号：灌01—4；周心安：《沐涨渠记》，刘屏山：《再稿》，第219—221页。
④ 岳翰屏：《源澄渠各堵所浇村堡行程定例》，刘屏山：《再稿》，第51页。
⑤ 岳翰屏：《清峪河各渠始末记》《源澄渠始末考证记事》，刘屏山：《初稿》，第24页、《再稿》，第70—71页。

岸，多植稻田"，且"相沿已久"。① 可见清河上游出现的擅开渠道、种植水稻并非孤立现象。在传统引泾渠口之上数十公里，河谷狭深，水流湍急，不具备开垦条件，所以私自拦水灌溉几乎不存在，而龙洞渠专用泉水之后，与引用泾水更无直接关系，所以在该方面，传统引泾灌区与清、冶河迥然不同。当然下游用水紧张也与其他因素有关，如浊峪河"原先水量较大，灌田亩数尚多，后因各泉湮塞，水量减少"②。如此则对原有水利组织也会产生负面影响。

### （三）基层灌溉用水的登记管理与水利共同体

管理本渠事务者为渠长，负责渠道维修、分配用水、掌管水册。渠长之下则有分渠长、督工、小甲、夫头等名目，"大都为世袭制"。③ 水册本为登录各利户水程的文本，水程反映了利户的用水权益及数量；水程多少正与各户承担的维修义务相对应。因此，水册正是文本中地、夫、费、水相统一的凭证。渠堰建成之初，地、夫、费、水之间是统一的，随着田地买卖变动，或者某些田地长期不能灌溉时，就要求水册登录及时调整，以便文本与实际相符。然而事实是否如此呢？当地一般人是否知道水册的编制原则与方法呢？

从各种程序、文本较为完备的源澄渠来看，水册并非经常编造，乾隆十六年（1751）造册之后，至嘉庆年间方才造册，道光二十年（1840）再次编纂水册，此后"已近百年矣，而无人以造新册"④。旧水册所载不符实际，但别无所据，只好继续使用。而新编水册亦未必与事实相符，如道光源澄渠水册序言讲道，尽管太和斗"始终不能灌田"，其他亦有"不灌之田"，但原来的用水时间、斗门渠道仍在，造册之时，仍将其包括在内。⑤ 此举当然有其道理，时下虽不能灌溉，却是对以前灌溉权益的认定与延续，只是不能兑现罢了；但另一方面，不能灌

---

① 刘屏山：《再稿·冶峪河渠云阳镇设立水利局记》眉注，第 274 页。
② 陕西政治视察所：《陕西各县政治视察汇刊》卷二《三原县》，1924 年刊行，第 13 页 a。
③ 《冶峪河小型水利调查报告》，1951 年 10 月，《沟洫佚闻杂录》，第 159—161 页。
④ 刘屏山：《再稿·清峪河源澄渠水册序》刘屏山题记，第 204 页。
⑤ 《清峪河西岸源澄渠水册序》，即道光二十年（1840）水册序言，刘屏山：《初稿》，第 40—41 页。

溉的田地登录水册、占据用水时间，则水册的记载与实际不符。水册由
渠长保管，需要其掌握各种变化，要求其处事公正。然而即使管理较好
的源澄渠，嘉庆年间，渠长张碗，因欠岳世兴银两，"将三十一日公
水，当于堰口伍家麦苋溜"①。该日水程本为全渠所有，这里俨然作为
渠长的私产予以出当。

水册的编制原则时人亦知之甚少，"册不常造，知其道者恒少"。
在编制过程中，需要对旧有田地、利夫与"开""收"即去除、新收了
如指掌、计算清楚，然后才能按比例分配水程。本来一条渠道的总水程
等于各利户水程（含行程）之和，但水册中却每每不相一致。例如
《刘氏家藏高门通渠水册》就存在散总不符。在清河灌区，源澄渠也存
在"浮而不实"，并采取"遁香"或称"消香"的方法予以消除，即以
消减香的长度来缩减众利户的用水时间，从而在总量上抵消全渠所短少
的水程，实为以牺牲众利户的用水权益来维持系统内部表面上的用水公
平，且"点消香"时渠长又左右其手。水册亦很难得到切实执行，"虽
有旧规遵守，然混赖之处亦多"。② 在"混赖"中，占便宜的恐怕不会
是普通百姓。

豪强恶霸把持水资源，渠道管理者牟取私利。在传统引泾灌区：前
文所说的高陵县无法灌溉、夫役注销，势豪奸猾作梗也是重要原因，"县
东、南、北民被豪猾扰告，不获用水，遂并夫役告消"③。注销夫役，即
官方认可地、夫、费、水关系之破裂，原有的所谓水利共同体自然受到
侵蚀。清河灌区：除上述沐涨渠长出卖渠水、源澄渠长出当渠水之外，
八复渠管理者通同作弊，甚至主管水利的三原县丞袁某亦"卖水弄钱"。④
20 世纪二三十年代，有权势者借种树之名，在清河上游拦截河水，下游
百姓束手无策。下五渠东里堡，"屡次恃势霸截八复渠水浇地"。⑤ 冶河灌
区：道光年间刘丝如《刘氏家藏高门通渠水册·序》写道："或水主软
弱，已过时候而不准接水者；或未浇灌至时而打闹强夺者。"乾隆年间刘

① 岳翰屏：《源澄渠始末考证记事》，刘屏山：《初稿》，第 60 页。
② 刘屏山：《再稿·清峪河渠点香记时说》，第 283—285 页。
③ 嘉靖《高陵县志》卷一《地理》，第 9 页 a。
④ 岳翰屏：《清峪河各渠始末记》，刘屏山：《初稿》，第 20—21 页。
⑤ 李协：《呈陕西省政府》，1937 年 3 月 17 日，《陕西水利季报》第 2 卷第 1 期，1937 年。

丝如祖父即被"无赖"霸占水程。河水作为公共资源,在现实生活中权限模糊,如前述冶河淳化县地界,开渠种稻,作为官员"津贴",下游的泾阳县各渠对此却无可奈何。[①] 上述现象一直延续至民国时期,有调查指出,当地"用水经常被地痞、流氓、恶霸、豪绅把持操纵,私自霸水或卖水",普通百姓深受其害。[②]

以前学界多从经济如地权方面进行分析,但是,对于水源短缺的关中来说,恐怕对水资源的掌控比对土地的占有更为有利与关键。只有结合区域环境特征与地域社会传统,方能对水利灌溉、组织及其变迁作出合理的解释。

# 五　余论

森田明等水利共同体论者认为,明末清初由于中小地主的衰落与乡绅土地所有的发展,[③] 导致原有水利设施的荒废与水利组织的瓦解,地、夫、费、水的分离即所谓水利共同体的解体是大土地所有发展的结果。本研究认为,土地买卖对这一分离或许有一定的促成作用,但地权的分散未尝不会出现这种分离,水利共同体的解体也未必统一于明末清初时期。水利组织包括水利共同体的变化,其背后存在一些根本性的机制问题。

(一)灌溉设施要求水源的相对稳定性与河流径流量的不稳定性。关中降水年际、年内分布极为不均,造成以此作为水源补给的河流径流量的起伏不定、暴涨暴落。降水增多,河流径流量增加、水源充足,含沙量随之加大,侵蚀增强,水利设施更易遭到破坏,修浚以至重建一再成为当地渠堰灌溉面临的问题,这就涉及水利共同体内部的权利与义务,或维持,或调整以至重新确立,不能再建则原有水利组织就会自行解体。降水过少则水源不足,当地干旱指数高,降水越少灌溉需求反而

---

① 刘屏山:《再稿·冶峪河渠云阳镇设立水利局记》眉注,第 274 页。

② 《冶峪河小型水利调查报告》,1951 年 10 月,《沟洫佚闻杂录》,第 159—161 页。

③ 日本学术界广泛流行的观点,是把明末清初的大土地所有规定为乡绅的土地所有制。对此也有人(如森正夫)提出质疑。[日]山根幸夫编:《中国史研究入门》,田人隆等译,社会科学文献出版社 1994 年版,第 494、508—509 页。

越大，从而加剧了渠道内部及各渠道之间在用水方面的矛盾。起初往往是距引水口最远的那些田块无法灌溉，共同体内部的权利与义务关系最易出现脱离。若不少利户、田块长期不能灌溉，水利共同体就难以维系。

（二）水资源在所有权方面的公共性、模糊性与使用权方面的排他性、明确性。[①] 河流作为公共资源，在流域之内人们都可以主张对其使用权利。这是各地竞相占用河水的逻辑依据。只要当时不对既有渠道用水产生明显影响，官方就不会制止甚且还会支持新渠道的兴建，然而当时没有影响不等于此后亦无影响。一旦建立了灌溉渠道之后，其对河水的使用则是明确的、排他的，进入甲渠道的水就不会为乙渠道所利用，反之亦然。某一时刻、区段河道的总水量是固定的，在此范围内各渠道的用水就会此消彼长、休戚相关。水源充足时，或可满足各渠道的灌溉需要。但当地水资源紧缺，上游移民开发或是降水偏少还会加剧用水紧张与不足。不足的程度则会相应地作用于原有水利共同体并引起连锁反应。

（三）各渠道用水逻辑上的均衡性与上下游渠道区位上的差异性。历史上邻近渠道之间通过各种方式达成妥协，以求用水均衡、利益均沾。然而在水源紧缺的情况下，上游比下游渠道在用水方面具有区位优势，水源相对更有保障；下游渠道则相反，处于劣势，对水源缺乏更为敏感。概因如此，上下游渠道之间的争水冲突更为突出；下游渠道水利共同体的解体也较早（如沐涨渠），或是灌溉、水利组织存续的时期也较短（如广济渠等）。传统引泾灌溉属于一首制引水方式，区位优劣体现在其中的各支渠之间，历史上也是距引水口最远的那些渠道最先无法灌溉，"夫役"注销，水利共同体最早在这些区域受到侵蚀。

（四）从共同体这一系统的内外来分析。首先，在共同体内部，各个共同体成员的责权分明与整个系统总体上的混淆不清。各利户的田地、用水均登录于水册之上，据此所承担的义务也是明确的，然而整个水册的田亩、用水却往往散总不符。共同体内部交易的即时性与水册登录的

---

① 赵世瑜对山西的研究亦有相似的观点，见赵世瑜《分水之争：公共资源与乡土社会的权力和象征——以明清山西汾水流域的若干案例为中心》，《中国社会科学》2005 年第 2 期。

滞后性等，一般利户只知自己田亩水程，对于整个渠道则甚茫然，亦不知水册的编纂原理与计算方式，管理者有了可乘之机。渠长等原本只有行使管理之权，然而在实际运行中却将管理权混同于处分权以至所有权。其次，结合系统外部观察，共同体内部的责权关系在逻辑上是基于经济的，即各利户的田地、用水与承担的经费、人力是相辅相成的，这意味着拥有更多的用水权利则会相应地承担更多的维护义务，还要向国家交纳更多的田赋（即"水粮"）。因此，若欲以较少的义务而获得较多利益的话，打破这一游戏规则即不以经济方式占有水资源便是终南捷径。明末泾阳人王徵曾记载了当地势要霸占水源，管水者卖水渔利，"富家"也成为被盘剥对象。① 灌溉用水作为重要资源，对水资源的掌控实际上比对土地的占有更为有利与关键。前引《清峪河五渠张务常受水时刻地亩清册》，其中有名有姓的渠长计有 3 位——邢玉连、罗居昇与李大新，然而莫说在各自所辖渠道，甚至整个《清册》中都不见其作为利户的记载，在所有邢、罗、李三姓中，拥有田地最多者亦不过 50 余亩。由此来看，这些人成为水利管理者或者说对水资源的掌控并非以其占有（大量）田地为前提。

由于森田明等人的结论是根据山西等地的实证研究得出的，所以本文并不足以全面否定，而且笔者也无意否定其实证研究，若此则需付诸汾河等流域的实证分析。不过，对关中水利的实证研究足以反思水利共同体理论，从而也会关涉到"乡绅统治""乡绅土地所有制"等重大问题，或可对中国传统社会结构分析提供新的解释线索与分析案例。

---

① 了一道人（王徵）：《河渠叹》，《三原县志·文献辑存》，陕西人民出版社 2000 年版，第 1122 页。

市　镇

# 晚清华北的集市和集市圈

王庆成[*]

　　中国历史上乡村集市具体活动的资料遗留很少，因而一些研究者总是力图从集市的外部环境着手以做侧面的探索。日本历史学家加藤繁在20世纪30年代所著《清代村镇的定期市》[①]，注意从一州一县的人数和集市数以求得"每一集市的平均人口"，并以该数字和其他州县的集市平均人口比较，以显示某些历史内容。美国人类学家兼亚洲研究家施坚雅研究集市的等级分类，基层集市及其与人口、村庄的关系等，力图从中发现一些规律性的理论和公式。他们以及其他中外学者对中国乡村集市和乡村社会的研究做出了十分重要的贡献；当然，这并不意味着已无进一步研究的余地。

　　本文对集市的研究将与人口、村镇资料等联系观察，但有些方志资料在这方面较少适用性，加之我目前在外休养，搜集方志不易，故本文主要考察晚清时期（19世纪中后期至20世纪初）华北地区直隶、山东两省，而以直隶为主，间有山西州县资料。华北是中国文明的发源地，但时至19世纪，华北的经济人文发展已远落后于长江下游地区。据施坚雅研究，1893年人口少于2000的低级中心地，在长江下游地区的比例不足

　　* 王庆成（1928—　），浙江嵊县人，中国社科院近代史研究所研究员，博士生导师，中国社科院荣誉学部委员。代表作有《晚清华北村落》《晚清华北的集市和集市圈》。本文原载《近代史研究》2004年第4期。
　　① ［日］加藤繁：《清代村镇的定期市》，《中国经济史考证》第3卷，吴杰译，商务印书馆1973年版。

1/4，而在华北则超过 1/2。[①] 但华北的人口和农业，包括种植业和经济作物是有发展的，乡村集市数量也颇有增长。较之清初，晚清时期直隶省每州县的集市数平均为 15—16 处，较清前期增加约 60%—80%；山东省每州县集市数平均为 28—29 处，约为前期之 195%—215%。

我正在另一研究中探讨清代华北乡村集市数量的发展及其意义。数量方面的研究，实际是总体上的概括性推算。各州县情况各殊，有的州县集市数上百，有的只少量几处。平均数是研究概况的重要手段；但平均数不能显示复杂多变的具体情况，如不能推究平均数所包含的多样性，认识就可能流于空泛而不切实际。因此，总体上研究集市的数量发展，以了解概略的趋势，虽不可少，但具体地研究某些地区集市的规模、活动和范围，对集市有较深入的了解，也有很大的必要。以下试考察晚清时期华北若干州县集市的各类不同情况。

## 一　各州县集市数之差异

清之直隶省，以京师所在，称为畿辅；其地理，大体相当于后之河北省。北部和西部有燕山山脉和太行山脉，中东南部为平原地带，向西向北有丘陵。其农业生产有悠久的历史，棉花等重要的经济作物在中部、南部很多州县已有相当的发展。以下我们先选择一个以棉花著称的小县来观察集市的分布概况。

栾城县位于华北平原之中部略偏西，面积 320 余平方公里，是直隶的一个小县。[②] 据同治《栾城县志》卷 2 "舆地志" 和卷 4 "赋役志"，同治十一年（1872）全县 13478 户，87156 人，共 151 村镇。栾城县富于井灌水利和盛产棉花。同治《栾城县志》卷 2 引道光《栾城县志》"物产"云：栾城 "货则棉布"。同治《栾城县志》卷 2 "风土物产" 记：栾城地平土沃，介于往来之通。农力稼穑，有余羡即凿井制水车，以资灌溉。

---

① 施坚雅：《十九世纪中国的地区城市化》，施坚雅主编：《中华帝国晚期的城市》，叶光庭等译，中华书局 2000 年版，第 280 页。

② 晚清县级行政区划与民国基本相同，本文各州县面积均据内政部编《中华民国行政区域简表》，商务印书馆 1947 年版。

男女勤纺纴，共操作，冬日妇女同巷夜织。商除盐典外，要皆四方转运，随时懋迁，其人多非土著：只棉花交易，乡民以谋朝夕。又记：全县耕地4000余顷，棉花地占6/10，谷物耕地只占4/10，不足以供民食，须从县境外贩运；而棉花则多售与晋、豫商贾，村民以售棉易粟。

从这番叙述，可见栾城是一个有不小的商品流通需要的地区，但同治《栾城县志》卷2记全县村镇市集只有3处：在城集，集期为旬之一、三、六、八日；冶河铺集，在县城之西北20里，集期为四、九日；西马营房集，在县城西南20里，集期为二、七日。栾城县集市的数量远低于晚清直隶州县集市的平均数，每集市圈的平均面积在100平方公里以上。

同治《栾城县志》卷2"市集"中还特别提道："按康熙志无西营集（即西马营房集——笔者注），今有；有窦妪集、高丘集，今无。"则栾城县的集市数在康熙朝有4处，至同治朝反降至3处。窦妪村，在县城之西略偏北25里，是始建于唐朝的古村，同治时期有392户，1984人，有民地4000余亩，租种旗地1.1万余亩，是一大村。高丘，分西、北、南三村，在县东15—18里处，各有70余、90余和107户，也是宋代以前就有的古村。这两处集市消失，而西营则为新兴集市（消失和兴起的具体时间未注明）。西营有民户206，1251人，有民地1100余亩，租种旗地5200余亩，也是一大村；有金水河由邻县元氏县西来，绕村而过，注入一条贯通栾城县西部的河。在康熙朝已有的县城和冶河铺两集中县城关厢共有铺户129，民户4623323人，是一不小的市镇，而且交通便利，有驿道和冶河通贯南北；冶河铺在县境北端，293户，1367人，民地4051亩，也有驿道和冶河通过。据卷1"建置志"，冶河原是元朝的运粮河，故道久淤不可识，后存的经冶河铺和县城的河道称为冶河者，实是原冶河的支流，南向而入赵州界。华北的河流大都是季节河，从县志所载对两河的考证介绍看，似无通航之利。有学者早年指出，"商业和交通的关系是始终分不开的，就是最原始的产地市场像集市等的形成，亦逃不出交通便利的原则，不但它的形成须在适当行道的要冲，就其大小而言亦和交通的便利成正比例的"[1]。西营之成为新兴市集的确切原因尚不

① 庄泽宣、邱璧光、潘凤起：《集的研究》，《中山文化教育馆季刊》1936年第3卷第3期，第885页。

可知。

栾城县集市的贸易状况和贸易量没有资料留存，但这几处集市经康熙至同治历200年而存在，必有其较优越的条件，可以推想它们能满足栾城县关于流通粮食、棉花等商品的需要。

栾城县北境与正定县相邻。正定县是正定府首县，亦是清前期设直隶巡抚时的巡抚驻地，面积约580平方公里。据光绪《正定县志》卷首"街市图"，县城内分31"地方"，共2591户（口数未记），应是有万人上下颇具规模的大镇。除县城外，有村镇约210个，连县城共约22246户，109986人。正定全境亦属洪积冲积平原，但只南境土地肥美，北部有沙碛。凿井水利十分发达，农产以小麦、棉花为主。同治五年（1866），西方传教士威廉姆生旅行至正定，目击城内东西大街有不少优良的商店，大宗商品是棉花，亦有很多干烟叶。① 日本学者青山定雄在20世纪30年代从中国获得的《正定县村图》残本，约为光绪早期之作，记有县城和东路27村的情况，其中的县城、朱河村、朱夫屯、南牛屯都各有定期集市。这些村镇中，除东关村等数村外，各村都注明宜种五谷或棉花，县城内就有100顷耕地种植棉花。② 正定县自康熙初年巡抚移驻保定后，集市之盛虽不如当年，但商品流通需要不会较栾城县小。而据光绪《正定县志》卷3，全县的集市数共17处，为栾城县集市数的近6倍。较之它面积上比栾城县广81%，人口多26%，比例是大不同的。

正定县西北相邻的灵寿县，同属正定府，面积达990余平方公里，是栾城县的3倍，但占县境近一半的西北部地区是山区，中部为丘陵，东南部为冲积平原。同治十三年（1874）《灵寿县志》卷5记，同治十二年（1873）全县有民户16643，17739人，人口数未记，估计应有八九万。县志卷1"地理"记，村镇数共145个，集市连在城集共有6处。同治县志"旧志序"记康熙朝陆陇琪修订的《县志》序有句："灵寿于真定（按：正定原名真定，雍正朝避帝讳改）三十二州县中最为

---

① Alexander Williamson, *Journey in North China, Manchuria, and Eastern Mongolia*, London: Smith, Elder& Co., 1870, p. 277. 以下简称 *Journey in North China*。

② ［日］加藤繁：《清代村镇的定期市》，《中国经济史考证》第3卷，第81页；［日］中村哲夫著、胡宣同等译：《清末华北的农村市场》，张仲礼主编：《中国近代经济史论著选译》，上海社会科学院出版社1987年版，第192—194页。

瘠壤，其民遇丰岁，豆饭藿羹，仅免沟壑，一遇水旱虫雹之灾，流离转死不可救药，盖在前代已然。"至同治末年，修志者于"地理篇"论曰："灵寿自兵燹以来，户口亦耗矣，村落之星罗棋布于各社者，不过寥寥数家鸠形鹄面之人栖于其中耳。"比栾城似贫瘠许多，而集市数为栾城1倍。

与栾城、正定、灵寿都相邻的获鹿县也属正定府，在栾城的西北。获鹿县西部属太行山的丘陵地区，东部是洪积冲积平原，面积630余平方公里，较栾城县约大1倍。19世纪60年代，西方旅行者估计县城有5000人，是一大市镇。① 据光绪初年《获鹿县志》"地理志"，全县199村镇，31846户，176021人，人口亦约为栾城之1倍。粮食作物有小麦、玉米、谷子、高粱等，经济作物主要也是棉花。1866年9月，西教士威廉姆生行经获鹿，对其环境和物产有这样的描述：

> 在行近获鹿的路上，见到树木葱茏，土地肥沃，棉花是大宗物产，很多地方有一群人在采摘棉花，薄暮时，全家老小背着棉花回家，景色如画。

又说：

> 获鹿显然是个繁荣的地方，以铁市场著名，还是各种砂铸炊具器皿的中心。它的外观使人想起英国的约克镇，但它并不生产铁，铁器来源是山西平定州、潞安府及盂县等地，获鹿只是商业中心，店铺里摆有许多平底锅、水壶等器皿。城墙不很规则，周长约三四里。地面不平坦，街道也高低不一，很多店铺有八九级台阶。城郊颇可观，最热闹的地区在城外。②

另一名西方使者从保定经获鹿进入山西的亲历报告说：

① Alexander Williamson, *Journey in North China*, p. 278.
② Ibid., pp. 278–280.

　　从获鹿开始，就进入丘陵地带了。获鹿是华北的一处矿业产业
中心。也许人们不知道中国的矿产资源是些什么；但从邻近地区运
进获鹿的成千上万个新冶铸的铁锅、铁盆，你就可以从中得到一些
印象了。长长一列人们——男人和孩子们肩上扛着装满这些铁制品
的荆条筐，在山路上行进，的确是很艰难的。冶铸的器皿只有少数
几种型式，冶模一定已很陈旧了。路上常遇到一长串的驴队，它们
的背上装着两大筐无烟煤；这些煤在北京出售，每吨所值相当于 12
美元。煤在山西北部很多地方作为燃料，我听说那里的农民往往从
他田地的山边挖煤。①

　　获鹿的这些产业与山西有相当关系。山西平定州和盂县都与直隶相
邻。1870 年德国地理学家李希霍芬估计平定州年产铸铁十二三万吨②，销
往获鹿的铁器必有相当的数量。获鹿县的农产品和煤、铁器具的营销，
使其商业有一定的繁盛。

　　获鹿县在光绪初年有集市 17 处：清中期原有 8 处，咸丰、同治时期
新增集市 9 处③，均每旬 2 集，集市数大大超过栾城；即以人口、地域平
均，其密度亦超过栾城 1 倍有余。其中若干集市所在之村镇，如五、十
有集的赵陵铺，道光年间有 162 户，878 口，其中店铺 24 家；三、八有
集的于底村，咸丰年间 260 户，806 口，店铺 46 家；二、七有集的南郜
马村，道光年间有 266 户，1166 口，店铺 17 家；一、六有集的永壁村，
道光年间 194 户，808 口，店铺 5 家。这些集市都有了一定的固定商业。
光绪《获鹿县志》不记载村镇人口，但记载县城有城内和东、南、西三
关的街道数，以西关有 5 街为最多，其他均为 3 街或 4 街。嘉庆年间，西

---

　　① Francis H. Nichols, *Through Hidden Shensi*, New York：C. Scribner's Sons, 1902, pp. 38 –
39.

　　② 彭泽益编：《中国近代手工业史资料》第 2 卷，生活·读书·新知三联书店 1984 年版，
第 144—145 页。此为对李氏估计数的修数。

　　③ 光绪《获鹿县志》中《市集》篇载全县集市 17 处，而《村社》篇在"龙贵社"16 村
中，除《市集》篇原列的寺家庄、东尹村两处注有集市外，还有高迁村、东平同两处集市，这
样合计就有 19 处。但高迁、东平同都注为三、八集，与《市集》篇原注明有集而距高迁、东平
同不远的东尹村三、八集相同。疑《村社》篇所记有误，此处不取其说。

关有 192 户，1133 口，铺户 68 家①，则县城内和三关的铺户至少当有一二百家甚或更多。光绪《获鹿县志》编者于"市集"篇论曰："获鹿地当孔道，百货齐集，尤盛于他邑"，与此可互相印证。

　　获鹿县之西为与山西相邻、位于太行山中的井陉县。井陉在众山盘旋中西有固关，东有土门，是山西入直隶的要隘，其地势有"车不得方轨，骑不得成列"之险，乃韩信背水一战破赵之地。井陉虽为山区，而地势四面高，中间凹平，县城之南有来自山西的绵蔓河经过，至微水镇附近有亦源自山西的甘淘河来汇合，入滹沱河。此两河有一定的灌溉之利，故虽是山区，亦有相当之农作，但山田薄壤，生计艰窘，仍须依靠多种途径以谋生。所谓"农无旷土，积粪多方；冬月入山而樵，日无宁晷"。"土苦于贫乏者多，故耕读兼营。"井陉地下藏煤颇富，乡民"向靠驮煤营生，家畜驴头，每日出里巷，无论老弱，背负大煤一块，赶驴一头，约可驮煤百斤内外……每站三四十里，每头每站脚钱不过四五十文……雇驴贩煤亦属贫民……自关门贩至获鹿落行，每百斤煤不过值钱五百内外，驴头已换四次，山路已逾百里"。贫民驮煤入市，多为正定县所需。又山石绵亘之处所生杂木，"民之业兹土者，无以供粮差，给衣食，各自采取杂植，磨成香面，变易钱米，以办粮差，给衣食"。井陉之民谋生较艰苦，如"入土掏煤，一二月始一上；去获鹿发卖煤炭香木磁器，一日往返，夜不能寝"；入山采香木，每有被虎伤害者。但这些艰苦劳动的成果，是井陉必须有集市的基础之一。井陉粮食须由山西补充供给，所需棉花、布匹则仰给于栾城、正定等处，尤有赖于市场。② 据雍正《井陉县志》，当时有县城、横涧、天户、井陉店、马山、贾庄、横口、微水等 8 处集市，都是旬 2 集。光绪元年（1875）《井陉县志》，其体例是对旧志之错讹缺失加以正补，否则不复着笔；续志对"庄村"一编多有近况更正说明，而于集市则未记，可认为光绪初之集市与雍正志所记相同，仍为 8 集。但集市的兴旺程度是较低的；同治年间西人旅行至井

---

① 以上嘉道年各村和西关户口、铺户数，均据 1991 年第 2 期《中国经济史研究》所载江太新《清代获鹿县人口试探》一文引据的清获鹿县档案中的"保甲册""烟户册"。
② 雍正《井陉县志》卷一《风俗》；刘秉琳：《请停固关娘子关增税禀》，光绪《井陉县志》卷三十六《艺文》。

陉，目睹城内破败，街面长草。① 县城如此，他处可知。据光绪《井陉县志》所记，全县共有 264 村，面积约为 1800 平方公里，清末人口约18 万。②

正定县北与新乐县相邻，新乐之东南为无极县，均属正定府。新乐县，光绪初 14720 户，70957 人，全县面积 506 平方公里，集市 4 处，约125 村。③ 无极县全境平原，面积 2851 平方公里，共 181 村镇，光绪年（未记具体年份）23024 户，122693 人，有集市 9 处。光绪续《新乐县志》"艺文编"刊有竹枝词多首，其中有："半种棉花半种田，农家计算亦周全。但期秋暖频开放，多卖耕耘本分钱"；"晴日西风缀白棉，采花结队到南阡"；"纺花最喜气温和，穴地浑如安乐窝。继暑焚膏声轧轧，女工辛苦胜锄禾"等句，具见棉花生产采摘和纺纱之景象。又有句咏集市："集市由来五日期，买花④卖线各奔驰。自然获得辛勤利，聊补春耕不足时。"可为栽种棉花和买花纺线的家庭手工业及与集市有密切关系之具体写照。⑤

南与新乐相邻的定州，有直隶州地位，辖县 2 个，但州有本境，略同于县，民国后改称定县。定州本境面积较广大，有 1240 余平方公里。道光三十年（1850）载 34730 户，200433 人，村镇 423 个。《定州志》卷7 "地理志"对州境集市的描写，是晚清州县集市的典型景象："城乡十余集，殊期日；至期则叠肩骈迹，喧汗雷雨，民气昌矣。其用物，惟镰锸筐筥盆碗布枲席；其食物，惟豆麦菽粟瓜菜；其畜物，惟马牛骡驴羊豕鸡鹅。物之稚者弗鬻，器之窳且靡者鲜所见也。"由此可知，定州集市贸易的品种，大致只是一般民生和农用物品。卷 7 记城乡共集市 11 处；

---

① Alexander Williamson, *Journey in North China*, pp. 285 – 286.

② 民国二十年（1931）《井陉县志》第 1 编"疆域"记"合境面积为 7736.34 方里，合1934.09 方里"，而 1947 年内政部《行政区域简表》则记为 1789.42 平方公里，略有参差。雍正、光绪《井陉县志》均不记人口；民国志第 4 编"人口"记 1930 年人口数 207592 人，称近年军阀祸民而人口较 1917 年之 193194 人仍略有增加为幸事，其增率不及 6‰云。兹以 1917 年以前之人口增长率为 6‰逆推，晚清如 1904 年人口约为 178745 人。

③ 光绪《新乐县志》卷一《城池》；卷二《赋役》。分别记载县分 13 社，社下辖村，村数为 103；全县又编为 28 牌，各牌村数相加为 128 村。

④ 此处指棉花。花，多有误会为花草之花者。

⑤ 光绪《无极县续志》卷一《地理》；卷九《艺文》。

但据卷 6 "地理志·乡约"，邢邑约邢邑镇四、九有集，此集市被遗漏，故道光三十年（1850）时定州集市应为 12 处。

定州城内、城关共 830 户，5330 人，其中铺户有 195 户。在城集每旬 4 日，一、三、六、八有集，另在西大街有一、六、八、十棉花市。在各村镇中，凡称镇者均有集，但不一定有铺户；称村而有集者，有的亦颇多铺户。大镇如东亭镇，一、六有集，279 户，1052 人，其中铺户 22；李亲顾镇，三、八有集，民户 209，铺户 14，共 1630 人；北高蓬镇，一、六有集，民户 151，铺户 161001 人；邢邑镇 381 户，2160 人，四、九集，不记有铺户；砖路镇，四、九集，本镇 354 户，1842 人，亦不记有铺户。不称镇而有集市者，如五女集，五、十有集，民户 90，铺户 15，铺户 65，482 人；子位村一、六有集，580 户，7288 人，其中铺户 9；与子位村同在一"约"的东内堡村，有民户 295，铺户 10，人口达 2158，但未设集，或因与有集的子位村相近不数里之故。定州本境的乡里设"约"，明月店约的明月镇，四、九有集，民户 85，铺户 64592 人，另有铺伙 250 人，虽人口数无特色，而铺户、铺伙人数之众，为在城集以外诸集之冠。这是一个同治初年曾有西教士对其猪市有过一些描写而至 20 世纪 50 年代以来仍颇有名气的市镇。①

与定州同属直隶的深州，是冀中一大平原地区，本境约 1236 平方公里，与定州相仿。

深州本境无山，民间有青龙山、紫金山等称呼，实际都是往昔的捍水堤。据道光《深州志》，州本境 585 村镇，道光三年（1823）人口 279746，集市 16 处。集市自明初似已存在，明永乐时尚书王英过深州古城有诗刻石，中云："地古川原社，城荒市井存"②；但直至清乾隆时期，

---

① 1886 年西教士威廉姆生旅行经望都县至定州，目睹当时景色及明月店镇猪市情况。他的报道称："从望都到定州一路上，景色甚好，村落都隐在树林中，道路两旁都有树，多为老树。定州城郊种了很多大麻，城墙很坚固，不过墙面所砌的砖已剥落。城墙内大部分地区都是农田。西郊有一与城墙平行的大街，以其一些很好的商店而自豪。（1866 年）9 月 17 日傍晚我们在明月店镇的集市上度过。户外一些大树荫下是个猪市，有不少大车围成一圈，大车牲口系在树上，圈中央卧着一些猪，这些可怜的畜生四只脚都被绑在一起，欲买猪的人不时把它们翻来翻去。当一头肥猪成交后，就有两个人在猪脚下的绳索中插一木棒，扛在肩上抬走。从街道这端到那端都挤满了人。"Alexander Williamson, *Journey in North China*, pp. 268 – 269.

② 吴汝纶：《深州风土记》11《金石》，光绪二十六年（1900）刊本。

城内商业似并不繁盛。其时州牧尹侃有记："乙亥春予奉檄修州城，仲冬竣，顾城内四隅皆平旷，北或兼营畦圃，南尤斥卤，荒弃日久。"[1] 曾任深州知州的吴汝纶称，深州自古有蚕桑之利，州西诸村利尤溥，所获岁可 10 余万金；又生产棉花，多织棉布流行塞外，光绪十年（1884）之后并有花生之利。[2] 这些都说明深州有不小的商品流通量。16 处集市中，在城集每旬 4 次，其余均旬 2 集；在城集居中，在县城西北境者 4 处，西南境者 3 处，东南境 4 处，东北境 4 处。今遗存的不完整的《深州村图》有 46 处大小集市；村图应是光绪早期产物，估计当时深州本境有集市 50 处以上。

与定州相邻的小县深泽，面积 300 平方公里。据咸丰《深泽县志》卷 3，不计围城村庄，全县 111 村镇，有集市 5 处，包括在城集，均每旬 2 集。而与深泽、定州均相邻的祁州，民国后改称安国县，面积 473 平方公里，1907 年有 26816 户，146909 人，165 个村。这一不大的州县，集市却有 9 处：在城集旬 4 集，其余旬 2 集。[3]

直隶顺天府固安县，地处平原，面积 730 余平方公里，据咸丰《固安县志》"建置志"，有 397 村镇，都当栾城县 1 倍有余。"赋役志"记咸丰四年（1854），21817 户，102707 人，亦在栾城之上。除小麦、棉花等农产品外，有编织柳器等手工产品，而集市达 14 处。

保定府定兴县古名范阳，是一历史名城，面积有 720 余平方公里，连县城共 238 村镇。光绪《定兴县志》卷 3 记，同治十二年（1873）人口为 122758。卷 1 记集市 9 处，其中在城集与其他 3 处都是每旬 4 集，另外 5 处为每旬 2 集。定兴物产以小麦为主，且质量较佳。在晚清时期，农民生活贫苦，生产小麦都以之出售，换取粗粮并掺野菜以果腹，故出产小麦即意味着需要依赖市场。

与定兴县西北相邻的涞水县，面积达 1700 余平方公里，西北部为山区，中部、东南部为丘陵和平原。光绪《涞水县志》卷 1 以山前、山后区分为两部分：山后大小村 108，有距县城远至 204 里者；山前大小村

---

① 道光《深州志》，《艺文》。

② 吴汝纶：《深州风土记》21《物产》。

③ 光绪《安国县新志稿》，（台北）成文出版社 1989 年版。

153 个，分东、西、南、北四路。集市仅 4 处，全在山前：县城集，每旬 4 次；县城北 30 里的石亭集，县城西 20 里的永阳集，县城西北 25 里的娄村集，都是每旬 2 次。而县西北较广大地区则无定期集市。

冀南平原顺德府巨鹿县，面积 591 平方公里。光绪《巨鹿县志》卷 5 "赋役志" 云，光绪二年（1876）册报 "21851 户，58467 人丁"，而不记口数。此处之 "丁" 指 "男丁"，加上女口，应约有 11 万人。卷 1 记，全县共 275 村，有单日集、双日集及旬 2 集、旬 4 集共 30 处。华北州县集市以每旬 2 集为多，而巨鹿县每旬 2 集者仅两处，其他均为隔日集和每旬 4 集。这似乎意味着巨鹿县商品交易量大和商业比较繁荣。卷 6 "风土志" 云：巨鹿人多质实，地肥瘠不等，五谷皆宜，兼种棉花，并多果实；又说，妇女专以织绩为业，男子无事亦佐理之，每值冬令，机杼之声彻夜不断，虽土瘠民贫，而抱布贸丝皆足自给；县民生齿繁盛，贫约者多，谋生者艰。经济作物和家庭纺织之盛，可能是巨鹿县集市较密集之一因，亦可见当时的商品经济与糊口生活之关系。

直隶南部的永年、故城与清河三县，都位处平原，后两县并与山东州县相邻。永年面积 970 余平方公里，共 337 村镇。光绪《永年县志》卷 8 记，光绪元年（1875）有 55344 户，232420 口。同治《永年县志》卷 3 记集市共 21 处。清河县面积 760 余平方公里。光绪九年（1883）《清河县志》卷 1 记，村镇数亦 337 个，民户 13002，113283 人，户口不及永年之半，而集市数超过永年，有 24 处。永年和清河除生产小麦外，又产棉花、花生等经济作物。故城县亦盛产棉花，且多家庭纺织副业，"女红织最勤，长夜纺车，轧轧比户相闻"。故城县面积 500 余平方公里，光绪《故城县志》卷 2、卷 4 记载，有村庄 240 个，集市 12 处，15992 户，78724 人。

永平府所属的滦州、乐亭县和遵化州所属的丰润县，是直隶东北部的相邻的 3 个州县，都南临渤海。乐亭面积 1200 余平方公里。光绪《乐亭县志》卷 12 记，光绪二年（1876）47300 户，210700 人。关于村庄，卷 2 "地理志" 有语："旧志（按指乾隆志）云本县濒河滨海，坍塌不常，庄多迁徙，其新立之庄不能遍载，故所录止 130 有畸。按工科所呈庄村册，尚多遗漏，已四倍其数。" 实际所记村落及分村达 630 余处。集市则记有 10 处，其中 1 处尚未批准，仅有粮市；5 处为旬 3 集，余为旬 2

集。据县志卷2，乐亭县集市"遇期远近毕聚，日夕而散；所易不过布粟鱼盐之属，无它异物"，但有特色：全县多旗地，民地土质差，产量低，全靠"女纺于家男织于穴"，以布易外地之粟以生存，故对集市的依赖程度尤高。

滦州入民国后改为县，地域较广，全境达3200余平方公里。光绪《滦州志》卷13记，光绪二十二年（1896）连州城有1346村镇，74344户，564689人。卷8记，集市26处，商业繁盛者，如倴城镇，"市廛整齐，商贾富庶"；榛子镇，"畿东巨镇，市肆三重"；开平镇，"商贾辐辏，财物丰盈"；稻地镇，"廛肆鳞次，商贾繁富，土沃民殷"；而由于19世纪末新设煤矿、铁路，唐山集"外商辐辏，市肆纷阗"。

丰润亦一大县，县境仅略小于滦州，面积2800余平方公里。光绪《丰润县志》卷3记，有800余村屯，分属21镇，每镇若干屯。但丰润的"镇"，不是"市镇"之镇，而只是区域的名称，不少镇没有集市，不少集市也不设在镇址。光绪中期共20处集市。据记，乾隆时还有2处集市，为光绪时期所无，光绪时较乾隆时增1集，何时裁增，已无考。

直隶州县的集市数量多有差异、各各不一的情况，山东亦然。山东省物产远较直隶省丰富，其农工商业亦较盛于直隶。农业一般称为两熟，即约有2/3土地可年收两次，1/3年收一次。粮食作物中，小麦、大豆比直隶在更大程度上是"现金作物"，即其商品性更强。棉花、烟草、花生在绝大部分州县中都已推广生产。据估计，山东在清中叶前后经济作物的种植面积已占耕地面积的3%—5%。[①] 农业中商品作物的发展，使农民对市场有更多的依赖。

山东有较大量的蚕丝业。丝织品生产品种繁多，虽质地不一，但适合于多种用途。鲁绸"至光绪十年左右逐渐发达，销数日增，每年约四五十万金"，至光绪二十年（1894），在上海的销数已增至百余万金。[②] 其他手工业，如棉纺织、编席、编草帽辫、榨油、制粉丝、酿酒、烧炭、伐木、制砖瓦、采矿等，多以家庭为中心，都有相当大的发展。这些都给集市提供了较广的活动空间。

---

① 许檀：《明清时期山东商品经济的发展》，中国社会科学出版社1998年版，第69页。
② 《农商公报》第13期，见彭泽益编《中国近代手工业史资料》第2卷，第97页。

　　山东在清代已有不少繁盛的商业城镇。省会济南是山东商业重镇之一，据威廉姆生 1867 年所见，济南街道熙熙攘攘，有很多大商铺，东西大街长达 8 里，商品中有俄国货、英国货。其他如临清、济宁、德州、聊城、胶州、益都、潍县和张秋、周村等，都是山东重要的商品流通枢纽。它们的繁荣和存在，意味着乡村集市有很大发展余地。

　　由于这种种因素，山东的集市数量较多于直隶，如上文已提到的，晚清时期直隶每州县平均集市数为十五六处，而山东则有二十八九处。

　　但与直隶一样，山东各州县的集市数参差不一，甚至相距悬殊。以下取若干州县的方志资料列表显示集市数及与面积、人口之对照。

表1　　　　　　　　山东若干州县之面积、人口与集市数简表

| 时期 | 州县名 | 面积（平方公里） | 人口（人） | 集市数（处） |
|---|---|---|---|---|
| 道光 | 观城 | 211 | 169124 | 7 |
| 道光 | 东阿 | 895 | 153782 | 30 |
| 道光 | 荣成 | 1176 | 104905 | 8 |
| 光绪 | 高唐州 | 754 | 199272 | 23 |
| 光绪 | 陵县 | 487 | 152144 | 16 |
| 光绪 | 恩县 | 892 | 173286 | 33 |
| 光绪 | 菏泽 | 1483 | 463036 | 64 |
| 光绪 | 德州 | 1062 | 175816 | 29 |
| 光绪 | 范县 | 464 | 139831 | 20 |
| 光绪 | 平阴 | 607 | 153375 | 27 |
| 光绪 | 郓城 | 1377 | 673344 | 64 |
| 光绪 | 临朐 | 2103 | 294703 | 36 |
| 光绪 | 藤县 | 2709 | 464995 | 105 |
| 宣统 | 齐东 | 496 | 119578 | 21 |
| 宣统 | 武城 | 586 | 158260 | 16 |
| 宣统 | 莘县 | 453 | 99288 | 17 |

　　资料来源：人口、集市数据各州县相关时期的州县志；面积据《中华民国行政区域简表》。

　　从表1来看，山东各州县集市数量之多少，其间竟有八九倍甚至数十倍之差距。即以土地面积和人口多少对照，郓城县、平阴县、观城县

每集市圈平均只有 20 余平方公里，而荣成县却达 147 平方公里。藤县每集市的服务人口平均 4429 人，而观城县却达 24161 人。这显示出山东各州县集市实况的差异。

## 二　集市经济含量之差别和集市与村庄、人口比例问题

各州县有不同数量的集市，而每个数字实际上还有质量上的差别。这就是，每个集市的"经济含量"是不同的。

上文已介绍，获鹿县旧有 8 集，新增 9 集，共集市 17 处。但县志注明，原有的 8 集是大集，新增 9 集系小集。大集、小集之称在一些方志中都曾提到并加以区分。如道光《长清县志》卷 2 称，该县有张夏集等 10 处大集，潘村等 27 处小集。[①] 光绪直隶《清河县志》卷 1 "疆域志"记：全县城乡共 23 处集市，在城集逢五、十为大集，三、八为小集；东乡 5 处小集，3 处大集，1 处未注明；西乡 5 处小集，2 处大集；南乡 3 处小集，3 处大集。又如民国四年（1915）《交河县志》卷 1 "舆地志"，记全县 25 集，其中泊头镇旬之五、十大集，三、八小集；高川四、九大集，二、七小集等。但更多的地方志在叙述集市时，对大集、小集未加区别，甚至还有将小集忽略不计的。光绪四年（1878）直隶《唐县志》卷 2 "舆地志"载：唐县凡 263 村镇，22560 户，113340 人，是半山半平原之区，康熙时有 11 集，而光绪初年增至 28 集；康熙时的 11 集中有一"放水集"，光绪时仍存在，因是小集，故不计入 28 集之内云。这是县志就当时之集市与康熙时期做比较而偶然提及未将旧有的一小集计入，否则后世读方志者不会知道光绪时期有这一小集存在。

大小集的区分准则，若干地方志书有所说明。道光山西《保德州志》卷 2 "建置志"："大集米粮杂货入市"，"余则米粮小集"。乾隆陕西《合阳县志》卷 1 "地理志"："市粮食者曰小集，市诸物者曰大集。"民国陕西《周至县志》"市集志"："集分大小，粮食蔬菜者为小集，市牲畜及诸物者为大集。"民初《盐山县志》将本县集市分为 3 级，以酒肉蔬菜、

---

① 实际上，小集中有两处注为中集。中集之称较少见，本文不论。

图1 清代直隶盐山县大中小集发展分布图

粮食、牲畜、木植、棉布、柴草、鱼、鸡鸭8类货物为准，8类俱全的市场为大集，不备牲畜、木植者为中集，只有酒肉蔬菜、粮食者为小集（参见图1）。民国《青县志》"舆地志"：大集鱼肉、鸡鸭、菜蔬、柴草、估衣用品俱全，小集稍逊。归纳以上数说，集之大小系以交易物品区分：只米、粮、蔬菜者为小集，除米、粮、蔬菜外有"杂货""诸物""牲畜""木植"等者为大集。这种以交易品种区分的大小集，其中自亦有货币量多少的因素，牲畜、木植诸物货币价值较大。还有除交易品种外又以赴市人数多少相区分者，民国山东《牟平县志》卷 5 "政治志"：大集，凡当地产品如食粮、柴薪、果品、牲畜、鸡鸭、海鲜、杂品，莫不聚集，小贩且有来自外地者，聚会恒达数万人；小集，各物品数量较大集少，比例当在百分之二三十。今之学者有的认为，"商品种类的丰盈与否，可以作为大小集最主要的分界"①。又有学者认为：大集竟日成市，小集过午即散。②

除以上诸说外，下文将要介绍的直隶深州、青县两地有些集市的赶集村庄多达数十村，甚至近百村，有的却只一二村或数村。如以大小集区别之，则前者应称大集，另一些则是小集。

综合以上各种情况，可以认为大集商品较丰富，贸易较繁盛，市场圈较大，赴集人数较多，交易时间较长，小集则反之。这些差别，归结起来最重要的，实际上也就是商品量多少和贸易量大小的不同，也就是大小集在商业上的地位和重要性的不同。

因而，我们从史书上见到的集市，其经济总量必然是并不一律的；但在研究者的统计中，这些大小集的数字都是 1，都被计为 1 集。

施坚雅研究中国的农村市场，区分为三种层次毗连的经济中心，最低的是"基层市场"，次为"中间市场"，其上为"中心市场"。施氏的中心地类型中，中心市场所在的"中心集镇"以上是地方城市、地区城市。后来他将分类更具体化，在中心集镇以上，有地方城市、较大城市、地区城市、地区都会和中心都会各级。他认为晚清时期县治所在地往往是中间集镇或中心集镇。由此可知，在施氏的分类中，一个州县内的集市有 3 个层次：基层市场、中间市场和中心市场，至少有前两种层次的市场，它们在流通网络中处于不同等差的地位。③ 他认为，中心市场处在乡村流通网络中的战略性地位，一方面接受输入商品以分散于下属区域；另一方面则收集地方产品并将其输往其他中心市场或更高一级的都市中

　　① 徐浩：《清代华北的农村市场》，《学习与探索》1994 年第 4 期。
　　② 乔志强、行龙主编：《近代华北农村社会变迁》，人民出版社 1998 年版，第 311 页。
　　③ 〔美〕施坚雅：《中国农村的市场和社会结构》，史建云、徐秀丽译，中国社会科学出版社 1998 年版，第 10 页；施坚雅：《地方与地方体系层次》，《中华帝国晚期的城市》，第 339 页。

心；基层市场则是一直普遍存在于前现代中国农村的市场，它满足了农民家庭所有的正常贸易需要，在那里出售自产不自用的物品，购入需用而不自产的物品，也是农产品和手工业品向上流动的起点，和输入品向下流动的终点；中间市场则在商品和劳务上下流动中处于中间地位。施坚雅的论述，显示他确认乡村集市的经济含量和重要性是有等差的。

在施坚雅以前，中国学者杨庆堃在 1933 年研究邹平县 10 余个集市后，就提出基本集和辅助集之分，基本集不能充分供应其活动范围中人口的一切需要，必须由邻近各集帮助完成其功能，辅助集则可成为自给自足的独立单位。① 他又提出对乡村市场可分一等集、二等集和三等集，活动范围各有等差，像是基本的细胞层层的包围，"在功能上，每种都一律供给邻近村庄的日常消费等功能。但除此之外，一等集包含多量的发行买卖，供应从二、三两等集来的小贩。因发行的活动，故范围扩充到很远。二等集也有发行买卖，但只卖给三等集的小贩，数量亦较少，三等集则完全是为着供应几种简单的日常消费品"②。施坚雅关于乡村集市之分等，与杨庆堃似有相近之处。

在 20 世纪 20 年代，河北省政治经济研究所将定县的集市分为 4 级。当时定县的集市多达 83 个，其中 9 个定为 1 级，17 个为 2 级，36 个为 3 级，余为 4 级。我们不知道当时定县何者被定为 1 级集市，何者为 2 级集市；但可以从一些事例中得到印象。东亭镇的集市是当时定县最大集市之一，被描述为有附近 50 村来赶集，有谷市、耕畜市、猪市、鸡鸭市、棉花市、棉布市、花生市等，可能是 1 级集市。翟城村的集市则小得多，货物大多是农产品和食品，因而东亭与翟城的集市显然不属于同一等级。③ 这种将集市区分为 4 级，其具体标准与 3 级区分可能不同，但不同等级集市的经济量有别，则是一致的。这是学者们和研究机构的共同看法。

---

① 《市集现象所表现的农村自给自足问题》，《乡村建设》第 14、17 期，转引自章有义编《中国近代农业史资料》第 3 辑，生活·读书·新知三联书店 1957 年版，第 317—319 页。

② 转引自庄泽宣等《集的研究》，《中山文化教育馆季刊》第 3 卷第 3 期，1936 年 7 月，第 885 页。

③ Sidney Gamble, *Ting Hsien: A North China Rural Community*, New York: International Secretanat, Institute of Pacific Relations, 1954, p. 279.

他们的看法虽然相近，但杨庆堃和河北省政治经济研究所对集市的分级是在对实际情况调查、了解的基础上作出的，有现实的数据作为分级的依据，而施坚雅的分类在相当程度上却与历史研究相关，是用来指导研究传统时期的集市的，而历史上的集市在商业上的地位和作用并未如当前的集市那样，有许多具体的资料和描述以及计量的数字可供研究利用，得以在此基础上对它们进行分类。今人对历史上集市的研究，绝大多数只能利用对集市地址、集期等的记录，利用对历史上的商品生产、交通运输等情况的估计，而难以对历史上集市商品流通的数量、质量以及来源范围等做确切的界定，难以有数量性的统计和划分。这是研究历史上的集市不可回避的难点。

施坚雅称为基层市场的集市同村庄的关系是他的理论中的一个基础问题。这一问题的比较单纯的方面是，村民去外村赶集，有无规定或约束？有学者认为，村民可以去任何一处集市赶集，并没有固定的集市。幸运的是，历史资料对此有某些记载可供今人做研究之指引。加藤繁在《清代村镇的定期市》一文中根据当时他已见到的《正定县村图》的残本，指出该村图的记载显示"规定着每村赶集的集市"；他还引用光绪广东《曲江县志》中有某某村庄"隶"于某某墟的多处同式记载，认为这意味着中国的南北乡村都有一定村落的居民去某一集市赶集的规定。[①] 上文已提到的《青县村图》和《深州村图》，与加藤繁昔年所见《正定县村图》残本一样，都写明某村去某处赶集字样。加藤繁的研究和这3种村图，支持了传统时期的集市有一个比较确定的由若干村庄组成的集市圈的论断。

1944 年具体描述过自己家乡山东一处市场区域的乡村社会学家杨懋春说：

> 集镇地区的边界系由交通和运输的条件及地区的自然界限而定。两个集市区之间可能会有一些重合区，也可能会有一些中性地点，但总的说来，尽管没有明确的分界线，每个集市都会有一个确定的被认可的区域，它把某些村的村民当做它的基本顾客，这些村的村

---

① ［日］加藤繁：《清代村镇的定期市》，《中国经济史考证》第 3 卷，第 81—85 页。

民也把它认作是他们的集镇。①

杨懋春的解释似乎比"规定"之说稍灵活，也可能更符合实际。但每个集市有一比较固定的市场区，则是一致的说法。

施坚雅赞成杨懋春的见解。② 他进一步提出集市与村庄关系另一方面的重要问题，认为某处集市与赶集村庄数有一定的比率，"村庄与基层的或较高层次的市场之比，在中国任何相当大的区域内，其平均值都接近于18"③。1998 年施坚雅在所主编的《中华帝国晚期的城市》一书的中文版前言中的提法稍有不同，说"集市体系以这些集镇为中心，一般包括15 至 20 个村庄"。

"相当大的区域"究竟指多大的区域？从施坚雅引用 19—20 世纪广东香山、曲江和山东邹平、浙江鄞县的集市与村庄之比都在 18 左右的几个事例以做证明来看④，他所指的"相当大的区域"是指州县，即一个州县内的每个集市的赶集村庄平均应是 18 个左右。他又以为晚清时期广东省的市场与村庄之比是 19：6，并以此作为他的公式的证据。由此，"相当大的区域"似也指一省。

但施坚雅关于一个州县或一个省的市场与村庄比率的数字是难以成立的，他据以计算广东省市场与村庄之比为 19：6 的依据——晚清《广东舆地全图》，如下文将要指出的，所记的市场数低于实有数，所以全省的市场与村庄之比决非 19：6，而是会高于此数不少。他举出香山、曲江、邹平、鄞县 4 县每市场有村庄 18 左右，但更多州县却显示了不同的比率。本文第一节举出的方志资料，直隶 19 州县共有 6965 村镇，集市242 处，每集市圈平均 28.8 村；其中，平均每集市圈在 50 村以上的有栾城等四州县。

对于集市与村庄之比不符合 18 的情况，施氏有一种理论加以解释："上述比率的变化可以通过从一种每市场 18 个村庄的均衡状态向另一种

---

① Martin C. Yang, *A Chinese Village*, *Taitou*, *Shangtung Province*, A Columbia Paperback, 1965, p. 190.

② ［美］施坚雅：《中国农村的市场和社会结构》，第 22 页。

③ 同上书，第 22—23 页。

④ 同上书，第 23 页。

状态发展的模型来得到满意的解释"①，这就是"密集循环"的模型和理论。简要说来，就是随着人口增长，会有新村庄分裂和形成，那时集市与村庄之比就会超过 18，增加到 24，以至更多，接着在原市场区域的边缘就会出现小市，然后小市就会发展成为标准的基层市场，基层市场与村庄之比率就会下降，并逐渐恢复为标准的 18 村。这一循环往复的过程就是施氏的"密集循环"理论的要旨。

对于施氏这一"密集循环"说的举证，美国社会学家罗兹曼已指出，他利用的 19 世纪 90 年代的《广东舆地全图》中集市数资料是不准确的，是过低的——它与相当时期的州县志中所分别记载的集市数有很大差距。② 我虽未做核对，但我相信一种全省性的综合著作，对省中一个州县的情况只是择要而记而不可能是全部记录，这是容易理解的。往往有一些关于一个省的概况调查之类的著作，其中包括了各县的市镇数字，但它们只显示一些概况、略况，以它们与某州县市镇的具体数字相比，就会有不小的甚至很大的差距，以至可引出与事实相反的结论。以全省性的概况资料所显示的各地区集市与村庄比率的差异，归之于"密集循环"阶段的不同，就难免缺少说服力。

施氏关于集市与人口关系的另方面理论是，传统时代基层市场体系的面积大小与人口密度成反方向变化：在人口稀疏的地区，市场区域必须较大，以便有足够的需求来维持这一市场，在人口密集地区的基层市场体系则面积较小。施坚雅据此制作了"基层市场社区的平均面积和人口表"，以显示在不同人口密度地区的基层市场社区的面积大小，与社区平均人口和市场平均面积的相互关系。他指出，清末宣统时期编纂的《山东通志》中所显示的若干州县的市场面积大、人口密度也大——与施氏关于传统时期市场体系大小与人口密度反方向变化之规则不符，这是商业化和交通现代化使那些州县的传统市场消亡而转变成了"现代贸易中心"的结果。他举出清末山东的即墨、胶州和高密，这 3 处州县在1911 年《山东通志》中所载的集市数比十几年前、三十几年前减少了，

---

① ［美］施坚雅：《中国农村的市场和社会结构》，第 23 页。

② Gilbert Rozman, *Population and Marketing Settlements in Ch'ing China*, Cambridge University Press，1982，p. 99.

这意味着这些州县的市场平均面积增大了，不符合他提出的上述"人口密度越大的地区市场平均面积越小"的公式。对此，他认为这是由于20世纪初胶济铁路修建的影响而使贸易现代化、以致集市数减少之故，并认为这说明："一个正在现代化的地区中具体市场的命运实质上要由交通现代化的空间模式和时间顺序来决定。"①

这一解释的理论性很强，但它的基础不稳。《山东通志》这样一种全省性的志书关于一个州县集市数的记载，程度不等地少于相当时期的州县志所记，这一点罗兹曼在指出《广东舆地全图》问题时也同时指出了。可以补充的是以下几个具体事例：滕县、泗水、邹县、寿张4县，光绪时期有185处集市，而据《山东通志》只记有72处；昌邑县，光绪时期有33处集市，而《山东通志》只记有25处；蓬莱县，光绪时期15处，《山东通志》只记10处；莱阳37处，《山东通志》只记32处，等等。②全省的舆地全图或全省的通志记所属各州县的集市数，遗漏或略去一些稍小的集市是完全可以理解的，但根据它们记载的集市数目做出"密集循环"理论或做出某地区是否已进入交通运输现代化和商业化发展时期这样的重要结论③，其根据就很薄弱。事实上，1909年的《山东通志》所记州县集市数大大少于光绪时期州县志所记集市数。另如诸城县，光绪时期集市数60处，而《山东通志》记31处；商河县，光绪时期集市数33处，《山东通志》记12处，等等，它们的地理位置均远离铁路线，在宣统《山东通志》中显示的集市数的"减少"，只是由于《山东通志》是略记，根本谈不到交通现代化和现代贸易中心。

而且，进入交通现代化和商业化发展时期，果然可以迅速使集市萎缩、集市数减少吗？铁路对于乡村集市数量减少如此立竿见影的快速影响是难以想象的。我们也可以举出相反的事例：与胶济铁路约略同时完成的京汉铁路所经的定县（即清代的定州），在道光三十年（1850）刊行的《定州志》中载有集市12处，以后50年中的增减情况尚未查知，但

---

① ［美］施坚雅：《中国农村的市场和社会结构》，第102页。

② Gilbert Rozman, *Population and Marketing Settlements in Ch'ing China*, pp. 137 – 138；张玉法：《中国现代化的区域研究：山东省（1860—1916）》，（台北）"中研院"近代史研究所1982年版，第47—52页。

③ ［美］施坚雅：《中国农村的市场和社会结构》，第102、104页。

在 20 世纪 20 年代末，即当京汉路通过定县已 20 余年后，定县的集市却
猛增至 83 处。① 集市数这样大量增加，可能有若干小集未被计入 19 世纪
的数字，但 20 世纪的集市数不比 19 世纪中期少，这是肯定无疑的。这说
明，交通和商业的发展也不一定导致集市数的锐减，定县就是明显的
事例。

　　集市数、人口数、村庄数和人口密度关系的理论之所以不能证明为
普遍正确，基本原因在于对集市数和村庄数的确息和相互关系的确息，
掌握都不够充分。施坚雅关于集市的理论公式，都是有关基层市场的。
但是，上文已提及，今之学者对基层市场、中间市场、中心市场或一等、
二等、三等集市或基本集、辅助集之区分，虽都言之成理，但如何应用
于数量巨大的历史上的定期集市，确切的区划是困难的。道光《深州志》
记州本境共 585 村镇，集市 16 处，其中州城集每旬 4 次：三、八小集，
五、十大集，其余 15 处俱旬 2 集。而上文已提到，据光绪初年的《深州
村图》（缺东北路资料），本境东南、西南、东北三路 414 村，共有集市
46 处，加上道光志中记东北路的 4 处集市，光绪初年至少有 50 处集市。
从州志至村图，相距不过 50 年左右，而集市增长数为 3 倍余，这不是人
口增长引起村庄增长和集市增长的"密集循环"公式所能解释的。光绪
初年的 50 处集市中极可能包含了许多"小集"，其中有一些在道光时期
已存在但为道光志所略。它们之间的经济含量很可能不等于 16∶50。这
使得对"密集循环"公式难以作出验证。

　　"密集循环"的理论推理虽似言之成理，但市场的设立、村庄的分
裂、人口的增长这些相关因素都不是按公式进行的。据专家研究，从顺
治十二年（1655）到道光三十年（1850），总人口从 1.19 亿增加到 4.3
亿，年均增长率为 6.6‰，如以宣统三年（1911）为终点，该年人口为 4
亿，年均增长率为 4.7‰。② 而集市数的增长，前已提及，从清初至晚清
的 200 年间，华北几省的定期集市数目增加 60%—100%，多亦不过
200%。可以说，两者数目的变化是同方向的，但却不是同比例的。至于
村庄数增加与集市数增加的关系，大致亦是同方向，更不可能是同比例。

① Sidney D. Gamble, *Ting Hsien*, *A North China Rural Community*, p. 279.
② 葛剑雄：《中国人口发展史》，福建人民出版社 1991 年版，第 254 页。

而且，从方志上看，研究历史上的村庄计数，十分复杂、混乱。不说自然村与"编村"的区别，即单以自然村论，两三个住宅群，相隔若干丈，是算两三个村，还是一个村，各各习惯标准不一。如直隶唐县，光绪《唐县志》卷2"舆地志"记，有村镇数263个，但又记全县有很多代管村，它们大都无户口资料，仅倒马关代管的15村记有户数，其中10户以上者4村，其他11村均只一两户或三户。唐县村镇数如为263个，集市数和村庄数之比为9∶4；如计入近百个代管村，比率就会增加到13。这两个数字与一个集市的服务村庄数应是18左右的公式都不符，但由此可以看出村庄的计数对"密集循环"公式有很大的影响。据光绪《唐县志》，唐县村庄数的增长情况，以光绪初年263村而论，东路28村，其中6村为康熙朝所无，南、北固城村原只称固城村，等等；光绪朝较康熙朝增加的村名约七八村，所增至多不过康熙朝村数的25%。唐县南路57村，内10村为康熙朝所无；又有光绪时分南北或东西村者5处10村，这10村康熙时不分南北东西，只有5村，此外又有数村光绪时无而康熙时有，则南路村庄光绪时较康熙时所增者至多不过10余村，亦不过25%。北路36村，东、张、门、刘4个显口村，康熙时无刘显口村；东、西、中前、中后4个峒龙村，康熙时只有3村，光绪时有曲庄，康熙时分3村，故北路村庄数光绪时较康熙时并无增加；西路唐河之东57村，光绪较康熙新增者只有10村，西路唐河之西20村，光绪较康熙增加6村；西北路25村，增减相抵，只增1村，西北路唐河西北西偏39村，增减相抵，仍39村。以光绪时期的263村与康熙时相比，村庄数约增加14%；而康熙朝唐县集市数为12处①，光绪时期，连未被县志计入的1处小集，为29处，为康熙朝的2.42倍。

再以栾城县为例。栾城县东路35村，同治《栾城县志》卷2"村镇"云：按东路新李庄、乔李庄、董家庄皆康熙以后增添。今乔李庄分称乔家庄、李家庄，又狄李庄分称狄家庄、小狄家庄；寺下村分称台头寺村、朱家庄。又小周村东南数家称黄家庄；孟家庄东数家称小孟家庄。又冯家胡同、小任家庄、田家庄，康熙以前总称冯任田家庄，乾隆初分为3村；石碑村乾隆初分为南北2村。从辞意看，同治时35村，在康熙

---

① 康熙《唐县志》卷三《疆域志·市集》。

时为 25 村，乾隆时为 33 村，同治时东路村庄数较康熙时增加 40%。南路赵李庄、孟家园、南五里铺、岳家庄、周家庄、鲁家庄、苏辛庄俱康熙以后增加，同治时赵李庄又分为二，胡家寨分为东、西二村；康熙时之大梅村，同治时已分为大、小代梅，牛村已分为前、后牛村，吴郭村已分为彭家吴郭、刘家吴郭等 6 村，则同治时南路 47 村，康熙时为 31 村，所增约 50%。西路 50 村，7 村为康熙后增加，2 村为雍正后增加，同治时增加约为 18%。北路 18 村，康熙后增加者 1 村，增加不足 5%。自康熙至同治，村庄数颇有增加是无疑的。至于人口，栾城县人口同治时 87156，1942 年增至 121000；其中北路寺北柴村，同治时人口 565，1942 年 719[①]，从这六七十年间人口增长的情况看，康熙至同治之间人口增加的趋势也是无疑的。但栾城县的集市数，康熙时 4 处，同治时却减至 3 处。

以上唐县与栾城县的情况，是与"密集循环"的理论不符或相反的。

人口增加可表现为村庄扩大，人口增长 1 倍并不一定表现为村庄分裂出另一个新村庄，这从上述唐县、栾城县村庄数的变化可以得到很大程度的证明。其所以只说很大程度，是因为虽然知道这两个县在同光时的人口数，但不能确知自康熙至同、光它们人口增长的确切数目。至于市场数之增加，我愿指出的是，人口、村庄的增加以及生产、商业的发展虽都可能导致市场数增加，但具有不完全直接取决于人口数和村庄数的其他因素，如必须考虑市场的容量有很大的弹性。直隶青县，康熙十二年（1673）有镇店 10 处，集市共 7 处；另一处木门店，"旧有集，今废"。至嘉庆八年（1803），集市仍 7 处：木门店集恢复了，另新增加 1 集，又取消 1 集，砖河镇集所在的砖河镇改属它县，则嘉庆时仍为 7 集。嘉庆时期全县区划为 12 镇，408 村，60062 户，260017 人；人口数肯定较康熙初大有增长（虽其确数不可知），而集市数未变。至光绪初年，仍 12 镇，村数增为 435，但人口却因多年灾祸，减至 27643 户，148229 人[②]，而集市数却增加至 8 处。这些都不是"密集循环"所能解释的。

---

① 1942 年人口数见马若孟《中国农民经济》，史建云译，江苏人民出版社 1999 年版，第 73 页。

② 见王庆成《晚清华北村镇人口》，《历史研究》2002 年第 6 期。

　　人口、村庄增长与成立新市场之间的弹性关系，至少还可以补充一点的是官府的因素。"密集循环"公式看来是以人口、村庄、市场的完全自然和同步发展为变量，但实际上新市场的设立却并不是完全取决于人口、贸易量等因素，行政管理因素也有影响。因为在清代，设立市场必须由官府批准，而官府的意志和认识，并不是客观状况的自动反映。如河南裕州、淇阳、济源等州县，清初战乱以后景况萧条荒凉，人民逃亡离散，但城乡却设立了多处集市，它们是康熙年间由几任地方官创设的。[①] 康熙三十三年（1694），广东昌化知县"以海滨土瘠，禾稼鲜登，乃度隙地立墟市，大招流亡，劝开垦……城中居家旧不满百，至是户口渐蕃"[②]。这些集市的创设有利于恢复和发展经济，但这与人口、村庄的发展因而需要成立新市场的公式，程序是不一的。官府对集市有管理机构，集市的兴废和集址的变更，均须官府主持或同意。康熙六十一年（1722），山西闻喜县"故有市集，所在迥远，盗贼窃发，为贸迁患"，知县刘士铭"令改市适中之所，民大便利。盗贼亦罢去"。[③] 光绪山东《利津县志》卷5"户书志"："户房曰户南，曰户北，掌县之丁赋……集属户南科。"光绪直隶《乐亭县志》卷2"街市"载：新开口，集期一、四、七，道光二十六年（1846）呈请立集未准。河南许昌孙家保集旧在半坡铺，因生意不好，集首议迁移至八里桥，特呈文向官府申请。[④] 乾隆《宝坻县志》卷2记，主编者知县洪肇楙关于集市的议论说：最近"庙堂方筹钱法，亦有议及市集不得过多者，奉上谕令从民便"。由此可知，朝廷、官府对集市之兴废和多少，是得而处置的，并不是商业和经济增长过程的自然结果，说明集市的设立并不是完全自动的。官府对集市的设废和改易之事例，在各史志记载中很多，此不详举。

　　施坚雅根据他对市场社会结构的研究，制作了一个"基层市场社区

　　① ［日］山根幸夫：《明及清初华北的市集与绅士豪民》，《日本学者研究中国史论著选译》第6册，中华书局1992年版。

　　② 王锺翰点校：《清史列传》第19册，《循吏列传一·陶元淳》，中华书局1987年版，第6137页。

　　③ 《清史列传》第19册，《循吏列传二·刘士铭》，第6172页。

　　④ 张子明：《从"移集呈稿"试析清朝后期对集市贸易征收管理》，《中南财经大学学报》1990年第2期。

的平均面积和人口表"，它显示人口密度越小，基层市场平均面积就越大，而市场服务人口也就越少；反之，就向相反方向变化。他认为"基层市场体系的大小与人口密度反方向变化"，是"显著而又极端重要的事实"。这一理论上文已略述及。其具体规律是，如一处市场地区的人口密度为每平方公里 100 人，其市场面积应为 69.8 平方公里，市场服务人口应为 6980 人；如市场人口密度为 50，则市场面积应为 106 平方公里，市场服务人口应为 5300 人；如人口密度为 150，市场面积应为 52.5 平方公里，市场人口应为 7870 人。当人口密度为 325，市场面积应为 27.3 平方公里，市场人口应为 8870 人，就达到了转折点，此后，即使市场面积再减少、人口密度再增加，市场人口也不再增加，而是逐步减少。① 这些理论公式在逻辑上的推演十分细致周密，但与本文所见的实际情况却大有距离。以下，将这一理论加上关于每一集市平均 18 个村庄左右之说简称为"施氏公式"，与本文所见部分州县的集村比率和人口密度、市场面积、市场人口等实况，作一对照。人口密度指每平方公里的人口数，在"施氏公式"中是市场面积和市场人口据以相互变化之轴。市场面积指集市平均面积若干平方公里。市场人口指集市的平均服务人口数，也就是该市场平均面积内的人口数。这三项都是施氏"基层市场社区平均面积和人口表"中的基本相关数字，我对所研究的华北若干州县的同类实际数字，排列于其下，以作比较。

表 2　　　　　　"施氏公式"与华北集市实况对照表②

（单位：平方公里/人）

| 州县 | 集村比率 | 人口密度 | 市场面积 | 市场人口 |
| --- | --- | --- | --- | --- |
| 施氏公式 | 18 左右 | 60—70 | 96.5—88 | 5790—6160 |
| 直隶盐山 | 26.7 | 61.3 | 108.3 | 6637 |

① ［美］施坚雅：《中国农村的市场和社会结构》，第 41—43 页。

② 这一对照表的意思，以第一栏为例，说明如下：施氏认为每集市的村庄为 18 个左右或 15—20 个，如在人口密度为每平方公里 60—70 人的地区，市场的面积应为 96.5—88 平方公里，该市场的人口应为 5790—6160 人。而直隶盐山的实况是：集市村庄之比为 26.7，该县人口密度适应于施氏公式 60—70 人一级，而该县市场的实际平均面积为 108.3 平方公里，市场人口为 6637 人。其余诸栏均以此类推。

续表

| 州县 | 集村比率 | 人口密度 | 市场面积 | 市场人口 |
|---|---|---|---|---|
| 山西荣河 | 52.7 | 68.3 | 284.3 | 18433 |
| 施氏公式 | 18 左右 | 80—90 | 81.3—75 | 6500—6750 |
| 直隶唐县 | 12.5 | 87.7 | 44.6 | 3908 |
| 直隶灵寿 | 24.2 | 83.8 | 115.5 | 13869 |
| 山东荣成 | 94.3 | 89.2 | 147 | 13113 |
| 施氏公式 | 18 左右 | 90—100 | 75—69.8 | 6750—6980 |
| 直隶井陉 | 33 | 99.4 | 225 | 22375 |
| 施氏公式 | 18 左右 | 100—125 | 69.8—59.7 | 6980—7460 |
| 直隶青县 | 54.4 | 112.4 | 164.9 | 18529 |
| 施氏公式 | 18 左右 | 125—150 | 59.7—52.5 | 7460—7870 |
| 直隶固安 | 30.6 | 139.9 | 56.5 | 7901 |
| 直隶清河 | 14 | 149 | 31.7 | 4720 |
| 直隶新乐 | 31.3 | 139.5 | 126.5 | 16749 |
| 直隶庆云 | 54.7 | 126.5 | 73.6 | 9305 |
| 山东临朐 | 33.3 | 140.1 | 58.4 | 8186 |
| 施氏公式 | 18 左右 | 150—175 | 52.5—46 | 7870—8050 |
| 直隶故城 | 20 | 157.5 | 41.7 | 6560 |
| 直隶定兴 | 26.3 | 171.4 | 80.3 | 13771 |
| 直隶定州 | 35.3 | 161.2 | 103.6 | 16703 |
| 直隶乐亭 | 52 | 173.6 | 121.4 | 21070 |
| 山东东阿 | 20.3 | 171.8 | 29.8 | 5126 |
| 山东德州 | 23.4 | 165.6 | 36.6 | 6062 |
| 施氏公式 | 18 左右 | 175—200 | 46—41.2 | 8050—8240 |
| 直隶巨鹿 | 9.2 | 184.9 | 19.7 | 3642 |
| 直隶深州 | 56.1 | 179.8 | 136.9 | 24613 |
| 直隶雄县 | 37 | 180.8 | 103.4 | 18695 |
| 山东恩县 | 17.9 | 194.3 | 27 | 5251 |
| 山西长治 | 20.4 | 175.9 | 40.1 | 7055 |
| 施氏公式 | 18 左右 | 200—225 | 41.2—37.1 | 8240—8350 |
| 山东莘县 | 28.6 | 219.2 | 26.6 | 5840 |
| 山东观城 | 21.3 | 200.9 | 30.2 | 6069 |

| 州县 | 集村比率 | 人口密度 | 市场面积 | 市场人口 |
|------|---------|---------|---------|---------|
| 施氏公式 | 18 左右 | 225—250 | 37.1—34.3 | 8350—8570 |
| 直隶永年 | 16.9 | 239.1 | 48.6 | 11621 |
| 直隶吴桥 | 18.5 | 235.8 | 22.5 | 5293 |
| 直隶无极 | 20.1 | 245.4 | 55.6 | 13653 |
| 直隶交河 | 28.6 | 245.3 | 141.7 | 10223 |
| 直隶武邑 | 46.2 | 234.8 | 72.9 | 17118 |
| 山东齐东 | 19.6 | 241.1 | 23.6 | 5694 |
| 施氏公式 | 18 左右 | 250—275 | 34.3—31.7 | 8570—8720 |
| 直隶宁津 | 26.6 | 260.2 | 28.1 | 7311 |
| 直隶栾城 | 50.3 | 269.8 | 107.7 | 29052 |
| 山东高唐 | 31.7 | 265.5 | 32.8 | 8664 |
| 山东平阴 | 12.1 | 252.7 | 22.5 | 5681 |
| 山东武城 | 25.7 | 270.1 | 36.6 | 9891 |
| 施氏公式 | 18 左右 | 275—300 | 31.7—29.5 | 8720—8850 |
| 直隶获鹿 | 11.7 | 275.5 | 37.6 | 10360 |
| 直隶束鹿 | 19.7 | 285.5 | 57.7 | 16469 |
| 山东定陶 | 24.3 | 282.3 | 18 | 5088 |
| 施氏公式 | 18 左右 | 300—325 | 29.5—27.3 | 8850—8870 |
| 直隶祁州 | 9.7 | 310.6 | 27.8 | 8641 |
| 山东菏泽 | 9 | 312.2 | 23.2 | 7235 |
| 山东范县 | 28.5 | 301.4 | 23.2 | 6992 |
| 施氏公式 | 18 左右 | 325—350 | 27.3—25.1 | 8870—8790 |
| 山东陵县 | 37.8 | 332.9 | 30.4 | 9507 |
| 施氏公式 | 18 左右 | 450—500 | 18—15.7 | 8100—7850 |
| 山东郓城 | 17.6 | 489 | 21.5 | 10520 |

在以上 44 州县的对照中，集村比率大致符合 18 左右或 15—20 者只 6 县；至于按人口密度的等差而考察集市场面积、市场人口，几乎与施氏公式完全不一致，符合者极少。从以上所列，市场体系面积最大的是山东荣河县，每处市场平均 284 平方公里，这样大面积的集市，照理论公式，应出现在人口十分稀少的地区——当市场面积达到 185 平方公里时，

那里的人口密度就会低至每平方公里 10 人，荣河县市场达到 284 平方公里，则市场的人口密度应远少于 10 人，而实际上荣河县集市的人口密度有 68 人以上，与理论公式相距甚大。青县，市场平均面积达 164.9 平方公里，照公式，其人口密度应在每平方公里 20 人左右；但事实上，青县人口密度每平方公里 112.4 人。上列州县中市场体系面积较小者是定陶、巨鹿，各只 18 平方公里和 19.7 平方公里，照公式它们的人口密度应最高，应在 400—450 之间；但实际上，定陶人口密度为 282.3 人，巨鹿人口密度为 184.9 人。

这样，可以认为"基层市场社区的平均面积和人口"表，基本上不符合实际。

## 三　直隶青县、深州的集市空间构成

前文主要依据晚清华北的若干方志资料，从一定程度上显示了不同地区、不同州县集市数量的悬殊及其与人口、地域、经济的某些联系。虽然所显示的情况比单纯的"平均数"已较为具体化，但在一个州县范围内，集市、村镇、人口的关系仍然是平均数，而不能提供集市的个性。对集市与村庄、人口的数量关系和集市所在村与赶集村庄的人口、地亩、物产、水利、学塾、度量衡等事项有具体的记录可供研究，如日本收藏的中国晚清时期 3 种"村图"所显示者，实属罕见。我于 1987 年在日本东洋文化研究所获见上文已述及的《深州村图》和《青县村图》两种共800 余村的资料。① 这两种村图以及因收藏于私人我未获见的《正定村图》残卷，系 20 世纪三四十年代为日本所得，日本学者对之已有不少研究；由于四五十年代后中日关系之隔绝，我可能是中国学者中首先见到这两种材料者。② 但我不能读通日文著作，除从英文转知一些日本学者的研究成果外，只有依靠日文著作的中文译本和友人帮助。这 3 种村图的编纂时间，应在光绪初年。据百濑弘研究，3 种村图都是李鸿章同治十年

① 1987 年我见到的深州村图，只有 284 村的资料。2002 年请汪婉女士在东京制作遗漏的一路百余村资料，并蒙她赠给。

② 《稀见清世史料并考释》（武汉出版社 1998 年版）一书中对前两种村图有所介绍。

（1871）任直隶总督后为修《畿辅通志》令所属州县提供资料而形成的，《青县村图》应编纂于光绪元年至六年（1875—1880）之间。《深州村图》大致亦应编纂于同时。

从这两种村图所记的集市，可以具体得知州县集市的数目和分布情况及每集赶集村数的参差复杂。

青县在清初合并兴济县后，面积约 1319 平方公里，光绪初年有 435 村镇，有集市 8 处。深州本境面积 1236 平方公里，尚略小于青县，光绪初年约 580 村镇，集市则至少 50 处。

青县的土质和当时人口、物产都逊于深州，"邑境东斥卤而北洼下，西南两面亦多枯河旧淀，鲜沃饶可恃之田……土产谷麦之属，仅足赡养本地，行销境外者殊少。"① 青县东境约占全县 1/4 面积的土地无集市。青县在康熙时期分为 9 镇 1 店，嘉庆以后至民国，都分为 12 镇，但青县的镇，如同上述丰润县的镇，只是地理的通名，是一种区划，并非市镇之镇；它东境的南庄镇所属 18 村、黄洼镇 25 村和大兴镇 25 村，本镇都无集市，半数以上村去邻镇赶集；东、北、西三面共有 68 村即全县约 16% 的村庄去相邻的县赶集，这一概况可从本文"青县集市分布图"（图 2）获得印象。而深州村图所示的 414 村中，有集市 46 处，414 村中明确标出去外县邻村赶集的不足 10 村。这意味着深州的经济和集市较青县发达。

集市圈，即集市与赶集村庄的空间构成，青县与深州有较大的差异。以村庄数计，青县 8 集中有 3 个大集：县城集，赶集村 98 个，集市圈南北的远点约 20 公里，东西的远点约 18 公里，围绕县城而略成椭圆形；兴济镇集，赶集村 91，集市圈东西远点约 22 公里，南北远点约 24 公里，略呈菱形；县南境的杜林镇，赶集者 58 村，居第三，集市圈东西远点约 10 公里，南北远点约 12 公里，略呈圆形。中等的 3 集，集市圈各有 20 余或 30 余村；最小的两集，各数村，本身还去赶杜林集。深州则多较大集市，但最大集市的赶集村庄数也不如青县多。深州州城在城集，因村图缺东北路资料，其集市圈资料有残缺，难以确切描绘；仅就西南、西北、东南三路资料，州城集不完整的集市圈有 26 街村，加上东北路的赶

① 民国《青县志》卷十一《故实志》。

集村，估计不会超过 36 村。深州的集市圈达到 30 村左右及以上的，只有护驾池、陈二庄、东魏家桥、王家井、前磨头，加上估计中的州城等 6 集，在确知的 46 集中约占 13%。其他 40 集中，八九村、10 余村者 7 集，4—6 村者 7 集，其余都在 3 村以下；只 1 村而自为集市者，从村图看，就有 14 村。

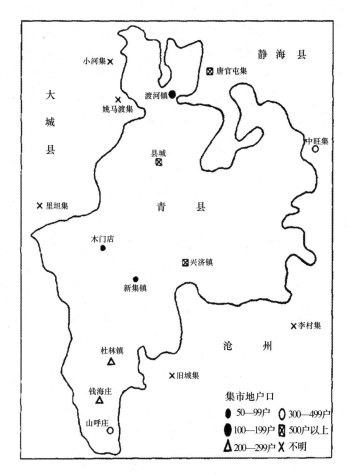

**图 2　青县集市分布图**

以下首先考察青县的情况。青县在康熙以至光绪前期，集市数变化不大。康熙时连在城集共 7 处，嘉庆时仍 7 处，只个别集址有变化。至编成村图的光绪前期，集址续有个别变化，集市 8 处，其大小有很大等差。

前已提及，青县的在城集有周围 98 村来赶集。许多州县的在城集大都有共同点，这就是集市在城内四街及关厢轮设，而青县略有不同。青县县城南、西、北三面俱无民居，街市尽在东门外，通称城关六街，有城里、西街、南街、中街、北街及河东李家镇。村图记县城集旬 4 集，集期为二、五、七、十。据民国《青县志》卷 1 "集市表"，城内及东关西北南中四街均二、七大集，南街与文昌阁有五、十小集；集市的权量为每斗卫斛 20 升，秤 16 两，尺 10 寸。村图记县城 600 户，4014 人。村图对青县县城铺户并无统计，这几处街市有多少固定商铺，无资料可查，只记县城有"客店"10 座，其中车店 4 座，人店 6 座。城中的在籍官员和举贡生监却不少，计有现任知州、知县、部的郎中、主事及候选的八九品官，共 15 人；又有举人、贡生、文秀才、武秀才共 59 人，这些官员和有功名者每户人口平均以 10 名计，它们的家庭就会有七八百人。城内还有 18 座乡塾，学生多则 10 余名，少则一二名，加起来师生有百数十名，还有 22 座寺庙中的若干僧、尼、道。他们是集市上的消费者的一部分。

赴县城赶集的 98 村中，百户以上较大村庄有 9 个，其他 89 村均是数十户的村落，其中 20 户及以下的小村 17 个。整个集市圈 99 村镇共 5789 户，31269 人；从村图所记载的赶集村庄的地理分布，估计其市场圈面积在 250 平方公里以上。这样大的集市圈（几乎相当于一个小县）和那么多人口的乡村市场，是不多见的。上文提到的栾城县，一县只 3 处集市，8 万余人，平均每集市也不到 3 万人。深州的富裕度大于青县，而它的州城集，据现存西南、西北、东南三路资料，去州城集赶集者共 26 街村，16441 人；加上所缺的东北路百余村中去州城赶集的估计数字，不会超过 2.5 万人，不及青县在城集集市圈的人数。青县在城集人数也大大超过直隶、山东集市的平均数：据罗兹曼研究统计，山东、直隶省以府为单位的集市平均人口在 6000—2.2 万人之间，光绪时期青县所从属的天津府集市平均人口为 1.8 万人[1]，均不及青县在城集人数。加藤繁研究华北华南 7 省 61 县的集市平均人口，其中直隶、山东两省州县的集市，无超出青县在城集者，只有河南宜阳县光绪年间 4 集每集平均 41581 人和山西汾阳县咸丰年间 11 集，每集平均 39594 人多于青县县城集。[2]

---

[1]　Gilbert Rozman, *Population and Marketing Settlements in Ch'ing China*, pp. 105，112.

[2]　［日］加藤繁：《清代村镇定期市》，《中国经济史考证》第 3 卷，第 69 页。

　　青县在城集集市圈的人口占全县 148229 人的 21%，集市圈内 99 村镇的土地数，民田 14.1 万余亩，约占全县民田的 19%；旗地 3.1 万余亩，约占全县旗地的 33%。民地的比率不及平均数而旗地则超过较多，但旗地须缴付的租赋较民田多数倍甚至 10 倍，所以县城集集市圈内的居民在土地享有方面并无优势。集市圈内 99 村镇中，除县城有 10 家客店已见前述外，东、北、南三面还有 9 个村庄有客店 13 家，其中县城东 12 里的罗家店有客店 5 家，西南 12 里的大盘古村有客店 3 家，北偏西约 20 里的王家镇有客店 1 家，东南、西南和北面以及贴近城东一二里处都有村庄开设客店。客店既提供过往行人住宿又提供货物存放场地，往往是交通较便利和有一定商业价值的标志。大盘古村和王镇店，入民国后都发展成为独立的集市。①

　　以下试绘青县在城集的集市圈村庄图，并分别标示各村落的大小和客店数，以见一个比较大的集市人文地理之一斑（图 3）。

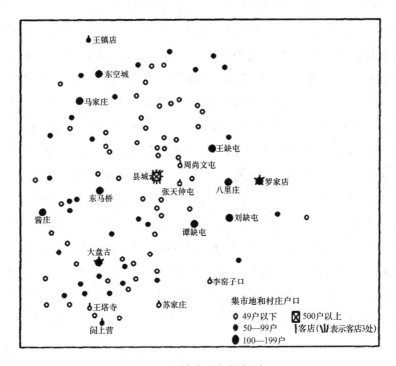

**图 3　青县在城集集市图**

① 民国《青县志》卷一《舆地志》。

青县另一大集是兴济镇集。兴济镇原是兴济县治所所在地,顺治末年兴济县归并青县,成为青县一镇。兴济镇位于县城东南 30 里,本镇人口数超过青县县城,有 861 户,4468 人,客店 9 座,一、六有集,权量为每斗卫斛 20 升,秤 16 两,尺 10 寸,与在城集同。连本镇,集市圈共 92 村镇,兴济镇位于县境中间略偏东。92 村镇共 6788 户,35475 人,超过县城集集市圈。集市圈内,除本镇,还有百户以上较大村庄 13 处;周围 10 村有客店 12 座,也约略与县城相当或稍超过。土地状况则较优于县城集市圈:民田共 312297 亩,旗地 17049 亩。民田约占全县民田 43%,人均 8.8 亩,较全县人均民田 4.93 亩高出 78.6%,而旗地人均仅 0.48 亩,为全县人均旗地 0.69 亩的 69.6%。这意味着兴济镇集市圈内居民比较丰裕,集市的经济商业活动有较好的基础。晚清时期兴济集的活动已难以具体得知,民国《青县志》记兴济集的情况说:"粮石、牲畜、菜蔬、鱼肉、鸡鸭、柴草、木植、杂货等日用品无不具备;秋间上市粮石车辆动达数千,为卫河上下游集市所仅见。"于此稍可推知数十年前情况之一斑。

青县第三大集市是杜林镇集。杜林镇亦是青县第三大镇,驻有巡检,位于县城南偏西约 60 里,与兴济、县城略似扁三角形,县城与杜林在三角南北两端,兴济在三角之尖顶。本镇 207 户,793 人,二、七有集,权量每卫斛 11 升,秤 16 两,尺 10 寸,有客店 5。集市圈共 59 村镇,21700人,其中的钱海庄、山呼庄两村又各自有集。杜林镇集市圈内有百户以上村庄 10 处,镇东北及西南有两村各有客店,其中之一即山呼庄的客店;另一处是 37 户的小村而有一家客店。圈内 59 村镇共民田 49524 亩,约占全县民田之 6.8%,人均 2.28 亩,仅为全县平均 4.93 亩的 46.2%;旗地约占全县 14%,人均 0.66 亩,也略少于全县人均 0.69 亩。青县村图载一些村庄有清真寺。近年编的《青县地名资料》指出青县有不少回民。日本学者中村哲夫研究青县村图指出青县一些无庙村中有不少回民,认为村图中记的马、戴、回等是回民的姓。① 杜林集市圈土地不足,而织布手工业和畜牧牛羊应不少,集市"粮石、牲畜、菜蔬、果品、棉花用

---

① [日]中村哲夫:《近代中国社会史研究序说》,东京:法律文化社 1984 年版,第 65—67 页。

品俱有，土产棉布尤为特色，回民售牛羊肉者颇众"①。

　　青县的另有 3 个集市在木门店、新集镇和流河镇。木门店原称木门镇，康熙《青县志》称"旧有集，今废"。嘉庆《青县志》称木门店，三、八有集，但"易镇为店，面目已非，烟户亦甚寥寥"。村图记木门店 62 户，543 人，有客店 3 家，三、八有集，其权量制为每斗卫斛 11 升，秤 16 两，尺 10 寸。集市圈共 33 村，1935 户，11494 人。木门店南六七里的戴家庄 201 户，1245 人，有客店 2 家，是集市圈内最大村庄；另一大村西蒿坡村 115 户，577 人，在木门店西北约 12 里，有客店 2 家；又一村刘吴召村 91 户，585 人，在木门店西南约 5 里，亦有客店 1 家。木门店在历史上原是镇，是镇址所在，又地理居中，其人口颇少于以上数村，但仍能为集址之所在。集市圈 33 村共民田 40489 亩，人均 3.52 亩，少于全县平均数；旗地 10712 亩，人均 0.93 亩，大于平均数。

　　新集镇本镇 61 户，347 人，有客店 2 座，四、九有集，权量每斗卫斛 11.5 升，集市圈共 36 村，1736 户，9252 人。圈内大流津村是唯一的百户以上村，位于新集本镇东北约 5 里，有客店 1 家；新集西偏南约 10 里的大曲头村，92 户，亦有 1 家客店。集市圈共有民田 29532 亩，人均 3.19 亩，少于全县平均数，旗地 16066 亩，人均 1.74 亩，大于全县平均数 0.69 亩 1 倍多。

　　流河镇集是青县县城以北地区唯一的集市。流河本镇 165 户，1069 人，有 1 家客店，三、八有集，每斗卫斛 10.5 升。集市圈共 26 村，1410 户，7949 人。圈内北孙庄 145 户；相邻的马厂镇本镇，113 户，一在流河西北，一在流河东南，为集市圈内最大村落。26 村共有民田 46968 亩，人均 5.91 亩，旗地 9703 亩，人均 1.22 亩，都超过全县平均数。

　　除以上较大集市外，杜林集市圈内还有两处规模小的集市。杜林镇所属的山呼庄村，有 306 户，1617 人，是青县除县城和兴济镇以外户口最多的村，五、十有集，有客店 3 处，周围 5 村来赶集；这 5 村中 4 村有百户以上，其中 1 村达 284 户，在青县都算是大村。集市圈共 1041 户，5652 人，面积估计不逾 15 平方公里。权量是每斗卫斛 11 升，

────────────

　　① 民国《青县志》卷一《舆地志》。

秤 16 两，尺 10 寸，与杜林镇集同。6 村纳赋民田共 9791 亩，租种旗地 2320 亩，以人口平均，两者都低于青县人均数。土地不足，人口较密，而其他自然人文条件则较好，如各村有清河、滹沱河经过，夏秋有水。山呼庄有文生员 3 人，武生员 2 人；集市圈内 284 户的南小营村有举人 2 名，前任知县 1 名；110 户的李三桥村有贡生 1 名，文武生员各 1 名；160 户的王龙庄有文生员 2 名，武生员 3 名。山呼庄本身要去赶十几里外杜林镇的二、七集，但它自身有条件成立一个五、十集，而且图 3 显示，赶山呼庄集的 5 个村并不另去其他集市，可说明山呼庄集能满足它们的日常需要。

在山呼庄村北数里之遥的钱海庄集，情况相似。钱海庄，208 户，1052 人，一、六有集，但无客店。钱海庄去 10 里外的杜林镇赶二、七集，但它本身的一、六集吸引了周围 7 村，它们距钱海庄各二三里，其中两村距五七里稍远。7 村中有一大村，有 295 户，1251 人；又有两村各百余户，整个市场圈共有 998 户，5359 人。钱海庄集的权量制度也是每斗卫斛 11 升，秤 16 两，尺 10 寸。它的集市圈的自然人文条件与山呼庄集相似：钱海庄有 3 名前任和候选的低级官员，5 名贡生和文生员；在村图的"在籍官员""举贡生员""耆老"和"节孝"栏目 15 人中，钱姓 9 人，朱姓 5 人，钱、朱似为村中大姓。集市圈中 295 户的回褚村，"举贡生员""耆老""穷民""乡塾"塾师 9 人名单中，回姓 7 人；村中庙宇只一清真寺，无佛道寺庙，可知此村是回民村。钱海庄集 8 村共有民地 4803 亩，人均仅 0.9 亩，旗地 6811 亩，人均 1.27 亩，较山呼庄更少（图 4）。

青县西南境的崇仙村，村图不载有集，但有客店一处，而邻近的杨家楼村、半截河村、野兀屯村都记一、六去崇仙赶集。崇仙原是青县大镇，康熙时为青县 10 镇店之一，一、六有集；至嘉庆朝，崇仙镇已由青县与河间县、献县分辖，青县仅得十之二三。嘉庆志记青县 7 集中无崇仙。我推测村图所记杨家楼等去崇仙赶集，应是指去河间县或献县所属的崇仙，故未将崇仙计入青县的集市数内。

深州本境的集市数在光绪以前的 200 年中相对无大变化。明万历年旧志记有 15 处集市，康熙志记 18 处，至道光《深州志》所记为 16 处，数目与集址只略有变化和增减。但光绪前期所制的村图中，西南路、西北

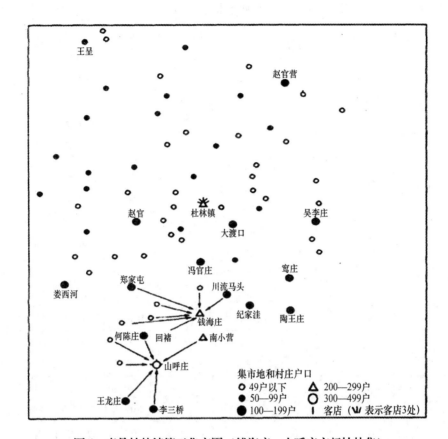

**图4 青县杜林镇等三集市圈（钱海庄、山呼庄亦赶杜林集）**

路和东南路484村的资料却显示有46处集市①，外加所缺的东北路集市资料，应共有集市50处以上。

深州集市数多，而其集市圈构成却不似青县那样大、中、小分明。以下将深州集市依村图所示的方位逐一摘要列表（东北路缺），然后酌做论述。为便于后文举述对照，表中集市村镇之名前，都依次加阿拉伯数字以作标示。

---

① 从现存村图资料的字面看，有47个有集村；其中包括州西南境的大呼家庄——州西南的种家湾村、辛兴庄等村图的"集市"栏都写"每四、九日赶大呼家庄集"。但深州的大呼家庄村图显示，它是27户的小村，逢五、十赶陈家口集；本文认为有集的大呼家庄应是附近数里衡水县的大呼家庄，而非深州的大呼家庄。由此确定深州村图中的有集村为46处。

表3　　　　　　　　　　　　深州集市简表

| 集村 | 集村户、口 | 客店 | 集期 | 权量 | 集圈客店 | 赶集村数 | 集圈户、口 | 集圈土地及人均 | 集村址 |
|---|---|---|---|---|---|---|---|---|---|
| 1 州城 | 约1000户 5000人 | 10 | 三、五、八、十 | | 20 | 36 | 4000户 21000人 | 74000亩 3.5亩 | |
| 2 西辛庄 | 160户 665人 | 0 | 四、九 | 斗24管 | 0 | 1 | 160户 665人 | 3380亩 5.1亩 | 城西南 15里 |
| 3 清辉头 | 308户 1656人 | 3 | 四、九 | 斗25管 希2尺1寸 为1尺 | 3 | 2 | 353户 1846人 | 6781亩 3.7亩 | 西南 15里 |
| 4 东魏家桥 | 148户 794人 | 6 | 四、九 | 斗23管 柴草山药 秤每斤20两 | 10 | 43 | 2970户 16146人 | 58464亩 3.6亩 | 西南 25里 |
| 5 王章市 | 135户 846人 | 3 | 二、七 | 集斗加三 柴秤20两 | 6 | 13 | 1557户 8074人 | 37216亩 4.6亩 | 西南 30里 |
| 6 大染庄 | 219户 1157人 | 2 | 四、九 | 斗26管 柴秤20两 | 2 | 1 | 219户 1157人 | 2799亩 2.4亩 | 西南 35里 |
| 7 太古庄 | 396户 1224人 | 2 | 五、十 | | 2 | 2 | 569户 2012人 | 6438亩 3.2亩 | 西南 40里 |
| 8 焦庄 | 205户 1159人 | 1 | 一、六 | 斗26管 | 1 | 1 | 205户 1159人 | 3786亩 3.3亩 | 西南 40里 |
| 9 窦王家庄 | 171户 650人 | 2 | 三、八 | 斗27管 柴秤加二 五 | 2 | 2 | 225户 897人 | 3766亩 4.3亩 | 西南 40里 |
| 10 马拦井 | 285户 1453人 | 2 | 五、十 | 斗30管 柴秤加 二五 | 2 | 3 | 489户 2474人 | 10174亩 4.1亩 | 西南 45里 |
| 11 二官庄 | 279户 1108人 | 0 | 五、十 小集 | 斗十二五* | 0 | 1 | 279户 1108人 | 4863亩 4.4亩 | 西南 45里 |
| 12 杜科村 | 150户 438人 | 4 | 一、六 | 斗26管 | 4 | 1 | 150户 438人 | 1968亩 4.5亩 | 西南 50里 |
| 13 王家井 | 160户 700人 | 7 | 二、七 | 斗25管 | 7 | 36 | 3130户 15805人 | 47058亩 3亩 | 西南 50里 |

| 集村 | 集村户、口 | 客店 | 集期 | 权量 | 集圈客店 | 赶集村数 | 集圈户、口 | 集圈土地及人均 | 集村址 |
|------|------------|------|------|------|----------|----------|------------|----------------|--------|
| 14 大郝科 | 753 户 2531 人 | 2 | 四、九 | 斗 25 管 | 2 | 4 | 1042 户 4982 人 | 14950 亩 3 亩 | 西南 50 里 |
| 15 北吐露口 | 202 户 700 人 | 2 | 二、七 | 斗 25 管 | 2 | 2 | 324 户 1602 人 | 6334 亩 4 亩 | 西南 70 里 |
| 16 狼窝 | 350 户 2930 人 | 0 | 三、八 | 斗 25 管 | 0 | 1 | 350 户 2930 人 | 4968 亩 1.7 亩 | 西南 70 里 |
| 17 孤城村 | 542 户 2600 人 | 0 | 三、八 | 斗 26 管 | 0 | 1 | 542 户 2600 人 | 5022 亩 1.9 亩 | 西南 75 里 |
| 18 西阳台 | 348 户 2103 人 | 3 | 一、六 | 粗粮斗 23 管，油粮斗 26 管，麦子斗 25 管，秤每斤 16 两，柴草秤 20 两 | 8 | 12 | 1850 户 9806 人 | 35798 亩 3.7 亩 | 东南 12 里 |
| 19 西景萌 | 369 户 2290 人 | 3 | 四、九 | 斗 24 管 柴秤 20 两 | 7 | 8 | 1114 户 5831 人 | 22901 亩 3.9 亩 | 东南 15 里 |
| 20 南劲家庄 | 146 户 765 人 | 0 | 五、十 | 斗 33 管 裁尺 1 尺 6 | 0 | 3 | 339 户 1715 人 | 7105 亩 4.1 亩 | 东南 25 里 |
| 21 榆科 | 118 户 787 人 | 7 | 二、七 | 粗粮斗 28 管芝麻 35 管 | 8 | 19 | 1663 户 9756 人 | 34066 亩 3.5 亩 | 东南 25 里 |
| 22 南堤上 | 54 户 422 人 | 2 | 三、八 | 斗 23 管 裁尺 1 尺 5 | 7 | 14 | 1094 户 5777 人 | 21690 亩 3.8 亩 | 东南 25 里 |
| 23 清河坊 | 225 户 1246 人 | 1 | 一、六 | 斗 27 管 | 1 | 1 | 225 户 1246 人 | 750 亩 0.6 亩 | 东南 35 里 |
| 24 护驾池 | 195 户 848 人 | 6 | 四、九 | 斗 26 管 | 13 | 29 | 1807 户 9337 人 | 27190 亩 2.9 亩 | 东南 40 里 |
| 25 陈二庄 | 158 户 638 人 | 4 | 一、六 | 斗 25 管 | 4 | 42 | 3918 户 17231 人 | 66770 亩 3.9 亩 | 东南 40 里 |
| 26 前磨头 | 198 户 1051 人 | 3 | 三、八 | 斗 24 管 | 7 | 35 | 3078 户 14892 人 | 38049 亩 2.6 亩 | 东南 50 里 |

| 集村 | 集村户、口 | 客店 | 集期 | 权量 | 集圈客店 | 赶集村数 | 集圈户、口 | 集圈土地及人均 | 集村址 |
|---|---|---|---|---|---|---|---|---|---|
| 27 三龙堂 | 133 户 1100 人 | 4 | 三、八 | 斗 26 管 | 4 | 6 | 380 户 2936 人 | 6934 亩 2.4 亩 | 东南 50 里 |
| 28 陈家口 | 360 户 1043 人 | 3 | 一、五 | 斗 25 管 | 4 | 5 | 674 户 3027 人 | 8294 亩 2.7 亩 | 东南 55 里 |
| 29 任家坑 | 42 户 180 人 | 1 | 二、七 | 斗 28 管 | 1 | 11 | 314 户 1828 人 | 3618 亩 2 亩 | 东南 55 里 |
| 30 贡家台 | 258 户 1012 人 | 2 | 四、九 | 斗 25 管 | 3 | 5 | 557 户 2258 人 | 6633 亩 2.9 亩 | 东南 60 里 |
| 31 普乐村 | 85 户 334 人 | 1 | 一、六 | 斗 26 管 | 1 | 1 | 85 户 334 人 | 5021 亩 15 亩 | 西北 8 里 |
| 32 郭家庄 | 201 户 992 人 | 1 | 二、七 | 斗 27 管 棉花秤 20 两 | 1 | 4 | 450 户 2168 人 | 10293 亩 4.7 亩 | 西北 10 里 |
| 33 兵曹村 | 98 户 455 人 | 0 | 三、八 | | 0 | 1 | 98 户 455 人 | 2437 亩 5.4 亩 | 西北 10 里 |
| 34 西八弓 | 90 户 400 人 | 0 | 二、七 小集 | 斗 25 管 尺加 6 秤加 4 | 0 | 1 | 90 户 400 人 | 2342 亩 5.9 亩 | 西北 15 里 |
| 35 东八弓 | 92 户 416 人 | 0 | 二、七 小集 | 斗 25 管 尺加 6 秤加 4 | 0 | 1 | 92 户 416 人 | 1633 亩 3.9 亩 | 西北 15 里 |
| 36 邵甫 | 208 户 1244 人 | 2 | 一、六 | 斗 26 管 柴草棉花 秤 20 两 | 2 | 4 | 532 户 3074 人 | 13374 亩 4.4 亩 | 西北 15 里 |
| 37 和乐寺 | 180 户 1027 人 | 5 | 二、七 | 斗 25 管 | 5 | 2 | 198 户 1322 人 | 4053 亩 3.1 亩 | 西北 15 里 |
| 38 穆村 | 217 户 925 人 | 4 | 三、八 | 斗 25 管 柴秤 20 两 | 4 | 8 | 727 户 3175 人 | 11878 亩 3.7 亩 | 西北 15 里 |
| 39 西午村 | 176 户 432 人 | 0 | 一、六 | 斗 30 管 | 0 | 1 | 176 户 432 人 | 4965 亩 11.5 亩 | 西北 15 里 |

续表

| 集村 | 集村户、口 | 客店 | 集期 | 权量 | 集圈客店 | 赶集村数 | 集圈户、口 | 集圈土地及人均 | 集村址 |
|---|---|---|---|---|---|---|---|---|---|
| 40 北午村 | 236 户 1400 人 | 1 | 五、十 | 斗 28 管 | 1 | 1 | 236 户 1400 人 | 4624 亩 3.3 亩 | 西北 15 里 |
| 41 唐凤 | 140 户 738 人 | 2 | 二、七 | 粗粮斗 34 管 麦斗 36 管 | 11 | 16 | 1954 户 11223 人 | 35458 亩 3.2 亩 | 西北 25 里 |
| 42 大贾村 | 159 户 851 人 | 0 | 一、六 | 斗 35 管 | 0 | 2 | 196 户 1087 人 | 5688 亩 5.2 亩 | 西北 25 里 |
| 43 南河柳 | 82 户 384 人 | 1 | 一、六 | 斗 30 管 | 1 | 4 | 454 户 1874 人 | 9458 亩 5 亩 | 西北 25 里 |
| 44 刘家屯 | 147 户 1017 人 | 1 | 五、十 | 斗 36 管 | 1 | 5 | 379 户 2103 人 | 6184 亩 2.9 亩 | 西北 40 里 |
| 45 刁家马庄 | 108 户 361 人 | 1 | 二、八 | 斗 38 管 | 1 | 3 | 237 户 1070 人 | 5278 亩 4.9 亩 | 西北 401 里 |
| 46 黄家疃 | 73 户 350 人 | 1 | 四、九 | 斗 35 管 | 1 | 3 | 231 户 1162 人 | 5540 亩 4.8 亩 | 西北 40 里 |

说明：表中集市圈土地亩数，均为纳赋民田（深州无旗地），亩以下均四舍五入。

＊照抄村图。

从表 3 可以看出，深州集市的构成有很大的差异。较大的集市，除处于中心地位的州城集的集市圈有 36 村左右外，西南路 4 东魏家桥包含 40 余村，1 万余人，集市圈内纳赋土地面积有 5 万余亩，客店 10 家。5 王章市亦 13 村，8000 余人，3 万余亩。西北路 16 处集市中，大集较少，只 41 唐凤、38 穆村两处具备规模：唐凤共 16 村，集圈内民田 3 万余亩；穆村集 8 村，集圈内民田 1 万余亩。东南路则有 25 陈二庄集 42 村，26 前磨头集 35 村，24 护驾池集 29 村，21 榆科集 19 村，22 南堤上集 14 村，18 西阳台集 12 村等，从集市圈的村庄数、土地数和人口数，均堪称较大集市。

这些较大集市的交易品种以及贸易量等情况，都无记载。但从村图中一些简注可稍知消息。如 18 西阳台村图于"集市"栏写："每逢一六日集。粮市、菜市、牛马市、猪市。"这是一个交易品种包括牲畜的集市。《盐山县志》以有牲畜和木植交易者为大集，今之学者有以为牲畜市是大集的一个标志，可知西阳台是较重要繁荣的大集。西阳台村图的"权量"栏写："粗粮斗 23 管，油粮斗 26 管，麦子斗 25 管，秤每斤 16 两，柴草秤 20 两"，从中亦有助于了解交易品种及权量等差。19 西景萌村"集市"注有"柴粮菜蔬"，41 唐凤村图"权量"栏写："粗粮斗 30 管……布尺加 6 寸"。21 榆科集市列出粗粮与芝麻每斗若干管的区别，都可看出这些集市必有较大量的这类物品的交易。4 东魏家桥集市列出柴草山药秤每斤 20 两，36 邵甫集市列出柴草棉花秤 20 两，32 郭家庄列出棉花秤 20 两，都显示出这些集市有棉花等类物品较大量交易。柴草、棉花都是轻泡物品，故以 20 两为一斤。"山药"一物，有日本学者误解为"药材"，以为"山药"是贵重的商品，因而以为"山药市"与棉花市、牲畜市一样，是一种有特色的重要市集。但药材应非轻泡之物，也非如柴草之类比较不珍贵；药材而需以 20 两作 1 斤是不大可能的。据民国《涿州志》第 1 编卷 2 "植物"：薯蓣，即山药；其第 8 编"三坡志·物产"：山药，即马铃薯。20 世纪 50 年代我在河北定县生活过一年，当地人称红薯白薯为"山药"，以四五斤鲜薯作为 1 斤粮食。这种比较低廉的粗粮在集市上以 20 两作为 1 斤，就较能理解。故村图上所说的"山药"应是薯类作物。

深州集市构成参差复杂的表现之一是，一村集和二、三、四村集竟占了 46 处集市之多数。这些一二村、三四村集市，是过去少予注意和研究的问题。①

为了对一村集、二村集等的资料引起理解，这里简单介绍"村图"。青县、深州以及我未目验的正定三州县的村图，大致每村两页，除有一村的略图外，文字资料分 10 余栏、20 余栏，详略不等，栏目刻印，内容墨书填写。其直接有关集市者，有"集市""权量"两栏，间接有关者，有"户口""客店""庙会""禾稼""桑麻"等栏。凡本村有集市，"集市"栏就填写何日有集，如西南路东魏家桥村村图"集市"栏写："每逢

---

① ［日］加藤繁《清朝村镇的定期市》早已显示集市的赶集村数量悬殊，多至 51 村，少至 3 村、4 村，但未引起注意。

四、九集期"，"权量"栏写"每斗23管，布尺加七寸……"等。赵家庄村图"集市"栏写"逢四、九赶魏家桥集"，"权量"栏写"与魏家桥同"。根据这些内容和填写方式，可以判断某集市有多少村和哪些村赶集。从这样格式的资料并参考关于"权量"的记载，就可以比较确定地知道有若干一村集、二村集等的存在，这对于集市圈的研究，应该说是提供了一种新的情况。

当然，从深州村图中所见的一村集、二村集等，其中少数位处边境者，由于邻县资料缺乏，尚难完全肯定确是一、二村集。如17孤城村，从村图看是一村集，但它与束鹿县相邻，光绪《束鹿县志》的集市资料欠详尽，难以确定是否有束鹿县的村庄到孤城村赶集。又如12杜科村，村图所示是一村集，它实行每斗26管之制，与比较相近的13王家井集每斗25管不同，但杜科村西和西北与束鹿县的前杜科村、后杜科村相连，西南与束鹿县之曹家园隔3里，不能排除有束鹿县村庄来赶集的可能。又如6大染庄，村图所记是一村集，但大染庄西和西北与束鹿县之小染庄、沙河村都只距1里，北距束鹿县的村庄也只4里，可能会有束鹿县村庄前去赶集。

表3村集中的34西八号和35东八号，村图各记它们有二、七小集，又各记权量为每斗25管等。从记事的方式可理解为各有二、七小集，但两村密接，相距不到1里，或许一村有二、七小集，另一村赶此小集而村图的书写文字欠明晰。

除此以外，绝大多数一、二、三村集的存在，如2西辛庄、8焦庄、11二官庄、16狼窝、31普乐村、39西午村、40北午村等为一村集，3清辉头、7太古庄、37和乐寺等为二村集，等等，从资料上看是无疑问的。这些集市的人口、地亩、物产都相应较小较少，集市怎样运作，也许有待于实地的调查才可能了解（图5）。

深州村图中的集市构成，包括这些一、二、三村集的构成规则，也有值得注意之处。39西午村和40北午村，是100余户、200余户的大村，相距5里，而各为一村集。与北午村相距仅1里的小田家庄，不去北午村赶集而去相距5里的郭家庄赶集；32郭家庄为4村集，有相距5里的小田家庄来赶集，同样相距5里的西午村却自为一集。31普乐村，距郭家庄仅1里，距州城也只8里，却自成一小集，有自己的权量；一个有自己

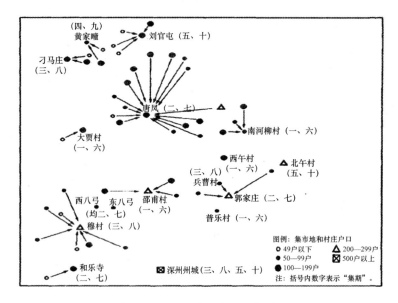

**图 5　深州西北路集市及集市圈图**

权量的小集 33 兵曹村，东南至普乐村也只有 3 里。这三五里距离之间，有集市 3 处，各有不同的权量。从地理来看，它们都在州城集的吸附范围内，但它们各有独立集市，只是可能以州城集为上一级集市。这样的型态，与青县的在城集直接有大量村庄前去赶集不同——在深州，它们各自形成了有等差的较小市场。

## 四　乡村集市形态的多样性和集市圈的性质

青县村图和深州村图使我们具体得知每个集市的空间构成，并可以看出它们的形态有很大不同。青县各集市周围大体有数量不等的村落环绕，形成面积不等的集市圈；而深州则不同，除了类似青县集市的形态之外，还有一二十处单村集、二三村集这样的空间结构。这些情况，有助于我们思考、检验关于集市形态的某些理论公式。

施坚雅关于集市形成的图式告诉我们，一个中间集镇的较普遍的构成模式是，作为同时起基层集镇作用的市场，有 18 个村庄；而它作为中间市场的区域又会增加 36 个村庄，构成这个中间市场的 6 个支撑点，即它的 6 个基层集镇。① 从州县集市构成的平均数状态，我们不可能验证这一图式；而青县村图却告诉我们集市构成的一种具体图式，其在城集无论作为中间市场或中心市场，光绪时期其 99 个赶集村镇中间并没有别的基层集镇存在。兴济集也是如此。

6 个支撑点构成一个六边形。集镇的"六边形"构成是将"中心地理论"应用于市场研究而得出的；"六边形"公式十分著名。施坚雅曾开宗明义地指出，中心地理论适用于城市、城镇和其他具有中心服务职能的居民点的研究，他采用的是克里斯塔勒和罗希提出的解析系统。② 德国克里斯塔勒认为，各种市场区域总是呈六边形的；市场区域中心分布、规模、类型的图式，是一个寻求最佳经济合理性、最佳利用中心结构以及最低价值消耗的图式；而关于中心地及其层次之确定，克氏认为虽然十分困难，但存在简单而精确的方法，即以该地电话线路的数量来显示该地方的重要性，以提供货物种类和服务的多少而分等级。克氏德国南部的中心地市场体系中，最低一级中心地的区域半径为 4 公里，中心地人口约 1000 人，提供货物 40 种，次低一级区域半径 6.9 公里，中心地人口 2000，提供货物 90 种，等等。③ 施坚雅运用这一理论研究中国的乡村市场，认为在同一纬度的平原中，在各种资源均匀分配的情况下，"集镇分布就应该符合一个等距离的坐标，好像位于把空间填满的等边三角形的顶点。在理论上，每个市场的服务区域也应该接近于一个正六边形……大量的集镇都正好有 6 个相邻的集镇，因而有一个六边形的市场区域，尽管这个市场受到地形地貌的扭曲"④。他对自己理论的表述实际上有灵活性，是以同一纬度，特别是以资源均匀分配为前提。但问题不在这里，而在于集镇的分类与定义，其"中心性"决不能如电话线路多少那样明确地被指明。

① ［美］施坚雅：《中国农村的市场和社会结构》，第 82 页，图 5、图 6。

② 同上书，第 5 页。

③ ［德］沃尔特·克里斯塔勒：《德国南部中心地原理》，常正文、王兴中等译，商务印书馆 1998 年版，第 81、147、165 页。参据许学强等编著《城市地理学》第 8 章，高等教育出版社 1997 年版。

④ ［美］施坚雅：《中国农村的市场和社会结构》，第 21 页；《城市与地方层级体系》，《中华帝国晚期的城市》，第 329—330 页。

前已述及，施坚雅将清代乡村集市分为基层、中间和中心三级。在《中国农村的市场和社会结构》书中虽多处提及"小市"，但在研究市场的空间构成和数量时却从未被计及。他称低于基层集镇水平的居民点是"村庄"，专指"没有设立市场的聚居型居民点"，又提出某种"村庄"中有他称之为"小市"的市场，是通称为"菜市"的小市，专门从事农家产品的平行交换，对地方产品进入较大市场体系，所起作用微不足道。它在农村只零星存在，但又认为在多数情况下可视为"初期基层市场"。①

那么，作为六边形支撑点的基层市场，究竟是怎样的性质呢？前已提及，施坚雅定义为可以满足农民家庭所有正常的贸易需求的市场，是产品向上级市场流动和上级市场产品向下流动之地。同时他还提出："中心地理论仅仅与零售有关"，这就是，大量需要的一般商品在低级中心地和任何一级中心地都能买到，较专门化的商品只能在供应范围较大的高级中心地才能买到。② 除这些描述性的说明外，他提出了一个基层市场通常应有的一些永久性设施，如茶馆、酒店、饭铺、油行、香烛店，经营织布机、针线、肥皂、烟草、火柴之类的店铺，还有一批手艺人如铁匠、木匠、棺材匠等以及农民需要的磨工具者、阉割牲畜者、医生、算命人、理发匠、代书人等，还会有允许老顾客赊欠之类的金融活动。③ 显然，他认为这些商业和人物体现了"对属地或腹地提供零售商品和服务项目的作用"，如同克里斯塔勒以提供多少货物品种或多少电话线路以标志市场等级的作用一样，应是研究者据以确定历史上某一乡村集市是否基层集市的标准，同时也是据以论证基层集镇"六边形"空间构成的前提。

我们假设这是确定一个基层市场的必要条件。但是，这里似乎存在问题，施坚雅自定的标准有些不统一。他在另一处就"测定经济层级级别特征的增值商品和服务项目问题"提出具体界说："将中间市镇与标准市镇（按：'标准市镇'为上文'基层集镇'的另译）区别开来的商店，

---

① ［美］施坚雅：《中国农村的市场和社会结构》，第6—7页。

② ［美］施坚雅：《地方与地方体系层级》，《中华帝国晚期的城市》，第329—330页。

③ ［美］施坚雅：《中国农村的市场与社会结构》，第25页。

包括专营五金或各种工具、帽子、酒类和宗教用品（主要是香、蜡烛和纸钱）的商店。中心市镇（按：上文的'中心集镇'）所特有的商店包括专营铁器、鞭炮和花炮、竹器、布匹、食盐和茶叶的商店……中间市镇有棺木匠、铁匠、裁缝和制面匠……其他具有特色的增值服务项目包括：中间市镇的酒店（一般标准市镇有茶店）……"① 这里的标准与他早先的以上引述的说法，显然有相当的混淆和不一致，令人有无以适从之感。而且，何以五金、工具、帽子、酒类等为中间集镇所特有而为基层集镇所无，何以铁器、鞭炮、竹器、粮食等为中心市场所特有而为中间市场所无，何以基层市场只能有茶店，而中间市场才有酒店，何以铁匠、木匠、棺材匠等既为基层市场所应有，又称它们为中间市场所特有，都令人莫名所以。

据以研究清代，包括晚清时期乡村集市的记载中，有商店类别、数目等资料者极少。光绪末年直隶望都县陆保善编撰有《望都县乡土图说》，把它和民国《望都县志》结合起来，有不少值得研究的情况。望都是一小县，全县西南境产棉花，妇女多习纺织，有土布及辣椒、线麻、果实等物产外销。县城130余户，600余人。全县原只县城有集市，"每逢四、九集场，各乡农民车载背负而来者，粮食、布匹、果实外，别无它货物"。县城有"铺户四十余"，但"杂粮、布匹、杂货、药料、熟食等铺，逢集场一开设，若非有恒业者也"。按照施坚雅的研究，县城至少应是中间集镇，有的还是中心集镇，但从以上记述，望都县城的固定商铺似乎还达不到施坚雅所说的基层集镇的要求，更不能是中间集镇。入民国后望都除县城以外，有了其他一些集市，如永丰镇，150余户，人口比县城多，田地50余顷，亦较县城多1倍余，二、七有集，但只有杂货店1，起火店1，更达不到施氏的基层集镇标准。又一大村南王瞳村，230户，人数超过县城近1倍，田50顷，三、七有集，只盐店、客店、杂货店各一。其他如北柳絮村、三贾村、固店村、柳陀村、西白城村、黑堡村、张庄村、白岳村、常早村、阳丘村等，各每旬2集，都有百户以上；商铺最多的是西白城村，270户，三、八有集，有杂货店2家、烧饼店2家、药店2家、盐店1家、客店1家、枣烧锅1家，共9家，但其他各集

---

① ［美］施坚雅：《地方与地方体系层次》，《中华帝国晚期的城市》，第409页。

的商店，各不过一二家、三四家，如三贾村，是 390 户大村，三、八有集，而村上只药铺 1 家。固店村，120 余户，一、六有集，只药铺、酒铺各 1 家。张庄村亦 300 余户大村，五、十有集，有客店 2 家、杂货店 2 家、盐店 1 家。固现村、阳丘村、黑堡村、天寺台村等，各每旬 2 集，但都无商铺。这样看来，按施氏上述标准，望都县的集市很少能达到基层市场应有的商店和服务设施的标准。

施坚雅说"小市"是从事农产品平行交换的市场。所谓农产品平行交换，应就是学者通常论述的为农民"余缺调剂"而提供的场所。如这样理解不错，"小市"在晚清华北乡村中就应是大量的，而不是"微不足道"和"零星存在"的；它们如被排除在乡村初级市场之外，那么，地方志书上记载的集市，大多数就难以和施坚雅所说的最低一级市场"基层市场"相对应了。施氏说小市也就是"菜市"，而"菜市"在中国志书中常被认为是"小集"。如前引民初《盐山县志》把只有"蔬菜酒肉"上市的集市称为"小集"，以与有木植、牲畜等上市的大、中集相区别。盐山县这种只交易"蔬菜酒肉"的集市被包括在全县 39 处集市之中。修志者指出，自康熙至同治，盐山有大、中集 24 处，自光绪以后新增 15 集都是只有"蔬菜酒肉"交易的小集。很多地方志并不标明集市上主要交易的品种和货物，不标明集市上有多少和何种商店，则区别历史上的"小市"、基层市场也就很难了；进而言之，施坚雅关于三种乡村市场的理论能否适用于中国历史上的集市研究，可能也是一个问题了。

有学者指出，"施坚雅成功地以克里斯塔勒的中心地理论研究长江上游的城市系统，但他以后把这一研究模式推广于中国其他地区，却感到缺乏有这么充分的说服力"，认为这可能与克氏理论是在假设条件下得出的，"难免与现实存在有差距"[①]。我同意"难免与现实存在差距"的看法。最显著的是深州的集市。深州州城位于北纬 38 度上下，全境是平原，而其集市的分布很难说形成六角形，也不能证明显示出"集镇位于中央，周围有一个内环，由 6 个村庄组成，一个外环，由 12 个村庄组

---

① 王笛：《跨出封闭的世界——长江上游区域研究》，中华书局 1993 年版，第 232 页。

成"①。施坚雅的分析，如他自己所说，从几何学与经济学为基础的理论上，是"无懈可击"的，但实际上，农村市场的构成并不适用上述的几何学理论，至少不能完全适用，而且传统时代中国乡村的集市村镇，恐怕也与德国学者所研究的德国南部的中心地不同，其方法在何种程度上能移用于中国乡村市场研究，本身就是待研究的问题。

这里，需要进一步考虑的是，中国乡村集市的等级标准能否只以村镇上商店之种类和数量来确定？

我们先看一些对乡村集市的描述。民国重印的乾隆六年（1741）《宝坻县志》卷6"市集"有语：

> ……通器用、利财贿，必于市乎？……牵车者、驾马者、负者、担者、携筐而荷担者，熙熙然共遄往哉。其期也有常，其值也有定，予取予求，各如其意以去，虽有作伪安所施？盖观于畿甸之市集，穆然思古道焉。

关于集市中的具体情况，又有语：

> 届期，凡近境者，披星戴月，络绎毕至。集场约半里许，各赁坐地，陈货于左右。一切食用所需具备，要皆村庄中出也。自辰至未，肩摩毂击，喧填道途，日斜则人影散乱，捆载而归矣。

从以上叙述，可知这一集市"集场"长半里左右，但未见有商店，只是"各赁坐地，陈货于左右"。似乎可以说，这一集市，只是一个"场所"，赶集者的食用服务，由村庄提供；购得和出售货物，是"络绎毕至"者互相服务的。当然，络绎毕至者中会有不少客商，但集场上没有商店。

道光《长垣县志》"市集"记："县境居民稠密，其村落稍大者各为集期，贸易薪、蔬、菜，亦名曰集，无它货物，盖以民间日用所需耳。"②

---

① ［美］施坚雅：《中国农村的市场和社会结构》，第23页。

② 据龙登高《中国传统市场发展史》，人民出版社1997年版，第407页。

也没有提到集市必有商店。

从明清时期集市始立的情况看，不少集市是在空地初创的。明成化二十三年（1487），微山湖畔沛县沽头集，就是一名官员在旷地招民作室、立集而成立；由官员立集长、教读、老人，立集之日"响晚成醉而歌，儿童走卒皆相庆"①。清初由官员创立的集市，大多就是在空地上立集，有的是在空地上立集，但建些简易亭廊以遮蔽风雨。"不论哪一种集市，把当地物品拿来的，是当地的居民，而收买那些东西，并把这个地方不产的物品带来的，总是客商。"② 客商虽常到场，但并非一定会有若干家固定商铺。

分析集市和固定商店的关系，我们可以从直隶定州的情况得到一些启发。如前文所述，道光三十年（1850）《定州志》所显示的城乡集市的贸易情况，都是些有关民生农用的产品，各集市所在地大都有多少不等的"铺户"。80 年后，入民国至 1930 年，州城及城郊有商店 654 家，其中大、小杂货店 86 家，大、小饭馆 63 家，糕饼、馒头铺 41 家，客栈 32家，医、药、眼药 55 家，中西服装 23 家，此外有钱店和官钱店（"Money"和"Money, Government"）50 家。这么多商店当然能向集市提供诸多服务，但商店不仅为集市，主要也为县城内外商家和一定区域的居民服务。它们是判断定县商业化的一个依据。而县城集日的景观则是别具一格的。"在县城的集日，大量的路边摊位、棚店是一突出的景色。在非集日，我们调查只有 124 个路边摊棚，除了理发、修鞋、卖卷烟者 11 摊以外，都是卖食物的。但一到集日，摊棚就多至 434 个；其中 94 个是县城的店铺设立的，93 个是县城居民设立的，247 个是带着货物来城的村庄居民设立的。"这 340 个县城和村庄居民设立的摊棚，是集日所特有的。城东 20 里的东亭镇，1850 年 218 户，其中铺户 22，又记有商人 61名，一、六有集。入民国后，定州改为县，至 1930 年，东亭镇已是一大市镇，本镇 362 户，镇上有固定店铺 19 类 51 家，其中杂货店 11 家，换钱店 6 家，小饭铺、客栈各 5 家，糕点铺 4 家，洋服店 4 家，诊所、药店 4 家，铁器店 2 家，肉、盐、酒、油店各 1 家等。店铺规模，最大的店有

---

① 民国《沛县志》卷五《陈宣沽头新集记》。

② ［日］加藤繁：《清代村镇的定期市》，《中国经济史考证》第 3 卷，第 89 页。

8 人，很多是 1 人店。此时，东亭镇仍是一、六有集，周围有 50 个村庄来赶集。集上有谷物市、耕畜市、猪市、鸡鸭市、棉花市、蔬菜市、油料市、布衣市、花生籽饼和棉籽饼市等；耕畜市有两处，集期卖出牲畜多达 500 头；甜瓜市一般不展示货物，买卖双方去瓜地谈价钱、运货。每逢集期，东亭镇两里长的主街道有规则地排列了摊、棚，提供各类食品、卷烟、农具、木制品、席垫、陶器、果品；还有理发、修鞋和算命看相等各种摊位。集日之晨还有"露水集"，有众多妇女前来售卖针线活。这一集市的景观，它们的贸易规模和特色——如集日有 500 头牲畜的交易，就不是固定商业有多大规模所能显示和决定的。①

与"集市所在地"一词相对称的英文名词通常是"Market Town"。而在中文的学术词语中，常有"市镇""集镇"和"集市"三词等同使用、混同使用的现象。华北数省自明清以来发展起不少固定商业相当繁盛的市镇，但同时又有定期集市，商铺贸易与集市贸易并存，两者有相辅相存的关系。② 在这些商业市镇举行的定期市，自可以称为是在一个市镇上举行的集市。但不能否认也有依托于没有或较少固定商业的乡村而举行的集市。施坚雅定义没有设立市场的聚居型居民点，是一个"村庄"（Village）；但这"村庄"一旦设立了集市——如同上文引述过的若干事例，难道就马上成了"Market Town"吗？没有或较少固定商业的村庄设有定期集市，中国历史上在所多有，加藤繁的研究早已指出定期市在没有经常商店的村落中举行的事实。③ 这些集市所在地如都以"市镇"或"集镇"目之，就会产生学术术语的不规范和认识的混淆。

我们从上文对深州村图和青县村图集市圈的分析中，已确知集市圈的形式是多种多样、大小不一的。西方学者调查的上述 1930 年定县的集市与村庄的联系，也从旁证明集市圈广狭之巨大不同。1930 年定县共有10 个"集镇"（Market Town），另 73 村有集，共 83 集。定县当时有 453村镇，83 集中的大集东亭集有 50 村来赶集，占了 1/9，假设其他 9 个镇

---

① 关于 1930 年定县集市情况，均据 Sidney D Gamble，*Ting Hsien*，*A North China Rural Community*，Chapter 14，Buying and Selling。

② 王兴亚：《对明清时期北方五省商业镇市之研究》，《许昌师专学报》2000 年第 1 期。

③ ［日］加藤繁：《唐宋时代的草市及其发展》，吴杰译，《中国经济史考证》第 1 卷，商务印书馆 1969 年版，第 323—334 页。

集赶集村较少，10 个镇集共有赶集村 300 村，则其余 73 集，每集平均不过 2 村。情况正如深州，许多较小的集市可能只是一、二、三村集，在若干集市的集市圈范围较广大的同时，可能会有很多集市根本形不成"圈"。

这种情况局部地解答了"集市社区"的问题。施坚雅提出的大理论，即认为中国农村社会结构，不是村庄，而是基层市场社区，即基层市场体系的空间区域，是农民的实际社会区域。他说："如果可以说农民是生活在一个自给自足的社会中，那么这个社会不是村庄而是基层市场社区……农民的实际社会区域的边界不是由他所住村庄的狭窄范围决定，而是由他的基层市场区域的边界决定。"①

他的理论肯定市场体系对农民具有重要的意义，并且开创了研究农村市场的新局面，自有其贡献和合理性。中国的农村很早以来为维持生产和生活就需要有交易行为②，市场对农民是必须的。中国传统时代的农民从来不是绝对自给自足的，而且基层市场也不能保证在它的范围内能绝对自给自足，有些重大事件如婚丧嫁娶所需的物品，可能还须到施氏所说中间市场或中心市场才能满足。我认为要证明基层市场的范围就是农民的社区是困难的。

首先，设定的基层市场范围与实际不一致。这一重大理论的前提，是上文已述及的关于基层市场社区的平均面积、平均人口及其变量。施坚雅认为它们一般是 18 个村庄，50 多平方公里，7000 多人，也是乡村农民的实际社区的通常范围，在这个范围内，农民可能熟悉其中的大多数人。但是，这些设定的数字关系，本文的前半部分已根据直隶、山东等省若干州县的实际情况提出质疑了。现在从集市圈来看，"圈"的大小十分悬殊，问题就更表面化了。

施坚雅也认为一个大大超出他设定范围的区域，是不可能成为农民的实际社会区域的。他说，如果市场的范围有 50—75 个村庄，市场人口有 1.7 万多人，如同 1925 年的江苏江宁尧化门市场那样，不可能成为农

---

① ［美］施坚雅：《中国农村的市场和社会结构》，第 40 页。

② 胡如雷：《中国封建社会形态研究》第 3 编，"自然经济与商品经济"，生活·读书·新知三联书店 1979 年版。

民实际的社区，因为那么多的村庄和人口，人们是无法互相了解的。① 只是他认为 1925 年的尧化门市场那么大，是由于那时这一地区已因现代交通的发展而变成了"现代贸易区域"，而"现代贸易区域"就不适用"基层市场社区就是农民的实际社区"的理论了。

但我们从上文的资料和论述中已经知道，许多传统时代乡村市场的空间范围是不规则的，大小差异悬殊的。青县的在城集和兴济集的集市圈都近百村，人口都在 3 万以上，杜林集的集市圈 59 村，人口在 2 万以上，这样多的村庄和人口，人们能够互相熟识、互相了解吗？能够形成为一个农民实际生活的社区吗？按施氏自己的判断，当然不能。它们有的可能不属于基层市场，而是中间或中心市场。那么，按施氏的理论，在它们的中心应还有个基层市场社区，如何确定哪些村庄属于基层市场社区？在这个基层市场社区以外但仍然是在集市圈之内的广大地域，又是属于哪些农民的社区呢？②

1949 年四川成都附近的高店子基层市场社区，有 2500 户，人数当也在 1.2 万人以上。这社区所处的西蜀地区，据黄宗智研究，是"全国商品化程度最高的地区之一"③。施坚雅仍认为这是典型的农民实际社区，而不以为已受现代贸易的影响。何以见得它是农民的实际社区？证人只有一位林先生。他在 3 个月内去了基层市场 46 次、中间市场 3 次，到 50 岁时他就会去基层市场不止 3000 次，与所有成年人都有点头之交，对市场区域的社会情况有充分了解。但我以为林先生可能不是"典型的农民"，如果他真是务农的农民，90 天内怎能去市场 49 次而且还常在市场上泡茶馆呢？

"社区"一词，现代人常用，但它应有确切含义。它并不只是一个"场所"，它首先是一个地理概念，同时在这一地理范围中的服务能使所

---

① ［美］施坚雅：《中国农村的市场和社会结构》，第 104—105 页。

② 光绪早期青县在城集、兴济集等近百村的大集市，绝不可能是施坚雅所说的那种由于现代交通的影响而出现的"现代贸易区域"，这两个集市圈在数十年后的 20 世纪 30 年代，都分裂出了几个小的集市圈，就是证明。见民国《青县志》卷一《集市表》。

③ 黄宗智：《华北的小农经济与社会变迁》，中华书局 1986 年版，第 230 页。

有的人从中感到满足。① 施坚雅的理论阐述了基层集市社区与农民的共同
关系，如农民需要的劳务大部分会在体系内的家庭中找到：接生婆、裁
缝、雇工、有可以借钱的互助会、在社区内以经媒婆找到儿媳、秘密社
会在社区内成立分会等。但是，何能确定这些服务是以市场社区的地域
为范围？如说这些服务只在这一地域范围内能找到，则位于边缘村庄的
家庭要找接生婆、找裁缝，难道不能在不是本集市圈内但却是相邻的村
庄找吗？乡村人借钱，常有"轮流做会"的互助方式，它们与集市社区
无关，不可能是集市社区的组织或它的一项服务。秘密结社的确可能会
在一个市镇设立据点，成立分会，地方上有影响的上层人士会在镇上居
住，或镇上有其代理人。这是市镇的中心作用所致，难以证明是一种社
区范围的活动。

　　市场社区是一个"通婚圈"之说很受重视："……农民常常在市场社
区内娶儿媳。媒人们（在四川，他们常在集镇上的某些茶馆中活动）和
适龄小伙子的母亲们有相当大的保证，可以在整个基层市场社区中寻找
未来的儿媳……总之，基层市场社区中有一种农民阶层内部通婚的特别
趋向。"② 这一看法，连对市场社区说不十分赞同的学者也认同了，认为
市场社区能解释联姻现象。根据 20 世纪 30 年代"满铁"调查，河北省
栾城县寺北柴村 163 位来自外村的新娘嫁给村中四族的男子，大多是郝姓
一族，而绝大多数新娘来自"集市中心 10 里以内"的村庄，所以新娘所
在村应在市场圈内，"可能是通过集市中介而互相认识最后联姻的"，表
现了"集市辐射半径在限定联姻圈和其他社会圈方面有着重要作用"。③
栾城县并无民国时期集市数资料，而同治时期则全县只 3 集：县城集、
冶河铺集、西马营房集。寺北柴村在县城北偏东约 3 里，它周围 10 里的
村庄不一定都在县城集的范围内。具体分析"满铁"《惯调》的"郝姓
通婚圈"一节的资料，来自岗头村的新娘有 4 家：6 甲 5 户子郝生，妻郭
氏 21 岁，来自岗头村；6 甲 7 户户长之嫂郭氏 66 岁，来自岗头村；又有

　　① 参据 D. H. Kulp, *Country Life in South China*, New York: Bureau of Publications, Teachers college, Columbia University, 1925, pp. 335 – 337。

　　② ［美］施坚雅:《中国农村的市场和社会结构》，第 45—46 页。

　　③ ［美］杜赞奇:《文化、权力与国家——1900—1942 年的华北农村》，王福明译，江苏人民出版社 1994 年版，第 18—20 页。

11 甲 6 户郝姓之妻徐氏 56 岁，来自岗头村；又有 13 甲 8 户户长郝姓之弟媳郭氏 32 岁，来自岗头村。岗头村在寺北柴村之北约 3 里①，这 4 家岗头村的婚姻对象，三家姓郭；其婚姻显然是历史和家族的缘由，与集市圈不相关。此外，郝姓娶自村南约五六里的于林道村的新娘 5 人，西南五六里焦家庄 4 人，村北约 5 里的南客村 1 人，约 7 里的端固庄 1 人，村西偏北 15 里的乏马铺 1 人等。乏马铺、南客村、端固庄均与距县北偏西约 20 里的冶河铺较近，很可能已是冶河铺集的范围，更难说是在同一集市圈内了。而且，来自于林道村等村的新娘有好几位，从这情况看，说由于同村人的互相介绍说合，比集市圈社区之说合理多了。

　　集市圈是基本社区之说，除了与集市圈规模大小悬殊的情况互相不容以外，正面说来，它没有任何周密的调查资料作为根基，是其基本的弱点。村庄对本村每一个农民的重大关系，几乎是一目了然的。在晚清的华北，差徭、看青、义学甚至保甲等，都是一个村庄的范围内与农民利害相关的事。半个多世纪前中国社会学家费孝通提出："中国乡土社区的单位是村落，从三家村起可以到几千户的大村。"② 目前，我宁愿相信这看法可能比较正确——既然集市是农民的基本社区之说还缺少确切的根据。

---

① 　同治《栾城县志》卷二《村镇总图》。
② 　费孝通：《乡土中国》，观察社 1948 年版，第 4 页。

# 清代河南赊旗镇的商业

## ——基于山陕会馆碑刻资料的考察

### 许　檀*

商业城镇的发展，是明清时期中国经济发展的一项重要内容。其中，除作为流通枢纽而崛起的运河、长江、沿海较大的商业城市外，作为地区性商业中心发展起来的中等商业城镇①为数更多，它们中有相当一部分在行政建制上不过是一个镇，但其经济地位已超过一般的府州县城。不过，对此类商镇的考察除江南地区已有较多的成果外，其他地区则相对薄弱。地区一级的商业中心到底发展到什么程度？其商业规模如何？这些商业城镇的分布状况如何？等等，尚缺乏深入系统的研究，其中一个重要原因显然是由于资料的匮乏。因为此类商业城镇一则非国家税关之所在，无税收档案可资查阅；二则由于行政建制较低，地方文献（如府志、州县志等）大多语焉不详。不过，明清两代各省商人大多会在经商地点建立会馆，这些会馆的创建、增修都是由各帮商人集资而成，并多镌诸贞珉以冀永久，从而为我们保留了一批十分珍贵的商业资料。笔者

---

* 许檀（1953—　），历史学博士，南开大学历史学院教授，博士生导师，主要研究方向：明清经济史、城市史、商业史。代表作：《明清时期山东商品经济的发展》、《清代河南赊旗镇的商业》等。本文原载《历史研究》，2004 年第 2 期。本文为明清时期河南商业城镇的个案考察系列研究之一，目前已完成的有《清代河南的商业重镇周口》，《中国史研究》2003 年第 1 期、《清代中叶的洛阳商业》，《天津师范大学学报》2003 年第 4 期、《清代河南的北舞渡镇》（待刊），《清史研究》2004 年第 1 期。

① 所谓"中等商业城镇"，是指那些作为地区性商业中心在流通中发挥着承上启下作用的城镇，其贸易范围至少应能覆盖一两个府、十来个县，或者更大些。关于流通枢纽城市、中等商业城镇的划分，详见许檀《明清时期城乡市场网络体系的形成及其意义》，《中国社会科学》2000 年第 3 期。

从 1991 年起，陆续对山东、河南等省几十个县、市的商人会馆遗存进行实地调查，收集了一批清代商人会馆的碑刻资料。借助这些碑刻资料，可以对相关商镇进行较深入的个案考察，对其发展脉络、商业构成、商业规模及其在区域市场中的地位等，得出一些具体、详实并更加符合历史实际的认识。

赊旗（今河南社旗县城）是清代河南一个著名商镇，属南阳府南阳县。关于其商业状况，光绪《南阳县志》卷 3《建置》记载：该镇"南船北马，总集百货，尤多秦晋盐、茶大贾"；民间亦有"拉不完的赊旗店，填不满的北舞渡"之谚。而山陕会馆可以说是该镇当年商业繁荣的一个实证。1999年出版的《中国古代建筑》大型图文集《社旗山陕会馆》收入各类图片数百幅，从建筑结构、建筑特色、装饰艺术等角度对会馆的各项建筑进行了详细介绍和考证，堪称图文并茂。该书"绪论"部分对赊旗商业有这样一段描述：巅峰时期全镇有 72 条街，"山货街专营土特产品，铜器街集中经营日杂用品，骡店街则专为骡马客商提供日夜宿店服务……""城南两河交汇处设码头多处，往来船只千帆竞扬，桅杆如林，卸货分类，再由马帮转发各地，通宵达旦，熙攘鼎沸……至今镇南两河沿岸尚有码头遗址多处，镇内街道名称、布局及铺面形象仍多保留原貌。"① 该书在"附录"部分收录了有关该会馆创建、重修及商业经营的碑刻 7 通，但在收入碑文时却将最能反映该镇商业状况的各碑碑阴所镌商号捐款部分全部略去，这不能不说是一个遗憾。1999 年，笔者前往赊旗调查，在山陕会馆建筑（今为社旗县博物馆）院内抄录了有关该会馆的一批碑铭。② 就笔者管见，这

---

① 河南省古代建筑保护研究所、社旗县文化局编著：《社旗山陕会馆》，文物出版社 1999年版，第 1—2 页。

② 笔者此次调查得到王兴亚教授的大力帮助，附笔致谢。这批碑铭计有：雍正二年（1724）（同治元年重刻）《同行商贾公议戥秤定规》、乾隆四十七年（1782）《创建春秋楼碑记》、乾隆五十年（1785）《公议杂货行规碑记》、嘉庆二十二年（1817）《南阳赊旗镇山陕会馆铁旗杆记》、道光二十三年（1843）《过载行差务碑》、民国十二年（1923）《重建山陕会馆碑记》《重兴山陕会馆碑记》等，均存于社旗县博物馆。

些碑刻资料迄今未被系统地利用过。[①] 本文主要利用这批碑刻，并参考相关资料，对清代赊旗镇的商业进行个案考察。

一

赊旗镇又名赊店、赊旗店，位于河南省西南部的南阳盆地。赵河、潘河在该镇交汇后入唐河，由唐河南下至樊城转汉水可直抵汉口；由赊旗北上，陆路经裕州（今河南方城）有驿道通洛阳、开封以及山陕；东北行由舞阳县北舞渡入沙河抵周家口，转贾鲁河北上可达开封，顺沙河东下则进入安徽。故光绪《南阳县志》卷3《建置》有言：赊旗"地濒赭水，北走汴洛，南船北马，总集百货。"山陕会馆《创建春秋楼碑记》亦称："镇居荆襄上游，为中原咽喉。"

赊旗，在明代嘉靖、万历两部《南阳府志》中未见记载，而康熙《南阳府志》、《南阳县志》卷2《集镇》中都记有"赊旗店"。《社旗山陕会馆》一书认为赊旗镇的前身是兴隆店，"系由镇南兴隆店发展而来"。[②] 不过从方志记载来看，赊旗的兴起似更早于兴隆店。康熙三十三年（1694）《南阳府志》"集镇"条在南阳县下记有："赊旗店，城东九十里"；在裕州属下则记载："兴隆镇，新集。"也就是说，当《南阳府志》纂修之际，兴隆镇还是一个新建的集市，而赊旗店已有一段时间的历史了。康熙五十五年（1716）的《裕州志》卷2《集镇》记载更为清晰："兴隆镇，系康熙二十九年（1690）知州潘云桂招徕流寓新设。"又据雍正二年（1724）《同行商贾公议戥秤定规》碑记言："赊旗店四方客商杂货兴贩之墟，原初码头卖货行户原有数家，年来人烟稠多，开张卖载者二十余家。"估计赊旗的兴起应是在康熙初年或者更早些，到雍正时已初具规模。乾隆初年地方政府在该镇设营汛、置巡检司，派兵驻防巡

① 关于清代赊旗镇的论文，笔者所见有邓亦兵《清代南阳府名镇的经济性质》，《中州学刊》1986年第4期、肖利平《由赊旗镇的兴衰看商业与交通的关系》，李希曾主编：《晋商史料与研究》，第164—170页。王兴亚《明清河南集市庙会会馆》，中州古籍出版社1998年版，一书对赊旗镇及其山陕会馆均有涉及，但未展开论述；不过该书在附录部分收录了赊旗等会馆的部分碑文，为研究者提供了方便。

② 社旗县博物馆编：《社旗山陕会馆》，北京文物出版社1988年版，第1页。

哨，以加强管理。①

据《社旗山陕会馆》一书考证，该会馆有两次大规模的集中营建。第一次在乾隆至道光年间，乾隆中叶创建春秋楼，嘉庆、道光年间陆续修建了大殿、两廊、临街群房，以及悬鉴楼、东西辕门、东西马棚、琉璃照壁等；第二次是同治、光绪年间的重修，除春秋楼未能重建之外，基本恢复了会馆的原貌。② 这些建筑大多完好地保留下来，1988 年被定为全国重点文物保护单位。下面依据碑文略加考察。

据考证，山陕会馆的前身是关帝庙，雍正二年（1724）《同行商贾公议戥秤定规》所言"合行商贾会同集头等，齐集关帝庙"，即指此。乾隆四十七年（1782）《创建春秋楼碑记》追述："镇兴伊始，立庙之初，即谋卜地为建楼之基。"文中的"庙"亦指关帝庙，当时因财力所限只"立庙"而未能"建楼"。③ 到乾隆中叶，经过数十年发展，山陕商人已是财力雄厚，人才济济，"首事诸君……各输其诚，各展所长"，"或效奔走取材于楚，泛江河而来宛郡；或周知四方，遍访匠师，集工锤之技于庙建。凡数阅寒暑，百物备，五材具，然后辇山而石，斸地而陶"，至乾隆四十七年（1782）春秋楼落成。其建筑面阔七间，高三十余米，三重檐歇山琉璃顶，雕梁彩绘，金碧辉煌，民间有"赊镇有个春秋楼，半截插在天里头"之谣。④

嘉道年间，会馆陆续修建了大殿、两廊、群房、悬鉴楼和琉璃照壁等，并铸造了一对重达五万余斤的铁旗杆。会馆主体建筑为山陕两省商人集资共建，铁旗杆则是陕西同州府朝邑等县商人单独捐建的。嘉庆二十二年（1817）《南阳赊旗镇山陕会馆铁旗杆记》记述其经过言："赊旗镇在县治之东百里，地属水陆之冲，商贾辐辏而山陕之人为多。因醵金构会馆，中祀关圣帝君……其余金则缮廊庑，岁时伏腊，同人展廊评讲

① 据乾隆《舞阳县志》记载，乾隆十一年（1746）北舞渡派兵驻防巡哨系"照裕州赊旗店成例"，故赊旗设汛驻防应在乾隆十一年之前。

② 《社旗山陕会馆》，第 3—6 页。据该书考证悬鉴楼始建于嘉庆元年（1796），落成于道光元年（1821）；琉璃照壁的修建时间在道光元年前后，东西辕门、东西马棚也是这一时期修建的。这几项建筑因位于会馆最南端，咸丰年间得以幸免于火，一直保存至今。会馆的其他建筑如大殿、两廊、马王庙、药王庙等，则于同光年间重建。

③ 《社旗山陕会馆》，第 3 页。

④ 同上书，第 24 页。

公事，咸在乎是。落成有日矣，而我朝邑一属之所募除公用外，独赢三千余金。庙之壮丽不可有加，又不可析金以入私橐，因铸铁旗杆二，株重五万余斤，树于大门之左右。"从碑文记载可知，嘉庆末年会馆的主体建筑已基本落成，因集资款项仍有剩余，才铸造了这对铁旗杆。铁旗杆的底座为一对狮子，东侧一只狮子上铸有"大清嘉庆二十二年岁次丁丑桐月，叩献山陕庙铁旗杆一对，五万余斤，永保平安，吉祥如意"，署名为"同州府朝邑县毡坊、合阳县胶坊、大荔县皮坊人等全叩献"；西侧狮子上铸有"首事人穆坤、陈和顺胶坊、协盛毡坊、刘道杰、马龙德、义盛皮坊仝叩献，永保合会平安"，"陕西同州府朝邑县安仁镇金火匠人双合炉院索武成、索福魁……等仝铸造"等字样，清晰地标明了捐献者和铸造工匠的身份。嘉道年间会馆主体建筑的修建未见具体资料，不过从保存下来的悬鉴楼、琉璃照壁等已足见此次营建的规模与气派；而从一对铁旗杆耗资三千余两推论，会馆的主体建筑至少耗银数万两。

咸丰年间，赊旗屡遭兵燹。咸丰七年（1857），捻军围城，本镇绅商凭借春秋楼抵抗，捻军屡攻不克，遂放火焚烧春秋楼，除位于最南端的悬鉴楼等得以幸免外，会馆的大部分建筑被毁。同治年间山陕商贾再次集资重修，至光绪十八年（1892）全部落成。不过此时的赊旗镇商业已大不如昔，以至在会馆落成之际未能及时立碑志纪。民国十二年（1923）《重建山陕会馆碑记》追记了会馆的重修过程："赊旗镇山陕会馆由来已久，遐迩驰名。慨自咸丰七年八月捻匪蹂躏，焚及会馆大殿、廊房、春秋楼，茎茎大者俱化灰烬。嗣经山陕商贾连年抽厘……又经同乡大宗捐输，始得鸠工。上建关帝大座殿，中设大拜殿，前筑大月台，环以石牌坊；拜殿两旁药、马王殿各三间，东西小腰楼各一间，东西两楼廊各十三间……虽比旧式尚少春秋楼一座，而阙功亦伟，气宇宏大，楼阁辉煌。"同光年间赊旗会馆的重建共花费白银 87788 两，在已知河南众多山陕会馆中是耗资最巨的。

赊旗商业以山陕商人为主，而山陕会馆的修建经费又都来自两省商人的集资，故会馆的修建过程也大体反映了赊旗商业的发展脉络：1. 从清初到乾隆年间是该镇商业兴起和初步发展阶段，春秋楼的落成可以说是赊旗商业繁荣的象征，也是进入新阶段的一个标志；2. 嘉道年间该镇商业进入鼎盛，会馆的一系列营建主要集中于这数十年中；3. 咸丰年间赊旗屡遭兵燹，发展受挫，同光年间重新振兴，可惜这第二次辉煌维持的时间不长；4. 光绪后期赊旗商业逐渐衰落，这固然有该镇商人自身的因素，而大环境的变化，以及交通运输格局的改变当是主要原因。总之，山陕会馆两次大规模的修建工程，正是赊旗商业发展中两个黄金时段的真实反映。

二

赊旗山陕会馆的历次修建多采取集资方式，利用会馆各碑所镌参与集资的商号名称及其捐款金额，可对该镇商业做进一步的考察。

乾隆四十七年（1782）《创建春秋楼碑记》镌有捐资商号423家，共集资8069.82两。从该碑开列的各商号捐资数额来看，此次集资采取的应是抽厘方式。① 其中抽厘最多者为130两，超过100两者一共只有5家；抽厘不足1两者38家，最少者仅2钱2分。看来这些商号的经营规模都不是很大。请参见表1。

表1　　　　乾隆年间赊旗山陕商人创建春秋楼抽厘商号的分类统计

| 抽厘分类 | 商号数（家） | 占总数百分比（%） | 抽厘额（两） | 占总额百分比（%） |
|---|---|---|---|---|
| 100两以上 | 5 | 1.2 | 555.79 | 6.9 |
| 50—100两 | 48 | 11.3 | 3763.75 | 46.6 |
| 10—49.9两 | 134 | 31.7 | 3039.43 | 37.7 |
| 1—9.9两 | 198 | 46.8 | 683.65 | 8.5 |
| 1两以下 | 38 | 9.0 | 27.2* | 0.3 |
| 合计 | 423 | 100.0 | 8069.82 | 100.0 |

资料来源：据乾隆四十七年（1782）《创建春秋楼碑记》统计。

＊其中有一家捐钱800文，以制钱1000文折银一两计算，折银0.8两。

乾隆年间参与集资的商号中可以区分出行业的有：粮行、粉局、

———————

① 抽厘或是认捐，从碑阴所镌捐资数额可明显区分。认捐一般都是整数，抽厘则即便数额较大仍有尾数，如周口道光十八年（1838）《重修关帝庙岁积厘金记》碑所列抽厘最多者为560.52两；其次为540.06两等。

花店、花行、油坊、醋坊、枣行、席铺、铁铺、杂货铺、瓷铺、碗铺、琉璃店、木铺、皮袄铺、衣铺、染坊、炮坊、罗厂等。其抽厘金额，如四合瓷铺 88.21 两、玉盛铁铺 20.02 两、日杂铺 15.5 两、琉璃店 7 两；双合花店 22.06 两、义和花行 17.03 两、马永杏花行则只有 3 两。又如魁元粮行抽厘 5.18 两、森茂粮行 5.02 两；永丰粉局 15.96 两、东三胜粉坊则只有 0.42 两；还有油坊 5 家、醋坊 4 家，抽厘多者只有 3 两，少则几钱。也有少数几家抽厘超过 100 两的商铺，但不知其经营内容。

　　嘉道年间修建会馆的集资未见记载。民国十二年（1923）《重建山陕会馆碑记》记述同光年间重修会馆的集资经过曰："自咸丰七年八月捻匪蹂躏，焚及会馆大殿、廊房、春秋楼，荦荦大者俱化灰烬。嗣经山陕商贾连年抽厘，希图积少成多，以为重修之资。奈工程浩大，缓不济急，又经同乡大宗捐输，始得鸠工。"即此次集资包括"抽厘"和"认捐"两部分。其中"抽厘"从同治八年至光绪十六年（1869—1890），共抽收厘金 72858 两；由于工程浩大，仍不能满足需要，因而又发起募捐，并得到"同乡大宗捐输"，共获捐款 14930 两；两项合计 87788 两，全部用于会馆的重修。①《重建山陕会馆碑记》和《重兴山陕会馆碑记》两碑依据会馆保存的账册在碑阴分别镌刻了从同治八年至光绪十六年（1869—1890）"山陕商贾连年抽厘"集资，以及"同乡大宗捐输"的名单和数额。下面分别考察。

　　先看抽厘。《重建山陕会馆碑记》列有抽厘商号 383 家，共抽收厘金 69613 两。其中抽厘金额最高者 6933 两，其次为 4389 两，超过 1000 两的共计 12 家；抽厘金额最少者为 8 两，计有 18 家。此外，该碑另记有"零星小宗厘金" 2165 两，估计应是抽厘不足 8 两未被刊名列碑的商号的累积数；如果这一估计不错的话，这些商号数量至少会有 300 余家（以平均抽厘 7 两计算），也可能更多。与列名商号合计，抽厘金额共为 71778 两。此系累计数字，与前引碑文原载 72858 两略有出入。表 2 是该碑所列 383 家商号以及零星抽厘的分类统计，请参见。

---

① 民国十二年（1923）《重建山陕会馆碑记》《重兴山陕会馆碑记》。

表2　　　　　同光年间赊旗重修山陕会馆抽厘商号的分类统计

| 抽厘分类 | 商号数（家） | 占列名商号百分比（％） | 厘金合计（两） | 占抽厘总额百分比（％） |
|---|---|---|---|---|
| 1000 两以上 | 12 | 3.1 | 31147 | 43.4 |
| 501—1000 两 | 18 | 4.7 | 13049 | 18.2 |
| 101—300 两 | 70 | 18.3 | 16723 | 23.3 |
| 21—100 两 | 144 | 37.6 | 6731 | 9.4 |
| 8—20 两 | 139 | 36.3 | 1963 | 2.7 |
| 合计 | 383 | 100.0 | 69613 | 97.0 |
| 零星小宗厘金 | 数百家 | — | 2165 | 3.0 |
| 总计 | — | 100.0 | 71778 | 100.0 |

资料来源：据民国十二年《重建山陕会馆碑记》统计。

在《重建山陕会馆碑记》的 383 家列名商号中，抽厘最高者为福源店，其次为花粉行、陆陈行，此外抽厘超过 1000 两的还有 9 家。其中花粉行、陆陈行、驼盐两行显然是行业名，其余大部分应是商号名。据碑文记载，此次抽厘系从同治八年至光绪十六年，即 1869—1890 年，长达 21 年之久。该碑未说明抽厘率，笔者参照周口山陕会馆的抽厘率，按 1‰ 的比例计算。表 3 所列为福源店等 12 家抽厘超过 1000 两的商行商号抽厘金额及其经营额的折算。由该表可见，花粉行的年经营额为 20 万两，陆陈行为 16 万两；而福源店的年经营额高达 33 万两，位居全镇之首；致和永、晋源店两家商号的经营额也超过 10 万两。请参见表 3。

表3　　　　福源店等 12 家商行商号抽厘金额及其经营额折算　　　单位：两

| 商号名称 | 抽厘额 | 年均抽厘 | 折合年经营额 |
|---|---|---|---|
| 福源店 | 6933 | 330.143 | 330143 |
| 花粉行 | 4389 | 209.000 | 209000 |
| 陆陈行 | 3450 | 164.286 | 164286 |
| 致和永 | 3224 | 153.524 | 153524 |
| 晋源店 | 3124 | 148.762 | 148762 |
| 三泰和 | 1851 | 88.143 | 88143 |

续表

| 商号名称 | 抽厘额 | 年均抽厘 | 折合年经营额 |
|---|---|---|---|
| 复盛协 | 1828 | 87.047 | 87047 |
| 复来店 | 1595 | 75.952 | 75952 |
| 驼、盐两行 | 1466 | 69.809 | 69809 |
| 信兴顺 | 1417 | 67.476 | 67476 |
| 双兴店 | 1161 | 55.285 | 55285 |
| 永盛源 | 1009 | 48.047 | 48047 |
| 合计 | 31447 | 1497.476 | 1497476 |

资料来源：同表2。

按照同样的方法还可对所有参与抽厘商号的经营额进行折算。《重建山陕会馆碑记》所列各类商号抽厘金额合计为 71778 两，平均每年 3418 两，折合年经营额 340 余万两。需要指出的是，由于该碑所列 383 家商号中包括有花粉行、陆陈行等行业抽厘，每一行业至少会有商号十几家或几十家；另一方面，"零星小宗厘金"的平均额很可能低于 7 两，因而实际参与抽厘的商号估计可达 800 家，或者更多些。

再看认捐。《重兴山陕会馆碑记》列有参与认捐的商帮商号捐款 125 宗，共捐银 14832 两。其中捐银最多者为盒茶社 4500 两，其次为山陕帮 750 两、正兴盛 550 两、众票帮 500 两；捐银 150 两以上的 5 家，100—150 两者 32 家；在列名商号中捐银最少者为 10 两，有 10 家。此外，该碑还列有"零星花名小宗布施银"共 103 两，应是捐银不足 10 两未被刊名列碑者捐银的累积数。全部捐款合计为 14935 两，此系累计数字，与碑文原载 14930 两略有出入。表 4 是该碑所列商帮商号捐银的分类统计。在该碑的捐款署名中有相当一部分是商人团体，如盒茶社、山陕帮、众票帮、陕西药帮、西苏帮、同心社、银色社、酒仙社等，至少十余个。这些商人团体包括的商号多则十几家、几十家，最少也会有三五家，因此实际参与认捐的商号至少会有二三百家。"抽厘"与"认捐"合计，同光年间重修会馆参与捐资的商号当超过千家。

同光年间的抽厘商号中，可区分出行业的主要有陆陈行、花粉行以及驼、盐两行。陆陈行，也就是粮食行。驼、盐两行，"驼"当指骆驼，

"盐"即食盐。食盐是专卖商品，南阳府属各邑除舞阳县外，其余 12 州县均食河东盐，岁额 36246 引。① 河东盐产自山西解州，从解州至南阳府各县无水路可藉，全靠牲畜驮运。驼、盐两行关系密切，大概就是因为这一缘故。花粉行，"花"当指棉花，"粉"可能是指粉皮、粉条等粮豆制品；不过花、粉两行应是完全不相干的两个行业，其抽厘合并计算颇令人费解。

表4　　光绪年间赊旗重兴山陕会馆参与认捐的商帮商号捐银分类统计

| 捐银分类 | 商家商号（家） | 占列名商号百分比（%） | 捐银（两） | 占列名捐款百分比（%） | 占全部捐款百分比（%） |
|---|---|---|---|---|---|
| 500 两以上 | 4 | 3.2 | 6300 | 42.5 | 42.2 |
| 100—400 两 | 37 | 29.6 | 5190 | 35.0 | 34.8 |
| 50—80 两 | 44 | 35.2 | 2410 | 16.2 | 16.1 |
| 20—45 两 | 26 | 20.8 | 769 | 5.2 | 5.1 |
| 10—16 两 | 14 | 11.2 | 163 | 1.1 | 1.1 |
| 合计 | 125 | 100.0 | 14832 | 100.0 | 99.3 |
| 零星小宗捐款 | 不详 | — | 103 | — | 0.7 |
| 总计 | — | — | 14935 | — | 100.0 |

资料来源：据民国十二年《重兴山陕会馆碑记》统计。

光绪年间参与认捐的商帮商号中，可区分其行业的有：盒茶社、蒲茶社、众票帮、陕西药帮、西菸帮、蕃锡社，以及永隆统、永禄美、玉泉馆、正兴隆、锦璋秀、蔚盛长等字号。其中，永隆统、永禄美、玉泉馆、正兴隆等都是赊旗本镇开设的酒店，赊店酒历史悠久，行销范围可达秦、晋、鄂、湘等数省。② 锦璋秀是山西侯马吕氏家族在南阳府城开设的经营京广杂货的字号，创办于 1871 年，投资 2.5 万两，是当时南阳最大的一家杂货店，凡绸缎、绣货、珠宝首饰、铜锡器皿、日用杂品，甚

---

① 嘉庆《南阳府志》卷3《赋役志》。
② 社旗县志办：《赊旗镇历史上的繁荣与衰落》，《社旗文史》第 1 辑，1986 年（内部资料），第 7 页。

至北京同仁堂的名贵中药，都在其经营范围之内。① 所谓"盒茶社"应是经营"帽盒茶"的商人团体。据说清初晋商运茶原用方形篓，因驮运不便改为半圆柱形，两篓相对成圆柱形，似帽盒，故名帽盒茶。② 从汉口山陕会馆的捐资中可知这一团体至少包括商号二三十家，经营盒茶者多为山西太原府的商人。③ "蒲茶社"可能是经营湖北蒲圻一带所产茶叶的商帮，抑或是山西蒲州经营茶叶的商人团体。"众票帮"是指山西各票号驻汉口的分号，光绪初年在汉口开设的票号约有 30 家。④ 蔚盛长是山西平遥票号蔚字五联号之一，它可能直接在赊旗镇开设有分号，故在"众票帮"捐银 500 两之外单独捐银 220 两。"陕西药帮"是经营药材业的陕西商帮；蕃锡社，从字面理解应是经营进口洋锡的商人团体。

# 三

在上一节的考察中可以看到，陆陈行、花粉行、驼盐行都是赊旗商业中较重要的行业，此外茶叶、杂货也是赊旗转运贸易之大宗。下面参考其他资料，对这几个行业再做些具体考察。

粮食是赊旗商人经营的重要行业。河南是清代华北主要的粮食输出区之一，每年至少有上百万石的粮食输出。如乾隆二十四年（1759）闰六月至二十五年（1760）三月的 9 个月中，河南各州县共输出粮食 115万余石。⑤ 在同光年间的集资中，陆陈行的抽厘金额高达 3450 两。据说

---

① 王丙申：《南阳最大的锦璋绣京广杂货商店》，《南阳文史资料》第 2 辑，1986 年，第84—85 页。

② 田树茂、田中义：《晋商开辟的茶叶之路》，见李希曾主编《晋商史料与研究》，山西人民出版社 1996 年版，第 230 页。

③ 汉口山陕西会馆春秋楼有光绪七年（1881）"太原府盒茶帮众号"所捐匾额，列名商号有庆丰元、长顺川、长裕川、翁盛泉、隆盛元、乾裕魁、大道恒、天聚和、协成泉、祥泰厚、复泰谦、大德昌、德巨生、长盛川、兴隆茂、义泉贞、大德兴、聚盛泉、巨贞和、大涌玉、裕盛川、义合生、谦泰兴等共计 23 家；财神殿有光绪十年（1884）"太原府盒茶帮众号"所捐匾额，列名商号共 17 家，其中协成公、集生茂、大德常、德慎恒、大德兴、天顺长等数家前匾未见（《汉口山陕西会馆志》，现藏湖北省图书馆）。就茶叶运销路线推论，这些商号都应与赊旗有联系（详下）。

④ 黄鉴晖：《山西票号史》，山西经济出版社 1992 年版，第 175 页。

⑤ 《乾隆二十五年五月初十日河南巡抚胡宝瑔折》，《历史档案》1990 年第 4 期。

民国年间该镇有八大粮行，每天成交粮食 20 余万斤，仅"通盛行"一家每天就要装运大小车辆 60 多辆，牲畜 40 多头。[1] 河南属北方旱作粮食区，以种植小麦、大豆、杂粮为主，湖广两省则以水稻种植为主。故北方杂粮的输出、南方稻米的输入应是赊旗粮食业经营的主要内容。[2] 此外，赊店酒能行销秦、晋、鄂、湘数省，其酿酒业也应相当发达。

棉花是河南种植最多的经济作物，明清两代均有较大规模的输出。棉花也是赊旗商人经营的重要商品之一。乾隆年间创建春秋楼的抽厘商号中至少有花行 3 家，从抽厘金额看双合、义和两家花行应具有一定的规模。同光年间花、粉两行抽厘金额高达 4389 两，虽然目前尚不知道花、粉两项各自的比例，已足见此项贸易之繁盛。1870 年德国地理学家李希霍芬在《旅华日记》中写道："我所走的那条路，在南召与来自赊旗镇的另一条路相接通……我每天遇到多少列驮子，从河南府载上了棉花，前往樊城和老河口。"[3] 这是河南棉花经赊旗向湖北输出。不过，清代湖北属产棉区，而陕西、甘肃则属缺棉省区，故河南所产棉花大多输往西北。李希霍芬在《关于河南及陕西的报告》中也曾明确指出：河南府棉花"主要是输往陕西和甘肃，输往山西及湖北的数量较小"[4]。实际上，湖北所产棉花运往陕甘一带的也为数不少。咸阳是陕西关中重要的棉花集散市场，其棉花"水陆并至，南则荆襄云梦，东则临汝宏农……运载殆无虚日"[5]。从荆、襄、云梦运销陕西的棉花应是溯汉水而来，经由赊旗镇转陆路北上的。

山西商人经营的茶叶是经由赊旗转运的大宗商品，这些茶叶主要销往俄国、蒙古。清代前期晋商采买的茶叶主要产自武夷山区，茶叶由产地陆运至江西河口镇，由信江水运入鄱阳湖，转长江至汉口，然后溯汉水北上。衷干《茶市杂咏》记载了山西商人到河口采购茶叶的情况："清初茶叶均系西客经营，由江西转河南运销关外。西客者山西商人也。每

---

① 社旗县志办：《赊旗镇历史上的繁荣与衰落》，《社旗文史》第 1 辑，第 7 页。

② 如咸丰十一年（1861）日升昌汉口分号就曾由樊城经赊旗向平遥发运大米。见黄鉴辉《山西票号史》，第 150—151 页。

③ ［德］李希霍芬：《旅华日记》卷上，转引自李文治编《中国近代农业史资料》第 1 辑，三联书店 1957 年版，第 425 页。

④ 《李希霍芬书信集》第 3 篇，转引自李文治编《中国近代农业史资料》第 1 辑第 425 页。

⑤ 《创建花商会馆碑记》，转引自方行、经君健、魏金玉主编《中国经济通史·清代经济卷》，经济日报出版社 2000 年版，第 1003 页。

家资本约二三十万至百万，货物往还络绎不绝。"① 其转运路线从河口镇
开始水运→汉口→襄樊→抵赊旗；从赊旗改陆运→山西→张家口→蒙古、
俄国。19世纪50年代受太平天国起义影响，茶商改为采买两湖地区的茶
叶，主要产自湖南安化、临湘及湖北蒲圻。山西祁县的大德诚茶庄即从
湖南安化购茶，晋川、晋裕川、顺记、义兴等山西茶庄多在临湘购茶。②
在光绪年间对山陕同乡的募捐中，盒茶社捐款4500两，蒲茶社捐款360
两；此外大德玉、大泉玉、大升玉、祥发永、裕庆成、兴泰隆、天顺长、
聚兴顺、兴隆茂、宝聚公等10家商号各捐银50两，它们也都是经营茶叶
的山西商号；③ 合计为5360两，占此次募集总额14935两的1/3以上，足
见茶商资本之雄厚。

杂货是赊旗转运商品的又一大宗。雍正二年（1724）《同行商贾公议
戥秤定规》记言："赊旗店，四方客商杂货兴贩之墟"；乾隆年间《公议
杂货行规碑记》亦称："本镇之有杂货行由来已久"，乾隆五十年（1785）
因有商号不遵旧规，影响到全行之生意，于是"集我商行公议规程"，订
立行规十余条，以规范全行商业行为。清末《祁县茶商大德诚文献》记
载说，"此处（指赊旗）码头以杂货为首"，各种商货脚价往往以杂货之
运价为基准，如"红茶梗子每千斤价同杂货，西老茶、大花茶照杂货解
矮银一两，东老茶照杂货下银二两五钱"等。④

在周口的考察中笔者看到，杂货行是周口山陕商人经营的最重要的
行业。据道光十八年（1838）周口《重修关帝庙岁积厘金记》碑所载，
往来于周口的行商分为杂货、麻、油、丝、布、果、京货、西烟、山货、
鱼米、竹木、药材等15行；在列名该碑的320家行商中，杂货一行所属
商号就占180家，数量最多；其实力也是最强的，杂货行共抽收厘头银
7915两，占行商抽厘总额的3/4，年经营额估计可达80余万两。周口杂

---

① 彭泽益编：《中国近代手工业史资料》第1卷，生活·读书·新知三联书店1957年版，
第304页。

② 史若民、牛白琳编著：《平祁太经济社会史料与研究》，山西古籍出版社2002年版，第
481—482、489—490、134—135页。

③ 大德玉、大升玉、大泉玉都是山西榆次常氏的字号，以经营恰克图茶叶贸易为主。在汉
口山陕西会馆各商帮所捐春秋楼、天后宫匾额中，这10家商号同属"山西太（原）汾（州）两
府红武茶帮"（《汉口山陕西会馆志》）。

④ 史若民等编著：《平祁太经济社会史料与研究》，第502—503页。

货行所经营的商货大体包括茶叶、纸、糖、瓷器、钉铁、碱、绸缎、棉花、线货、故衣等。① 赊旗各行未见有周口那样细致的划分，其杂货经营范围可能更广。茶叶的转运已如上述，下面再略举数端。

赊旗的纸、糖等货来自湖南、四川、广东。如道光十七年（1837）八月，山西"茂盛德记"商号从中湘（即湖南中部湘潭、衡阳一带）购入洋糖134包，8600余斤，各种纸张1100块，经汉口、樊城运抵赊旗；洋糖在赊交由晋和店、元吉店出售，纸张则运往周口销售。道光二十二年（1842）腊月，该商号从中湘购入苏木120捆，各种纸张500块，又从汉口购入洋糖342包，冰糖20箱，于次年二月运抵赊旗；将洋糖、冰糖在赊交由晋和店、元吉店、森茂店销售，其余苏木120捆、纸张498块运往周口。道光二十六年（1846）九月，该商号在赊旗晋和店购入川糖80包，共8885斤，雇牛车10辆陆运至北舞渡，然后雇船水运至周口出售。② 这些北上商品中川糖为四川所产，冰糖应为广东所产，纸张当为湖南或者江西所产，而洋糖、苏木等系进口商品，应是从广东进口，经由湘粤交界的骑田岭商路进入湖南，再由湖南北上的。表5所列是道光年间"茂盛德记"商号从南方输入的杂货及其购、销地点，请参见。

表5　　　　道光年间"茂盛德记"商号从南方输入的商货示

| 时间 | 购货地点 | 购入商品 | 商品数量 | 销售地点 |
|---|---|---|---|---|
| 道光十七年 | 中湘 | 洋糖 | 134包 | 赊旗 |
|  |  | 纸张 | 1100块 | 周口 |
| 道光二十二年 | 中湘 | 苏木 | 120捆 | 周口 |
|  |  | 纸张 | 500块 | 周口 |
| 道光二十二年 | 汉口 | 洋糖 | 342包 | 赊旗 |
|  |  | 冰糖 | 20箱 | 赊旗 |
| 道光二十六年 | 赊旗 | 川糖 | 80包 | 周口 |

① 参见许檀《清代河南的商业重镇周口》。该文指出周口的杂货主要来自江南，系溯淮河、颍河北上至周口。据新近收集的山西商人账册，我们又得知从湖广溯汉水北上，经赊旗、北舞渡转运，是周口杂货的又一来源（详下）。不过这条路线有一段需要陆运，其商货量估计不如前者。

② "茂盛德记"账册，该账册系笔者从太原文物市场购入，据商贩称是从临汾收购来的。

| 时间 | 购货地点 | 购入商品 | 商品数量 | 销售地点 |
|---|---|---|---|---|
| 道光二十六年 | 汉口 | 西糖 | 266 包 | 赊旗、周口 |
| | | 结糖 | 464 包 | 赊旗、周口 |
| 道光二十七年 | 中湘 | 洋糖 | 199 包 | 赊旗 |
| | | 纸张 | 1796 块 | 赊旗 |

资料来源:"茂盛德记"账册。

"茂盛德记"商号由赊旗南运的主要是河南所产金针（黄花菜）、粉皮、粉条等货。如道光二十三年（1843）秋该商号从赊旗的晋和、森茂、元吉等店购入黄花菜两万余斤，打包装成222包；又从诚兴店、合昌店陆续购入粉皮98捆；腊月起运，翌年正月抵汉口销售。道光二十五年（1845），"茂盛德记"在周口购入黄花菜23778斤，分装成160包，经由北舞渡陆运赊旗，再由赊旗水运至湘销售。道光二十七年（1847）该商号从周口购买黄花菜189包运抵赊旗，其中110包在赊旗本镇售出，其余79包由赊水运至湘发卖。表6所列是"茂盛德记"商号在赊旗、周口购买向南方输出的商货及其销售地点，请参见。

表6　　　道光年间"茂盛德记"商号向南方输出的商货示例

| 时间 | 进货地点、商号 | 购入商品 | 商品数量 | 销售地点 |
|---|---|---|---|---|
| 道光二十三年 | 赊旗晋和店 | 金针 | 80 包 | 汉口 |
| | 赊旗森茂店 | 金针 | 70 包 | 汉口 |
| | 赊旗元吉店 | 金针 | 70 包 | 汉口 |
| | 赊旗诚兴店 | 粉皮 | 50 包 | 汉口 |
| | 赊旗合昌店 | 粉皮 | 48 包 | 汉口 |
| 道光二十五年 | 周口 | 金针 | 160 包 | 中湘 |
| 道光二十六年 | 赊旗晋和店 | 金针 | 65 包 | 汉口 |
| | 赊旗森茂店 | 金针 | 65 包 | 汉口 |
| | 赊旗森茂店 | 沙菜 | 29 包 | 汉口 |
| | 赊旗元吉店 | 金针 | 121 包 | 汉口 |
| 道光二十七年 | 周口 | 金针 | 189 包 | 赊旗、中湘 |
| | 赊旗元吉店 | 金针 | 98 包 | 中湘 |

资料来源:"茂盛德记"账册。

以上记载可以看出"茂盛德记"是行商，而晋和、元吉、森茂、诚兴、合昌等店则是坐贾，它们都是经营杂货的商号。在乾隆四十七年（1782）《创建春秋楼碑记》所列抽厘商号中有"晋和店"，抽厘金额为3两。但在同光年间的抽厘商号中该店未再出现，这有两种可能：一是经咸丰年间的战乱，该店已不复存在；二是该店因抽厘金额低于8两，未被刊名。即便属于前者，从乾隆中叶到道光末年，这家商号在赊旗经营也有六七十年之久了。其他数家商号则未见碑铭刊列。

赊旗山陕会馆前的南北长街名瓷器街，瓷器当也是该镇转运的大宗商品。乾隆年间四合瓷铺抽厘88两，在423家商号中是较高的，估计应是兼营批发与零售。以水路之便，赊镇的瓷器当来自江西景德镇或湖南醴陵。又据光绪《鄢陵文献志》卷9《风俗》记载，该县"瓷器自南阳舍（赊）旗店来，杂货自淮宁周家口来"。鄢陵属开封府，在河南中东部。由此可知赊旗输入的瓷器至少会转运河南的大部分地区。

赊旗会馆中设有药王殿，药材当也是该镇商人经营的重要商货之一。《重兴山陕会馆碑记》所镌捐款名录中，"陕西药帮"捐款为200两。大黄是陕西所产著名药材，乾隆年间的一份奏报称："大黄产于陕西，聚于湖北汉口，向来多系江西客人由楚贩来福建省城及漳、泉等郡发卖销售。"① 福建的药材行户也说："各样药材俱由江西樟树镇贩运来闽销售。但江西亦不产大黄，闻得陕西泾阳县为大黄汇集之所，转发汉口、樟树等处行销。"② 汉口、樟树都是重要的药材集散市场，大黄从陕西到汉口应是经由赊旗转运的。又据光绪年间的记载，从赊旗运往禹州的药材有专门的"秤规"。③ 禹州是河南的药材集散市场，这里聚集有"十三帮"药材商，尤以河南本省怀庆帮药商实力最强。④ 从赊旗发往禹州的药材估计应来自汉口、樟树等南方药材市场；同样，在禹州聚集的北方药材也会经由赊镇运往汉口等处。

---

① 《乾隆五十四年四月初四日伍拉纳等奏折》，转引自《中国经济通史·清代经济卷》第1127页。

② 《清高宗实录》卷一三八二，乾隆五十六年（1791）七月。

③ 《平祁太经济社会史料与研究》，第504页。

④ 参见许檀《清代河南的商业重镇周口》。

　　此外，绸缎布匹、皮货、水烟等也是赊旗镇南北转运的商货。乾隆年间有记载称：陕西一省"绸帛资于江浙，花布来自楚豫"；[①] 同治年间陕西巡抚蒋志章也说："潼关冲要，行旅必经……东来皖豫各贩，以绸缎、南杂各货为大宗；川甘东去之商，以水烟、药材等物为巨贾"；"甘肃口外物产，如皮货、水烟等项均属大宗"。[②] 进出潼关的南北商货很大部分需要经由赊旗转运。皮毛制品是陕西的主要特产，如泾阳县"皮行甲于他邑，每于二三月起至八九月止，皮工齐聚不下万人"；合阳县"多作毡"；大荔县"聚各色生皮，熟成，四方商贾多来售者"，"每年春夏之交万贾云集"；当地商人"挟赀远贾，率多鬻皮业"。[③] 在前面的考察中已经看到陕西皮毛商在赊旗具有相当实力，嘉庆年间捐造铁旗杆者就是陕西大荔、朝邑、合阳等县的皮毛商。水烟为甘肃特产，王圻《青烟录》卷8 记言："水烟者起于甘肃之兰州。兰州五泉山下产烟草，既制，必隔水吸之，入腹而后吐，醉人尤易。""初时人畏其力猛，食者绝少，渐自秦而晋，而豫，而齐鲁燕宋、大江以南，今且遍天下无不至矣。"同治年间开封山陕甘会馆的集资中即有"水烟行"的捐款，[④] 前列之"西菸帮"可能也是经营甘肃水烟的商帮。又据《社旗山陕会馆》一书记述，该镇经营的商品有"药材、生漆、桐油、竹木、粮、棉、布匹、茶叶、食盐等，尤以茶叶、木材、布匹、食盐为大宗。据传，单药材一项月销售量达十余万斤；六家货栈行日成交木材一千余立方，竹竿五万余斤；八大粮行每天成交粮食20 余万斤；九家染坊，最大的一家日染青蓝布300 余匹"[⑤]。这应是当地居民对民国年间商业的回忆了。

　　赊旗是水、陆接运的过载码头，运输业是该镇经济的重要组成部分。据说赊镇盛时，河道停船一次可达500 余只，全镇有48 家过载行，日夜装卸不停，十几家骡马店家家客满，大车小车络绎不绝。由于地理条件

　　① 贺长龄编：《清经世文编》卷二十八，陈宏谋：《巡历乡村兴除事宜檄》。

　　② 《陕西巡抚蒋志章奏折》，转引自彭泽益《中国近代手工业史资料》第1 卷，第600、601 页。

　　③ 卢坤：《秦疆治略》泾阳县；乾隆《同州府志》卷十一《食货志》；道光《大荔县志》卷六《土地志》；乾隆《大荔县志》卷三《风俗》。

　　④ 开封山陕甘会馆同治三年（1864）《重修后道院碑记》。

　　⑤ 《社旗山陕会馆》，第1 页。

原因，该镇以陆路运输更为发达。道光二十五年（1845）"茂盛德记"商号从湖南贩运洋糖、纸张等货至赊旗，一次就雇牛车100余辆将这批货物运至北舞渡，共支付运价214两。除骡马牛驴等牲畜外，远程运输骆驼有其独特的优势，故开设驼厂是赊旗运输业的一个特点，最多时一次能有骆驼几百峰。① 同光年间重建会馆的集资中，增益驼厂在行业抽厘之外又单独捐银50两，估计应是驼行中实力较强的字号。《祁县茶商大德诚文献》记载有从赊镇陆运的各种方式，牛车、马车、骡子、长驼各有装货规则、运货时限和脚价。如：雇牛车运货至北舞渡、襄县等处"每辆欠银二钱，限十天，误期每车罚钱一千"；至汝州、禹州"每辆欠银三钱，限十二天送到，误期每车罚钱二千"；雇马车运货至郑州花园口、开封柳园口以及洛阳等处，"脚价付九欠一，以十天为期，二十天见回票，误期每车罚银八两"；远程货物如山西祁县、太原、直隶张家口等处则多用"长驼"，也各有限期，"脚银付三欠七"或"付四欠六"。赊旗的陆路转运范围至少包括河南、山西两省的主要城镇，以及东口（张家口）和西口（杀虎口或归化城）。② 赊旗镇有一条南北长街名骡店街，各类脚行、骡马车驼等店估计多汇聚于此。

以上考察可见，赊旗的兴起约在康熙初年，清代中叶达到鼎盛，咸丰年间一度受挫，同光年间又再创辉煌。赊旗不但是河南中、西部及山陕甘地区与南方数省商品流通的重要枢纽，也是晋商对俄茶叶贸易的重要转运通道。

依据赊旗山陕会馆碑刻资料，可知乾隆年间创建春秋楼参与抽厘的商号有400余家，共捐银8000余两。嘉道年间会馆的一系列建筑虽然开支不详，但从保存下来的悬鉴楼等建筑，以及一对铁旗杆耗资3000两推论，会馆的主体建筑至少耗银数万两，捐资商号数量当也会超过乾隆时期。同光年间重修会馆共集资87700余两，参与捐资的行商、坐贾超过千家。由于资料的欠缺，笔者无法确定同光年间赊旗商业的繁荣程度是否超过嘉道，不过从该镇的商业构成和大宗捐款来源角度分析，晋商对俄茶叶贸易的发展以及票号的兴盛都在清中叶以后，故同光年间赊旗的商

① 社旗县志办：《赊旗镇历史上的繁荣与衰落》；茂盛德记：《买纸、糖使用帐》。
② 《平祁太经济社会史料与研究》，第501—506页。

业规模至少应不逊于嘉道时期。

赊旗山陕会馆的抽厘方式未见周口那样的明确记载。① 不过，仔细分析同光年间"抽厘"与"认捐"两份捐款名录，可以看出赊旗会馆的集资与周口略有不同，抽厘以坐贾为主，而认捐则以行商为主。也有一部分商号既参与抽厘，也参加了认捐。如福源店抽厘金额高达6933两，此外又认捐150两；像这样同时参与抽厘和认捐的商号还有永隆统、永禄美、天成局、六吉永、蔚盛厚、起发宽等。在前面的考察中，笔者曾依据《重建山陕会馆碑记》所镌各类商号的抽厘金额折算出其年经营额为340余万两，若再加上《重兴山陕会馆碑记》所列商帮商号的认捐，该镇山陕商人的年经营额估计可达400万—500万两。还需特别说明的是，赊旗会馆的碑文中未记载抽厘率，上述折算数字是依照周口的抽厘率得出的，可能与实际规模有较大出入。更准确、更深入的研究还有待于进一步的资料发掘。

---

① 周口山陕会馆的集资采取行商"抽厘"、坐贾"认捐"的方式，行商按其货值"千钱抽一"，坐贾则是"量本金之大小为捐数之重轻"。详见许檀《清代河南的商业重镇周口》。

宗　族

# 明代徽州的宗族乡约化

常建华[*]

宋代以后的中国社会具有的重要特征是出现了新宗族形态，其特点是宗族的组织化。这与明朝对基层社会的治理，特别是乡约的推行关系密切，明代是宋代以后新宗族形态承上启下的重要历史时期，甚至可以说宋代以后新宗族形态就是在明代形成并普及的。研究宗族制度的学者已经注意到上述情形[①]，也指出这是受到宋儒重建宗族制度主张与实践的影响，同社会经济的变动有密切关系。[②] 已有的研究已经揭示了明嘉靖十五年（1536）官方允许祭祀始祖为宗祠大量出现提供了契机，影响了宗族制度化以及组织化[③]，但是对于明代这一关键时期的研究仍不够充分，对于宗族组织化的直接原因缺乏更圆满而明确的说明。

徽州是中国宗族制度最为盛行的地区之一，一些学者通过研究徽州

---

[*] 常建华（1957— ），河北张家口人，历史学博士，南开大学历史系教授，博士生导师。南开大学中国社会史研究中心主任，代表作：《明代宗族研究》《明代徽州的宗族乡约化》等。本文原载《中国史研究》2003 年第 3 期。

[①] 请参阅常建华《宗族志》导言及第 44—46 页部分（收入《中华文化通志》031 号），上海人民出版社 1998 年版。科大卫、刘志伟：《宗族与地方社会的国家认同——明清华南地区宗族发展的意识形态基础》，《历史研究》2000 年第 3 期，强调宗族礼仪的推广对宗族发展的重要性。

[②] 代表性的研究是郑振满《明清福建家族组织与社会变迁》，湖南教育出版社 1992 年版；日本学者井上彻的《中国の宗族と国家の礼制》，东京研文 2000 年版。

[③] 代表性的研究有左云鹏《祠堂族长族权的形成及其作用试说》，载《历史研究》1964 年第 5—6 期；李文治：《明代宗族制的体现形式及其基层政权作用》，《中国经济史研究》1988 年第 1 期；常建华：《明清时期祠庙祭祖问题辨析》，《第二届明清史国际学术讨论会论文集》，天津人民出版社 1992 年版；常建华：《明代宗族祠庙祭祖礼制及其演变》，《南开学报》2001 年第 3 期；［日］井上彻：《中国の宗族と国家の礼制》第四章"夏言の提案——明代嘉靖年间における家庙制度改革"，该文初出于 1994 年。

宗族问题，从区域和个案的角度探讨了明代宗族形成问题。如荷兰学者宋汉理针对杰克·波特假设的有利于任何地区形成强大宗族的四种因素，即富饶的农业区域、边境条件、缺乏官府的强大控制，以及商业的发展进行讨论，认为休宁范氏的历史足以证明，中国宗族的形成和发展主要取决于地方条件。① 陈柯云探讨了徽州宗族修谱建祠、乡村统治的加强以及族产的发展。② 赵华富探讨了族谱中所载明代祠堂的建置年代，进一步证明大建宗祠兴起于嘉靖、万历年间。③ 韩国学者朴元熇探讨了徽州柳山方氏宗族组织扩大的社会经济契机和原因，指出由人地矛盾产生祀产纠纷和乡村社会失衡状况是宗族联合的契机；又论述了明清时代徽州真应庙之统宗祠转化与宗族组织问题。④ 陈柯云、铃木博之、洪性鸠等人的研究程度不同地涉及乡约与宗族的关系⑤，不过他们的研究立足于乡约本身，并没有从宗族形成发展的视野看待乡约并进行专门研究。

近年来，我从宗族祠庙祭祖的角度探讨了徽州宗族的形成发展问题，揭示了徽州宗族祠庙祭祖宋元以来特别是在明中叶发生的变化，指出明代徽州宗族祠庙祭祖的特点是宗祠的发展，即以祭祀始迁祖统合宗族。⑥今特从宗族与乡约的关系继续研究徽州宗族的组织化问题，我认为，徽

---

① 宋汉理：《徽州地区的发展与当地的宗族——徽州休宁范氏宗族研究》，见刘淼辑译《徽州社会经济史研究译文集》，黄山书社 1987 年版。

② 陈柯云：《明清徽州的修谱建祠活动》，《徽州社会科学》1993 年第 4 期；《明清徽州对乡村统治的加强》，《中国史研究》1995 年第 3 期；《明清徽州族产的发展》，《安徽大学学报》1996 年第 2 期。

③ 赵华富：《徽州宗族祠堂的几个问题》，周绍泉、赵华富主编：《1995 年国际徽学学术讨论会论文集》，安徽大学出版社 1997 年版。

④ ［韩］朴元熇：《从柳山方氏看明代徽州宗族组织的扩大》，《历史研究》1997 年第 1 期；《明清时代徽州真应庙之统宗祠转化与宗族组织》，《中国史研究》1998 年第 3 期。

⑤ 陈柯云：《略论明清徽州乡约》，《中国史研究》1990 年第 4 期；［日］铃木博之：《明代徽州府的乡约について》，《山根幸夫教授退休记念明代史论丛》，东京汲古书院 1990 年版；［韩］洪性鸠：《明中期徽州的乡约与宗族的关系——以祁门县文堂陈氏乡约为例》，《大东文化研究》（韩国成均馆大学）34，1999 年。另外，汪毅夫《试论明清时期的闽台乡约》也较多涉及乡约与宗族的关系，见《中国史研究》2002 年第 1 期。

⑥ 常建华：《明代宗族祠庙祭祖的发展——以明代地方志资料和徽州地区为中心》，《中国社会历史评论》第 2 卷，天津古籍出版社 2000 年版；常建华：《宋元时期徽州建祠祭祖的形式及其变化》，《徽学》2000 年卷，安徽大学出版社 2001 年版；常建华：《明代徽州宗祠的特点》，《南开学报》2003 年第 5 期。

州宗族的组织化过程中，宗族乡约化起到了关键的作用。所谓宗族乡约化，是指在宗族内部直接推行乡约或依据乡约的理念制定宗族规范、设立宗族管理人员约束族人。它可能是地方官推行乡约的结果，也可能由宗族自我实践产生，宗族乡约化导致了宗族的组织化。

明代的乡约制度可以有广义和狭义两种理解：《教民榜文》及其相关制度是广义的乡约，而狭义者则是指设立约正宣讲六谕。前人多把明代乡约作狭义理解，我认为如从广义理解明代乡约，更容易把握明朝国家的统治思想和士大夫的政治理念，从而深化对宋以后社会变迁的认识。综观明朝历史，可以看到乡约有一个不断推行的过程。"明代乡约初建于洪武时的《教民榜文》，改造于正德时期的王阳明，重建并普及于嘉隆万时期。"① 这样我们既可以把宗族活动放在宋以后士大夫的化乡——在基层社会移风易俗实践中认识，还可以看到明代乡约的特殊性。事实上，明代宗族的乡约化也呈现出前述的阶段性特点，这样我们也就可以更充分地解释宗族在明代嘉靖、隆庆、万历时期组织化的原因了。

# 一 宗族组织化的尝试

明中叶，有一些宗族在地方上尝试宗族组织化。这种尝试多是士大夫依据宋儒主张的社会实践，也有明初控制乡里社会的政令影响，其中主要涉及族长的设立和族规的制定。依据宋儒思想制定族规的事例出现在徽州府休宁县陪郭程氏。成化、弘治之际，程敏政主持进行了宗族建设，该族的《重定拜扫规约》② 反映出程氏重视朱熹《家礼》，如第 6 条规定："祭仪依文公《家礼》，饮福每人点心四物，每桌菜果肉四品，酒不过五行，山林守墓者给盐包饼食，从者饮撰随宜俵散。"第 12 条要求："祭器六桌、帛箱一个并爵，当首于本家支用礼毕，点数交还。文公《家礼》一部，当首时常请族中子弟演习，务要如仪，毋得喧扰亵慢。"即规定祭仪依《家礼》，当首时常请族中子弟演习祭仪。《重定拜扫规约》是

---

① 常建华：《乡约的推行与明朝对基层社会的治理》，《明清论丛》第四辑，紫禁城出版社2003 年版。

② 程敏政编：《休宁陪郭程氏本宗谱》附录，安徽省图书馆藏弘治刊本。

该族整顿清明祭祖的规章，对宗族的组织化起到了重要作用，而且在徽州有一定的影响。

休宁县西门汪氏族规是在吕氏乡约和朱熹《家礼》等宋儒影响下制定的事例。该族在明代不断制定宗族规条，其强化族规的脉络可寻。嘉靖六年（1527）刊《休宁西门汪氏本宗谱》① 保留了这方面的不少资料。该谱《附录》载多篇文献：有永乐四年（1406）汪德所作《西门汪氏新正序拜录》，反映出该族汪彝推动族众举行新年序拜以移风易俗，是录即为新正序拜规条。还有景泰三年（1452）休宁儒学教谕胡汝占的《西门汪氏祀祖敦族录序》，序中称该录"所载田若干、亩塘若干亩、族人次第掌之，掌则收税，供其一年。祭祖之仪则必于每岁正月朔后一日，是日致祭，族之长幼其丽三百有余，不期而自至，不令而自敬。长者奠酒尽礼于初，幼者随班行礼于终。祭毕长者坐，幼者立，不以富而忽，不以贵而略。祖孙父子之分无一之或乖，叔侄兄弟之伦无一之或紊，享其胙也，均其分也。笃于让食，尽欢而罢……汪氏一族均尽尊祖敬宗之道无违，越礼犯分之戒如此，不谓之孝且睦可乎哉"。汪氏正月初二的祭祖仪式，不仅是表达祖先崇拜，更重要的是睦族，整顿族内尊卑长幼秩序，以戒越礼犯分。胡汝占还号召推广汪氏的做法，他说："是则汪氏之孝睦，闻之朝廷以待旌表门闾亦不过，在乎为守令者举行如何耳。"可见官员们已经意识到利用宗族制度维护乡村社区秩序。又据正德五年（1510）汪绍所作《西门汪氏知本祠会团拜序》，知该族的新年祭拜持续了百余年，至弘治时期，"而子孙视前数倍矣，虽室庐之广、厅堂之宽，亦莫能容，常以为憾也"。恰值弘治十年（1497），李烨任休宁知县，见东山越国公庙倾颓，下令新修。于是汪氏建成新祠，其"后宫寝庙以为岁首会拜之所，祭必于正月十八日寿诞之晨，绍又患年远或至废弛，割己田五亩入祠，一以助祭祀，一以修庙宇，庶可为悠久计"。知本祠即东山越国公庙，其新修是在弘治末年。

另外《休宁西门汪氏本宗谱》卷一载有《西门汪氏祠规序》，为正德九年（1514）婺源宗人进士汪思所作。序中引述江节夫所说："此尚和奉

① 汪思纂修：《休宁西门汪氏本宗谱》——卷附录一卷，安徽省图书馆藏嘉靖六年（1527）刻本。

族长之命，而总伊川宗会、吕氏乡约、范氏义田、朱子《家礼》诸说，参考遗义而成编。"可见西门汪氏祠规是受到宋儒宗族思想与主张的影响而制定的。该序还就修祠立规的具体情形有所论述，说汪节夫以"庙隘不称，倡西门族人购地广之，既又创祠"。并在祠庙中增祀始迁祖大四公和以儒显的先祖四人，成为西门派的始祖宗祠。汪节夫在建成宗祠后又在正德初年定立祠规。值得注意的是汪思在序中的议论，他说："予推大家世族不可无祠，祠祭仪节不可无规。族无祠则无以敦水木本源之念，不足以言仁；祠无规则无以光前范后之谋，不足以言礼。新安故家无虑数十百，其能有祠、祠而能规者，予见亦罕矣。"说明徽州在正德初年建始祖宗祠和定立祠规的不多，像汪氏这样两者兼而有之者更少。我们不能把宗族制定族规作为正德年间的普遍现象。不过这种现象会不断增加，从汪思的议论也可以看出此点。他说："夫以族之渐蕃且远，而贫富殊，而强弱殊，而智思贤不肖殊，用法律之使无相乖戾，必有梗弗率者，立一祠约之以规，则疏可亲，远可联，富强者不敢私，而贫富有倚，贤智不独善，而愚不肖有兴，兹庸非礼之意乎。苏老泉谱其族曰：'观吾之谱，孝弟之心油然兴矣。'予以为谱不能人人观，而祠则人人至，规则人人守也，其益顾不大欤。"鼓吹建祠立规，加强宗族的凝聚力，以族法弥补国家法律之不足。

汪氏还在嘉靖初年完善了清明墓祭制度，该族谱附录有几篇文献对此记载。西门汪氏系始迁祖接公于宋初由婺源回岭来居休宁，后世子孙皆五世祖汉公之七子后裔，据汪思于嘉靖六年（1527）作《西门汪氏清明墓祭记》说："祠墓之祭，已各祖其祖矣。由汉公而上见五世，丘墓虽存，鲜识其所。"西门汪氏不断致力于合祭祖先。汪世权与族叔辉之、节夫"三人修谱考诸墓而图之，疏其业某户号第几亩若干，体仁孝者有考而致祭焉。于是与畏之、世臻谋族长曰：'致祭无田，久当懈弛，非远猷也。'倡于众，得十七人和之，各捐二金。义声风振，和者群兴，各捐如数。得金以属十七人掌之而货殖焉，岁取息为之。典相有肴，荐仪有额，揭处有规，怠事有罚，利成有燕"。考察出五世祖墓，并且设置祭田清明祭祖。汪显应嘉靖五年（1526）腊月作《清明墓祭告宗记》是一篇在族中推行墓祭的文字，其中对"会徒"说："条款继陈，另行劝惩，有愿入会者，请书其名。"可见西门汪氏推行清明墓祭当在嘉靖五年。下面有作

为"条款"的《重定墓祭会规约》12 条，主要内容是墓祭会经费的管理
与支出的规定，系参考成化后期程敏政所作休宁陪郭程氏《重定拜扫规
约》写成。特别是其中的头两条除了始祖、房派不得不改动外，其余原
文照抄。嘉靖初年西门汪氏通过修谱和墓祭等手段，强化了七派的联合
与对族人的管理。从永乐到嘉靖，西门汪氏不断加强岁时节日的祭祖活
动，制定各种条规，完善宗族制度，通过祭拜祖先的仪式加强族人和房
派之间的凝聚力，宗族被组织化。

徽州府祁门县还有受朱元璋里老制度影响而设立族老的事例。祁门
奇峰郑氏旧有家庙，元季毁于兵燹，正德十二年（1517）建成新祠一本
堂，祭祀始祖。奇峰郑氏还定堂规、设族老。为了有效管理族人，向地
方政府申请堂规批文。据徽州府所给帖文，奇峰郑氏鉴于"非仗官法，
莫知畏从"，先是告县，得到县里的帖文，而且祁门县还为堂规钤印。但
是族人对此"遵依者固有，不悛者尚多"。于是该族又寻求徽州府的支
持，府中本着"有裨于民风，且无背于国法"的精神，也给帖支持。翌
年，知县易人，奇峰郑氏再一次向新知县申请给帖，并如愿以偿。[①] 奇峰
郑氏的事例说明，该族在正德末年为了约束族人，而制定宗族的各项制
度，其主旨是借鉴政府的里老制度实行族老制。官府给予支持，除了出
于移风易俗的考虑外，也是因为其符合明朝既定里老制这一祖宗之法，
所以双方一拍即合。

## 二 官府在宗族推行乡约

明中叶徽州宗族的组织化，主要是个别宗族的尝试，嘉靖以后明朝
大规模推行乡约制度后，宗族的组织化则主要采取乡约化的形式，而且
相当普遍。徽州是宗族大量聚族而居的地区，地方官在徽州推行乡约时，
十分明确地把宗族乡约化作为目标。

嘉靖时期徽州府地方官在宗族推行乡约，制度完备。早在嘉靖二十
八年（1549），歙县知县邹大绩颁布了"歙县为立宗法以敦风化事"的告

① 郑岳修：《奇峰郑氏本宗谱》卷四《祁门奇峰郑氏祠堂记》，安徽省图书馆藏嘉靖四十
五年（1566）歙县黄镒刊本。

示，为了改变尊卑长幼秩序、家庭和宗族伦理道德失范的社会风气，要求宗族实行乡约。具体做法是："每一乡举公正有实行、素信于乡人如宗长副者一二人或三五人，呈立为乡约长，以劝善惩恶，率皆其主之，一如宗之法。每月朔望，会于公所，书纪过、彰善二簿一凭稽考，本职自行戒免。"① 即由宗族推举族人为乡约长，经官府批准主持族内劝善惩恶之事。歙县知县建议可推举如宗长副这类宗族负责人充当乡约长，有可能直接导致宗族组织乡约化。

嘉靖四十四年（1565）徽州全府推行乡约条例，将宗族编约，宣讲六谕。当时绩溪县在宗族推行乡约的资料保留下来，乾隆修县志记载："嘉靖四十四年知县郁兰奉府何东序乡约条例，令城市坊里相递者为一约，乡村或一图一族为一约，举年高有德一人为约正，二人为约副，通礼文数人为约赞，童子十余人歌诗，缙绅家居请使主约。择寺观祠舍为约所，上奉圣谕牌，立迁善改恶簿。至期设香案，约正率约人各整衣冠赴所，肃班行礼毕设坐，童子歌诗鸣鼓，宣讲孝顺父母六条，有善过彰闻者，约正副举而书之，以示劝戒，每月宣讲六次。"② 何东序的乡约条例实为《新安乡约》，嘉靖《徽州府志》卷二《风俗》有摘录③，与上引绩溪县志记载内容不尽相同。关于编约问题，府志说："约会依原保甲，城市取坊里相近者为一约，乡村或一图或一族为一约，其村小人少附大村，族小人少附大族，合为一约，各类编一册，听约正约束。"可知编约是以保甲为基础的，除了各图各族分别编约外，可以小村附大村、小族附大族合编乡约。关于宣讲，府志说："以圣谕训民榜六条为纲，各析以目，孝顺父母之目十有六，尊敬长上之目有六，教训子孙之目有五，各安生理之目有六……毋作非为之目有十。"可注意者是围绕六谕之纲设定的目，把圣谕六言的精神进一步具体化。而《绩溪县志》对约所圣谕牌、迁善改恶簿以及讲约仪式的记载，则是府志没有的。总之，嘉靖四十四年（1565）徽州府在里甲基础上推行乡约，促使了宗族的乡约化。

---

① 黄元豹重编：《潭渡孝里黄氏族谱》卷三《家训》"附嘉靖二十八年五月十七日邑父母邹公大绩示稿"，安徽博物馆藏雍正九年刻本。

② 乾隆《绩溪县志》卷三《学校志·乡约附》，成文书局中国地方志丛书本，华中地区第723号，第121—122页。

③ 嘉靖《徽州府志》卷三《风俗》，北京图书馆古籍珍本丛刊本第29号，第68—69页。

何东序这次推行乡约，是在与徽州父老、诸生讨论基础上进行的。根据休宁嘉靖间贡生吴子玉的记载，何东序曾"策诸生以弭盗之术"。何指出："今者矿寇啸聚，所在而是，徽、宁、衢、太之间为之骚然……予自戴罪以来，博谋父老，兼收策力，求所以弭之之方，言人人殊。"何择要提出六事，其中有乡约、保甲二事，他继续指出："乡约变俗，肇自蓝田，今仿而行之者夥矣。其果德业相劝，过失相规，仿佛乎古德行道艺自遗意否与，不然是聚讼也；保甲诘奸，详于阳明，今踵而修之者屡矣，其果出入相友，守望相助，依稀乎比闾族党之善制否与，不然是增害也。"他希望"行乡约者有表正之化，修保甲者有无骚扰之患"。作为"诸生"之一的吴子玉回答了对"六事"的看法，他认为实行乡约，应"由一族及一里，由一里及一乡，由一乡及一邑"。"保甲之法实与乡约相为表里"，"乡约保甲尤为弭盗之大法"。① 可见当时为了维护社会秩序而行保甲乡约，是官民的普遍性愿望。保甲乡约离不开一族一族之实行。吴子玉本族设立"族约"② 就是一个证明。

关于休宁的乡约，据记载"明季乡绅举行于本都，里人相联为约，朔望轮一族，主读六谕暨罗近溪先生六解，余族聚其厅事而共听之。行之既久，里有不驯不法者，闻入约则逡巡不能前，急向其家父母、族长者服罪改行而后敢入，众口微举之，则羞涩赧于面，以为大耻，其感发人心而兴起教化已如此"③。可见宗族被纳入了乡约。

## 三 宗族对政府推行乡约的响应

士大夫及其代表的宗族出于维护社区社会秩序的需要，响应官府所推行的乡约，也通过宗族的乡约化使宗族组织化，从而强化对族人的管理。下面我们分县介绍，并重点剖析几个个案。

---

① 以上均见吴子玉《大鄣山人集》卷三十二《策略部》，《四库全书存目丛书》集部第141 册，第 615—620 页。

② 吴子玉：《大鄣山人集》卷五十二《说谱部·家记小论》，《四库全书存目丛书》集部第141 册，第 839 页。

③ 康熙《休宁县志》卷二《建置·约保》，成文书局中国地方志丛书本，华中地区第 90号，第 283 页。

## （一）休宁县的事例

休宁范氏在嘉靖时宣讲圣谕，并在立宗祠的过程中依据圣谕制定祠规。休宁人范涞，万历二年（1574）进士，官至福建右布政使，热心宗族建设。休宁范氏统宗祠建于嘉靖四十五年（1566），并制定了《统宗祠规》，第一条就是"圣谕当遵"，说"今于七族会祭统宗祠时，特加此宣圣谕仪节，各宜遵听理会，共成美俗"。将祭祖与宣讲圣谕六言结合在一起。"祠墓当展"条中还说重视祠墓是"圣谕孝顺内一件急务，族人所宜首讲者"。《统宗祠规》结尾说："右宗规一十六款，总之皆遵圣谕之注脚。我族中贤父兄必不肯以不善望其子弟，各须叮咛遍戒，每听圣谕后，洗心向善，尽作好人，有过即改，不可护短，日积月累，自有无穷福泽。"[1] 显然，范氏宗族的组织化是在乡约制度影响下实现的。

古林黄氏也依据圣谕六言制定祠规，举行"读法会"。该族在徽州休宁，制定有《祠规》，《祠规》结尾记载："右祠规一十六款，非解臆说，皆推圣谕之遗意也。正身范俗之条目备于此，事君事长之仪则准于此，极之至德要道，为圣为贤之精神亦无不具会于此。故反复示之，以为祠规。使知此谱之修，有不止于别源流、分戚疏、序世次而已也。父以教子，兄以诏弟，见善则迁，见过则改，我祖不没之灵，有作福而无作灾，名教中不亦有余乐哉。"[2] 《祠规》第 1 条为"圣谕当遵"，首列圣谕六言，并说"家规内宜附，将圣谕多方指示"。而《宗祠图引》还讲黄氏在宗祠有"读法会"。显然，黄氏《祠规》的订立与宣讲圣谕有密切关系。

我们重点探讨商山吴氏宗族的乡约化问题。我在北京的国家图书馆见到《商山吴氏宗法规条》一卷，系明抄本，一册，大约八千五百字。从该书内容看，当成于万历中叶。该书分为卷首和正文两部分：卷首有许国《商山吴氏宗祠记》、邵庶《商山吴氏宗法序》、吴应试《宗法规条序》三篇文章；正文是《礼仪》。

---

① 范涞纂修：《休宁范氏族谱》卷五《谱祠·统宗祠规》，安徽省图书馆藏万历二十八年（1600）刻本。

② 黄文明修：《古林黄氏重修族谱》卷二《祠规》，安徽省图书馆藏崇祯十六年（1643）刊本。

卷首的三篇文章反映了商山吴氏的一些基本情况和制定族规的经过。许国《商山吴氏宗祠记》开头就说："休宁故多巨姓，吴最著，邑中族姓吴几半。吴故多巨宗，商山之吴最著。比庐而居，连亘数里，称吴里也。吴故家邑之西廓，至宋有子明公者，道商山乐其胜徙焉，是为商山始祖。后九世有国禄公、文肃公兄弟并以文学显，相继登宋进士，世所称江东二吴也。于是吴一本二支，并著邑谱。"可知商山吴氏是明代徽州休宁的大族，自宋以来聚居于休宁商山，以致形成吴里。许国接着说，文肃公之后在明代建有祠堂祭祖，国禄公支未有祠，处士吴世禄发动本支"四室"建成祠堂，他祠成而卒。该支是长支，祠堂奉祀始祖，以国禄公以下十二祖配，并祔以处士。可见该祠是祭扫始祖的宗祠。

关于该祠的设立时间，可从祠记作者入手。许国（1527—1596），字维祯，徽州歙县人，嘉靖四十四年（1565）进士，神宗时累官吏部尚书，兼东阁大学士。祠记落款为吏部尚书、大学士等衔，显然祠记作于神宗时期吴氏宗祠建成不久，因此吴氏宗祠建成于万历前期。吴氏建祠后，又制定了宗族法规。邵庶《商山吴氏宗法序》说该规"即古乡司徒、党正之遗，而今朝乡约之设、圣谕谆谆之象指也"。明确指出吴氏祠规是响应当代设乡约、讲圣谕的产物。由吴应试《宗法规条序》落款时间可知，祠规制定于万历三十一年（1603）。吴应试在序中说，该祠规系族里的长老和他的父亲所定，其中"独取今圣谕孝顺数事"，也说明祠规受到了乡约的影响。

《礼仪》的内容广泛，不过大致上可以分为祠规和族规两大部分。祠规部分，包括第1—38条，内容有四个方面。第一方面，岁时节日祭拜祖先。大约从开篇到第18条为止，内容有五项。第一项，即前三条讲元旦团拜事宜，涉及参加事宜、祝文、礼仪。第二项，即第4—6条，是元宵、冬至祭祖的规定。内容有参加事宜、元宵祭仪和祭文、冬至祭仪和祭文。其中讲到了祭祖的组织："主祭三人，于礼当以宗子主祭，倘宗子幼稚及有过、礼貌不扬者，则以族长主之。"吴氏宗族设有宗子与族长。第三项，清明祭墓的规定，为第7条。第四项，祭祖的物质方面，为第8—11条。内容有祭品、散胙、祭器、管理等。第五项，第12—18条。祠祭的要求，包括与祭的纪律、服装、会场、祠祭礼仪、仆人不与祭、值祠仆职责、预定乐人等。第二方面，出银入祠例，第19—26条。为了体现报答祖先恩德和维持宗祠运作的经费，规定族人新冠、新娶、聘女、童生入学、中试、例监生授职、受诰敕封赠都要交纳一定的钱入祠。第三方面，支用祭仪价例，第27—33条。规定了元旦、元宵、冬至、清明祭拜用品的数量和价格。第四方面，宗祠经济管理，第34—38条。诸如散胙、正月半算账、祠内生放银两、祠中物品管理、宗祠房地产的管理。

族规部分，包括第39—59条，内容是宗正副对族人的管理。具体内容为：宗正副的设置，提名和推荐旌表之人、赞助贫穷子弟读书、督促支派四房教育子弟、惩治宗族恶人、责罚破坏宗族义举者、旌善惩恶、禁治悍妇、惩治族中棍徒、惩治迫害族人之事、惩治盗卖祖坟、反对停丧不葬、不许世仆赎身、禁治巫妇、督促家长严禁以自杀图赖他人、整顿闹房等婚礼、整顿亲属秩序、以圣谕和四言要求族人、保护族人不受外侮。

族规部分反映了宗正副制度。一是宗正副的设置，第39条开宗明义就规定："祠规虽立，无人管摄，乃虚文也。须会族众公同推举制行端方、立心平直者四人，四支内每房推选一人为宗正副，总理一族之事。遇有正事议论，首家邀请宗正副裁酌，如有大故难处之事，会同该族品官举监生员、各房尊长虚心明审，以警人心，以肃宗法。"可见宗正副分别由该族四支选出，组成联席制的宗族领导层。宗正副处理的事情分为两个层次，一般情况下，宗正副对所反映的事情直接处理；遇有大事或棘手之事，则要会同该族品官举监生员一起处置。士大夫在族中具有权威的地位。宗正副似有总的和分支的区别，第52条说，今后遇有巫妇，"各宗正副查报宗正，即追巫妇所骗财物，仍重罚本夫妇男，俱备入祠公用"。宗正相对于各宗正副，似乎位于其上。如此，照理说应该对宗正有专门记载，可是本资料只有这里一处提到宗正，且语焉不详。猜测有可能宗正是四支宗正轮值产生，所以没有再作专门记载。二是宗正副须会同族长处理一些事情。第42条是督促支派四房教育子弟方面的内容，说到今后倘有恃强凌弱等事情，"宗正副会族长公同酌议，分别是非曲直，责备本门之贤者，务使和释宁靖，不谙事少年以退"。第53条要求宗正副督促家长严禁以自杀图赖他人，对于此辈："宗正副会同族长、品官、举监生员人等，备情呈治本犯家长。"可见宗正副是宗族在原有族长之外另行选举产生，虽然新设宗正副，但族长仍然发挥作用。在族中，族长位于品官、举监生员之上。族长协助宗正副处理的族务，似乎偏重于房派、家长之事，如第53条督促、呈治家长，第42条是督促支派四房教育本门子弟。一般来说，族长是族中德高望重的年老之人，具有宗族血缘的天然关系，对于房派、家长具有"天然的"权威和责任，所以宗正副处理这一类事务需要族长的协助。由此也可以看到，宗正副的产生更看重能力，更具有"行政性"。三是宗正副具有审判族人的司法权。第43条谈到惩治宗族恶人时说："若富欺贫、强凌弱、众暴寡、邪害正，皆皆欺蔑祖宗、败坏风俗之辈，各支倘有此等恶人，虽被害者懦弱，不能中訴，各宗正副不许容隐，即代为陈秉始祖之前，悉听宗正副据理剖断，毋从毋枉。"第44条接着说："今后族中凡有义举，众当协力赞襄，其有设法阴坏者，宗正副即会族众，昭告始祖前，量情轻重责罚，以警其余。"宗正副的审判权力实际上包括"据理割断"的审理权和"量情轻重责罚"进行处理的判决权。审理族务前要"昭告始祖前""陈秉始祖之前"，说明宗正副审判族人的权力来自祖先。族人的行为要对祖先负责，宗正副审理族内诉讼是代祖先行事。宗正副的判决权还包括将不法族人送官府呈治，如第47条讲，对于族中棍徒，"宗正副约会族长，呈官惩治"。第49条规定，倘有盗卖祖坟，"宗正副据实呈治，以不孝论"。第58条规定族长、宗正对于严重玷辱祖德、辱及门风的族人。"初当理谕之，不改鸣鼓攻之，不改合族赴公庭首治之不贷。"这三条所列均为重犯，对此宗正副要交官府请求代为惩治。总之，"宗正副"一词是模仿"约正副"定名的，是宗族中推行乡约的产物。

从族规所定宗正副管理职责，也可看出当时商山吴氏乡族社区面临的主要问题。宗族秩序受到破坏被屡屡强调，第42条说："本族支派四房，间有愚昧，不思一本之义，或立各门之私，凡有一言一动，辄便恃强凌弱，倚众暴寡，必以取胜为荣，诚上不体祖宗垂裕之心，下不念子孙绥和之意，岂有有识见者之所为哉！"族人之间、房派之间的关系存在着不融洽。第43条继续指出："凡族人虽众，原皆本乎一祖，但其中所发，有贫富、有强弱、有众寡、有邪正，然人品固有不齐，亦皆从祖宗德泽中来也。若富欺贫、强凌弱、众暴富、邪害正，皆皆欺蔑祖宗、败坏风俗之辈。"族人的分化和宗族伦理被破坏是显而易见的。第45条又列举宗正副所应该惩治的种种恶行，说"如有为富不仁、损人利己、害众成家、嫉贤妒能、酝酿祸胎、起灭词讼、闻人之衅喜灾乐祸、陷人之阱阴设阳施，此皆刻薄，存心鸩毒，故意悖逆祖宗，欺蔑族类，诚一乡之大蠹、百世之罪人也"。欺蔑族人的现象比较严重。第47条说："族中或有一等棍徒，名为'轿杠'。引诱各家骄纵败子，酗酒习优，宿娼赌博，不顾俯仰，必致倾家荡产丧身而后矣，此等恶俗尤为可恨。"富家子弟学坏现象突出。第58条在指出族中存在着忤逆、侵侮、争斗、奸盗诈伪不良现象后，接着说："至庭内有被捶之老人，门前有尊奉之鸡肋，道途有冤号之负贩，淫溺有'家鸡'、'野鹜'之喻、当炉依门之渐。"使我们看到了一幅乡村社会秩序被破坏的图景。族规还从不同方面反映了宗族的风气。如妇女问题，第46条指出："妇人怀嫉妒之情，丈夫有沉惑之僻，家世之败坏起于妇人之长舌，而澜于丈夫之沉惑。今后各支妇女如有抵触翁姑、夫妇反目、妯娌戕伤、朝夕詈骂、不守闺阁礼法者，诚为悍妇。"儒家的闺阁礼法受到破坏。不仅如此，第52条说："族中妇女无知，专信巫妇妄言祸福，煽惑人心，假以祈祷，哄骗财物，深为可恶。"再如违反孝道之事，像兄弟相残（第48条）、盗卖祖坟（第49条）、停丧不葬（第50条）。又有以自杀图赖他人（第53条）、婚礼闹房过分（第54条）、亲属秩序混乱（第55条）等不好风俗。此外，族规极力保护主仆身份制度，如第51条规定，对于世仆赎身者，"宗正副访出，将赎身之物追入祠中公用，仍拘原仆听宗正责罚，或有豪奴凶恶抗忤祖辈，有伤大体，宗正副即行拘入祠中，从重责罚"。

族规一方面惩恶；另一方面扬善。如提名和推荐旌表之人（第40条）、赞助贫穷子弟读书（第41条）、表扬善行（第45条），是为了转移不良风气。

第58条要求宣讲圣谕四（按：当为"六"）言，进一步证明"吴氏宗法"受到明代乡约制度的影响。

总之，族规部分的主要内容是规范族人行为，移风易俗，反映了风俗变坏的现实和宗族采取的对策。

该资料最后总结说："大抵宗法之立，无非尊祖睦族劝诫子姓，并成羡族。各宜遵守，毋玩毋狎，则昭穆由此而序，名分由此而正，宗族由此而睦，孝悌由此而出，人才由此而盛，争讼由此而息，公道由此而明，私忿由此而释，不惟光耀宗祖，且垂训后世于无穷矣，为吾宗者，尚其勖诸。"可见"尊祖睦族劝诫子姓"是"吴氏宗法"的宗旨，由此序昭穆、正名分、睦宗族，盛人才、息争讼、明公道、释私忿，建立良好的乡族社会秩序。

　　文末的署名为瑞卿，即吴应试的父亲。

　　总之，商山吴氏于万历前期建成宗祠，又于万历三十一年（1603）制定了宗族法规。吴氏祠规的设立是响应明朝设乡约、讲圣谕的产物，祠规制定参照了圣谕六言。吴氏宗族设有宗子与族长，主要负责祭祀等族务；并设立宗正副，以管理族人。宗正副分别由该族四支选出，组成联席制的宗族领导层，其上还有总负责的宗正。宗正副须会同族长处理一些事情，更重要的是宗正副具有审判族人的司法权。宗正副的管理职责，主要是维护宗族内部与乡里社区受到破坏的社会秩序。

### （二）祁门县的事例

　　文堂陈氏乡约与族规合二为一，通过推行乡约使宗族组织化。陈氏于隆庆六年（1572）制定并刊行于族内的《文堂乡约家法》，是一部反映宗族推行乡约制度的珍贵文献。编订者陈昭祥，今存安徽省图书馆。该书由《文堂乡约家法序》（汪尚宁撰）、《圣谕屏之图》《会仪》《会诫》《文堂陈氏乡约》《圣谕演》（分为文和诗）、《文堂乡约序》（陈证撰）、《文堂乡约叙》（陈昭祥撰）、《文堂陈氏乡约序》（陈明良撰）诸篇组成，全书大约一万一千字。其中《圣谕演》约三千六百字、《文堂陈氏乡约》大约三千二百字，这两部分是本书的主体部分。该书的重要价值是全面记载了乡约在宗族中推行的具体情况。书名中的"文堂"是地名，"乡约家法"是说以乡约作为家法，换言之，既是乡约也是家法。

　　徽州人汪尚宁撰《文堂乡约家法序》，介绍了文堂陈氏以及推行乡约家法的经过。该序说："祁间之西乡文堂，陈氏世居之。编里二十，为户二百有奇，口数千，鼎立约会则自今兹始。"这是一个聚族而居的颇具规模的宗族，首次实行乡约。汪氏还说："予闻文堂陈氏风俗敦醇，近不如古，父老有忧焉。仿行吕、仇遗轨，呈于官。邑伯廖公梦衡嘉之曰：'庶其阖族行之，将以式通邑。日复振德，教思无斁，其志尼师之志而举行，成周卿大夫之者乎。'既数月，四境骎骎行，而滥觞则文堂始。"文堂陈氏担心风俗变坏，仿照《吕氏乡约》和正德年间陕西上党《仇氏家范》制定《文堂乡约家法》，呈官批准。受到祁门知县廖梦衡的称赞，并以此示范全县，祁门的乡约在数月内快速推广。汪氏也介绍了《文堂乡约家法》的制定者陈昭祥和陈履祥兄弟，"所闻王、湛二先生之学，孚其乡之父老"。可见二陈受到王守仁、湛若水学说的影响，是陈氏宗族中有名望的学者。

乡约讲会形式方面的规定，主要反映在以下资料。一是关于讲会场所的《圣谕屏之图》。首先列出圣谕六言，接着载有《文堂乡约家会座图》一幅，可知会场北边当中布置圣谕牌和香案，西为约赞和约仪位，东是约赞与约讲位；会场中央设讲案，同讲、进讲在此，案前有歌诗童生班两组，两边是听者席位，各分三列，第一列是乡老年长者，第二列是年壮者，第三列是年少者；会场西边设置钟磬，东边设置鼓琴。

二是《会仪》。其内容如下：

> 会日，管会之家先期设圣谕牌于堂上，设香案于庭中。同约人如期毕至升堂，端肃班立（东西相向如坐图）。赞者（唱）排班（以此北面序立），班齐宣圣谕（司讲出往南面朗宣）。
>
> 太祖高皇帝圣谕：孝顺父母，尊敬长上，和睦乡里，教训子孙，各安生理，毋作非为（宣毕退就位）。
>
> 赞者（唱）鞠躬拜兴（凡五拜），三叩头，平身。分班，少者出排班（北面），揖，平身，退班（以次出排班北面揖毕）。圆揖，各就坐（坐定）。歌生进班（依次序立庭中或阶下），揖，平身，分班（分立两行）。设讲案（具案于庭中），鸣讲鼓（击鼓五声唱），司讲者进讲（讲者出位，击木铎一度，就案肃立），皆兴，揖，平身（讲者北向揖，诸不答）宣演圣谕（或随演一二条，或读约十余款，宣毕），揖，平身（讲者退就位），皆坐升歌（司鼓钟者各击三声，歌生、班首唱诗歌三首章。歌毕，复击鼓磬各三声，乡人或有公私事故，本人当于此时出班，北面陈说，从容言毕，复就位）。进茶（俱进茶毕）皆兴，圆揖，平身，礼毕（先长者出，以次相继，鱼贯而出）。

《会仪》旨在突出皇权的至高无上，首先是要设圣谕牌，方位坐北朝南，象征皇权（所谓"南面称王"）。主持讲会的司讲南面朗诵圣谕六言，仍然象征着皇权。与会者要向着北面的圣谕牌行三叩拜，表示尊崇皇权，连请假者也要北面陈述。

三是《会诫》。其全文为：

一、每会，立约会众升堂，随各拱手班坐，且勿乱揖，起止失仪。俟齐集拜圣谕毕，然后依次会仪相揖，各就坐，肃静听讲。

一、乡约大意，惟以劝善习礼为重，不许挟仇报复，假公言私，玩亵圣谕。间有利害切己或事系纲纪所当禀众者，俟讲约毕，本人出席，北面拱立，从容陈说，毋许躁暴喧嚷。礼毕后在随托约正副议处。处讫，俟再会日，约正副以所处事，白于众，通知。

一、立约本欲同归于善，趋利避害，在父兄岂不欲多贤子弟，在子弟岂不欲多贤父兄，在贤达者岂不欲其身为端人正士。凡各户除显恶大憝众所难容者，自宜回避，不得与会；若已往小过，冀其自新，皆得与会书名。其余各分下子姓，不问长幼，苟有赴会，即是向上人品。古云：子孙才，族将大。于吾陈氏重有望也。

一、每会各户约长、约正副，早晨率分下子姓衣冠临约所，毋许先后不齐。亵服苟简，以负远迩观望。若各户下有经年不赴约及会簿无名者，即为梗化顽民，众共弃之，即有交患之加，亦置弗理。

一、约所立纪善、纪恶簿二扇，会日公同商榷。有善者即时登记，有过者初会姑容，以后仍不悛者书之。若有恃顽抗法、当会逞凶、不遵约束者，即是辱慢圣谕。沮善济恶，莫此为甚，登时书簿以纪其恶。如更不服，遵廖侯批谕，家长送究。

一、每轮会之家，酌立纠仪二人，司察威仪动静，以成礼节，庶不失大家规矩。

《会诫》共计六条，旨在维护乡约制度的实行。第一条是开讲前的仪式。第二条是会众有事报告约正副以及约正副处理的规定，并开宗明义，说乡约意在"劝善习礼"，如果说第一条强调习礼，则此条重在劝善，约正副在讲会也处理族中民事。第三条主张讲会的原则是尽量让族众参加而不是排斥，以达到劝善的目的。第四条提出对约正副的要求，还规定孤立和屏弃长年不参加乡约的族人。第五条是立簿记录善恶行为的规定，值得注意的是如有违抗乡约者，以"辱慢圣谕"处置，即作为不尊皇权看待，基层社会的乡约既为维护皇权服务，也借助皇权维持对乡族社会秩序的管理。而且祁门知县赋予家族长将不服乡约的族人送究官府的权力，乡族在官府的支持下维护了管理族众的权力，国家依靠乡约实现了对基层社会的统治。中央皇权、地方官府、基层社会通过乡约制度联结在一起。第六条要求轮会之家立纠仪，以维持会仪。

乡约讲会的内容主要集中在《文堂陈氏乡约》，鉴于该史料珍贵的价值和便于分析，我们不惮其烦，引录全文如下：

> 惟吾文堂陈氏，承始祖百三公以来，遵守朝廷法度、祖宗家训，节立义约，颇近淳庞。迩来人繁约解，俗渐浇漓。或败礼者有之，逾节凌分者有之，甚至为奸为盗、丧身亡家者有之。以故是非混淆，人无劝惩，上贻官长之忧，下至良民之苦，实可为乡里痛惜者也。兹幸我邑父母廖侯在任，新政清明，民思向化，爰聚通族。父老会议闻官，请申禁约，严定规条，俾子姓有所凭依。庶官刑不犯，家法不坠，成为一乡之善俗，未可知也。自约之后，凡我子姓各宜遵守，毋得故违。如有犯者，定依条款罚赎施行，其永勿殆。
>
> 1①. 每月议行乡约家会，将本宗一十七甲排年分贴为十二轮，以周一年之会。户大人众者自管一轮，户小人少者取便并管一轮。每会以月朔为期，惟正月改在望日。值轮之家，预设圣谕屏、香案于祠堂，至日侵晨，鸣锣约聚各户长，率子弟衣冠齐诣会所。限以辰时毕至，非病患、事故、远出，毋得愉怠、因循不至。其会膳止用点心，毋许靡费无节，以致难继。
>
> 2. 各户立定户长以为会宗，以主各户事故，或会宗多有年高难任事者，择年稍有行检者为约正，又次年壮贤能者为约副，相与权宜议事。在约正副既为众所推举，则虽无一命之尊，而有帅人之责。苟自为恶而责人之无恶，自为不善而喻人为善，谁则听之。故当敦明礼义，以表率乡曲，不可斯须陷于非礼非义，以有坏家法，以为众人口实。
>
> 3. 约正副凡遇约中有某事，不拘常期，相率赴祠议处。务在公

---

① 序号系我所加，原文在诸条前冠以"一"字。

心直道，得其曲直，一有阿纵徇私，非惟不能谕止，是又与于不仁之甚者。

4. 每会行礼后，长幼齐坐，晓令各户子姓各寻生业，毋得群居、博弈燕游、费时失事，渐至家业零替，流于污下，甚至乖逆非为等情。本户内人指名禀众，互相劝戒，务期自新。如三犯不悛，里排公同呈治。

5. 本宗新正拜奠仪节，悉依定式。毋许繁简不一，乖乱礼文。各户斯文，互相赞行，无分彼此形骸，凡有奸盗诈伪、败坏家法、众所通知者，公举逐出祠外，不许混入拜祭，玷辱先灵。

6. 各处祖坟为首人，须约聚斯文，如礼祭扫。遇有崩坏堆塞，即时修理，毋得因循。

7. 为子孙有忤犯其父母、祖父母者，有缺其奉养者，有怨詈者，本家约正副会同诸约正副，正言谕之。不悛即书于纪恶簿，生则不许入会，死则不许入祠。

8. 子弟凡遇长上，必整肃衣冠，接遇以礼。毋得苟简土揖而已。间有傲慢不逊、凌犯长上者，本家约正副理喻之。不悛，告诸约正副正之。不悛，书于纪恶簿，终身不许入会。

9. 亲丧人子大事，当悉如文公《家礼》仪节襄事，不得信用浮屠，以辱亲于非礼，以自底于不孝。尤不得拘忌地理外家之说，以致长年暴露。

10. 古者丧家三日不举火，亲朋裹粮赴吊。今后有丧之家，不得具陈酒馔，处人以非礼。

11. 时祭忌祭，子孙继养之至情，当诚敬斋戒以从事，不得视为泛常，苟简亵渎。

12. 各家男女须要有别、有等，不学子弟、结交群饮，往来闺阁，诸大不韪，皆由此起，如有犯伦败俗显迹可恶者，从公照律惩治，毋得容恕。

13. 本宗子妇有能砥砺名节者，临会时公同适门奖劝。里排、斯文仍行报官申请旌奖，以为祖宗之光。

14. 本宗每年钱粮官事，多因过期不纳，取恶官府，贻累见役，殊非美俗。今后凡遇上纳之类，俱行会所，酌议定期，毋仍拖延，以致差人下扰。

15. 凡境内或有盗贼生发，族里捕捉既获，须是邀同排年斟酌善恶，如果素行不端，送官惩治，毋得挟仇报复，骗财卖放；或令即时自尽，免玷宗声。如果素善，妄被仇扳，里排公同保结，毋令枉受飞诬。

16. 各户或有争竞事故，先须报明约正副，秉公和释，不得辄讼公庭，伤和破家。若有恃其财力强梗不遵理处者，本户长转里纠治。

17. 妇人有骄纵动以自缢、投水唆人致死者，置弗问。如母家以非理索骗，约正副直之。实受屈致死者，与之议处。其女子出嫁有受屈致死者，约正副亦与议处。如以不才唆扳死者，置弗问。

18. 本里宅墓来龙、朝山、水口，皆祖宗血脉、山川形胜所关，各家宜戒谕长养林木，以卫形胜。毋得泥为己业，掘损盗砍，犯者公同重罚理论。

19. 本里岁有九日神会，以报功德。西峰清净之神，安肯受人非礼之享，赛棚斗戏，启衅招祸，覆辙相循，昭然可鉴。况值公私交迫，何堪浪费钱帛；风景萧条，有何可乐。自今宜痛革陋习，毋仍迷惑。管年之家，须以礼祭奠，庶不致渎神耗财，渐臻富厚矣。

20. 各户祖坟山场、祭祀田租，须严守旧约，毋得因贫变卖，以致祭享废缺。如违，各户长即行告理，准不孝论，无祠。

21. 本都远近山场，栽植松杉竹木，毋许盗砍盗卖。诸凡樵采人止取杂木，如违，鸣众惩治。

22. 乡族凡充里役者，须勤慎公正。以上趋事官长，以下体恤小民。不得违慢误事、挟势涯骗，以自取罪戾。

23. 本都乡约除排年户众遵依外，仍各处小户散居山谷，不无非分作恶、窝盗、放火、偷木、打禾、拖租等情。今将各地方佃户编立甲长，该甲人丁许令甲长约束，每月朔各甲长侵晨赴约所，报地方安否何如。如本甲有事，甲长隐情不报，即系受财卖法。一体连坐。如甲下人丁不服约束者，许甲长指名禀众重究，每朔日甲长一名不到者，公同酌罚不恕。

隆庆六年正月初四日，同立乡约人陈德信（下略）

一、约正副（下略）

一、约赞（下略）

一、首人（下略）

今将阄得各轮管会次序定例开后（下略）

每年照此阄定依序循环，毋得慢期废会。如违，通众鸣官惩究，仍依此序。

该资料主要反映了两大方面的问题。一项是文堂陈氏乡约的组织形式。首先，该族的轮会制度是在里甲制的基础上改造而成。即将本宗一十七甲按年轮当者（排年）分合为十二轮，按月轮当，一年为一讲会周期。"户大人众者自管一轮，户小人少者取便并管一轮"（第1条）。各户确立户长以主各户事务，称为会宗。会宗多年高难任事者，另择年稍长有行检者为约正，又次年壮贤能者为约副，一起议事（第2条）。该资料文后附有十二轮各轮管会次序，我发现这些轮管者就是文后所附的"同立乡约人"，也就是说原来的里甲排年定立了这一乡约。文后也附有约正副、约赞、首人名单。约正副共27人，其中陈进、陈敞、陈崧、陈圣通、陈积玉、陈德洪、陈神佑、陈设八人又是立约人，即为排年的户长，而其余占绝大多数的19人，当是另行选出的年纪较轻的约正副。约赞中有编订本书的陈昭祥、陈履祥兄弟，看来他们在族中主要从事"文化"方面的工作。因此乡约就不仅是宣讲，还要像里甲一样具有地方行政职能。凡遇约中有事，不拘常期，赴祠议处（第3条）。而且每次讲会族人要互相批评，对于三犯不悛者，"里排公同呈治"（第4条）。乡约与里甲联合起来管理族人。里排还有与斯文申办妇女旌奖之责（第13条）。遇有治安问题，乡约"邀同排年斟酌善恶"，乡约还与里排公同保结受诬冤枉族人（第15条）。其次，各户设立斯文负责礼仪之事。除了刚刚提到的申办妇女旌奖外，各户斯文要赞行宗族元旦祭祖礼仪（第5条），协助墓祭（第6条）。又次，本家约正副与诸家约正副会议制度。对于不孝、不尊、各户之间冲突等族中大事，采取该种做法。再次，送官惩治制度。捕获境内盗贼，乡约会同排年送官惩治（第15条）。户长也可将族中不遵约束之人呈官究治（第16条）。最后，将散居山谷的佃户编甲（第23条）。①

应当指出，乡约的贯彻也以宗族为基础。如讲会是在祠堂进行的，约正副遇事赴祠议处，处罚违反孝道者"死不许入祠"，将败坏家法混入祭祖者逐出祠外，宗族祠堂成为乡约活动的舞台。

《文堂陈氏乡约》另一项主要内容是乡约的职责，或者说是乡约对族人的要求。该约开头指出了制定乡约的背景是，乡族俗渐浇漓，发生败坏礼节、逾节凌分甚至为奸为盗、丧身亡家种种事情。为了辨别是非、劝惩善恶、管理子姓、整顿乡里秩序，在官府的支持下制定该约。陈氏乡约对族人的要求主要集中在以下几个方面：一是各执一业，不得成为游民（第4条）；二是奉养父母、祖父母（第7条）；三是执行尊崇长上的礼仪（第8条）；四是以礼处置丧事（第9—10条）；五是认真祭祖（第11条）；六是男女有别（第12条）；七是按时纳税（第14条）；八是妇女不得以死要挟（第17条）；九是保护风水，爱护林木（第18条）；十是痛革赛会陋习（第19条）；十一是不得变卖祖坟山场（第20条）；十二是保护山场树木（第21条）；十三是里役要公正（第22条）。这十三方面是当时文堂陈氏俗渐浇漓的主要表现，乡约的职责就是对此移风易俗。第19条中说，"况值公私交迫"，也反映了当时祁门地方社会的总体状况。

《圣谕演》篇幅最长，内容是用通俗浅近的语言，不厌其详地解释圣谕六言，劝说族人服从。

列于该书最后的三篇序，对我们认识文堂陈氏乡约有帮助。三篇序都提到当时风俗变坏，陈证说："迩惟族繁人衍，贤愚弗齐，父老忧之。"陈昭祥指出："迩惟斯文中替，豪杰不生，氏族既繁，风习日圮。"陈明良讲："迩惟生齿繁夥，风习浇讹，致以古先圣王之道为姗笑者十人而九矣。"他们都认为人口增多是风俗变坏的重要原因。三篇序也都涉及陈氏乡约的制定经过。陈证谈到廖知县立乡约实行一年，行之有效。陈昭祥

---

① 叶显恩先生从佃仆制的角度考察了这一编甲，见其所著《明清徽州农村社会与佃仆制》，安徽人民出版社1983年版，第169、276页；陈柯云《略论明清徽州的乡约》也指出文堂陈氏乡约体现了宗族性乡约的特点，见《中国史研究》1990年第4期；结合文堂陈氏族谱详细探讨的是韩国学者洪性鸠《明中期徽州的乡约与宗族的关系——以祁门县文堂陈氏乡约为例》一文，载《大东文化研究》（韩国成均馆大学）34，1999年。

说族内父老欲立乡约，他与弟侄辈"商其条款，酌其事宜，定之以仪节，参之以演义，乐之以乐章。以复于诸父老，父老咸是其议，因以请于邑父母廖侯，复作成之。行之数月，盖帖焉。"陈昭祥作为士人为乡约的设立贡献了不小的力量。他还说刊布该书是"梓以布于乡人，以便朝夕观看，以惕厥恒心焉"。陈明良引用廖知县的话，指明了乡约的作用："月朔群子姓于其祠，先圣训以约之尊，次讲演以约之信，次以歌咏以约其性情，又次之揖让以约其步趋。不知孝顺尊敬者，约之孝顺尊敬；不知和睦教训者，约之和睦教训；不知安生理毋作非为者，约之使安生理毋作非为。"这种仪式化的教化活动，在族中也有不小的阻力，从陈明良的下面话中可以看出："族之人间有阳借其名而实则背之者，是之谓乱约；心知其是而故訾之者，是之谓毁约；疾其不便己私而阴欲坏之者，是之谓蛊约。"保持乡约不是一件容易的事。

该书最后写有"崇祯元年文堂　置"字样，可知是书不断被族人置办。

综上所述，文堂陈氏乡约是该族族尊和士人为了移风易俗，在官府的支持下实行的，其特点是乡约的推行借助里甲，反映了隆庆时期基层社会组织的变化。乡约的政治宣讲仪式和组织，强化了中央皇权、地方官府和基层社会的联系，宗族也因乡约制度而组织化。

### （三）婺源县的事例

婺源沱川余氏早已引起学者的注意，该族的余懋衡《明史》卷二三二有传，他是万历二十年（1592）进士，历任永新知县、御史、大理寺丞等，引疾去。天启元年（1621）返朝，三年（1623）官至南京吏部尚书，又引疾归。余懋衡于万历四十八年（1620）编著《沱川余氏乡约》三卷，卷一有《约仪》《圣谕衍义》《勤俭忍畏四言》《劝戒三十一则》《保甲三则》；卷二选刊律例115条；卷三收录27首诗。酒井忠夫、铃木博之都关注过该乡约①，特别是铃木博之根据《约仪》

---

① ［日］酒井忠夫：《中国善书の研究》，弘文堂1960年版，第52页；［日］铃木博之：《明代徽州府の乡约について》，《山根幸夫教授退休纪念明代史论丛》下卷，汲古书院1990年版，第1048—1051页。

考察了乡约的仪礼，从《劝戒三十一则》分析了乡约的目的，指出该约具有针对同族的性质。我想，仅《沱川余氏乡约》这一名称，就说明这是在沱川余氏实行的乡约。事实上不仅如此，余懋衡在实行乡约不久，又在族内进行祠堂制度的建设。我在北京的国家图书馆发现了余懋衡所著《余氏宗祠约》一卷，系天启间刻本。该约定立于天启四年（1624），从名称看余氏祠规受到乡约的影响；从时间看，稍晚于乡约的定立。因此我认为余氏宗族祠堂的建设是以乡约的推动为背景的。《余氏宗祠约》由序、祠规、斋戒式示、祭首轮充、祭品定供、祖茔、祠田、祠地、祭器、祠约、纪助 11 部分组成，主体部分是有 20 条内容的祠规。余懋衡在序中说，沱川余氏自始祖以来十九世，有丁千余。当时族内盗鬻祠田和盗葬祖墓严重，需要整顿。天启四年，祠举清明之祭，他得请家居，根据族内长辈的请求，定立了祠规，并且建议镂板而令家藏一册。祠田部分记载，余氏在嘉靖四十二年（1563）春始营祠宇，嘉靖末年有田 68 亩，至万历十八年（1590）剩下 23 亩，盗卖严重。新定祠规的内容主要是祭祖以及祠墓财产方面的，值得注意的是确立了宗子制度。祠规第一条就规定："立嫡为宗子，选有识、有守、有才者四人相之。"余懋衡万历末年和天启初年的两次引疾家居期间从事乡族建设，引人注目。

## 四　小结

由上可知，明代嘉靖以后安徽的徽州府地方官在推行乡约的过程中，尝试将乡约与宗族结合起来，在宗族设立约长，宣讲圣谕，重视以圣谕制定族规，把宗族纳入到乡约系统。我们在本文第二部分，指出了歙县、绩溪以及徽州官府在宗族中推行乡约；第三部分的祁门文堂陈氏于隆庆六年（1572）实行乡约，也由于廖知县立乡约实行一年行之有效而尝试，徽州宗族的乡约化是在官府推行乡约的背景下进行的。官府在宗族推行乡约，也得到宗族的认同，一些宗族甚至主动在族中实行乡约。我们将本文出现的事例列表如下：

表1　　　　　　　明代徽州宗族乡约化中的族规、族长与族务例示

| 序号 | 族姓 | 规约名称 | 制定时间 | 宗族管理 |
|------|------|---------|---------|---------|
| 1 | 安徽休宁西门汪氏 | 西门汪氏祠规 | 正德九年 | 族长 |
| 2 | 安徽休宁吴氏 | 族约 | 嘉靖 | |
| 3 | 安徽休宁范氏 | 统宗祠规 | 嘉靖四五年 | 宜讲圣谕六言 |
| 4 | 安徽休宁古林黄氏 | 祠规 | 明后期 | 宜讲圣谕六言、读法 |
| 5 | 安徽休宁商山吴氏 | 商山吴氏宗法规条 | 万历中叶 | 设宗正副，宜讲圣谕六言 |
| 6 | 安徽祁门文堂陈氏 | 文堂乡约家法 | 隆庆六年 | 乡约讲会，乡约以里甲为基础 |
| 7 | 安徽婺源沱川余氏 | 余氏宗祠约 | 天启四年 | 立宗子，以四人相之 |

表1所示，宗族规范的大量出现是在嘉靖以降的明后期。这些规范是随着明朝官府推行乡约而出现的，在表1的7个事例中，表示以"家"为单位的"家法"一例，其余都是以"宗""族""祠"即宗族为单位的。宗族规范的名称，主要有两类：一类是"规"，有4例"祠规"、1例"宗法规条"，其中两例是大宗祠和统宗祠的，反映了宗族制度的发展；另一类是"约"，有"族约"和"祠约"各1例，明显地打上了"乡约"的印记。宗族制定规约的同时，也加强了组织建设，在族内设置乡约系统管理族人，或者强化族长、宗子系统并乡约化。明后期乡约化的宗族，活动的特点是宣讲圣谕六言，加强对族人的教化。总之，一般来说，明后期由祖先界定出来具有父系继嗣关系的血缘群体的宗族，被功能化为社会团体，功能化是通过组织化实现的，组织化的标志是以推行乡约为契机制定规约、设立宗族首领、进行宣讲教化活动，并以建祠修谱增强宗族的凝聚力。因此，宗族组织化、制度化的实质是宗族的乡约化，宗族组织的功能首先表现在政治方面。

嘉靖以前宗族组织化形式比较具有多样性，也就是不太定型。既有奇峰郑氏受朱元璋里老制度影响而设立族老的事例；也有如西门汪氏、陪郭程氏不断加强岁时节日的祭祖活动，制定各种条规，完善宗族制度，通过祭拜祖先的仪式加强族人和房派之间的凝聚力。比较共同的是多强调宋儒主张对宗族建设的指导性。

嘉靖以降，明朝大规模推行乡约制度后，宗族的组织化主要采取乡约化的形式，宗族的乡约化在各地均有发生，而且程度加深，宗族乡约

化全面展开。徽州地区宗族大量聚族而居，地方官推行乡约时，明确地把宗族乡约化作为目标。徽州宗族对政府推行乡约也积极响应，士大夫及其代表的宗族出于维护社区社会秩序的需要，通过宗族的乡约化使宗族组织化，从而强化对族人的管理。如休宁范氏在嘉靖时宣讲圣谕，在立宗祠的宗族建设中依据圣谕制定祠规，范氏宗族的组织化是在乡约制度影响下实现的。休宁的古林黄氏也依据圣谕六言制定祠规，举行"读法会"，祠规的订立与宣讲圣谕有密切关系。再如休宁商山吴氏祠规的设立是响应明朝设乡约、讲圣谕的产物，在宗子与族长之外设立宗正副管理族人，吴氏宗族的乡约化也很明显。祁门县的文堂陈氏乡约与族规合二为一，通过推行乡约使宗族组织化。陈氏在官府的支持下，借助里甲推行乡约，使基层社会组织发生了变化。婺源县的沱川余氏也是在乡约的推动下设立宗祠，并制定了《余氏宗祠约》。

总而言之，明代官府与宗族在维持基层社会秩序方面产生了一定的共识，即互相依托、互相支持，促使宗族组织化，由此也就强化了官府与宗族的互动关系。明代的宗族乡约化是宋以后中国宗族组织形成与发展的一个关键所在。

# 从"四林外"到大房：鄱阳湖区
# 张氏谱系的建构及其"渔民化"结局

## ——兼论民国地方史料的有效性及"短时段"分析问题

梁洪生[*]

## 一　必要的说明和本文关注的问题

2004 年春季，笔者指导两名历史系本科生做毕业论文，其中一位姓殷（以下简称小殷），家住江西星子县城。期间他回到乡村收集资料，在外祖父的遗物中找到一份"前清时期星子范围内各姓氏河港交叉承管顶纳湖课的册籍"手抄本，一共 87 页，毛笔书写，一笔不苟，是十分罕见的鄱阳湖区清代渔户湖课登记册抄本。其外祖父还手抄了 7 份鄱阳湖区管理部门和地方政府处理捕鱼纠纷的协议书，并保存了 1946 年和 1988 年修成的两部家谱。

当笔者进一步细读那批反映渔民生活变迁的文献资料时，感到内涵很丰富，涉及的时段较长，很有深入探讨的空间。于是我在第二年春节由小殷陪同，去星子县蓼花乡濒湖村庄及新、老行船水道实地考察，并对小殷父母和舅舅们作了访问，最后还到星子县档案馆和渔政管理部门查阅档案。此后，笔者写成《"私业"与"官河"之辨——对新发现的

---

[*] 梁洪生（1954—　），山东枣庄人，生于江西南昌江西师范大学历史系教授，区域社会研究资料中心主任，研究方向：社会生活史、地方历史文献学，代表作：《江西公藏谱牒目录提要》《从"异民"到"怀远"：以"怀远文献"为重心考察雍正二年宁州移民要求入籍和土著罢考事件》。本文原载《近代史研究》2010 年第 2 期。

鄱阳湖区渔户历史文书的解读》一文，2005 年于芝加哥召开的亚洲研究协会（AAS）57 届年会上宣读。该文后来几经修订和周折，最终于 2008 年《清华大学学报》发表。[①]

该文及本文所依赖的主要资料来自民间的存藏，而这批资料的保存者同时也是一部分文字材料的生产者张绍强（即小殷的外祖父），就很有必要先加介绍。张绍强，1934 年出生于星子县蓼南乡楮树咀村，其父即以捕鱼为生。到 1949 年家有水田 4 亩，旱地 13 亩，所以在 20 世纪 50 年代初"土改"时划为"上中农"成分。张绍强读过私塾，记忆好，会算术，颇有主见，所以在 1950 年就参加了配合土改的丈量土地工作。次年，17 岁的他就担任了一个小乡的乡长。1953 年因为和县政府下派的工作组长意见不合，加上账目不对，因而以"经济问题"判刑入狱 3 年。1956 年出狱，不久又担任了村里的会计，并且会修柴油机，会唱歌演戏拉胡琴，所以在"文化大革命"动乱中虽然难免挨整的命运，但还是留在宣传队里演了 3 年戏。1975 年，蓼池村打造了一艘 20 吨的机帆船，由他担任驾驶员。1978 年，他又被乡政府调任村主任（相当于人民公社时期的生产大队长）。到 1981 年退职，自己打造了 1 艘 50 吨的机帆船搞运输。6 年后，他将机帆船转售，移居老家楮树咀村，承包了一片湖面养鱼。1988 年，星子县张氏新修家谱，张绍强在谱局主持日常事务，得以整理一批家族文献，熟悉乡族掌故。此外，还开始自学中医。张绍强去世后，葬于楮树咀村背山。

不难看出，张绍强首先是一个渔民，也是一个粗通文化，有艺，生存能力很强的乡村精英人物；有准官员资历，但又不是共产党员；另外，还是 20 世纪 80 年代初期率先在乡村发家致富的个体户。他晚年热衷家族事务，而且有显而易见的号召力。2000 年 8 月和 10 月，他先后写了《关于三张整顿公共事业情况的汇报》（以下作《汇报》）、《关于三张传下祖业——河港和玉京山的综合材料》两份文字材料，交给自己的家族——自称为"三张"的一批议事人。尤其是后

---

① 梁洪生：《捕捞权的争夺："私业"、"官河"与"习惯"——对鄱阳湖区渔民历史文书的解读》，《清华大学学报》2008 年第 5 期。该文对中国渔业史和渔民生活史研究的学术史有详细回顾，读者可以参考。

一份材料，重点对张氏家族资料"证据不力"等问题提出一系列建议，包括开座谈会回忆，到政府管理部门查找正式的档案文件，以及"万一找不到原始材料，也可按祖传管理范围，通过仿置（制）正（整）理似原始材料，上谱"。最后，他还附上一份"祖传河港习惯作业区域沿岸地址"，一共写明 63 处地名，涉及鄱阳湖沿岸 4 个县范围，南北流经长度接近 70 公里。20 世纪以来鄱阳湖区一批渔民为获取更多的渔业资源，以捕捞区域为主的生存空间争夺跃然纸上。同时，也非常鲜明地映照出张绍强的性情和个人魅力。仅隔 5 个月，张绍强即因心脏衰竭去世，终年 67 岁。

对于张绍强及其家乡一批族众的渔民身份确认，也是把握和解读这批民间文献的重要前提。所谓"三张"，是指居住在星子县东南蓼花池边的板桥张、楮树咀张、咀上张等 3 个张姓村庄。蓼花池水面面积约 3.4 平方公里，现今为蓼南乡、蓼花镇、华林镇等 3 个乡镇所环绕。在鄱阳湖区，所谓"池"就是一个小水面，平时有天然的沟渠与更大的湖面（即鄱阳湖）相连，每到雨季，"池""湖"同时涨水，水位一高，"池""湖"连成一片，即形成鄱阳湖区的洪水期。到秋冬枯水季节，"池""湖"分离，相隔几百米到几千米甚至更远不等，中间是大片草洲和湖地，今人谓之"湿地"。濒湖各县都有一批"池"分布，"池"水有两个来源：一是上游来的溪水和降雨；二是鄱阳湖洪水过后留在池里的水。以"池"为其通名，的确非常形象和贴切地表述了鄱阳湖周边大大小小的水面及其调蓄江河水位的功能，蓼花池就是这批"池"中典型的一个。

据 1946 年修星子《张氏宗谱》"有诚公世系"记载，有谱名孔华字时茂者，为"板桥大尧公世系"59 代孙，生于明代天顺己卯年（三年，1459），"弘治年入庠，授黄门太学，加捐员外郎，号爱池，承湖课头户一甲"。这是该谱中第一位被记载"佃蓼花池""又带长河"等水面，并承担较多"课米"的祖先，人人皆知，所以张绍强在《汇报》中首先提到他。而在清代官府主修的方志中，第一次可以找到"三张"作为渔户与蓼花池之间有利益关系的资料，是同治十年（1871）《星子县志》所绘"蓼花池图"中一个相当重要而又有趣的标注，即在"板桥张"边上还画了 1 条小船，并写明"张姓取鱼舟"5 字，特别突出了板桥张姓的渔户身份和他们在池内捕鱼的事实,当然也是表示对其在此捕鱼的认可。而由张绍强保留下来的"前清时期星子范围内各姓氏河港交叉承管顶纳湖课的册籍"手抄本,其依据应是清末地方官府的档案,确切地说是一份由当年作为讼案一方的"板桥张"保留下来的清代湖课清册。其中不仅记载张姓在蓼花池承管产业,而且还在"长河"——也就是鄱阳湖大水面——有捕鱼的权利,其界限南起新建县吴城镇,北至湖口县境内的虾(蛤)蟆石。"长河"又谓之"官河",即由官府管辖的属于"王土"的国有水面,凡在此有捕捞权者,"照章各管各业",但必须缴纳渔课,而且还必须分担因为越来越多的死绝、逃亡而产生的"并带摊派长河逃绝"。自明代到清初,这主要是河泊官的职责所司,清中期大量裁革河泊所后,课钞均由当地官府带办。①

迄20世纪50年代初,张绍强一家所在的楮树咀村种田和捕鱼的人家约各占一半,存在着专业渔民和兼业渔民的差异。但随着"反霸"和"土改"等政治运动的展开,原来对蓼花池有管理权的家族组织遭到根本性打击,蓼花池不再具有家族"私业"的性质。这样一种以新的国家法令来实施的制度建设,不仅改变了"三张"对蓼花池的经营和依存状态,而且一步步地引导以捕鱼为主业的人群转向更远的鄱阳湖,亦即由被其垄断的小水面转向众多县、乡渔民均沾其利的大水面,从而远比其先辈更为依赖这一片水域作为生存竞争的舞台。50年代初以后的另一个变化,就是"三张"渔民越来越"专业化",越来越成为制度化的"渔民",而与"农民"区分开来。其"渔民"身份的确认和强化,与以下的生产组织密切相关:1954年年底成为全县第一个初级渔业社;1960年7月划归新成立的"国营蚌湖渔场",吃国营粮站供应的粮油,并因为是"国营渔场的人"而深为当地农民所羡慕。1972年,县政府开始在城郊兴建渔民新村,鼓励"三张"渔民举家搬迁,并于1998年大洪水之后彻底完成这一"城居化"过程。但从1991年发给张绍强女儿家的户口簿上,还可以清楚地看出这批渔民搬到城郊后,新村的名称就是从原来的渔民村直接

① 这在长江与黄河流域是一个变化趋势,并由明清国家制度所规定。参见尹玲玲《明清长江中下游渔业经济研究》,齐鲁书社2004年版,第九章"明清时期的渔政制度及其变迁",第300—306页。

复制过来的；虽然开始吃县城粮站供应的商品粮，但供应证上仍注明为渔民身份。

因此，我对张绍强保存的这批渔民文献及其动机给出如下解读，并为本文解读其家谱资料铺垫一个基本线索和社会背景：这些自称"三张"的渔民，长期依赖村庄濒临的小水面捕鱼，并以之为家族"私业"；同时在更远的"官河"（即鄱阳湖）中有"习惯"捕捞区，并向官府交渔课。鄱阳湖与周边一批小的"池""湖"相通，到洪水期（湖区民众习称"渺水"），大水面与小水面汇成一片，淹没和消除了平时制约乡土人群活动范围和行为方式的地界，造成湖区业权的"季节性模糊"。渔民因越界捕鱼而冲突，不得不由官府加以仲裁。"土改"之后，宗族产业被瓦解，渔民被组织起来，越来越依赖鄱阳湖捕鱼，遂与地域更广泛的渔民发生冲突。此时的矛盾已不仅是"渺水"期彼此越界，而是捕鱼者绝对人数的增加，并进而采用无节制的极端捕鱼手段，对湖区原来的有序系统造成剧烈破坏，使以此为生的渔民感到很大的生存威胁和心理震撼。因此，由一位乡村精英人物保存下来并继续"生产"出来的这批湖区渔民文献资料，尖锐地反映出 20 世纪中期以来鄱阳湖区日益激烈的渔业资源争夺问题。

至此，本文论及的问题才完整浮出水面，即：我们在鄱阳湖边生存和打鱼的一批乡民家里，找到他们 1946 年和 1988 年两次修成的家谱，其中不仅谱系昭然，而且的确有相当多的内容可以佐证他们的生活历程。但随着研读的深入，笔者对这两个谱本之间的关系产生了许多疑问，一个基本判断越来越明晰起来：在 20 世纪 20 年代，这两部谱牒的"前身"中还没有这批被称为"三张"的渔民，而是以星子县另一批自称"四林"并以诗书传家自诩的张姓家族为主角；到 1946 年，"四林"的谱牒才把"三张"接纳进来，一批渔民的谱系建构过程和动机由此留存；到 1988 年再次修谱时，这批渔民的代表成为修谱活动的倡导者和骨干，"渔业"的内容更被突出和彰显。作为修谱活动的最终产品和一个"结局"，这部家谱已经明显的"渔民化"了，变成主要在证明其拥有悠久的湖区捕捞历史和大范围捕捞区的文字载体。因此本文首先关心的问题是：这样一个变化过程是怎样发生的？其时代条件是什么？其中重点探讨 1946 年"三张"如何得以与"四林"认宗。然后是对研究方法的一个讨论：当我们逐渐明白民间文献自身也有一个不断"生产"和"更新"的过程,不同时代的人为了不同的目的在修谱,那么如何判断民国地方史料的有效性并作更准确的"短时段"分析?对此,笔者欲结合对江西民国史事的一些理解略陈管见。

## 二 道光年间星子县张氏"四林" 谱系的建构

张绍强在《汇报》中,非常明确地肯定"三张"有自成体系的"老谱",原话如下:

> 建议把老谱找到(我们三张修的谱),那是我亲手整理过的,只要一见我就认识。即使是要花钱(买),也是合理的。

在大陆民间,"老谱"一般是指1949年以前修的谱牒。星子县张氏在1988年修了"新谱",此前一次修谱是在"民国丙戌",即1946年;再前一次修谱是"民国壬戌",即1922年。但张绍强所说的"三张"的"老谱"是哪一年修的以及有几卷等,都因为没有实物存在而无法知晓。笔者2005年春节期间在当地考察时,听到的说法仍是"有"但"不知去向"。

但从查阅1946年修《张氏宗谱》的宗支记载及对历修谱序的分析看,可以明确地知道:星子县《张氏宗谱》在1922年编修时,有自己的宗支系统,"三张"一系则不见任何记载。换言之,即使在当时"三张"已有谱牒,但与此修《张氏宗谱》的"张氏"没有关系,即使是"拟制"的宗亲关系也不存在。现存1946年修《张氏宗谱》共1册,为卷首。从其历修谱序中可以看出其修谱和宗支扩延的过程。其中,前两篇序分别署名由宋代吕蒙正、文天祥撰写,虽然其中也有"张氏""珍修斯谱"等字样,但和其他江南族谱一样,这些所谓宋人之序屡见不鲜,绝大多数只是转辗抄袭而已,就连张氏后人也从来不把自己的谱牒始修时间定在两宋，而最早只追溯到清代顺治十五年（1658）。① 现存最早并题名为"松林十五世孙大章"撰写的谱序，成于"乾隆戊午"，全文如下：

> 我祖洽公奉提点袁甫公命，主讲（白）鹿洞（书院）。裰留居星渚，至元末播迁，转徙无定。祖均辅诸宗公自南昌大木山复族故土，卜宅四都横山，生子四，为四林祖。长嗣源，居松林；次嗣正，居竹林；三嗣献，居桃林；幼嗣中，居杨林。齿日繁，族日盛。雍正丙午，堂兄绍徽主修家乘，搜阅旧谱，悉皆残缺，为增次之。不幸堂兄谢世，以其事属予。乾隆丁巳冬月，聚族企庐轩，遂捐资以董其成。既竣工，序以志庆。

该序文风比较朴实，讲的还是一个模模糊糊的祖先迁徙故事，但重要的是四大宗支已经明确点出，即所谓"松林""竹林""桃林""杨林"，并尊其父"均辅公"为"四林祖"，祖居地是"四都横山"。查同治十年（1871）修《星子县志》，"四都"中心在今星子县城南部30公里处的蛟塘乡，而作为一个自然村名称的"横山"，则在蛟塘乡稍

---

① 按照目录记载，1946 年修《张氏宗谱》31 卷，首 1 卷。实际上，这部"卷首"就是星子县张氏 1946 年合谱联修时的总"谱头"，主要涉及远祖世系的"整合"，及其文化渊源的展示，参修的各个宗支都分发存藏，促进彼此的认同。而各宗支的世系内容（江西地区俗称"吊线谱"）则各自存藏，一般都秘不示人，以防"乱宗"及可能出现的族纠纷。卷首共收 26 篇序言，除去所称吕蒙正、文天祥所撰二序外，其余全是清人撰写，计有乾隆戊午（四年，1726）1 篇，乾隆庚子（四十五年，1780）2 篇，嘉庆庚午（十五年，1810）1 篇，道光乙未（十五年，1835）5 篇，咸丰庚申（十年，1860）1 篇，光绪壬寅（二十八年，1902）2 篇，民国壬戌（十一年，1922）3 篇，民国丙戌（三十五年，1946）8 篇，计 23 篇。最后，又有 1 篇署名写于光绪壬午（八年，1882）的《重修家谱序》，作者身份未及详考。但从其摆放的位置推断，显然是 1946 年修谱者认为该文处于一以贯之的家谱撰修源流主系列之外。此类"另置"的谱序在江西谱牒中常见，一般都出现在来合修的"通谱"中，某个宗支将其旧谱中的 1 篇（甚至若干篇）保留在合修的新谱里。这种做法自有其当时的道理和条件，至少反映了"立此存照"之意。在前面提到的 23 篇谱序中，乾隆戊午年序只是提到"雍正丙午，堂兄绍徽主修家乘，搜阅旧谱，悉皆残缺，为增次之"，但"旧谱"为何年所修并无具体说明。到道光十五年（1835）"良公六十七世裔孙虚堂奉书氏"写的一个序言中，提到"余相思岭自顺治以逮嘉庆，族谱几经重修，墓志碑铭昭然可考。乃竞碑谱各异，后先失次"。到咸丰以后，诸序皆持顺治十五年（1658）始修之说，使人又见到一个"前人语焉不详，后人越来越清楚"的"谱史"创造之例。

北,现在的华林乡中心的陈家岭西。在上横山东南3公里左右,即"桃林村",为人民公社时期的4个生产大队,离"三张"之一的"板桥张"(村)只有2公里左右。"竹林"在今星子县境内有两处,一称"竹林张",在星子县城西2公里处;一称"竹林村",在县城南部蓼花乡境内。1983年星子县地名办公室的调查人员引用所见到的《张氏宗谱》记载称:"明中叶五十一世曜公由横山迁此定居,至今已传二十代"①,所以张氏"四林"之一的"竹林"应是后一个"竹林村"。"松林""杨林"已不见于今星子《地名志》中,至少说明已不是独立的自然村或行政村的名称。②

《张氏宗谱》又在乾隆四十五年(1780)和嘉庆十五年(1810)两次编修,嘉庆任主修的宗长还"因旧祠敝坏,与族长同商各村捐费,复立新祠,冀妥先灵主位,每岁九月重阳,会族人祠致祭。我祖明祖享祀,佑启四林"③。

25年以后的道光乙未年(1835),《张氏宗谱》再修,并且很明显地经过一次大整合,目的是要拟制出一个源远流长的系世:"因思吾宗为星邑巨族,自均辅公而上,不知所自出,乃与诸族长搜辑大成省谱。"但在此过程中,碰到的问题是:

> 茫乎自(张)良公起一世,至十世(张)道陵公之长子衡公支下,引年公之后觉光公子均辅,初无所谓洽公也,亦无迁居星渚之祖。且均辅墓碑,"甫"字有"车"旁,大成所载觉光子均甫,无

---

① 见《星子县地名志》稿本,第117页,星子县地名办公室1983年12月打印,现存江西省民政厅地名规划处资料室。

② 但在明正德十年(1515)修《南康府志》中,有"杨林河泊所"的资料值得关注。其卷四"公署"记载:"杨林河泊所:在府西南半里,吴元年河泊官陈善卿建;卷五"课程"记载:南康府的鱼课米总共只有620石稍多,全由建昌县承担,而在必须征收的鱼油、鱼鳔、各色课钞及杂翎毛等项中,均由星子、都昌、建昌、安义4县和杨林河泊所分担,其中杨林河泊所上缴的都是大头,可知杨林河泊所与当地渔业经济及渔户生活的关系都是很密切的;卷六"职官"记载:当时的河泊所官员有李逢春、沈志2人。见1964年上海古籍出版社影印《天一阁藏明代地方志选刊》本,卷四第8页,卷五第3页,卷六第9页。此"杨林河泊所"与张氏所称的"杨林"一支是否有着某种联系,至今尚缺资料可考,存此备查。

③ "十七世杨林裔孙廪贡作舟"撰《嘉庆庚午重修宗谱序》,《张氏宗谱》卷首。

"車"旁，因不敢强以为合。①

可知是星子县地方的张氏谱系，无法和省城南昌的张氏大成谱中的世系相对接。但修谱者总是要想方设法来解决现存问题：

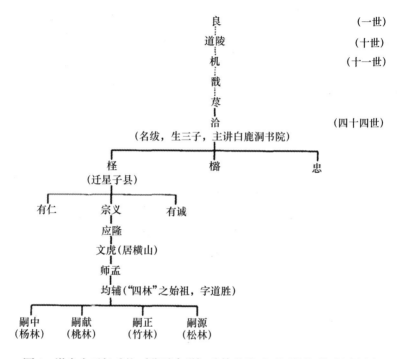

图1 道光十五年重修《张氏宗谱》建构的张氏"四林"世系源流图

一日，男庆瑶忽于道陵公之次子机公支下得子莨公，讳绂，生洽公。洽公生三子忠、楮、柽。而柽迁星渚，生均辅。辅生四子：嗣源、嗣正、嗣献、嗣中，以下缺而弗叙。谨按洽公生宋，登嘉定进士。至均辅，生元至元间，凡百七八十年矣，仅三世耳，安敢信以为是耶？乾隆间清墓，得均辅公碑。载公高祖宗义、曾祖应隆、祖文虎、父师孟，合柽公计之，得相距五世，年代符合，似觉可信。

<hr>

① "府城松林第六十六世裔孙善导香峰氏"撰《道光乙未年重修宗谱序》，《张氏宗谱》卷首。以引文凡未注明出处的，均见该序。

因思南宋多乱，即元季时，亦戎马播迁。且均辅公少失怙恃，避乱豫章，旋复星渚，诸昆季逃亡者众，保无遗误失次者耶？省谱均辅为柽公之子，或以清江世系洽公与子柽迁居南康之星渚？又星渚四林子孙皆均辅所自出，因以柽公系之，倘非得墓碑详载高、曾，又谁知柽公之后有宗义公四代而至均辅公耶？

仅据现存谱牒的记载，我们已经无法对张氏提到乾隆年间清墓找到的"均辅公碑"加以甄别。但张氏清墓之举，倒是和乾隆年间江西各地家族大建宗祠，广泛修谱的做法很吻合。面对谱载阙失及其与墓碑所记世系时间不相吻合的问题，张氏子孙最后竟采用了据称是祈求祖先神灵认定的办法来解决：

> 予生也晚，见闻不广，不敢遽然妄更。焚香祷告于历代先远暨道陵公圣像前，作二阄：一书"道陵公长子衡公迄引年、觉光而生均辅"，一书"道陵公次子机公迄洽公生柽公，而至均辅"。越日再拜，竟拈得机公所传一支。复求茭兆，得三胜，诸族老皆喜而言曰：吾祖有灵已！

也正是经过这次修谱，产生了作为其族源定本的"张氏系派源流略言"。据此，可知张氏到道光十五年（1835）"确认"的世系源流如上图。

也正因为解决了远祖世系的建构问题，所以这一修主修张善导即自称为"第六十六世孙"。

道光十五年（1835）修谱"纂集家谱六十一宗"，此"宗"是指分处于不同地点的大小房支，房下有支，或支中又分出小房，颇为复杂，兹不详论。还值得注意的是：也是从此修开始，《张氏宗谱》强调"府城松林"（支）的概念，突出居住在南康府附郭县星子城中的一支。① "松林"一支的城居，不仅是说明其迁移地的变化，而且意在强调他们在

① 星子县是北宋初所置"南康军"的附郭县，元朝先后将"南康军"改为"南康路"和"西宁府"，明洪武九年（1376）改西宁府为"南康府"，府治一直附郭星子县未变。

"四林"中的长房地位和文化品位高，历代人才辈出。①

咸丰十年（1860），正值太平军与湘军在鄱阳湖区反复拉锯时期，张氏"祠屋两所，俱遭兵燹，设局无馆"，人心惶惶。修谱者迫不得已，"无所损益，但取法前人而已"。此修序第一次认定张氏谱始修于顺治十五年（1658），所以自称为第六届修谱。另外，对道光十五年（1835）主修者的作为作如下追述："郡城香峰先生搜老谱，洗墓碑，寻流溯源；敬遵大成省谱，取法苏、欧，编年纪月，载及懿行，实单（殚？）厥心。"②这些建设性的作为，在此后历修谱序中反复被提到，足见在张氏族人眼里，道光十五年（1835）修谱最终完成了正本清源的工作。

光绪二十八年（1902），由"松林府城门北支五品衔廪贡生"张廷魁主持，在星子县城张氏宗祠中修谱：

> 爰与……诸君商榷义例，以补所未备。曰"例言"，著体也；曰"郡望"，表族也；曰"宗法"，尊祖也；曰"图象"，尚思也；曰"传志"，表德也。至若考源流，纪诰命，志祠墓，立家规，刊谳约，列衔名，则皆踵前人之成宪，而无所事事也。③

可知张氏此次修谱，重在把一部"有文化"的谱牒样子做足，一些新立的例目，都颇有"仿古"的意味。另外，细读其谱序，还可感觉到其文化人的话里有话——当提及在清顺治之前是否还曾修过谱牒时，以下的话则不妨看作对晚清时局的折射了：

---

① 道光十五年《张氏宗谱》的主修和"张氏系派源流略言"的撰写者，均出自"府城松林"一支，"源流略言"的作者即为邑庠生张庆璠，对松林一支的蕃衍迁徙有如下详细工整的记载："我松林祖嗣源公迁居化邑，生四子：友恭、友文、友元、友信。友文公复旋星邑九都，生子五：文迭、文敬、文逯、文信、文思。达公生三子：觉美、觉义、觉善。觉义公自九都迁居府城，生伯达；伯达生萱侗，萱侗生三子：福庆、胜一、云二。云二迁兜率巷，生五子：钦、鉴、铭、铖、铎。铎公生景先，景先生孟贤、孟礼。迁北门巷，生四子：继成、继胜、继贤、继孟。我祖继贤公讳学荣，字德之，躬居市井，日以耕读勖诸子孙。迄今生齿日繁，人文蔚起，孰非我祖之遗泽孔长乎?!"其所谓"化邑"即指星子县北境相连的德化县（今九江县），一直是九江府的附郭县，所以今天在星子县找不到"松林"地名，或也可以从中找到解释和查寻线索。

② （六十六世裔孙）张喆撰：《咸丰庚中年重修宗谱序》，《张氏宗谱》卷首。

③ （六十八世裔孙）张廷魁撰：《壬寅重修宗谱序》，《张氏宗谱》卷首。

岂其先未之修耶？抑修之而厄于胜国之劫灰又不然？或当鼎革之际，无事不与以更始，遂与国运以维新耶？①

## 三　民国初期张氏家族的文化传承及其"收族"趋势

民国十一年（1922）张氏第八次修谱。20 年以前参与过光绪壬寅（1902）修谱者中，有 4 人继续担任主修，并有 3 人留下新修序言。按其前后排列顺序，分别为：竹林支（漂线坂村）六十八世孙"邑庠生"张世清；桃林支（张家垱村）六十九世孙"岁进士，咨部候选县丞"张凤飏；松林支"前清中书科中书衔师范举人邑优增生"张起权。后者在署名时没有写出自己的辈分，但在序言中说明："权今年五十有二，默想四人中，犹惟权生最后而行最卑"，可知其属"后生晚辈"无疑。但在 3 篇序中，也是张起权最对民国以来的时代变迁表示认同，盛赞"国体变更"后给张氏家族人才兴起带来的新际遇：

总计二十年间，国体变更，已由帝制而民主，改专制为共和矣。家乘之修，原本尊祖敬宗收族之要义，俾世世子孙相继相承，虽百代不变可也。岂若国运之应世界潮流而有所改革乎？然族运亦将随时势风会而有以光大焉。张氏自良公以来，宰辅公侯、忠孝节义、神仙理学人才辈出，光诸竹册者无论已。自迁祖均辅公肇基横山以后，大明迄清之科举时代，族中枕胙经史、功深制艺者代不乏人，而名列贤书竟绝无而罕有。科举废，学校兴，人才固尤是也，而族运乃一变。前清末造，（起）权毕业于两江优级师范学校农博科，最优等部奖师范举人，此其例也。迄前清亡而民国成，族中子若弟之俊伟雄特，卓绝倜傥者遂飚起而云兴。论进身，有毕业于高等师范者，有毕业于北京大学者，有毕业于法政专门者，有毕业于清华大学官费出洋者，今吾冡子闻骝留学美国工科大学是也。论官阶，族

---

① （六十九世裔孙）张凤飏撰：《壬寅重修宗谱序》，《张氏宗谱》卷首。

中有荐任职，有简任职。此后蒸蒸日上，或出为公使，或入为总理，或举为总统，其希望更有不可穷极而限量者焉！以较专制帝国科目时代，欲求一乡举者而不可得，直不啻霄壤之判也。

如此现身说法，非常形象地反映出这位生于鄱阳湖区，长在太平军战事之后社会经济恢复发展时期的两朝文人的骄傲心态。他所抨击的"专制帝国科目时代，欲求一乡举者而不可得"，并非单指自己家族，而是对两个时代人才培养制度的反观和比较。更具体地说，可以看出其所谓民国以后"族运"之变，乃是集中体现在其房派中一批读书子弟与晚清以来的新式学校制度"接轨"，不仅有了"出洋"的留美学生，而且有了读过新学堂且在民国为官者。后一点，在张凤飏所写的第二篇序言中，就比张起权所谓"论官阶，族中有荐任职，有简任职"说得更清楚：

> 至功名之破格简任，则有若斗辉君；高等文官，则有若文煊君；司法官，则有若谷民君。国立师范毕业，京师专门毕业，省立中学毕业，则有若醉心君、逸乔君及小儿鈺。

还有一个特别重要的信息从中透露出来，就是这两位两次主修家谱的精英家中都有新式校培养的后代，即乡土社会中人们最为津津乐道的"出息"。由此可见，其序言中表现出对"族运"之变的骄傲，同时也是因其家庭成员找到新的发展空间而产生的一种正面"感觉"。在我见过的一批民国初期江西谱序中，星子张氏的以上论述和立场，算是比较"新派"与"平和"的一类，很可作为比较研究的材料。

以上两篇谱序中，还一再提及另一件事情，就是"收族"——将原本不属于这个张氏系谱中的张姓人群融合进来，用张凤飏的话说，"收族为此次特举"。基本情况如下："收族得彭山支、西庙支、马鞍支、马头支，亦载人于谱系。""又如收族为此次特举，德堂支则收入松林，贵七支则收入竹林，璲公支则收入桃林，希亮支则收入杨林。亦笔之，以明尊祖敬宗之意，非敢冒滥也。"① 可见此次新入谱的4个"宗支"，分别认

---

① 分别见《张氏宗谱》卷首张世清第一序；张凤飏第二序。

同于"四林"的大房派之下。

## 四　民国后期《张氏宗谱》的全县合修及"三张"的融入

民国三十五年（丙戌，1946），星子县《张氏宗谱》再次编修。从留下的 8 篇序言看，这次于抗战光复后不久开始的修谱很热闹，而且在名目上特别突出是"全邑合修"。但细读序文，又不难觉察貌似众口一词而实存杂乱之音。① 细加咀嚼，更可进一步体会"三张"的融入在当时曾引起一些负面的反应，而且可看到这批乍进"合谱"的渔民还存有戒心。

首先给人强烈印象的是，此次修谱的"理论阐述"中政治味特浓，这集中表现在主修者张耕夫撰写的《丙戌全邑合修家乘小引》（以下简称《小引》）中。《小引》开宗明义，引中外古今之例，阐释国家和宗族这两个"团体"之间的关系。从江西地区谱论的阐释历史看，张耕夫只是接过了民国以来世人已经反复讨论的一个话题而已，仅此一点并无新意。② 但细读下去，则可看出 1946 年一批地方文化人的政治心态，即为抗战胜利之大势而欢呼，"国家至上"的倾向空前强烈③：

①　1946 年修谱时 8 篇新序分别是：松林支（汉岭村，六十九世裔孙）张桑云撰《丙戌重修家乘序》；松林支（府城北门，七十九世裔孙"前清优增生"）张耕夫撰《丙戌全邑合修家乘序》及《丙戌全邑合修家乘小引》；竹林支（柿树村，六十九世裔孙，"前清邑庠生"）张国宾撰《丙戌合修宗谱序》；（七十世裔孙）张匡南撰《丙戌合修宗谱序》；松林支（七十世裔孙）张起禧撰《丙戌年续修家谱序》；（七十世裔孙）张起焴撰《丙戌年重修家谱序》；杨林支（马头，七十世裔孙，"前清邑庠生"）张选臣撰《丙戌重修宗谱叙》。

②　笔者在《辛亥革命前后江西谱论与社会变迁》一文中曾经说明："从江西谱论看，辛亥革命前十余年，严译《天演论》的'物竞天择，优胜劣败'理论为不少谱牒所中论。辛亥后数年间，谱论则重点讨论'家'、'国'关系问题，即民国已经成立，家族是否还应该存在，谱牒还要不要修，以及要怎样修才有新时代意义等。"（《中国社会历史评论》第 3 卷，天津古籍出版社 2000 年版，第 115—131 页）

③　又如其他主修者张国宾、张匡南二人，所撰《谱序》中皆有"从此永永联络，由小团而结大团，以后世世增修。扩宗族而推国族，将来人才蔚起，势力膨胀，保障亚洲，为祖国放一特色，增我族莫大光荣。""我张姓全邑之修，意为发迹于星子，永镇于华夏，雄望于世界，为开我国家谱之先河"云云，颇给人大话连篇，不着轻重之感。但由此也可悟到：这些话是当时许多人能懂也会说的"时代强音"。

　　国家一大团体也，宗族一小团体也。大团体不结，则外侮之来，等于散沙，非一呼而可麇集也。小团体不结，则强邻之逼，形同孤注，非乞怜而可幸免也。是故国于地球之上，莫不各有一团体，以争存于世界。国家团体之结，主之者国民政府，分而为军师旅团，教之以坐作进退之法，靡不服从；宗族团体之结，主之者正副主修，判而为总监协纂，勖之以亲上死长之，又罔不听命，非压迫防乱源也。盖国家团体之破坏，多半起于比庐族党与夫不孝不悌之人，创为邪说，号召徒党，以与国家为难。其初，盖一小团体也。清室发逆之乱，洪秀全以整个团体假烧香获福名义，愚弄无数团体，蹂躏东南，民膏斧钺，十室九空。悯彼兄弟，谁非手足？而执迷不悟一至于此，亦亲亲长长之义未明，而宗族团体未讲也。夫在家为令子，在国为良臣。宗族团体固结，扩而充之而社会，而州县，而国家，其团体牢不可破。彼族虽雄，未易窥伺，此自然之理也。今四万万同胞之声浪，高唱入云。弃而父子，坏而伦常。姓氏之团体危于一发，而姓氏之关系已潜消于无形。整而理之，则又时局相抵触，未敢以为然也。

宏论之中，微词已经显见，一套国家话语已是全文强调的重心。①

　　忧时者于省会举行大同，是隐寓全省收族团体之深意。西宁小邑也，无强宗大族为之保障。吾民聚族而居者四十余村，支分派别，未有统系。而又株守故乡，一出里门，尊卑长幼，多未识别。此皆离而不合之过，团体未结之由也。今文煊、靖安诸君子宦游海内，饱谙时务，知天下大势所趋，微结团体，无以救国。而庸俗之见，以为枭音不靖，国家自有大股团防，宗族团体何取焉？然春秋万法

---

　　① 张耕夫此序很值得体味：其开篇即云"耕年七十有四矣"，并说明曾两次参与纂修《张氏宗谱》。又见卷首"贡举"松林系下有其记载："叔尹：号耕夫，派（名）起莘，邑优增生，同治时（生）人。"可知他已是一个两朝为人、历经世乱的垂垂老者，尚能讲出这套话语，至少使我们从乡间谱牒这个层面，看到抗日战争的发生对普及和强化"国家""民族"等观念有多么大的推进作用。

谨于始,体积万数起于点。宗族之团体,实国团之起点。

其所谓"枭音不靖",或可猜测是隐喻已经开战的国共两党两军之争。① 最后,张耕夫将其理论的落实点,放到星子全县张氏合修宗谱上,并且不加隐讳地对族中"老成"作了批评:

> 吾族家乘失修,自壬戌迄今二十有五年矣。虽曰时势变迁,亦任事者多半流亡。而一二老成,率由旧章。一语合修,均有难色。而未省爱国思想,重在合群;合群之道,莫如团体;若团体之注重,首先宗族;宗族之宗旨,在于合修;合修之意义,取诸团结。团结一固,对外有御侮之能力,对内有亲爱之诚心,非止一宗派联盛情而已也。

所谓全县"合修",就意味着又有一批原本《张氏宗谱》无载的张姓人群及村落要融合进来。按此修谱序的排列顺序,可以看出一组颇有意思的表述,并令人揣摩其中的微妙之处。第一个提到新人谱者的还是张耕夫之《合修家乘序》,但说得含糊而巧妙:

> ……及均甫居星(子),子孙众多,光照谱牒者,四十有八宗。而贡树分香,亦代有传人。自幸世家之盛,未有超越吾族者。及博览柳林、板桥等世系,又发见成甫一脉,其先世贵盛,或为元公宰辅,或为御史大夫,而百里才尤其小焉者,未免见而增愧。然大夫不敢祖诸侯,礼也。世系所在,彼固出于自然,而又何愧焉?先正有言:人才多则发达自易,且明德之后,必有达人。吾均甫公积德,以遗子孙垂三百余年,有如潜龙勿用,积数之极,则卷水上腾,受日光摩荡,走雷霆,变风雨,上下于天,不难也。

---

① 前引张耕夫《家乘小引》中说明:"董事者五月十三日进局,推选众职,分担责任,越六月乃成。"其修谱正好处于国共两党从谈判到全面开战时期。另外还有地方上的乡、镇民代表会选举县参议员和成立县参议会,直到在南京召开的"国民大会",都是在此期间发生的惊天大事,反映到修谱者笔下不足为奇。也正因此,本文作为基本资料的这部《张氏宗谱》,具有不容忽视的史料价值,弥足珍贵。

　　张耕夫引经据典，表达了对新"发见"和入谱的柳林、板桥等张姓的客气和承认，将其作为过去不知道而被"遗失"在外的宗支来看待。但笔锋一转，下面的话就应该主要是对业已归入"四林"派系的"四十有八宗"——其中也应包括民国前期"收族"进入的张氏子孙说的了：

> 　　虽然，亲亲之义不在荣显；合修之义，取诸团结。不知出此一去里门，贱防贵，少陵长，小加大，淫破义，奚以合为？耕言及此，惧有不明大义者，长而傲，挟贵而骄，则不祥莫大焉。吾族孝友传家，说礼乐而敦诗书，尊卑之叙，长幼之节，夫亦各了然于胸中矣。

　　张耕夫所说的"长而傲，挟贵而骄"，应该是指四林家族中人还带有以诗书传家为重要文化资源的优越感和自傲，这些人看待"三张"的眼光是俯视的。虽然我们现在没有其他资料可以更直接地说明当年合谱之后，是否产生过不和与冲突，但只须从常情设想，即难免有一些颇为棘手却又不得不处理的具体问题无法回避。譬如：一旦合谱，对那些原非同宗的"乡巴佬"如何称呼？如何排列长幼？祠堂中如何放置木主？入席如何坐桌？等等。否则，我们就不好理解为什么在此之前的"一二老成"会"一语合修，均有难色"，而且张耕夫对"不知出此一去里门，贱防贵，少陵长，小加大，淫破义"的担心，也就没有了现实注脚——从中我们或已看到当时地方族群关系的某种紧张，对此容后再论。

　　而真正说明这次修谱如何"合"的细节的，是后面两篇序言。其一署名只称"七十世匡南敬序"，没有提到"四林"中任何一处，显然没有"地望"可以标榜。张匡南的名字，倒是作为主修者之一在张耕夫等"四林"人士的序中屡屡提到。但因为我们至今只找到"三张"之一的"板桥张"的谱牒，从中没有查到张匡南的个人记载，不无遗憾，但经过比较，可以推断其属于"楷树咀张"或"咀上张"中的某一支。

　　张匡南所撰序言居前，首先即讲了一段有深意的模糊话：

家谱之所以修，合同姓而敦祖脉。其由来者远，蔚蓄者深，固由本；本相生支，支相茂。由盛极而迁，由迁徙而发，由发达而久，由久远而不知所自来。又或知其所自来，而不知祖原根本。则一以故曩作于谱，各述其支，各详其谱。其或代有其人则详，代无其人则缺。此故，我张姓合邑之修……

接下来，他着意说明新入谱的“板桥张”与“四林”人群之间的关系：

然考我始祖，则远自挥公，近自道陵，再迁则自庚九而迁星子。其居星子荷叶塘，则为开仕板桥支；其居梧坡坂，则为均辅四林支。外如张道观、窍塘等，已附属于四林。而板桥支并硕然挺茂，与四林之蕃衍千宗，固无俟乎预言。有诚其长，宗义其次，有仁其季。惟长、次蕃于星子，有仁则支祥异地。由此而上溯桎公父子，再上而溯至南北二派，更上而知我远祖有四大发源地……

对照前文张氏“四林”世系源流图，可见在“泛张氏”认同的前提下，此修谱为“四林”找到了“长房”——有诚一支的后代。从修谱者都会宣称秉承的传统“宗法”意义上说，“板桥支”就天然地具有了“尊长”地位。这一点，对于他们日后一步步变成张氏宗族中的强势力量，奠定了非常重要的伦理基础，尽管这一基础的最后夯实是在四十多年以后，此为后话。

尽管如此，在此修谱中还是可以明显看出主修者很明白地将“张氏”分成“中（内）”“外”两部分，不相混淆。出于“四林”中桃林一支的张起熠，在另一篇序言中明显地作了这种表述：

吾族自壬戌岁，余父丹翁与族伯梅翁等主家乘以来，阅岁二十有四。生齿日繁，瓜衍益广。抗战军兴，丧乱迭乘，流离转徙，不一而足。向之亲爱笃厚，今已稍觉散乱疏离。此基层力之未固，遑以论国族天下？于是合族议重修家谱，与新合修之乌鸦塘、乌鸦塘之对面村张道观、窍塘村、上张村、张家河、坳上张、半边月等村，分别收入松、竹、杨三林中；板桥村、大塘张、油树嘴、康城等村，列于四林外。

　　于是在具体的操作上，皆可明显看见"内""外"之分和枘凿不合的痕迹：首先是目录上的区分：在卷首之后，先有"卷之一""卷之二"两卷，收录"有诚公遗像"及板桥各支系；其后，又另起编目，重新出现"卷之一"至"卷廿九"，卷之一单记"世系源流及松林世系表"——板桥一系和"四林"的不同源流分得明明白白！其次，因为"板桥"一支已被确认为长房之后，按修谱惯例，领谱也是居前，所以先给其一个位置，注明了是"板桥支领谱字号"，按"忠""孝""仁""爱"四字排列，分别代表在老屋、板桥、大塘、油（楂）树（咀）四村的宗支。然而，这四个村名和领谱人名都用红色的木刻章作了调整和纠正，可以解释为主修者们对这些村落中张氏的陌生。另外在"板桥支领谱字号"之后，还有一套"领谱字号"，并有序言说明是祖先按《千字文》拈阄确定的发谱顺序，共有79宗——说明"三张"虽然进来了，但"四林"仍然自成体系。① 由此可见，至少在1946年修谱时，"三张"还是有条件地被纳入《张氏宗谱》内，而且从谱本上还可明显区分出"文化张氏"一族和"渔民张氏"一族。

　　而就"三张"一方而言，也有一个对这种新认同从担忧到逐渐适应的过程。读张匡南序言的后半部分，可以看出这些主体为渔民的"三张"在"合族"之后，还有财产归属和宗族活动的经费负担之虞，颇有意思：

　　　　余于合修之余，忝列斯职而不能尽（责？），固亦有烦族长之劳，诸君勃赞之力。缵隆祖考，昌发其时。至俗冗在身，斯亦有愧。但各支原有产业，仍应于各支私有权，不能藉公众合修而混争。对今

───────────────

　　① 还有很重要的一个现象存此待查：查看其卷首所载历代先祖"遗像"，竟然发现"四林"祖先及其父"均辅公"均在，唯独无"三张"始祖"有诚公"的画像。究竟是当时就"有名无实"？还是只保留在三张自己的吊线谱中？或者这个"造像"过程最终到1988年再次修谱时才完成？还有待收集更多资料予以说明。

后事宜,亦应另筹其款,尝端秋之礼,每年以睦族谊。俾有造就者各得适其情,以互进而为永久结合之光。

"三张"所以在此时被"收入"《张氏宗谱》的原因,很值得探讨。首先,一个很有意思的称呼变化首先值得注意:在"宗长"一栏,记录民国壬戌年(1922)的与修者为"四林各宗长",而称此次为"合修家乘各村宗长"——这种称呼的改变或许有意无意地透露出一个信息,即修谱宗支的不断增加,同时也意味着散居四乡的农村族众比重加大。如果考虑到包括星子县在内的整个赣北地区在1938年以后完全沦陷,原住人口(尤其是富有之家)或向国统区南迁,或逃往周边乡村躲避,迄光复之时,不仅其人数总量减少,而且居民的构成也有所改变,那么此时"四林"会与"三张"渔民家族联谱同修,也是在地方家族势力经过一次大洗牌之后的新举措,是原本无关的两个张氏家族系统面对新的时代问题采取的变通之法。虽然由此会带来新的问题,但积极进取的方面是不应忽视的。

其次,如果比照江西其他县份此时的类似情况看,很可推测一种大的推动力,是为当时正在进行的乡、镇民代表会选举县参议员和成立县参议会拉选票。我们在新修《星子县志》的相关记载中也可以找到佐证。[1]另据"三张"渔民现今还流传的一些说法分析,"三张"此时已经出现了一些有影响和实力的头面人物,所谓"官""白""黑"三道上都有人:在官道者是张庆堂(音),在黑道者族长张正堂,武艺很好,是帮会中人。在此修《张氏宗谱》领谱名单中,我们的确看见"板桥支"中"孝"字号领谱者是"正堂",住板桥村,留下一个将来查寻的线索。因此,还应进一步考察民国后期星子县地方的族群关系及其利益冲突等问

---

[1] 据1990年新修《星子县志》卷八"党政群团志"第四章第一节"县参议会"记载,星子县第一届参议会于1946年5月召开。在14名参议员中,有3名产生于职业团体,另外由11个乡镇各选1名。在其所附"竞选国民代表始末"中还提到,1947年3月积极竞选国民代表的有7至8人,其中有名张文煊者(江西人民出版社1990年版,第314—317页)。而1946年主修星子《张氏宗谱》并留下第一篇序言的张荣云即"号文煊",属"松林汉岭"支裔孙,毕业于北京大学理科,曾在外地任教员多年,此时"任职省会,仅负空名"(《丙戌重修家乘序》)。前引1922年修谱的张凤飚序言中,已经提到其族内人才有"高等文官,则有若文煊君"。据此可以推测,此张文煊即彼张文煊。

题，譬如"三张"的总人数有多少？在 1946 年的星子县地方经济与财政收入中，渔业占有多大的比重？① 等。总的来说：到 20 世纪 40 年代中后期，在鄱阳湖濒湖地区，对"渔民"的经济实力和人群力量的考量，必须跳出"贫困化"等传统的定性和视角，给予充分的重视和新的估价。但由于星子县档案馆的民国档案封存不见，"三张"系统的家谱还有缺失，加之张绍强及其他知情的"三张"老人相继去世，使得本文仍然留下无法完全解答的缺憾，尚待日后继续关注和探讨。

## 五　《张氏宗谱》"渔民化"结局　　及其原因探讨

在乡村环境中搜寻和阅读家谱资料，往往会有比在图书馆中更多的发现和意外惊喜。笔者很幸运地在新修张氏谱本中，找到一份夹在其中的《关于谱局专职驻修人员基本条件要求的讨论意见》（以下简称《讨论意见》），系手刻钢板油印件，落款为"驻修组"，时间为"八八年五月"。因而知道张氏为修家谱于 1988 年农历四月初一日召开第二次会议，到会者共"四十一宗，六十多名宗系代表"，地点在杨家庄。另外，在张绍强家存谱本"领谱字号"一页，有他用毛笔记录的修谱活动如下："戊辰年（按：1988 年）三月十八日第一次会；四月初一日第二次会；五月十八日开局，谱局设在下边张村。腊月初八出谱。"真是应该感谢这位有心人的

---

① 1937 年年初，江西省政府秘书处统计室曾发表《九江湖口等七县渔业调查报告》，其中估计星子县以渔业为主的户数为 500，人数 1000 人；以渔业为副业者 2500 户，5000 人。其中还非常突出地提到蓼花池特产凤尾鱼以及蓼花池附近渔民颇具组织性："星子之渔区：亦以鄱阳湖之西岸（为主），而蓼花池为凤尾鱼之特别渔场，旺年出产能达万担以上者。渔民资本：本省因遭受数年之匪患，人民经济，拮据异常，渔民更以近年渔获不丰，鱼价又受人民购买力薄弱而不能提高，故渔民之贫困更不堪言状，因之用大网之渔民，大都向渔行借贷……其如资本小而能自力经营者，为数亦甚少，大都告借于亲友之处。惟星子蓼花池附近之渔民，似另有组织，每集十二人为一组，合用大网一项，对购置大网之费用，由十二人之中经济能力较为宽裕者垫用，称为网主，嗣后渔获所得，则网主应独得其半，其余二分之一，则由十一人平均分配。该处共有大网九项，均系由此组织。"见《经济旬刊》第 9 卷第 1、2 期，都豪耕执笔，江西省政府秘书处统计室汇编，1937 年年初印行，第 31—40、17—25 页。这些调查使我们看到"三张"家族与带有"合股"性质的渔业组织相结合，使得"三张"渔民较其他渔民更有凝聚力、更强悍和更具进攻性。

记录,它除了使我们知道这次修谱从开局到发谱前后用了260天时间外,还知道在谱局人员开过四次会议,并在东渔民村——"三张"板桥支迁到星子城郊修建的渔民新村之一——开过一次"少数人会",完全可以推测这是"三张"自己人的一次会议,议定的事情当然与修谱有直接关系。

《张氏宗谱》"渔民化"结局的呈现,突出表现在新修谱本中三个方面的明显变化①:

第一,在卷首新增的"公元一九八八年戊辰岁重修家谱简介"中,总共有15条内容,其中第9条仅为一句话:"考本届实修宗数为五十二宗。"而第11条则专作以下详细说明:"据丙戌年家乘有关记载:有诚公生仕贤,不求闻达,乐于耕钩,由竹林凹迁居板桥荷叶圹。生义富、义贵。生齿蕃衍,分居老屋、新村、咀上张、柚树咀,系我族一大支脉也,爰为纪之。"由此而对1946年修谱时"收族"而进入的"三张"一支再作肯定和强调,绝非无关痛痒之语。

第二,在卷首的后部附录了一张"张氏近代洽公世系源流支脉一览表",用谱表格式第一次标明了"有诚公"的长子(长房)地位。这是对1946年合谱后出现的"有诚公世系"的进一步确认和强调。

第三,也是对旧版《张氏宗谱》改造得最明显的一点,即在新谱卷首的后部,附了一张大幅面的"张氏族落分布及有诚公裔孙捕捞区域略图",而且图例规范,字体端正,明显可以看出是专业绘图人员制成。人们可以在这张"略图"上找到全部的张氏宗支分布点,还可以对应的找到张绍强2000年所记"祖传河港习惯作业区域沿岸地址"中的20个地名。更重要的,是明确标出了北至长江小姑山,南至永修县吴城镇,据称是属于"三张"传统捕捞区域的两个水界标志。这样,一部原本宣称富有诗书文化底蕴的《张氏宗谱》,被加入了未曾有过的渔业生产内容,十分明显而强烈地反映了"三张"渔民的生活内容和利益诉求。

是什么样的社会环境和现实条件促成《张氏宗谱》"渔民化"结局的

---

① 另外,在其卷首祖先遗像部分,第一次看到"有诚公遗像",并且放在"四林"支祖及"均辅公"像的前面。前文曾经提到1946年修谱时目录中有此图像但谱本中没有看到,也有可能"四林"张氏只允许其出现在"三张"一系的谱本中。如果是这样的话,那么1988年新修谱本从文字表述到谱系(吊线),再加上祖先画像,使"有诚公"(也就是"三张")的长房地位得到完全确认。

呢？这是笔者试图回答并可能涉及鄱阳湖区近代社会变迁而更具普遍意义的一个问题。对"三张"生活环境和社会地位变化的考察，应该是解读其生活行为的钥匙。前文所述《张氏宗谱》的演变，实际上已经展示了一个日益明显的变化趋势，即从民国年间起，以"三张"为代表的渔民势力和影响就在不断加大，而且越来越成为当地张氏"泛家族化"的重要力量。20世纪50年代以后，从组织初级渔业社到归属国营渔场，不但使其"专业渔民"的身份得到确认和强化，并因为吃国营粮站供应的粮油，而成为农村社会中具有特殊身份的一批人。到了20世纪70年代，国家为了保证城市居民的淡水鱼供应，开始统筹安排"三张"的新生活，逐渐把这批在"乡下"居住和捕鱼的民众迁往濒湖的星子县城郊区，先后建起"县城东渔民村"和"县城西渔民村"，包括张绍强在内的一批渔民生活开始城镇化，持有县城户口，以商品粮油供应为基本保障。他们已经从"乡下人"变成了"准"县城人，这种新的社会身份在20世纪70年代，是很令吃"农业粮"的"农民"羡慕的。这样，使得"三张"更有资格和实力去影响其他的"乡下人"，包括增强他们修谱时的说话分量。

另一方面，则是"三张"渔民尽管已经城居，但仍采取了聚族而居的方式，从事同样的渔业生产，有着共同的利益要求，因而依然是一个特殊的强势群体。换言之，他们实际上还是住在县城边上的渔民。更为重要的是：自20世纪50年代以来，这批在水上讨生活的人群越来越依赖鄱阳湖，而湖面的生态环境的不断恶化，特别是人民公社制度瓦解之后，许多原本种田的农民也开始捕鱼，进入鄱阳湖捕鱼的绝对人数明显增加，并且缺乏传统的捕鱼技艺和水面生存规矩，日益采用如"迷魂阵"和电网一类无节制的极端捕鱼手段，对湖区原来的捕捞体系和秩序造成剧烈破坏，对以此为生的渔民造成很大的生存威胁和心理震撼。我们在张绍强写的多篇文字中，都可以深深地感受到他们身负的生存压力以及由此产生的焦虑和愤懑。如前文提到2000年8月张绍强整理了《关于三张整顿公共事业情况的汇报》，其"后话"部分提到他的几点担心，其中有："大部分渔民都悲观失望，准备丢业解（改）行，外地渔民侵占我们的场所，我们无人争夺，包括干部也都退避三舍"；"外地新生渔民发展迅猛，自老池口往上，我们已经丢失，甚至向别人承包"。所以他最后发出"紧急呼吁:我三张后生,积极行动起来,坚守我们祖传的捕捞场所,为我们的后人生存而努力吧!"为此,"三张"越来越需要聚集力量捍卫自己的利益,需要比其他农业村落的人群更抱团,也更需要利用一切可以抓到手的资源来为自己服务。因而在他们那里,家谱已经不是一种可有可无的"文化"产品,更不是供人把玩欣赏的一部"书籍",而是可以用来增强自身地位和影响,证明自己合法占有湖区渔业资源的历史依据。所以他们不仅最积极地参与,而且只要有发挥和"创造"的空间,他们一定会处心积虑地做够用足。

反观在民国年间仍是修谱主力的"四林"张氏,其近五十年来的发展则呈现出另外一种走势。我们从1988年新修《张氏宗谱》卷首的"一九八八年戊辰岁次新毕业志"中可以看出:"四林"各支仍因其旧,以"忠""孝""仁""爱"为其谱本排序,其中"松林毕业志"出34人,另有民国时期大学生8人未计入此数;"竹林毕业志"出44人,"桃林毕业志"出8人,"杨林毕业志"出3人,合计共有97人。这与1946年修谱中的"贡举志毕业志"之间,保持了一种既是体例上也是文化上的延续。[①] 而与此同时的"有诚公后裔"(集中在"板桥"和"柚(楢)树咀"两个村),可确切算出1949年以后只出了8个大中专学生,不及"四林"大专学生的1/10。但是,这种对比并不意味着"四林"可以在乡土留下更多的人才,而是恰恰相反:近几十年来中国大学毕业生的计划分配及"干部"的终身身份制,实际上加速了对乡镇知识群体的抽空,哪里的大中专学生考得越多,就意味着有越多的读书人远离乡土,而不大可能再参与其家乡事务的运作。如果我们再考虑到20世纪50年代以来历次政治运动(包括"划成分""土改""清理阶级队伍"等)对这些文化人多有株连和打压,使他们对乡土社会的影响比本来可以发挥的要更

---

① 在1946年和1988年两次修谱中,"四林"各支的文化人情况,皆有专门篇幅加以整理和反映,足可供另外成文论述。另外还应提到的是,20世纪30年代后的江西科学馆馆长张醉新,就是"四林"支族人,1888年生,1914年考入北京师范大学,毕业后曾在故宫任职,后由蔡元培推荐,担任江西科学馆馆长,至1952年去世。张醉新之弟也毕业于天津工学院,后来长期在高校任教。其子张闻韶学艺术,两个孙女都是南昌市中学著名的优秀教师(张起熙:《前江西科学馆馆长张醉新事略》,载《星子县文史资料》第3集,星子县政协文史委员会1986年内部印行,第79页)。

小。另外还有一点政治因素对他们的抑制也不容忽视，即在 80 年代中后期，江西各级政府对民间日益兴起的修谱建祠活动的担忧不断加强，且将之与地方械斗事件及"封建迷信"相联系，在报章上屡屡披露，在红头文件中不断批评和禁止，这些硬性的遏制对于体制内的"干部"来说，是不能不顾及的，所以即使参加了修谱活动，也是处于幕后，或是只捐款而不参加具体活动。① 因此从 20 世纪 80 年代开始，作为家族文化复苏之一的江西乡村修谱活动，主要是由一批长期生活在乡土社会，有一定文化、有历史记忆又有一定号召力的中老年人来操作，用前引《讨论意见》里的话说，就是"德高望重，心怀诚意，才智兼备而或有本项基础的知识分子，而且要有实干苦干能力"，即如张绍强这样的有经历、有见识和有心者，才是真正欲为、能为而有为者。② 所以，他们的利益要求也自然而然地反映于新修家谱中。因此，这份《讨论意见》中第一条便既表示尊重传统做法，又反对"平均化"，这显然话中有话，是要为"三张"争得话语权而张本：

> 除公推统一聘请主修外，其余驻修人员当首先比按四林为基点甄拔人才，但不能平均化，承认差距，面对现实，顾全大局，节约用人，以防抵制冗员，人浮于事。

从这个意义上说，《张氏宗谱》的"渔民化"结局，同时就是"四林"历来引以为荣的"诗书传家"文化的边缘化。这一变化，也可看作

---

① 参见梁洪生《近观江西民间修谱活动》，《东方》杂志 1995 年第 2 期，第 59—62 页。

② 笔者 1995 年在《谁在修谱》一文中即提道："60 岁以上的老人，是此次修谱的中坚和引导力量"，因为"他们既不能离土，也不可能离乡。分外依赖于生存的社区环境，特别看重族人群体保持一种和谐的人际关系和亲情氛围。他们的记忆中还有旧日家族组织管理乡村的映象，相当一批老人对目前的治安、自我治理状况不满，尤其对砍伐树木、道路失修、水源污染等生态环境的恶化痛心疾首。在这些变化面前，老人们是弱者。他们有所希冀，但没有新的武器，只有运用他们熟悉的修谱等家族文化形式，借以改善社区环境的秩序和文化氛围。他们深感年事已高，面临'老成凋谢'的危机，他们独有的见闻和经验有可能失传，必须及早抢救。因此，他们在修谱时不辞劳苦，肯下气力。他们也最有时间"。不曾想在十余年之后，鄱阳湖畔的张绍强老人的修谱举动，再次证实了笔者这一观察和描述的普遍意义。参见《东方》杂志 1995 年第 3 期，第 39—41 页。

半个世纪以来中国传统文化在乡村衰落的一个例证或注脚,值得做更加深入的考察和探讨。

## 六　民国地方史料的有效性及"短时段"分析问题

多年来,笔者一直把研究兴趣放在一些"地方"的研究上,而且多是从一个"点"上做开去,除了看文献"史料"外,还要去这个"地方"做实地考察。所见所闻,不一而足,引起的思考常常比读"史料"时更多更复杂。正因如此,所以对当代乡村社会生活的关照也日益增多,以致有越来越强烈的"做现代史"之感。这里想稍做讨论的民国民间文献有效性问题,也是有感而发,是想梳理一下自己遇到的民国地方史料在多大程度上"可以"说明民国地方的问题。笔者把这些话说在前面,是想避免在方法论上被质问如何面对那些通常认为是可以说明民国制度史、政治史等"大历史"的材料问题。经验告诉自己:越是到地方基层社会,"大历史"材料所能说明的具体问题就越少。而且从研究的过程看,一般都是首先花费大多数时间和精力去查寻"地方"史料,而且对这些史料的查寻甄别和解读,在相当大的程度上又要依靠对地方历史的了解和地方生活经验的体会和把握,而不是简单地把"大历史"材料套用过来,作为分析"地方"史料的背景和"主线"就可以完成的。

有时候仔细想想,哪个朝代和时段的史料都会有一个有效性的问题。那么,民国史料之特殊性在哪里呢?笔者未必能说全,但认为有一点是非常明显的,那就是从 20 世纪 50 年代开始,有相当一批活着的人说"我经历过""我见过"那个被史界称为"民国时期"的时段;到近些年,随着越来越多的老者辞世,以上的表述逐渐向"小时候我听说"或"听爷爷(爸爸)说过"转变。另外,从 50 年代后期开始出现的各级《文史资料》,到近年来各地越来越多的中老年"有文化人"用各种体裁写"私史"(如回忆录、家族史、诗词集、掌故汇编等),以及在实地考察时常常听见诸如"在解放前""在旧社会"之类的表述——换言之,有一个广泛存在于民间的口述史和文字记述的群众基础。对于从外部介入一个地方的研究者来说,这类史料的存在和价值,首先是正面的,不仅会有喜出望外、如获至宝的发现感，而且可以切身感受到当代地方社会的政治环境较以前为宽松，已经允许平头百姓把自己变成故事的主角。但如果对这些史料的生产、动机及文化背景等不加分析和解读，恐怕更加容易掉进陷阱，误入歧途。而且，迎面包围你的"七嘴八舌"，不仅会使人感到被描述的那个时段离现在很近，而且还容易造成那个时段"都是那样"的印象，形成一种思维定势。如果轻信不疑，那么这些史料的有效性就可能有问题，在某些情况下甚或不能使用。

笔者在前文中对星子县张氏1946年修谱动机及其后果的留意，很大程度上得益于近年一个本科生对家乡的调查与研究。在她的家乡新余市白杨江流域，1947年至1948年间几乎村村械斗，旷日持久，动辄出动几百人，轻重机枪加上大炮，造成地方惨重损失，也留下当地"俗好械斗"的报道和口碑。表面上看是水利资源的争夺，但其主要的动因，实则因为县参议会选举，各姓都被一些地方政客视为拉票选举的对象，通过通谱、扩建同姓宗祠，家族势力纷纷被动员起来，对地方各种利益进行重新分配，械斗遂成为手段之一。而当时正可借用的人力和技术资源，是抗战胜利后国民党军队的一大批复员军人，他们在地方上无所事事，因为械斗的需要而逐渐形成职业性的（或可称商业性的）雇佣武装，介入地方厮杀，造成比单纯的乡土械斗大得多的人员伤亡和财产损失。现在看来，1946年以后县参议会选举对各地家族力量的借用和整合，及其对地方社会生活的"搅动"，在1945年以前和1949年以后都不存在，对此必须做一种"短时段"的分析。又例如在江西一些县城之外的大（集）镇，经常可以听到"素有'小上海'（或'小南京'、'小武汉'）之称"的说法，因而有学者遂认定其很早就是商业繁荣之处。而实际上此类"小××之称"的说法，可能非常晚近才出现，多数是在抗日战争爆发以后，一些原来并不繁荣的偏远集市由于外地难民和商业资本的流入，在短时期内形成的一种"战时繁荣"。对此，也必须做"短时段"的分析和理解，并且有可能看到1946年以后这些偏远集市又重归冷寂。

根据笔者对江西民国史料的掌握和初步研究，在此提出以下5个"短时段"的划分：

（1）1912—1926年；（2）1927—1931年；（3）1932—1938年；（4）1939—1945年；（5）1946—1949年。

　　如此划分的具体原因拟另文详论，兹不赘述。① 从总体上说，民国时期的特点就是"多变"——近代以来中国的主流思维和追求都是"求变"，而到了民国，这种"变"就更为频繁。而越是到地方社会，我们越会明显看到每一个时段的变换都导致一批人物和势力的沉浮兴衰，在其身后则或多或少影响到一批族人和子孙的生活境遇发生变化，故事情节令人们难以忘怀。因此，首先要搞清楚并比较其"短时段"如何"变"，如何与此前"不一样"，然后再进行更长时段的和其他因素的考察，对民国地方史料作更确切的把握和解释。

---

　　① 　在此只就所以把 1932—1938 年划成一个"短时段"略作陈述：1931 年一年之内，国民党政府军队三次"围剿"江西红军而失败，江西南部及周边山区县份的山地都为红色政权所控制，1931 年 11 月终于在瑞金成立临时中央政府，形成赣南闽西中央根据地。而这片区域的民众主体主要是明末清初以来相继迁入的闽、广移民，在生存空间、经济生活内容、语言和文化习俗及其在地方社会政治格局中的地位等方面，都与处在盆地和平原地区的土著人群不同。1931 年底，江西安义人熊式辉正式就任江西省主席并兼民政厅长，很快提出发扬赣人治赣精神，实际上是在江西土著民众聚集地区进行了社会总动员，积极配合了国民党中央政府和军队的"剿匪"基本方略。从这个角度观察，不仅可以对红军 1933 年以后的第四、五次"反围剿"逐渐失败给出更为深刻的解释，而且可以把 1934 年前后的江西社会生活作连贯的考察而不是从中断开。参见梁洪生《"盆地结构"：支流流域、家族生存与革命——对青原区历史文化和革命的一种"结构化"解释》，《井冈山道路与马克思主义中国化——纪念井冈山革命根据地创建八十周年学术讨论会论文集》，中共党史出版社 2008 年版，第 344—352 页；何友良：《江西通史》民国卷第五章"七年内战与三年建设"第四节、第五节，江西人民出版社 2008 年版，第 234—271 页。

# 莆田平原的宗族与宗教

## ——福建兴化府历代碑铭解析

郑振满[*]

## 一　前言

在中国社会文化史研究中，宗族与宗教历来是中外学者关注的焦点。早期的学者论及中国的宗族与宗教组织，大多追溯至先秦时代，甚至认为这是"原始氏族制与村社制的遗存"，因而也是"亚细亚社会长期停滞"的主要标志。近年的研究成果表明，中国民间宗族与宗教组织的发展，与唐宋以降的礼仪变革密切相关；由于各地的礼仪变革并非同步进行，宗族与宗教组织的发展也具有明显的区域性特征，因此，考察唐以后宗族与宗教组织的发展，必须关注历代的礼仪变革过程，进行深入的区域比较研究。本文主要依据近年来收集的莆田历代碑铭[①]，探讨唐宋佛教、宋明理学与明清里社制度对民间宗族与宗教组织的影响，以期为进一步的比较研究提供基础。

莆田平原位于福建中部沿海的兴化湾畔，总面积约 465 平方公里，在

*　郑振满（1955—　），福建莆田人，历史学博士，厦门大学历史系教授，博士生导师，厦门大学民间历史文献研究中心主任。研究方向：明清社会经济史、历史人类学，代表作：《明清福建家族组织与社会变迁》《莆田平原的宗族与宗教》等。原载《历史人类学学刊》2006 年第 4 卷第 1 期。本文曾于 2005 年 5 月在台北"中央研究院"民族学研究所"区域再结构与文化再创造"学术研讨会上提交讨论，此次发表前又略作修改。谨借此机会，向会议召集人黄应贵教授、论文评议人吴密察教授及两位匿名评审人表示感谢。

①　自 1985 年以来，我和丁荷生教授合作收集福建各地的宗教碑铭，已由福建人民出版社出版了《福建宗教碑铭汇编·兴化府分册》（1995）（以下简称《兴化府分册》）、《福建宗教碑铭汇编·泉州府分册》（三册，2003）。

福建沿海四大平原中位居第三。根据近期地质调查资料,莆田平原曾是水深近 30 米的海湾,由北部的囊山、西部的九华山和龟山、南部的壶公山及东南部的五侯山,构成了 C 形的海岸线。发源于闽中山区的木兰溪、延寿溪及萩芦溪三大河流,从莆田平原的西部和北部蜿蜒入海。从先秦到隋唐时期,经过长期的河流冲积与海潮顶托作用,在兴化湾边缘地带逐渐形成了大片的沼泽地。①

南朝陈天嘉五年(564),莆田初次见诸史书记载,地称"蒲口",意即蒲草丛生的河口。陈光大二年(568)及隋开皇九年(589),曾二度在莆田设县,但皆不久即废。唐武德六年(623),再度从清源郡南安县析置莆田县,其辖区范围相当于今莆田市。此后,陆续从莆田县内析置仙游县和兴化县,并于北宋太平兴国五年(980)设置统辖三县的兴化军。明正统十三年(1448)废兴化县,以其地分属于莆田、仙游二县,而沿海平原地区始终都归莆田县管辖。② 20 世纪 80 年代,莆田沿海平原共设有城厢、城郊、西天尾、梧塘、涵江、江口、黄石、渠桥、北高、笏石10 乡镇,总人口约 60 万。③

莆田沿海平原的大规模开发,始自唐代中叶,至元明之际基本完成。这一开发进程是以兴修水利和围海造田为主要标志的,水利建设构成了莆田平原开发史的主线。莆田历史上的水利建设,大致可以分为三个阶段:一是从唐中叶至五代时期,以开塘蓄水为主;二是从北宋至南宋时期,以筑陂开圳为主;三是从元代至明中叶,以改造沟渠系统及扩建海堤为主。经过长期的水利建设和围海造田,逐渐形成了三大相对独立的水利系统,即以木兰陂为枢纽的南洋水利系统,以延寿陂、太平陂、使华陂为枢纽的北洋水利系统,以南安陂为枢纽的九里洋水利系统。④

---

① 参见莆田县地方志编纂委员会编《莆田县志》,中华书局 1994 年版,第 2 篇"自然地理",第 99—106 页。

② 参见乾隆《莆田县志》卷 1《舆地志》,第 1—5 页,光绪五年(1879)刊本。

③ 参见莆田县地名办公室编《莆田地名录》(1982),第 9、16、23、33、41、47、57、65、73、163、173 页。

④ 参见林汀水《从地学观点看莆田平原的开发》,《中国社会经济史研究》1986 年第 2 期;[日] 森田明:《福建省における水利共同体について——莆田县の一例》,《历史学研究》,第 261 号(1962 年),第 19—28 页。

　　莆田沿海地区的聚落形态，与水利系统的发展密切相关。宋代以前的早期居民点，主要分布于兴化湾边缘的山麓及低丘地带，尤其是在靠近水源的河谷地区与水塘附近。由于当时尚未形成大型水利系统，居民点的分布较为分散，而沿海港湾可能还有不少以捕捞为生的船民。① 宋元时期，随着各大水利系统的陆续建成，居民聚落也逐渐向平原腹地和海边推进。这些新形成的居民点，通常都有相应的沟渠系统和堤防设施，因而大多以"塘""埭"或"墩"命名。明清时期，在海堤之外不断开发新的埭田，"有一埭、二埭、三埭之称"，沿海地区的村落也不断增加。到清代后期，南洋木兰陂系统共有 102 村；北洋延寿陂系统共有 172 村；太平陂系统共有 28 村；使华陂系统共有 9 村；九里洋南安陂系统共有 29 村。②

　　在莆田开发史上，宗族和宗教组织曾经发挥了重要的作用。北洋于唐建中年间（780—783）创建延寿陂之后，主要由各大姓进行分区围垦，陆续建成各种相对独立的"塘"或"埭"，如林埭、叶塘、林塘、王塘、小林塘、陈塘、方埭、魏塘、陈埭、苏塘、游塘、郑埭等，其中也有不少寺院土地，如"国欢院田""慈寿院田""上生院田"等。南洋于北宋熙宁年间（1068—1077）创建木兰陂时，据说有三余、七朱、林、陈、吴、顾"十四大家"捐资助工，献田开沟。此后，这 14 家"功臣"长期控制南洋水利系统，成为当地最有影响的社会集团。北洋太平陂创建于北宋嘉祐年间（1056—1063），最初由当地"八大姓"负责管理，后来改由囊山寺管理。北洋使华陂创建年代不明，自明初以后主要由方氏族人管理。九里洋南安陂创建于北宋太平兴国二年（977），南宋及明代先后由方氏、黄氏、王氏等大姓主持重建，而沿海的开发也主要是由各大姓分别围垦，形成吴墩、游墩、陈墩、欧埭、何埭、卓埭、东蔡埭、西刘埭等不同的聚落和垦区。③

　　莆田历史上的水利系统、聚落环境与宗族和宗教组织，构成了地方

---

① 据弘治《兴化府志》和乾隆《莆田县志》记载，明代莆田共设有 3 个河泊所，每年征收的"鱼课米"约 2500 石。

② 参见陈池养《莆田水利志》卷 2《陂塘》。光绪元年（1875）刊本。

③ 同上。

社会的主要活动空间。限于篇幅，本文无法深入分析这些社会空间的内在联系，但应该指出，莆田平原宗族与宗教组织的发展，在很大程度上是为了适应水利建设与土地开发的需要，因而也必然受到水利系统与聚落环境的制约。唐以后莆田平原的礼仪变革与社会重组过程，就是在这一特定的社会生态环境中展开的。

## 二　早期佛教与世家大族

佛教在莆田沿海地区的传播，可以追溯至南朝时期。据说，梁陈之际，儒士郑露在凤凰山下筑"南湖草堂"读书，有神人请他舍地建佛刹，遂于陈永定二年（558）改草堂为"金仙院"，这是莆田历史上最早的寺院。隋开皇九年（589），陞金仙院为寺；唐景云二年（711），赐额"灵岩"；宋太平兴国年间（976—983），赐额"广化"。从南朝至唐代，莆田沿海还先后建成了壶公山宝胜院、万安水陆院、保瑞灵光寺、玉涧华严寺、龟洋灵感禅院、囊山慈寿寺、壶公山中和院、涵江上生寺、江口圣寿院、太平山招福院等著名寺院。唐代莆田的佛学也颇为发达，先后出现了无际、志彦、法通、无了、妙应、曹山、本寂等高僧。其中志彦曾奉诏入宫讲《四分律》，无了为"肉身佛"，妙应为"神僧"，本寂为曹洞宗"二祖"，实际上是创始人。①

唐武宗会昌五年（845），"诏毁天下佛寺，僧尼并勒归俗"，莆田的佛教寺院一度被毁，僧尼四处逃窜。②次年，唐宣宗诏复佛教，莆田的各大寺院也相继复建，至唐末仍在持续发展。五代时期，王审知等推崇佛教，使福建的寺院经济得到了迅速发展，莆田也不例外。宋人李俊甫在《莆阳比事》中说："闽王延钧崇信竺乾法，一岁度僧至二万余。莆大姓争施财产，造佛舍，为香火院多至五百余区。"③明弘治《兴化府志》记载，南宋莆田县共有寺院246所，岁征产钱925贯662文。另据南宋绍熙

---

① 以上参见莆田县宗教局编《莆田宗教志（初稿）》油印本1991年，第1篇，《佛教》。
② 唐黄滔：《龟洋灵感禅院东塔和尚碑铭》《华岩寺开山始祖碑铭》《莆山灵岩寺碑铭》，载《兴化府分册》，第3—5号，第2—6页。
③ （宋）李俊甫：《莆阳比事》卷一，第2—3页，《续修四库全书》本。

年间（1190—1194）编纂的《莆田志》记载，南山广化寺最盛时，"别为院者十，为庵者百有二十"。与此同时，"壶公八面，旧有十八院、三十六岩"。① 由于这些寺院实力雄厚，对南宋地方财政也有重大影响。刘克庄在《答乡守潘官讲》中说："某窃见莆、福郡计，全仰僧刹，率以献纳多寡定去留。福谓之'实封'，莆谓之'助军'。故好僧不肯住院，惟有衣钵无廉耻者方投名求售。"② 到南宋后期，由于财政压力太大，导致了寺院经济的破产。刘克庄指出："近岁取诸僧者愈甚，十刹九废。有岁收数千百斛尽入豪右，而寺无片瓦者，则前世之所未有也。"③

　　唐宋时期莆田的世家大族，大多依附于某些寺院。这是因为，唐宋时期不允许民间奉祀四代以上的祖先，世家大族为了祭祖护墓，往往在寺院中设立檀越祠，或是在祖坟附近创建寺院庵堂。④ 南山广化寺及所属的别院和庵堂中，就有不少世家大族的功德院或报功祠，如广化寺法堂右侧的南湖郑氏祠堂、荐福院的方氏祠堂、中藏庵和普门庵的黄滔祠堂、报功庵的林攒祠堂、崇先文殊院的龚氏功德院等。⑤ 各大家族为了维护这些祠堂和举行祭祖活动，通常都不断向寺院捐献田产，这可能是当时寺院财产的主要来源。例如，五代时期的《广化寺檀越郑氏舍田碑记》⑥宣称：

　　　　梁开平三年，檀越主都督长史郑筠偕弟信安郡司马郑震，抽出考廷评皋公在日置买得陈二娘平陵里小塘瓯垄田一派，产钱九百贯，舍入灵岩广化寺，充长明灯，追荐祖廷评府君、妣夫人陈氏。兼考廷评在日，曾抽塘坂上下田六十余段，舍入本寺，为露公太府卿、庄公中郎将、淑公别驾，名充忌晨，修设斋供，租付佃收，课归祠纳。仍请立碑于大雄殿侧及影堂之内，尔寺僧遵之，不得遗坠者。

---

① 转引自乾隆《莆田县志》卷4《建置志》、《寺观》，第35、43页。

② （宋）刘克庄：《后村先生大全集》卷134，第1380页，《四部丛刊》本。

③ （宋）刘克庄：《后村先生大全集》卷175，第1563页。

④ 参见郑振满《宋以后福建的祭祖习俗与宗族组织》，《厦门大学学报》，1987年增刊，第97—105页。

⑤ 参见张琴《莆田县广化寺志》卷一，江苏广陵古籍刻印社1996年版。（据福建省图书馆藏抄本（复印件）重抄出版，该志约编成于民国三十二年（1943）后）。

⑥ 《兴化府分册》，第6号，第6—7页。

乾化二年五月十日，檀越主郑筠、郑震谨志。

此后，郑氏又在广化寺立碑记①云：

> 宋淳化间，后埭长史缓公婆夫人余氏，新创崇圣庵诸刹，又舍南寺前后等处田数段及平洋墓前山林一派，付与僧充柴薪之用，递年计该产钱二百三十四贯。入庵而后，子孙不许侵渔，寺僧亦不许盗献豪门，谨疏。

这里的所谓"崇圣庵"，原是郑氏的"小书堂"，附近有"祖坟一十二丘"，实际上就是郑氏的坟庵。元至正十三年（1353）的《南湖山郑氏祠堂记》② 称："后埭侍御史伯玉公、祖母余氏创庵，即崇圣庵，又割田若干段。每遇岁时享祀、祖忌、中元，释氏备礼物，子孙拜谒，款纳如约不替。"这种专门为祭祖护墓而设的坟庵，受到了家族的严密控制，其实也是一种族产。

南宋后期，由于寺院经济日趋衰落，莆田的世家大族往往直接介入寺院的经营管理，使寺院反而依附于世家大族。南宋咸淳元年（1265）的《荐福院方氏祠堂记》③，集中地反映了宋代莆田世家大族与寺院关系的演变过程，兹摘引如下：

> （方氏入莆始祖）长官尝欲营精舍以奉先合族而未果，六子水部员外郎仁逸、秘书少监仁岳、著作郎仁瑞、大理司直仁逊、礼部郎中仁载、正字仁远，协力以成父志，请隙地于官，买南寺某司业圃以益之，于是荐福始有院。既共施宝石全庄田三十石种，又施南箕田七石种、南门田三石种，秘监也；施漈上田三石种，正字也；施濠浦田十石种，礼部也；增景祥横圳田六石种，僧祖叔住山有麟也；计种五十九石，产钱七贯二百六十五文，于是荐福始有田。见于莆

---

① 《兴化府分册》，第 7 号，第 7 页。
② 《兴化府分册》，第 66 号，第 73—74 页。
③ 《兴化府分册》，第 44 号，第 48—50 页。

田令尹吕承佑之记。旧祠长史、中丞、长官三世及六房始祖于法堂，遇中丞祖妣、长官祖二妣忌则追严，中元盂兰供则合祭，六房之后各来瞻敬，集者几千人。自创院逾三百年，香火如一日，后稍衰落，赖宝谟公、忠惠公后先扶持而复振。至景定庚申，院贫屋老，赋急债重，主僧宝熏计无所出，将委之而逃。忠惠子寺丞君悯七祖垂垂废祀，慨然出私钱输官平债，经理两年，铢寸累积，一新门庑殿堂。乃帅宗族白于郡曰："郡计取办僧刹久矣，新住持纳助军钱十分，满十年换帖者亦如之。问助军多寡，未尝问僧污洁，刹乌得不坏？愿令本院岁纳助军一分，岁首输官，主僧许本宗官高者选举。"又曰："院以葺理而兴，以科敷而废。今后除圣节大礼、二税、免丁、醋息、坑冶、米面、船甲、翎毛、知通仪从悉从古例输送，惟诸色泛敷，如修造司需求、赔补僧正借脚试案等，官司所济无几，小院被累无穷，并乞蠲免。"郡照所陈给据，仍申漕台、礼部，礼部亦从申，符下郡县。乃谂于广族曰："南山，祝圣道场也。岁满散日，族之命士有随班佛殿而不诣祠堂者，自今祝香毕，并拜祠饮福，院办面饭，并劳仆夫。又灵隐金紫墓，昔拘蒸尝分数，命士、举人、监学生多不预祭。自今省谒，院办酒食，请众拜扫，内赴官入京人免分胙。"众议曰："宜着为规约，愿世守之。"

方氏第二代六兄弟，"皆仕于闽"，可见荐福院创建于五代时期。宋代方氏为莆田"甲族"，而荐福院在方氏的支持下也长盛不衰。因此，从五代至南宋末年，方氏都以荐福院为全体族人的祭祖场所，历时三百多年而"香火如一日"。然而，南宋后期对寺院的各种苛派，使荐福院濒于破产，只能依赖于方氏家族的救助和监管，逐渐失去了独立性。此后，由于方氏祠堂一度外移，南山荐福院也就不复存在了。明万历年间（1573—1619）的《重建南山荐福祠碑记》① 宣称：

> 考吾宗入莆千祀，而是祠亦八百余年矣。载观郡中梵刹之有乡先生祠，多缘寺而起，独南山迤西之荐福，则因吾祠而名。……胜

---

① 《兴化府分册》，第179号，第204—206页。

国兵燹，浮雁板荡。皇朝洪武丙子，移建追远堂于古棠巷中，此地
寝鞠莱草芳。给谏万有公叙谱，曾致慨之。尚祖际万历庚戌，编覈
圭田，力清出故址。……于是饬材鸠工，征役于戊寅冬，告成于辛
巳秋。……虞物力之未副，不图顿还旧观。

在明代方氏族人的心目中，似乎荐福院自古就是为方氏祠堂而建的。
因此，在明初移建方氏祠堂之后，荐福院也就没有重建的必要了。万历
年间虽然在故址重建方氏祠堂，但也"不图顿还旧观"，实际上已经完全
取代了荐福院。

明清时期，莆田有些宗族的祠堂还设在寺院中，但这种祠堂通常是
由宗族自行管理的，寺院与宗族的关系已经完全颠倒过来。例如，清末
编纂的《延寿徐氏族谱》记载：

> 景祥祠，在郡城西北……密迩故居延寿地。唐中秘公捐资创景
> 祥寺，仍舍田七余顷，以充香灯需。至宋，大魁尚书铎公复整本寺，
> 增租二顷。僧德之，立祠祀二公为檀越主，榜曰"唐宋二状元祠"。
> 嗣是，朝奉公哲甫、崇仪公可珍叠加修葺。……国朝初年，本祠复
> 圮，寺僧潜筑土楼，只存先影于楼上。康熙丁酉岁，仙溪房朝议大
> 夫万安公与莆诸生成章、蜚英、良翰辈，削平寨楼，倡族复重建之。
> 乾隆庚辰秋，仙溪临谒本祠，见规模狭隘，与侄大任、大业、大瑞、
> 大源添盖本祠后座。……又念本寺为世祖创建之地，日久倾颓，因
> 为之捐资鼎建重新云。①

清代的景祥寺与景祥祠虽然同时并存，但徐氏族人已俨然以主人自
居，寺僧只是徐氏宗族的附庸。这种反客为主的现象，早在宋元之际已
见端倪。元至正六年（1346），徐氏族人在《重修景祥徐氏祠堂记》②中
宣称：

---

① （清）徐临修：《延寿徐氏族谱》卷23《建置》，第2—3页，乾隆二十七年（1762）刊
本。

② 《兴化府分册》，第64号，第71—72页。

余考，家有庙，祭有田，古制也。近世巨室舍田创寺，主檀越祠，制虽非古，然报本始，昭不忘，一也。……宋季科征取给于寺，景祥遂尔不支，惟佛殿、公祠独存。咸淳时，司干端衡公请于郡，允抽园租，充时思用。未几，被僧元规罔恤香火，以坟山为己业。高大父朝奉吉甫公执券证，乃白。继是则殿圮矣，仅遗法堂、公祠。余本房诸父昆弟恻然于怀，谓家檀犹旧，而庙貌宜新也。念瓜瓞既绵，而祭田不容俭也，于是重绘先影，增置圭租，使祖宗数百年之盛事复见于今日，岂不伟欤？

这一时期徐氏对景祥寺的控制，首先是从争夺产权开始的，其次又通过重修祠堂，确立了徐氏宗族在景祥寺中的主导地位。值得注意的是，徐氏族人为了寻求理论依据，竟把寺院中的檀越祠等同于家庙。这就表明，宋元之际的寺院与宗族之争，实际上也是佛教与儒教之争。

莆田历史上的佛教寺院，曾经为祭祖活动和宗族的发展提供了合法的外衣，因而也得到了世家大族的大力支持。然而，到了宋代以后，民间的祭祖活动日益趋于合法化，祠堂逐渐脱离了寺院系统，宗族与寺院也就分道扬镳了。

## 三 宋明理学与宗族祠堂

宋以后宗族组织的发展，与程朱理学的传播密切相关。程朱理学形成于两宋之际，南宋时期以福建为传播中心，对莆田士大夫有深远影响。南宋初期的莆田理学家林光朝等，在理学传播史上有重要地位。林光朝，字谦之，号艾轩，早年游学河南，师承洛学，后回乡创办"红泉书院"，传授理学，开创了"红泉学派"。南宋淳熙九年（1182），莆田士绅请立"艾轩祠堂"，在呈词中说：

莆虽小垒，儒风特盛。自绍兴以来四五十年，士知洛学而以行义修饰闻于乡里者，艾轩林先生实作成之也。先生学通六经，旁贯百氏。早游上庠，已而思亲还里，开门教授，四方之士抠衣从学者，岁率数百人，其取巍科、登显仕甚众。先生之为人，以身为律，以道德为权舆，不专习词章为进取计也。其出入起居、语言问对，无非率礼蹈义，士者化之。间有经行井邑，而衣冠肃然，有不可犯之色。人虽不识，望之知其为艾轩弟子也。莆之士风一变，岂无所自？①

林光朝之后，由门徒林亦之（号网山）、陈藻（号乐轩）相继主持红泉书院，他们也是南宋福建著名的理学家。淳祐四年（1244），陈藻的学生林希逸为兴化知军，倡建"城山三先生祠"，他对这些理学家有如下评述：

三先生之学，自南渡后。周、程中歇，朱、张未起，以经行倡东南，使诸生涵咏体践，知圣贤之心不在于训诂者，自艾轩始。疑洛学不好文词，汉儒未达性命，使诸生融液通贯，知性与天道不在文章之外者，自网山、乐轩始。盖网山论著酷似艾轩，虽精识不能辨，乐轩加雄放焉。其卫吾道、辟异端甚严。尝铭某人云："佛入中原祭礼荒，胡僧奏乐孤子忙。"里人化之。使网山、乐轩而用于世，所立岂在艾轩下哉！②

如上所述，在程朱理学的传播过程中，"红泉学派"发挥了承上启下的作用，而且不断有所发展。林光朝的讲学活动略早于朱熹，而林亦之、陈藻与朱熹为同时代人。他们的学术渊源相近，都致力于推行礼教秩序，尤其注重祭祖礼仪。不过，由于"红泉学派"重讲学而不重著述，对后世的影响力也就不如朱熹。南宋后期，朱熹声名日著，在莆田也有广泛影响。嘉定十三年（1220），莆田县学创立"朱文公祠堂"，朱熹的及门弟子陈宓在碑记中说：

先生所著书数十种，而尤切于世教者曰《〈大学〉、〈中庸〉章

① （宋）陈俊卿：《艾轩祠堂记》，载《兴化府分册》，第26号，第28—29页。
② （宋）林希逸：《兴化军城山三先生祠记》，载《兴化府分册》，第44号，第44—46页。

句或问》、《〈语〉、〈孟〉集注》、《近思录》、《家礼》、《小学》，家
传而人诵之。莆虽蕞尔邑，昔称士乡。先生初仕于泉，及淳熙间凡
三至焉，趋风承教之士不少。先生殁廿二年矣，前辈往往凋谢，晚
生益知向慕。校官陈君汲，既刊前诸书以惠后学矣，谓诵其书不知
其人，可乎？于是即学官而祠之。[①]

两宋之际，由于程朱理学的发展与传播，促成了民间祭祖礼仪的改
革，逐渐形成了"庶民化"的宗法伦理。[②] 这是因为，程朱理学注重礼教
秩序，试图通过改革祭礼达到"敬宗收族"的目的，以抵御佛、道二教
对民间社会的影响。程颐认为："天子至于庶人，五服不异，祭亦如之。"
因此，他主张废除祭祖礼仪的等级差别，使贵族和庶民都可以奉祀五代
之内的祖先。他还提出，自高祖以上至于始祖，虽然在五服之外，也应
当每年一祭，以示慎终追远。[③] 在此基础上，朱熹进一步提出："君子将
营室，先立祠堂于正寝之东，为四龛，以奉先世神主。"他所设计的这种
"祠堂"，可以同时奉祀自高祖以下的四代祖先，实际上就是把"小宗"
之祭推广于民间。至于祭祀始祖及四代以上的先祖，朱熹认为："此二祭
古无此礼，伊川以义起，某觉得僭。"但他又说，为祠堂而设置的祭田，
"亲尽则以为墓田，宗子主之，以给祭用"。这就是说，对五代以上的祖
先，虽然不得在祠堂中奉祀，但仍可举行墓祭活动。[④] 由于程颐和朱熹的
祭礼改革"不用王制，以义起之"，突破了儒学经典和朝廷礼制的等级界
限，为民间的祭祖活动和宗族发展提供了理论依据。然而，由于宋儒过
于注重大、小宗之别，对宗族的发展也有不利的影响。因此，在宋以后
宗族组织的发展进程中，又不断对祭祖礼仪进行创新和改革。

宋代莆田已有专门为祭祖而建的"家庙"或"祠堂"，但由于受到祭
祖代数的限制，难以持续发展。南宋庆元二年（1196），朱熹在《唐桂州

① （宋）陈宓：《朱文公祠记》，载《兴化府分册》，第 31 号，第 34 页。
② 参见郑振满《明清福建家族组织与社会变迁》，湖南教育出版社 1992 年版，第 227—
241 页。
③ 以上参见（宋）朱熹编《二程遗书》卷十五《入关语录》。
④ 以上参见（宋）朱熹《朱子家礼》卷一《通礼余论》。

刺史封开国公谥忠义黄公祠堂记》① 中说:

> （唐）明皇时，桂州刺史忠义公岸偕其子谣为闽县令，始迁于莆涵江黄巷居焉。刺史六世孙校书郎偕其孙奉礼郎文惠，孝心克笃，爰构家庙，未既而卒。其孙世规以国子司业赠朝议大夫，于明道元年命工营建，榜曰"黄氏祠堂"，定祭田以供祀典，未备复卒。世规孙彦辉历官潮州通判，捐俸新之。前堂后寝，焕然有伦；昭穆尊卑，秩然有序；禴祀蒸尝，孔惠孔时；盖有效于司马君实、欧阳永叔氏家庙之意也。则是祠堂之所由立者，三公厥功伟哉！然尝伏思之，世患无祠堂耳，而世之有者，创于一世，不二世沦没者多矣。呜呼！良可悲也。如黄氏祠堂而创续于祖孙若是，此士大夫家孙子之所难也。然熹又有说焉。创之者尔祖耳，后之人可无念尔祖乎？然念之者无他，祖庙修，朔望参，时食荐，辰忌祭，云礽千亿，敦睦相传于不朽云。

黄氏从第六世开始筹建"家庙"，第十世建成"祠堂"，至第十二世才初具规模，前后经历了六代人。朱熹对此颇为感慨，认为当时不仅建祠堂难，即使建成了也难以长期维持。在这里，朱熹并未深入分析祠堂难以稳定发展的原因，只是希望通过祖先崇拜和祭祖仪式来维护族人之间的团结。其实，宋代祠堂难以持续发展的根本原因，在于不能奉祀四代以上的祖先，因而只有突破了对祭祖代数的限制，才有可能维持祠堂的长期稳定发展。值得注意的是，黄氏祠堂奉祀的是远至十二代的入莆始祖，这在当时并不符合礼制，也不符合《朱子家礼》的要求，但朱熹对此并无异议。前人曾怀疑《朱子家礼》非朱熹所作，或是曾被后人窜乱移易②，也许祠堂只用于小宗之祭并非朱熹的本意？

宋元之际，由于《朱子家礼》广为流传，士绅阶层建祠成风。南宋后期的仙游乡绅陈谠在《道庆堂记》中说："今有合族祠堂，置祭田以供

---

① 《兴化府分册》，第29号，第30—31页。

② 参见束景南《朱熹〈家礼〉真伪考辩》，《朱熹佚文辑考》，江苏古籍出版社1991年版，第684页。

事者，仿文公《家礼》而行。"① 这一时期的"合族祠堂"，可能已经祭及远祖，而不限于小宗之祭。宋末元初的莆田理学家黄仲元，在《黄氏族祠思敬堂记》② 中说：

> 堂以祠名，即古家庙，或曰"影堂"，东里族黄氏春秋享祀、岁节序拜之所也。……堂即族伯通守府君讳时之旧厅事，仲元与弟仲固、日新、直公、姪现祖与权得之，不欲分而私之，愿移为堂，祠吾族祖所自出。御史公讳滔以下若而人，评事公讳陟以下大宗小宗、继别继祢若而人，上治、旁治、下治，序以昭穆，凡十三代。……不则何以奠世系，联族属，接文献，而相与维持礼法于永年哉？

在黄仲元看来，祠堂与"家庙"或"影堂"并无本质的区别；大宗之祭与小宗之祭也可以兼容并包。他对祭祖礼仪的理解及实践，显然并未受到《朱子家礼》的约束。东里黄氏是莆田的理学世家，黄仲元与乃父黄绩都是当地著名的理学家。乾隆《莆田县志》记载：

> 黄绩……少凝重，稍长弃举子业，慨然有求道之志。始游淮、浙，遍参诸老。中年还里，闻陈宓、潘柄从黄干得朱子学，遂师事之。与同志十余人，集陈氏仰止堂，旬日一讲。宓、柄卒，绩与同门友筑东湖书堂，请田于官，春秋祀焉。读约、聚讲如二师时，向之同门相与就正于绩。故绩虽布衣，为乡先生三十年，郡守、佐、博士皆加礼焉。……所著有《四书遗说》等书，藏于家。
>
> 黄仲元……少刻志读濂、洛、关、闽书及父绩所传潘、陈二师书，掺次唐宋名人文凡二百四十二家，文学为时所推重。第咸淳七年进士，历除国子监簿，不赴。宋亡后……推广先志，尤严东湖之祠，虽老不少废。年八十二卒，有《四书讲稿》藏于家。③

---

① 转引自乾隆《仙游县志》卷8（下）《邑肇志》，第6页。
② 《兴化府分册》，第46号，第51—52页。
③ 乾隆《莆田县志》卷十六《人物志》，《理学传》，第16—17页。

可见，黄氏父子都精通理学，而且是当时莆田理学家中的泰斗。因此，像东里黄氏这种奉祀远祖的"族祠"，可能是当时莆田祠堂的普遍模式。

明代前期，莆田的士绅都以程朱理学为儒学正宗，但对祭祖礼仪却有不同的理解，长期围绕祠堂的规制而争论不休。弘治二年（1489），刑部侍郎彭韶在《白塘李氏重修先祠碑》①中说：

> 尝闻之，礼有不一而情无穷。为人后者，不知其祖则已，知之而能忽然乎？昔者，程子尝祀始、先祖矣，紫阳夫子本之，著于《家礼》，后疑其不安而止。我太祖洪武初，许士庶祭曾、祖、考。永乐年修《性理大全》，又颁《家礼》于天下，则远祖之祀亦通制也，然设位无专祠。今莆诸名族多有之，而世次龛位，家自为度。或分五室，左右祀高、曾以下；或虽分五室，子孙左右序房，各祀其高、曾以下；而皆以中室祀先祖。或按礼分四亲各室，以西为上，而先祖止祭于墓所，人反疑之。议礼老儒，迄无定论。诚以人之至情，有不能已，不能一焉。今白水塘之祠，上祀十有余世，揆诸礼意，似非所宜。然族属之众且疏，舍是不举，则人心涣散，无所维系，欲保宗祀于不坠，绵世泽于无穷，岂不难哉！呜呼，是祠之关系，其重矣乎！嗣修后人，尚其勉诸！

彭韶的上述言论表明，由于明王朝推崇程朱理学，奉祀远祖已经成为通行的祭祖礼仪。然而，由于程朱理学并未设定奉祀远祖的"专祠"，这就对当时的"议礼老儒"造成了极大的困扰。在莆田民间的祭祖实践中，"诸名族"大多已经建立了奉祀远祖的祠堂，《朱子家礼》规定的祠堂之制早已被突破了。在彭韶看来，设置奉祀远祖的祠堂，虽然不符合礼制，但对于维护族人的团结却是至关重要的。因此，他认为不必拘泥于礼制，鼓励民间创建奉祀远祖的祠堂。

明代莆田祭祖礼仪的另一变革，就是突破了宗子对祭祀权的垄断。所谓"宗子"，即嫡长子。在古代宗法制度中，宗祧继承权是由嫡长子垄

---

① 《兴化府分册》，第103号，第116—118页。

断的，只有继承了宗祧的宗子才有权祭祖。在朱熹设计的祭祖礼仪中，也必须由宗子主祭。这种独占性的宗子权，显然不利于民间祭祖活动的普及，因而也是行不通的。成化十九年（1483），理学家黄仲昭在《和美林氏祠堂记》①中说：

> 叔文甫念水木本源之义，笃反古复始之心，爰创祠堂，断自高祖，以下昭穆而祀之，因属仲昭为之记。且曰："祠幸苟完，而吾犹有所大阙焉，然未如之何也。先君违世时，吾方六岁，世父及伯兄贫穷转徙，先世旧庐皆入于他姓。……始买屋数楹于和美街东，为奉先事亲之计，既而赖祖宗余庆，家以益裕，遂徙居于和美街西，而以旧所居为祠堂，即今所创者是也。然古者祠堂之制，必主于宗子。今吾大宗既无所考，而继祖、继祢之宗又皆播迁阔远，于奉祭不便，且非其所堪也。肆凡馈荐裸奠之仪，皆吾自主之，揆之于礼有所未协，此则吾心所大阙者。记幸详此意，俾爱礼君子知吾所以处此，盖末如之何也。"某窃惟古先圣王缘人情以制礼，则夫礼者所以节文乎人情者也。君子之酌乎礼，苟于人情无所咈，则虽不合于古，亦不害其为礼矣。叔文甫之所遭如此，若必欲规规以求合于礼，则祖、祢之祀皆无所托，其于人情安乎？先王之礼，固有不得已而用权者。若叔文甫之处此，其亦所谓礼之权者欤？

林氏祠堂的创建者和主祭者都不是宗子，这自然违反了宗子之制，但黄仲昭并不以为非。在他看来，礼是必须顺应人情的，因而也是可以变通的；既然宗子之制与现实需要有矛盾，也就不必刻意遵循。与黄仲昭同时代的理学家周瑛，对宗子之制也采取了通权达变的态度。他在《圣墩吴氏新建祠堂记》②中说：

> 吴氏旧居可塘，七世祖念四府君徙圣墩。……四传至仲允公，生五子，分为五房。其长曰光益，号邌菴，慨然以尚礼为念，建议

---

① 《兴化府分册》，第97号，第109—110页。
② 《兴化府分册》，第112号，第131—132页。

立祠堂，盖以购地未就而止。……因举瞩目朝器曰："汝必勉之。"
朝器感激立继，而议礼者谓支子不得立祠堂，用是迟回者久之。又
恐无继先志，岁惟割腴田若干，俾迭收租，而祀宗亲于私室。今老
矣……即先世所蓄木石而增益之，建祠堂于祖居西南，从便地也。
按礼，别子而下，有继高祖之宗，继曾祖之宗，继祖之宗，继祢之
宗。此四宗者，宗法所自起也。四宗自各为庙，各以宗子主其祭。
有事于庙，则宗人各以其属从。……若夫祠堂建置，顾有财力何如
耳，宗子不能建，诸子建之可也。诸子建祠堂，以宗子主祀事，或
宗子有故，而以支诸子摄行祀事，揆诸礼，无不可者。

在圣墩吴氏的建祠过程中，有人认为"支子不得立祠堂"，而周瑛则
不以为然。在他看来，祠堂不同于古代的家庙，宗子并无排他性的祭祀
权，诸子也可以建祠或"摄行祀事"。他还认为："莆人以族属繁衍，不
能遍立祠堂，故合族而为总祠，祀而群宗并举。凡裸献祝告，皆行于其
族之长，各宗之子各以其属从，虽于礼未尽合，要之重祖宗、合族属、
收人心，而《易》所谓聚涣之道，大概为得之矣。"① 这就是说，在莆田
民间的"族祠"中，实际上是"群宗并举"，所有宗子都必须服从于族
长。这虽然不符合宗子之制，但却符合"聚涣之道"，因而也是合理的。
明代莆田有些较为保守的士大夫，始终坚持建祠祭祖必须符合礼制，
但他们也无力改变普遍"逾制"的现实，只能千方百计寻求合理性的解
释。明正德八年（1513），曾任刑部尚书的林俊在《沂山曾氏祠堂记》②
中说：

庙有制，后世易以祠堂，然祭及高祖，则始祖、先祖皆无祭。
子孙服尽，如同路人，故世姓有始祖之祀以联族之合，谓之族祠。然
传叙俱祀而礼制踰，宗子不立而宗法乱。予于世祠礼不足稽而义不
足以起，皆不记。沂山曾氏之祠，礼与义近焉。……一堂三室，中
钟壶，始祖也；左矩斋，先祖也；右太一，大宗祖也。别其旁二室，

---

① 《兴化府分册》，第 112 号，第 131—132 页。
② 《兴化府分册》，第 118 号，第 139—140 页。

左太二，右太三，小宗祖也。五其主专之，子姓则名系于室之版，不主不祀，惧僭也。……余各祭于寝，则祠有定祖，祖有定祭，族属合而孝敬兴。《礼》曰："伤哉！贪也。"礼之权，亦法之巧，以各伸其情，无嫌而义自见。

林俊对曾氏祠堂的规制表示赞赏，主要是由于这里对大宗和小宗的祖先作了明确的区分，而且把这些祖先的神主牌置于不同的龛室，使之适用于不同的祭祀活动。此外，他认为把其他族人的名字誊录在同一神版之上，以替代各自的神主牌，也可以避免僭越之嫌。其实，曾氏祠堂的祭祀对象与其他"族祠"并无差别，只是在形式上更符合礼制的要求。林俊还认为，奉祀始祖是有必要的，但应该参照"唐制三品以下得举禘祫之文"，在仪式上有所变通。① 弘治年间，林氏族人重修历代祖墓，林俊又说："修墓、祭墓，非古也，小宗行之尤无据。然揆情起义，亦无害为礼。"② 可见，林俊也主张"礼以义起"，即可以依据实际需要创立新的祭祖礼仪。

在莆田民间的祭祖活动中，王朝的礼制和儒家的祭礼总是不断被突破的，因而理学家们也总是试图对宗法伦理作出新的解释，建立新的礼仪规范。这一过程既反映了祭祖礼仪的变革，也反映了宗族组织的发展。

## 四　里社制度与神庙系统

中国古代的"社"，原来是指"土地之主"，后来也引申为土地之神或行政区域的象征。先秦时代，立社祀神是贵族阶层的等级特权，与"分土封侯"制度密切相关。《礼记·祭法》云："王为群姓立社，曰'大社'；诸侯为百姓立社，曰'国社'；诸侯自立社，曰'侯社'；大夫以下成群立社，曰'置社'。"秦汉以降，由于郡县制取代了封建制，"社"逐渐演变为行政区域的象征，如"州社""县社"之类。明代以前，虽然民间也有立社祭神之举，但似乎并未形成统一的规制，与行政

---

① （明）林俊：《黄巷黄氏祠堂记》，载《兴化府分册》，第 119 号，第 140—141 页。

② （明）林俊：《林氏重修先墓记》，载《兴化府分册》，第 113 号，第 132—133 页。

区域亦无必然联系。明代初期，在全国建立了统一的里社制度，才正式把民间的社祭活动纳入官方的行政体制。明清时期，由于里社制度与民间神庙系统直接结合，导致了基层行政体制的仪式化，对区域社会文化的发展具有深远影响。

莆田民间早期的里社，实际上就是神庙，不同于官方的"郡邑之社"。刘克庄在《宴云寺玉阳韩先生祠堂记》①中说：

> 古乡先生殁，祭于社。社者何？非若郡邑之社不屋而坛也，有名号而无像设也。三家之市、数十户之聚，必有求福祈年之祠，有像设焉，谓之"里社"是也。祀乡先生于是，敬贤之意与事神均也。

这就是说，"郡邑之社"只有神坛和神名，不设庙宇和神像，而"里社"既有庙宇也有神像，还可以用于奉祀乡贤。莆田民间的神庙，最初只是巫祝的活动场所，不在官方祀典之列，因而往往被视为"淫祠"。两宋之际，由于士绅阶层积极参与神庙祭祀活动，民间神庙的仪式传统与象征意义逐渐发生了变化，有些神庙开始纳入官方的祀典。例如，绍兴八年（1138）的《有宋兴化军祥应庙记》②宣称：

> 郡北十里有神祠，故号"大官庙"。大观元年，徽宗皇帝有事于南郊，褒百神而肆祀之，于是诏天下名山大川及诸神之有功于民而未在祀典者，许以事闻。部使者始列神之功状于朝，从民请也。次年，赐庙号曰"祥应"。其后九年，亲祀明堂，复修百神之祀。而吾乡之人，又相与状神之功迹，乞爵命于朝廷。……乃宸笔刊定"显惠侯"，时则宣和之四年也。谨按，侯当五季时，已有祠宇，血食于吾民。……曰"大官庙"者，相传云，乡人仕有至于大官者，退而归老于其乡，帅其子弟与乡之耆旧若少而有才德者，每岁于社之日，相与祈谷于神，既而彻笾豆，陈盏斝，逊而升堂，序长幼而敦孝弟，如古所谓乡饮酒者。乡人乐而慕之，遂以名其庙。……旧庙数间，

① （宋）刘克庄：《后村先生大全集》，卷93，第805页。
② 《兴化府分册》，第14号，第11—14页。

历年既久，上雨旁风，无所庇障。元丰六年，太常少卿方公峤，始
增地而广之。政和六年，太子詹事方公会，又率乡人裹金而新之。
今神巍然南面，秩视诸侯，其冕服之制，荐献之礼，皆有品数，视
前时为不同也。祈吁跪拜，卜史荐辞，瞻望威容，进退维慎，亦视
前时为不同也。春秋祈报，长幼率从，酒洌肴馨，神具醉止，退就
宾位，执盏扬觯，有劝有罚，莫不率命，又不知往时人物若是否？
远近奔走，乞灵祠下，时新必荐，出入必告，疾病必祷，凡有作为
必卜而后从事，又不知往时人物能若是否？以至天子郊祀之后，郡
侯视事之初，又当来享来告，以荐嘉诚，此亦前时之所无也。是数
者，皆与前时不同，宜其视旧宫为犹隘，寝以侈大，亦其时哉！

如上所述，"祥应庙"原是民间"神祠"，北宋时期被改造为"大官
庙"，至北宋末年获赠庙号和封号，正式纳入官方祀典。在此过程中，士
绅阶层也不断改革祭祀仪式，使之符合儒家祭礼与官方祀典的要求。

宋代莆田有不少地方神获赠庙号和封号，这就使当地士绅更为热衷
于神庙祭祀活动，从而推进了神庙祭祀仪式的改革。北宋宣和五年
（1133），奉祀湄州"通天神女"的"圣墩祖庙"获赠"顺济"庙额，当
地豪绅李富为之重建庙宇，同时也作了祭礼改革。有人提出质疑："旧尊
圣墩者居中，晳而少者居左，神女则西偏也。新庙或迁于正殿中，右者
左之，左者右之。牲醴乞灵于祠下者，宁不少疑？"李富的门人廖鹏飞答
曰："神女生于湄州，至显灵迹，实自此墩始；其后赐额，载诸祀典，亦
自此墩始，安于正殿宜矣。"① 这就是说，神的地位不是取决于本地的传
统，而是取决于国家的祀典。廖鹏飞还认为，里社的象征意义在于国家
的祀典，而不是神的"威灵"。他说："里有社，通天下祀之，闽人尤崇。
恢闳祠宇，严饰像貌，巍然南面，取肖王侯。夫岂过为僭越以示美观？
盖神有德于民，有功于国，蒙被爵号，非是列以彰其威灵也。"② 这种与
国家祀典相结合的里社，实际上已经成为国家认同的标志。

宋代莆田士绅还利用赐封制度，把家族神灵纳入国家祀典，为祖先

---

① （宋）廖鹏飞：《圣墩祖庙重建顺济庙记》，载《兴化府分册》，第16号，第15—17页。
② 同上。

崇拜寻求合法性依据。如水南"显济庙"奉祀的神灵，原是朱氏族人，据说生平有灵异事迹，殁后祀于朱氏"群仙书社"，民间称为"朱总管"。建炎四年（1130）获赠庙额及封号，宝祐四年（1256）加封为"福顺彰烈侯"。"于是，族人见恩宠褒光，一时盛事，乃去'群仙书社'之号，匾金额曰'敕赐显济庙'，其祖庙亦如之。其后子孙环居众多，分为上下庙，仍祀五谷之神，及为春祈秋报之所，祠堂则仍其旧。"水南朱氏为莆田望族，南宋时期"衣冠蕃衍"，有功名者"凡四十有二人"。① 他们把祠堂附设于神庙之中，自然是为了使祖先崇拜合法化。

明洪武年间（1368—1398）推行的里社制度，要求全国每里建一社坛，奉祀社稷之神，每年于二月和八月的第一个戊日举行祭社仪式。与此同时，要求全国每里建一厉坛，奉祀无人祭拜的鬼神，每年举行三次祭厉仪式。《明会典》记载：

> 凡民间各处乡村人民，每里一百户内，立坛一所，祀五土五谷之神，专以祈祷雨阳时若，五谷丰登。每岁一户轮当会首，常川洁净坛场，遇春秋二社，预期举办祭物，至日约聚祭祀。其祭用一羊、一豚，酒、果、香烛随用。祭毕，就行会饮，会中先令一人读抑强扶弱之誓。……读誓词毕，长幼以次就坐，尽欢而退。务在恭敬神明，和睦乡里，以厚风俗。
>
> 凡各乡村，每里一百户内，立坛一所，祭无祀神鬼，专为祈祷民庶安康、孳畜蕃盛。每岁三祭：春清明日、秋七月十五日、冬十月一日。祭物牲、酒，随乡俗置办。其轮流会首及祭毕会饮、读誓等仪，与里社同。②

除每年五次的祭社和祭厉活动之外，禁止民间的其他宗教活动。《明会典》记载：

> 凡师巫假降邪神、书符咒水、扶鸾祷圣，自号端公、太保、师

---

① （宋）朱元功：《群仙书院祠堂记》，载《兴化府分册》，第45号，第50—51页。
② 万历《明会典》卷94《礼部二》，第15—16页。

婆，及妄称弥勒佛、白莲社、明尊教、白云宗等，一应左道乱正之术，或隐藏图像、烧香集众、夜聚晓散，佯修善事，扇惑人民，为首者绞，为从者各杖一百，流三千里。若军民装扮神像、鸣锣击鼓、迎神赛会者，杖一百，罪坐为首之人。里长知而不首者，各笞四十。其民间春秋义社，不在禁限。①

由此可见，在明代法定的民间祭祀制度中，只有里社的祭祀活动是合法的，而其他宗教活动都是非法的。从表面上看，明代的里社制度只是试图建立统一的祭祀仪式，把民间的宗教活动纳入官方法定的祭祀制度之中，以免各种"邪教"趁机作乱。然而，由于这种里社祭礼直接套用了官方的祭社和祭厉模式，不建庙宇，也不设神像，这就使之完全脱离了民间原有的里社传统，无法在各地全面推行。

关于明初莆田推行里社制度的具体情形，目前尚未发现较为翔实可靠的资料。不过，从后人的追述及现存的文物古迹看，明初莆田曾经普遍推行里社制度，而且各里也依法建立了社坛和厉坛。然而，明初规定的里社与乡厉祭祀仪式，似乎并未得到全面实行，而民间传统的宗教活动，也并未受到彻底禁止。弘治《兴化府志》在述及里社制度时，曾明确提出："乡社礼久废，为政君子宜督民行之。"② 而在述及每年上元节的"乡社祈年"习俗时，又有如下记述：

> 各社会首于月半前后，集众作祈年醮及舁社主绕境。鼓乐导前，张灯照路，无一家不到者。莆水南独方氏、徐氏、丘氏，筑坛为社，春秋致祭，不逐里社遨嬉，其礼可取。③

这就表明，当时除少数大姓之外，莆田民间已不再按官方规定举行里社祭礼，而是普遍恢复了原来的迎神赛会传统。同一时期编纂的《八闽通志》，对兴化府属的元宵"祈年"习俗也有类似记载："自十三日起，

---

① 万历《明会典》卷165《律例六》，第3页。
② 弘治《兴化府志》卷21《礼乐志》，第12页，同治十年（1871）重刊本。
③ 弘治《兴化府志》卷15《风俗志》，第6页。

至十七日，里民各合其闾社之人，为祈年醮。是夜，以鼓乐迎其土神，遍行境内，民家各设香案，候神至则奠酒果、焚楮钱，拜送之。"① 主持编纂《八闽通志》的莆田名儒黄仲昭认为，这种以迎神赛会为中心的"祈年"仪式，"亦古乡人傩之遗意"。② 他在晚年乡居期间，曾吟诗曰："春雨初过水满川，神祠箫鼓正祈年。我来亦欲随乡俗，急典春衣入社钱。"③ 他虽然深知迎神赛会不符合官方规定的里社祭礼，但还是采取入乡随俗的宽容态度。

明代中叶，由于莆田民间的神庙祭祀活动日益盛行，引起了少数士绅的不满，强烈要求地方官"毁淫祠"，重新推行"洪武礼制"。成化初年（1465—1487），彭韶在《与郡守岳公书》④ 中说：

> 莆中故蛮地，淫祠特多，虽豪杰之士时出，未之能革。所祀神，类不可晓。奸黠之魁，每月指神生日，敛钱祭之；时出祸福语，以惧村氓，妖言之兴，多由于此。此间有儒生林邦俊，酷怪淫祀，乞特委之，俾行四境，遇淫祀处，悉令除毁。就以所在庙宇，依洪武礼制，设立乡社、乡厉二坛，使乡老率其居民，以时荐祭，庶足以祀土谷之神，而不馁若敖氏之鬼也。

彭韶是天顺元年（1457）的进士，曾任刑部主事，后丁忧乡居，此信是他应兴化知府岳正垂询"本土政俗"而写的。岳正于成化元年（1465）到任，五年（1469）离任。⑤ 乾隆《莆田县志》记载，岳正在任时"尝建涵江书院及孔子庙，又毁淫祠"。⑥ 可见，他的确采纳了彭韶"毁淫祠"的建议，但实际效果不明。到了正德年间（1506—1521），又有莆田知县雷应龙，在士绅阶层的支持下"力毁淫祠"。⑦ 据说，雷应龙

---

① 弘治《八闽通志》卷3《风俗》，《地理》，福建人民出版社1989年版，第50页。
② 同上书，第50页。
③ （明）黄仲昭：《未轩文集》卷11《七言诗》，第12页，四库全书本。
④ （明）彭韶：《彭惠安集》卷8《书启》，第3—4页，四库全书本。
⑤ 乾隆《莆田县志》卷7《职官志》，《文职官》，第12页。
⑥ 乾隆《莆田县志》卷8《职官志》，《名宦传》，第10—11页。
⑦ 同上书，第24—25页。

在任六年，"毁非鬼之祠八百区，专祀文公、诸贤，以隆道化"①。不过，有些民间神庙通过改头换面，仍继续得以保存。如当时涵江龙津社改为"忠烈祠"，圣妃宫改为"寿泽书院"，显然都是为了规避"毁淫祠"。②又如，涵江新有社据说存有文天祥题写的匾额，"知县雷应龙毁淫祠时，见公笔迹，委员重修"。③

明中叶以后，莆田民间的神庙祭祀活动逐渐复兴，而官方也不再发起"毁淫祠"运动。值得注意的是，明代后期的莆田士绅，积极参与民间神庙的修建活动，而且大多是以"社"的名义修建神庙的。例如，嘉靖初年以"议礼忤旨"致仕还乡的兵部侍郎郑岳，在主持兴修水利和桥梁之余，"乃又即佛刹旧址，为屋四楹，以祀土、谷二神，旁祀他神，前辟为门，后栖巫祝，且聚土植木，而社又成"④。这种以神庙和社坛相结合的形式，兼顾了神庙仪式传统和里社制度的要求，逐渐成为莆田民间神庙的基本模式。此后不久，同样是以"议礼忤旨"而削职还乡的监察御史朱浙，也参加了本乡重修"义齐东社"的活动。这一里社据说"重建于洪武二十四年"，而到嘉靖时"老屋撑支，弗称祀典"，实际上也是一座神庙。⑤ 与此同时，当地的其他古庙也陆续修复。朱浙在《桥西神宇记》⑥ 中说：

> 桥西神宇，初名"圣堂"，与里社相向。华藻静洁，塑捏鬼物，诡怪离奇，皆胡元旧俗。……余少时读书其中，故甚记之，向后风雨摧败。至正德间，知县事蒙化雷侯应龙毁折淫祠，尽去土偶，其趾崩坏，沦为深渊，沙堤大观于此独缺。余与给舍张君八峰谋之，假合众力，重修屋宇。……尚有水云宫观，废为瓦砾丘墟久矣，因循失于恢复。事出于人情之所乐，谈笑而成；财捐于众力之有余，

---

① （明）方良永：《方简斋文集》卷5《邑侯雷觉轩去思碑记》，第17页，四库全书本。

② （明）郑岳：《山斋文集》卷18《明奉议大夫广西桂林同知致仕澄溪黄君墓志铭》，第15—16页，四库全书本。

③ 乾隆《莆田县志》卷4《建置志》，《寺观》，第48页。

④ （明）郑岳：《蒲阪兴造碑》，载《兴化府分册》，第130号，第152—153页。

⑤ （明）朱浙：《重修里社记》，载《兴化府分册》，第148号，第170—171页。

⑥ 《兴化府分册》，第147号，第169—170页。

咄嗟可办。兹寻旧址，爰拓新规。……经始于丁未四月朔，至秋告成，董其役者则某某也。

这里的"丁未"纪年，即嘉靖二十六年（1547），离雷应龙"毁淫祠"不到30年。由此可见，在正德年间"毁淫祠"之后不久，莆田民间的神庙系统已经得到了迅速的恢复。不仅如此，明中叶以后修建的"里社"，一般也都与神庙相结合，而且也都设有神像，具有社、庙合一的特点。万历十六年（1588），曾任工科给事中的方万有在《孝义里社重建记》① 中说：

> 孝义里社故在玉井街孝义坊之东，国初参军林公用和率里人创建者，后被武夫侵毁。正德庚戌，其六世孙都事公有恒，都宪公有守，购地于其东葵山巷中徒建焉，以是里人至今称林氏为檀越主云。社位癸向东，中堂祀土谷、圣王诸神，东偏一室为仙姑坛。嘉靖壬戌，燬于兵燹。寇退，都事子别驾仰成倡众修葺，时诎力乏，暂以栖神耳。余岁时伏谒，心窃不安，欲议改建，而未之逮也。岁丁亥春暮，不雨，众祷于社。……是秋九月，有邻儿游社中，见圣王像恍然竦而立者三，告之人，弗之信。翼日巳候，怪风一阵声轰轰，而像辄倾出龛外，几卧地。众咸惊愕，奔告于予。……乃介文学卓先生中立为主盟，高君文、彭君思鹏募众，各捐金有差，而缙绅士多乐捐助。……会兹仲月上戊，太尹高公□仞、参政彭公文质、运判林公应腾、宪□陈公祖尧，率诸里隽举祈谷礼，读誓诚，济济彬彬。

上述孝义里社的历次重建过程，都是由士绅阶层主持的，而且都是以神庙建筑为中心的。这说明，明代后期莆田的里社祭祀活动，已经与民间神庙系统有机结合。

清代莆田的里社大多已演变为神庙，明初规定的里社祭礼也难得一

---

① 《兴化府分册》，第160号，第182—183页。

见，但里社体制并未解体，而是在神庙系统中得到了延续。乾隆《莆田县志》记载：

> 里社坛，本以祀土谷之神，今皆建屋，杂祀他神。惟连江上余、待贤里前黄仍坛。东厢龙坡、兴泰、英惠、通应，左厢长寿，延寿里黄巷太平，六社虽建屋，尚立土谷神主，春秋集社众祭毕，读诰律、誓约，然后会饮，犹有古之遗风。

又云：

> 各里乡厉坛，洪武间奉例建置不一，今俱废。①

这就是说，明初建立的"里社坛"和"乡厉坛"，到清代已经废弃，而依据洪武礼制举行的社祭仪式，在全县也只有 6 例。不过，根据我们近年来的实地调查，莆田平原的大多数神庙中都设有"尊主明王"和"后土夫人"的神像，每年也都要举行"社公"和"社妈"的生日庆典。这说明，在神庙中奉祀"土谷之神"仍是普遍现象，里社祭祀仪式已经转化为神庙祭典。② 笔者认为，明以后莆田民间的神庙，实际上同时具有祭社与祭厉的功能，因而也就完全替代了"里社坛"和"乡厉坛"。

明初的里社附属于里甲组织，受到了地方行政体制的制约，总数可能相当有限。由于明代莆田的"里"与"甲"之间还有"图"一级单位，每图为一百户，相当于一般的"里"，可能当时每图各设一里社。根据弘治《兴化府志》的记载，明初莆田平原共有 130 图，因而最多可设130 社。③ 明中叶以后，由于里甲组织趋于解体，里社祭祀组织也得到了相对独立的发展。在原有的里社中，逐渐分出了新社，而原来不设里社

---

① 乾隆《莆田县志》卷 3《建置志》，《坛庙》，第 26—27 页。

② 参见郑振满《神庙祭典与社区发展模式：莆田江口平原的例证》，《史林》1995 年第 1 期。

③ 参见弘治《兴化府志》卷 9《户纪》，《里图考》，第 2—12 页。

的地区，也开始自立为社。① 嘉庆十八年（1813），城郊东阳乡绅陈弼赟
在《重建濠浦里社记》② 中说：

> 《礼》祭法，王为群姓立社，曰"大社"；诸侯为百姓立社，曰
> "国社"；大夫以下成群立社，曰"置社"。置社，今里社也。……此
> 我濠浦里社所由昉与？考社之建置，咸谓自明嘉靖始。赟为童子时，
> 闻故老论其轶事甚详，而知神之捍灾御患，惠我乡人者非一世之积。
> 则谓当日之得请于朝而隆以徽号者，由中丞少淇公之力，理或然也。
> 说者又谓社之兴也，自少淇公归田后，卜地于淇之西，爰与西洙吴
> 氏率徐桥、西施、沟西等境，捐地鸠金，饮工庀材，合众人之力以
> 成。盖当时人心淳厚，强弱不形，以八家同井之风，成比户可封之
> 俗。公欲比而同之，而一时同社诸君子亦靡然乐从之。

由于濠浦里社始建于明嘉靖年间，缺乏合法性依据，因而陈弼赟试
图对此作出合理解释，从《礼记》祭法论及乃祖"请于朝而隆以徽号"。
其实，这种自立新社之举，在明代后期已是普遍现象，并不需要有特殊
理由。当地另有"西漳濠浦社"，也是明代后期创立的，其前身原是古
庙，自万历年间（1573—1619）重修后始号称为社。③ 不仅如此，在莆田
城内也有"濠浦社"，据说是由清代迁居城内的陈氏族人创立的。嘉庆二
十二年（1817）刊行的《莆田浮山东阳陈氏族谱》规定："福首，每年
元宵社事，须到城东阳收领社金，以存祖社之意。"④ 这里的所谓"祖
社"，自然是相对于城内的"分社"而言的。

清代后期，由于人口的迅速增长和社区矛盾的不断激化，莆田平原
出现了"分社"的风潮，逐渐形成了新的神庙系统和里社祭祀组织。例

---

① 参见郑振满《神庙祭典与社区发展模式：莆田江口平原的例证》，《史林》1995 年第 1
期；《明清福建里社组织的演变》，载郑振满、陈春声主编《民间信仰与社会空间》，福建人民出
版社 1993 年版，第 335—353 页。

② 《兴化府分册》，第 252 号，第 290—291 页。

③ 参见清嘉庆六年（1801）《重建西漳濠浦社碑记》，载《兴化府分册》，第 230 号，第
265 页。

④ 《莆田浮山东阳陈氏族谱》卷 2《家规》，第 63 页。

如，黄石江东村的《祁氏族谱》记载：

> 盖闻春祈秋报，古有常规；祀稷享农，久垂巨典；此立社所以
> 遵古制也。福德东社自建社以来，盖亦有年矣。……逆料于道光十
> 九年己亥秋祭，有蚁聚揲板之辈，顿生鼠牙雀角之争，人心不古，
> 社事沦亡。我姓目击心伤，未甘顿坏前功。爰是道光二十年庚子岁，
> 合族鸠丁，重兴福德东社，不没前人之矩矱，鼎兴新立之规条。①

福德东社即江东浦口宫，据说始建于宋代，明万历四年（1576）重
建，清康熙二十八年（1689）、乾隆二十一年（1756）、嘉庆十六年
（1811）曾多次重修。② 在道光十九年（1839）以前，浦口宫的祭祀组织
由当地各大姓共同组成，此后则分为若干不同的"社"。据调查，目前浦
口宫系共有 11 社，如祁氏有福德东社，江姓有福德中社，刘姓有福德
西社，郑姓有东里家社，吴姓有永兴中社、永兴后社、盛兴义社，陈姓
有永兴前社、永兴义社，另有新安寿社、东春上社等，由当地的各小姓
联合组成。这些以家族为基础的里社祭祀组织，显然都是道光以后陆续
形成的，因而也反映了当地里社组织的分化与重组过程。不过，目前这
些里社组织除分别举办社祭活动之外，每年还轮流承办"江公真人""张
公圣君"等地方神的诞辰庆典和巡境仪式，共同组成了以浦口宫为中心
的仪式组织。

在有些地区，"分社"的过程也表现为"分庙"的过程。如江口的沟
上七境，最早的"祖社"是前面村的嘉兴社，后演变为嘉兴殿、广仁庙，
又从嘉兴社中分出新兴社和集福社，而新兴社系统中分出了后枯村的威
显庙、李厝村的威显殿、新墩村的福惠堂、田中央村的永福堂，集福社
系统中分出了陈墩村的广惠宫、游墩村的极乐堂、下墩村的灵显庙。这
些后来分出的村庙，一般都直接沿用了原来的社名，因而一社多庙的现
象极为普遍。如新墩村的福惠堂于嘉庆十年（1805）从后枯村的新兴社

---

① 引自《祁氏族谱》，《生辰簿序》，莆田县档案馆藏抄本。
② 参见清嘉庆十八年（1813）《重修浦口宫碑志》，载《兴化府分册》，第 249 号，第
284—285 页。

分出后，也号称新兴社。① 此外，还有一些较迟建立的村庙，则只有庙名而无社名，如新店村的隆佑堂、蔗车村的威显堂、后埕埔村的金山宫。在沟上七境中，凡属既有社又有庙的村落，一般每年都要举行绕境巡游仪式，因而也是相对独立的一"境"，而凡属有庙无社的村落，则不具有"境"的资格，必须参加外村的绕境巡游仪式。②

莆田平原较为古老的里社和神庙，一般都经历过"分社"或"分庙"的过程，因而形成了各种不同形式的仪式组织和神庙系统，当地民间通称"七境"。在我们近年的调查过程中，已发现一百多个"七境"集团，目前仍在继续调查和分析之中。大致说来，这些"七境"集团的基本特点，就是通过各种不同层次的祭祀仪式，联结当地的若干宗族或村落，组成相对稳定的社区组织。因此，可以把"七境"集团视为超宗族和超村落的社会联盟。

明清时期，由于里社制度与地方神庙系统的有机结合，导致了地方行政体制的"仪式化"。在莆田平原，只有参加里社祭祀组织，才有可能获得合法的社会地位；只有主持里社祭祀仪式，才有可能控制地方权力体系。因此，明清时期里社祭祀组织的发展，集中地反映了基层社会的自治化进程。③

# 五 结语

莆田民间的传统社会组织，主要是宗族与宗教组织。然而，在不同的历史时期及社会生活的不同领域，宗族与宗教组织的表现形式与社会作用不尽相同。大致说来，唐宋时期是佛教的全盛时期，世家大族往往依附于佛教寺院；元明之际，祠堂逐渐脱离寺院系统，宗族组织获得相对独立的发展；明中叶以后，里社与神庙系统直接结合，促成了各种超宗族的社会联盟。

---

① （清）《福惠堂新兴社志》，抄本 1 册。

② 参见郑振满《神庙祭典与社区发展模式：莆田江口平原的例证》，《史林》1995 年第 1 期。

③ 参见郑振满《明后期福建地方行政的演变——兼论明中叶的财政改革》，《中国史研究》1998 年第 1 期；《清代闽南乡族械斗的演变》，《中国社会经济史研究》1998 年第 1 期。

　　唐以后莆田宗族与宗教组织的发展，受到了早期佛教、宋明理学与里社制度的规范和制约。这说明，中国历代大一统的意识形态与国家制度，对区域社会文化的发展具有深刻的影响。然而，莆田历史上的祭祖礼仪与里社祭祀仪式，都经历过长期的争论与变革，在实践过程中又不断有所发展与创新。这说明，无论是正统的意识形态或国家制度，都不可能原封不动地推行于民间，而是必须与本地的社会文化传统有机结合，才有可能落地生根，形成普遍的社会规范。

　　莆田历史上的士绅阶层，在礼仪变革与社会重组中发挥了主导作用。他们总是积极因应时代环境和历史发展潮流，对正统的意识形态和国家制度进行合理利用和改造，使之成为"区域再结构与文化再创造"的合法性依据。因此，在区域社会文化史研究中，应该特别关注士绅阶层的社会实践活动，这是笔者未来的课题。

士绅、公共空间

# 科举制的废除与四民社会的解体

## ——一个内地乡绅眼中的近代社会变迁

### 罗志田[*]

如果说近代中国的确存在所谓"数千年未有的大变局"的话，科举制的废除，可以说是最重要的体制变动之一。从汉代发端到唐宋成熟的通过考试选官的科举制，是一项集文化、教育、政治、社会等多方面功能的基本建制（institution）。在政治方面，它充分体现了"政必须教、由教及政"这一具有指导意义的传统中国政治理论。古代中国的学校，本身也是官吏养成之地，其主要目的即造成良好训练的官吏。而教育和政治在制度上的连接，正落实在科举制上。

科举制的功用并不止于此。周作人曾深有体会地说："中国民族被称为一盘散沙，自他均无异词，但民族间自有系维存在，反不似欧人之易于分裂。"这一跨越时空的维系物，就是中国的"思想文字语言礼俗"。[①]的确，从先秦到清末西潮大举入侵之前，两千多年来形式上的"书同文"也就是一种共通的全国性思想言说（discourse）。正是科举制使其制度化为一种统一的全国性思想意识市场，它恰起着全国性的商品市场在近代西方的维系作用，是传统中国社会能维持基本稳定的重要支柱。除了这种社会的思想聚合作用，科举考试的最高一层在京城举行，与科举密切关联的太学、国子监、翰林院等，也都设于京师。这些制度，又在不同

* 罗志田（1952—　），北京大学历史系教授，博士生导师。研究方向：中国近现代文化史，中外关系史。代表作：《再造文明之梦：胡适传》《权势转移：近代中国的思想社会与学术》。

① 周作人：《药堂杂文·汉文学的前途》，北平新民印书馆 1944 年版，第 32—33 页。

程度上起着思想的社会聚合作用，使京师集政治中心与全国性的思想论说中心于一体。

同时，科举制逐渐成为中国上升性社会变动（social mobility）的主要途径。任何编户齐民只要能通过一定层次的考试就可以担任一定级别的官员。故科举制同时也在行动和制度上落实了中国传统的"布衣卿相"梦想（这是中国士大夫文化的一个核心观念，其重要正类"美国梦"在美国文化史的意义），适应了以耕读为业的士阶层的社会需要。

进而言之，科举制还具有"通上下"这一重要的社会功能。在传统的士、农、工、商四民社会中，士为四民之首的最重要政治含义就是与其他三民的有机联系以及士代表其他三民参政议政以"通上下"，而科举制正是士与其他三民维持有机联系的主要渠道。传统中国士人是以耕读为标榜的，多数人是在乡间读书，然后到城市为官。而做官之人或候缺或丁忧或告乡，多半还要还乡。人员的流通意味着信息、资金等多渠道的流通。概言之，科举制在中国社会结构中实起着重要的联系和中介作用，它是上及官方之政教，下系士人之耕读，使整个社会处于一种循环的流动之中。①

可以想见，废除这样一种举足轻重的社会政治制度，必然出现影响到全社会的多层次多方面的后果。过去对废除科举制的研究，主要侧重于其是否有利于清季政治改革这一层面，较少从社会结构变迁的角度观察问题。我在一篇文章中已提出：以士、农、工、商四大社会群体为基本要素的传统中国社会结构，在自身演变出现危机时，恰遇西潮的冲击而解体，拉开了紧挨中国社会结构变迁的序幕。社会结构变迁既是思想演变的肇因，也受思想演变的影响。四民之首的士这一社群，在近代社会变迁中受冲击最大。废科举的社会意义就是从根本上改变了上升性社会变动取向，切断了"士"的社会来源，使士的存在成为一个历史范畴，直接导致了传统四民社会的解体（这里自然还有许多其他原因，比如新兴的金融业、工商业等的出现都是很重要的

---

① 以上讨论参见罗志田《中国文化体系之中的传统中国政治统治》，《战略与管理》1996年第 3 期。

因素）。①

　　本文主要依据晚清山西一位乡绅（这里的绅是与官对应而言）的自述，简单考察分析科举制从改革到废除对一个身处既不十分"开通"，又不十分闭塞，且相对富庶的内地（山西省太原、太谷二县）并基本以耕读为业的儒生型乡绅及其家庭生活的直接影响；进而通过这位乡绅之眼观察由此引起的社会变迁，特别是四民社会解体前后的一些现象，希望能从感性层面促进我们对这一社会剧变的认识和了解。

　　这个自述就是山西太原县清代举人刘大鹏（字友凤，1857—1942）所著《退想斋日记》。② 从 1890 年到 1942 年，刘氏记日记凡 51 年，现存 41 年，本文特别注重废科举前后那二十年间的记载。刘氏早年也有青云之志，他的日记，与大多数传统中国读书人的日记一样，是有意写给人看的；③ 故记载的内容和表述的观念，都不免有故意为之的痕迹。中年以后，随着鹏程万里梦想的渐次磨灭，日记给人看的可能性日减，直抒胸臆的成分日增，对史学研究的价值也远非一般写给他人看的名人日记可比了。刘家世居太原县，刘大鹏本人在科举废除前后一二十年间则在太谷县一富商家塾中任塾师。太原是山西的首县，太谷则是富甲山西的商业集中地区，刘氏一生所居均属于中国内地经济条件较好且信息较流通的区域。他眼中山西与北京、开封等地在晚清也有多方面的差异，从信息传播和信息掌握的角度提示了近代中国各地思想和心态发展不同步这一现象的第一手依据。

　　刘大鹏生于咸丰七年（1857），少历同治"中兴"时期，成年后目睹光宣时的日渐衰落，与其大多数同龄士人一样，总有今不如昔之感。他回忆中同治年间时"吾乡到处皆家给人足，气象甚觉丰隆"。光绪三、四年间山西遭到大凶荒，"人民去其大半，所留者多贫不能支"。从此情况

---

　　① 罗志田：《失去重心的近代中国：清末民初思想权势与社会权势的转移及其互动关系》，《清华汉学研究》第 2 辑（1997 年 11 月）。

　　② 刘大鹏著，乔志强标注：《退想斋日记》，山西人民出版社 1990 年版。以下凡引此书，一般都注出其写作时日，以突出材料的时代感；凡正文中已说明时间，或无须准确年月日的泛引，则仅注出页数。

　　③ 如他于 1892 年 8 月 15 日记自己俭而孝，特别说明记下来并非"夸示于人"，可知其日记确是要示人的。

就未能恢复。刘氏所在地区的衰落也有一些特殊的原因。他所居之乡，因"务农者十之一，造纸者十之九"，家无余粮，平时或比一般务农之家稍好，惟特别不耐荒年。光绪初年的大荒，"造纸人家饿死者甚多，务农之家未能饿死一人"。① 鸦片是山西变穷的另一大原因，据刘氏观察，清代吸鸦片者已达"十之八九，不吸者十一二"。这个数字或许不那么准确，但吸鸦片者众多应是无疑的。后来种鸦片者也日益增多，因其利厚。不过，种鸦片者与造纸者在家无余粮方面正相同，仍不耐荒年。一遇荒年粮价猛涨，便有饿死之虞。②

像多数传统的士一样，刘氏以观风觇国为己任。他注意到，秋成报赛是山西一直实行的古礼，"年谷顺成而始为之"。道光年间晋祠镇一带举办抬搁送神者共十三村，中间因太平天国事停顿，后又办，但到光绪七年（1881），同一区域有财力举办抬搁者仅六村，已不及前半。故刘氏"于此见农家之景况，较前远甚"③。农村如此，商业也比以前衰落许多。刘氏从光绪十四年（1888）起每年都询问商人景况比上年如何，而答复皆曰"不若去年"。到1893年他听到"一年不如一年之言，于今已五年矣"。④ 故刘氏的确看见"世道衰微"、今不如昔的迹象。此后整个日记中类似的记载不断重复出现。

同时，刘大鹏更有一种强烈的生不逢时之感，颇能体现一个较少受西潮直接冲击的内地举人在社会转型时的心态。他于光绪四年（1878）进学（取秀才），光绪二十年（1894）中举人，后三次会试不第，科举制即被废除。民国年间他一直以清遗民自居，直到"九·一八"日本侵略中国东北后，他才逐渐从内心里认同于民国（也就是说，直到这时他才承认中华民国代表中国）。刘氏以传统的士自居，终其一生也基本保持着士的心态（如果告诉他现代"知识分子"的概念，他多半不会承认他是一个知识分子），但他在科举废除后也终不得像现代知识分子一样在社会上"自由"浮动（实际是很不自由地随社会变动之波浮动）：从塾师到小

---

① 《退想斋日记》，1892年8月13日，1893年2月7日、12月11日，第6—7、17—18、26页。

② 同上书，1892年10月4日，1893年7月8日，第11—13、21—22页。

③ 同上书，1892年11月6日，第15—16页。

④ 同上书，1893年2月7日，第17—18页。

学教员、校长、县议会议长都做过，后来更长期经营小煤窑，但终以
"老农"这一自定身份认同度过余生，以维持耕读之家的最后一点象征。
下面就借刘氏之眼与口，着重探讨他这种生不逢时心态的社会渊源。

## 内篇：科举制与耕读之路断绝前后的
## 　　　乡村社会

刘氏家居太原县赤桥村，"以耕读为业，不耕则糊口不足，不读则礼
仪不知"。但刘家"只有薄田十数亩，不足养十口之家，全仗父亲大人在
外经营（按刘父在太谷县经营木材业），母亲大人在内整理"。① 可知刘
家的主要经济收入，还是来自在外经商的父亲。与近世许多耕读之家一
样，"读"是包括经济考虑在内的发展方向，"耕"在经济上逐渐仅为一
道糊口的最后防线；"耕读"相连恐怕更多的意义还在其传统的象征性一
面，略有今日美国人讲究的"政治正确"② 的味道。自诩"耕读之家"
者其主要收入实来自经商，虽然大半以商为生却要坚持耕读的方向以正
名，都提示着宋代以降四民社会中士、农、商这最主要的三民（"工"的
人数既少，影响也不算大）之间"你中有我、我中有你"那种千丝万缕
的内在联系。刘父虽为商，刘氏自己仍像多数儒生一样看不起商人。但
他遇到过好几个"深于学问"的商贾，甚感"渔盐中有大隐，货殖内有
高贤"。同时，他也注意到有些读书人"惟求词章之工，不求义理之精"，
虽儒冠儒服而行为不检，"反为老农大商所嗤笑"。③ 可见士商之间，差距
确在缩小（但农商之间矛盾似有增强的迹象）。④ 在西潮入侵之前，这样
一种潜移默化的社会变迁至少已有数百年的进程⑤，是研究西潮冲击引起
的近代中国社会变动时不可忽视的层面。

---

① 《退想斋日记》，1895 年 8 月 25 日，第 44—45 页。

② 关于美国的"政治正确"，参见罗厚立《美国方式与美国梦："政治正确"与美国校园
的权势转移》，《东方》1996 年第 3 期。

③ 《退想斋日记》，1895 年 12 月 17 日，第 48—49 页。

④ 同上书，1896 年 1 月 23 日，第 51 页。

⑤ 参见余英时《中国近世宗教伦理与商人精神》，收入其《士与中国文化》，上海人民出
版社 1987 年版，第 441—579 页。

由于刘家"究竟不甚宽绰有余",刘大鹏自己年长后也不得不与"舌耕"者为伍,像大多数未能做官的读书人一样走上教书之路。刘氏在中举之前,已出任塾师。但中举后地位变化,对塾师这一身份认同就颇不能释然,每慨叹其不得不为此"糊口"之业,曾一度想辞馆回家"躬耕事亲"。他以为,"读书之士不能奋志青云,身登仕版,到后来入于教学一途,而以多得脩金为事,此亦可谓龌龊之极矣!"有人"或谓教学足以传道",刘氏觉得这恐怕也是未能入仕者的掩饰之辞,盖其未见"道之传者几何也"。正因为如此,他看不起一般以教书为终生计之人,认为他们没有远大志向,"区区方寸,只求个好馆地,每年多得几两脩金,馔食好些"而已。①

的确,一般塾师的待遇并不太好。刘氏曾遇到一个业商失败而任塾师者,所教童子五六人,每人送束脩千六百文,"一年所得不满十千钱,糊口亦不够,何能养家乎?"稍好者,一年所得"除却饮食杂费",还可"落二十余千钱"。此类人考虑的,已不再是糊口,但仍"所入不敌所出"。②刘氏自己的收入待遇,要好得多。他的东家"家资数万,家中并无一吸鸦片者,且极勤俭",待刘氏颇厚,供馔食之外,束脩还有银一百两(据其日记,每两至少合千钱),并曾主动增加到一百二十两,但因未事先对他言明,结果刘氏以为有轻视意,"坚辞不受"。③

以求馆或求好馆为目的之读书人,其用心自然主要不在"传道"之上。但对身处晚清的刘氏而言,圣道之不传,还有来自其他方面的威胁和冲击。还在废科举之前,读书已不如以前那么被看重。本来读书为仕进之正途,而学校也就是官吏培养之地。刘大鹏指出"书院为作育人才之地",而此中养成的人才,是为了"贡之朝廷之上,为舟楫、为盐梅;上者至君为尧舜之君,下则使民为尧舜之民"。④但部分因为清代可以通过捐纳得功名,仕进之途已多元化。靠捐纳得来的功名虽不被视为正途且只能补低级官职,对许多未中进士的中下层儒生来说,低级官职是他

① 《退想斋日记》,1897 年 4 月 5 日,第 71—72、54—57 页。
② 同上书,1893 年 6 月 21 日,1894 年 1 月 17 日,第 20、27 页。
③ 同上书,1896 年 11 月 13 日,1899 年 1 月 19 日,第 63、88 页。
④ 同上书,1897 年 3 月 11 日,第 70 页。

们所期望者。同时，随着清代统治时期的延伸，先前各科已得功名却未能补实缺的士人积累渐多，入仕之路已比以前要拥挤得多了。同样不可忽视的是，整个社会的心态也在发生转变，商人在人们心目中的地位明显上升（这或者与刘氏所居在太谷商业区有关，此情形在多大程度上与其他地区有可比性，尚待考证）。

还在改革科举之前，弃儒就商已渐成风气。刘氏发现："近来吾乡风气大坏，视读书甚轻，视为商甚重。才华秀美之子弟，率皆出门为商，而读书者寥寥无几；甚且有既由庠序，得竟弃儒而就商者。"原因即在于"读书之士，多受饥寒，曷若为商之很多银钱，俾家道之丰裕也"。当然，经商也非人人可为，如前所述，也有读书人经商不成功又回过来任塾师者。但总的来说是"为商者十八九，读书者十一二"。而且已出现了读书无用论："余见读书之士，往往羡慕商人，以为吾等读书，皆穷困无聊，不能得志以行其道，每至归咎读书。"这恐怕多少与其乡"务农者十之一，造纸者十之九"有关。故不仅"视读书甚轻"，根本就"视农事甚轻"。[①] 传统社会的"耕读"，其中自有内在联系。

商人地位的上升，政府提倡也起了相当的作用。晚清政府在因西潮冲击而产生的"商战"意识推动下，大力发展商务。中央成立了商部（后改农工商部），各省及地方也遵命成立商会。一般商人也都认识到"国家郑重商务"。但同时山西很多商人也发现，商务不仅未得到振兴，而且减色，商家"多困惫之情形，将有不可支撑之势。此何以故？商利微末，而加抽厘税日增月盛，靡所底止也"。[②] 这当然只是问题的一面，大的方向还是商人和商务都呈上升趋势。

与商人地位上升形成鲜明对比的，是士人地位的明显降低。光绪初年，太原已出现商人凌侮乡民和轻视士人之事。到1896年7月，榆次县一孝廉被县衙门的门丁"大侮"，引起"阖邑读书者大怒"，直告到省。士人地位降低也与他们中一些人的自尊不足有关。既然不少读书人以教书为终生计，他们"区区方寸，只求个好馆地"，自然不可能在东家面前

① 《退想斋日记》，1893年1月2日、6月21日，1892年8月13日，1893年12月11日，第17、20、6—7、26页。

② 同上书，1907年8月5日，第161页。

摆架子。这些人"以东家有钱，非惟不嫌东家不致敬、不有礼，而反谄媚东家"。读书人既然不能自重，要东家敬重当然就不那么容易了。刘氏注意到"近来教书之人往往被人轻视……作东家者遂以欺侮西席为应分"的现象，这后一点的本质，刘氏看得很清楚：许多人请先生教子弟，"亦是作为浮事，何尝郑重其事"。① 换言之，过去商人虽富而一般仍敬重读书人及其所代表的仕进之途，如今这些富人请教书先生部分或不过是摆摆样子，大约也有点不得不为之以维持"政治正确"之意；但他们从内心到表面都已不很敬重读书人，也并不真想让其子弟走读书仕进之路了（从轻官重商的角度看，这也可算是商人独立意识的表现）。

据刘氏的观察，重商轻学的一个直接后果就是应童生试的人数日减。从1898年起，"应考之童不敷额数之县，晋省居多"（清代科举是预定各地录取人数，然后据此扩大数十倍为考生额数）。以太原县为例，光绪三年（1877）应童生试者百数士人，次年则八十余人，"自是而后，履年递减"，光绪二十二年（1896）45人，比上年少十余人。四十人左右的数目约保持到光绪二十五年（1899），光绪二十六年（1900）则只有二十人，光绪二十八年（1902）23人，到废科举的前一年即光绪三十年（1904），考童生者仅18人。② 与此同时，应会试的人数则呈上升之势。③说明以前各科余下的举人为数尚不少。高层次应试人数多而低层次应试人数少，正体现了读书仕进这条路是新近一二十年间才开始衰落的。

故科举废除之前，四民社会的维持已较困难。"当此之时，四民失业者多。士为四民之首，现在穷困者十之七八。故凡聪慧子弟悉为商贾，不令读书。古今来读书为人生第一要务，乃视为畏途，人情风俗，不知迁流伊与胡底耳！"④ 一两千年来传统社会从耕读到政教的路已不太走得通，而且为越来越多的人所不取。这一社会变迁的影响是巨大的，它必然导致（士民）社会的难以为继。

---

① 《退想斋日记》，1896年7月22日，1896年12月31日，1896年12月28日，第16、59、65—66页。

② 同上书，1898年1月17日，1896年12月23日，1901年7月2日，1903年1月13日，1904年3月13日，1904年7月20日，第78、65、99、118、132、135页。

③ 同上书，1897年9月5日，1898年3月29日，1903年4月5日，第75、80、121页。

④ 同上书，1904年1月8日，第26—27页。

同样重要的是，许多士人已不能起四民之首的表率作用。四民之首这一社会角色的一个含义就是士为其他三民的楷模，分配给大众的社会角色时追随。如刘大鹏所言："士平居乡里，所言所行，使诸编氓皆有所矜式。"但他观察到，一些士人不仅不能为表率，"而反为乡人所化"，同于流俗，是"不足以为士矣"。① 关键在于，榜样与追随者的社会分工能够为双方接受并维持，各社会群体间就保持着一种相对稳定的有机联系。这种联系不论从哪方面被打破，都意味着四民社会的危机。

这个现象既是普遍的，也受到刘大鹏所居地区某些特殊因素的影响。1892 年夏，刘氏到省城应试，宗师勉励士子要为有"根底之学，不可徒攻时文"。刘氏闻之颇觉亲切，但也担心同应试者会"以为此皆老生常谈，而不遵行之"。② 可知"不可徒攻时文"已成老生常谈，刘氏日记中的确频繁出现他慨叹士人只知读时文的记载。但是，读书者多读时文而不问经史子集或者可说是近代中国普遍的士风不佳；就刘氏所在的地区而言，因"僻处偏隅，士人甚少，即游庠序者，亦多不用功，非出门教书而塞责，即在家行医而苟安；不特读书求实用者未尝多观，即力功时文以求科名者亦寥寥无几"。③

实际上，刘氏虽知读书之"正道"在多读经史子集，其所处之乡学术水准确实不高，他自己读书也不算多。1893 年夏，刘大鹏游晋祠时，"见一杂货摊上售一部《三国志》，爱不释手，遂用三百廿钱买之，如获至宝"。④ 旧时一般的科举文章，考秀才时主要看文辞的美恶，要做得空灵；考举人的文章就要有点所谓书卷气，多少要体现一些学问，不能太空（考进士则学问一面要求更高）。这是当时学做时文者的常识，刘氏自然不会不知，也一定在做准备，而且他是一向主张要读经史子集的。但他在进学十五年之后，竟然最多不过在别人那里翻过《三国志》（"前四史"是过去士人的必读书，当然主要是作为文章典范而非史书来读），可知他平时所读的非时文书也不会太多。

---

① 《退想斋日记》，1897 年 2 月 16 日，第 69 页。
② 同上书，1892 年 7 月 8 日，第 4—5 页。
③ 同上书，1893 年 5 月 3 日，6 月 22 日，第 20、21 页。
④ 同上书，1893 年 8 月 15 日，第 22 页。

　　而且，刘氏家乡的"僻处偏隅"决非他的谦词。晚清科举的最后一关，即考进士时的殿试，尤重小楷，这是当时制举业者的常识。而刘氏要到 1895 年到京会试，才知"京都习尚，写字为先，字好者人皆敬重，字丑者人都藐视。故为学之士，写字为第一要紧事，其次则时文及诗赋，至于翻经阅史，则为余事也"。这样的信息都不知道，其余信息的不流通可以想见，自然很难考中进士。一年多以后，他还在慨叹"京都凡取士，总以字为先"。故"用功之士，写字为要务，一日之中写字功夫居其半，甚且有终日写字者"。① 可知此事给他印象颇深。问题在于，写好小楷原非一日之功，刘氏获得信息既晚，即使天天练，功夫或难与早就在练习之人相比。略具讽刺意味的是，刘氏得知取士以字为先的日子，已是小楷重要性下降之时（蔡元培于 1892 年中式，他的小楷实未必佳）。到 1905 年废科举时，刘大鹏还是个举人，以此功名终其身，这与他所处信息不通之地，大有关联。

　　同样重要的是，清季从改科考到废科举，取士的标准有一个变化的过程，废科举前的十余年间，取士的标准已是鼓励新旧学兼通。汪康年于光绪十五年（1889）应乡试，以第三艺作骚体，不合科场程式，依旧例因不取；却因在次题《日月星辰系焉》中，能"以吸力解'系'字，罗列最新天文家言"，被主考官认为"新旧学均有根柢"，欲以首名取，终因犯规而以第六名中式。科场程式尚不熟，竟能以高名取，可知实以"新学"中式。② 这虽然只是一例，但民国新人物中有功名者实多，大抵为清季最后二十年间中式者，却颇发人深省。

　　像刘大鹏这样从中国腹地山西出来的读书人，就可能因买不到"新学"书籍，或买到而熟悉程度不够而竞争不过久读新学书籍的口岸士子。刘氏于 1895 年到京应试后，大概才了解到口岸士人读的是什么书。次年十月即请人代买回书籍一箱，其中有贺长龄编的《皇朝经世文编》和葛士浚编的《皇朝经世文续编》。自那之后，刘大鹏有半年的时间平日所读都是这些"经世"的新派文章（包括驳新派的文章，但所关怀的问题仍

　　① 《退想斋日记》，1895 年 3 月 18 日，1896 年 9 月 12 日，第 40—41、61 页。

　　② 事见汪诒年纂辑《汪穰卿先生传记》，收在章伯锋、顾亚主编《近代稗海》，第 12 辑，四川人民出版社 1988 年版，第 194 页。

相同），思想也有一些变化；他由此回想起当年自己也曾学过《几何算学原本》，且"颇能寻其门径，然今已忘之矣"。① 可知咸同时期新学的传布也曾较广，但一因士人基本心态未变，更因科举取士的标准未变，许多人读点新学书籍也多半是走过场，读过即忘。

刘大鹏自己在多读买回的"经世"之文后，也终于醒悟到："当此之时，中国之人竟以洋务为先，士子学西学以求胜人。"这最后一点是关键性的：如果不学西学，就很难"胜人"。十几天以后，他就听说"京师设算学科，二十人中取中一人。凡天下之习算学者，许到京应试。此新例也"。② 这距刘氏回忆起他也学过算学并后悔已将其忘掉也不过两三个月。到 1901 年 10 月，刘氏已认识到"国家取士以通洋务、西学者为超特之科，而孔孟之学不闻郑重焉"。由于"凡有通洋务、晓西学之人，即破格擢用"，结果是"天下之士莫不舍孔孟而向洋学"。③ 但像刘大鹏这样要到进入 20 世纪才完全认识到这一趋势的人，实已太晚。

这一变化是自上而下逐步实行的，与京师的信息距离（而不一定是地理距离）越近，变得越快，反之亦然。到 1898 年夏，刘氏就注意到府学的考试题已改考策论，题目的内容也与时政密切相关。而同日县学出的考试题，却"仍是文、诗，并无策论题"。在不欣赏趋新变化的刘氏看来，"府学业已改试策论体，县学仍旧，则风气尚未全变"。④ 但他没有想到，县一级按旧法训练出来的学生，到了府一级就很难考过据新法所出的试题。刘大鹏自己在赴京考试之前，其日记中就全无洋务、新学、西学这样的词语，只是在读了买回的"经世"文章后始出现关注这类事务的言论。可以想见，那些举人以下未曾出省应试的读书人，大概就只有等到考试内容正式改变的通告发出后才能认识及此，他们也就更加无法与口岸地区的时代发展同步。1897 年就有人根据北京传来的信息劝刘氏在家塾中"教子弟习洋务"，盖其为当时所重。刘氏是否接受这一劝告，因日记被删，不得而知，从其语气看他大约是不接受的。⑤ 但与上同理，

① 《退想斋日记》，1896 年 10 月 14 日，1897 年 2 月 7 日，第 62—70 页。
② 同上书，1897 年 5 月 18 日、5 月 30 日，第 72、73 页。
③ 同上书，1901 年 10 月 16 日，第 102 页。
④ 同上书，1900 年 8 月 7 日，第 86 页。
⑤ 同上书，1897 年 7 月 11 日，第 74 页。

全依旧法培养出来的学生，至少在仕进一途，必然要吃大亏。

一旦科举取士的标准改变，刘氏那种一次性的购书补习也并不能从根本上改变他在追赶新学方面"落后"于时势的状况。1902年，清政府正式废八股而改试策论。次年，刘氏到河南开封再次应会试，又发现在山西还不多见的"时务等书，汗牛充栋，不堪枚举其名目，凡应会试者，皆到书肆购买时务诸书，以备场中查对新法，故书商、书局抬其价，并不贱售"①。可见不仅山西的新学落后于北京，即使同为内地且近邻如山西、河南，新学的传播也很不一样。场中所考既然多为新学，两地读书人已不可同日而语。刘氏只能再次落第。当然，由于开封书商多来自京、津、沪、汉，这次是特别来卖书给应考之人，属于临时性的书市；还有一种可能是河南读书人也不过是新近才接触到这么多新学书籍，则河南读书人或仅比山西士人略更幸运（从刘氏斥开封因"五方杂处"而"人情多浮诈，风俗亦侈糜"看，开封的"开通"的确超过太原）。但至少内地读书人与书商所自的口岸读书人已不在一条起跑线上，应是毫无疑问的。

近代信息的传播已有许多新兴的方式，报纸即是其中主要的一种。晚清之报纸适应读者需要，对于科举颇为重视，常刊载时文典范供士子揣摩。特别是改试策论后，因为"主事者以报纸为蓝本，而命题不外乎是；应试者亦以报纸为兔园册子，而服习不外乎是"。所以，士子"虽在穷乡僻壤亦订，结数人合阅沪报一份"。②刘氏所居之乡看来比这里所说的"穷乡僻壤"还要穷僻，所以并不知看报可以帮助科考。山西有《晋报》，始于1901年秋岑春煊抚晋时。而刘氏日记中提到读报，还要略晚，约在一二年以后，其所读也与科举考试全无关联。即使在那时，我们也可从他阅报的时间与所阅报纸的出版时日看到近代信息传播不同步的现象。从刘氏所阅报纸看，他开始阅读的山西《晋报》一般是两周以前出版的，而他首次提到读外地的《中华报》，是在1906年，所阅者为70天以前的。到辛亥革命以后，信息流通的速度显然加快，他在1914—1915年提到读《申报》和《大共和报》，都只差七八天。到1917年，又提到

---

① 《退想斋日记》，1903年4月3日，《公车赴汴日记》，第121、609页。

② 戈公振：《中国报学史》（转引《上海闲话》），三联书店1955年版，第108—109页。

阅《顺天时报》，只差两天，与阅本省的《晋阳日报》同。① 此时可以说已没有什么差异了。也就是说，要到民国初年，山西较开通的地区才与全国的主流信息渠道同步。

可以看出，近代中国整个社会的变化甚快，但各地变化的速度又不一样。在相当长的一段时间里，全国实已形成两个不同的"世界"。② 用刘氏自己的话说，即"中国渐成洋世界"；③ 这里的"中国"和渐成的"洋世界"，正是当时从价值观念到生存竞争方式都差异日显的两种"世界"的表征（非刘氏原意）。要能够沿社会阶梯上升，则必须按其中之一的"洋世界"的方式竞争。读书考试做官的路径还没有变，但考试要求的内容已改变；这已足以将相当一部分士人拒之于新的上升途径之外，僻处乡野的刘大鹏及其同类士人实已不能"预流"。其结果，在趋新大潮的冲击下，科举开始已可能凭机遇（生长在口岸就比内地占先手）而不是作文的本事（八股文的优劣是一事，大家考同样的东西至少体现了竞争的公平），考试的公平性和所选出之人的代表性均已不及以往。

重要的是，像刘氏这样的读书人，虽然对新学有较强的抵触排拒之意，却主要是因信息的不流通而追赶不上社会的变化；他们的确不满这些新变化，但仍存追赶之心，也有追赶的实际行动。刘氏自己就一直在补习新学。而且，山西省城各书院在义和团之后改为大学堂（即李提摩太促成并经手的山西大学，是当时除京师大学堂之外中国唯一一所"大学"），该校不仅"延洋夷为师"，且"所学以西法为要"，这是刘氏平时最为切齿的。他听说有数位原有的中国教师团"闻洋夷为师而告退"，盛

---

① 《退想斋日记》，1903 年 12 月 8 日，1906 年 3 月 22 日，1907 年 9 月 6 日，1914 年 8 月 24 日，1914 年 12 月 6 日，1915 年 1 月 30 日，1917 年 6 月 29 日，1917 年 8 月 6 日，第 130、149—150、162、195、199、203、246—247 页。

② "两个世界"的提法得益于张灏先生，参见其《梁启超与中国思想的过渡，1890—1907》，中译本，江苏人民出版社 1995 年版，第 3 页。张先生主要是据钱穆先生对晚清大儒陈澧、朱一新等人学说的诠释，指出他们的思想"很少显示出西方的影响"，故得出西方影响主要在"少数几个在位的学者官员和一些在通商口岸处于边际地位的人物"这样的结论。我以为张先生对"在位的学者官员"对全国士林的影响恐怕估计过低。无论具体的诠释如何，以京师和通商口岸及其影响辐射区为一方，以广大的内地为另一方来划分晚清的两个"世界"，我想是有助于我们对近代中国的了解的。

③ 《退想斋日记》，1902 年 2 月 28 日，第 107 页。

赞其"可谓有志气者也"。但当他获悉该校还要补招二十余名学生时,立即由隔县的教馆赶回家让自己的儿子报名应考。① 由此可见,只要读书仕进这条路不断,像刘大鹏那样的士人对新学是既不满又要追赶。但由于不在同一起跑线上,他们中的大多数终于不得不名副其实地落伍了。

刘氏起步既晚,又不愿舍弃孔孟"正学",对新学也确实颇有抵拒之心,所以追赶的速度就慢。在他于1903年又一次落第后,才进一步醒悟到,其他士人"舍孔孟之学而学西人之学",是为了"求速效"。因改试策论后,"所最重者外洋之法",也只有求速效的人才考得上。对于维持"正学"的士人打击更大的是,不仅读书仕进之途已尊西学,即使教书谋生,也是"凡能外洋各国语言文字者,即命为学堂教习,束脩极厚"。② 这还只是开头,但已有点撒手锏的味道。约在同时,与刘大鹏同年中举的郝济卿,即因其东家嫌其"守旧学"而"欲令子弟学西法",郝氏不愿教新学(或亦不十分能教),只好"历辞其馆就别业"。③ 此时讲旧学者尚有选择余地,到科举一废,不会新学就只能失馆,那就更不仅仅是束脩厚薄的问题了。

1896年春,刘大鹏所在地区已闻"废学校、裁科考之谣",立即引起士子"人心摇动,率皆惶惶"。反应快的,当下就有"欲废读书而就他业之人"。但更多的读书人"习业已久,一旦置旧法而立新功令,自有不知适从之势"。④ 很明显,如果说身处口岸的某些"先进"士人考虑的是废科举将有利于国家的改革和发展,内地一般读书人最直接的反应正是上升性社会变动的方向转换问题,而他们首先考虑的也就是怎样因应这一可能出现的变化。

很快,传闻的消息就与恰发生在同时的省城晋阳书院裁减诸生的膏火银一事结合起来,据说裁减膏火只是第一步,接着就要"全裁各省书院,停乡、会试十科,新立同文馆、博致书院,请洋工师主教"等。这也是自上而下的,外省已在进行;山西因抚宪抵制,尚"不至一旦变于

---

① 《退想斋日记》,1902年6月11日,1902年10月9日,第111—112、115页。
② 同上书,1903年8月9日,第126页。
③ 同上书,1904年12月22日,第138页。
④ 同上书,1896年5月22日,第57页。

夷狄"。其实后来弄明白，至少裁减膏火是用于给书院山长加束脩。① 但那些传闻将发生的事，显非无因，后来大致以不同的形式逐渐出现。

1904 年夏，刘氏又从《晋报》上看到："政府欲将各省州县各教谕之缺一律裁汰，所裁教官即分别派充各小学堂教习，所有教谕署中应办事件即并归各省学校司办理。"清制，举人参加"大挑"考试合格即可用作地方教官（虽然从挑中到实际补缺可能会有十年或更长的候补期），也是入仕之一途，这对刘大鹏来说只有一步之遥。如今此路将断，他立即意识到"读书人更无出路矣"。②

到 1905 年 2 月中，刘氏已知"天下学校全改为学堂"。在他看来，"学堂者，外洋各国之名也"；盖"其中一切章程全遵日本之所为"。那年十月，他获悉停止科考，当即感到"心若死灰；看得眼前一切，均属空虚"。刘大鹏是有大志者，故其所虑或在仕途的中断；对于其他前途本不甚光明的读书人，确实威胁更直接的"生路已绝，欲图他业以谋生，则又无业可托"。果然，刘氏还在担忧"士皆殴入学堂从事西学，而词章之学无人讲求，再十年后恐无操笔为文之人"，而一两月之间，同人已"失馆者纷如"。对于家有恒产者，尚不致虑及吃穿，"若藉舌耕度岁者，处此变法之时，其将何以谋生乎？"③

科举制本是集文化、社会、教育、政治等多功能于一身的建制，它的废除不啻给与其相关的所有成文制度和更多的约定俗成的习惯行为等等都打上一个难以逆转的句号。应该指出，清末各项改革的一个重要基础，就因为中国传统政教模式的确已到了不得不改的程度。在位的中国士人可以接受最初由西方传教士提出的废除科举制的主张，就因为其许多功用已经或正在失去。清政府在改革科举之时，已开始兴办学堂来填补科举制的教育功用，这本是很有见识的举措。但是，一种新教育体制并非一两纸诏书在一夜间便可造成。如果说刘大鹏等人考虑多是个人出处，他们也看到一点关键所在：科举是在"学堂成效未有验"④ 时就突然

---

① 《退想斋日记》，1896 年 5 月 25 日、6 月 8 日、1897 年 5 月 27 日，第 58、73 页。

② 同上书，1904 年 6 月 18 日，第 135 页。

③ 同上书，1905 年 2 月 14 日，1905 年 10 月 15 日，1905 年 11 月 2 日，1905 年 12 月 25 日，第 139、146—148 页。

④ 《退想斋日记》，1905 年 10 月 17 日，第 146 页。

废除的。很明显，清季时举国都已有些急迫情绪。

从某种程度上言，清季最后几年新政的致命弱点就在于，当清政府终于认识到改革已是刻不容缓而主动推行自上而下的一系列改革措施之日，却正是义和团事件之后大量过去维护政府（作为国家的一个主要象征）的那些士人对清政府失去了信心之时。① 科举改革的不断加速进行正反映了在主流士人心态与清政府政策颇有距离的情形下，政府希望借此可以挽回这些士人的支持。从 1901 年到 1905 年那几年间，仅张之洞、袁世凯等人关于科举制的奏折所提出的办法，几乎是几月一变，一变就跃进一大步，前折所提议的措施尚未来得及实施，新的进一步建议已接踵而至，终于不能等待学堂制的成熟而将科举制废除。② 由于改和革的一面不断加速而建设的一面无法跟随，遂造成旧制度已去而新制度更多仅存在于纸面的现象。旧制既去，而新制度尚不能起大作用，全国教育乃成一锅夹生饭。③

实际上，科举考试内容的改变，已带有质变之意，如果从新政需要新式人才的角度考虑，考取之士既然以新学为重，当能应付政府暂时之急需；而更广大的读书人阶层也势必随之修改他们的治学之路。不论是为了实行其以澄清天下为己任的志向，还是为了做官光宗耀祖，甚至纯粹就是想改变个人和家庭的生活状况，只要想走仕进之路，任何士人都必须学习新学。刘大鹏就是一个显例。他也曾有大志，若科举不废，假他以时日熟悉新学，至少也还有"身登仕版"的可能，所以他才不愿以教书为生，"依人门户度我春秋"。此制度一旦废除，这个他一生寄予厚望的上升性变动之路就突然关闭了。

━━━━━━━━━

① 鲁迅曾说："戊戌变政既不成，越二年即庚子岁而有义和团之变，群乃知政府不足与图治，顿有掊击之意矣。"（《中国小说史略》，《鲁迅全集》，人民文学出版社 1981 年版，第 9 卷，第 282 页）这里的"群"，实即主流派士大夫，因为一般的老百姓在义和团之时恰与清政府有一度的"合作"。当时"东南互保"局面的出现，就是那些当年曾在清廷与太平天国之间选择了前者的疆臣，这次却在清廷与列强之间选择了中立（中立是新入的洋概念，从传统观念看，就是有外侮而不勤王，听凭外人宰割君主）所致。类似的心态也可见之于清季的温和改革派。他们反对革命，却承认清政府不可恃（这在逻辑上本身就是不通的：清政府不可恃，就必须更换之，否则何以救亡？此派之所以得不到多少民间的支持，就在于其政治主张根本没有成功的可能）。这些问题当然已越出本文范围，只能另文探讨了。

② 参见王德昭《清代科举制度研究》，中华书局 1984 年版，第 236—245 页。

③ 罗志田：《失去重心的近代中国：清末民初思想权势与社会权势的转移及其互动关系》。

耕读之路走不通后，士人怎么办？年轻的或可进新学堂，转变得更快的，已知道出洋游学。但那些已到中年不宜再进学堂而又无力出洋游学者，他们怎样因应这一社会变动呢？刘氏发现，他认识的许多读书人因科举废除而失馆，又"无他业可为，竟有仰屋而叹无米为炊者"。他不禁慨叹道："嗟乎！士为四民之首，坐失其业，谋生无术，生当此时，将如之何？"① 这才是几千年来未有的大变局：传统社会是上有政教，下有耕读，从耕读到政教的路前已较难，但终未断绝；如今此路不通，意味着整个社会的上升性社会变动途径不得不转向，新办的学堂不论从制度上和数量上均不足以代，而期望在社会阶梯上升等的人却并未稍减，社会动荡的一个重要肇因已隐伏在那里了。

到 1906 年春，因县令传谕各蒙馆均"改名为学堂"，致使各蒙馆闻风而散，学生全都不读。在刘氏看来，这体现了"民心之不愿改为学堂，不愿学洋夷之学"。其实恐怕没有那么简单。县令既然只命改名，暗存承认既成事实之意，则所有馆师尚不致失业。各馆皆散，恐怕恰是各东家及就读学童家长为使其子弟能学新学而无形中实际解雇旧馆师的婉转手法。既然"士皆舍孔孟之学而学洋夷之学"是为政府所鼓励引导，像刘大鹏这样的个别士人或许能坚持不"随俗浮沉"，一般家长则必然会"靡然成风"。散馆的结果，其实质就是所有的馆师失馆。② 如果散馆只是临时现象，则塾师尚有复职可能。一旦新学堂建立起来，塾师的希望就渺茫了。

果然，到第二年春，情形就比较明朗。没有改学堂的蒙馆，"弟子来读者无几，藉事不来者有之，托病间旷者有之。"而凡新设学堂之村庄，蒙馆就被废弃。由于学堂的蒙童要"从事于科学"，旧有的塾师"多不能安其业"。反之，稍知新学者，或可为"劝学员"（即由绅充任的低级学务人员），或可为新学堂教习。换言之，只有到新学堂林立，知新学的读书人数量不足以充教习时，旧塾师才可望重返教职。即使此时，旧塾师还面临一个被再选择的问题。多数新人物在安身立命之处，其实也重旧资格，故像刘大鹏这样有举人功名的，仍会被优先选用；而原来学历稍

---

① 《退想斋日记》，1906 年 3 月 19 日，第 149 页。

② 同上书，1906 年 5 月 19 日、5 月 25 日、7 月 15 日，第 151、152、153 页。

差、竞争力不太强的，通常都落得个长期失业的结局。到 1908 年夏，刘氏仍观察到"老师宿儒皆坐困于家"的情景。①

这还只是清季的情形，一到民国，更有根本的变化。一般塾师必须通过县一级新政府的考试才能教书，"若不合格即不准设帐授徒"。刘大鹏在任县议会议长的短暂时期，就有一老秀才怕考试通不过，"势必生路告绝"，不得不"声泪俱下"地请他"庇护"。以前士人不读孔孟，只是受包括考试内容在内的各种"引导"，如今"学堂之内禁读经书，只令学生读教科书"。新旧之间的攻守之势已完全改变。像刘大鹏这样继续得以充任蒙养小学堂教习的士人，尚可在教学时暗中抵制，"以四书五经为本而教科书为末"。但省视学到他的学校检查时，显然发现了问题，乃重申"仅许办理新学，不准诵读经书"。②

结果，刘氏这样的"顽固党"终不能见容于新时代，到 1914 年年初，他已不得不"另图生计"，开始经营小煤窑。他自己总结说："人之一生，皆有恒业以养身家。予藉舌耕为恒业垂二十年，乃因新学之兴，予之恒业即莫能依靠，将有穷困不可支撑之势，"故"不得已而就煤窑之生涯"。他一面以《中庸》上的"居易以俟命"自我解嘲说是"处于乱世，所学不行，聊藉一业，以藏其身"，③ 一面坚持称自己是"老农"、"乡人"，④ 并不以"商人"为其身份认同。然而，这仍不能改变他之所为正是他以前一直鄙薄的因生活境遇不好而"弃儒就商"这一事实。清季民初世事变化的沧海桑田，终于使最后一代四民之首的士（而且是那些主观上希望维持其原有的身份认同者）自己走下了等级社会的首席，四民社会也就随之解体，不复存在了。

旧有的士人谋生既难，新的士因科举制的废除已不能再生成，士的存在也就成为一个历史范畴。其直接的社会后果，就是四民社会的难以为继。那时刘氏耳中所闻，眼中所见，"无非困苦情形。农曰岁欠饥馁……士曰学尚新学，遗弃孔孟，士皆坐困……工曰今有机器，废置手

---

① 《退想斋日记》，1907 年 4 月 9 日、4 月 14 日、1908 年 6 月 29 日，第 159、169 页。
② 同上书，1913 年 2 月 19 日、3 月 27 日、4 月 29 日、6 月 27 日，第 177、179、180、184 页。
③ 同上书，1914 年 2 月 5 日、29 日，第 191、192 页。
④ 同上书，1916 年 3 月 29 日，1918 年 6 月 15 日，1918 年 7 月 7 日，第 227、262—263 页。

工，无所觅食……商曰百物征税，日重一日，商务利微。"可谓"世困民
穷，四民均失其业"。而"四民失业将欲天下治安，得乎？"①

衣食足而后知礼节是中国的古训，先有面包然后有艺术是近代西人
的新知。如果士无以为生，自然也就谈不上作表率。一个没有共同接受
的榜样的社会，加上其余三民也多困苦（必须指出，也有不少适应社会
变动而上升者），民生和民心皆不稳定。此时天下或者大乱，或者以严刑
治；前者为清政府及鼓吹废科举者所不欲见，后者为尚未正式放弃儒家
学说的清政府及推广改革者所不能为。中国社会向何处去？这的确是主
张废科举者始虑所不及的。

## 外篇：近代内地乡绅心态的史学启示

科举制是传统中国社会一项使政教相连的政治传统和耕读仕进的社
会变动落在实处的关键性体制，其废除无疑是划时代的。但从刘大鹏的
记述中可以看到，这一制度的衰落远早于此，至少在山西乡间，耕读之
路早已不像以前那样受重视，而科考内容的改革无形中已使那些仍能一
心读书的士人所学内容从孔孟之道逐渐转向以西学为主流的新学。虽然
废科举的始作俑者是西人，但西潮的冲击当然不仅是在科举。从文化竞
争的长远视角看，中国读书人主要思想资源转变（更多是在意识层面，
潜意识即通常所谓的安身立命之处则基本未变）的影响所及，恐怕不亚
于科举制的废除。在这一方面，身处内地的儒生型乡绅刘大鹏记录下来
的与耕读生涯相关的心态变化，也给予我们许多从上层精英人物记录中
所难见到的启示。

从1896年底开始阅读时务书籍，刘氏受到的影响是多方面的，至少
不仅仅在趋新的一面。他看到了"华夷通商，是天下一大变局"，但一开
始个人信心也还比较足；"时人皆忧中夏变于夷狄"，在他看来，"夷狄不
能变中夏，仍是夷狄变为中夏也"。这一点尚是古训，但刘氏的推理却是
近代的：西人到中国传其洋教，"欲胜吾圣贤之教……不知吾道甚大，无
所不包。泰西之教非但不足以敌吾道，久之而必化其教入吾教耳。乃知

---

① 《退想斋日记》，1906年11月25日、1907年2月14日，第155、157页。

海禁之开，是吾道将来出洋之由，非西教混行中华之渐也"。① 那时的
"经世文编"，虽有明显的倾向性，到底是两造的文章都选，所以时务书
籍有时也给抵拒时务者提供了思想依据。②

但在义和团之后，刘氏发现：一方面，洋务已是举国皆趋，孔孟
"正学"已经不明；另一方面，"洋夷扰乱中华，如此其甚，我则衰弱自
安，不思自强"，他的自信心开始逐渐丧失。到科举废除之后，眼见一留
学英国回来得举人的太谷县读书人，服色已易洋装，"宗族亦待为异类"，
终不得不承认有"华人变为夷者"这一事实。③

值得注意的是，在刘氏眼里，洋务并不等于自强，这或者是海峡两
岸各以"洋务"和"自强"称谓同一"运动"者值得研讨的吧！对他那
样的士人来说，搞洋务者所致力的"争胜"和"富强"，"凡举一政，必
费巨款，而其款即从民间科派"；不但不安民，实是扰民，"虽云自强，
其实自弱也"。传统儒家思想最反对与民争利，而新政之下的"修铁路、
开矿务、加征加税"，无一不是与民争利，其结果是"民心离散"。而民
心才是真正自强的基础："国家当积弱之秋，外侮交加，而欲奋然振兴以
洗从前之耻，其策在省刑罚、薄税敛，施仁政于民，俾民修其孝弟忠信
而已矣。不此之求，惟事富强，失策孰甚焉！"正因为这样，在刘氏眼
中，"自变法以来，各省民变之案接踵而起"，出现了"人心莫不思乱"
的现象。而且是"民困愈甚，思乱之心更深，一有揭竿而起者，民必响
应无穷矣！"④

刘氏强调的"薄税敛"是儒家仁政的主要内涵，且有极强的时代
针对性。的确，除了"洋夷无他知识，惟利是趋"⑤ 和中华之邦讲究礼
义这个根本的价值冲突外，晚清改革的大多数事项都需要增加开支，这

---

① 《退想斋日记》，1897 年 3 月 23 日、1896 年 6 月 22 日、1897 年 10 月 7 日，第 71、59、
75—76 页。

② 同样，在民国清代以后，自居"大清之人，非民国之人"的刘大鹏，拒绝用民国纪年，
仍用宣统年号。但他能够"各行其志不能强"，所依据的思想资源，竟然是"维新人所谓之自由
是也"。《退想斋日记》，1914 年 11 月 17 日，第 199 页。

③ 《退想斋日记》，1902 年 2 月 9 日，1906 年 3 月 6 日，第 105、148—149 页。

④ 同上书，1907 年 6 月 3 日，1901 年 2 月 9 日，1902 年 12 月 9 日，1905 年 6 月 26 日，
1903 年 10 月 17 日，1903 年 2 月 23 日，第 160、105、117、142、128、120 页。

⑤ 同上书，1903 年 12 月 11 日，第 130 页。

些开支或直接或间接，最后都落实到老百姓头上（历次不平等条约的赔款更是如此）。若与同时期的西方和后来的中国比，从晚清到民初，中国各级常规和非常规的各类税捐加在一起，或者仍不算太高。但对具体时期的具体个人和家庭来说，新出的各类非常规税捐的确是以空前的大幅度增加，而且呈不断增加之势（民国重于清，国民党又重于北洋）。

刘大鹏观察到："各省大吏均以财用为务，凡所设施，非与民争利，即加征加赋，动曰效洋人之法也。"① 这就看到了晚清政府"与民争利"的思想资源是来自西潮。从理论上言，这直接牵涉到西方自近代以来聚讼不休的"小政府"和"大政府"的问题（也类似中国历代关于皇帝是否应内外"多欲"的争论）。对西人来说，纳税是人民对国家的义务，政府要多办事，当然要多征税。刘氏的同乡，任新学堂教习的维新士人杨谟显就认为，加征加赋是为筹兵饷，老百姓"因此而民变"，只能说明"民之不仁甚矣"。他以为现在加得还不够多，"即倍而加之，亦分所应尔"。② 这样的观念，虽近代变法之人暗中常以为本的法家学说也不及此，显然已融入了西方理论。

刘氏在 1906 年 3 月遇到两个新近游学日本的山西士人（一进士一生员），"盛称倭学之高；言倭之理学，华人不能其万一"。这种言论，大致也是出自真心。出使英国的郭嵩焘也曾认为他所看到的英国政治是中国上古"三代"政治的再现，留日学生中多有认为有些传统在中国已失，而在日本尚保存者（鼓吹日本负有东亚振兴之责的有些日本学人，也有类似的说法，但出发点却颇不相同）。不过刘大鹏也能看到问题的实质："噫！舍吾学而学倭学，宜乎倭学之高也！"③ 的确，20 世纪初的中国留学生，多是在西方文化优越观已确立之后才出国游学的，其容易看见象征西学的日本学高明之处，正因为先有求仁之心，故能出现我欲仁而斯仁至的现象。

但对刘大鹏这样的儒生来说，"惟事富强"本身就不合中国传统，而"维新之人一意加捐，以期政治之维新"，并不念及民困耶否耶，更是失

① 《退想斋日记》，1905 年 5 月 16 日，第 140 页。
② 同上书，1905 年 5 月 29 日，第 141 页。
③ 同上书，1906 年 3 月 20 日，第 149 页。

策。儒生当然应有"澄清天下"之志，不能只顾及眼前；但他们同时也遵循"思不出其位"的行为规范，在乡就要言乡。在刘氏一类乡绅眼中，国家的"富强"还只是个影子，而越来越多的各类税捐却是实实在在地落在周围的乡民身上。故刘氏越来越肯定：清季"民心离散"的根本原因，就在"维新之家办理新政，莫不加征厚敛"。①

这样，新政内容之一的兴办新式学堂，在刘氏眼中就是一项明显的苛政。因为"每堂必筹许多经费，俱向百姓抽剥"，故学堂设得越多，则百姓的负担就越重。"趋时之人只求迎合官吏之心，不顾群黎之怨"。问题在于，若"民生不遂，教何由施？"② 到1906年7月，刘氏已获悉直隶（今河北）灵寿、平山两县数千百姓因抗"勒捐巡警经费"而起民变，在毁县衙打县令的同时，因"百姓又愤学堂捐，复将两县所设学堂焚烧"。又一年后，身处山西乡间的刘大鹏已看到，"凡设学堂必加征加税，致使民怨沸腾，动辄生变"，长此下去，"天下大局殆将有不堪设想者"，"恐不到十年即有改变之势"。③ 辛亥年的革命史实表明，他这个预测大致是准确的。

而且，设学堂"经费甚巨"的一个原因即在"学堂规模只是敷衍门面"，讲究"铺张华丽"。几年后刘氏到省城参观各新立学堂，果然"均极雄壮"。④ 这与章太炎所见不谋而合。盖兴学堂主之最力者为张之洞。太炎指出，张氏"少而骄蹇，弱冠为胜保客，习其汰肆；故在官喜自尊，而亦务为豪举"。这一点恰影响到他办学堂："自湖北始设学校，其后他省效之。讲堂斋庑，备极严丽，若前世之崇建佛寺然。"⑤ 则可知刘大鹏

---

① 《退想斋日记》，1908年7月26日，1909年1月10日，第170、174页。

② 同上书，1905年2月2日，第138页。

③ 同上书，1906年7月25日，1907年3月4日，1906年5月19日，1907年8月30日，第153、158—159、151、162页。

④ 同上书，1905年3月14日，1908年3月1日，第140、167页。

⑤ 章太炎：《救学弊论》，转引自汤志钧《章太炎年谱长编》，中华书局1979年版，下册760页。据太炎所见，"学者贵其攻苦食淡，然后能任艰难之事，而德操亦固"。张之洞给学生以优厚待遇，意在劝人入学，但"学子既以纷华变其血气，又求报偿，如商人之责子母者，则趣之营利转甚。……以是为学，虽学术有造，欲其归处田野，则不能一日安已。自是惰游之士遍于都邑，唯禄利是务，恶衣恶食是耻"。不仅不能任艰难之事，其"与齐民已截然成阶级矣"。由此看来，近代因读书人不返乡造成的城乡之别还要早于废科举，实始于兴学堂。

所见，决非仅是旧人物看不惯新事物。

最使刘氏不满的是，政府虽然千方百计兴办学堂，为此不惜勒索百姓，激起民变，但学堂里的学生却"议论毫无忌讳，指斥时政得失"，且"竟敢显言'排满'二字"。[1] 究其原因，也正在于这些学生服洋式服、学洋夷学；服洋服则"失中国之形"，学洋学则追随西人主张自由平等；学生既然"一以西人之学为宗旨，无父无君，皆习为固然，故入革命党者十居八九"。既然无父无君，当然也就谈不上尊师。于是，新学堂的体操课，在他眼中就成了"师弟无等级，将读书气象全行扫除"的表征。[2] 以今日的后见之明看，最后一点半是误解。但对于服膺孔孟之道的近代士人来说，平等自由最可畏惧之处的确在其提示的无父无君方向。

社会转型之时，类似的现象并非不存在。1904 年 12 月，刘氏就听到来自上海的传闻，说一京官王某送子出洋游学，子归而"跪请曰：'男有一言，父若俯允男才敢起。'王某曰：'儿有何言？'其子曰：'今日所请者，即父；自此以后愿不为父子，成为同等。'王某闻言面成灰色，无言而答，然已无可如何，听子所为。"1906 年 7 月，刘氏又听说山西平定县就有"在省西学堂毕业生徐姓，不以其父为父，竟以平等相称。"[3] 北伐之时，也有类似的传说，讲参加国民党的青年要与其父亲互称同志。虽皆传闻，亦未必无所本，至少表达了当时士人关怀之所在。

在士人趋新成为大潮后，刘氏所谓不同于流俗，也有了新的时代含义。他在 1903 年又一次落第后，日记中首次出现了"顽固党"一词：社会上对那些不追逐西学而尚"讲求孔孟之道、谨守弗失、不肯效俗趋时者，竟呼之为'顽固党'"。一年多后的 1905 年夏，他总结说："近年来为学之人竟分两途，一曰守旧，一曰维新。守旧则违于时而为时人所恶，维新则合于时而为时人所喜，所以维新者日益多，守旧者日渐少也。"[4] 一般而言，在口岸地区，新旧两派的划分至迟是在几年前的戊戌变法时

[1] 《退想斋日记》，1906 年 4 月 14 日，第 150 页。

[2] 同上书，1907 年 10 月 30 日，1906 年 7 月 30 日，1907 年 8 月 25 日，第 163、158、162 页。

[3] 同上书，1904 年 12 月 28 日，1906 年 7 月 30 日，第 138、153 页。

[4] 同上书，1903 年 8 月 19 日，1905 年 7 月 13 日，第 126、143 页。

已经明确，即所谓"自六烈士杀，而新旧泾渭于是分矣"。① 但在刘氏的世界中，这个划分显然要晚得多。那"顽固党"的称谓及其伴随的新旧之分，很可能还是他出门应考得到的新知识。近代中国各地区思想心态的不同步，于此又可见一斑。

科举制一废除，不但各级官吏"专事奢华，事事效法洋夷之所为"，而"草野人民亦多仿而行之"。② 新旧之分的情势在乡间也很快明朗起来，而且维新派显然在短期内就大占上风。刘大鹏一向逢人就喜欢讲伦常之理，③ 但在废科举之后不久他又讲伦理时，一个朋友就劝他说，你讲的虽然有理，"但不合乎时。若对维新之人，非特受其讥訾，且必招其斥骂"。④ 可知在此之前，刘氏尚颇有发言权，然维新派在短时期内已今非昔比，完全占据了乡间的言论阵地。旧派之人若不在言论上自律（即self-censorship），就会自讨没趣。到 1908 年春，有讲说孔孟者更会被读书人"群焉咻之，目为顽固，指为腐败，并訾以不达时务，为当时弃才"。⑤ 世风的丕变表明，新派此时已取得了对乡间思想论说权势的完全控制。

故刘氏等正忧国家和个人前途无望，维新者却都"欣欣然有喜色而相告曰：'旧制变更如此，其要天下之治，不日可望。'"⑥ 对那些认为科举是中国进步的大障碍的士人来说，这样的期望想必是真诚的。但刘氏等视科举为中国的根本制度者，其忧患意识也是发自内心的。同一事物而士人所见竟截然相反，近代中国思想论说及其载体的两极分裂，显然值得进一步重视。

再次值得注意的是，刘氏所说的"维新之人"，并非我们一般史学论

---

① 李群：《杀人篇》，《清议报》1901 年第 88 期，张枬、王忍之编：《辛亥革命前十年间时论选集》，三联书店 1960 年版，卷一上，第 23 页。

② 《退想斋日记》，1907 年 2 月 28 日，第 158 页。

③ 对刘氏这样的儒生型乡绅来说，伦理是"维持天下万世之大纲"。他的日记一开始就讲伦理，最后结束时仍在讲伦理。在他看来，自古"伦理明则天下治，否则天下乱"。20 世纪 40 年代日本军队在中国"行其暴虐之政"，也是因为全世界都已不讲究伦理，"惟是行求利之法"。（《退想斋日记》，1892 年 2 月 13 日，1942 年 8 月 19 日，第 2、590 页）从这个角度分析帝国主义，其实也不无所见。

④ 《退想斋日记》，1906 年 3 月 10 日，第 149 页。

⑤ 同上书，1908 年 4 月 22 日，第 168 页。

⑥ 同上书，1906 年 3 月 19 日，第 149 页。

著中专指的戊戌变法前后的主张变法者。同样，像"新政"这样的字眼，在刘氏日记中也是 1903 年才出现，专指 1901 年及其后的"变法"。① 这就又一次提示我们，戊戌变法在多大程度上影响到全国，恐怕还是一个需要进一步考证研究的题目，很可能其影响主要仅在所谓"洋世界"的范围之内（现刊印的刘氏日记缺光绪二十五、六年，即 1899—1900 两年，所以尚难准确了解戊戌变法对刘氏所居山西民间影响的程度，但他的"新政"一词全指 1901 年或以后的"变法"，完全不涉及戊戌变法，却是无疑的）。

可以看出，刘大鹏观察社会问题的倾向性是明显的，但他也并非全不客观。比如，对于严禁鸦片一条，他就认为是超过以前政策的"新政之最好者"。② 另一方面，刘氏无疑是带有偏见的。当他将所有他最看不惯的新事物和各种新老问题皆归咎于"学堂之害"时，他的不满情绪显然压倒了一个"觇国"之士观风析政时应有的客观。1908 年 9 月，刘大鹏将"学堂之害"总结为三点：一、"老师宿儒坐困家乡，仰屋而叹；"二、"即聪慧弟子，亦多弃儒而就商；"三、"凡入学堂肄业者，莫不染乖戾之习气，动辄言平等自由，父子之亲、师长之尊，均置不问。"③ 从他以前的记述看来，只有第三条可以算是兴学堂以后才发生的事情（这也专指刘氏所在的山西乡村而言，别处讲平等自由并不待兴办学堂）。此点确有可能促进了"读书人士日减一日"的局面：一部分害怕子弟与其讲平等的父兄或即因此而"不愿子弟入学堂，遂使子弟学商贾"，这就与废科举一起强化了第二点的发展趋势。而改蒙馆为学堂不过使第一条发展到极端化。但无论如何，前两点都是在兴学堂之前很久就已发生，且早已发展到比较严重的程度了。

刘大鹏之所以会有这样带偏见的看法，与他的基本价值观念颇有关联。他在 1914 年年末总结自己的一生说：

> 予之幼时，即有万里封侯之志，既冠而读兵书；及至中年，

---

① 《退想斋日记》，1903 年 9 月 23 日，第 128 页。
② 同上书，1908 年 9 月 22 日，第 172—173 页。
③ 同上书，1907 年 9 月 13 日，第 162—163 页。

被困场屋，屡战屡踬，乃叹自己志大而才疏，不堪以肩大任。
年垂四十，身虽登科，终无机会风云，不得已而舌耕度日。光
绪季年，国家变法维新，吾道将就渐灭；迄宣统三年，革命党
起，纷扰中华，国遂沦亡，予即无舌耕之地，困厄于乡已数
年矣。①

这真是一幅近代科举制与内地乡绅关系的清晰写照。他的生活目标、
希望、失望，皆系于此一制度，可谓成亦科举、败亦科举。在大致丧失
"风云"之机会后，他的主要生活来源仍靠与科举制密切关联的耕读生
涯。从科举制的改革、废除到民国代清，刘氏的生存条件和社会地位都
每况愈下，最后不得不"困厄于乡"，慨叹"不亦虚生"，以"惭仄曷
极"的心态度过余生。

这样，刘氏将他眼中清季民国的主要弊端皆归咎于教育改革，就不
难理解了。他在1916年春指出："自光绪庚子以后改设学堂，不数年停
止科考，并派学生出洋留学以学洋夷之学……洋学既盛，孔孟之学遂无
人讲；中国人士均尚西学，则父子之亲、君臣之义、夫妇之别、长幼之
序、朋友之信皆置诸如［无？］何有之乡，遂养成许多叛逆，未越十年，
即行返国，凭据要津；至宣统三年，突然蜂起，革我清之命，改称民国，
号曰共和，而乱臣贼子乘势行其素志。"以后的变化，都是"以贼攻贼、
以暴易暴"，造成"民不聊生"的状况，"岂非孔孟之学不行而洋学是尚
之所致乎！"②

刘氏眼中的"叛逆"，显然包括了我们平常所说的"立宪派"
和"革命派"，这似乎提示着我们学术界过去多看见这两派的异，
而忽略了它们之间的同。至少对刘氏这样的内地儒生型乡绅来说，
两者之间的同多于异。在强调两派共性的前提下，刘氏能观察到新
学所造成的"叛逆"在辛亥革命之前实际上已"凭据要津"，这一
洞见是超过许多时人和后来的研究者的。的确，如果细观近代中国
各派政治势力的兴衰，后起的政治势力往往是在前者执掌政治权势

---

① 《退想斋日记》，1914年11月2日，第198页。

② 同上书，1916年3月17日，第227页。

时已隐据思想论说领域的权威，先造成有道伐无道的声势，然后以弱胜强，取代前者。①

如果抛开刘氏出自清遗民的成见，不计较其某些情绪化的表述，而从文化竞争即"学战"的视角看，他最后的结论，也不无所见。余英时先生最近提出："从长期的历史观点看，儒学的具体成就主要在于它提供了一个较为稳定的政治和社会秩序。"他赞同陈寅恪先生关于"二千年来华夏民族所受儒家学说影响最深最巨者，实在法律制度公私生活之方面"的论断，并进而指出：传统中国"从个人和家庭伦理到国家的典章制度"都不同程度地体现了儒家原则。② 换言之，这一儒学支配下的秩序是一个全面的体系。一旦"孔孟之学不行而洋学是尚"，整个体系即走向崩溃。刘氏虽处乡间，其切身的体会与后之大儒的系统诠释颇相契合，正体现了儒学贯穿于人生日用之细行与国家兴亡之大道这一无所不在的特征。

近代中国最根本的变化，仍是文化竞争的失败。中国士人引进的西方思想，总体倾向着重于"争"，不仅要"外竞"，而且实际上更多是提倡"内竞"，故对中国既存的政治和社会秩序多取挑战的态势。这样一种大趋势或者真有利于中国的"现代化"和"进步"，这且当别论，但其客观上无疑造成了许多人（不仅仅是士人）的生活困难和不安宁，而"民不聊生"这个现实又是对任何既存政治权势的最根本威胁；结果，晚清政府的变法在失去自身文化立足点的前提下，建设不足，破坏有余，无意中走上一条自毁之路。③

可以看出，儒生型乡绅刘大鹏当时记录下来的种种观点，从不同的方向和层面提示着一个问题：我们关于中国近代史许多耳熟能详的论断，

---

① 北伐就是一个显例，参见罗志田《南北新旧与北伐成功的再诠释》，《新史学》1994 年 5 卷第 1 期。

② 余英时：《现代儒学的回顾与展望——从明清思想基调的转换看儒学的现代发展》，《中国文化》，第 11 辑（1995 年 7 月），第 1、15 页。

③ 反之，也可以看出，从皇室到大臣的清季主朝政者所考虑的，应不完全仅是维护其统治（这当然是他们最主要的关怀）。有相当部分的变法措施，明显不利于家天下的统治，但在位者相信其有利于国家，故此得到推行。假如这些最终导致清室亡危的政策真促进了中国的发展，对这些末世的改革者来说，也可算是求仁得仁，虽以悲剧告终，倒也不失为悲壮。这个问题涉及太宽，这里无法展开讨论了。

在刘氏所处的"世界"中，或者不同时，或者不同义；这是否也说明我们的近代史研究到今天仍然是侧重某些层面，而忽略了另一些层面呢？假如是的，刘大鹏日记在近代史研究方面给我们的启示，就不止在科举废除引起的社会变化了。

# 茶馆、戏园与通俗教育

## ——晚清民国时期成都的娱乐与休闲政治

### 王 笛[*]

本文研究茶馆戏园的娱乐功能、观众，以及精英和国家对休闲的控制。[①] 茶馆是当时人们主要的娱乐场所，本文将考察人们怎样利用茶馆进行娱乐活动，艺人怎样以茶馆为生，观众在茶馆戏园中的行为和角色。这个研究指出大众娱乐是一个强有力的教育工具，许多人尤其是那些没有受过多少教育的人从地方戏、评书中接受关于历史文学、传统价值观的熏陶。改良精英和政府官员认为地方戏可以用来开民智，推进"文明"，提高人们的"道德"水准。政府颁布规章以控制民众的娱乐、利用公共娱乐灌输正统思想，影响普通人的头脑。这个研究也揭示了，在不同的层次上人们接受不同的价值观，有的倾向正统，有的则陷入异端，显示出精英与大众文化的分野。但这种分野经常是模糊的，而且还总是重叠的。因此，茶馆给我们提供了一个观察精英和大众、精英文化和大众文化相互作用的理想空间。

巴波在回忆童年经历时，生动描述了 20 世纪 20 年代成都的茶馆生活："我坐茶馆，是从听评书开始。那是二十年代，我才十来岁。一天晚饭后，有个长辈领着我第一次进茶馆。展现在我面前的是，在

---

* 王笛（1956— ），四川成都人，澳门大学历史系主任、得克萨斯 A&M 大学历史系教授，研究方向：近代社会文化史。代表作：《跨出封闭的世界：长江上游区域社会研究（1644—1911）》。本文原载《近代史研究》2009 年第 3 期。

① 关于中国茶馆的研究现状及综合功能，请参见王笛《二十世纪初茶馆与中国城市社会生活——以成都为例》，《历史研究》2001 年第 5 期。

油灯的昏暗光线下，茶客满座，烟味和汗味刺鼻。交谈的声音，喊堂
倌泡茶的声音，堂倌把茶船（茶托）扔在桌上的声音，茶客叫喊
'这是茶钱'的声音，堂倌高叫某某把'茶钱汇了'（付了的意思）
的声音，使得茶馆嗡嗡然。茶馆也就成了闹市，显得火红。一直等说
书人把惊堂木往桌上一拍，茶馆这才静了下来。我第一次接触的文化
生活就此开始了。"① 巴波的描述揭示了人们既到茶馆进行社交，也
到那里寻求娱乐。茶馆提供丰富多彩的文化生活，特别是讲评书，吸
引了众多的听众。巴波坐茶馆的习惯，便是从他童年到茶馆听评书开
始养成的。娱乐活动给茶馆带来了繁荣。据一个老成都人回忆民国时
期的成都是一个消费城市，没有多少工厂，人口也相对较少，生活节
奏很慢，"整个给人一种闲适慵懒的感觉"。特别是下午两三点钟时，
"仿佛整个城市都处于一种似睡非睡，似醒非醒的生态中。那悠扬的
琴声、凄婉的唱腔从茶楼上的窗户飘洒出来，极像缠缠绵绵的秋雨，
更是把周遭氛围渲染得闲愁莫名了"②。虽然成都可能并不像他所描
写的那样超脱懒散，而且当时已经发生并且正在发生着诸多变化，但
成都给人的整体印象仍是一个生活节奏缓慢、闲逸的城市。③ 茶馆便
是这种生活方式的一个象征。

　　茶馆与其所包含的娱乐是相互支撑的。在成都，最早的戏园从茶馆
中衍生，这与北京正好相反，在北京最早的茶馆产生于戏园。④ 在成都专
业戏园出现之前，那些游动的戏班子、杂耍、民间艺人、木偶班子，往

---

① 巴波：《坐茶馆》，彭国梁编：《百人闲说：茶之趣》，珠海出版社 2003 年版，第
295 页。

② 刘振尧：《"安澜"茶馆忆往》，冯至诚编：《市民记忆中的老成都》，四川文艺出版社
1999 年版，第 148—149 页。

③ 变化见 Di Wang, *Street Culture in Chengdu：Public Space，Urban Commoners，and Local
Politics in Chengdu，1870－1930*, Stanford：Stanford University Press，2003.

④ Joshua Goldstein, "From Teahouses to Playhouse：Theaters as Social Texts in Early-Twenti-
eth-Century China," Journal of Asian Studies, Vol. 62, No. 3（August 2003），pp. 753－779.
在明清北京，演戏的场所称"勾栏"，晚清时"逐渐演变成茶园、戏楼、曲院"（刘凤云：
《明清城市空间的文化探析》，中央民族大学出版社 2001 年版，第 192 页）。茶馆作为娱乐
中心并非成都独有，其他地区的茶馆也具此功能。见［日］铃木智夫《清末江浙の茶馆に
つて》，《历史にぉはける民众と文化——酒井忠夫先生古稀祝贺纪念集》，国书刊行会
1982 年版，第 529—540 页。

返于各乡场和城市。在城市中，他们走街串巷，经常在大户人家表演堂会，或在临时搭建的台子上演出，为家庭、社区以及庙会的各种活动助兴。在一些庙的山门外，也有所谓的"万年台"，更是他们经常的表演场地。不过，这些流动班子最经常的演出之地还是茶馆，那里租金便宜，时间灵活。加之成都茶馆甚多，选择性更广。如果这家茶馆观众减少，他们可以很容易移师到另一家，还可以与茶馆老板讨价还价，以求最大的利益。

当然戏班一般喜欢固定在一个地方演出，而且茶馆也竭力留住好班子，以保持稳定的观众。[①] 因此这类茶馆都设有固定戏台。曲艺和木偶通常在较小的茶馆演出，而川戏演员多、场面大，外加布景等，则多在大茶馆进行，那里的设施比较完备。因此，在早些时候，茶馆和戏园并无明显区分，表演不过是茶馆所提供娱乐之一部分。1906 年，咏霓茶园改造装修后，更名为可园，遂成为成都戏园之先行者。茶馆也纷纷跟进，悦来茶园在可园开办不久也开了张，然后是宜园、都一茶园接踵而至，面对面唱对台戏。[②] 在这些地方，看戏逐渐变得比喝茶更为重要。不过，像清音、相声、评书等民间艺术，一般并不在这类专门化的茶园露面，而仍然以老式茶馆为表演场地。[③]

---

① 可园有"文化"和"文明"两个班子。悦来也有自己的戏班。1909 年，悦来雇著名演员杨素兰组织同乐班（1909 年 8 月 6 日和 12 月 15 日《通俗日报》，"成都新闻"；李英：《旧成都的茶馆》，2002 年 4 月 7 日《成都晚报》，第 17 版）。不过戏班的流动性还是颇大，例如悦来茶园 1910 年的广告中，何喜凤二月初四在那里演出，但同一天另一广告又预告其于同月十九日在青羊宫劝业会戏园演出（1910 年 3 月 28 日《通俗日报》，《告白》）。

② 傅崇矩：《成都通览》上，巴蜀书社 1987 年版，第 279 页；1910 年 2 月 20 日《通俗日报》，"成都新闻"。我没有发现任何 1900 年以前的茶馆戏园的记录。根据 1950 年档案资料，称悦来在 43 年前设立。见《成都市文化局档案》，成都市档案馆藏，124/2/1。在晚清，悦来茶园的舞台称"悦来戏园"，旋改名为"会场戏园"，1917 年更名为"蜀都第一大舞台"（1917 年 3 月 31 日《国民公报》，《本城新闻》）。后又回归"悦来"原名，但改的时间不详。

③ 地方报纸充斥着这些广告。如 1912 年 7 月 19 日《国民公报》便有四则广告，两个是关于木偶戏，预告每天上午 9 点在清音剧场演出。另一广告是大观茶园演地方戏，称茶馆设有优雅的特别座。广告称，在辛亥革命前，茶馆花费巨资从川外聘戏班，"其座次宏厂（敞），茶品清洁，演法神妙，情趣可观，早为各界赞许。"但革命爆发后停演。现革命成功，茶馆将继续演出。第四个广告是芙蓉影戏茶园（原芙蓉茶社），宣布在装修后增加了新节目。

几乎所有演戏的茶馆都称"茶园"，这些茶馆一般资金较雄厚，因为场地设施要求较高，装饰、家具、茶碗等也比一般茶馆要好。[①] 辛亥革命后，茶园开始在成都舞台演出中占主导地位，茶园的剧目广告充斥着各种地方报纸，报纸还经常发表有关新闻和评论。直至20世纪20年代，随着几个新戏园相继开张，专门化的戏园才开始有从茶馆分离的迹象，但是茶馆兼戏园仍然是当时成都舞台的主流，在整个民国时期戏园并没有完全独立出来。[②]

## 茶馆——民间艺人之谋生地

毫不夸张地说，茶馆几乎是所有成都民间演出的发祥地。由于高雅茶馆租金较高，大多数民间艺人喜欢在小茶馆演唱，为下层民众服务。较有名者一般固定在某个茶馆，而名不见经传者只好带着乐器走街串巷，哪里茶馆有听众，便到哪里挣生活，称为"跑滩"或"穿格子"。还有许多艺人甚至难以觅到一个茶馆，只好在桥头街角空地卖唱，称为"唱水棚"，经常难以为生。那些在茶馆里的听众，除了买一碗茶，不用另买票听唱，而是根据个人对这些艺人的好恶，给这些"流浪的艺术家"一些小钱。相反，去戏园者则需多付几元，但仍被认为是最便宜的休闲。那些劳工阶层则只需付两三角钱，便可以在茶馆听唱和品茶，既解除了疲

---

① 茶馆称"园"者有很多是演戏之地，但有人称"茶园"是戏院不是茶馆（陈茂昭《成都的茶馆》，中国人民政治协商会议成都市委员会文史资料研究委员会编：《成都文史资料选辑》第4辑，1983年，第180页），似乎有以偏概全之嫌。例如，1929年成都共有641个茶馆，其中至少有90个冠名"茶园"，但大多数并不演戏。由于这个统计中的许多茶馆并未给出全名（如"悦来茶园"可能只称"悦来"），因此实际茶园数还可能更多（《成都省会警察局档案》（民国时期），成都市档案馆藏，93/5/1046）。

② J. 伊万斯（John Evans）是这样描述茶馆戏园的："任何茶馆在屋的一头加上一个台子，都可以变为一个剧场，不用幕布，没有楼厢，几张桌子，几把椅子，不用布景和道具，场景靠对话来描述"（John C. Evans, *Tea in China: History of China's National Drink*, New York: Greenwood Press, 1992, p. 64）。有研究发现在上海，很长一段时期茶馆和戏院都是"合二为一的娱乐场所"，提供地方戏和其他演出（Zhen Zhang, "Teahouse, Shadowplay, Bricolage: 'Laborer's Love' and the Question of Early Chinese Cinema," in Yingjin Zhang（ed.）, *Cinema and Urban Culture in Shanghai, 1922–1943*, Stanford: Stanford University Press, 1999, pp. 32–34）。

乏，亦得到了娱乐。①

人们在中低档茶馆欣赏各种曲艺表演，诸如相声、金钱板、评书、清音、杂耍、口技等。例如，在晚清民国时期，高把戏在新龙巷的一个茶馆挂牌演出，他也应聘到那些举办红白喜事的人家表演，称"堂彩"。柳连柳又称为"打连响"，被认为是最下作的表演。表演者一般成双成对，用一上穿有若干铜钱的竹竿，一边敲打身体，一边有节奏地又跳又唱，批评者称他们语言粗俗下流。由于他们的表演需要较大的场地，所以经常选择茶馆前面的空地。"打道琴"是另一种常见的娱乐，一般是游方道士的把戏，用一皮鼓（又称"渔鼓"），穿行于各个茶馆之间，挣一点赏钱。②

评书应该是茶馆中最吸引顾客的表演。民国时期有评书的茶馆称"书场"，不过它们也为其他曲艺或杂技提供场地。茶馆和民间艺人相互依赖"但那是因有茶馆而生的，并不是因演杂技而产生茶馆"。③ 表演形式、艺人、节目等都是围绕怎样能吸引更多顾客，为此，茶馆需要考虑诸多因素，包括口岸、邻里、附近居民成分等。一个讲评书者在这个茶馆红火并不意味着在另一茶馆也会成功，在东门受欢迎，但可能在西门受冷落。而在热闹的地区，像商业场、春熙路、东大街的茶馆并不需要评书拉生意，因此这些茶馆中无此类表演。也有人指出，那些大茶馆不愿意表演评书是由于评书吸引了众多小孩，他们只是围在门口观看但并不买茶。④

① 此君：《成都的茶馆》，1942 年 1 月 28、29 日《华西晚报》，第 2 版；屈小强：《竹琴绝技贾树三》，冯至诚编：《市民记忆中的老成都》，第 153—156 页；李英：《旧成都的茶馆》，2002 年 4 月 7 日《成都晚报》，第 17 版；作者采访熊卓云（89 岁）记录，2000 年 8 月 9 日于熊家。

② 此君：《成都的茶馆》，1942 年 1 月 28、29 日《华西晚报》，第 2 版；周止颖：《新成都》，复兴书局 1943 年版，第 225 页；罗尚：《茶馆风情》，台北《四川文献》1965 年第 10 期，第 22—23 页；张达夫《高把戏》，《成都风物》第 1 辑，1981 年，第 109 页；Di Wang, *Street Culture in Chengdu: Public Space, Urban Commoners, and Local Politics in Chengdu, 1870–1930*, p. 80.

③ 这里"杂技"是指各式各样的表演技艺，并非单指今天所称"杂技"。

④ 《成都省会警察局档案》（民国时期），成都市档案馆藏，93/2/3282；罗尚：《茶馆风情》，台北《四川文献》1965 年第 10 期，第 22 页；陈茂昭：《成都的茶馆》，《成都文史资料选辑》第 4 辑，第 184—185 页；张恨水：《蓉行杂感》，曾智中、尤德彦编：《文化人视野中的老成都》，四川文艺出版社 1999 年版，第 281 页。

茶馆里讲评书并不卖票，收钱办法各有不同。有的茶馆的茶钱包括了付给讲评书者的佣金，有的则是讲评书者直接向听众收钱，一般每晚两次。不过讲评书者总是在故事的骨节眼儿上戛然停止，急于听下文的观众这时更乐意解囊。①每天晚上，人们聚集在明亮拥挤的茶馆中，花钱不多，便可享受品茶和一晚上的娱乐。这里与黑暗、冷清的街头形成了鲜明对照。海粟回忆当他还是小孩时常去茶馆听评书。每天下午和晚上，平时很清静的小茶馆便变得热闹起来，前面摆着一张木桌，一高脚椅子。等屋子里的人渐满，讲评书者清一下喉咙，把醒木在桌上连敲三下，堂倌便大声宣布："开书啰，各位雅静！"屋里顿时鸦雀无声，大家竖起耳朵只等故事开场。②

由于成都较高级的茶馆并不欢迎讲评书，因此那些有钱人和上层精英知识分子只好到普通茶馆听书。例如张锡九在棉花街的一个茶馆讲评书，每天顾客盈门，但第一排总是给当地名流"五老七贤"保留着。每次待这些老者入座后，张才开讲。1916年，时任四川省长的军阀戴戡曾实施宵禁，"五老七贤"在去茶馆的路上被警察堵住无法通过，因之发动了一场取消宵禁的抗争。③

成都人也喜爱听扬琴（也叫"洋琴"）。这一方面是由于扬琴音调优美，曲词高雅，清末民初时已成为许多文人和士绅的最爱；此外，也是由于民初慈惠堂的推动。慈惠堂先后招收上百盲孩进行训练，并逐渐形成了所谓的"堂派"。④在茶馆唱扬琴称"摆馆"，到人家里演称"堂唱"。他们经常在新世界茶园、圣清茶园、协记茶楼、芙蓉茶楼等处表

① 罗子齐、蒋守文：《评书艺人钟晓凡趣闻》，成都《龙门阵》1994年第4期，第61页。在关于成都街头文化的研究中，我描绘了钟晓凡是如何吸引听众的（Di Wang, *Street Culture in Chengdu: Public Space, Urban Commoners, and Local Politics in Chengdu, 1870–1930*, pp. 78–79）。

② 周止颖：《新成都》，第225页；海粟：《茶铺众生相》，冯至诚编：《市民记忆中的老成都》，第143页。

③ 鄢定高、周少稷：《身带三宝，无人可敌——记成都评书艺人张锡九》，成都市群众艺术馆编：《成都掌故》第1辑，成都出版社1996年版，第387—388页。

④ 谦弟：《成都洋琴史略（三）》，1941年6月2日《华西晚报》，第2版；李子聪：《四川扬琴"堂派"的由来和发展》，成都市群众艺术馆编：《成都掌故》第2辑，四川大学出版社1998年版，第574页。扬琴也有自己的组织"三皇会"，每年三月初三和九月初九聚会。三皇会资金来源有三个途径：会费、罚款、捐献。每年选5人作为会首。在晚清，扬琴分为两派，风格不同。南派在皇城的东华门一带、北派在童子街一带演唱。当北派面临生计困难时，其作品很受

演。一般是 4—6 个演员敲琴和打鼓演唱，以胡琴和三弦伴奏。泗春茶社、安澜茶馆是主要的演出场所，虽然各有 100—150 个座位，但演出时不得不增加上百个凳子以满足需要。[①]每天下午 3 点至 5 点，安澜茶馆 2 楼演唱扬琴。开演之时，五六个盲人排成一队，每人的左手拿二胡，右手搭在前行者的肩膀上，鱼贯而出。一人坐舞台前面弹扬琴，其余坐后面。堂倌忙着给顾客掺茶，装满滚烫开水的铜壶由滑轮从底楼运到楼上。一个顾客在半个世纪后回忆："至今，我一想起'安澜'茶馆的扬琴声，就有一种旧梦依稀的感觉，恍然走进了童年的梦境。"[②]

　　"改良"的历史故事在当时很流行。例如安澜茶馆的扬琴表演，在入口处立有一个牌子，上书演出的节目，多是讴歌忠臣、孝子、烈女等。如《三祭江》是讲《三国》时蜀主刘备白帝城托孤驾崩，夫人殉情的故事。《清风亭》是讲一对老夫妇收养了一个被遗弃的孤儿，孤儿长大成人后找到生母的故事。当竹琴大师贾树三在锦春茶楼表演时，观众蜂拥而至，许多名流也在其中。一些文人还写对联助兴，如有对联称："到此疑闻击筑歌，极目燕云，会有英雄出屠市；凭君多陈流涕事，关怀蜀汉，莫叫丝管入江风"，赞扬贾树三的表演激发了民众对日寇占领东北的愤恨。贾树三的演出和所扮演的角色为民众喜闻乐见，观众为其悲欢离合的动人故事、慷慨激昂的鼓动语言、忧国忧民的真实情

---

　　（接上页）　　观众欢迎的川西名家黄吉安拿出他的新本子，生意立即改观。后来，南派也采用了黄本。晚清扬琴艺术得到极大发展谦弟：《成都洋琴史略（三）》，1941 年 6 月 2 日《华西晚报》，第 2 版；谭清泉：《黄吉安》，任一民主编：《四川近现代人物传》第 1 辑，四川社会科学院出版社 1985 年版，第 251 页；周止颖：《新成都》，第 220—221 页）。据说扬琴创始于一个从沿海被流放到成都的知县，由于唱法来自沿海，所以又叫"洋琴"（作者采访熊卓云，2000 年 8 月 9 日于熊家）。另一资料有类似说法：明末李阳，"世家子，聪颖过人，其先祖来自广东。李年少倜傥，能歌善琴，尤喜涉足歌场，时蓉城鲜有不识李生之歌名者。以是得妇女欢，为人忌妒诬控，流戍西康。李乃自制丝桐，以指敲弹，铿锵可听。谱人间传记，及历史可歌可泣事，严冬盛暑，未尝稍辍。其后指为冰断，乃改用竹签击之，边城歌场，耳目为之一新。未几传入成都，流行一时"（迪凡：《成都之洋琴》，台北《四川文献》1966 年第 5 期，第 22 页）。

　　① 李子聪：《四川扬琴"堂派"的由来和发展》，成都市群众艺术馆编：《成都掌故》第 2辑，第 576 页。

　　② 屈小强：《竹琴绝技贾树三》，冯至诚编：《市民记忆中的老成都》，第 153—156 页；刘振尧：《"安澜"茶馆忆往》，冯至诚编：《市民记忆中的老成都》，第 148—149 页。车辐根据自己民国时期在成都的经历写的小说中，以一个清音艺人为主线，生动描述了其在成都走红的过程（《锦城旧事》，四川文艺出版社 2003 年版）。

感所打动。①

许多艺人从街头巷尾卖唱起家，稍有名气之后，便转到了茶馆的舞台。例如竹琴大师贾树三出身贫困，3 岁失明，从 14 岁到 20 岁在街头、下等茶馆演唱，逐渐赢得了名声。1930 年锦春茶楼开张后，贾树三以此为固定演出场所达 10 年之久。每当开演之时，茶楼附近街道总是车水马龙，人们从四面八方赶来看表演。②当时许多有名的艺人都有固定茶馆演出，观众们知道去哪里寻找他们的最爱。如到新世界听李德才的扬琴，到新南门听李月秋的清音。也有一些艺人则在同一天转战不同的茶馆。如一个茶馆开在新南门大桥河旁的竹棚里，在夏天顾客喜欢那里的凉风，一些名艺人如贾树三（竹琴）、李德才（扬琴）、曾炳昆（口技）、李月秋（清音）、戴质斋和曹保义（相声）就在这里轮番演出。曾炳昆上午在新南门的茶馆演出，下午到北门外的圣清茶园演出。他藏在一个布帘后，模仿各种鸟兽、人物的声音，讲诙谐的故事。他也曾在归去来茶楼的知音书场演出。在锦春茶楼，贾瞎子、周麻子、司胖子号称"锦春楼三绝"。③

① 车辐：《贾树三》，任一民主编：《四川近现代人物传》第 1 辑，第 268—270 页；刘振尧：《"安澜"茶馆忆往》，冯至诚编：《市民记忆中的老成都》，第 148 页。

② 抗战时期，他疏散到老西门外的茶店子，但不少观众仍然到那里看他演出（屈小强：《竹琴绝技贾树三》，冯至诚编：《市民记忆中的老成都》，第 153—155 页）。

③ 文闻子编：《四川风物志》，四川人民出版社 1990 年版，第 457 页；高焕儒：《从万里桥到望江楼》，冯至诚编：《市民记忆中的老成都》，第 23 页；李思桢、马延森：《锦春楼"三绝"——贾瞎子、周麻子、司胖子》，成都市群众艺术馆编：《成都掌故》第 1 辑，第 378—383 页；周止颖：《新成都》，第 221 页；李英：《旧成都的茶馆》，2002 年 4 月 7 日《成都晚报》，第 17 版。当时胡琴也很流行。从一幅 20 世纪 20 年代由余子丹绘制、徐维理（William Sewell）加说明的图画中，可以看到胡琴演唱的场景：一对胡琴演唱者，男的弹琴，女的打响板和小鼓；一个"寿"字绣在男人闪亮的黑绸缎衣上，女的坐在一张老式椅子上，男女都唱戏曲选段。见 William G. Sewell, *The People of Wheelbarrow Lane*, South Brunswick and New York：As Barnes and Company, 1971, pp. 140－141。竹琴则由一个人表演各种角色，男女老幼皆可（周止颖：《新成都》，第 221 页）。清音一般由年轻妇女演唱，能够吸引更多观众。高级茶馆一般招聘名演员演出，而街面低级茶馆的演出，穷人则站在外面观看（车辐：《周连长茶馆与李月秋》，成都《龙门阵》1995 年第 2 期，第 1—6 页；车辐：《锦城旧事》，第 181—232 页）。据广告，1909 年悦来茶园的票，楼厢 0.30 元，普通座 0.10 元，包厢（间）5.00 元，特别座 0.50 元（1909 年 7 月 11 日《通俗日报》，"告白"）。在一些茶馆，由观众直接付费给演员，另一些则把演出费加在茶钱中。例如，如果一碗茶 2 角，加上扬琴则为 4—5 角（谦弟《成都洋琴史略（三）》，1941 年 6 月 2 日《华西晚报》，第 2 版）。在抗战时期，八岁红与母亲孙大玉每天在新世界和纯溪花园演出，观众甚多，每个观众付若干元（周止颖：《新成都》，第 224 页）。一些茶馆不演戏或曲艺，但仍然会

抗战爆发后，许多难民从长江下游进入成都，当地人称他们为"下江人"，其中也包括许多民间艺人。这些男女艺人以唱为生，表演"大鼓"或"大鼓书"者为多。1939 年年初，中山公园惠风茶社的老板请求政府允许"清唱"，以弥补售茶的亏本。他在请求书中说，茶馆损失甚巨，只好设法吸引更多顾客，而从下江来的演员"声音清雅，词调新韵"，受到观众欢迎。其实惠风茶社并非第一个尝试这个办法者，如春熙南路的都一茶厅、春熙北路的颐和茶园"早已开此先风"，宣称"于善良风俗不但无所妨害，且专在茶社设台教化，于抗战前途裨益实多"。此外，因政府当时较为关注难民的衣食生计问题，为了能够容易得到政府的批准，茶馆还特别强调雇逃难来的艺人。惠风茶社的请求获得批准，但被要求男女观众不得间杂，一副竹屏风把男女观众分开，男坐左，女坐右。①政府的这个要求，反映了即使到了抗战时期，对男女在公共场所的接触，仍然是十分小心的。虽然这时由于社会的发展，茶馆中男女混杂的现象已经十分普遍，但并未得到官方的认可。

# 剧目与地方戏改良

地方戏可被视为最有力的大众教育工具，经常上演的剧目反映了人们的喜好及所受的教育。②晚清以来，地方戏便成为一个政治的热门话题。改良精英和政府官员认为，戏曲可以提供娱乐，推进文明进程，提高道德水准，可以利用这种大众娱乐形式来传播正统思想，影响民众。正如一地方文人在 1910 年写道："演戏一节，系有形的教育，悲欢离合，善恶成败，摆在当面上，有见有闻的人，一览无余……足感动世人劝忠爱

---

（接上页） 设法提供娱乐。如静安茶社，放置一架留声机，反复播放那些幽默的川戏段子，特别是那些关于日常生活忍俊不禁的笑话。如"王大娘补缸"，说的是一个单身汉工匠为王大娘补缸，王大娘拿他取笑，其最著名的几句是："叫你补缸你就补，不要看到姑娘就心慌；你补好老娘的缸，老娘帮你找婆娘"（李英：《旧成都的茶馆》，2002 年 4 月 7 日《成都晚报》，第 17 版）。精英改良者认为这类笑话的主题和语言皆不雅，对民众有消极影响。

① 《成都市政府工商档案》（民国时期），成都市档案馆藏，38/11/950。

② 这些剧目可以从地方报纸的广告得知，其提供了剧名、演出时间，有时甚至有故事梗概、票价、布景介绍等。另外，地方报纸有时还发表对戏或名角表演的评论，由此我们也可以了解观众对剧情和表演的反应。

国之心。"① 长期以来，爱情、传奇、历史人物、神怪故事为地方戏的主流，为此招致改良精英和政府官员的批评，认为这些传统节目"淫荡""迷信"。1903 年颁布首个茶馆章程，便规定了什么节目可演，什么不能演。当时政府把重点放在对娱乐的控制上，改良精英则把注意力集中到地方戏的改良。

支持戏曲改良者在改良现存曲目和创作新戏方面双管齐下。同时，戏曲改良者还以优伶之行为会影响到观众，因而力图"文明化"梨园中人。实际上，所谓戏曲改良是当时反大众文化运动之组成部分，这种趋势明显地反映在地方报纸的报道中。1910 年《国民公报》发表题为《提倡新戏须先改良优界之人格》的文章：

> 改良戏剧，本是开通民智激发民情，改良民俗之一利器。如论其效力来，真比白话报不差上下。唱戏的好处，大概不差甚的人，也都知道的。为什么改良戏剧这件事，到底不能踊跃把他提倡起来呢？这也有个原因，因为我们中国向来把优界中人看得最贱，所以文界人，不为出头提倡。你想既拿优界中人，当著娼优隶卒，并且把唱戏的人，拿在妓女一块儿比较。这样一来，那些个高明的人，还肯到大舞台上来演艺度曲吗？说起来也难怪了，本来我们中国唱戏的里头，有些个当像姑的孩子，混在其内。这些当像姑一群下贱的东西，本来是人头畜（牲）吗？那著一个须眉男子，要夺妓女的权利，不但人格全无，而且廉耻丧尽。要叫他们梨园之中，滥竽充数，那就莫怪社会上人看不起舞台的人物喽。②

从一定程度上看，这些批评也并非完全空穴来风。过去，富家老爷

---

① 1910 年 4 月 29 日《通俗日报》，"演说"。当然其他表演也在控制之列，如晚清在制定第一个关于茶馆的规章时，便规定了讲评书所允许的内容（《四川通省警察章程》（1903 年），中国第一历史档案馆藏，巡警部档案，1501/179）。违反者将受到惩罚，例如 1910 年 3 月一个晚上，在悦来茶园的一场演出中，两个演员被指控为"种种丑态，有关风俗"而被捕（1910 年 3 月 22 日《通俗日报》，"成都新闻"）。

② 1910 年 4 月 12 日《通俗日报》，"论说"。文中"像姑"，有时也写为"相姑"，指男同性恋者。

公子经常以追逐年轻俊俏戏子为时尚，此类现象在许多文学作品中（如《红楼梦》等）都有描述。由此，改良精英认为演戏者都存在道德问题，因此戏曲改良之首要步骤，是使这些人成为所谓的"正派"人。但这些改良精英忽视的是，优伶处于社会底层，被有权有势者所玩弄是迫不得已，也是被欺压的受害者。

1909 年《通俗日报》一篇题为《论演戏与社会之关系》的文章，力图对戏园的作用进行解释。与当时大多数改良精英不同的是，作者对戏园持肯定的态度。他首先简短回顾了中国戏曲的历史，称听戏从唐代开始。在唐明皇时期，"天下晏然，承平无事"，明皇发明了戏曲以供娱乐。此后几百年时间内，戏曲逐渐广为散布。中国戏曲的各个方面，包括唱词、音乐、唱腔、服装等变得越来越精致，从业者也甚众。看戏使成千上万的观众受到戏中悲欢离合故事的感染。作者还指出，虽然看戏需要花费不少金钱和时间，但人们为什么仍然喜欢去戏园呢？究其原因有三：摆脱烦恼、寻求灵感、陶冶情操。关于最后点，作者进一步解释道：

> 演戏事情，虽是张冠李戴，荒谬无稽，然而果能作的有情有理，慷慨激昂，足以动人，或者也能感化人心。况且看戏的人，未必尽是明智之人，有一半小孩愚人也在其内。像这路人听戏，不过以假作真，听到善恶忠奸的地方，真能眼泪鼻涕，喜怒哀乐，一时千态万状俱作，更是有极大关系啦。时常演些新戏，大概于社会人心上不无小补吧。[①]

作者认识到大众教育的功能。通过娱乐，没有受过教育的人们（作者称之"愚人"，当然也反映出作者居高临下的优越心态）得以理解传统的价值观和历史，即使所描述的历史并不准确。他相信如果精英能够充分运用这个工具，戏剧便可以成为社会改良之工具。当然，关于地方戏的功能在精英中存在极大争论，大多持消极的态度。这种差异有助于帮助我们理解精英怎样看待大众文化。

---

① 1909 年 7 月 27 日《通俗日报》，"论说"。

在 1909—1910 年间出版的《成都通览》中，主张改良的文人傅崇矩列出了当时成都上演的 360 出戏，指出有的戏班子巧立名目，把一些"淫戏"改名以逃避检查，如把《杀子报》改为《天齐庙》。①《杀子报》被定性为"淫荡"和"暴力"戏，被警察禁止。但实际上整个民国时期，"大多剧团皆能上演"。为什么这个戏能得如此之欢迎？让我们首先来看其情节：

> 清代，通州小商王世成病故，妻徐氏请纳云和尚超度亡夫。二人在道场中眼去眉来，心性摇动，事后相互勾搭成奸。十岁幼子官保放学回家碰见，将纳云和尚撵出家门。徐氏恼羞成怒，怒打官保。其女金定跪地求情，徐氏方才罢手。官保心恨纳云，遂邀同学去天齐庙痛打纳云，不准其再到家中。徐氏见纳云几天未来，便借故偕金定到庙中烧香与之私会。纳云说出不敢再到王家的原因。徐氏恨官保作对，与纳云议杀官保。金定在房外听到，忙到学校告知其弟。放学后，塾师见官保仍留学舍哭啼，问讯缘由，遂亲送官保回家。徐氏待塾师去后，即用菜刀杀死官保，并将尸体肢解，放进油坛，藏在床下。塾师见官保几日未上学，遂去王家问讯。徐氏谎言遮掩。夜，官保投梦，塾师惊醒，断定官保被害，即去官府衙门击鼓申冤，但因无证据，反受诬被关。师母不服，为夫鸣冤。州官便服私查，查出疑点，又从纳云口中探出隐情，即升堂审后从王家搜出官保尸体，又从金定口中获悉实情。在人证物证面前，罪犯招供。徐氏与纳云被处决，塾师得以平反，全案终结。②

本剧情节与许多包公戏和传统名剧类似。在这些剧中，冤案在正直的"清官"干预下得以昭雪，正义得到伸张。和尚和寡妇间的故事总为观众津津乐道，再加上谋杀、通奸、淫荡等，更能吸引观众的眼球。虽然一个邪恶的母亲杀死自己亲生儿子的情节并不常见，但剧中的许多情

---

① 傅崇矩：《成都通览》上，第 279—282 页。

② 四川省川剧艺术研究院等编：《川剧剧目词典》，四川辞书出版社 1999 年版，第 379 页。

节却是人们喜闻乐见的。该剧能吸引观众还在于恐怖的屠杀和鲜血，特别是观众直接看到那妇人把自己的儿子肢解的过程。剧中使用了许多逼真的道具，诸如带血的刀、被肢解的尸体、装尸体的油罐等，带给观众强烈的感官刺激。因此，许多社会改良者指责该剧太血腥、残酷、暴力、恐怖。在晚清民国时期，此类戏剧便经常受到限制乃至禁止。但是，当茶馆生意不好时，可能会无视禁令，上演此类剧目。例如，一份地方报纸批评可园演出"淫荡"戏曲，称之"可园怪象"。然而在晚清可园却是成都演出改良剧的先锋。20 世纪 20 年代，一些濒危的茶馆又故技重演，要求上演神戏。正如一个地方文人所讥讽的："扫尾茶寮妙想开，生方设计赚人来。大家争演苏神戏，三架班子打斗台。"①

1914 年的一篇文章指出："声音之道，感人最深"，因此改良戏曲可以作为社会进化之工具。作者相信只有不到百分之十的节目是"庄雅"的，不到百分之一的节目是"正大"的。作者还指责戏曲节目"信口开河，荒唐满座，蛇神牛鬼，跳跃一堂"。② 地方报纸以《唱戏人不准看戏》为题报道，在悦来茶园，一个小旦坐而观剧，"举止颇觉不合"，此事甚至惊动警察厅长，而且重新颁布了禁止唱戏者入园看戏禁令。③ 显然地方政府也视他们为异类，改良者无疑对优伶十分歧视，看不惯他们的装束、语言和行为，不给他们以常人的对待。为了改变社会对艺人的态度，1916—1917 年间，戏曲改良者建立了若干新戏班子演新戏，包括建平社、革心院、群益新剧社、强华新剧社等。④

地方政府也是戏曲改良背后之推动力量。1913 年内务司指出，大众无论小孩还是未受过教育的劳力者都喜欢看戏，甚至能够记住台词和曲调，因此地方戏曲为"通俗教育之一端"。如果政府能够"因势利导"，人们就可以吸取有用之知识。政府应该如何作为？内务司表示，禁止"淫戏"只能是"一时治标之法"。虽然政府应该审查脚本，准优禁劣，但鉴于"禁愈烈，而嗜愈专"的逆反心理，内务司采取了"诱进"之法，

① 1916 年 3 月 29 日《国民公报》，"新闻"；林孔翼编：《成都竹枝词》，四川人民出版社 1986 年版，第 106 页。
② 1914 年 4 月 20 日《国民公报》，"新闻"。
③ 1914 年 6 月 1 日《国民公报》，"新闻"。
④ 1917 年 6 月 2 日《国民公报》，"本城新闻"。

以从根本上解决问题。并派文人搜集民间故事，改编新戏、小说、曲艺，以此激励优良社会风俗。同时，也鼓励像灯影戏、木偶戏等传统民间艺术表演新节目。内务司相信，当新戏得以流行时，人们对"从前淫诞之辞，便渺不记忆"。①

在民初，万春茶园和品香茶园总是车水马龙，悦来茶园和可园继续生意兴隆。它们的广告频繁出现在地方报纸上，一家戏园一天的戏目便可达20余出。② 从这些广告中，可以看到名演员总是具有票房号召力，不少人到戏园看戏，便是冲着他们的偶像而来。老票友如果钟情某剧，则百看不厌，甚至能记住戏中的每一细节、唱腔、台词，以及演员动作。戏班的声望对其生存至关重要。在晚清人们常常观看的戏班有颐乐班、翠华班、长乐班、文明班等，它们固定在悦来、可园、万春、品香等著名戏园演出。③ 一般来讲，戏园并不靠新戏揽客，而依赖明星演员。传统戏目到处都在演，不同之处在于所演的风格和质量。

同时，社会改良者也编写新戏。辛亥革命后，政治戏逐渐流行，如1912年根据美国名著《汤姆叔叔的小屋》（*Uncle Tom's Cabin*）改编的川剧在悦来茶园上演，改良精英试图用美国黑人的经历来阐明"适者生存"的道理。④ 悦来茶园上演的另一个新剧是关于太平天国的故事：曾国藩夺取南京后，洪秀全全家被杀，只有太子洪少全幸免于难。他无路可走，只好到少林寺出家为僧，以卧薪尝胆，再谋起事。由三庆会上演的这出

① 《成都省会警察局档案》（民国时期），成都市档案馆藏，93/6/2718。警察局在戏曲改良中也扮演着重要角色，例如1914年警察局颁布命令："戏曲改良，本以补助社会教育，感化人心为主旨。"警察局认为戏园上演新戏有助于营造一个良好的社会环境，按其说法，改良戏能吸引更多观众，戏园也有更多的盈利。但是，也有戏园"妄自编纂恶劣戏，若不严行检查，实于改良之旨，大相违背"。因此，警察局命令各分所严密监视各戏园，演出没有违规之处方可继续，但新戏都必须得到警察局审查通过方能上演，违者将被处罚（1914年9月18日《国民公报》）。

② 根据茶馆所打的广告，万春白天有八出戏、晚上有七出戏上演；品香白天晚上共有十出戏上演（1912年10月31日、1913年3月27日《国民公报》，"告白"）。

③ 1909年3月31日、5月5日、6月15日、7月11日、7月16日、9月18日、9月26日《通俗日报》，"告白"。

④ 1912年4月26日《国民公报》，"告白"。关于当时演该戏的更多的信息见 Di Wang，*Street Culture in Chengdu: Public Space, Urban Commoners, and Local Politics in Chengdu, 1870 - 1930*, p. 234。

剧把佛教的神、超自然世界与人间、人事结合在一起，达 40 幕之多。与清政府和后来的民国政府不同的是，该剧对太平天国多有溢美。因为辛亥革命是一场反清运动，反满革命在当时逐渐占据了舞台中心，反清的太平天国便具有了积极意义。1929 年，悦来茶园上演新剧《西太后》，力图阐明"专制政体之弊乃国贫民弱之原"。剧本、布景、表演俱称"均佳"。①

改良者也创作涉及当时社会问题的新剧，《落梅》便是其中之一。其故事情节是，一位叫陈伯坚的年轻医生治疗一位患病老妪，在出诊过程中，与其女儿惠芳相爱并定婚。一天，老妪病情恶化，陈前去救治。惠芳将一朵蜡梅别在他的上衣口袋，叮嘱他一定尽心尽力。陈在老妇人床头看到一个装满钱的金色盒子，想到结婚需钱，顿生歹意，对未来的岳母下了毒，并拿走了钱。老妇人临死前看到了这丑恶的一幕，用其发簪在地上写下了"伯坚图财害命"六字。惠芳随后赶到，看到了盒子旁的蜡梅和她母亲写下的字，遂向警察报案，陈旋即被捕。这出作为"社会教育"工具的"新"剧，试图向观众传达什么信息呢？该剧主要力图撕开那些"伪君子"的面纱。那位陈姓医生总是满嘴"道德""文明"，但内心却是贪婪和无耻。不过这个新剧在相当程度上仍然推行传统价值观，惠芳在法庭上面对陈伯坚的一番陈述便饶有兴味："汝既做出此事，我不能置汝于法，是为不孝；既置汝于法，而别嫁，是为不义。不孝不义，惠芳不能为也。"于是伯坚既置于法，女妾不嫁，以图甫全。她试图以"一女不嫁二夫"来证明她恪守从一而终的传统道德，为杀害她母亲的人牺牲自己的婚姻。从该剧的说教来看，传统价值观仍占主要地位。该剧的人物和故事都很接近生活的真实，而且情节包含爱情、金钱和谋杀，很能吸引观众。②

在晚清，为倡导戏曲改良，社会改良者、警察局总办周善培曾推动开办悦来戏园，作为演改良戏和新戏的基地和范本。③ 周还聘请在川戏改革中起了重要作用的黄古安写了不少新剧，加以印行和传播。1924 年黄去

---

① 1912 年 5 月 22 日、1929 年 1 月 20 日《国民公报》，"告白"。

② 1917 年 4 月 16 日《国民公报》，"剧评"。

③ 谭清泉：《康子林》，任一民主编：《四川近现代人物传》第 1 辑，第 255 页。

世时，已创作 80 多出新川剧，20 多出清音。他把全部所写赠予三庆会。①
他写的几乎所有川戏都是基于中国古代历史，弘扬正义、忠诚、爱国精
神，以此推动社会教育。在《柴市节》《三尽忠》《朱仙镇》《黄天荡》
《林则徐》等剧中，黄赞扬与入侵者斗争的文天祥、张世杰、陆秀夫、岳
飞、梁红玉、林则徐等爱国英雄，当中国面临西方帝国主义侵略时，以
他们的事迹激励人民斗志。如《柴市节》是关于南宋丞相文天祥拒绝投
降蒙古的故事。而对那些投降敌人的变节分子，黄吉安则进行了淋漓尽
致的鞭笞。在《江油关》中，他有意制造了蜀国变节守将马邈被处死、
枭首示众的情节。当有人指责其违背历史真实时，他反驳道：如果不杀
他，"何以辨忠奸，判曲直？"②

　　话剧的出现为戏剧改良注入了新动力。20 世纪 20 年代初，一些地方
知识分子支持在悦来茶园演话剧。③ 1920 年 12 月，四川全省学生联合会
以万春茶园为舞台演"新剧"，并联合各新剧团到成都各校演出，推动社
会教育。联合会宣称其目的是"启发民智"，而非牟利，要求警察在当前
"军事戒严期间"，帮助维持秩序。由于演出收入用于"公益"，联合会要

---

　　① 三庆会建于 1911 年，为川省首个川戏职业团体，尔后成为成都最有影响之戏班，20 世
纪上半叶的许多著名演员都发迹于此，如康子林、周慕莲、司徒惠聪等。1911 年成都惨案后，
政府禁止各类演出。为了谋生，康子林、杨素兰等著名演员联合七个戏班组织三庆会，该会包括
了五类表演，即昆腔、高腔、胡琴、弹戏、灯戏，集合 180 多个演员。周慕莲 1920 年入会，有
许多机会与一些喜欢戏曲和创作的著名文人交往，经常听他们关于戏曲和文学的讨论，"增长古
典文学知识，提高文化素养"，促进了他的表演艺术。周为旦角演员，被其家族视为"伤风败
俗，玷污门庭"，他的名字甚至被从祠堂中除去，其收养的儿子在学校也只得用假名，以免被同
学嘲笑。这种演员和文人的关系很值得注意。事实上，即使当时社会对演员很鄙视，而且演员基
本都是来自下层，但一些高官、权贵、文人与演员来往则是司空见惯。当时许多上层人士由于喜
欢地方戏，有时甚至自己客串角色。司徒惠聪原在一个铺子学徒，父亲病后加入三庆会，一直无
机会演主角，1944 年，作为替代演员演《八阵图》，他由于太紧张而唱砸，观众把他哄下台。见
谭清泉《康子林》，任一民主编：《四川近现代人物传》第 1 辑，第 255 页；朱龙渊《周慕莲》，
任一民主编：《四川近现代人物传》第 3 辑，四川人民出版社 1987 年版，第 303—304 页；陈稻
心、刘少匆《司徒惠聪》，任一民主编：《四川近现代人物传》第 3 辑，第 306—308 页。

　　② 他的有些戏也涉及现实问题。如《断双枪》揭露鸦片的危害，《邺水投巫》批评迷信，
《凌云步》提倡天足。见谭清泉《黄吉安》，任一民主编：《四川近现代人物传》第 1 辑，第 251
页。

　　③ 周止颖、高思伯：《成都的早期话剧活动》，《四川文史资料选辑》第 36 辑，1987 年版，
第 55 页。

求免除当时必须征收的"伤兵捐款",以及维持秩序的"弹压费"。①
1931 年,摩登剧社在大舞台戏园演出反对日本侵略的"爱国佳剧"《山河泪》,吸引了大批观众,在社会上引起强烈反响。剧社相信在"九·一八"事变后,该剧能够激励人民"同仇敌忾"。②

因此,戏剧改良成为了政府、精英,以及其他社会集团政治动议的一部分。显然,在茶馆和戏园观看演出并非纯粹的娱乐,而是与启蒙和国家政治联系在一起。③地方戏是最有力的大众娱乐形式,影响到人民的思想,也可以用作政治工具。精英发现了教育民众的一个重要途径,地方戏遂不可避免地被精英按其构想加以改造。不过,传统戏剧深深扎根于日常文化,影响着民众思想,因此是很难被轻易取代的。在抗战时期,政治对茶馆文化的影响达到史无前例的地步,并进一步冲击着人们的日常生活。④

## 茶馆戏园——新的公共舞台

清末民初,一些大茶馆开始把生意的重点放到地方戏上,卖茶则退居其次,它们逐渐演变为成都最早的剧院。如,1906 年开办的悦来茶园,开始时服务范围甚广,除售茶外,还有两个餐馆,即悦来中西餐馆和一家春,外加一个戏园。在清末,仅在劝业场(后称商业场)一处,至少有三家茶馆戏园,即悦来、都一楼、宜春楼,相互间竞争激烈。⑤

辛亥革命爆发后,地方戏和其他曲艺一度禁演,但不久即恢复。1912 年 7 月 19 日的《国民公报》便刊登有 4 条关于演戏的广告,反映了革命动荡后日常生活逐渐恢复正常。在民初,不少茶馆戏园开张营业,其中有的称为"舞台"。虽然这些新设施也售茶,但主要是为了演戏,成

---

① 《成都省会警察局档案》(民国时期),成都市档案馆藏,93/6/964。这里所谓的"捐献"实际是强制性的。

② 1931 年 10 月 22 日《成都快报》,第 6 版。

③ Di Wang, *Street Culture in Chengdu: Public Space, Urban Commoners, and Local Politics in Chengdu, 1870 – 1930*, Chap. 7.

④ 我另有专文讨论这个问题,此不赘述。

⑤ 《成都市文化局档案》,成都市档案馆藏,124/2/1;1917 年 3 月 31 日《国民公报》,"本城新闻";1910 年 2 月 20 日《通俗日报》,"成都新闻"。

为成都戏院的最早形态。东亚舞台于 1913 年开张。品香茶园的戏台也很有名，1915 年吴虞常在那里看戏。后来，品香又建革心剧院，由于不少名角在那里演出，因而名声大震。① 同一时期，大观茶园、万春茶园、锦江茶园等都名噪一时。

各茶园一般有自己的固定节目，称"坐场戏"，由于通常在晚上演，故又有"夜戏"之说。在白天，如果无固定剧目，一些茶园便可由观众点戏。虽然成都的戏园一般上演川戏，但也不排斥其他剧种，只要其能吸引观众。如悦来茶园演出秦腔，可园也从陕西聘名演员连同戏班入川。在各戏园激烈的竞争中，这成为吸引更多观众的一个策略。新移民也把他们的文化带入成都。1939 年，广寒平剧院开张，十七八个逃难入川演员在此演平剧，这为他们提供了生计。同时，不少其他茶园也为从华北、华东逃难而来的艺人敞开了大门。②

在民国时期，历史最长、最有影响的戏园当为悦来茶园。悦来茶园是晚清改良者周善培在成都推行"新政"的成果之一，最早上演"改良"戏，成为新娱乐之样板。由于有极好声誉，许多名角和戏班都乐意到此演出。三庆会就是在悦来茶园建立的，许多川剧名伶从这里发迹。当 1949 年年底共产党解放成都时，它仍然是生意最好的茶园之一。1950 年，新政府要求成都的茶馆都要向政府登记。根据目前从档案中看到的详细登记表，悦来茶园当时共雇有各类员工 126 名，这些登记表为我们提供了雇员具体的背景信息，包括籍贯、年龄、性别、工作性质、家庭地址、教育程度、个人经历、亲属关系、是否参加任何社会组织、其他职业等。③

这些登记表也说明，戏园雇员主要是男性，女性只有若干人。戏园的分工也很细密，如守门、卖票、会计、经理、印票、联络、写招牌、布景、乐师、男女演员等。雇员个人经历的信息也很有意思，如冯季友

---

① 吴虞：《吴虞日记》上，四川人民出版社 1984 年版，第 195—196 页；1912 年 7 月 19 日、1913 年 4 月 10 日、1917 年 4 月 12 日《国民公报》，"告白"。

② 1909 年 6 月 17 日、12 月 15 日、1910 年 3 月 28 日《通俗日报》，"告白"；《成都市政府工商档案》（民国时期），成都市档案馆藏，38/11/950。

③ 《成都市文化局档案》，成都市档案馆藏，124/2/1。我从 126 张表中，按顺序选 1—32 进行分析。

7—14 岁读私塾，12 岁和 14 岁时分别失去父母，15 岁时在政府某机构做小职员，直至 31 岁，然后开始做"小本生意"整整 35 年，67 岁时到悦来茶园。陈孔荣也是 8—16 岁学"旧学"，然后在小铺子谋生多年。冷阡陌 8 岁开始学"旧学"，10—20 岁下田劳动，他在悦来茶园谋生活，他的妻子和两个女儿则在家做手工，以"维持家庭生活"。张明煊是个残疾人，8 岁时左腿致残，但仍然有机会入私塾，学"旧学"8 年，然后到一家盐铺当学徒，18 岁时回家完亲，之后又学医 5 年，经营一个轿子铺 5 年，然后"在家闲赋"8 年，37 岁时到了悦来茶园。这些背景资料说明大多数雇员至少都接受过一定程度的教育，特别是私塾教育，文化程度比我们一般想象的要高。① 另外一些是生意失败的小贩，或过去曾是店员或士兵，还有一些在受雇于茶园的同时仍然依靠种菜或做手工以补工资的不足。而大多数男女演员的经历则简单得多，一般是在 10—13 岁时便跟师父学艺，都是三庆会成员，几乎都来自下层家庭。②

观众对悦来茶园的演出很欣赏，那些有名伶节目的票很快预售完。一次，一男子被戏感动，遂捐 20 元给演员，不过当地报纸认为这事"可云特别"③。一些地方文人写诗表达他们对茶园的欣赏，例如下面这首对悦来的赞誉：

> 锦城丝管日纷纷，一曲新歌一束绫。劝业场中风景好，挥毫试写悦园行。悦来戏园壮如此，楼阁玲珑五云起。往来豪贵尽停车，人在琉璃世界里。梨园弟子逞新奇，缓歌漫舞兴淋漓……逐队随波戏园去，对此真可酣高楼。竟日繁华看不足，吁嗟乎！益州自昔称天府，多来豪宗与富贾。藉此象功昭德谱，箫韶久成百兽舞。自从悦园此一行，除却巫山不是云。月宫听罢霓裳后，人间那得几回闻？④

---

① 悦来为成都最著名的戏园，可能其雇员受教育程度要高一些。

② 《成都市文化局档案》，成都市档案馆藏，124/2/1。

③ 1909 年 10 月 19 日《通俗日报》，"成都新闻"；1931 年 3 月 1 日《国民公报》，第 10 版。

④ 1909 年 9 月 1 日《通俗日报》，"告白"。

这首诗描绘了悦来茶园令人心旷神怡的环境、优雅的建筑、悦人的气氛，许多观众乘马车、人力车、轿子来此看戏，表明他们都是有点身份之人。不过，该诗花费笔墨最多者是演出本身，描绘艺人的高超技艺、动人表演，吸引众多观众，人流如潮。人们似乎永不厌倦这些演出，看戏成为他们日常生活的一部分，看戏时他们感到自己生活在天堂一样。诗的语言显然有夸张，但是我们可以体会到作者关于悦来茶园和所演川戏的真实感受和满足之情。

茶馆不仅是成都戏院的前身，也是电影院的发源地。在卢米埃兄弟（Lumiére brothers）于 1895 年 12 月 28 日在巴黎大咖啡馆的地下室发明电影仅几个月后，电影便来到中国。1896 年 8 月在上海的徐园茶馆放映了中国的首场电影。[①] 不过几年之后，电影即到达成都，被称为"电光戏"或"电戏"。改良者利用电影作为教育的工具，以推动社会发展，因为电影"写形写影，惟妙惟肖，如义士豪杰，忠臣孝子，凡炮雨枪林之惨状，持节赴义之忠节，智识竞争之计画，举能一一演出，如身临其间，而动人感情，此于风俗尤不无裨益呢"[②]。在民初，品香茶园的老板请求警察准许放映"电戏"，以作为因演"新戏"所受损失的补偿。股东们决议白天放电影，但男女分开。[③] 这或许说明当时放映电影比演"新戏"更能吸引观众。

1919 年，刘钧以每晚 3500 文租万春茶园放映电影，其器材、影片、专业技术员都来自上海。刘宣称演电影"具有社会教育作用，与他种演

---

① Yingjin Zhang, *Cinema and Urban Culture in Shanghai, 1922－1943*, p. 32. 关于中国电影院、电影与城市文化，见 Yingjin Zhang, *The City in Modern Chinese Literature and Film: Configurations of Space, Time, and Gender*, Stanford: Stanford University Press, 1996; Zhang, *Cinema and Urban Culture in Shanghai*; Stephanie Hemelryk Donald, *Public Secrets, Public Spaces: Cinema and Civility in China*, Lanham: Rowman&Littlefield Publishers, Inc, 2000. 在电影介绍到中国之前，茶馆是传统灯影戏演出地。到 30 年代初，电影仍然叫"影戏"，后来才逐渐叫"电影"，反映了传统娱乐形式和空间与西方引进的新式娱乐间的联系（Zhen Zhang, "Teahouse, Shadowplay, Bricolage: 'Laborer's Love' and the Question of Early Chinese Cinema," pp. 27－50 in Yingjin Zhang (ed), *Cinema and Urban Culture in Shanghai, 1922－1943*, Stanford: Stanford University Press, 1999, pp. 32－34）。

② 1909 年 7 月 27 日《通俗日报》，"论说"。

③ 《成都省会警察局档案》（民国时期），成都市档案馆藏，93/6/2723。

剧不同"，可以"开通风气，扩张民智"。显然，电影来自西方，在这个时期便代表着"新"，地方戏则代表着"旧"。这个观念与新文化运动的西化观念是相吻合的。① 多数电影来自外国，诸如"美国爱情短片"和《黑衣党》等。《黑衣党》系侦探系列，按报纸上广告的说法，是"破天荒之冒险精神伟片"。看电影的价格从 1000 文到半个银元不等，视座位而定，与看戏相差无几。主人带的随从则只需付 600 文。②

早期电影院一般都是茶馆与放电影合二为一。放电影时，观众坐在排成排的椅子上，每个椅子后面有一个铁箍，用来放杯子，堂倌穿巡于各排掺茶。民初几乎没有妇女去电影院，因为黑暗中可能被男人骚扰。在拥挤黑暗的电影院，观众出去小解不便，而且观众也不愿错过任何精彩镜头，由此一个新行当产生了：一些穷人家的小孩或老妇人提供"流动厕所"，提两个粗竹筒来回走动，轻声喊着："尿筒哦——尿筒哦！"这样观众可以就地小便而不必离开座位，所费大约相当于一个锅盔的价钱。该例子告诉我们，新营生能够发现一切机会，适应人们之需要。当然，像"活动夜壶"这类服务只在电影进入的早期昙花一现，在妇女进入茶馆看电影后，警察便以"有碍观瞻"而予以禁止。③

## 茶馆戏园的观众

对许多成都人来说，看川戏是日常生活之一部分，茶馆戏园不断努力吸引更多观众，大茶馆也把演戏作为必念的生意经。虽然现在我们不完全清楚当时的人们是怎样地依赖戏园，但一些现存的资料提供了有用的信息。如，1916 年，地方政府发布各茶馆戏园能接待观众的定额，作为进行控制的一种手段。那些著名茶馆的定额是："群仙茶园 400，悦来

① 刘请求省城警察厅降低为修少城街道附加的 2000 文"警捐"，但是被警察厅所拒绝，指出各茶馆演电影应该同演戏一样付税（《成都省会警察局档案》（民国时期），成都市档案馆藏，93/6/964）。在 20 世纪二三十年代，大多数电影仍然设在茶馆里，如智育电影院便在群仙茶园中，为茶园股东所有。

② 1927 年 10 月 4 日、1930 年 1 月 16 日《国民公报》，"告白"。1927 年智育电影院票的售价是：特别座，0.50 银元；家庭座，2800 文；普通座，1400 文；儿童，1000 文；妇女（楼厢），1000 文；仆人，600 文（1927 年 10 月 4 日《国民公报》，"告白"）。

③ 景朝阳：《旧电影院逸闻》，冯至诚编：《市民记忆中的老成都》，第 168—169 页。

茶园 200，蜀新舞台 200，蜀舞台 150，可园 120，品香 120，万春茶园 100"。① 这 7 个茶馆戏园共允许设 1290 个座位。虽然这个资料未显示每天可以演多少场，但一般来讲，每个戏园每天至少演两场，甚至三场。戏园还经常漠视警察关于不能增加座位的规定，容纳的观众经常超过政府规定的定额。

例如万春茶园虽然定额仅 100 名，但 1920 年 6 月万春茶园每天售票 500 多张到 800 多张。从 6 月 14 日到 16 日，平均售票 607 张；6 月 19 日加上晚上的演出，共售票 1076 张；6 月 21 日售票 1584 张。我们还可以看到 1933 年春熙大舞台、新又新大舞台、悦来茶园、俞园 4 个戏园的售票记录。每个戏园每天上下午各演 1 场，平均每场大约有 400 名观众，8 场演出观众总数达 3200 人。平均每张票 0.6 元，每天共售 1920 元，每月 57600 元，全年合计 691200 元。当时有人便估计，这笔钱可买 49371 石米，或为 385600 人的军队付一月工资。② 在 20 世纪 30 年代初，成都的茶馆戏园不止这 4 家，因此实际看戏人数远在这个估计之上。当然，这些数字估计者的目的是证明成都人怎样"浪费"时间和金钱，但他们的估计却为我们了解每天多少人光顾戏园及其花费提供了有用的信息。

1929 年，一个文人写文章描述他在戏园所度过的一天，透露了民国时期成都精英阶层的茶馆生活。作者同两个朋友在上午 9 点到了万春茶园，那时观众还很稀落，每票 1000 文，卖票人态度可亲。9 点半后观众才陆续到达，戏在 10 点开演。他们很满意演员的精彩演出。戏结束后，他们乘人力车到春熙路吃午饭，然后喝了一个小时的茶，后又来到湖广馆的均乐剧院，主要是想看名角翠华的演出。他们看到翠华的名字写在门口的节目牌上，每票 1600 文，还看到票房讥讽那些觉得票价太贵的观众，从而对票房的态度很反感。尽管票贵，他们还是买票入场。由于观众都想看翠华的演出，所以戏园仍然爆满。戏在下午 6 点开始，但翠华并未出现。不少观众要求退票，但戏园无人出来解释。作者相信恐怕许

① 1916 年 12 月 26 日《国民公报》，"新闻"。演出还吸引了许多小孩每天独自去看戏。一天晚上，一个园丁试图强奸一个去万春茶园看戏的 13 岁女孩，该女"大声呼喊，被守园卫队查觉"而获救（1930 年 5 月 15 日《国民公报》，第 9 版）。

② 《成都省会警察局档案》（民国时期），成都市档案馆藏，93/6/964；1933 年 10 月 29 日"新新新闻"。

多观众将不会再来这个戏园看戏。这篇文章显示了戏园做生意是怎样的不同，赞赏诚实的戏园，指责有的戏园有假广告的欺骗行为。不过，从这篇文章我们也看到戏园与人们日常生活之关系。①

作为公共空间的茶馆戏园总是挤满了顾客，冲突也在所难免。警察要求各茶馆戏园都要有一名警察维持秩序，但其制服和薪水则要由茶馆支付。据警察局报告，第一公园茶社拟雇一个警察，每月工资4.9元，外加制服花费。警察局分署支持这个动议，但提出，由于警察"年来未关尾饷，困苦已达极点"，因此不派一个固定的警察，而是让警察轮流到茶馆值勤，4.9元平均分给参加值勤的人。显然，警察分署认为这是一个"好差事"，所以要大伙利益均沾。不过，警察总局没有批准这个设想，而是令指派一个警察"以专责成"。②

人们到戏园不仅是看戏，也是去享受热闹的气氛。虽然戏正在上演，茶园仍然是热闹非凡，唱腔、锣鼓与堂倌的吆喝，小贩的叫卖，观众的喝彩此起彼伏。小孩们脖子上挂一个盒子，在过道来回兜售香烟、糖果、花生米、炒瓜子等。打香水帕子的从空中把帕子扔到戏园的各个角落，给顾客揩脸擦手。有的戏园还有巨大的人力风扇，即一张大板子吊在空中，用绳子拉动，这为夏天拥挤的戏园提供了惬意的凉风。有时一个戏园装置有若干此类的风扇，但拉扇人则分外辛苦。每当演戏时，还有不少人站在茶馆外面看演出，当然他们大多是衣衫褴褛的穷人和小孩。当演出间歇收钱时，他们便一哄而散，节目再开始时，瞬间又围拢来。在夏天，他们挡住了空气流通，惹得里面的观众不满；但冬天这堵人墙挡住寒风，里面的人再无怨言。当然，这些情况只发生在那些面向街面的茶馆，有围墙的高级戏园则无此忧，因为人们无法从街头

---

① 1929年5月21日《国民公报》，第6版。这篇文章发表后，万春茶园的生意更加兴隆。几天之后，文章作者再次光临，早上9点到时，发现前四排座位已经坐满（1929年5月26日《国民公报》，第6版）。

② 《成都省会警察局档案》（民国时期），成都市档案馆藏，93/6/739/1、93/6/964。有的茶园则派更多警察，如1920年，长乐班在万春茶园演出，警察要求派4个警员，制服费每天11元。当共和堂在同一茶馆演出时，则派8个警员，茶馆不得不付每个警员8元的制服费（《成都省会警察局档案》（民国时期），成都市档案馆藏，93/6/964）。

看戏。①

戏园观众来自各个行业和社会阶层，但我们缺乏具体资料进行分析。不过，一些记录还是透露了一定的信息。1938年，一帮大兵在一个戏院闹事，朝舞台扔了一颗手榴弹，炸死了八个坐在前排的观众，其中五名死者的身份得到证实，地方报纸报道了他们的姓名、性别、住址、职业等信息。其中妇女三人，一是电报局职员的妻子，一是低层官员的妻子，第三个不详。男性死者两人，一是糖果店老板，一是"现营收荒业"，具体是下层的收荒匠还是开收荒铺子的小生意人不清楚。② 不过死者都是普通人。戏园前排是最抢手的座位，价钱也最高。这说明当时普通人家也可以承受到戏园看戏。

## 娱乐控制

在20世纪初，政府努力控制娱乐，这个政策成为当时打击大众文化之组成部分。该政策的实施也反映了茶馆、娱乐与国家权力关系之间的性质。晚清时期，在国家权力的支持下，精英力图改良和控制公共娱乐；在民初，新政府发布更多的限制地方戏的政策。1913年，四川都督以演戏为大众教育之重要部分，令各戏班只能演出那些弘扬积极精神、鼓舞民气的历史剧，指责那些仅改了戏名的"淫戏"，"败坏风俗人心，莫此为甚"。令警察和内务司严格执行规章，严惩演"淫戏"的戏园经理。内务司还颁布措施"化民善俗""杜渐防微"。③

措施之一是颁发《取缔戏曲规则》，以达到"整饬风化"的目的。该规则称："社会教育，戏曲为最。普通市井儿童，歌行道上，率皆戏词。佣夫走卒，手执一编，大都戏本。倘能因势利导，以正大之事，纯洁之辞，激励之声容，哀感之音调，输入其脑筋，意向所趋，不期而自正。反是则淫僻荒靡，患不胜言。"无论是在会馆、庙会、戏园的庆祝活动中

---

① 王泽华、王鹤：《民国时期的老成都》，四川文艺出版社1999年版，第129页；海粟：《茶铺众生相》，冯至诚编：《市民记忆中的老成都》，第143页。

② 1938年5月24日《成都快报》，第1版。

③ 《成都省会警察局档案》（民国时期），成都市档案馆藏，93/6/2718。

的地方戏、皮影戏、木偶戏，还是其他所有曲艺的演出，都在该规则的管理之下。规则要求各戏班、戏园、茶馆呈交剧目给内务司审查，只有那些"有益社会""无害风化"的戏才能允许上演。那些演"淫声秽色"者将受到惩罚。另外，这个规则还要求"优伶戏毕下台时不得着异色衣服"。政府令茶园上报其姓名、籍贯、住址、资金来源、戏院地址、演员数量等信息。演员则必须向政府报告他们的年龄、籍贯、演戏的年数，在戏班学徒还必须出示"自愿书"，确认其不是被迫以此为生。除此之外，还规定戏园不得在接近学校、官府、工场、庙宇及交通要道等地营业，并限定演出时间必须在早9点到晚9点之间。①

同时，四川警察总厅禁止一切所谓"淫戏"，指出虽然警察反复查禁，但戏园"斗巧争奇，渐趋淫邪"，"违禁演唱"。一份警察调查发现，甚至在一些高级茶馆戏园，包括群仙茶园、大观茶园、悦来茶园等也上演被禁戏目。② 这些戏园不遵守规章，"贻害风俗人心"。警察指责群仙茶园艺人表演"任意猖狂，毫无忌惮"，演员动作"狎亵"，"丑态"百出。如果这些演出继续进行，社会风气将受极大伤害，警告如果不停演，戏园将受到严惩。警察采取的政策比内务司严厉得多。所谓"淫荡"戏，其实经常不过是关于爱情、罗曼史而已，但精英认为这些戏会导致年轻人变得"下流"和"淫邪"。③

也是在1913年，四川省行政公署发文抨击茶园演戏的各种问题，称辛亥革命后，"民间困苦"，"独戏园异常发展"。公署还指责大观、悦来、万春、群仙等茶园"钩心斗角"，批评成都市民为看戏"人人如中风狂走"。公署认为看戏是"落后"的习惯，与"内治攸关"，因为看戏不适合这个"天演优胜"之时代。该文还把中国戏与日本、西方的娱乐方式进行比较。在日本，艺伎的歌舞根据的是由"文学士或文学博士"所写的本子；在法

---

① 《成都省会警察局档案》（民国时期），成都市档案馆藏，93/6/2718。

② 这些被禁戏目包括《拾玉镯》《打杠子》《大翠屏山》《小上坟》《卖胭脂》《战沙滩》《遗翠花》《偷诗射雕》《打鱼收子》《小放牛》等。

③ 《成都省会警察局档案》（民国时期），成都市档案馆藏，93/6/2718。例如：《拾玉镯》是明代故事，一个书生路过看见一个姑娘在她屋前绣花，两人一见钟情。书生故意把他的玉镯掉落，作为定情之物。《卖胭脂》描述了一个书生爱上了一个卖胭脂为生的姑娘，便以买胭脂为名同她接近，表达爱慕之情。四川省川剧艺术研究院等编：《川剧剧目词典》，第572、693页。

国"其名优亦多出身大学,均以保存古乐古语为唯一要素"。① 显然,当时的四川政府歧视自己的文化传统,而赞扬外国的娱乐方式。官员可能对日本艺伎和法国艺人所知有限,但是所欣赏的是它们来自东洋和西洋,因此优于中国的传统娱乐,反映了当时明显的西化倾向。

公署认为成都茶馆戏园有三大问题。其一,不利于大众教育。这些戏园"以世俗歌曲为门面,以冶容工貌为精神",而且"目染耳闻,不败者鲜",造成"民德日薄",而"此等国民",于国于社会都有害。其二,妨害地方经济。"吾川四塞之地",虽然"五矿丰富",但"货弃于地",丰富的自然资源被浪费了。现在四川试图发展工商业,抵制外货,成都作为省府,如果"提倡戏园,以图发达",将"使劭年弱质,习成游惰"。因此,戏园"有碍于实业"。其三,于财政不利。从辛亥年兵变,省库被抢,成都便一直遭受财政危机,但人们仍然在茶馆浪费了大量金钱,征税也十分困难。②"公私财产,均形支绌,而人民区区所得,反以戏园消耗大半。收捐有限,徒令生活,愈高愈险。"如果这种情况进一步恶化,将使"官吏坏其箴,军警丧其守,学人逾其阈,商旅覆其巢",而"一般人民,搜刮攫取,以供嬉玩"。这就要求政府采取限制政策以解决这个问题;为达到此目的,政府将改良现存戏园,并不再允许新开。③ 这个文件反映了地方政府对戏园的看法和评价,重复了过去官方和精英对茶馆"弊病"的种种指责。

1916 年是中国政治发展的重要一年。这年袁世凯宣布恢复帝制,护国战争爆发。12 月,反袁胜利结束。局势刚一稳定,省会警察便颁布《取缔戏园法》,涉及经营茶馆戏园的各个方面,从座位、茶碗,到售票、观众等。例如,戏园座位数量由政府决定,售票不得超过这个定额。甚至规定了座位间的间隔,不能增加凳子。观众座位优劣本着先来后到的原则,先来者不得为他人占位。当政府规定的票数售完后,应该挂出一个牌子。如果一个观众临时离开,但其茶碗仍在桌上,应该视为座位有

---

① 《成都省会警察局档案》(民国时期),成都市档案馆藏,93/6/2718。

② 关于辛亥年的兵变,见 Di Wang, *Street Culture in Chengdu: Public Space, Urban Commoners, and Local Politics in Chengdu, 1870 - 1930*, pp. 228 - 229。

③ 《成都省会警察局档案》(民国时期),成都市档案馆藏,93/6/2718。

人，他人不得占据。捡到的遗失物品应交予警察处理。茶馆雇员要礼貌对待顾客。① 这个规则是目前我所见到的最全面、最详细的关于茶馆戏园的规章，使我们清楚了解到警察是怎样控制戏园和观众的。

在这样的限制政策下，艺人的谋生面临诸多困难，对茶馆本身的生意也相当不利。如前所述，演戏能够吸引更多观众，但当茶馆中的表演受到限制，生意便下降了。② 虽然我没有发现任何 1916 年到抗战爆发这段时期专门针对曲艺和地方戏颁布的新规章，但是还是发现了显示地方官如何实施这些政策的一些具体例子。例如，1936 年明德堂戏班申请在芙蓉亭茶社演出，表示多年来在川东南各县巡回演出，"并无淫邪词调，荒谬声律"，所唱皆 "词旨高雅，音歌纯正，足可救正人心，补助社会教育之不逮"。该戏班建于 20 多年前，共 4 名艺人，女性 3 人，年龄在 21—40 岁之间。4 人都有残疾，其中 3 位是盲人，1 人有足疾。他们于 1936 年春到成都，由警察批准先在花会演出一个多月，得到 "各界赞许"。花会结束后，戏班必须另找地方谋生活，便选择了芙蓉亭。负责处理此申请的警察表示，其节目中未发现任何不道德之内容。警局的回应是："查妇女清唱，对于风化秩序在在有关。如其散布在各街茶社内营业，妨碍甚大。兹为体恤业人等生计起见，准其另觅偏僻地点，仿照戏园规模设备，唱台不得接近街面，以便取缔，而杜流弊。"③ 警察的策略是虽然允许这些人谋生，但尽量减少影响。一般来讲，警察对于女艺人的控制很严，如果她们不是残疾，可能会被禁止。警察要求尽量减少影响的具体表现之一就是演出场地必须是远离要道的僻静地。

---

① 这些规章提出了观众行为和管理准则，包括购票排队入场，客满后不得再进入。还规定了怎样待客。政府调查员到戏园办公事必须出示证件，但到场维持秩序的宪兵则不用。军人只需付 50 文购票，但必须坐在楼厢的划定区域，票售完后不得强行进入。而且只有穿军装的军人才能享受减价票。规则还说明了再入场规定，如果观众入场后需要出场，必须得到一张再入场券。观众不得随意变换座位，或挡住他人视线。如果在戏园找人，不得吆喝，由茶馆雇员拿一个板子，上写被找人的名字，在场中走动，以免干扰他人看戏。一旦戏开演，观众应保持安静，不得喝彩。凡违规者视情况予以处罚（1916 年 12 月 26 日《国民公报》，"新闻"）。

② 改良和控制大众娱乐实际上也是一个全国倾向。见 Frederic Jr. Wakeman "Licensing Leisure: The Chinese Nationalists' Attempt to Regulate Shanghai, 1927 – 1949," *Journal of Asian Studies*, Vol. 54, No. 1 (1995), pp. 19 – 42; Goldstein, "From Teahouses to Playhouse," pp. 770 – 775。

③ 《成都省会警察局档案》（民国时期），成都市档案馆藏，93/4/1789。

尽管芙蓉亭也向警察提交了申请，还由一个铺保联署，指出这些艺人不能开演则失去生计，衣食也无以为继，但警察仍然坚持演出地点不能"接近街面"。

虽然没有得到正式许可，戏班仍然开始在芙蓉亭上演。在给警察的申述中，他们强调其成员"非娼妓式组合之清音工会可比"。这个说法似乎暗示唱清音者可能也做妓女，但这也有可能是由于同行竞争互相诋毁的结果。一个警察确认这个茶馆是在背街的二楼，演出两周后，"对于风化秩序，均无妨碍，有街团首人可查"。但是警局再次拒绝批准，令取消演出。明德堂和茶馆立即再次上书，表明他们设法寻找新场地，但没有成功。如果停止演出，演员们将面临饥饿。再者，茶馆与戏班相互依存。没有演出，顾客减少，茶馆也将亏本。经理请求在戏班寻觅新场地的同时，准予继续演出。这样一来，"公私两全……十余人生活有赖，不致演成流落之苦"。当年 8 月，戏班最后找到远离闹市的陕西街的吟香茶楼，警察才批准了演出许可。① 明德堂的经历反映了民国时期国家对大众娱乐的控制，使艺人们的生计更加困难。

# 结　论

本文讨论民间艺人、观众、戏园、大众娱乐、国家控制之间的关系，还揭示了地方戏改革及其影响。成都的大众娱乐主要集中在茶馆，人们在那里一边品茶，一边观看曲艺、戏剧表演，茶馆成为休闲最重要的去处，当然茶馆还有其他许多功能。② 从一定程度上看，茶馆戏园、演员、观众之间的关系，实际上是公共空间、表演者以及民众之间的关系。在公共场所，艺人与观众发生联系和影响；前者提供娱乐，丰富茶馆生活，后者享受娱乐，为艺人提供生计。普通人的口味和审美成为一个艺人生存和发展的重要因素。由于艺人依靠观众，因此他们竭力得到观众认可，演观众之所好。从晚清到 20 世纪中期，这种关系实际受外界社会和政治

① 《成都省会警察局档案》（民国时期），成都市档案馆藏，93/4/1789。

② 参见王笛《二十世纪初茶馆与中国城市社会生活——以成都为例》，《历史研究》2001年第 5 期。

发展变化影响甚少，即使是在战争时期也并无根本不同。

其他种类的娱乐，像评书、清音等，也与茶馆生活密切相关，艺人们使都市生活、特别是夜生活变得更丰富多彩。虽然一些下等演唱班子和艺人在街头谋生，但大多数演出以茶馆为舞台，茶馆也靠演出吸引顾客。资料显示曲艺与地方戏共存，因为它们具有不同的功能，吸引不同的观众。曲艺一般在那些不演川戏的茶馆演出，是地方戏的一种补充。那些看不起戏的穷人也可以从曲艺中得到廉价娱乐。如果说川戏是成都茶馆戏园的主要表演形式，那么评书则为街头茶馆中最流行的娱乐。

在上文中，我们可以看到改良精英和地方政府竭力把改革戏曲作为控制大众娱乐的一部分，把政治灌输在表演的节目之中。他们试图把"新的""积极的""进步的"情节加入传统戏曲中，以"教育"民众。节目和人们的口味根据社会和政治发展而改变，它们的主题和倾向，无论是浪漫史、"淫荡""暴力"，还是改良、革命、爱国，都反映了外部社会转型和政治演化。电影的兴起导致了木偶、皮影等传统娱乐的衰落（当然，某些娱乐类型的衰落后面有着复杂因素），但像地方戏和评书等较成熟的艺术形式，却无此忧。川戏舞台可简可繁，在吸引顾客方面游刃有余，生命力旺盛。评书可以不要布景、服装，却能表现非常复杂、动人的故事，那些难以忘怀的情节吸引听众日复一日地到茶馆听书，因此生意总是红火。茶馆欢迎娱乐表演在于其可促进生意，从而也推动了其他民间休闲的发展。而民间休闲则根据不同需要改进了公共空间，以适应各种大众娱乐的形式。起初，卖茶是主要目的，表演无非为多卖茶。但当一些演员和节目名声大震，给茶馆带来更大利益时，演出便取卖茶而代之，变为茶馆盈利之法宝。这直接促进了为公众提供娱乐的戏园等新公共空间的产生和发展。

本文还着重讨论了地方戏和其他娱乐形式怎样成为社会教育之工具。从大众娱乐中可以清楚看到精英的角色，他们创作了许多川剧和其他形式的剧本，以推动正统思想和价值观。结果，民众逐渐被充满儒家世界观的通俗戏曲和故事所"感化"或"教化"。虽然那些家喻户晓的历史或传奇故事离人们的真实生活甚远，但当人们津津乐道、沉浸于过去时，或可暂时忘记现实的痛苦。当然，精英并不能控制一切，许多戏剧、故事、曲艺等仍然可以游离于这种控制之外，表达所谓"异端"思想，因此也饱受地方精英的批评和指责。

电影是作为西方文化的代表进入成都的，茶馆则成为这个新公众娱乐的开路者。电影从未威胁到地方戏和评书，而是与其共存，不过电影更能吸引年轻的观众。在晚清和民国时期，成都所放映的电影几乎都来自西方，这给人们提供了一个了解西方文化的窗口，开拓了人们的视野，成为当时西化倾向的一个推动力。因此，茶馆作为一个传统的人们追求娱乐的公共空间，通过吸收新的文化形式，成功地成为现代社会和新文化的一部分，再次显示了其适应环境的能力和灵活性。

茶馆戏园的改良和控制揭示了大众文化与精英文化之间、地方文化的独特性与国家文化的同一性之间的斗争。在国家权力及其文化霸权之下，大众娱乐不可避免地被改变了，但传统的娱乐形式和许多旧的节目仍然被保留下来。虽然国家强化新的规章，但要达到其目的远非轻而易举。从晚清改革到国民政府的崩溃，成都地方文化和习惯堡垒顽固地坚守着它们的防线。不过，在抗日战争中，利用民族危机和高举爱国的旗帜，国家最后还是把它的权力深入到茶馆并在相当程度上控制了大众娱乐。

社会生活、社会变迁

# 风尘、街壤与气味

## ——明清时期北京的生活环境与士人的帝都印象

邱仲麟<sup>*</sup>

## 前　言

　　置身在明清时期的北京城中，要如何去"感受"或"体会"这座城市？明末，王思任（1576—1646）在《长安不可居而可居行》中言道："长安不可居而可居，茫茫"溷处"人如蛆。"① 这两句诗道出了他对北京的感触：北京像个大"溷处"，而人就如当中的蛆。他用这样的话语述说其对北京的印象，诚然令人惊讶，但北京作为明清帝国的首都，是拥有大量的城市人口，且是全国人口最多的城市。据估计，在万历年间，北京的人口已达八十万以上；② 而在天启元年（1621），人口

---

　　* 邱仲麟（1964—　），台湾宜兰县人，历史学博士，台湾中研院研究员，代表作：《风尘、街壤与气味——明清时期北京的生活环境与士人的帝都印象》等。本文原载台湾《清华学报》2004 年第 1 期。本文初稿曾于哥伦比亚大学东亚系即北京大学中文系合办之"北京：都市想象与文化记忆"国际学术讨论会（北京：北京大学，2003.10.22 – 24）上宣读，感谢赵园、吴建雍、Rudolf G. Wagner、叶凯蒂、奚蜜、Yomi Braester、林郁沁、赵孝萱等先生在会议上所给予的指教。对于王德威先生邀请个人参加该次会议，在此也要致上诚挚的谢意。另外，也要感谢两位匿名审查者给予本文的修改意见。

　　① 王思任：《王季重十种》，浙江古籍出版社点校本 1987 年版，第 249 页。

　　② 韩光辉估计万历六年（1578）北京城的人口，约为 85 万，见其《北京历史人口地理》，北京大学出版社 1996 年版，第 104、327 页。Wakeland 则估计 16 世纪末的北京人口，可能在 80 万到 100 万之间。见 Joanne Clare Wakeland, *Metropolitan Administration in Ming China: Sixteen Century Peking*, PhD dissertation, The University of Michigan, 1982, pp. 91 – 101。

应该已逾百万。① 至于清代，据学者估计，自康熙末年以后，迄光绪初年，北京的人口在八十万上下。② 而据光绪三十四年（1908）民政部的调查，内城有 637776 人，外城有 304599 人，合计北京城内人口有 94万多。③ 如此多的人口，对于城市本身而言，是亦喜亦忧。喜的是，熙来攘往的人群、车水马龙的交通、摩肩接踵的街市，展现了帝京繁华的一面；忧的是，这座城市可能无法负荷这么多的人口所衍生的各种问题。

由于城市聚集大量的人群，居屋密集，各式店铺林立，其所产生的各种气味远多于乡村，而且历久不散。德国小说家 Patrick Süskind 在所撰的小说《香水》中，曾以历史想象的手法，述说 18 世纪法国的城市生活环境云："我们要讲的这个时代，在城里面到处弥漫着我们这样的现代人几乎无法想象的臭味。路上有堆肥臭；后院有尿骚臭；楼梯间有木头霉味，老鼠屎味；厨房有烂包心菜和羊油味；通气不良的房间有陈年灰尘的闷臭；卧房有油腻的床单味，微湿的鸭绒被味，尿壶的呛鼻骚味；……河岸臭，教堂臭，桥下臭，王宫也臭。"又说："巴黎当然是最臭的地方，因为巴黎是法国最大的城市。"④ Süskind 说巴黎恶臭并非胡诌，法国史学家 Alain Corbin 在其著作中就有所讨论。⑤ 若将 Süskind 的说法加以延伸，那北京可能也是当时中国最臭的城市，因为它拥有最多的城市人口。

其实，随着科技的进步，人们对于旧有感官的记忆正逐渐消失。即以本文所要讨论的风尘而言，其与人类的文明进程相伴，与人们的关系极其密切，无时无刻不存在，只是在 19 世纪以后，随着西

① ［日］新宫学：《明代の首都北京の都市人口についつ》，《山形大学史学论集》第 11 号（1994 年 2 月），第 36—39 页。

② 韩光辉：《北京历史人口地理》，第 128 页。

③ 王均：《1908 年北京内外城的人口与统计》，《历史档案》1997 年第 3 期，第 103 页。

④ Patrick Süskind：《香水》，黄有德译，台北：皇冠文学出版公司 1992 年版，第 15—16页。

⑤ 见 Alain Corbin, *The Foul and the Fragrant：Odor and the French Social Imagination*, Cambridge，Mass：Harvard University Press，1986，pp. 54－55、57－60、119－121、222－228。

方科技的逐渐征服灰尘，人们对它的记忆才慢慢转淡。① 而对于道路的感觉，自新式路面大量铺设以后，人们也鲜能体会旧式道路所带给人的触感。② 至于对气味的敏锐度，今人亦已大不如前。据西方学者指出：现代人的嗅觉已经退化，卫生的进步与除臭剂的发展、过去街道气味和手艺的消失，以及食品包装掩盖了自然的香味等因素，均可能导致嗅觉空间的缩小和感觉能力的贫乏，而欠缺旧时人们灵敏的嗅觉。③

本文所要探讨的是：北京这座城市在明清时期给予人们的感官印象。而其讨论的核心在于：明清北京的生活环境处于何种状况，给予外来的士人何种印象，留下怎样的记忆？全文涉及三个主题，即风尘、气味与街壤。④ 这三者，在明清时期的北京，是密不可分的。风所刮起的沙尘，大部分是街壤，在风中散发着北京特殊的味道。在这当中，风尘给予人们的感官，是视觉、听觉、触觉、味觉与嗅觉皆有的；气味，是嗅觉的；至于街壤，除去听觉之外，其他四种感官，亦莫不在焉。说起来，这三个主题虽与五大感官均相牵涉，其实是以嗅觉为主轴，这也正是本文考察的重点所在。

# 一 帝京气象

在时间之河中，明清的士人各自感知了北京的外在形貌与人文内涵。

① 自 19 世纪以来，西方为了征服灰尘，做了相当大的努力。铺望街道、种植草坪，与新科技的发明与用（如新式的清洗设备、瓦斯与电力等），都在这当中扮演重要的角色。而对于灰尘的观念，也在最近一个半世纪产生了重大的变化。它从可以忍受的状况，转变成为卫生世界的敌人，且成为科学知识与科技应用所关切的一个主题。参见 Joseph A. Amato, *Dust*, *A History of the Small & the Invisible*, LosAngeles：University of California Press，2000，pp. 1 – 14。

② 有关于旧式道路的状况，可参见 Geoffrey Hindley, *A History of Roads*, Secaucus, New Jersey：The Citadel Press，1972，至于新式道路的发展，可参见 J. B. F. Earle, *Black Top*：*A History of the British Flexible Roads Industry*, Oxford：Basil Blackwell，1974。

③ Annick Le Guérer：《气味》，黄忠荣译，湖南文艺出版社 2001 年版，第 8 页。

④ 有关于这三者，前人已有一些探讨，参见王伟杰等《北京环境史话》，地质出版社 1989 年版，第 105—119、125—127 页。史明正：《走向近代化的北京城——城市建设与社会变革》，北京大学出版社 1995 年版，第 102—129 页。尹钧科、于德源、吴文常：《北京历史自然灾害研究》，中国环境科学出版社 1997 年版，第 153—157、352—353 页。

其感知北京的方式，除了透过既有文字的记述之外，通常也具备实际的身体经验。而要以身体实际体验，进京自是一个必要的历程。明清的士人赴京或许有许多机缘（如随侍父亲、祖父在京任职，或担任京官子弟教席等），然而赴京赶考应是大部分士人首次前往京城的因缘所在。在这种情况下，各地的士人在季冬或孟春来到北京，展开了其对北京的感官体验。

在明清时期，当北上的士人接近北京时，首先映入眼帘的，应是北京高大而且雄伟的城墙。万历末年，旅华耶稣会士利玛窦（Matthew Ricci，1552—1610）曾记载，北京的城墙顶部，可供十二匹马并行而无碍。[1]而据 Osvald Siren（1879—1966）在民初的调查，北京城城墙的高度在9.00—11.93 米间，城顶宽度在 11.30—19.50 米间，城基厚度在 14.80—24.00 米间。[2] 这一庞然巨构成为北京最醒目的景观。而除了高耸的城墙之外，北京给予人的另一感觉应该是"大"。在明清时期，北京城的面积是仅次于南京的第二大城，内城城墙总长超过 41 里（合 23 公里多），外城则约近 27 里（约合 15 公里）。[3] 整个内、外城城墙所包住的面积是61.95 平方公里。[4]

而在进入城内之后，富丽堂皇的宫殿与衙署等建筑群，可能也会让这些士人眼睛为之一亮。其中，以紫禁城为中心，纵贯南北的中轴线，应当令他们印象深刻。这条中轴线由城南永定门起，经正阳门进入大明门、承天门、端门、午门、奉天门，直达奉天、华盖、谨身三大殿，并延伸到煤山和钟鼓楼，构成北京城在平面设计上最为突出的一点。作为明清帝国统治中心的紫禁城，就位于这条中轴线最重要的位置上，出入紫禁城的南北御道，也沿着这条中轴线修建。而在这中轴线的两边，城墙、官署、牌坊、华表、桥梁、庙坛、各种型式的广场与殿堂对称罗列，

---

① 何高济、王遵仲、李申译：《利玛窦中国札记》，中华书局 1983 年版，第 329 页。

② 喜仁龙（Osvald Siren）：《北京的城墙与城门》，许永全译，北京燕山出版社 1985 年版，第 35—38 页。

③ 同上书，第 35、99 页。

④ 王伟杰等编著：《北京环境史话》，第 20 页。

更加强了紫禁城的庄严气氛。①

此外，北京城市的繁华、商业的繁荣，或许也是他们所赞叹的。北京作为帝国的都城，自明中叶以来，商业发达，市街百物罗列，形形色色，令人羡叹，正是"百宝之所充斥，百器之所崇积。粲金珠兮列肆，联珠绮兮千陌。珊瑚琳琅，璀璨赫奕"②的景象。而在弘治十二年（1499），也有记载谈道："都下生齿益繁，物货益满，坊市人迹，殆无所容"；且自京畿以南，"舟车转漕，数千里不绝。"③至万历初年，京师的风华更是有增无减。曾在这一时期担任吏部尚书的张瀚（1513—1595）就曾说：

> 余尝数游燕中，睹百货充溢，宝藏丰盈，服御鲜华，器用精巧，宫室壮丽，此皆百工所呈能而献技，巨室所罗致而取盈。盖四方之实，不产于燕，而毕聚于燕。④

当时，北京最为繁华的街市，是大明门与正阳门间的棋盘街，俗称"朝前市"。北京的棋盘街，本是东西城往来的要冲，同时中央政府的机关衙门如吏部、户部、礼部、兵部、工部、五军都督府等，都集中在大明门的东西两侧，又有会同馆的南馆，因此各色货物汇类。早在嘉靖年间，大明门御道两旁，已是"商贩云集，百货罗列"⑤。至万历时，这里也是"天下士民工贾，各以牒至，云集于斯，肩摩毂击，竟日喧嚣"⑥。据成于万历三十七年（1609）的《皇都积胜图卷》显示，正阳门与大明

---

① 朱偰：《明清两代宫苑建置沿革图考》，台北：古亭书屋影印 1970 年版，第 41 页。贺业矩：《考工记营国制度研究》，中国建筑工业出版社 1985 年版，第 2 页。董鉴泓：《中国城市建设发展史》，台北：明文书局 1984 年版，第 90 页。侯仁之：《元大都城与明清北京城》，《历史地理学的理论与实践》，上海人民出版社 1979 年版，第 193—197 页。陈正祥：《北平的都市发展》，《香港中文大学中国文化研究所学报》，7：1（1974 年 12 月），第 61—62 页。朱玲玲：《中国古代都城平面布局的特点》，《历史地理（第四辑）》，上海人民出版社 1986 年版，第 158 页。

② 陈敬宗：《澹然先生集》，《四库全书存目丛书》，台南：庄严文化事业公司 1997 年版，集部第 29 册，影抄本，卷 1《北京赋》，第 273 页。

③ 吴宽：《家藏集》，《景印文渊阁四库全书》，台北：台湾商务印书馆 1983 年版，第 1255 册，卷 45《太子太保左都御史闵公七十寿诗序》，第 13 页 b。

④ 张瀚：《松窗梦语》，中华书局点校本 1985 年版，卷 4《百工纪》，第 77 页。

⑤ 叶权：《贤博编》，中华书局点校本 1987 年版，第 189 页。

⑥ 蒋一葵：《长安客话》，北京古籍出版社点校本 1994 年版，卷 1《皇都杂记》，第 11 页。

门间的棋盘街,是一片热闹的景象,处处高张布棚,纵横夹道。冠巾、靴袜,衣裳、布匹,绸缎、皮毛,一处挨着一处;折扇、雨伞,木梳、蒲席,刀剪、锤头,陶磁器皿,一摊连着一摊。还有灯台、铜锁、马镫、马鞍、书籍、字画,纸墨、笔砚,彝鼎、佛像,古磁、雕漆、珠宝、象牙,以及草药、线香、纸花、玩物等,中间还有弹琵琶的、唱小唱的和数板的,游人熙来攘往,货物形形色色,真是热闹非凡。①

迨至满清定鼎,北京街市的繁华景象犹然。据清初资料云:"都城市肆初开,必盛张鼓乐,户结绮缯";正阳门东西街,招牌有高达三丈余者,"泥金杀粉,或以斑竹镶之,或又镂刻金牛、白羊、黑驴诸形象以为标识。酒肆则横匾连楹,其余或悬木罍,或悬锡盏,缀以流苏"。② 至于市集,也同样热闹。袁枚(1716—1797)即曾有诗咏及庙市云:"长安百货日沸腾,每逢庙市月八九。天地灿烂声嗷嘈,尔我蹴踏混侪偶。手招廉贾喝牢盆,目眩黄钟嗟瓦缶。"③ 至清后期,情况亦相当。据《燕京杂记》记载:

> 京师市店,素讲局面,雕红刻翠,锦窗绣户,招牌至有高三丈者。夜则燃灯教十,纱笼角灯,照耀如同白昼。其在东、西四牌楼及正阳门大栅栏者,尤为卓越。中有茶叶店,高甍巨桷,细隔宏窗,刻以人物,铺以黄金,绚云映日,洵是伟观,总之母钱或百万或千万,俱用为修饰之具……④

这段文字中所谈到的东、西四牌楼,及大栅栏一带,正是清代商业最发达的地方。其中,大栅栏所在之地即明代的"朝前市",清人曾云:"京师之精华,尽在于此,热闹繁华,亦莫过于此。"⑤

---

① 王宏钧:《反映明代北京社会生活的〈皇都积胜图〉》,《历史教学》1962 年第 7 期,第 44 页;《明代北京的社会风貌——读明人〈皇都积胜图卷〉》,《文史知识》1982 年第 10 期,第 119 页。

② 于敏中等:《饮定日下旧闻考》,北京古籍出版社点校本 1983 年版,卷 148《风俗》引《寄园寄所寄录》,第 2338 页。按:此条未见于康熙本《寄园寄所寄录》。

③ 袁枚:《小仓山房诗文集》,上海古籍出版社点校本 1988 年版,《诗集》卷 2《送裴叔度同年归观》,第 23 页。

④ 佚名:《燕京杂记》,北京古籍出版社点校本 1986 年版,第 121 页。

⑤ 参见杨法运、赵筠秋主编《北京经济史话》,北京出版社 1984 年版,第 39—42 页。

要之，北京有着其他城市不具备的城市规模、繁华景象，再加上这是帝国政治权力的中枢，士人透过科举的阶梯所引领的入仕机会也由此发生，处处都让北京城有着吸引人的魅力。然而，隐藏在士人对北京繁华的赞叹背后，却有着难以忘怀的另类记忆。

# 二　风与尘

北京的风尘，大概是所有到过这里的士人的共同记忆。弘治十八年（1505），刚考上进士的倪宗正，驻足在北京的街头，一阵大风挟带着细粉似的尘土迎面而来，他开始领略到北京的风尘，于是留下了"长安路，长安路，尘埃十丈如烟雾"的诗句。[1] 明末，袁中道（1570—1623）在感怀旧事时，也曾有"燕市多飙风，常吹陌上尘。一层尘已去，一层尘又生"的描写。[2] 这一自然现象，成为大部分在北京生活的士人难以磨灭的记忆。万历末年，俞彦回忆起在北京的点点滴滴，作了《忆长安十首》，其第一首即咏道："长安忆，最忆是灰尘，地有寸肤皆着粪，天无三日不焚轮，并作十分春。"[3] 俞彦系南直隶太仓人，万历二十九年（1601）考上进士，授职兵部主事，后升兵部员外郎，历官至光禄寺少卿。走过这段在北京不算短的岁月，最让他忘不了的，竟是那漫天的风尘。

说起来，北京的风尘之多，着实令南方士人感到相当不习惯。万历年间，来自福建的谢肇淛（1567—1624）谈道："燕、齐之地，无日不风；尘埃涨天，不辨咫尺。江南人初至者，甚以为苦，土人殊不屑意也。"[4] 又云：其风之大者，"不减于海飓，而吹扬黄沙，天地晦冥，咫尺不相见，岁恒一二云"[5]。根据学者研究，北京地区在明朝二百七十六年

---

[1] 倪宗正：《倪小野先生全集》，《四库全书存目丛书》集部第 58 册，卷 3《长安路》，第 8 页 a。

[2] 袁中道：《珂雪斋集》，上海古籍出版社点校本 1989 年版，卷 5《感怀诗五十八首之四十七》，第 205 页。

[3] 俞彦：《俞少卿集》，《四库未收书辑刊》，北京出版社 1997 年版，六辑第 23 册，《近体乐府》，第 6 页 a。

[4] 谢肇淛：《五杂俎》卷 1《天部一》，台北：伟文图书出版社影标点本 1977 年版，第 13 页。

[5] 同上书，第 22 页。

当中，共有九十五个年份出现过春夏时节大风连日、沙土飞扬的风霾天气，即每三年就有一次。据记载，北京的风霾起于正统五年（1440）以后，风沙最为频繁的时期为成化、正德、嘉靖、万历以及天启至崇祯年间。这些从蒙古草原南下的风霾，有时连续数十日或上月。如天顺八年（1464）二月至三月，"黄尘四塞，风霾蔽天，沙土迸雨，所括之风从西北来，且呼呼有声"。又如成化四年（1468）三月，风沙累日，天坛、地坛的外墙，"风沙堆积，几与墙等"。而嘉靖二年（1523）二至四月，"风霾大作，黄沙蔽天，行人多被压埋"，"黄沙着人衣，俱成泥渍"。①崇祯十三年（1640），陈龙正（1585—1645）在家信中谈道："自二月十九以后，屡大风霾，或连三四日，或间一二日"；三月初三清晨，"黄土弥天"，接着风大作；初五夜，"狂风尤甚，彻旦及申，飞瓦拔树，人马迎风者，皆不能前，且几有吹而倒者"。②可以想见风霾之可怕！

由于天上不时刮着风，地上常是扬着尘，故南方人在北京生活，常深以为苦。明中叶，薛蕙（1489—1541）就曾咏道："长安城中不可留，风尘日日使人愁。"③而对谢肇淛来说，虽然北京冬季严寒，但他还是"不患寒而患尘"④。北京这种无孔不入的风沙，在狂风吹袭之余，常造成室内不论是窗户或是几案，到处都是"飞埃寸余"⑤。而大风一起，"尘沙岂似澜"⑥的情景，"飞沙涩齿牙，雾眼挥酸泪"⑦的滋味，也都在南方文人的诗文中表露无遗。等到退职乡居，遇见北京来的人，依然是"怕说东华十丈尘"⑧。直至清代，北京的风尘一如往昔。清代后期，《燕京杂记》曾云：

---

① 以上参见尹钧科、于德源、吴文涛《北京历史自然灾害研究》，第153—157页。

② 陈龙正：《几亭全书》，《四库禁毁书丛刊》，集部第12册，卷46《示揆修》（三月十七日），第5页a—b。

③ 薛蕙：《考功集》，《景印文渊阁四库全书》，第1272册，卷7《赠继之》，第3页b。

④ 《五杂俎》卷4《地部二》，第97页。

⑤ 袁宏道：《袁中郎全集》，台北：伟文图书出版社影明刊本1976年版，卷15《瓶史》，第5页b。

⑥ 袁中道：《珂雪斋集》，卷3《同谢于楚、谢在杭、伯修、中郎火神庙小饮看水》，第112页。

⑦ 袁宏道：《袁中郎全集》，卷27《偶成》，第28页a。

⑧ 袁宏道：《袁中郎全集》，卷39《即事时京使至》，第28页a。

黄河以北，渐有风沙，京中尤甚。每当风起，尘氛埃影，冲天蔽日，睹面不相识，俗谓之刮黄沙。月必数次或十数次，或竟月皆然。①

又云：“风沙之起，触处皆是，重帘叠幕，罩隔笼窗。然钻隙潜来，莫知其处，故几席间拂之旋积。”② 在这样的自然条件下，要保持室内的干净，是有相当大的困难。由于风尘可憎，故李慈铭（1829—1894）曾在同治三年（1864）说：都中有“三苦多”：“天苦多疾风，地苦多浮埃，人苦多贵官。”③ 在这三多之中，除了贵官多之外，就是风与尘了。也就因为这令人苦恼的风与尘，住户多半以纸糊窗来防阻沙尘的侵入。此即记载所云：“燕地风沙无微不入，人家窗牖多糊纸以障之。”④ 然而整个室内的空气，随着这一层纸的糊上，也隔绝了对流的机会。清季，陆费达在《京津两月记》中提道：

> 北京因患蚊蝇、尘砂之故，窗棂皆不能启，窗心糊纱，四周糊纸。天空空气，因地势高爽，甚为清鲜。室中则异常闷苦，颇害卫生，一日不外出，辄如患病。北人无论男女，无不外出嬉游。南人来者，眷属每不喜出外，终日蛰居家中，妇女之病而死者比比皆然，此亦居京者不可不知之事也。⑤

由此可知，北京由于多风尘等因素，住在京城的人不太开窗户，窗棂也多用纸糊上，仅窗心糊纱维持空气流通，因此室内的空气异常沉闷，常对居住者造成伤害，这是风尘对北京居家生活所造成的另一不良影响。

在明清时期的北京，人们为了避免强风挟带的风沙对眼睛造成伤害，出门总戴着一种特殊的面纱。此种景况，即徐渭（1521—1593）所谓的

---

① 佚名：《燕京杂记》，第 114 页。

② 同上。

③ 李慈铭：《越缦堂日记》，台北：文光图书公司影印 1963 年版，《孟学斋日记》甲集下，同治三年十月十二日条，第 684 页。

④ 佚名：《燕京杂记》，第 114 页。

⑤ 见《小说月报》，第二年第八期，上海：宣统三年（1911 年）八月，《文苑》，第 3 页。

"长安街上尘如烟，葛布眼眼风难度"①。而王世贞（1526—1590）的《戏为眼罩作一绝》，亦述及了"短短一尺绢，占断长安色；如何眼底人，对面不相识"的情形。② 万历末年，利玛窦在北京也见到这种特殊的景观。他说：

> 北京很少有街道是用砖或石铺路的，也很难说一年之中哪个季节走起路来最令人讨厌。冬季的泥和夏季的灰尘同样使人厌烦和疲倦。由于这个地区很少下雨，地面上分辨出一层灰尘，只要起一点微风，就会刮入室内，覆盖和弄脏几乎每样东西。为了克服这种讨厌的灰尘，他们就有了一种习惯，那或许是任何其他地方都不知道的。这里在多灰尘的季节，任何阶层的人想要外出时，不管是步行或乘交通工具，都要戴一条长纱，从帽子前面垂下来，从而遮蔽起面部。面纱的质料非常精细，可以看见外面，但不透灰尘。③

透过利玛窦的这段描述，我们可以了解，在北京外出时带面衣，乃是帝国中极为特殊的景观，可说是北京一景。而据屠隆（1542—1605）自述其在北京的体验云："燕市带面衣，骑黄马，风起飞尘满衢陌，归来下马，两鼻孔黑如烟突。"④ 看来即使眼睛不会受到风沙侵入，但鼻孔满是沙尘却是难以避免，生活在北京，出门总需要有心理准备，即回来要多清清鼻子。北京居民这种以纱覆面的习惯，一直至清代犹然。乾隆年间，汪启淑曾说："正阳门前，多卖眼罩，轻纱为之，盖以蔽烈日、风沙。"⑤ 民初，雷震亦云："京师尘土蔽天，风大时，耳目皆为之闭塞，路

① 徐清：《徐渭集》，中华书局点校本1983年版，《徐文长三集》卷5《沈刑部善梅花却付纸三丈索我杂画》，第131页。

② 王世贞：《弇州山人四部稿》，台北：伟文图书出版社1976年版，卷45《戏为眼罩作一绝》，第2页 a。

③ 何高济、王遵仲、李申译：《利玛窦中国札记》，第329页。

④ 屠隆：《在京与友人》，见《翠娱阁评选屠赤水小品》，收于何伟然等评选《皇明十六名家小品》，《四库全书存目丛书》，集部第378册，卷2，第11页 a。

⑤ 汪启淑：《水曹清暇录》，北京古籍出版社点校本1998年版，卷1，"轻纱眼罩"条，第10页。

上行人，往往以手巾覆面。"①

另一方面，为了减少街道的灰尘量，清代官方设有"泼水卒"，专责泼洒街道，这也是北京令人记忆的一景。"泼水卒"在明代虽未见记载，但清代这一制度有可能是继承明代的。清初，周长发（1696—?）在《燕台新乐府·泼水谣》中云：

> 沿衢唤泼水，怒马华轩尘四起。老兵健卒声喧阗，汲泉贮桶排门前。瞥见密云愁不雨，白龙手幻飞溅溅。一车百铁办不易，即论苦水犹烦费。宝此惟供马足清，瓶盆涓滴休轻弃。饥者独担，劳者弗替。敢辞蕴隆日日劬，不则里正申申詈。②

这诗当中可以看出街上有兵丁专责洒水，但由于北京水贵，一车需要铜钱百文，故兵丁责成里正，要百姓将用过的水省下，届时用以洒街。由于定时泼洒，北京城内的御道，据说是洁净如拭。乾隆年间，蒋士铨（1725—1785）在《京师乐府词·泼水卒》中曾云：

> 城内天街净如拭，老兵泼水有常职。软尘不飞带余润，风伯扬之无气力。汛扫反道见礼经，负土抱瓮兼守更。司寤掌夜比都候，宵行夜游分以星。街心除扫如镜平，驱驰但许官车行。微风细雨真堪乐，坐对军持怕久晴。③

这一首诗述说了泼水卒的职务与心酸，他们除了平常泼街之外，还得负责整理道路、扫除街心。也就因为他们的辛苦，街道中央的官道与御路，乃得以比较平整而干净。一般而言，洒水多在黄昏，故净香居主人《都门竹枝词》云："马蹄过处黑灰吹，鼻孔填平闭眼皮。堆子日斜争

---

① 雷震：《新燕语》，收于《满清稗史》，《近代中国史料丛刊》第53辑，台北：文海出版社影印1970年版，卷下，"黑暗如漆"条，第14页a。

② 周长发：《赐书堂诗钞》，《四库全书存目丛书》，集部第274册，卷6，《燕台新乐府》，第17页a。

③ 蒋士铨：《寿萱堂诗钞》，《续修四库全书》，上海古籍出版社1997年版，第1436册，《京师乐府词·泼水卒》，第291页。

泼水，红尘也有暂停时。"①

　　这个制度，一直至清末犹在。民初，陈师曾（1876—1923）在《北京风俗图》中就画有泼水夫，并系以诗曰："风伯扬尘起，素衣化为缁。勺水勿嫌少，功泽胜雨师。"② 不过，洒街的水可能不尽然是清水。19 世纪之末，英人亨利（Henry Norman）曾记道：北京每当傍晚时分，会以城里沟渠的沟水（liquid sewage）洒街，这些沟水多含有泥巴，这样一来，洒街的效果大打折扣，等到泥干了，又是一个恶性循环。③

# 三　街道的触感

　　对于生活在北京的南方士人来说，除了视觉与触觉实际感受到风与尘之外，身体也不时感知到另一种触感。这种触感来自于乘坐交通工具，或步履在街道上。这时候，大约所有人都可以感受到这个街道是硬的或是软的。在清季以前，北京由于主要大街均未铺设新式的路面，居民对于这种街道的触感，感受是特别强烈。当然，在明清时期，城市的道路状况不佳，并非北京的特有景象，至少不是最糟的。万历（1573—1620）末年，沈德符曾比较许多大都市的街道云：

> 街道惟金陵最宽洁，其最秽者无如汴梁，雨后则中皆粪壤，泥溅腰腹，久晴则风起尘扬，睹面不识。若京师虽大不如南京，比之开封似稍胜之……④

　　北京由于不像南京有青石砌成的街面，⑤ 故街道维护极为不易。因此，即使其情况比开封好，但道路状况还是不佳。由于其地多沙土，又

---

①　见路工编选《清代北京竹枝词》，北京古籍出版社 1982 年版，第 23 页。

②　陈师曾：《北京风俗图》，北京古籍出版社重印 1986 年版，第十四图。

③　Henry Norman, *The Peoples and Politics of the Far East：Travels and Studies in the British, French, Spanish and Portuguese Colonies, Siberia, China, Japan, Korea, Siam and Malaya,* London：T. Fisher Unwin 1985, p. 198.

④　沈德符：《万历野获编》，中华书局标点本 1959 年版，卷 19《工部》，"两京街道"，第 487 页。

⑤　袁中道：《珂雪斋集》，卷 20《金陵街石》，第 865 页。

多无石板铺垫，加上来往车马多、交通流量大，道路上到处是车辙沟。不下雨时，虽是尘埃漫天，却也还好。一遇下雨，则泥泞不堪。早在元代的大都，这个问题就已经存在。当时，大都城的道路仅有少数是石路，多数是土路，而往来的行人和车马又多，道路上经常弥漫沙尘。也正因为是土路，只要雨水一大，道路交通便出现问题，有些地方"泥淖入数尺"。若接连下雨，城中就会普遍出现"泥涂坎陷，车马不通，潢潦弥漫，浸贯川泽"的景象。"燕山积雨泥塞道"，成为居民最感头痛的事情。[①]

北京的街道，随着季节的变换，呈现出不同的风貌。春末及秋季气候干燥，故多风尘；冬季至仲春多雪，行走亦不易；至春深雪融，道路转为泥泞；进入夏季，便是满街溅泥的景象。此即明人所谓的："风霾则尘沙迷睫，霖雨则阡陌成泥。"[②] 在此情况下，要保持鞋履的干净，几乎是不可能的。嘉靖中叶，王廷相（1474—1544）曾与人提道：

> 昨雨后出街衢，一舆人蹑新履，自灰厂历长安街，皆择地而蹈，兢兢恐污其履，转入京城，渐多泥浮，偶一沾濡，更不复顾惜。[③]

由此可知，其坐轿自城南灰厂出行，直至长安大街，街道状况还好，但进入"京城"（当时外城尚未修筑）则不同了，开始转为泥泞。则城内道路之泥泞，当较城外严重。至清代，北京道路泥泞的问题一样存在。清人梁清标曾有"燕市泥滑愁出门"之语。[④] 汤右曾（1656—1722）亦有诗云："滑滑深泥没膝初，长安街市欲生鱼。"[⑤] 金埴（1663—1740）也说："长安一雨，则泥淖盈衢，舆人舁肩舆者，恒虑吃跌。"[⑥]

除了自然因素所导致的雨后泥泞之外，北京的道路也因居民的生活习性——随地倾倒废弃物，而产生另一个问题。虽然明初在定律令时，

---

① 陈高华：《元大都》，北京出版社1982年版，第66页。
② 盛时泰：《北京赋》，《钦定日下旧闻考》，卷7《形胜》，第107页。
③ 张瀚：《松窗梦语》，卷1《宦游记》，第5页。
④ 梁清标：《蕉林诗集》，《四库全书存目丛书》，集部第204册，《燕市歌》，第8b页。
⑤ 戴璐：《藤阴杂记》，北京古籍出版社点校本1982年版，卷11《郊坰上》，第104页。
⑥ 金埴：《不下带编》，中华书局点校本1982年版，卷4，第393页。

对于街道的管理曾有如下的规定：

> 凡侵占街巷道路，而起盖房屋，及为园圃者，杖六十。各令复
> 旧。其穿墙而出秽污之物于街巷者，笞四十。出水者，勿论。①

这一条文除了不准起盖违章建筑、侵占路面之外，也不准将污秽之
物抛弃于街道之上。然而，居民将灰烬、碎屑等物倾倒于街面，实是司
空见惯。这样的行为，除了污及路面之外，日积月累，往往导致街面上
升。弘治十六年（1503），吏科左给事中吴世忠就曾谈到"皇城之外，街
土太高"，希望"街巷堆积者，尽为锄艾"。② 迄至崇祯末年，左都御史
李邦华（1574—1644）犹在奏章中指摘：居民将土屑、煤渣倒弃于马路
上，造成路面升高；对于这样的情况，他建议由巡城御史在每年十一、
十二月，会同街道厅，督令五城兵马司雇募贫民，各运土一尺至城外空
旷地点，以作为解决。③ 此一建议得到思宗批准，但是否真正（或来得
及）施行不得而知。

迨至清代，虽然沿用了明代街道卫生管理的条文，且官方也曾申明
不得污染街面，如乾隆五十年（1785）重申："如有穿墙出秽物于道旁及
堆积作践者，立即惩治。"④ 然北京的道路上还是废屑堆积。由于路面高
低不平，车行或骑马极易翻车或坠马。清初，严我斯在《坠马行》中曾
说："长安之险，险于蜀道难。"原因在于"往往平地生巇岏"，⑤ 也就是
街面常隆起。

对于因废土堆积而导致街心隆起，影响到交通安全，清代亦试图以

---

① 黄彰健编著：《明代律例汇编》，台北："中央研究院"历史语言研究所，1979 年，卷
30《工律二·河防》，"侵占街道"条，第 1024 页。

② 《明孝宗实录》，台北："中央研究院"历史语言研究所校印 1962 年版。以下所引明代
各朝实录同，卷 203，弘治十六年九月丁卯条，第 4 页 a—b。

③ 李邦华：《李忠肃公集》，《四库禁毁书丛刊》，北京出版社 2000 年版，集部第 81 册，
卷 6《巡城约议疏》，第 56 页 a—b。

④ 光绪：《钦定大清会典事例》，台北：新文丰出版公司影印 1976 年版，卷 932《工部·
桥道》，第 15 页 b—16 页 a。

⑤ 严我斯：《尺五堂诗删》，《四库全书存目丛书》，集部第 239 册，卷 34《坠马行示方
虎》，第 13 页 b。

清运的方式加以解决。雍正三年（1725），有御史建议以出城的空车装载废土出城。清世宗认为此法不可行，因为："若拦止空车，赶车之人必怨，怨则进城之车必少，进城之车少，物价必贵，与民生无益。"于是命令：如有人愿取此土造土坯，或填垫院基沟渠者，听其取去，其余动用公款载运。① 但至乾隆十九年（1754），高宗上谕中说："五城街道泥土，岁久填积增高，行路、居人，均属不便"，爰命相关衙门，"详悉查勘，量其修理之费，动支官帑，挑去积土，堆置就近城外隙地"。并规定：此后相关衙门"着照从前煤车回空携带沙土之例，善为经理，勿仍壅积"。② 由此看来，在此之前实已实施了煤车出城不得空车，须帮载沙土出城的规定。或许因为这一措施难以切实执行，因此官方在乾隆三十五年（1770）又议准："外城街道积土，交五城御史、街道厅晓谕居民，无论大街小巷，各就住房街面，随时自行铲刨，毋许再有堆积。"③ 然而，这一规定在日后可能也未见落实，因此路面还是持续升高。据清后期《燕京杂记》记载：

> 人家扫除之物，悉倾于门外，灶烬炉灰、瓷碎瓦屑，堆如山积，街道高于屋者至有丈余，入门则循级而下，如落坑谷。④

民初，夏仁虎（1873—1963）在回忆时亦云：北京在未修马路以前，其通衢中央皆有甬道，这甬道本是辇道，在每次皇帝车驾经过之前，必铺以黄土。其初"原与地平，日久则居民炉灰亦均积焉。日久愈甚，至成高垄"，"宽不及二丈，高三四尺，阴雨泥滑，往往翻车，其势最险"。⑤ 居民将炉灰之类的废土倒弃于街心，到最后，造成了行车、骑马者的危机。

---

① 光绪：《钦定大清会典事例》，卷932《工部·桥道》，第3页b。

② 《清高宗实录》，台北：华文书局影印1969年版，以下所引清代各朝实录并同，卷455，乾隆十九年正月庚辰条，第16页a。

③ 光绪：《钦定大清会典事例》，卷932《工部·桥道》，第14页a—b。

④ 佚名：《燕京杂记》，第115页。

⑤ 枝巢子（夏仁虎）：《旧京琐记》，台北：纯文学出版社标点本1970年版，卷8《城厢》，第78页。

一方面，北京街道积水的情况，也是相当严重。弘治六年（1493），兵部尚书马文升（1426—1510）在上奏时谈道：北安、东安、西安三门外，"三面粪土，高于门基，若遇大雨，水必内流，恐与门基相平"。另一方面，"东西长安门外通水沟渠，年久淤塞，水不能行"。① 直至崇祯年间，仍有官员指出：路面升高，两旁建筑物"没地数尺"，每逢大雨，雨水灌入民居，导致积水不退。②

这种情况，一直至清代犹然。雍正二年（1724），清世宗在谕命工部时说："闻前三门外沟渠壅塞，积水泥泞，行路艰难，应作何疏瀹，务使居民便于行走，尔衙门查明奏闻。"③ 乾隆七年（1742），高宗在谕旨中也说："近年以来，但值雨水少骤，街道便至积水，消泄迟缓"；而"街道沟渠，亦多阻塞，以致偶逢潦雨，便不能畅"。④ 直至清末，积水问题还是没能解决，因而造成居民出入不便的问题。特别是在一阵大雨过后，这个问题更为严重。清季，陆费达在《京津两月记》中曾说：

> 京中道路不治，固也。而游渠之淤塞尤甚。夏日大雨俄顷，天井之中，积水盈尺，廊又不相衔接，于是一雨而家家之交通断绝。常有宴客之际，大雨倾盆，宴毕水积，不能步行，遂由仆人负之发车。女宾尤苦，非有健硕之女佣，竟有不能登车之势也。⑤

由此或可想象夏日午后一场大雨过后，各家户门庭积水，宾客受困无法登车的窘况。基于此，清代北京还出现了一种特殊的行业，叫"人背人"。据1人回忆：清末由于北京下水道大半阻塞，一到夏季暴雨频繁时节，各大街积水成河，有时没膝及腹，无法通行。此时便有穷人为挣得三几文钱，专门背人过街。⑥

---

① 马文升：《端肃奏议》，《景印文渊阁四库全书》，第427册，卷5《洁净皇城门禁以壮国威事》，第3页a—4页a。

② 李邦华：《李忠肃公集》，卷6《巡城约议疏》，第56页a。

③ 《清世宗实录》卷20，雍正二年五月辛未条，第40页a。

④ 《清高宗实录》卷170，乾隆七年七月辛未条，第22页b—23页a。

⑤ 见《小说月报》第二年第八期，1911年8月，《文苑》，第3页。

⑥ 曹绥之：《旧京交通面面观》，见《北京往事谈》，第50页。

## 四 淘沟即景

北京街道之所以严重积水，症结在于排水出问题，排水之所以出问题，在于沟渠淤积。至于导致淤塞的原因，有些是自然的因素。北京由于土壤多沙土，一遇下雨，每每将沙土冲入沟中，因此沟渠极易淤积。民初，齐如山曾说：

> 北京之游，与各国不同，外国各城，街道极为洁净，偶尔落雨，沟内亦不致太脏。北京则各处皆系沙土，谚曰："无风三尺土，微雨一街泥。"又曰："不下雨像个香炉，下了雨像个墨盒。"故一经落雨，则地面之土，尽行冲入沟中。有时土比水多，沟内安能不受淤塞。①

北京在建都之初，原有良好的排水设计，此一设计直至民初犹为人所称道。② 不过，北京自永乐年间（1403—1424）兴筑以来，由于历时久远，沟渠淤积的问题日趋严重。其中，居民将垃圾等物倒在街面或沟中，是一个重要的原因。由前面的叙述可知，北京居民常将灰烬、煤渣等垃圾倒在街面，将粪秽倾入沟中，加上当地多灰尘，掺杂在一起，一逢下雨，尽行冲入沟中，故沟渠淤塞是意料中事。

自明代以来，官方为了改善沟渠淤塞的问题，每年初春二月会循例加以淘挖。北京二月淘沟之制，始于成化年间。成化十年（1474）四月，由于城中"街渠污秽壅塞"，宪宗至为震怒，降旨逮中城兵马司指挥、巡城御史及锦衣卫官校下狱，令法司议罪。③ 而在同年，宪宗并下令：北京"大小沟渠、水塘、河漕，每年二月，令地方兵马通行疏浚"④。自是成为定制。至万历七年（1579）三月，神宗降旨："洁净皇城门，并疏通沟

---

① 齐如山著、鲍畋埠编：《故都三百六十行》，书目文献出版社1993年版，"御史查沟"条，第78页。
② 同上书，第77—78页。
③ 《明宪宗实录》卷127，成化十年四月丁丑条，第8页a。
④ 《大明会典》卷200《河渠五·桥道》，"成化十年令"，第2页a。

渠、道路，岁为例。"① 至是改为三月淘沟。清代仍继续沿用明末三月淘沟之制。清初，《燕台口号一百首》中就有一首云："污泥流到下洼头，积秽初通气上浮。逐臭不须掩鼻过，寻常三月便开沟。"② 至于紫禁城，也是每年三月淘沟。③ 不过，至乾隆三十九年（1774），又改为二月初起开沟，至三月底完工，经查验后始能盖沟，④ 亦即至四月才得盖沟。此后，由于开沟之期，"例在二、三月间，四月而毕，正举人会试期之前后"，因此清人尝有："臭沟开，举子来；闱墨出，臭沟塞"之语。⑤

每年春季的淘沟，在某程度上或可暂时解决街道恶臭的问题。明代后期，徐渭（1521—1593）就曾有诗咏道："燕京百事且休忧，但苦炎天道上沟。近日已闻将扫括，不须遮鼻过风头。"⑥ 然而，这类的挑浚有时可能只是虚应故事。万历三十六年（1608），工部都给事中孙善继上奏说："国家宫府、市廛、沟渠、街道，靡不昉古，经纬布之。年来职掌寝废，街道秽积，所在为丘；沟渠壅塞，一雨成沼。"⑦ 万历末年，沈德符也曾记道："甫至春深，晴暖埃浮，沟渠滓垢，不免排浚，然每年应故事而已。"⑧ 由是看来，明代后期春季淘沟之制，或许实效有限。

这种淘沟不实的情况，在清代还是常见到。以清中叶为例，嘉庆十四年（1809），清仁宗在上谕中就说："京城修理沟渠，向来承办之员，多不认真经理，甚或支领工料、钱粮，从中侵扣，以至渠道愈修愈坏，于宣泄全无实裨。"⑨ 道光十七年（1837），清宣宗在上谕上仍然叮咛："其每年淘乞之时，由该管衙门督饬旗坊认真淘挖洁净，务使沟渠一律深通，由查验各员认真稽查。如查有草率从事，将兵役立予惩处，仍责令

---

① 《明神宗实录》卷85，万历七年三月丁未条，第1页b。

② 见路工编选《清代北京竹枝词》，第29页。

③ 鄂尔泰等编纂：《国朝宫史》，北京古籍出版社标点本1987年版，卷8《典礼四》，"宫殿事宜"，第150页。

④ 光绪：《钦定大清会典事例》卷934《工部·桥道》，第9页b—10页a。

⑤ 徐珂辑：《清稗类钞》，（台湾）商务印书馆重印1983年版，《讥讽类》，"臭沟"，第143页。

⑥ 徐渭：《徐渭集·徐文长三集》卷11《燕京五月歌四首》，第357页。

⑦ 《明神宗实录》卷447，万历三十六年六月甲戌条，第3页b。

⑧ 沈德符：《万历野获编》卷19《工部·桥道》，"两京街道"，第487页。

⑨ 光绪：《钦定大清会典事例》卷934《工部·桥道》，第12页a。

重复淘乞，方准垫盖。"① 然而，虽然皇帝曾一再申诫，相关衙门可能还是虚应故事。

至清代后期，报刊上对此亦有所指摘。光绪二年（1876）《申报》谈到京师开沟时曾说："原本规定须令工人从此洞中入，蛇行沟中，从彼洞中出，以验是否一律通达"；但"工人心畏泥污，乃预伏一人在彼洞口，浑身头面以秽泥涂之，一人从此洞而入，即伏在洞旁，少顷，预伏之人从彼洞而出，官竟为其所欺，可见无事无弊也"。② 民初，齐如山尝谈到查沟的官员与淘沟的工头，两者彼此狼狈为奸。他说："世界各大城池，地下皆有水沟，以备宣泄秽水、雨水。以余所见巴黎之沟，则极为宽敞。官员查沟时，可乘船游行其中，所以泄水极为舒畅。"中国各城则多缺乏此项建设，仅北京有之，而且构造亦颇够宽大。按规定每年淘挖一次，淘时在阴沟上每隔约数十丈开一洞，将淤泥淘净。完工之后，例由左右翼总兵或巡城御史亲自验工。验工时，必须眼看一小工由此洞入沟，然后官长才乘车到另一边的洞口等候，待小工由沟内走至另一边洞口出洞，官长即便查验其身上、鞋底是否有泥土，便知沟内淘挖是否净尽，本来立意甚好。"惜年久弊生，淘挖者只将所开洞口左近之泥起出，其余一概不动，所领开沟之款，上下分肥。官长验工时，亦眼看小工入沟，但官长上车之后，小工即退出，由街上跑至彼洞，跳入沟内等候，而官长之车，因已分钱，当然行走极慢，为给该小工容时间也。到彼洞时，必要催问：'怎么小工还不出来？'管工者必要回答：'沟内黑暗不能快走，所以迟慢。'官长亦必曰：'新淘之沟，亦不大好走。'等这些扯淡的话。移时小工出洞，由官长稍一验看衣鞋，便算了事。"对此，齐如山感慨地说："认真淘挖，尚恐不易通畅，况如此虚应故事耶？"③

明清北京在仲春开沟，正是每年春夏之交风沙正盛之时，对于行路者而言，这是雪上加霜的痛苦时刻。在这时出门，非但行走艰难，气味恶臭，风尘漫天，耳目口鼻都得担待沙尘的肆虐。清初，管枪在诗中

① 光绪：《钦定大清会典事例》卷934《工部·桥道》，第13页 a。

② 《申报》，光绪丙子（二年）四月十八日，《京师开沟》。

③ 齐如山著、鲍畹埠编：《故都三百六十行》，"御史查沟"条，第77—78页。

曾说:

> 两年走京师,比屋堆马矢。夏初开沟渠,积秽路傍委。垂鞭偶
> 然出,霾风排土垒。鼻口既屏息,耳目复尘眯。……①

此外,淘沟也对交通造成极大的妨碍,为居民带来生活上的不便。
明末,袁中道(1570—1623)曾于三月出游,遇街民清沟,"淤泥委积道
上,羸马不能行",乃改为步行出城;回城时天已昏黑,"狼狈沟渠间,
百苦乃得至邸。坐至丙夜,口中含沙尚砾砾"。② 清初,赵吉士(1628—
1706)亦云:"京师二月淘沟,秽气触人,南城烂面衚衕尤甚,深广各二
丈,开时不通车马。"③ 清后期,褚维垲亦有诗云:"汾浍曾无恶可流,粪
除尘秽满街头。年年二月春风路,人逐鲍鱼过臭沟。"其小注云:"都城
沟道不通,二三月间满城开沟,将积年污秽戽街左,触鼻欲呕,几不能
出行一步。"④ 可见淘沟对交通影响甚大。

更可怕的是,往往有人在这段期间失足跌入沟中。康熙年间,柴桑
曾说:"二、三月间挖沟,出水臭不可迩,人行泥泞中,偶不辨径,则陷
入不能起。"⑤ 又有记载云:"是时,秽臭薰人,易致疫疠,人马误陷其
中,往往不得活。"⑥ 清末,夏仁虎也说开沟之时,"秽气外泄,行人不
慎,往往灭顶,亦殊可惧"⑦。光绪初年,李虹若也有诗咏道:"二月开挑
遍地沟,佳人偏爱站门头。可怜直眼贪花客,陷入深泥未转眸。"⑧ 看来

---

① 管枢:《据梧诗集》,《四库全书存目丛书》,集部第 267 册,卷 9《自辰溪南行峭壁夹峙
怪诡屡出即事有纪》,第 7 页 b。

② 袁中道:《珂雪斋集》卷 12《游高梁桥记》,第 534—535 页。

③ 赵吉士:《寄园寄所寄》,《四库全书存目丛书》子部第 155 册,卷 7《獭祭寄·天时》,
第 2 页 a。

④ 褚维垲:《燕京杂咏》,见孙殿起辑,雷梦水编《北京风俗杂咏》,北京古籍出版社 1982
年版,第 51 页。

⑤ 柴桑:《京师偶记》,收入《小方壶斋舆地丛钞》,台北:广文书局影印 1962 年版,第 6
帙,第 6 页 a。

⑥ 徐珂辑:《清稗类钞》,《地理类》,"京师道路"条,第 100—101 页。

⑦ 夏仁虎:《旧京琐记》卷 8《城厢》,第 79 页。

⑧ 李虹若:《朝市丛载》卷 7《都门吟咏》,北京古籍出版社点校本 1995 年版,"风俗",
第 148 页。

在淘沟时出门，最好还是专心注意路况。

明清时期，北京例行淘沟还有一个处理上的缺漏，即淘沟时发挖沟中粪秽，多堆置于街面，这样一来，每年掏一次，街道增高一些，连带影响到路面增高的问题无法解决。此外，堆积在路上的这些沟泥，恶臭薰天，"其秽气不可近，人暴触之辄病"①。明末，谢肇淛在与友人的信中曾说：

> 长安二、三月间，土膏变动，煖气上腾，家家户外沟潢，一时翻浚，秽沈狼藉，平铺交衢，人马践之，辙陷衣体，臭腐经月不消，触鼻入喉，靡不眩逆呕哕，寖成瘟疫。②

街上的气味不仅恶臭，而且可能致命。可以理解的是，在沟中的病菌随着发挖全数散播开来，再加上沟泥多半平铺在街道上并未运走，对过往行人及附近住户，更易造成伤害。而且，在开挖时由于阴沟中充满沼气，常有挖沟的役夫因之中毒而死。蒋士铨（1725—1785）在《京师乐府词·开沟》中就谈道：

> 一岁一开夏政修，五城官役役沟头。沟头敛钱按门籍，沟夫奋锸启沟石。窈然深黑患气腾，往往沟夫死络绎。左沟先开右沟迟，街面上作街心池。沟中滓秽汲万斛，倾注池内日曝之。康庄坎坷行不得，一月车轮暂休息。官人骑马忧昏黑，陷阱在旁君可识。左沟将闭右沟开，验沟官吏次第来。疫气流行借沟气，月令触犯人身灾。君不见，路人握椒相引避，掩鼻如游鲍鱼肆。③

由这段文字可以很清楚地看到，淘沟时在街心上挖坑做池，沟泥淘起即注入其中，在这时候，车辆当然无法通行，而骑马者若不小心，也会落入街心的陷阱中。抑且，由于所谓的沟气外泄，这个月常易流行瘟疫，因此路人往往握椒而行以辟疫。这种出门佩戴药物避邪的现象，《燕

① 谢肇淛：《五杂俎》卷3《地部一》，第76页。
② 谢肇淛：《小草斋文集》卷21《京邸与人杂书》，第23页b—24页a。
③ 蒋士铨：《寿萱堂诗钞》，《京师乐府词·开沟》，第291页。

京杂记》亦有记载："京城二月淘沟，道路不通车马，臭气四达，人多佩大黄、苍术以辟之。"① 可以想见的是，在这时候，京城的药店应是大发利市。

# 五 城市的气味

对南方的士人来说，北京另一个让他们印象深刻的记忆，就是满街便溺的奇景。明末，陈龙正（1585—1645）曾经指出："北地粪秽盈路，京师尤甚，白日掀裸，不避官长，体统亵越，小人相习而暗消敬惮之心。"② 北京居民随地大小便，从官方角度看来，虽是对体统的挑战，然其根源则是卫生设施不足的问题。崇祯年间，王思任（1576—1646）在北京，想到此地生活设施之不便，不禁回忆起家乡绍兴厕屋的完善，于是写了《坑厕赋》。在赋题之下有小注云："虽厕亦屋，虽溷亦清，惟越所有。"赋之全文则为：

> 性喜旷放，不乐械裔。学禁未成，与洁则宜。嗾武林粪榆之函，至蠕动犹奉客。愁京邸街巷作溷，每昧爽而揽衣。不难随地宴享，报苦无处起居。光访优穆，或内逼而不可待。禅谌谋野，又路远莫致之。惟吾乡党之便便，几于夏屋之渠渠。贮以清冷，甃以文石。区以别矣，各适其适，紫姑是迎，淮南堪谪。虽香非金谷，难惊刘实之尻。亦无庸果下舞阳，用塞王敦之鼻。周寝庙而视其偓。管宁当为整冠。赋三都以需其次，左思不妨着笔。然而垄断者门如市，有践丈夫焉。僻违者心似水，则亦君子之所可及。重曰大畜小畜，解之时义大矣。一解两解，有所不用其极。③

此赋比较了绍兴与北京在方便上的差别，其中大部分述及的乃是绍

① 佚名：《燕京杂记》，第115页。
② 陈龙正：《几亭全书》，卷13《学言详记·政事上》，第14页b—15页a。
③ 王思任：《谑庵文饭小品》，《续修四库全书》，第1368册，卷1，《坑厕赋》，第93页b—93页a。

兴厕屋的情况。可以看出的是，北京缺乏厕屋，故居民以街巷为方便之所，每到清晨，揽衣方便者触目皆是；而绍兴不仅有厕屋，且是一间一间的，方便者各自方便，方便之物即排入水中。实际上，南方的方便场所应该是比北京好。在王思任之前，陈仁锡（1581—1636）于游浙东时就曾谈到："北方坑厕少"，"此中坑厕多"，① 显然浙东是普遍有坑厕。清初小说《照世杯》中，也述说了浙江湖州府乌程县义乡村有个穆太公，突发奇想，设立了四间美轮美奂的厕所，广贴告示请人光顾，并免费供应草纸，结果来方便者络绎不绝，因此而收集到大量的粪肥，转卖给农夫浇田，发了大财。此一故事，亦可与王思任的《坑厕赋》相参照。②

谈起厕所，在明代的北京城中，紫禁城内设有偃厕，自不待言。③ 但除了皇宫之外，家中设有厕所的，多半是达官贵人。成化年间（1465—1487），有位书生来到北京，就看准厕所需要有人清理这点，与其妻商量说："京师甲第连甍，高者翚飞，低者鳞次，皆有偃舍其中。吾顾无他能，将求治溷以为业，不识可乎？"其妻不置可否，书生乃"置溲器二、畚一，恒冠帻曳履，负器荷畚，日往富贵者之门，为之治溷"。每治一溷，取钱数文。人们见其头带巾帻，有类儒生，故称之为"治溷生"。④ 由此记载看来，北京富贵之家多有偃厕，而治溷者为人清理粪秽，每次才得数文钱，工资颇贱。然而，就整个北京城来说，除了达官贵人的宅第之外，一般人家似多未设厕所。明末，谢肇淛曾说：

> 古人观室者，唐其寝庙，又适其偃焉。偃者，厕也。厕虽秽浊之所，而古人重之。今大江以北人家，不复作厕矣。古之人君，便必如厕……非如今净器之便也。但江南作厕，皆以与农夫交易。江

---

① 陈仁锡：《陈太史无梦园初集》，《续修四库全书》，第1383册，江集卷2，《辛酉浙游》，第45页 b。

② 酌元亭主人编次：《照世杯》，华夏出版社点注本1995年版，卷4《掘新坑悭鬼成财主》，第335—337页。

③ 徐充：《暖姝由笔》，《丛书集成续编》，台北：新文丰出版公司1991年版，第213册，第6页 b。刘若愚：《酌中志》，北京古籍出版社点校本1994年版，卷16《内府衙门职掌》，第106页；卷17《大内规制纪略》，第148、149页。

④ 见童轩《治溷生传》，收入《明文海》，中华书局影清抄本1987年版，卷424，第7页 b—8页 a。

北无水田，故粪无所用，俟其地上干，然后和土以溉田。京师则停沟中，俟春而后发之，暴日中，其秽气不可近，人暴触之辄病。又何如奏厕之便乎？①

如是看来，北京城内一般住家或多不设偃厕，而以净桶替代。结果，净桶中的屎尿，都倒入了沟渠之中，造成了严重的环境卫生问题。而由于找不到厕所，行人往往在路上解决这人生大事。请看下面一则纪事：

> 吴门冯先生调选京师，谓人言长安道中有二恨："遍地乌纱、触鼻粪秽，独我穷经一生，巴一顶教官纱帽，候缺年余。未得到手，不若猾胥市侩，朝谋而夕荣，一恨也。偶从道旁痾屎，方解裈，卒遇责官来，前驱诃逐至两、三衙衕，几污裈内，二恨也。"闻者绝倒。②

这则记载，谈到有位冯先生在北京想求顶乌纱帽戴，候缺多年未得，本想在路边拉屎，没想到遇见高官经过，前面开道的左驱右赶，赶到两三衙衕之外，害他差点屙在裤子里，又想到自己没得官做，所以如此狼狈，自然是恨了！

在这种情况下，明代北京的街道、沟渠是臭气冲天。弘治十六年（1503），吏科左给事中吴世忠上言时，就谈到北京道路"臭恶薰蒸"。③而对于当时住在北京的人来说，路上之臭常令人诟病。万历时，谢肇淛对此曾有一番体会。他说："燕都高燥多烦暑，五、六月则赫曦蕴隆，自旦彻夜。九衢之交，驴马舆儓，肩磨踵击，污潢粪秽，逆鼻不可耐。"④想来北京的夏天是闷热难耐，而街上又到处是污水及粪便，令人难以忍

---

① 谢肇淛：《五杂俎》卷3《地部一》，第76页。

② 李鹤林：《集异新抄》，收于《笔记小说大观》，第32编第8册，台北：新兴书局1981年版，卷3，"长安二恨"，第15页a。

③ 《明孝宗实录》，卷203，弘治十六年九月丁卯条，第3页a—b。

④ 谢肇淛：《小草斋文集》，《四库全书存目丛书》，集部176册，卷10《莲华庵记》，第20页a。

受。其实，明代北京的街道上不仅有人粪，牲畜的粪秽也到处都是。明末，屠隆（1542—1605）就曾说："人马屎，和沙土，雨过淖泞没鞍膝。"① 在崇祯年间，京官也有"朝罢驴尿携满袖"之说。其原因在于："京师脚驴，多于沙尘中遗尿，既干经践，仍复成尘，乘风而起，秽气逆鼻，所谓'驴尿携满袖'也。"② 由于街上到处是动物的粪秽，有人曾戏谑地说：

> 京师有七味解热丸，用骡驴人马牛犬豕粪，以大骡车罗过，加久年阴沟秋实和之，此丸专解争名争利的热火。③

这虽是玩笑话，却也点出了北京街上的各种粪秽，如骡粪、驴粪、人屎、马粪、牛粪、犬屎、豕屎，及阴沟中的秋实等。这则谑语后来几经流传，传到清末时，内容已经有一些不同了。④

至清代，环境卫生不佳的情况犹然。康熙七年（1668），彭孙贻（1615—1673）曾提道："厕榆乘月倾，遗矢迎风嚣。谢公疲捉鼻，勾践惊扼吭。"⑤ 乾隆年间，沈赤然尝云：京师"城中人家都无坑厕，其妇女溺器，清晨则倾门外沟眼中"⑥ 可见居民每于夜间或清晨将粪便倒入沟中。至于街道上，仍然到处是粪便，故清人曾云："京师有三多，曰多官，曰多相公，曰多粪。"其中这些粪，即系"人与骆驼、驴、骡、牛、马、犬所遗也"。⑦ 除此之外，露天便溺之习亦未改变。清代后期，邓文滨曾说京师有"二丑"其一为"白日大街遗屎丑"：

---

① 屠隆：《在京与友人》，第 11 页 a。

② 杨士聪：《玉堂荟记》，台北：伟文图书出版社影抄本 1977 年版，第 67—68 页。

③ 姚旅：《露书》，《四库全书存目丛书》，子部第 111 册，卷 12《谐篇》，第 11 页 b。

④ 据夏仁虎载云"昔有计偕人，戏为京师立一医方，云：人中黄、人中白、牛溲、马勃、灶心土，各等分，无根水调匀之，用日晒干，车轮碾为细末，西北风送入鼻中，服之，令人名利之心自然消灭。"见所撰《旧京琐记》，卷 8《城厢》，第 79 页。

⑤ 彭孙贻：《茗斋集》，台北：台湾商务印书馆影印海盐张氏涉园藏写本 1975 年版，卷 13《帝京十二咏·沟》，第 12 页 a。

⑥ 沈赤然：《寒夜丛谈》，《丛书集成续编》，第 60 册，卷 3《谈琐》，第 6 页 a—b。

⑦ 徐珂辑：《清稗类钞》，《讥讽类》，"三多"条，第 163 页。

何谓遗屎丑？厕屋者，行人应急所也。而都门以市衢为厕屋，狭隘衚衕无论矣，外城若正阳门硚头、琉璃厂东西；内城若太学贡院前后街、东西四牌楼，皆百货云集，人物辐辏之区，其地无时不有解溲屈躬者，间有峨冠博带，荆钗布裙，裸体杂处，肉薄相偪，光天化日之中，毫不为怪。早晚间堆积累累，恶气秽形，令人不可衢迩。……故白日大街遗屎丑。①

如此看来，即使是在外城的正阳门桥头、琉璃厂东西两端，内城的太学贡院前后街、东西四牌楼一带，这些熙熙攘攘的街道上，平民在光天化日之下公然大小便，似乎也是稀松平常的事。而即使有厕所，一般居民为了省钱，多半还是在街上便溺。清后期，《燕京杂记》曾说：

京师溷沈，入者必酬以一钱，故当道中人率便溺，妇女辈复倾溺器于当街，加之牛溲马勃，有增无减，以故重污叠秽，触处皆闻。②

甚至北京老字号的同仁堂门口，也是大家习惯方便的地方。民初，夏仁虎回忆说："大栅栏之同仁堂，生意最盛，然其门前为街人聚而便溺之所，主人不为忤，但清晨命人泛扫而已。盖惑于堪舆家言，谓其地为百鸟朝凤，最发旺云。"③ 看来同仁堂不仅是风水上"百鸟朝凤"之处，而且也是"黄金地段"。

其实，外来者在都城见到这般景象，脑海中可能会出现许多问号，而首先浮现的，或许是羞耻感的问题。据记载："便溺于通衢者，即妇女过之，了无怍容，煞是怪事。"④ 男人对于私密部位被女性看到，似乎并不觉得有什么不妥，这或许是其他地方的人们所难以想象的。然而，女性又是如何解决其方便的问题？民初，齐如山（1875—1962）在回忆

---

① 邓文滨：《醒睡录》，台北，广文书局影铅字排印本1970年版，《世运类》，"京华二好二丑"条，第38页。

② 佚名：《燕京杂记》，第114—115页。

③ 夏仁虎：《旧京琐记》，卷8《城厢》，第79页。

④ 佚名：《燕京杂记》，第115页。

中说：

> 京师人稠地窄，小户人家大多数只有女中厕，而无男中厕，故
> 男子皆在门外便尿。倘在左近有空阔地方，北京呼为大院，则必为
> 公共之厕所，否则皆在胡同中之转弯或宽阔处。各胡同口，尤为群
> 聚便尿之所，恒蹲两排，过往行人亦习见不怪。遇相熟之人，且彼
> 此招呼。天旱道干，行人尚可在中间过往；一遇落雨，则必走旁边，
> 行人之腿往往磨擦便者之脸，便者亦恒尿湿行人之鞋，实怪现象也。
> 乡下新来之人，以羞耻关系，往往不能在胡同中出恭，盖无此习惯
> 也。久居北京者，必群笑其怯，真所谓彼亦一是非，此亦一是非也。
> 如前门外大栅栏同仁堂门口，因其门面靠里，地面稍宽，故每日闭
> 门之后，必有几百人前去出恭，次早现扫除之，铺中人认此为该堂
> 之风水，不肯禁止，实亦不能禁止。前门外各戏馆中之厕，亦为前
> 门一带所有铺户公用之所，盖无法也。①

由此看来，女性大多还是在室内方便，不像男性多在路上排排蹲。
根据这段文字，我们可以进一步讨论北京居民的方便行为与这上面的性
别差异。对于习以为常的北京居民而言，这一在巷口方便的行为，成了
每天与亲朋、邻居寒暄的机会，或许也是见证居民"我便故我在"的场
合，等到有一天这人不来方便，他可能在生活或生命上有了一些变化。
此外，敢不敢在街上方便，也成为检验乡下人或外来者在北京待得够不
够久的一个指标。另一方面，女性在北京的方便文化中，受到一点特别
的待遇，即家中有女厕或马桶，而男性则在街头裸裎相见。在重视女性
身体贞节的明清社会，妇女当然不可以随便暴露身体，在这种思想环境
中，妇女总算得到"比较上"的优待。不过，妇女面对街上常会出现的
男人屁股及秽物，内心可能五味杂陈。

对于居民随地大小便，虽然有官员曾加以惩治，如光绪年间有某部
属官于街上便溺，适逢街道厅官员经过，于是加以杖责，属官不敢表明
自己身份，而御史亦未询其为何人，这位官员在被打完之后，即"系裈

---

① 齐如山著、鲍瞰埠编：《故都三百六十行》，《胡同中便溺》，第90页。

而去"。① 但这样的例子恐怕不多。就如邓文滨所说的：巡城官吏对于"白日大街遗屎"的情况，"无有以全羞恶、肃观瞻、荡秽瑕、免疹疫，经画区处者"。② 北京的街道卫生，因着相关衙门的敷衍，也就难以清净。清末就曾有人说："京城内外，大街小巷、各部院衙门前后，骡马粪随时遍布，一遇雨雪，调成泥糊，臭不可闻，俨然一片大粪厂。"③

而由于街上到处是人畜的屎尿，其臊味随风扬起，故顺治年间，宋起凤曾有京师"酸风掠面"之语。④ 而在这种路况之下行走，衣服及身体难免会受到沾染。康熙初年，彭孙贻在诗中咏道：

> 长安佳丽地，宝马间雕轮。车马所践场，遗矢相因陈。条风一动物，吹作五色尘。既上侍中貂，亦满丞相茵。薰衣少香令，秽形无璧人。……⑤

可以想见道上的粪秽，日晒之后化做尘土，大风一起，漫天飞扬的情况，这时不管你是什么身份，衣服及身体都要受污染。职是之故，"尘车粪马"⑥ 也就成为北京士人的一大痛苦。

# 六　女厕与粪夫

回首昔日的北京，其实不仅城市的街道有着特殊的气味，即居室中也可能是如此。据近人指出：北京城内居家的女厕，除了西北区域多是厕坑之外，大部分是用马桶。⑦ 其实，坑厕必须靠水这个要件才能维持通

---

① 夏仁虎：《旧京琐记》，卷8《城厢》，第79页。

② 邓文滨：《醒睡录》，《世运类》，"京华二好二丑"条，第38页。

③ 蒋芷侪编：《都门识小录》，收于《满清野史》，台北：文桥书局影印1972年版，第十三编，第4页b。

④ 宋起凤：《大茂山房合稿》，《四库未收书辑刊（第七辑）》，第19册，《燕市篇》，第13页a。

⑤ 彭孙贻：《茗斋集》，卷13《帝京十二咏·驴马矢》，第10页b。

⑥ 袁宏道：《袁中郎全集》，卷24《与黄平倩》，第7页a。

⑦ 吴宝钿：《淘大粪的》，收于《北京往事谈》，北京出版社1988年版，第280页。

畅，然而对水资源普遍缺乏的北京城而言，水又是难以企求。[1] 城区西北之所以多有坑厕，或许也就因为这里有积水潭、什刹海等较为广大的水域。在这一区域的坑厕，或许因为秽物可以直接排入水中而比较卫生，但实际情况如何不得而知。清季，陆费逵曾说：

> 京人最污秽不洁，无论何家，无不患蝇，故门前常垂帘，不至天暝不悬起也。厕所无一家不污秽，狼藉不堪驻足。余告某君以南方厨屋之制，渠大喜，以为闻所未闻。[2]

从陆费逵这段话，可以了解北京的厕所，与南方厕所相比，还是有一段差距。至于其所谓的"南方厕屋之制"到底是如何，是不是新式的抽水马桶，也就不得而知了。不过，既然居民家中有坑厕或女厕，自然免不了要清理，这就牵涉到一种特别的行业。

对于城市的粪秽，中国传统的处理方式，应是将其运往郊区农村，用作农地的肥料。因此，历史上不少城市均存在着一种专门收集粪秽的行当。在唐代，长安城中就有业者"以剔粪为业"。[3] 而南宋临安城内，也有专门清除粪便的"倾脚头"。[4] 就如前面所提到的，明代北京也有专门为人掏粪的"治溷"者。至清代，掏粪夫也是都市中重要的行业。职是之故，来往于居民家中的粪夫与粪车，也就成为北京城市图像中的一景。

一般而言，在清代北京虽然有妇女将粪秽倒入沟中，但女厕所积的粪秽通常还是经由粪夫肩担或以车载运往粪厂堆积，这与南方城市粪肥

---

① 有关于水资源的讨论，请参关侯仁之《元大都城与明清北京城》《北京都市发展过程中的水源问题》，分见其所著《历史地理学的理论与实践》，第 159—204、272—307 页。又可参考蔡蕃《北京古运河与城市供水研究》，北京出版社 1987 年版，第 173—186 页。此外，个人亦有一文讨论及此，见邱仲麟《水窝子：北京的供水业者与民生用水（1368—1937）》，收于王汎森、李孝悌主编：《中国的城市生活：十四至二十世纪》，台北：联经出版公司 2005 年版。

② 陆费逵：《京津两月记》，1911 年，第 3 页。

③ 张永禄：《唐都长安》，西北大学出版社 1987 年版，第 194 页。

④ 梁庚尧：《南宋城市的公共卫生问题》，载于《中央研究院历史语言研究所集刊》，第 70 本第 1 份，1999 年 3 月，第 124 页。

多由粪船直接载走，① 有着相当大的差异。据嘉靖三十九年（1560）刊行的《京师五城坊巷胡同集》记载：当时北京内城有粪厂二处，其一在中城大时雍坊，另一个在西城阜财坊，外城则未见记载。② 清代北京的粪厂可能更多。有学者曾指出：明清北京有三个粪厂，其中两个在外城，一个在梁家园一带，一个在天坛以东龙潭湖附近的东四块玉；另一个则在北京城北的地坛附近。③ 实际上恐怕不只三个。

粪夫作为居家粪秽的清理者，几乎是天天出动为人清理，清理之后再将其肩负或车载运往粪厂堆积，因此走在北京的街头，时常会遇上这些粪夫或粪车经过，总不免一番恶臭。乾隆十八年（1753），程晋芳（1718—1784）《溷车》诗有云：

> 溷车走中衢，掩鼻畏逢乍。勿嗤狼藉污，所用在耕稼。匆匆逐臭夫，牵扰及炎夏。羣蝇竞飞随，行客勿敢迓。……④

当粪车在大街上行走，它是一股流动的"空气"，有时粪秽还会溅洒出来。民初，齐如山曾说：推粪者在街上行走，极不卫生，"往往车有颠动，溅人一身，实为京师弊政"⑤。至光绪三十四年（1908），民政部才规定："装运粪溺，须用坚固之容器，并覆以密致之盖。"⑥ 但直至民国以后，仍有人抗拒加盖，久之始行遵办。⑦ 而当时也有人说："京师第一怪现象，就是除粪车无有时间是也。无论早晚，走在街市，总见有推粪车

① 这种例子可参见徐复祚《花当阁丛谈》，台北：广文书局影嘉庆刊本 1969 年版，卷 3，"蒋少参"条，第 5 页 b—6 页 a。又见钮琇《觚賸》，上海古籍出版社点校本 1986 年版，卷 3《事觚》，"还金"条，第 232—233 页。

② 张爵：《京师五城坊巷胡同集》，北京古籍出版社铅印本 1982 年版，第 7、11 页。

③ 参见王伟杰《北京城近郊区地下水中硝酸盐的来源》，收于《燕京春秋》，北京出版社 1982 年版，第 114 页；王伟杰等编著：《北京环境史话》，第 106 页。

④ 程晋芳：《勉行堂诗集》，《续修四库全书》第 1433 册，卷 8《五车咏·溷车》，第 2 页 b。

⑤ 齐如山著、鲍颔埠编：《故都三百六十行》，《接收粪道》，第 93 页。

⑥ 田涛、郭成伟整理：《清末北京城城市管理法规（1906—1910）》，北京燕山出版社 1996 年版，《预防时疫清洁规则》，第 77 页。

⑦ 齐如山著、鲍颔埠编：《故都三百六十行》，《接收粪道》，第 93 页。

者，接二连三，络绎于途。"① 据近人回忆："掏茅厕的"推着盛满排泄物的车子，在街上走的时候，生怕碰到路人惹祸，边走边喊"借光"。因此北京住民，又叫他们"借光二哥"。②

清代北京"淘厕之流"，多半是山东人。③ 民初，齐如山曾云："全城住户、铺户之淘粪者，皆为山东人。因日久年深，各有道路界限，居然与自己产业无异，他人不得越界来淘，有之则为偷粪，相遇则必互相斗殴。"④ 齐如山所提到的"各有道路界限"，即所谓的"粪道"。据说在明崇祯以前，北京粪夫收取粪便是随意的，至清代才出现所谓的"粪道"。⑤ 至于何时出现，有两种说法。据民国二十六年（1937）伪北京市处理粪便事务所指出，在康熙年间始划定地界，各自收集，称为"粪道"。⑥ 另据近人吴宝钿回忆，则说始于乾隆年间。⑦ 至于这两说何者为是，目前无法判定，或许以前一说渐为有据。

清代北京粪夫之有"粪道"，与水窝子之有"水道"类似，各自有其经营的势力范围。然粪厂头人经常因称粪道有所纠纷，并且唆使粪夫斗殴。地方官为了平息这种常出现的争端，于是令他们持"白字"（一种私人字据），开列三家连环铺保，到步军统领衙门去"税契"领照。从此，形成了所谓的"粪阀"，将"粪道"视为私产。⑧ 因此，有学者在谈到北京的"粪霸"时说："旧京的粪霸不仅有大粪厂，还占有粪道。所谓粪道是粪霸的势力范围。这种势力范围是粪霸们'打'出来的，为此曾付出

① 逆旅过客：《都市丛谈》，北京古籍出版社点校本1995年版，"除粪车"条，第189页。
② 小民：《春天的胡同》，台北：九歌出版社1985年版，《借光二哥》，第178—179页。
③ 夏仁虎：《旧京琐记》，卷9，《市肆》，第84页。
④ 齐如山著、鲍畋埠编：《故都三百六十行》，《接收粪道》，第92—93页。
⑤ 参见王伟杰等编著《北京环境史话》，第106页。
⑥ 见民国二十六年伪北京市处理粪便事务所刊行之《北京市处理粪便事务所所业务报告》，转见自王伟杰等编著《北京环境史话》，第106页。
⑦ 据其说法，这种"粪道"在北京由来已久，远在清乾隆年间，既有街道厅规定四城城外的粪子子掏粪的范围。办法是：划出城门附近的城内几条街道、若干衢衖，由某某粪厂经常掏运粪便。又在这范围内的僻静处所，指定他们设立"官茅房"，由他们掏粪。至于城内各大王公府第和大衙门，也分别指定一些粪厂去掏粪。皇宫内各厕所，则由太监们运粪至皇宫外一定场所，每天也有指定的粪车，在一定时间内去装运，但不得入宫。以后，城内、市区中心各地段也都划出"粪道"，分别由城外各粪厂派人掏运。见吴宝钿《掏大粪的》，第279页。
⑧ 吴宝钿：《掏大粪的》，第280页。

代价，所以，他们视粪道为私有财产，世代相传。对于这种靠'武力'占据的粪道，一旦既成事实，便会得到官方和同行的认可，是神圣不可侵犯的。"① 民初，齐如山在记"大粪厂"时曾谈道：粪厂"每日派人背一木桶收取各住户、铺户之粪，用小车运回，晒干卖为肥料。事虽简单，而行道极大，行规也很严，某厂收取某胡同之粪，各有各路，不得侵越。如不欲接作时，可将该道路卖出，亦曰'出倒'。接作者须花钱若干，方能买得收取权，如今尚仍如此"②。可见"粪道"的权利，是可以转让的。③

据说至清末时，北京的粪厂已分化为"道户"和"厂户"两种。道户拥有粪道，雇夫收粪或自行收集；厂户则系开设粪厂者，"收集并大批售卖粪便"。至于粪夫，亦分为两种，一种是"正式粪夫"，即受雇于道户或厂户的粪夫；另一种是"跑海粪夫"，系没有"粪道"，随处收集或拾取街旁之粪便者。④ 大致说来，所谓的"正式粪夫"，即是俗称的"倒马子的"或"掏粪工"；而"跑海粪夫"，指的是"捡粪的"或"拾粪夫"。

所谓的"倒马子的"，根据近人回忆说："马子"即马桶，"倒马子的"是指粪厂所雇用，每天推着架有荆条编的元宝形长筐的粪车，担着尿桶，进城专为住户掏粪，并代冲刷马桶的粪夫。北方人只有女人用马桶，放在女厕，粪夫多入内搬出门外，在门口冲刷。所谓"倒马子的"，

① 张双林：《老北京的商市》，北京燕山出版社 1999 年版，《燕市旧日多恶霸》，第 42 页。

② 齐如山：《北京三百六十行》，宝文堂书店 1989 年版，"大粪厂"条，第 46 页。

③ 又据民国时期的资料显示：粪夫各有自己范围的"粪道"，大约每"道"五六十家。这五六十家的粪，就是归他一人负责。然而这个粪道，并不是随便可得，而是要出钱买。买时须看住家的情况，如是富贵的人家多，其人口便多，而且吃的是好饭菜，自然粪多而且质好，故须买贵一点，大概每道要七八十元；若差一点的，就四五十元，或三四十元。若是这"粪道"多是穷人，价就便宜了。而这些粪夫的"粪道"，通常是向原来的粪夫买。至于这些"原来的粪夫"，其先人各占有"粪道"，后来或传与子孙，或则因要返乡或要转业，或有其他缘故，遂将"粪道"卖掉，让与新来的粪夫经营。参见《平市粪夫生活》，载于民国二十三年六月二十日《大公报》第 13 版。此一资料，系吕玲玲小姐于多年前影印相赠，于此谨志谢忱。

④ 参见王伟杰等编著《北京环境史话》，第 106 页。又据此书记载，民国二十五年时，北平有道户商一千家，厂户商四百家。而民国十八年至民国二十五年间，"正式粪夫"约有两千余人，"跑海粪夫"约有千数人。

实即打扫女厕粪夫的代称。① 这类的"掏粪工",俗称粪夫,也叫掏大粪的、掏茅房的、"磕灰的",都含有轻蔑之意。由于京、津等地住户院落中女厕的木桶,都先以炉灰垫底,清理时将灰和粪便一块磕出来,故居民称这种掏粪工为"磕灰的"。他们工作时,均身背粪桶或粪筐,手拿着一把长木把儿铁勺,挨家挨户将灰桶磕入粪筐。为了不使粪便流出造成污染,掏粪工在粪筐里缝上一层布夹子,然后再缝上一层麻袋片,这样,尽管他们每天进出住户院落,但都能保持院落清洁。② 民初,陈师曾(1876—1923)在《北京风俗图》中就画有掏粪工,其友人程十七系以诗曰:"长瓢高桶往来勤,逐臭穿街了不闻。莫道人过皆掩鼻,世间清浊久难分。"青羊居士亦有诗曰:"升堂入室,主人欢我。一日不至,合家眉锁。吾桶虽污,可通急缓。"③

此外,据近人云:传统习俗,为女厕掏粪、冲马桶这种工作,多为人所不齿,平常人都不喜做。粪厂便雇人专理此业,恃其私有的"粪道"大发其财。不仅不出钱白得肥料,还按月收清洁费,名为"月钱"(清末民初每户由一角至五角),三节按月钱比例加收"节钱"。此外,倒马子的还在暑天、寒季及阴雨天气,勒索"酒钱"。一不如意,就三五天不来。④ 其实,掏粪夫也有他们的苦处。因为这些"掏粪工多为破产农民,受雇于粪厂,粪厂只管食宿,他们的收入全凭向住户讨取,称为酒钱"。因此,"旧历每月初一、十五或初二、十六,尤其是逢年过节、雨雪天,掏粪工都要向住户讨取酒钱。另外,遇喜、寿吉庆事,还要'道喜钱'"。⑤ 然而,实则无论节钱、酒钱,分得大份的,都是粪厂一方。可是,"臭倒马子的"就成为住户骂掏粪夫的专称了。⑥

除了专属于粪厂的掏粪夫之外,北京还有一类无业主雇用的拾粪夫。清初,净香居主人所撰的《都门竹枝词》中,就有一首谈到这种粪夫在

① 吴宝钿:《掏大粪的》,第 280 页。
② 齐放编著:《消逝的职业》,百花文艺出版社 1998 年版,"掏粪工",第 114 页。
③ 陈师曾:《北京风俗图》,第二十五图。
④ 吴宝钿:《掏大粪》,第 280—281 页。
⑤ 齐放编著:《消逝的职业》,"掏粪工",第 114 页。
⑥ 吴宝钿:《掏大粪的》,第 281 页。有关于粪夫的生活状况,可参见实践《平市粪夫生活》,连载于民国二十三年(1934)6 月 20—23 日《大公报》第 13 版。

街上拾粪的情景："马勃牛溲与竹头，从无弃物委渠沟。提筐在背沿街走，更有人来拾厕筹。"① 而清末《燕京百怪》中也谈到这种粪夫："木桶背一只，铁勺寻遗矢。磁然一声响，桶满心中喜。"② 这类拾粪夫，通常被称为"捡粪的"。他们以串胡同或在街道上拾人畜粪便，卖予城外粪厂为业。偶尔，也被住户找去掏茅房，但这是不为"倒马子的"所允许的，尤其是掏女茅房、冲马桶。理由是他们侵犯了粪厂的"粪道"，犯了"偷粪"之条。有趣的是，这些背粪桶捡粪的拾粪夫，"也是各人走各人的'道'"，亦即各有所属的捡拾街道与范围，互不侵犯。偶尔在街上碰见，就会起冲突。③

说起来，这类清理家中粪秽的夫役或厂家，对于北京城市特殊气味的减轻，有其特别的贡献。然而，由于其是无法取代的行业，且具有一定的势力，故当其恣意行事时，居民往往任其摆布。据近人云：粪厂为了牟取更大的收入，往往在自己的势力范围内恣行"粪政"，其主要的手段是"涨坑讨赏"。每当夏日炎热时，粪厂常操纵掏粪工怠工，故意不往掏粪，直至屎满为患时，才让他们露脸，让各家各户，尤其是有厕所的大商号"破财消臭"。如果住户或店家不知趣，只好与屎尿为伍。更有甚者，粪厂还要掏粪工故意将屎尿洒在不肯多出钱的铺户前，招来苍蝇蛆虫，使商号周围臭气冲天，影响生意。④ 由于女厕不能不掏，因此这些人着实得罪不起。住户对于来"偷粪"的，必须加以拒绝，否则原掏者不高兴，"多日不来，往往为其所窘"⑤。为此，近人白铁铮曾把掏茅厕的"粪阀"，与欺侮老百姓的"军阀"、送水的"水阀"，合称为"故都三阀"，同列为惹不起的人物。⑥ 不论如何，即便这类粪夫或粪厂素称"霸道"，但居家女厕中的"气味"非其来清不可，否则这城市中的小世界，特殊的空气恐怕将挥之不去。

---

① 路工编选：《清代北京竹枝词》，第21页。

② 胡朴安：《中华全国风俗志》，河北人民出版社1986年版，下编《北京辎轩录》，《燕京百怪》，第33页。

③ 吴宝钿：《掏大粪的》，第281页。

④ 张双林：《老北京的商市》，《燕市旧日多恶霸》，第42—43页。

⑤ 齐如山著、鲍畹埠编：《故都三百六十行》，《接收粪道》，第92—93页。

⑥ 小民：《春天的胡同》，《借光二哥》，第178页。

而在另一方面，粪厂建置于城内，对于城市卫生自有所影响，但当官方欲将迁出时，往往遭到厂方的抗争。清末，巡警总厅因为粪厂设于城内有碍卫生，下令将粪厂移至城外，并加征粪捐，结果造成极大骚动。清末，蒋正侪在《都门识小录》中记及此事云：

> 近十余日来，都中有一最奇之事发现，即警厅取缔担粪夫是也。警厅为卫生起见，饬五城内粪厂，悉移至五城之外，且抽收粪捐。粪夫以城外道远，已不乐从，又闻抽捐，遂相率罢工。五城内大小住宅，粪无所出，积秽不堪，而警厅无如何也。日前某相府遗丁片请厅官除粪，厮闹不休，经多人解劝始免。且闻有夜间私以粪倾于路者，警兵见之，亦不敢干涉。倘再相持十余日，则都中持变为"黄金世界"矣。嘻！其异已。①

而粪夫不小心将粪便倾倒于街上之事，也屡见不鲜。宣统年间，陆费逵在《京津两月记》中曾说："夏日，粪夫恒倾粪途中，民部稍干涉之，遂以罢市要挟，其殆将长此为秽乡也。"② 由此看来，官方对粪夫有时还真是没办法。直至民国，粪夫仍然是令官方头痛的一个群体。③

# 七 "真不像长安"（代结语）

对没有到过北京的明清士人而言，他们可能从前辈的言说与既有的记述之中，开始想象北京。这种想象，带有一定程度的期待。等来到北京之后，这些旅人的眼睛、鼻子、肌肤，开始接收这个城市的种种感觉，脑中也不断重新翻修其原有的城市构图。其实，他们来到北京之前，眼睛、鼻子及肌肤，甚至是耳朵、脾胃，早已记录了家乡的感官。这些原存在脑海的种种感官，建构了其与北京感官对照的基础。袁宏道

---

① 蒋芷侪编：《都门识小录》，第 13 页 a。

② 见《小说月报》第二年第八期，《文苑》，第 3 页。

③ 参见 David Strand, *Rickshaw Beijing: City People and Politics in the 1920s*, Los Angles: University of California Press, 1989, pp. 154–157.

（1568—1610）的实际体验，就是一个绝佳的例。万历十六年（1588）的冬天，家住湖广公安的袁宏道，怀着期待的心情，风尘仆仆地赶赴北京参加会试。然而，袁宏道到了北京之后，却难掩失望之情。后来，他在给朋友的一封信上提到：

> 犹记少年未上公车时，闻燕都壮丽，日夜叹羡。及戊子（万历十六年）之冬计偕至京，其人物、街市、泥涂、尘土，与楚地初无甚异，不觉大失望。才彰入义门，便私念曰："岂京师之佳丽，而竟若尔？"及忝尽棋盘，看尽八、九条胡同，而弟心始死，不复作京师想矣。①

或许在他的心中，北京应是不一样的；然在实际蹑及之后，面对北京的尘埃、气味与街道，难免有些失落。其实，就如他所咏叹的："京师沙砾场，风光少秀冶"，②北京的景致是不如南方。因此，南方人在想到北京的尘土时，总会兴起怀乡的念头。屠隆就曾有这样的心情："每从扬尘堀堁中，想江南之修篁茂林、青沙碧石，未尝不摇摇动魂也。"③然而，对于北京的观感说得最为直接的，要属袁中道（1570—1623）。他在诗中就曾说："石桥明树里，真不像长安。"④

对袁中道而言，北京三月中，杨柳尚未抽条，冰还没有全融，临着高粱河，坐在枯柳下小饮，"飙风自北来，尘埃蔽天，对面不见人，中目塞口，嚼之有声"。他心中不禁想着："江南二三月，草色青青，杂花烂城野，风和日丽，上春已可郊游，何京师之苦至此？苟非大不得已，而仆仆于是，吾见其舛也。"⑤然而，矛盾的是，袁中道后来在北京待了一段不算短的时间。这又令他不免要问：他既无官职，又非为了生计，何

---

① 袁宏道：《袁中郎全集》卷21《与陶石篑》，第7页b。
② 袁宏道：《袁中郎全集》卷28《吴人求别诗》，第2页b。
③ 屠隆：《白榆集》卷10《与蔡使君肖》，第20页a。
④ 袁中道：《珂雪斋集》卷3《同谢于楚、谢在杭、伯修、中郎火神庙小饮看水》，第112页。
⑤ 袁中道：《珂雪斋集》卷11《游高梁桥记》，第535页。

以要"舍水石花鸟之乐，而奔走烟霾沙尘之乡?"① 其实，这种对北京亦惧亦念的矛盾心情，同样存在于其二哥袁宏道身上：

> 长安沙尘中，无日不念荷叶山乔松古木也。……当其在荷叶山，唯以一见京师为快。寂寞之时，既想热闹喧嚣之场，亦思闲静，人情大抵皆然。如猴子在树下，则思量树头果；及在树头，则又思量树下饭，往往复复，略无停刻，良亦苦矣。②

由是观之，北京虽为沙尘漫天之地，但也有其吸引人之处。北京由于各方人士承集，人际网络较广，在此通常能够结识知识上的同道，或政治立场相似的朋友。因此又感到"毕竟苦不胜乐；京师朋友多，闻见多，虽山水之乐不及南中，而性命朋友，则十分倍之矣"③。由于相识容易，交际应酬自多，拜客竟似苦又乐，此在乡居时亦堪回味。袁宏道在予友人王则之的尺牍上就曾谈道："京中有苦有乐，家中亦有苦有乐。京中之苦在拜客，家中之苦在无客可拜。京中之苦在闭口不得，家中之苦在开口不得。"④ 固然在此地"趋利者如沙，趋名者如砾，趋性命者如夜光明月，千百人中仅得一二人，一二人中仅得一二分而已"，⑤ 但能与知心好友"日夜剧谈"，亦是人生一大乐。⑥

不论如何，即便士人偶尔有"纵然燕地多憔悴，魂梦无心入故乡"的感触，⑦ 甚至认为在北京可以结识到天下的俊彦与知己，但北京的生活环境还是令他们不敢领教。这样的心情，除了见诸以上所述及的文人经验之外，谢肇淛在万历中叶的一段文字颇值得再加以引述：

> 京师住宅，既偪窄无余地，市上又多粪秽，五方之人，繁嚣杂

---

① 袁中道：《珂雪斋集》卷11《游高梁桥记》，第535页。
② 袁宏道：《袁中郎全集》卷23《兰泽、云泽两叔》，第9页b。
③ 袁宏道：《袁中郎全集》卷23《与陈正南提学》，第6页a。
④ 袁宏道：《袁中郎全集》卷23《答王则之检讨》，第22页b。
⑤ 袁宏道：《袁中郎全集》卷20《家报》，第1页b—2页a。
⑥ 袁宏道：《袁中郎全集》卷24《与沈冰壶》，第14页a。
⑦ 袁中道：《珂雪斋集》，卷3《除日》，第102页。

处，又多蝇蚋，每至炎暑，几不聊生，稍霖雨，既有浸灌之患，故
虐痢瘟疫，相仍不绝。摄生者，惟静坐简出，足以当之。①

依此记载，北京并不是一个良好居住环境的城市，不仅居住空间狭
窄，街道气味不佳，而且排水不良，又多蚊蝇及瘟疫。这样的生活环境，
自然影响到士人对京城的印象。明末，李流芳（1575—1629）即曾云：
"长安城中有何好，惟有十丈西风尘。人畜粪土相和匀，此物由来无
世情。"②

在明代，士人直率地表达了他们对于京师的体验，甚至道出"真不
像长安"的感触。而在清代，诸多士人对于京城的生活环境，虽同样也
有苦不堪言的感觉，但像袁中道那般直率的话语，则未再出现过。不过，
即使清代士人未说出这样的话语，但南方家乡的景致，却常成为他们黑
甜乡的记忆。清初，徐昂发即有诗云：

> 我来跙蹰长安陌，牛溲马矢纷狼藉。十日始得一盥洗，苦水平
> 栖倾卤泻。醉中好梦还江南，明湖如镜峰如簪。泉声卷瀑松漱雨，
> 一片荷香绕衡宇。平头艇子芦人装，棹月唱歌度江浦。……③

庞垲在给友人的诗上亦咏道："长安十丈苦风尘，羡尔披衣得任真。
到处沧浪堪濯足，只应难得是闲身。"④ 这样的生活环境，令到访者失望
是可以理解的。光绪（1875—1908）初年，李虹若曾有诗云："黄沙如粉
满街飞，城北城南认是非。大道通衢皆臭气，尘装甫卸即思归。"⑤ 这种
一到就想走的心情，正可与明末的袁宏道相对照。

综合来说，住在北京的人们若要出门，除了晴天要带面衣之外，还

---

① 谢肇淛：《五杂俎》，卷 2《天部二》，第 33—34 页。

② 李流芳：《檀园集》，《景印文渊阁四库全书》第 1295 册，卷 2《送汪君彦同项不损燕游
兼呈不损》，第 17 页 a。

③ 徐昂发：《乙未亭诗集》，《四库全书存目丛书补编》，齐鲁书社 2002 年版，第 6 册，卷
5《题朱宇绿濯足图小像即送之还江南》，第 10 页 a—b。

④ 庞垲：《丛碧山房诗集》，《四库全书存目丛书补编》第 52 册，卷 1《题童鹿游沧浪濯足
图》，第 12 页 b。

⑤ 李虹若：《朝市丛载》，卷 7《都门吟咏》，"风俗"，第 148 页。

必须多方忍受街道无时无刻的恶臭，与雨后泥泞不堪、道路积水的状况，有时还得有翻车或坠马的心理准备。清代后期，《燕京杂记》曾云：

> 京城街道，除正阳门外，绝不砌石，故天晴时则沙深埋足，尘细扑面，阴雨则污泥满道，臭气蒸天，如游没底之堑，如行积秽之沟，偶一翻车，即三薰三沐，莫蠲其臭。①

由此可见北京道路状况之可怕。而对都城的人来说，出门可真是一件麻烦事。清末，就有人感慨说：北京"行路之难，难于上青天"②。对于出门之令人苦恼，光绪初年《申报》的报道，颇值得加以引述：

> 每有自京都来者，谓天气晴明，飞沙接面，污及衣履。凡客人入厅事，先命奴仆扑尘，然后入座敬茶。故衣饰华贵者，虽隔巷同街，亦必乘车，非养尊处优也，防尘污也。然习处亦觉可安。值天雨之日，则更有不堪者。雨水入土，苟沟不开时，水泥和成浆汁，驻足即陷，不赤脚者，断不可行。而且，驴尿马粪挥匀泥水中，其秽不可嚮迩。街中地势，又较两旁高至二、三尺不等，污水更入门檐之内。如此泥泞之地，即乘安车以代步，而轮辕动处，泥溅帷中，虽不步行，亦受其累。是以好洁之人，或事可已则已，事安坐家中，杜门不出耳。③

北京受限于多风尘的自然条件，出门与进门都得多一些麻烦，客人入门必先请仆人扑去身上的灰尘，而为了身体免于受到污染，即使距离再短也要乘车。下雨时，情况更糟，若是步行则非赤脚不可，否则鞋子陷入泥中，也是难过的事。而即使坐车，衣服难免也会被泥水溅到。故

---

① 佚名：《燕京杂记》，第 114 页。
② 胡朴安：《中华全国风俗志》下编，《北京辋轩录》，《燕京百怪》，"土街"条，第 29—30 页。
③ 《申报》，光绪己卯（五年）八月十五日，《论京师街道》。

述说者认为，没事最好不要出门。

在明清的中国，北京宏伟的城墙、壮丽的宫殿、堂皇的衙署、繁华的市街，与众多的人口，这些都是其他城市所无法相比的。然而，旅人有时是挑剔的，特别是来自南方的士人。严格来说，本文中所谈到的种种士人记忆，充其量仅能说是南方人的。因为，大部分的材料来自淮水以南的文人记录，包括江、浙、皖、赣、湘、鄂、闽、粤。不论如何，也就因为这些南方士人的异地经验，为我们留下了相当多关于北京的回忆性材料。在这些资料之中，除了为我们留下以上的城市图景之外，也让我们看到许多逝去的记忆。

对照于南方的气候温润、山水有情、城市街道较为亮洁、方便问题较为完善、城市的空气较好，南方士人的感官也就在这情境下，对京城有着负面的对照记忆。至于北方人的指摘，则相当之少。原因很简单，他们与北京生活在同样的风土之下，自也少了对照的敏锐度。华北的其他城市，天上同样有朔风，也有黄土的街道，以及水资源匮乏的问题。在此情况下，风尘极为常见，而道路容易泥泞，沟渠易于壅塞，粪秽较难冲走，也与北京一样。且在北方的城市，使用兽力的情况远较南方多，故也就为城市卫生带来多一层的困扰，这也是与北京相同的。基于这些共同的生活经验，北方士人对北京没有太多的埋怨与惊讶，但来自南方的士人则不同了。易言之，南方士人对于北京的城市印象与记忆，其实是家乡⟵⟶异地生活情境差异的反映。

# 国家与礼仪

## ——宋至清中叶珠江三角洲地方社会的国家认同

### 科大卫<sup>*</sup>

人类学注意仪式，与儒家提倡礼教在一定程度上表现出相同的倾向。人类学作为一门学问，假设人与人的关系表现于"仪"；儒家作为一种学说，认定人与人的关系根本于"礼"。两者的共同点在于把"仪"或"礼"放到理论的核心。但是，人类学讨论的"仪"，指的是文化产生的设定程序，近似于戏剧的剧本；而儒家所指的"礼"，则源于天理产生的必然定律。所以，假如还是用剧本来比喻设定行为的程序的话，在天理的安排下，剧团演来演去只能演一出剧本。

自宋到清中叶，儒家教化的目的，就是推广这一出剧本，以天理规范的礼教取代地方的风俗。在珠江三角洲，这个目的并没有完全达到，但推广礼教的结果，却扶持了一群以保障"礼教"为己任的士人，发展了一些为国家所认可的地方礼仪。通过这些礼仪，边缘的地方得以归入国家"礼教"的秩序之中。

在珠江三角洲，从北宋到清中叶，这个礼仪的演变过程，可以分为

　＊ 科大卫（1947— ），香港中文大学历史系主任，研究方向：历史人类学，代表作：《皇帝与祖宗：华南的国家与宗族》，《近代中国商业的发展》。

　1999 年 2 月 25 日，我校举行仪式，聘任英国牛津大学中国研究所科大卫博士和香港中文大学历史系朱鸿林博士为历史系客座教授。在聘任仪上，两位教授分别以"国家与礼仪"为主题发表学术演讲，两个演讲主题相同，研究的角度与风格却迥异，均反映出当前国际学术界对中国历史研究的一些新的取向。承蒙两位客座教授应允，现将他们的学术演讲发表在此。文章 1999 年 5 月 30 日收到。本文原载《中山大学学报（社会科学版）》1999 年第 5 期。

四个历史阶段。第一阶段始于北宋元祐二年（1087），广州知州蒋之奇初到任，行释奠礼，见广州学宫简陋狭隘，新而广之。① 10 年后，章楶在绍圣三年（1096）记其事，说明了这次兴办学校的来龙去脉。原来庆历中（1041—1048）仁宗诏天下兴学，当时广州只有西城蕃坊里的夫子庙，"其制度迫陋，不足以容生徒"。后有郡人刘富，不但捐资，而且亲自建学。但到"始将完"之时，转运使陈安道却"陋其卑陋，止富勿修"，动用官款另建学校。② 蒋之奇行释奠礼的地点，相信就是这里。可见自庆历至元祐的 40 年，广州的学宫一直在扩大。据《宋会要》载，仁宗朝多次诏州县兴学。③ 转运使陈安道、知州蒋之奇兴办学校可以从这里得到解释，但夫子庙建在蕃坊，郡人建学宫被止二事，却需要作进一步的考析。

关于这一点，我们在章楶有关广州文化状况的论述中，可略见端倪：

> 四方之人，杂居于市井，轻身射利，出没于波涛之间，冒不测之险，死且无悔。彼既殖货浩博，而其效且速，好义之心，不能胜于欲利，岂其势之使然欤？④

北宋时，广州是个繁荣的海港，蕃坊就是商业繁荣的地方。刘富是否蕃人我们无从可知，但毫无疑问他是个富有的人。更值得注意的是，蒋之奇除了兴学外，还"取前代牧守有清节者……十人，绘其像，建十贤堂祀之"⑤。从礼仪的角度来看，行释奠（即祭孔夫子），建学宫，建十贤堂以崇祀有功的官僚，禁止当地人随便建学宫这几件事都有异曲同工之处，就是官僚机构把祭祀视为一种专利，把兴办学校、祭祀孔夫子和前代贤吏变成一种官方的宗教活动，可以把办理这些事务的权利收回。这是礼仪演变的第一阶段。

---

① 广州市地方志编纂委员会办公室编：《元大德南海志残本》，广州人民出版社 1991 年版，第 156—160 页，引《永乐大典》之《蒋之奇撰广州州学记》。

② 同上书，第 160—164 页，引《永乐大典》之《章楶撰广州府移学记》。

③ 《宋会要辑稿》卷 56，台北：新文丰出版公司 1976 年版，第 2174—2175 页。

④ 《元大德南海志残本》，第 160—161 页。

⑤ 黄佐：《广东通志》卷 47，明嘉靖四十年刻，广东省地方史志办公室 1997 年版，第 54—55 页。

然而，祭祀前代贤吏并没有成为广州读书人所实行的礼仪的一个很重要的部分。从宋末至明代，广州读书人关注的主要是广东出身的士人，而并非外来的贤吏。广州士人按照自己的一套正统观念，所祭祀的先贤可上溯到唐代的张九龄、北宋的余靖、南宋的崔与之和宋末的李昂英。这样的正统观念和崇祀先贤的序列，与理学在广东的发展有很深的渊源。理学在广东的出现，标志着珠江三角洲的礼仪演变的第二阶段。

珠江三角洲的张九龄崇祀，由来已久。蒋之奇《广州州学志》便提到张九龄的名字。在蒋之奇兴建儒学以前，即太平兴国年间（1008—1017），韶州知府已经建立了纪念张九龄的风采楼。[①] 熙宁三年（1071）侬智高乱后，余靖也因为保障韶州而得到崇祀。[②] 蒋之奇在广州兴建儒学，比这些事情要迟，但理学在广东的开始，则又比蒋之奇兴建儒学晚了50年，大约始于绍兴十六年（1146）张浚被贬至连州之后，其子张栻在粤北开始推广理学。明黄佐《广东通志·张栻传》记："浚为书院于嘉鱼池之左，栻亦开书堂以讲学。"其后，浚迁湖广，栻随之，"广州学者多从之游"[③]。从张栻学的学者，可考的有好几个，如简克己，南海人，曾"远游湖湘，师事南轩张栻者数年，讲性理之学，以真知实践为事功"[④]。又如黄执矩，高要人，"厌科举之文，慕濂洛之学，从胡寅、张栻游，讲明正道，参订中庸、大学之义以训后进"[⑤]。可见张栻在广东、湖南讲学，培养了一些以传授理学自居的学者。

在礼仪的转变方面，比较关键性的发展是韶州相江书院的建立。相江书院乃韶州知州周舜元于乾道六年（1170）建，教授廖德明淳熙十年（1183）增修。主祀周敦颐，配享程颐、程颢。增修时，朱熹为之记其事，其中一段记录廖德明致朱熹函如下：

> 韶故名郡，士多愿悫，少浮华，可与进于道者，盖有张文献、余襄公之遗风焉。然前贤既远，而未有先生君子之教，以启迪于其后。虽有名世大贤来官其地，亦未有能枢衣请业而得其学之传者，

① 嘉靖《广东通志》卷16，第38页。
② 嘉靖《广东通志》卷30，第23—24页。
③ 嘉靖《广东通志》卷53，第34—35页。
④ 嘉靖《广东通志》卷57，第21—22页。
⑤ 同上书，第22—23页。

此周候之所为卷卷焉者，而德明所以奉承于后而不敢怠也。①

由此可见，理学师承的正统，与前朝崇祀贤吏，完全是两回事。

廖德明在嘉定四年至六年（1211—1213）任广州知州，"立师悟堂，刻朱熹家礼及程氏诸书"②。有关这段时间广州理学兴盛的概况，黄佐在《广东通志》的《简克己传》中有如下记载：

> 崔与之……被召往来谒见，皆执弟子礼，北面再拜，克己受之。廖德明师广，日往见之，时延至郡斋讲论旧学，每谛听，必拱立。其为名流所重如此。③

这段资料的真实性值得怀疑。崔与之在广州最有名望的时候，是他在嘉定十五年（1222）退休回来以后。到端平二年（1235）摧锋军之变，他已经能够登城和他们"论祸福"。④ 廖德明在广州的时候，崔还在外面做官。不过，这段资料却如实地反映了明中叶广州士人对本地理学的演变的看法。南宋初年，广东理学以韶州为中心，至南宋末，广州的地位则愈见重要。虽然崔与之自己写的理论文章不多（几乎没有），但他极力支持理学的活动。例如，他对李昴英等学生加以提拔，又鼓励东莞知县许巨川修建东莞儒学。崔在嘉熙三年（1239）去世，两年后，理学家陈淳门人诸葛珏任番禺知县，建番禺县学，印行陈淳的讲学笔记。⑤ 淳祐二年至七年（1242—1247）方大琮任广州知州。方大琮在淳祐二年（1242）为《朱子家礼》作序，在广州期间，恢复乡饮酒礼。广州遂成为理学在广东的中心。⑥

---

① 嘉靖《广东通志》卷38，第11—12页。

② 嘉靖《广东通志》卷48，第28—29页。

③ 嘉靖《广东通志》卷57，第22页。

④ 《宋丞相崔清献公集》外集后卷，道光三十年重刻，香港1976年版，第7—10页；李昴英《崔清献公行状》。

⑤ 李昴英《文溪存稿》，见《题诸葛珏〈北溪中庸大学序〉》，暨南大学出版社1994年版。

⑥ 嘉靖《广东通志》卷58，第19—20页；卷48，第43页；吴道镕《广东文征》卷三十五《李昴英东莞县学经史阁记》，香港珠海书院1997年版，第424—427页；方大琮资料见 Patricia Buckley Ebrey, *Confucianism and Family Rituals in Imperial China*, Princeton University Press, 1991，第48页注13。

元大德二年（1298），崔与之家祠建成，广州"路学儒官"前往致祭，宋末进士何成子为此事写了祭文，其中有云：

> 唐之中否，天生文献，将以扶之不能也；宋之将微，天生清献，亦将以扶之，又不能也。二公皆以直道落落于时，而清献所遭之时，抑又异夫开元之际矣。自端平更化，当宁虚辖，白麻造门，中使络绎几千里，公辞至十数，竟不起。此其胸中熟知进退存亡得丧之节，尚以曲江之出为戒。夫岂以富贵利达动其心。荣其子孙，耀其乡邦，如前所云者。①

何成子在元朝写下这些话，无疑是对时局有感而发。现存最早的珠江三角洲地方志《大德南海志》，就是在这样的情景下编纂出来的，其目的也是记录类似的心态。

元末社会动荡不安，加上科举中断，对士人的社会观造成很大的冲击。针对重建社会秩序的需要，明太祖一方面恢复科举，另一方面则提倡里甲制度。中国历史的里甲制度，往往很容易被人误解。首先，我们应该明白，里甲不能在短时间内在全国范围马上得到推行。另外，对认为传统中国是中央集权的历史观，我们也应该抱有一点怀疑的态度。翻阅里甲的法令，我们很容易会有一种错觉，以为整套制度都是由中央颁布，地方按法令予以实施。其实，如果我们把《大明会典》礼仪的部分和里甲的部分相互参照，我们便明白，与其把里甲看作中央下达到地方的政策，不如把它看成是中央对地方拜祭团体的承认的结果。宋元以来，地方上的社神祭祀，已经很清楚地界定了地方社会的合作范畴。明朝规定对地方神只定时拜祭，也同时肯定了地方拜祭范畴的合作安排。所以，明初的乡和村——我们可以统称为地域社会（日本学者称之"共同体"）——在里甲和地方宗教上有很清楚的概念。在珠江三角洲，关于这一点的历史资料，明代的比较多见，宋元者则绝无仅有。②

---

① 《宋丞相崔清献公集》外集后卷《祠堂诗序》，第16页。
② 有关明代里甲制度，见刘志伟《在国家与社会之间——明清广东里甲赋役制度研究》，中山大学出版社1997年版，第92—118页。

不过，空泛地讨论地域社会，很难说明地方与中央在礼仪方面相辅相承的关系。以下透过一个稍为复杂的例子，可望能够清楚地阐明这个论点。这个例子就是元末明初广东士豪，后来被明太祖封为东莞伯的何真的部属关敏家族的经历，其中反映了田产和祭祀密不可分的关系。

关敏传见黄佐《广东通志》。① 洪武元年（1368），明朝征南将军廖永忠授他巡检权，未授官，"贼衔之，乃聚众复围其乡"。关敏在乡战死。这句"贼衔之"究竟反映了当地人对他的巡检权有什么看法，现在已不可考。但是，他死后，明政府赐他敦武校尉兵马指挥司副指挥，"表其乡曰忠义，令有司立祠，岁时祀焉"。另《广东通志·舆地志》有顺德黄莲乡忠义乡亭的记载。亭有匾，题"忠义乡"三个字。② 孙蕡《黄莲乡敦义祠纪事》是当代立祠的记录。③ 据关氏族谱载，关敏，至正九年（1349）生，洪武元年（1368）卒，所以他死的时候只有20岁。关敏没有子女，父亲只有一子三女，所以由另房过继。④ 因此，要了解他聚居地的家族关系，需要从他祖父一辈开始。

据族谱载，他的祖父良辰原居南海山南乡，"元朝迁居黄莲茅谕里，今贯顺德县东涌乡，都黄莲堡，九图六甲民籍，户名绳武，世居黄莲忠义乡忠国坊报功里"。良辰以下几代的世系如下图（长幼次序从右往左排列）所示（见图1）。

这个以良辰为始祖的家族在第二代以后分为三房，长房的四世祖禘（1369—1425）"屡蒙旌奖……洪武二十七年（1394）倡大义□集碣石卫军"；二房三世长子普荅（1346— ）"因逆犯抄□，田地二十一顷入官，后逃亡，故绝"；三房三世敏无子女，但因协助明朝政府平定广东，由朝廷立祠奉祀，同时，关敏一房显然有相当规模的恒产，他妹妹出嫁时也有奁田随嫁。因此，在这个家族中，同时立有祠庙祭祀和财产较为丰厚的是关敏一房，此时，由于家族祠堂还没有建立，家族祭祀很可能是以关敏的祠庙为中心。但由于关敏早故无后，有可能继承其祭祀香火和财

① 嘉靖《广东通志》卷59，第8页。
② 嘉靖《广东通志》卷16，第4页。
③ 《广东文征》卷56，第439页。
④ 广东省图书馆光绪二十三年抄本，编号 K0.189/789，误著录为《顺德卢氏族谱》。

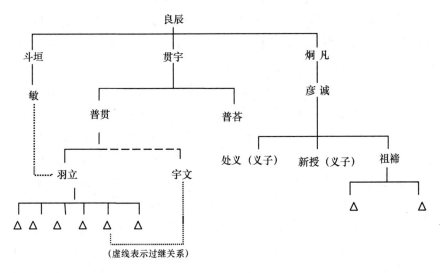

**图1 关氏世系图**

产的只有长房和二房下面的羽立一支。但长房的嫡子被垛集为军户，似乎另外立籍了，两个义子或另立户籍，或充军北京。于是，关敏的祠庙祭祀和财产，显然都由过继的羽立继承下来。同时，由于羽立的次子过继给其兄宇文，该家族贯宇和斗垣两房的财产和以关敏祠庙为中心的家族祭祀，遂控制在羽立一支的子孙手中。这个例子反映了继嗣关系、土地控制与祭祀的礼仪之间有密切的关系。

　　第三个时期的礼仪变化，就是由明初到成弘年间（14世纪中叶到15世纪末），在里甲体制的主导下，以地方和中央在税收和财政的关系为核心，族谱、田产、拜祭的相互发展。珠江三角洲士人在这个变动之内，以礼仪思想维系地域社会，但是也因为受到动乱的冲击，景泰年间以后再产生了比较大的变动。当时所用的术语，这类礼仪的规范一般称"乡礼"。"乡礼"这个名词并不代表没有家族的成分，关敏的例子已经说明控制田产与家族承传的关系。而珠江三角洲最主要的"乡礼"，即新会知县丁积和新会名贤陈白沙合编的《礼式》，主要的内容还是《朱子家礼》。① 比《礼式》早的，有《唐氏乡约》，比它晚的，有黄佐的《泰泉

---

① 万历三十七年《新会县志》卷2，第46—53页。

乡礼》。① 在《泰泉乡礼》以后，比较普遍的乡村礼仪手册就称为"家训"，其中比较有名的有《庞氏家训》和霍韬的《霍渭崖家训》，以及很多只收在本家族谱的不同版本的家训。② 这类书籍的演变是很有代表性的，因为到了嘉靖年间，礼仪的模式又出现了很大的变动。

在讨论嘉靖年间礼仪的演变之前，值得一提的是动乱对礼仪的影响。我们研究历史，谈到地方和中央的关系，往往都从动乱出发，好像地方和中央的关系完全被征税和抗税的矛盾所控制。其实情况并非如此，动乱——不论是元末的动乱，还是后来在珠江三角洲很有影响的萧养之乱或之后的"徭乱"——最主要的作用，就是制造出地方与中央互动的行政和文化根据。通过动乱时期的分化，地方上冒升出来的新兴阶层，依靠中央可以接受的理据来决定地方上的权益。③ 在广东尤其是"徭乱"对礼仪推广很有影响。但是，"徭乱"是个复杂的问题，问题不在于"徭人"为什么叛乱，而在于"平徭"制造了推广"教化"的机会。成化年间，广东"徭乱"至烈的时候，"平徭"很成功的陶鲁，就是支持"除寇贼，化之为先，杀之，不得已也"的主张的。④ 陈白沙之所以成功，就是因为他以礼教配合陶鲁。但是他和丁积的乡礼，并没有超越朱熹的《家礼》。家族的演变，发生在礼仪变化的第四个阶段。

第四个阶段就是在嘉靖年间发生的宗族制的正统化。在这一段珠江三角洲的历史中，一方面有魏校任广东提学时的毁"淫祠"活动，同时也有士人兴建"家庙"的发展。毁"淫祠"部分目的是为了反对佛教。到万历年后，因为几个高僧的活动，基本上把儒佛的关系倒过来。但是，宗族修谱建祠的活动，一直延续到清代。我们现在所认识的所谓"传统

---

① 《唐氏乡约》，《广东通志》卷59，第48页。《泰泉乡礼》收于《四库全书》经部。

② 《霍渭崖家训》收录在《涵芬楼密笈》，1924年版；《庞氏家训》收在道光《岭南遗书》，有《丛书集成》版。

③ 有关明代里甲制度，见刘志伟《在国家与社会之间——明清广东里甲赋役制度研究》，中山大学出版社1997年版，第92—118页。

④ 有关这个问题，可参阅 David Faure, "The Emperor in the Village: Representing the State in South China", Joseph P. McDermott ed. The State and Court Ritual in China, Cambridge University Press, 1999, pp. 267–268。

中国"的"传统"，很大部分就是这个演变的创造。①

一直以来，地方官禁止"淫祠"的例子屡有所见。魏校禁"淫祠"独特的地方，在于他的全面性。他禁的是没有列入明朝"祀典"（也就是明朝的法律）的地方神祇和佛寺。在他禁风俗的一段论述中，字里行间对巫觋和僧道仪式作了一定的区别：

> 禁止师巫邪术，律有明条。今有等愚民自称师长，火居道士，及师公师婆圣子之类，大开坛场，假划地狱，私造科书，伪传佛曲，摇惑四民，交通妇女，或烧香而施茶，或降神而跳鬼。修斋则动费银，设醮必喧腾闾巷，暗损民财，明违国法。甚至妖言怪术，蛊毒采生，兴鬼道以乱皇风，夺民心以妨正教，弊故成于旧习，法实在所难容。尔等小民，不知死生有命，富贵在天，且如师巫之家，亦有灾祸病死，既是敬奉鬼神，何以不能救护；士夫之家，不祀外鬼邪神，多有富贵福寿。若说求神可以祈福免祸，则贫者尽死，富者长生，此理甚明，人所易晓。今我皇上，一新正化，大启文风，淫祠既毁，邪术当除。汝四民合行遵守庶人祭先祖之礼，毋得因仍旧习，取罪招刑。②

由此资料看，修斋和建醮都是浪费，"兴鬼道"乃是"乱皇风"。当然，乡间佛教、道教和所谓邪术有很多重叠的地方，但是，从这一段来看，反巫觋活动和建立正统是有关系的。佛教在万历年间恢复以前的兴盛后，士人在理论上反对巫觋活动的态度基本上没有改变。

家庙和家族的发展则比较复杂。我们首先要明白，慎终追远并不是家族唯一的目的。家族的礼仪，是《大明律》根据朱子家礼规定的。朱熹等儒学家在南宋提出家礼的年代，庶民不能为祖先立庙。地方上的庙不是神祇的庙就是贵族（或皇族）为祖先所立的庙。庶民供奉祖先的地方，有在坟墓，有在佛寺（所谓功德祠），也有在家里。当时的祠

---

① 参阅拙著《明嘉靖初年广东提学魏校毁"淫祠"之前因后果及其对珠江三角洲的影响》，周天游编：《地域社会与传统中国》，西北大学出版社 1995 年版，第 129—134 页。

② 《泰泉乡礼》卷三，第 17—18 页。

堂，不是在乡村里建立的独立的庙宇，而是在坟墓旁建的小房子。又因为代表先灵的象征不一定是牌位而是画像，所以拜祭的地方亦有称为影堂。宋儒的改革，实际上就是针对这些形式式的祖先拜祭办法，把祖先和神祇的供奉严格划分。朱熹主张"君子将营宫室，先立祠堂于正寝之东"。他对这一句话的解释说明他用祠堂这个名词来代表祖先祭祀的地点，完全是因为为配合当代的法律："古之庙制不见于经，且今士庶人之贱亦有所不得为者，故特以祠堂名之。"朱熹主张祠堂的格式，即"三间外为中门，中门外为两阶，皆为三级，东作阼阶，西作西阶，阶下除地广狭以屋履之，令可容家众敛立"这几句，收录在明初编的《明集礼》，作为祠堂的规模。① 然而，宋儒所提倡的我们可以称为家庙式的祠堂的建筑物在当时尚未有法定地位，所以到嘉靖十五年（1536）夏言上疏请"诏于下臣工建立家庙"，"品官家庙"才制定，规定"官自三品以上为五庙，以下皆四庙。为五庙者，亦如唐制，五间九架，厦两旁隔版为五室。中袷五世祖，旁四室袷高、曾、祖、祢。为四庙者，三间五架，中为二室，袷高、曾，左右为二室，袷祖祢"。万历《大明会典》"品官家庙"项下，就是根据这次诏令写的。与此同时，夏言亦疏准许天下臣民于冬至日祀始祖。至此，祭祖的法定地位才得到确定。②

嘉靖年间的法律改革与当时的"大礼议"很有关系。霍韬、方献夫等在"大礼议"中支持嘉靖维护孝道的官员，同时也支持在地方上毁减"淫祠"。这些官僚中有好几个是广东人。明中叶后，因为得到这些人的推动，家族制度在广东发展得特别快。其结果就是庶人（平常人的家族）可以像明初的贵族家庭运用同样的礼仪拜祭祖先。③

有关这个过程在珠江三角洲的演变，比较精彩的记载有以下新会潮连乡嘉靖三十三年（1554）"旧祠堂记"一段：

---

① 《朱子家礼》，引自《朱子成书》，元至正元年刊，见 Patricia Buckley Ebrey，*Chu His's Family Rituals*，Princeton，1991，pp. 184–212。"祠堂"部分见于 184—185 页；另，徐一夔：《明集礼》，见《四库全书珍本》。"祠堂制度"见于卷 66。

② 王圻：《续文献通考》卷 215，明万历刊，第 24—27 页。

③ 有关"大礼仪"可参阅阎爱民《"大礼议"之争与明代的宗法思想》，《南开史学》1991 年第 1 期。

余初祖宣教翁，宋末，自南雄迁居古冈华萼都三图四甲潮连乡芦鞭里。迄今十三四世矣。九世孙永雄，独慨然祖祭无所，愿立祠焉。和之者，七世孙荃也、九世孙永禄也、锦也。爰集众议，佥是之，永禄翁遂捐己输该蒸尝之资，率众购地于乡社之左。成化丁未腊月，四翁督工，建一正寝祠焉。为间者三，崇有一丈九尺，广与崇方则倍其数。爰及弘治甲寅，九世孙宗弘者、璧者、慨未如礼，又购地建三间焉。亦如之。外设中屏，东西两阶。至正德戊辰，十世孙协者，又凿山建一后寝焉。广方舆正寝稍狭阶级之登正，崇与正寝八尺有奇。厨两间，东西余地若干。其董治之劳，辍家事，冒寒暑，日旦弗离，经昼忘疲，且费无靳色。若七翁者，不可谓不重本也。麟（本文作者——引者按）幼学于给事中余石龙先生之门，议及初祖之祠，请撰一记。先生曰：庶人此举，僭也，弗许可。麟退而考诸群书，及司马影堂之说，与一峰罗氏，亦祖程氏以义起之云。盖与朱子疑禘之说，并行不悖。诚所谓报本反始之心，尊祖敬宗之意，实有家名分之受，而开业传世之本也。乃知不迁之祠，未为不韪也。①

从这段资料看，从成化到嘉靖，新会潮连卢氏一直扩建一所符合《朱子家礼》所定的典范的祠堂。但是，迟至嘉靖初年，请人写记文的时候，还是被认为是不合规格。"僭"就是有超越社会等级的意思。然而，到了嘉靖三十三年（1554），这段经过已经可以记录下来了，因为到了那个时候，不仅品官家庙已经合法化，而且建家庙已经变成了一个切合时尚的活动。

郑振满先生的《明清福建家族组织与社会变迁》一书，对宋至明建祠的演变有很详尽的研究。他说，从南宋至明初，建祠活动尚未普及，祠堂的规制也不统一。明代前期的士绅阶层，对建祠活动还颇有怀疑，长期为祠堂是否合于"礼"而争论不休。他引用弘治二年（1489）的碑记来说明时人也注意到家礼的影响：

---

① 《新会潮连芦鞭卢氏族谱》卷二十五上，第2页。

昔者，程子尝祀始、先祖矣。紫阳夫子本之，著于《家礼》，后疑其不安而止。我太祖洪武初，许士庶祭曾、祖、考。永乐年修《性理大全》，又颁《家礼》于天下，则远祖祖祀亦通制也。然设位无尊祠。今莆诸名族多有之，而世次龛位家自为度。①

这是嘉靖年间以前的事。到了嘉靖以后，同书说："明中叶前后，由于建祠之风盛行，福建沿海各地的依附式宗族得到了普遍发展。在规模较大的聚居宗族中，祠堂已被视为不可或缺的统治工具。"②

为什么礼仪在社会中扮演了一个这样重要的角色？我认为是因为在传统社会中，宗教和法律的结合往往是透过礼仪表达出来的。经济的演变、赋役制度的更替、社会发展的历史趋势，都推动着礼仪的修改。通过接受礼仪的改动，中央和地方相互之间的认同得到加强。从南宋到明中叶，礼仪改革是权力交替理化性的表现。地方社会依靠接受以中央为核心的士人政权以延续其本身的发展。以往中国礼仪历史的研究，没有注意具体的、地方性的和历史的因素。我们现在提倡的礼仪研究，是建立于已有多年学术传统的地方史上的。在这方面，我们从已故的梁方仲教授和傅衣凌教授的研究中已经得到不少启发。配合社会经济史的研究，我们可以了解礼仪的演变如何表现了整个社会在形式上对各方面的反应。例如，在嘉靖年以后，家庙和宗族变成一个控产机构，在没有公司法的年代，扮演了一个商业团体的功能。这样的方法之所以可行——如果我们用现代的观念解释的话——主要是因为祖先变成了控产的法人，也就是说，一个宗教的观念，变成了一个法律的观念。③

---

① 郑振满：《明清福建家族组织与社会变迁》，湖南教育出版社 1992 年版，第 159 页。

② 同上书，第 165 页。

③ 有关这个问题，可参阅 David Faure, *The Lineage as Business Company*: *Patronage Versus Law in the Development of Chinese Business*, The Second Conference on Chinese Economic History, Taipei, 1989, Institute of Economics, Academia Sinica, 1989.

# 市镇权力关系与江南社会变迁

## ——以近世浙江湖州双林镇为例

赵世瑜　孙　冰*

光绪庚子年即 1900 年，亦即清代政局发生大变的一年。建储风波沸沸扬扬，北方又爆发了义和团运动；江南官绅一方面抵制建储，另一方面也在努力保境安民，防患于未然。就在这一年农历三月，浙江湖州归安县所属双林镇上发生了一场不大不小的风波。由于以往人们主要是从经济史的角度关注江南市镇，关注它们在市场体系中，或在"早期工业化"过程中的地位和作用，对这些并非政治中心的市镇的权力关系——或者说市镇的政治史较少论及。① 因此，我们似乎可以从这场风波开始，通过回溯以前和叙述以后的一些事件，透视一个江南小镇在社会变迁过

* 赵世瑜（1959— ），四川成都人，北京大学历史系教授，博士生导师，作表作：《狂欢与日常：明清时期的庙会与民间文化》《小历史与大历史：区域社会史的理念、方法与实践》。孙冰，中国人民大学清史研究所博士生。

① 中国学者在 20 世纪五六十年代的"资本主义萌芽问题"讨论中、美国学者施坚雅在其 20 世纪 70 年代的关于中国城市的著作中，以及后来的学者在专门研究江南市镇史的论著中，便都有这样的特点。参见施坚雅主编《中华帝国晚期的城市》，叶光庭等译，中华书局 2000 年版；樊树志《明清江南市镇探微》，复旦大学出版社 1990 年版；刘石吉《明清时代江南市镇研究》，中国社会科学出版社 1987 年版；刘翠溶《明清时代南方地区的专业生产》，《大陆杂志》1978 年第 3、4 期合刊；陈学文《明清时期太湖流域的商品经济与市场网络》，浙江人民出版社 2000 年版；陈学文《明清时期杭嘉湖市镇史研究》，群言出版社 1993 年版；范金民《明清江南商业的发展》，南京大学出版社 1998 年版；李伯重《江南的早期工业化》，社会科学文献出版社 2001 年版。另一方面，小田在《江南乡镇社会的近代转型》（中国商业出版社 1997 年版）第 4 章第 1 节对市镇权力关系有所论述，认为乡绅和宗族是传统乡镇社会权力结构的主要力量，但在清末民初开始发生变化。此外，罗一星在《明清佛山经济发展与社会变迁》（广东人民出版社 1994 年版）第 5 章中、William Rowe 在 Hankow: Conflict and Community in a Chinese City, 1796 – 1895 (Stanford University Press, 1989) 第 3 部分中，也都谈到各自地区的这方面情况。

程中的权力网络关系。

# 一　东岳会风波

湖州位于太湖东南岸，自宋代以来便是发达的江南地区的一个重要组成部分。归安则属湖州东部的平原地区，借助水网而工商业日益发达。双林镇在湖州府城的东南，地处苏、松、嘉、湖、杭五府的腹心，周边环绕着南浔、乌青、练市（即明清时之琏市）、晟舍、菱湖等名镇，在明清时期由归安县的琏市巡检司管辖。① 它是一个典型的江南水乡，有"开窗见河，出门过桥"之谚。② 在镇内，桥梁把大小街巷勾连起来，交通以陆路为主；而向外的交通则以水路为主，双林与湖州间的夜航船便是其中一种廉价的形式。

明末，朝廷在双林镇推行保甲，市镇被分为四栅一市，栅下设堡，堡下为甲，甲各辖 10 户。到清中叶以后，四栅仅设地保各一，负责征税。③ 其中，北栅相对繁华，街巷、桥梁的分布最为密集。

双林尽管比同府的南浔等镇后起，但是在北宋时期便已成聚落，在镇东的另一个叫东林的地方，已出现地方性神祇。④ 传说宋廷南渡后，这里因商贾聚集，又称商林或商溪，到元代则出现了绢庄 10 座，收购附近乡民的丝织品。入明之后，东林衰，西林兴，遂以西林为双林镇，后渐成江南大镇之一。双林为丝织业生产和江南丝织品集散中心之一，所谓"吴丝衣天下，聚于双林。吴、越、闽、番，至于海岛，皆来市焉。五月载银而至，委积如瓦砾"⑤。这方面情况已有陈学文、樊树志、刘石吉、刘翠溶、李伯重等论述⑥，不赘论。

据《镇志》卷 18 "户口"所载，双林在明初"户不过数百，口不过千余"，而在成化时便"倍于前"。到清初，"里居日集，侨民日增，实得

① 民国《双林镇志》卷 1，商务印书馆铅印本，第 2 页。
② 王克文主编：《湖州市志》，昆仑出版社 1999 年版，第 1267 页。
③ 民国《双林镇志》卷 18，第 2—3 页。
④ 《嘉泰吴兴志》卷 13，《吴兴丛书》本，民国吴兴刘氏嘉业堂刊本，第 15 页下。
⑤ 唐甄：《教蚕》，《皇清经世文编》卷 37，中华书局 1992 年版，第 910 页。
⑥ 参见前引诸位学者的论著。

户三千四百有奇，口二万一千有奇"，至清中叶而人口更加膨胀。太平天国时因战乱人口减半，存户不及4000。其后虽迅速恢复，但发展速度相对减慢。无论如何，该镇在光绪年间在册人口仍近万人，加上许多流动和外来人口，其规模还是相当可观的。

　　就在这样一个繁华的市镇上，农历三月下旬例有大规模的东岳庙会。通过江南地区的民间信仰，我们往往可以透视出区域社会经济状况。[①] 据镇志，东岳庙坐落在双林镇北栅外的闻闻庵旁，顺治年间归安知县吴之荣在这里修建了乡约所[②]；到了康熙年间，乡约所被改为东岳庙。在双林镇，此庙具有很大影响，逢年过节的许多活动都在这里进行，它还是遇灾放赈的场所，称得上是本镇重要的公共空间之一。据推测，围绕东岳庙进行游神赛会活动的东岳会兴起乾隆、嘉庆间[③]，太平天国以前分别有八仙、三星、花神等会。太平天国后，一位纨绔子弟接管了花神会，并对它进行扩建，其他各花会也纷起效仿。每会在东岳会期间都能动员几十甚至上百的表演者。东岳会期共延续10天，每天都要抬神像在前引导，游行于各社，而各社随起的花会号称有七十二会。

　　从地方文献的记载中，我们可以感受到这样一种狂欢般的盛况：

　　　　二十八日为东岳神诞，士祝献于庙。数日前，鼓乐喧阗，络绎不绝。按，岳庙社会最盛，镇人结社者可数十起，大小各业皆有职司于庙。二十六日，尽夜演戏（今改夜戏于二十七日昼），二更时移神像出至大殿。庙中遍处悬灯……新街、横街及各巷皆结彩悬灯，有多至五层者，繁华与苏阊灯市无异。二十八日起，至四月初，约五六日，每日午后舁神像出巡四栅，曲折周到，各社地戏（俗名"故事"）前后扈从……神像所过，商店咸设香案，新绢巷或设下马

---

　　①　关于宋代湖州地区的民间信仰问题，见［美］韩森《变迁之神》，包伟民译，浙江人民出版社1999年版。书中告诉我们，东岳几乎是那里唯一的道教神。又见［日］滨岛敦俊《总管信仰——近世江南农村社会与民间信仰》，研文出版社2001年版。

　　②　民国《双林镇志》卷9，第1页上。

　　③　东岳庙的赛会应当不晚于康熙庚辰年间，因为"（倪志）溪多歌舫，春暮岳庙赛会，土人架彩棚舟中，为秋千戏。士女聚观，画船箫鼓，鬓影衣香，极一时之盛"。见民国《双林镇志》卷2，第2页下。按，据民国《双林镇志·序》，倪志成书于康熙庚辰（1701年）。

饭（今不行）。看会之人以坞桥港为盛。又水运秋千之戏，架彩棚于
舟……彩舟鳞次坞桥左右，薄暮群泊庙前看回殿，观者如堵。黄昏
点灯，街市人满，一如白昼。酒肆茶坊，欢呼喧阗。①

尽管在双林镇上，类似的游神赛会还有多起，但以东岳庙为中心活
动场所的，在清后期为最多。

光绪二十六年（1900）三月，双林镇会举行传统的东岳庙迎神赛会。
按照《双林镇志》编纂者的说法，庆典期间的夜会常常"为淫亵戏状，
纵横于市衢，所谓闹灯棚也。妇女之儇者列坐于市肆，诸无赖哗欢潮涌
灯棚下，习为常，或至斗殴大哄"②。本次各会会众又打算联合举行夜会，
被县官知道，当时正值"北方不靖，湖属多盗"，大概是出于安全考虑，
知县肖治辉特致函镇绅蔡召成（亦庄），问夜会可否禁止。蔡回答说，官
方出面禁止，岂会不行，但如果只是一纸文书，可能不会引起重视。但
如知县能亲临镇上，当面郑重地告诫会首，使其有所畏惧，便不难禁止。
然而知县却以事冗为由不出面，仍以函附谕帖，交给当地崇善堂的绅董
代为宣示，谕令会首至善堂面承。这项通知向会首们宣布后，并没有引
起后者的当面质疑。在当地的轿会中，以抬东岳神像的轿会资格最老，
影响力最大。当时主持该会的周某，被镇志称为"久炼之博徒……性极
狡"，而且还"素为某绅所卵翼"。但他在会中颇有威信，"能制其侪
辈"，"号有干事才，凡举会皆听指挥"。对于禁止夜会的通知，周某当场
也未表示异议。

但是在庙会的第三天，白天迎神的活动没有按时结束，理由是迎神
队伍要游历四栅，曲折周到③，白天无法结束。到了天黑时分，游神
队伍将事先准备好的灯烛戏具点燃，这就在客观上造了夜会的现实，
镇上的士绅也没有办法。第四天，当迎神的队伍路过蔡家时，由于蔡
家子弟不愿意他们在门前喧闹，与游神队伍发生了冲突，将一盏灯打

① 民国《双林镇志》卷15，第11页下—12页上。
② 民国《双林镇志》卷32，第16—18页。下文凡涉及东岳会事而未加注者均见此处记载。
③ 民国《双林镇志》卷15，第12页上。

坏。于是迎神的会众大怒，对蔡家进行围攻他们向院内投掷砖石，撞击围墙和大门，最后点燃煤油焚烧了蔡家的大门，整个冲突持续了 4 小时之久。

不知什么原因，驻扎在双林镇的营兵和巡检都没有立即出来劝阻，直到双林镇上水龙会的人赶来救火时，这些兵勇才出动，但已无法抓到肇事者。会首周某甚至在第二天强制双林镇罢市。蔡家派人告官，但当汛官费某赶到时，迎接他的却是密集的人群，费某也无计可施。[①] 事发的第四天，知县肖治辉本人终于前来勘察此事，并在三官殿设立了临时办公地点，但他的仪仗却在混乱中被人扔到河里，衣服也被损坏了。肖治辉急忙找士绅圆场，但是只有一名外镇的绅士愿意前来调解。在他的调解下，肖治辉才在几乎全盘接受会众一方要求的情况下得以离开双林镇。而周某只是送交了一位绍兴籍的张某，作为肇事者顶罪。

最后，案件拖了一个多月，才在蔡家的压力下发生了转折。最终判决永禁夜会，蔡家的房屋由会众修理。肖治辉本来要处罚周某，但不知何故，蔡召成反而替周某说情，于是会首们的责任免于追究。

这场冲突显然是当地的一件大事，因为人们对这段历史的记忆一直保留到 100 多年后的今天。在 2001 年的实地调查中，老人们都知道官府曾发布过禁止夜会的命令，也知道蔡家阻拦了游神队伍。据说事后官府曾在东岳庙将禁令勒石立碑，但后来庙会又曾死灰复燃。

从绅—民关系的角度审视，在本案中，民间花会的力量得到了充分的展现，他们能够动员大量的人员攻击镇上的大绅蔡家，并强制罢市；但他们最终不得不接受官府的禁令，赔偿蔡家的损失，从表面上看花会仍是个失败者。另一方面，蔡家作为禁止夜会的坚定支持者，在首先受冲击后却似乎并没有一味强硬，在事件的后期，蔡召成反而替周某转圜，表明士绅力量与民间力量的某种妥协。当然，蔡家挽回了财产损失，同时由崇善堂重新召集会首通告禁止夜会，表示恢复了崇善堂的地位和声望。对于官府来说，禁止夜会的目的已经达到；而对于周某等人来说，逃避了官府对他们的处罚，也是值得庆幸的。这样各方都获得了一定的

---

① 双林镇虽然不设汛官，但"道光间营房坍废，汛官驻城中"。民国《双林镇志》卷 15，第 14 页下。

满足，保全了"面子"。冲突各方在这一过程中动用各种资源为自己争取
面子，本身就是权力运作的一个具体表现。蔡召成在基本保全了自己利
益的前提下，转而为本镇的人谋求面子，表现得宽宏大量，无形中又为
自己增加了威望。这可能也是双林镇这场冲突得以稳妥解决的关键，是
地方社会权力网络恢复平衡的重要因素。

从官—绅关系的角度审视，在事件发生之前，官府虽然希望禁止夜
会，但却首先征求本镇士绅的意见；在士绅要求官府出面之时，官府又
有意回避直接面对民众，反过来要求士绅出面；而在事件发生之后，虽
然士绅因支持官府而受到"无赖"攻击，官府却没有能够给他们以及时
有力的支持；相反，最后的结果还是在绅士的努力下促成的。官府虽是
禁夜会的发起者，却无法独立完成此事。这些都说明士绅是晚清双林镇
权力网络中的中心力量。这究竟是因为几百年来市镇的发展壮大——当
然也包括镇绅势力的壮大——使得州县官员放弃了对它们的控驭，将日
常事务的处理权拱手相让呢，还是因为长期以来这里就存在一个比较稳
定的自治系统，从来就用不着官府插手，或者官府根本就难以插手呢？
无论如何，这场因庙会而起的风波，为我们提供了一个揭示江南市镇权
力网络变迁的切入点。

## 二 民众与士绅

杜赞奇使用经纪模型去分析晚清华北国家与乡村社会之间的关系，
论证了国家赢利型经纪和地方保护型经纪两类力量所起的不同作用；对
于后者而言，宗族与宗教力量扮演着重要的角色，不过在 20 世纪以来的
国家建设中，他们的作用被国家不断削弱。[①] 在这里，我们可以同时期江
南市镇的例子对此做一些讨论。

东岳会风波的主角是民间香会组织与地方士绅，官方在这中间也起

---

① 参见［美］杜赞奇《文化、权力与国家》王福明译，江苏人民出版社 1994 年版，第 2
章。杜赞奇使用交易中的人"经纪"（brokerage）这个概念，来称呼国家与基层社会之间的某种
体制内角色和体制外角色，他认为这是官府控制乡村社会的工具。他还认为，使用这一概念作为
分析工具，比日本学者使用的"乡绅社会"更为有效。

了一定的作用。按通常对明清时期迎神赛会活动的了解，城镇香会的组织领袖往往是士绅，以前花神会的主持者也是一旧家子，而这次风波中的会首周某却是一名"无赖"。这场风波所表现的民间会社与蔡姓士绅的对立，实际上可能是士绅集团与民众长期积怨的一次爆发。如蔡召成曾在8年前将本家拥有的一块地皮捐出来建立了宣讲所，以打击在那里已经很猖獗的赌博①；又本地乡民有阻葬的习俗，"不论营葬、浮厝，辄视其家之贫富需索埠费，一不遂意，则纠众拦阻，不许登岸"，光绪年间，蔡召成又以崇善堂的名义向官府提议禁止，后此俗逐渐禁绝。② 在这里，士绅并不像某种"经纪"或者"代理人"，而是作为地方秩序的管理者，与"违犯"地方秩序者形成对立，他们似乎在这个官府不在场的地方扮演着官府的角色。

自元代以来，双林便以丝织业闻名，其居民多从事经济作物的种植及手工业，所谓"吾镇之乡村无不栽桑"，"近镇数村，以织绢为业"，至于"居镇者无蚕桑事，于炊爨、缝纫外，勤纺织，精刺绣，工裁剪，成衣服"。③ 商业逐渐繁荣，也自然导致民风变化，而这些变化则引起某些士人的不满："按吾镇出门贸易者，大半在苏杭及各近处，富商则走闽、广、湘、樊、松、沪。其在本镇经纪者，以丝线绸绢为盛。有赀设店，获利固易，而精其业者，即空手入市，亦可日有所获，以赡其家。俗所谓早晨没饭吃，晚上有马骑……供应者奢华，同行争胜，投客所好，以为迎合，无所不至，而日用纷华莫比，几于忘所自来。迨客去市毕，萧条家计，故我依然，其病由于贪市易而不计盈亏。甚有将数万赀本捐贴开行，不十数年化为乌有者。祖父遗赀罄尽，烟赌习气难除，子弟骄养性成，不知生计，习俗使然矣。"④

① 民国《双林镇志》卷12，第11页上。赌徒们似乎也不乏支持者，在后来蔡召成向官府申诉时，支持赌徒的除蔡氏族人外，还有"某姓"也支持他们。"某姓者，京宦之家属也。"按，当时可能在京任职的只有蔡宗瀚和郑训承二人。蔡宗瀚考取内阁中书后，又拣发热河同知，而郑训承则几乎一直在京任职，并且"卒于京邸"，见民国《双林镇志》卷27，第6页上；卷24，第56页下。

② 民国《双林镇志》卷15，第7页。

③ 民国《双林镇志》卷15，第2页；卷16，第8页；同治《双林记增纂》卷8（清抄本）等。

④ 民国《双林镇志》卷15，第3页。

这种商业化的氛围必然影响到周围的乡村，导致传统农业经营方式的变化："乡民习耕作，男子七八岁亦从师读书，有暇则斫草饲羊，或随父兄作轻便工，未有荒以嬉者。每春社时赛会演戏，祷祀游观，不过数日，即秉耒耕桑，不敢休息。惟近镇数村，以织绢为业，男子或从事绞线，必常出市买丝卖绢，田功半荒，而衣帛食鲜，醉饱市肆，其佚乐远胜常农。"本来，在邻接市镇之乡村进行"织绢，乡人赚钱甚易，而家转致贫，盖由男作线工，工余必入市，闻见奢华，日用易费；妇女虽勤俭于家，而田地荒芜，入不敷出，鬻田称贷，渐至冻馁者有之"①。

即使是务农者，也颇有与众不同的风格：

> 江南完租，佃户辄送至业主家，吾乡无此例，必业主乘舟至乡量取……道光十一年冬收大歉，漕米下年带征，收租尚有三四斗一亩。迨二十一年雪灾停征，乡人遂连圩结甲，升合不完。租船至乡，辄鸣锣聚众，哗噪驱逐，甚或掷石泼污泥，或将船拔起或锁住。而田主转好言求脱，无可如何。自此以后，稍遇歉收，齐心拜总管，私议租额，不许抗违。②
>
> 若田属镇人，由佃纳租，每得不偿失。盖以遇潦，则戽水需资；春秋赛社，按田索费；遇岁稍歉，则结甲抗租。③

这些资料既说明当地地主经营土地租赁无利可图，也说明了在商业化过程中，普通民众逐渐增强了对有产者的抗拒性传统，而且这种特点由于这一过程中群体认同的增强而得到强化，下层民众因此也成为双林镇权力网络中不可忽视的部分，这股力量就或许通过东岳会风波中的香会表现出来。

在手工业者群体中也可发现这样的特点。由于双林的工商业特性，这里的居民构成从明至清有个移民渐增的过程，前引人口资料对此已有

---

① 民国《双林镇志》卷15，第2页。
② 民国《双林镇志》卷13，第7—8页。
③ 民国《双林镇志》卷16，第2页下。

说明。如此地的油坊有"博士人数逾百",皂坊雇工数百,大多来自安徽泾县①,几乎为外地雇工所垄断。② 在每年正月初三的"太君神诞","自朝至晚演戏,包头业及黑坊中人主其事,余亦结社祝献,纷纷不绝"。③ "原按各业斋行,则停工唱戏,工价之增,惟其所议,不能禁。油坊博士尤横,稍不如意,则停工挟制业主,纵博斗悍无顾忌。咸丰癸丑,粤寇据江宁,金借口回家,索坊主川资甚巨。"④ 在东岳会风波中最后被抓来顶罪的张某就是绍兴人,以磨豆为生;据说,以前在宣讲所事件中与蔡召成作对的赌徒主要是南京人。

当然,外来移民中最有势力者并非雇工,而是商人。以丝织业为特色的双林镇,或被称为地方专业市场,或被称为中级市场。⑤ 这里有桑秧市,所谓"岁之正、二月,东路贩客载桑入市,有桑秧行,亦有不就行而售之者"⑥;有桑叶市,分头、中、末三市,分别为3、5、7天;有生丝市,头、二蚕市"日出万金",周围各镇生产的生丝往往也在这里交易;有丝绸市,在众多产品中最有名的是包头纱,"盛时销至十余万匹"。⑦ 除上述与丝织业有关的市场外,还有米粮市场,一开始地处金锁桥的米市,后来逐渐扩展至四栅之侧,并有代客买卖的"行"和零售商店。⑧ 在这样的市场中心,外来商人形成规模,在双林镇上,出现了宁国商人建立的泾县会馆、镇江商人建立的金陵会馆、宁波和绍兴商人建立的宁绍会馆等。其中安徽宁国绢商朱、胡、洪、郑、汪等姓长期在湖州经商,曾建式好堂作公益善举⑨,前述皂坊便是他们所开,其数百泾县工人显然是从他们的家乡雇佣来的。后文注中还提到建立新安义园的16家休宁商人等,虽然因科举或者晚至等

---

① 民国《双林镇志》卷15,第2页下。
② 同上书,第2—3页。
③ 民国《双林镇志》卷15,第10页上。
④ 同上书,第2—3页。
⑤ 范金民:《明清江南商业的发展》,第135页;陈学文:《明清时期太湖流域的商品经济与市场网络》,第266—281页。
⑥ 民国《双林镇志》卷14,第3页。
⑦ 民国《双林镇志》卷17,第3页上。
⑧ 民国《双林镇志》卷16,第1页下。
⑨ 朱琦:《式好堂兴复上访义渡碑记》,《小万卷斋文稿》卷18,光绪十一年重刊本,嘉树山房藏版,第16—17页。

原因，未必成为双林镇上的显族，但却可能成为这个工商业市镇上移民势力的中坚力量。此外，东岳会风波中出来救火的水龙会，固然是为避免火灾损失而建的消防组织，但他们绝非无干系的闲人，因为此会恰恰是外地雇工居多的油坊出面组织的。这类组织每年借五月十三关帝"磨刀雨"之日出来大规模演习，形成当地颇有影响的岁时节日活动，也成为该行业力量按时展示自己实力的机会。

与后文即将提及的、以寺庙为代表的社区中心转移相一致的是，这种情况导致当地宗族靠血缘关系进行利益整合、维持秩序，从而扮演中心角色的格局已然改变，镇民与大族士绅之间的冲突应当就是这一变化的体现。

东岳会风波的始末都与蔡姓士绅相关，但蔡家并非该镇最大或历史最悠久的家族。

明清以来，双林有影响的旧家大族应该说是吴家、沈家、陆家和严家。严家衰落很早，在清乾隆年间的严惇彝之后，就再也没有出过什么名人。陆家的兴起最早，明天顺年间，陆家成功地重修了化成桥①，但到清初以后，大约是因为族中精英外迁，留在本地的人已经风光不复。沈家出过双林镇最早的巡抚沈桐，他可能是明末很有影响的吴兴沈氏一族，而事实上，双林镇上沈家的子弟中确曾有过继给南浔沈氏的情况。② 沈桐的祖父乃是这一带的粮长③，沈桐在中进士后移居双林镇。他在双林镇的活动非常活跃，开通了南兜和南阳兜④，使得双林镇南部的交通更为便利。他还为吴汀修吴氏宗祠作记。其宅第沈家园一度是双林镇的名胜。可能是由于一部分子孙迁居苏州的缘故⑤，这个家族在清前期就渐渐失去

---

① 这是双林镇上最重要的一座桥，一名塘桥，桥堍有六总管祠，一名塘桥总管祠。其神像是不多的几个巡游全镇的神之一。化成桥与后来修建的万魁桥、万元桥一起，并称为双林三桥。现在为浙江省省级文物。

② 民国《双林镇志》卷4，第2页下就记载了沈家有人"出为马要南尚书演嗣"。

③ 民国《双林镇志》卷20，第5页上。

④ 民国《双林镇志》卷4，第5页下。

⑤ 民国《双林镇志》卷20，第20页下。

了在双林镇上的显赫地位①，他们在崇善堂的管理职务后来也被蔡亦庄联合镇上的绅士们所接替。不过，从文献记载的当地宗祠情况来看，由于沈家的支祠最多，所以应该说沈家的人丁仍颇兴旺，其实力仍不可小觑。

吴家是双林最早的住户之一，据说吴家、陆家的后裔还保留有双林最早编订保甲的记录②，吴家自称始祖是吴宪卿，该人据说是元代的象州提举官，死后颇有灵迹，被元仁宗封为总管，在当地的堂子湾建有吴总管祠，吴家的祠堂就设在祠内。由于此地最盛行的六总管、七总管神也常被称作陆总管、戚总管，因此吴总管应该是当地民间神祇五总管，被吴姓托为祖先，形成江南地区家族初建时期较常见的祠庙合一现象。据说到明成化间，吴伯明梦见禹王，于是又将祠堂改建为禹王宫，作为当地的土地庙之一。该庙高度为全镇之冠，号称"一镇之望"，而土地——禹王也是全镇不多的几个被抬着神像周游全镇的神之一。③ 这显然表明，在明代中叶，当吴氏宗族完成了利用神圣象征进行家族认同的工作后，又通过改造或丰富这个象征系统以凸显本族在社区中的地位。

通过以上举措，吴家曾长期占据双林镇的显赫位置，由于该总管祠或土地庙同时又被设为乡约所，吴汀就被尊为乡约长。不过由于吴家始终不能在科举榜上占据较高的位置，所以到了后来，吴家主动参与的公益活动越来越少。到道光年间，吴家再不能垄断双林镇的区域性神圣象征，另外几家绅士又共同创建了一所土地庙，地点在与吴总管祠相距不远的大通桥东，乡约所也于清初时设在了东岳庙。④ 这对于吴家来说，除

---

① 民国《双林镇志》卷32，第28页记，清顺治二年五月十三日，赛关帝会人持械入市。当天或次日，土枭潘某杀沈楷。同日，镇人杀潘某同党。其后，镇人陈某杀潘某。以后沈家又卷入通海案，被镇上的无赖王式所讦，其子王春曾两度叩阍（见光绪《归安县志》卷49，"杂识"，《中国地方志集成·浙江省专辑》，上海书店1993年版，第29页下—第31页上）。沈磊隐居不仕，常与张履祥等往来（见光绪《归安县志》卷35，"儒林"，第8页下至第9页上；民国《双林镇志》卷20，第15页），其家势力大为削弱。当然他们在当地还有一定威望，如沈澜、沈溶等均为一时名人。见戴璐《吴兴诗话》卷6，《吴兴丛书》本，民国刻本，嘉业堂刊本，第4—5页上；民国《双林镇志》卷20，第28页上。

② 民国《双林镇志》卷18，第1页上。

③ 民国《双林镇志》卷9，第2页下、第3页上。参见滨岛敦俊《总管信仰——近世江南农村社会与民间信仰》，第26页。

④ 区域权力中心从总管祠和宗祠到地方性的禹王宫，再到包容更广的神圣象征东岳庙，这一从元经明至清初的变化过程，说明双林土著权力垄断的情况已变为与移民共享。

了意味着本族荣光的失落之外，或许还是本镇权力格局发生变化的象征。吴家最后一个见诸《双林镇志》的人物是吴兴权，而他当时不过是个年仅20余岁的学生，这显然不是什么特别的荣耀；而且在此之前，他们家族已有多年没有人被收入"人物"卷中了（上一位是乾隆年间的吴焕）。

资格相对老一点的还有清嘉庆、道光年间兴起的徐家和郑家。这两家分别产生了清中叶双林镇上最有影响的两个人物：徐有壬和郑祖琛，他们都做到巡抚的官职。徐家祖上是康熙年间来镇经商的商人，后来落户双林镇，经过几代的发展，徐家渐渐兴旺起来。不过徐家"以官为家"①，大多数有功名的成年人都在外地，对于本镇的建设作用不大。徐有壬是仅有的例外。他在丁忧回籍时频繁地参与地方事务，比如"（咸丰）六年夏，大旱饥。镇之博徒勾结东路枪船，至镇聚赌，并演唱花鼓戏，谓之花册场。有数十小船至石街埭，强占民居。时徐有壬总办团防于湖城，告当道访查严禁，旋避去"②。此外，他还曾主持重修贾烈女墓等。但是徐有壬在太平军攻陷苏州城时殉职，他的子侄辈们也都在外忙碌，按照徐炳倬《扫墓记》的说法，在他回家丁忧之前，他和他的堂兄弟们已多年未见了。③

郑家早在清初就已活跃在双林镇上④，郑祖琛的出现则使郑家影响达到了高峰。在双林镇受到一些"无赖"借灾荒吃大户的威胁时，是郑祖琛站出来平息了事态。⑤ 但郑祖琛在广西巡抚任内，因对拜上帝会的发展防范不力而被革职，成为太平天国运动的第一个牺牲品。他本来应谪戍新疆，只因在原籍病故而免。《双林镇志》《归安县志》甚至不为他作传，

---

① 《双林徐氏家乘》卷2，浙江湖州徐氏光绪十七年刻本，第46页。

② 民国《双林镇志》卷19，第14页上。

③ 民国《双林镇志》卷6，第32页上—第36页上。

④ "顺治甲午，里人置放生河于石漾。郑文学梦生延玉琳国师开讲，舍地为庵，召僧护视。"民国《双林镇志》卷9，第7页下。

⑤ "（道光）十七年正月，风雪雷电雹，三春恒雨，秋多雨，田禾损坏。乡民借口岁荒，纠众至殷户家坐饭。亦有挟嫌乘机报复或掳掠者。忽一日，镇上四栅有匿名揭帖，上写某日至某家坐饭。是时，郑祖琛以闽藩告终养在家，遂持揭帖送县。程安二令即率壮勇来镇弹压，惩治出名行凶数人，其风始息。"民国《双林镇志》卷19，第13页上。

显然认为他对于粤乱负有不可推卸的责任。① 这样一来，郑家的威望就大大降低了，此后几乎一蹶不振。

虽然主角蔡家迁居双林镇很早，但只是当地大族中的后起之秀，到清嘉庆间才逐渐在科举榜上露头。据《双林镇志·贡举》统计，蔡家在嘉庆二十年以后获生员头衔的人数高达 66 名，大大领先于第二位的郑家（48 人）、第三位的沈家（40 人），是处在第四位的徐家（30 人）的两倍多。蔡召成的父亲以经商起家，他和蔡召南、蔡召棠都中了秀才②，并在太平天国战后的赈济中树立了自己的地位。此后他开始成为镇上的头面人物，同治八年（1869），他和蔡蓉升、李友兰、梁湘等 11 人共同参与创建蓉湖书院。③ 此后，蔡召成频繁地参与镇上的公益事业，他整顿了崇善堂，改变了崇善堂以往的账目混乱不清、由沈姓一家把持的局面。除了前文提到的打击赌博、禁止阻葬等外，他还对留婴堂进行了改造。④ 他的次子蔡蒙在光绪十五年（1889）中了举人，这一科的名人包括蔡元培、张元济、徐珂等人，这对于蔡家势力向外扩张大有裨益。若干年后，《双林镇志》就由张元济主持的商务印书馆印行，而做序者正是徐珂。蔡蒙自己在东岳会风波起时可能正在江西做知县，成为当时本镇官阶最高的人物，而在稍后的双林镇辛亥光复过程中，蔡蒙又起着领导者的作用。⑤可见，到清代后期，蔡家在双林占据着领袖的地位。

产生了新中国第一位林业部长梁希的梁家，与蔡家关系不错。梁希本人刚刚进学做秀才的时候，有举人功名的祖父梁湘曾与蔡亦庄一道参与修建蓉湖书院，他的父亲梁枚甚至中了进士。梁枚因此脱离了双林镇

---

① 幸亏在其他地方（比如乃父郑遵估的传记），我们能零星看到一些关于他的材料，比如他对贞节祠的题词以及其他一些公益事业的参与（光绪《归安县志》卷18，"善举"，第19页及民国《双林镇志》卷20，"人物·俞榛传"）。在民国《双林镇志》卷20 "人物·郑遵估传"中，曾提到郑祖琛在外地任职时每每建设善堂、公所之类，双林镇的崇善堂似应是郑祖琛在守制期间创建的。

② 民国《双林镇志》卷30，"贡举"。三个人分别在咸丰三年（1853）、七年（1857）和道光三十年（1850）岁试被取为秀才。

③ 民国《双林镇志》卷8，第3页上。

④ 民国《双林镇志》卷20，第57—59页。

⑤ 民国《双林镇志》卷32，"纪略·杂纪"，第24—25页。有关双林镇光复及李子九事都在此处，下文不注。

的地方生活而且早逝，所以对于双林镇的影响没有梁希的叔父梁榕大，而梁榕本人又是蔡蒙的同年。在稍后的一段时间里，也曾短暂主持崇善堂，宣统二年（1910）他调解了沈家与总持庵的地产纠纷。① 而且最晚到辛亥革命前夕，梁希已成为双林镇地方很有影响的人物，在编纂双林镇志时，蔡蒙曾专门提到编纂镇志是出于梁希的创意。从这点来看，梁希与蔡家的关系也相当不错。②

另一位在双林镇上拥有强大影响的绅士是蔡松，但他与前面的蔡家并不同宗。他在萧山教谕任内，利用返乡的短暂时间，参与创立了丝绢公所。③ 蔡松与蔡蒙是同年（光绪十五年恩科）④，也参与了双林镇志的编纂。其子蔡雄就是后来闻名一时的民族资本家蔡声白。还有李家也可算当地的著姓。李宗莲（字友兰）在当地曾有很高的声望，他是组织团练抵抗太平军的人士之一，并且后来还与梁枚一起中了进士。李次九（或做子九）是光复会员⑤，后与蔡蒙一起合作领导了双林镇的光复，并在湖州独立后一度担任湖州的民政局长。从以上事实看，仅仅凭借着族大丁多，凭借着在本地居住年代长久和各种关系的盘根错节的宗族在双林镇上所起的作用日益减小，而那些有许多成员取得功名的家族著姓才是社会上的明星。

双林镇上的士绅与民众构成的变化是基本一致的，这鲜明地反映了从明到清社会变动的节奏。当该镇居民的构成已经不是清一色的土著、而增加了不少外来人口的时候，不仅是他们的成分从农民变成了工人，而且一些外来定居的商人也通过家族繁衍和科举考试变成了本地的缙绅，而在科举仕途上占据优势的家族更成为明清以来双林镇上的实权派，无论是地缘关系还是血缘关系都较前大为冲淡。我们在这个市镇的一场风波中，看到的不是士绅或者祭祀组织保护镇民不受官府的侵渔，而是市镇内部各权力集团之间的冲突关系。在一个社会流动性较强、由于工商业的发达而造成观念变化较大的晚清市镇里，血缘或地缘集团之间的关

---

① 民国《双林镇志》卷32，第18—19页。

② 民国《双林镇志》"序"。

③ 民国《双林镇志》卷8，第5页。

④ 民国《双林镇志》卷30，第9页上。

⑤ 《光复会党人录》，《浙江文史资料选辑》第27辑，1984年版，第175页。

系开始被利益集团之间的关系所削弱，东岳会风波就体现了这一变化。

# 三　国家力量与官民中介

对于双林镇这样一个不是中心统治城市的工商业聚落，国家的力量是怎样表现的呢？其内部的权力关系是怎样表现的呢？

在行政统属关系上，双林属归安县。双林是与湖州府城或归安县城距离最近的一个镇。随着这里的商业日渐繁荣，人口日益增加，官府对它也日益重视。清初在双林镇设立了双林汛和守备，后来琏市巡检署圮，也在双林镇租房设署办公。① 巡检设于州县下的要害之处，代表州县官员处理民政，是官府在这里的正式机构，兼管双林与琏市。守备处理军政，定制"战兵四名，守兵十七名"，负责双林、琏市等广大地区的治安。② 在守备之下的千总、把总等，即为汛官，"汛"就是军营的基层组织。《浔溪纪事诗》卷下记载了一个案子，因为镇人误将哭嫁的新娘认作被拐的少女，而向汛官报告，并且和汛兵一起将新娘的哥哥和其他随行人员打死。他们虽然不能起很大的作用，但还是镇上权力网络中代表国家的一种制约力量，因此在被蔡氏借故整顿之前，营赌博业者要给巡检钱"日数千"作为常例，以换取后者的默许。可能出于这种默契，也可能有意回避市镇内部的纠葛，他们对于蔡家的失火就抱着一种旁观的态度。

在明末清初的社会动荡时期，官府也曾在双林镇编制保甲，但逐渐产生流弊，引起镇民不满，后来在四栅设有地保，由无业游民自愿出任，主要是随县差催粮。此外，应该说乡约所的设立反映了国家教化力量的渗透。在清顺治十年（1653）双林镇的《乡约所碑》中说："慨今兵燹之余，人皆一意苟且，谓且得偷生丧乱已足，何事羁縻？父母恕其子弟，而子弟渐不逊，似染暴乱余腥，甚而一室干戈，同舟水火，虽无元凶巨恶之才，有鼠窃狗偷之智，其行为不可究诘。此近今之士风也，而吾镇为尤甚。"为了尽可能地贯彻国家意志，将可能出现的地方动荡消弭于无

---

① 同治《湖州府志》卷17，"舆地略·公廨"，第18页。"康熙后镇繁盈，移琏市巡检司驻双林"（民国《双林镇志》卷1，第2页）。

② 光绪《归安县志》卷18，"兵制"，第1页。

形，乡约所也是官府在市镇上打下的楔子。"吾镇土狭民贫，创建独难，邑侯谋之，绅耆咸未敢轻任其事，顾欲尽今日之秀顽而劝惩之，舍此无由。且邑侯固请之再四，于是李评事赠君瑞麟与诸衿耆各捐赀，经始度地，效力于镇东北面石街漾而建焉。"官府乃与地方士绅联手维护一方秩序。虽然它在康熙年间被改建为东岳庙，但乾隆重修岳庙时，乡约所仍在发挥作用。①

在双林镇上，交易税无疑是大宗收入，但我们没有在地方文献中看到专门的官府收税机构。这里的丝绸业基本上由牙行操纵，官府可能是通过对牙人的课税，来代行税收职能。官府也可以通过参与地方公益事业，来加强其在地方的影响，但我们在《双林镇志》《归安县志》等文献中，经常发现的是这样一种情况，即由地方绅士组织创建和动员募捐，而得到官府的认同（如南浔镇的师善堂和义仓成立时就有官府的批准公呈②，再如给双林镇的蓉湖书院和宣讲所题字③）；真正由官府发动的事业以在明代和清初为多，比如双林镇和南浔镇的乡约所，就都是由官府创建的。但根据两镇的记载，它们后来都被废弃了，改做其他用途。对于官府在地方的作用，蔡亦庄就曾说过："官之为地方兴利除害，力止于批牒悬书，若本处无人为致力，则必无一事克举，即举亦旦夕废。"④

相形之下，工商业的特性使得此地的自治力量特别强大，无论是士绅还是祭祀组织都与这种特性有关。我们在前面已经多次看到崇善堂的身影，因此它的作用特别值得关注。

文人力量的壮大和历史的传统使当地文人早有结社，也举办了自己的结社活动——文昌会。而崇善堂也不是双林镇上最早的善会、善堂组织。雍正年间，双林镇就出现了第一个善堂——留婴堂，并于嘉庆甲戌年（1814）重建，由"沈春海及青怀等复募置西港口张氏祠堂旁屋"。此后双林镇上又出现了恤嫠会等组织。但在从职能比较单一的地方慈善组

① 民国《双林镇志》卷9，第1页。
② 汪日桢：《南浔镇志》卷2，"公署"，同治刻本，第11、6—8页。
③ 民国《双林镇志》卷12，第9—10页。
④ 民国《双林镇志》卷20，第57—59页。

织向地方自治组织转化的过程中，崇善堂的建立和发展是一个重要的标识。崇善堂在道光年间由郑祖琛创建，目标是打击双林镇附近的乡民阻葬的风俗。① 太平天国战后，蔡召成等一批绅士对其进行了改造，与留婴会、恤嫠会等共同管理，逐渐成为镇上的权力机构。蔡召成的许多作为都是以崇善堂的名义进行的，最初宣布官府关于夜会的禁令就是在崇善堂。可见当时它已经成为双林镇官府与地方联系的纽带。而这场冲突最后也是在崇善堂集合各方人士解决的，说明崇善堂在当地的地位已经为大家公认。丝绸业商人向崇善堂提供经费，并参与很多公共活动或公益事业，"嘉、道间商家大率富饶，端午日后舁神像巡行三日，谓为驱祟"②。后来双林镇的自治也与它们的支持有关。

容易理解的是，商人们多为外地人。双林镇的商人早期可能多是徽商③，但后来渐渐变成浙江人的天下。《双林镇志》记载镇上的 5 家当铺都是南浔人开设的：徐氏家族的祖先本是从杭绍过来的商人，以对外贸易起家，进而在双林镇上开设了 5 家当铺。编纂《双林志增纂》的蔡蓉升实际上也是从德清迁来的。④ 来自邻里地区的人就更多了，除了上面提到的南浔商人和与南浔沈氏同宗的沈家以外，辑里温氏、晟舍闵氏都在双林镇有活动的身影。⑤ 而晟舍凌氏的后人既有一部分人定居双林镇，也有部分人徙居别地。⑥ 因此，在知县肖治辉处于尴尬境地的时候，是一位外镇人士出面调解，反映出外镇人士在双林镇拥有的影响力。

---

① 《崇善堂纪》云，"道光时郑梦白宫傅奉讳归里"，见民国《双林镇志》卷32，第5页下至第6页下；民国《双林镇志》卷20，第50页。

② 民国《双林镇志》卷15，第12页下。

③ "新安义园在西坟滩。初时徽商殁于镇者，随处散厝，年久无考。乾隆时，孙、吴、汪、程、俞等姓十六家，祖籍皆休宁，共捐赀购地于西坟滩，建楼三楹，东西二廊，凡休宁人客死者皆暂殡以俟家属来领。其无力回籍者，则葬于菁山山地，亦公赀所购者。又于市置店屋五处，以年租为葬费，及津贴迁柩回籍之用。道光间赀渐耗，俞春敷、吴东樵等募各典徽商措资，创建前厅，中供佛像，重整规例，凡徽州六县之商人客死者皆得入殡。"民国《双林镇志》卷8，第2页。

④ 丁桂：《双林蔡氏重修族谱序》，《欧余山房文集》卷上，《吴兴丛书》本，民国嘉业堂刊本，第14页；民国《双林镇志》卷20，第44页。

⑤ 民国《双林镇志》卷22，第4页下—第5页上。

⑥ 范来庚：《南浔镇志》卷7，《南林丛刊》本，民国南林周氏排印本，"人物·凌一凤"，第19页上。

双林镇的居民构成、聚落性质和工商业特点在从明到清再到晚清的过程中，逐渐打破了旧的、以宗族势力为主的权力格局，士绅与镇民之间的力量对比显得并不特别悬殊。但宗族、特别是拥有名人绅士的宗族依然发挥着重大作用，他们与外来的商人和雇工等势力逐渐磨合成一种混合型的自我管理体制。在他们之间发生冲突的时候，前者可以借助宗族和功名作为权力资本，而后者则借助包括祭祀组织在内的民间群体作为动员民众的资源，中间的商人根据他们在市镇生活中的身份地位进行立场的选择，而代表国家的官府则始终作为陪衬，甚至是士绅的工具。在这种情况下，遇到改朝换代或重大社会变迁的时候，双林镇的变化应该是比较顺利的，因为那里的居民较少传统的束缚和国家力量的羁绊。

# 四　在政权更迭之际

东岳会风波发生后不过 11 年的时间，清王朝便走到了它的穷途末路。1911 年农历九月十六日，省城杭州光复，湖州人民群起响应，建立了新的地方政权，把厘捐局的存银充作新政权的经费。起初双林镇人并不清楚这一重大政治变局，只是正好有一士绅在湖州，连夜赶回镇上，次日清晨跑到士绅们通常聚集喝茶的市楼，将光复信息告知蔡蒙等人，商讨本镇的应对之策。蔡蒙即请士绅俞姓、张姓二人直接到捐局核查存银，并通知巡防营的兵勇前去防守，自己直奔崇善堂，派人召集各绅董迅速前来议事。显然，崇善堂这个由士绅发起创立的慈善组织已成为双林镇的权力核心。

实际上在辛亥革命之前，双林镇的士绅已有山雨欲来的感觉，李子九就曾与蔡蒙商量过兴办民团、以图自保的事情，说明他们明白市镇与乡村一样，在动荡的形势下无法得到政府力量的有效保护。当时蔡蒙力主民团应由本地人组成，完全排除外地人，但经费并无着落，当地士绅既未普遍感觉到建立民团的必要，又不愿意痛快地解囊相助。因而，蔡蒙等临时借用开办学堂的公款，招了"本镇有营业者"120 人，在崇善堂召开民团成立大会，但没有来得及准备枪械。到这时，消息猝然传来，蔡蒙在崇善堂召集士绅，希望大家立即准备，并对聚集在门外的镇民安抚说，"凡本镇人宜各为本镇尽义务，第请沿途相告……善堂一切布置，自安然无事矣"。然后一方面派人到杭州、上海买枪支弹药；另一方面把厘捐局的会计叫到善堂来，把厘捐充作民团经费，民团立刻分队出巡，维持治安。

在这个时候，双林镇显然处在权力变化的旋涡中心之外，人们并不十分关心这场变局的时代意义，而多关注自己或本地的利益是否会遭到损害。这时人们聚集在塘桥码头，看看是否有革命军开到，经营轮渡的招商轮局也预备了表示光复的白旗，但并不打算立刻打出来，而准备等到班轮开到，假如来的班轮上悬挂白旗，这里也立刻悬挂，蔡蒙嘱咐要"莫先莫后"，显示出他们的功利态度。

此后，士绅们仍聚集崇善堂商议民团事项，有人向蔡蒙建议，在本镇分别建立军政、民政、财政组织，负责人都由地方有实力的士绅担任。后来蔡蒙又与原来官府所设防营的一个哨官达成默契①，后者表示，"身在镇，当与镇绅同意。巡守事必弗懈，益虔视民团如一家也"。正好在这个时候，购买的枪械弹药也已运到，"民团百数十人，既人得持一枪，出队鱼贯，其规模已约略可观，足以吓小盗贼矣"。由于民团成立，巢湖帮也不敢来镇骚扰，蔡蒙又建议在镇周边乡村建立民团自保，所谓"为乡谋，实为镇谋也"。后来果然"成团之五村无盗劫事"，本镇"地方颇宁静，即平日所谓棍痞者，此时转若销镕无迹"。归安县城和菱湖、南浔居民都有许多人在动荡之时来双林暂避，甚至侨居，"镇若独为安靖地矣"。至此时，双林镇通过以崇善堂士绅为核心进行的自治行动，完成了新旧权力的转换。

按记事者的说法，在动荡中出现的这一切自治行为，财政上都由士绅富户掌管，除少数文书人员领取一点酬金外，"余皆尽义务"。到1913年初民团解散时，又由蔡蒙在崇善堂集会宣布，"皆寂听无异议"。自始至终，双林镇在崇善堂士绅的主持下，平稳地完成了动荡时期的保境安

---

① 双林镇设巡防营，其始是因为附近的巢湖帮曾经来镇骚扰，遂由省里临时派驻，防卫十余年后撤。当时有一营弁很负责任，镇上的士绅请他留驻，由地方自筹饷以给营勇。但营勇数量已渐减至20余人，分驻四栅，负责巡夜而已。

民职责。① 号称从明末开始的东岳会在 1900 年风波之后就一蹶不振，周某与其他老会首也在次年死去；国家在这两次动荡中均扮演着可有可无的角色；在辛亥革命爆发时的双林镇，外地人似乎也因被排斥而销声匿迹，在场的就只剩下崇善堂及其主事的士绅们了。

自从"施坚雅模式"② 出现以来，帝国时代的市镇就被许多研究者视为市场网络中的一级中心地，对其各种特性的总结基本上是从商业性的角度考虑的，在人们的眼中，它似乎被排除在帝国政治管辖体系之外。③从发生学和一般特性的意义上判断，这当然是对的。但是我们很难想象它能脱离帝国的权力支配体系、完全成为帝国政治支配之外的一块块"飞地"。无论如何，它都需要孕育和形成一个自我管理（或者说自治）的权力机制，来协调市镇内部的各种利益关系，应付可能出现的形势变化和外界压力。

杜赞奇明确指出，他那部关于华北的书"旨在探讨中国国家政权与乡村社会之间的互动关系"，并勾勒了存在于乡村的"权力的文化网络"。④ 虽然可以肯定，市镇是从乡村聚落脱胎而来的，在其兴起的初期，内部的各种权力关系与乡村并无差别，在相当长的时间里，国家也没有把市镇安排在一个与乡村不同的管理系统中。但市镇产生之后，便显示出与乡村的显著不同，国家与市镇之间的互动关系以及市镇的权力网络也日益与乡村有异，市镇的出现打破了原来只有城市和乡村两种社区的模式，对帝国以及市镇自身的统治方式提出了新的问题。

尽管施坚雅把经济或商业作为他划分城市与地方体系层级的首要原则，认为"各级贸易中心必然是庙宇、书院和慈善机构的所在地，也是行使政治、管理，甚至军事控制权的非官僚结构总部的所在地"；在政治

---

① 以上过程皆据《双林光复时情形及民团记》，民国《双林镇志》卷 32，第 19—24 页。据叙事者称，蔡蒙（在文中被称为"某老"）在这一过程中虽始终参与其事，但没有担任任何实际工作和职务。这种说法可能表明蔡蒙是一个在幕后穿针引线的人物，也可能说明他在崇善堂的地位已开始被另外一批有商人背景的士绅取代。

② 参见《中华帝国晚期的城市》。

③ 刘石吉专门强调了市镇的非行政、军事特征，所谓"诸镇有贸易而无官将"。见其《明清时代江南市镇研究》，第 120—125 页。

④ ［美］杜赞奇：《文化、权力与国家》，第 4 页。

竞争中，对市场的控制权也最重要。① 但他也涉及了市镇权力运作的问题。施坚雅使用了"非正式管理"或"非正式权力结构"这样的概念，并以此分析了一个四川的集镇，他认为，宗族、帮会的分会、庙会和行业群体都把基层市场社区作为组织单位，而这些力量的代表是士绅或某些商人。在上一级市场社区，则存在着这些组织的上级，由此市场网络或体系与权力网络和体系是一致的。② 尽管如此，由于施坚雅的兴趣在于以市场的维度进行社会研究；另一方面，他并不注意市镇权力资源和权力关系的历时性变化，因此也就必然把市镇上的士绅或商人视为官府和乡民双方的代理人，从而无法说明市镇与乡村及与城市的权力运作差异。

"双林始亦一村落，户不过数百，口不过千余。明洪武十四年（1381）颁黄册于郡县，令民以户口自实，军、民、盐、匠等户，各以本业占籍，惟民户丁多者许其分析别籍。十年乃大计生齿、老幼、存亡，而更籍之时，里中有户帖者寥寥，如吴总管孙福七、陆都堂父斌，皆领帖成户，今其子孙犹有藏而验之者，他不概见，则户犹未广也。"③ 由此可知，双林在明初时不过是个村落，虽有千余人口，但有产入籍的人户不多。在其由村成镇的过程中，吴、陆两家是这里的大族，他们利用神圣象征强化本族在区域内的地位，将社神与宗族的崇拜合而为一，这是南方乡村宗族抬升自己地位、肯定自己权威的典型手段。

我们已经看到，吴家在明成化时将吴总管祠改为禹王宫，正是乡村向市镇转化的过渡阶段，因为具有血缘特征的神圣象征已经无法适应市镇发展中的多元化趋势，禹王应是适应范围更广的神圣资源。因此到万历时，吴家人被推举为乡约长，子孙负责庙产的赋税，直至清康熙时，吴家人还请县令到这里来宣讲乡约。到道光、咸丰以后，单纯依靠宗族权威已无法对付双林镇上日益多样的势力，通过一两家宗族联姻或者默契就可以支配双林镇的局面也渐成明日黄花。随着市镇扩大、人口增长，一些新的宗族势力壮大，他们通过营建更具普遍感召力的关帝庙和东岳

---

① 《中华帝国晚期的城市》，第 328 页。

② ［美］施坚雅：《中国农村的市场和社会结构》，史建云、徐秀丽译，中国社会科学出版社 1998 年版，第 44—55 页。

③ 民国《双林镇志》卷 18，第 1 页。

庙，自明末清初起就开始与旧家大族分庭抗礼。

自明代繁荣之后，双林也开始吸引和产生具有功名的士绅，但传统的士绅之家并不能在双林起到举足轻重的作用，他们或者长年在外为官，缺乏与镇内势力的沟通，或者其利益未与镇内相关，所以并不重视镇内的事务。他们或许可以在镇上建立善堂和书院，但并无法起到核心作用。与此同时，商人、工匠、外地人或者职业群体都介入到双林镇的生活之中，都与这里的利益息息相关，他们同样可以利用庙会之类公共资源为自己争得一席之地，因此在乡村中扮演权威角色的宗族或传统士绅，已经无法对付这种复杂的局面。东岳会的风波说明，镇上的香会组织并未控制在士绅手中，乡村中并不多见的"游民"或者"无赖"粉墨登场。但直到这时，在帝国管理体制中，许多市镇是和村庄一起编制的，这就说明官府忽略了市镇自身的复杂性，而这种忽略又必然会造成某种程度上的"失序"。

但在双林镇上，这种帝国管理体制上的"失序"并未导致其内部运转的失控。自清代中叶以来，这里产生了一批后起的、具有科举功名但又与工商业利益密切相关的新士绅，这些士绅同时具有宗族势力作为后援。他们对神圣资源的依赖性似乎减小了，但他们把以往的慈善机构成功地改造为市镇上的准权力机构，将其功能从移风易俗扩展到许多方面。特别是经历了东岳会风波的考验，使它在辛亥光复的非常时刻脱颖而出。

夫马进的善会、善堂研究对"乡绅支配论"和"公共领域说"分别提出了挑战①，由于他分析的主要是杭州、苏州这样的省会城市，因此他所见到的善堂官营和善举徭役化现象，在双林镇上并不存在。由此可见在较高级的行政中心，国家的渗透强度更大；而双林镇上的士绅由于披挂了科举功名和工商业的战袍，在权力网络中虽不能说一言九鼎，但肯定处在中心的位置。同时，双林镇上的崇善堂虽与官府存在一定联系，但这种联系显然是松散的，对官府绝对不是一种依赖性的或依附性的关系。这与市镇本身不存在"正式的"权力机构有关，也与居民中的外来人口、工商业人口比重较大有关。士绅对区域政治生活的参与程度既与

---

① 夫马进：《中国善会善堂史研究》，同朋社 1997 年版。

不同的空间（比如南方还是北方，大都市、市镇还是乡村）有关，又与不同的历史时段有关，即使清初的打击曾使江南士绅在参与地方事务方面望而却步，但太平天国运动以后则形势为之一变。

实际上，在双林镇的日常生活中，传统的权力资源还在发挥作用，但旧的生活秩序已经在潜移默化地改变，新旧势力虽未发生明显的冲突，但早已开始了此消彼长的过程。国家的里甲系统在镇上失去了作用，在华北乡村中颇起作用的青苗会、水利组织及各种庙会组织，在这里也不能构成核心，而无论是被行业控制的水龙会等组织还是传统的如东岳会上的祭祀组织，只是表现民间权力的一路诸侯，只有新型士绅主持的崇善堂作为一个暂时性的协调机构，得到了一定程度上的认同。于是，就是在东岳会风波和辛亥光复这一内一外的非常时刻，我们发现了这里的变化。这时，旧有的协调机制失去了作用，官府或者无能为力，或者已经瘫痪，具有多重资源的新士绅群体发挥了突出的作用，他们所借助的善堂组织也临时充当了权力中枢和公共领域的结合"构件"。这是双林镇市镇特性带来的土著力量相对削弱、血缘纽带渐失作用、而基于共同利害的社区认同开始形成主导的体现。

# 从碑刻看明清以来苏州社会的变迁

## ——兼与徽州社会比较

### 唐力行[*]

古城苏州有着极为丰富的碑刻蕴藏。[①] 碑刻与藏之金匮石室的秘籍不同，它铭之于石，公之于众，与社会生活关系密切，所揭示的史实也较为可靠。本文拟据《明清以来苏州社会史碑刻集》（以下凡引自该书资料均夹注碑刻序号），对明清以来苏州的家庭、社区、大众心态的变迁，做一历史考察。

苏州与徽州长期同属一个江南行政区，前者地处沿海平原，后者则为内地山区。在明清以来的社会转型期，这两个区域互动互补，关系密切。然而两地社会变迁却选择了不同的路向，究其原因十分有意义。

一

笔者曾在《明清徽州的家庭与宗族结构》一文中指出，明代中叶"徽商资本一方面瓦解着大家庭结构，另一方面又加固并扩大了宗族血缘

\* 唐力行（1946—　），江苏苏州人，上海师范大学历史系教授，博士生导师，代表作《商人与中国近世社会》等。本文原载《历史研究》2000 年第 1 期。

① 参见《江苏省明清以来碑刻资料选集》，江苏人民出版社 1959 年版；《明清苏州工商业碑刻集》，江苏人民出版社 1981 年版；《明清以来苏州社会史碑刻集》，苏州大学出版社 1998 年版等。其中《明清以来苏州社会史碑刻集》收录碑文计 500 件；《江苏省明清以来碑刻资料选集》共收碑文 370 件，其中苏州为 322 件，占全书 86%；《明清苏州工商业碑刻集》则收碑文 258 件（其中一百余件与《江苏省明清以来碑刻资料选集》重复）。三书共收苏州碑刻近千件。苏州碑刻之多，是与明清以来苏州的地位相应的。

群体"①，从而造成大宗族—小家庭的格局。大宗族—小家庭的构成在苏州也存在。血缘群体个案之一——邹氏家族便是一个典型例子。记载这个家族历史的共有10块碑刻，成碑时间由嘉庆二年（1797）起到光绪二年（1876）止。这是清王朝由盛而衰的80年，也是社会激烈动荡的80年。处于末世的邹氏家族仍竭力置义田、修家祠，维持宗族血缘圈。邹氏迁常熟定居有7代人，始祖（7世祖）耀卿公在康熙年间从无锡迁徙到苏州五龙桥，因"避渠区水匪"，再迁至常熟洞泾桥东，"遂家焉"。可见清初社会动荡不安是邹氏一迁再迁的原因。耀卿公在新居地建造"老屋"，其子公介公"建凝秀堂七间三进"。公介公有三子，分家时以凝秀堂东半授长房辅候公，西半授次房，老屋授三房。辅候公子振远公（4世祖）有了建义田的想法，《常熟邹氏义田记》称他"欲立义田而未逮，嘱其嗣华西曰：此事未为，毕生抱疚，尔其必成之。"（174号碑）邹氏的田产在华西这一代有了大发展，《华西邹君记》称"公性勤俭，数十年间，扩先人遗产，共积良田七千余亩"（175号碑）。道光丙申（1836），华西公立下遗嘱："余分授汝曹田产各千亩，足以自给。余田三千亩，概归义庄，每岁出息，约计若干。汝曹宜善体余心。凡遇祭、义、书公事，须实心奉行，不得丝毫染指。"（182号碑）。道光二十三年（1843），华西的四个儿子在长子珤的主持下，合力营建义庄，"三易寒暑，始观厥成。"然而好景不长，《经理义庄公产述祖德以训子孙篇》云：18年后的"咸丰庚申（1860）之变，义庄厅堂半毁于兵火，所积余资米谷及器皿什物荡然无存。同治甲子（1863）寇退，三叔父（即华西第三子）轮管，它务弗遑，重建庄祠厅堂为亟。……数年来居然次第修复旧观。"（181号碑）据碑文可知邹氏自五世祖辅候公起一直至第七代文瀚都是国学生，历代虽无获功名者，但都有封赠，是一个缙绅大地主家族。四世祖振远立志要建义田，经历了三代人的努力，才建成义庄、家祠，并在毁于太平天国战火后迅速重建。这时邹氏移居常熟已200年了。邹氏为何亟亟乎此举呢？碑文稍稍透露了个中缘由：振远临终嘱咐华西建义田时，"时华西甫弱冠，外侮纷起，跋前疐后者十余年，壮岁乃得经始是事"。可见，"外侮纷起"是强化血族团结的主要原因。所以，华西公能"殚精竭虑，

---

① 唐力行：《明清徽州的家庭与宗族结构》，《历史研究》1991年第1期。

减膳节衣，历数十年，积义田一千零七十余亩，又书田二百亩"（按，这里的义书田数字与其他碑刻祭义书田三千亩的记载不同）。当然还有文化上的原因，邹氏世代国学生，受儒家文化的影响极深。174 号碑指出邹氏建义田的培植根本之举，乃是"效法"大儒范文正。

邹氏义田赡族的范围，根据血缘的亲疏分为两个层面，《常熟邹氏隆志堂义庄规条》规定："吾邹氏全六支始自十五世祖叔瑜公，数百年来族姓蕃衍，如欲遍给，恐所入不敷，难垂久远。今定自叔瑜公分支鳏寡孤独之苦贫无依者，照规给发。至耀卿公分支，除鳏寡孤独外，贫不自给者，五口以上每年给白米八石，五口以下五石，三口以下三石，分四季支领"。这里，第一个层面是较为疏远的血亲关系，包含邹氏的其他五支。从邹氏七世祖耀卿再上溯 8 世，当为明初，经过明清两代的发展，这个家族的人数十分可观，因此只能帮助其中的鳏寡孤独之苦贫无依者。第二个层面则是耀卿本支的七代人，可以"按口给米"（第 183 号碑）。数百年来邹氏六支之间也有一定联系，174 号碑的作者邹鸣鹤就是邹氏在无锡城的一支。义田之设为邹氏六支血缘圈的强化提供了物质基础，从而形成大宗族的局面。

从明中叶开始宗族形态变化即联宗扩大血缘圈的趋势，在清末乃至民国初仍在进行之中。宗族扩大的同时，家庭却在缩小。耀卿一支并未形成累世共居的大家庭，而是每一代都在分家。前面讲到六世祖公介公将房产分给三个儿子。大房一支最为发达，五世祖"辅候公于凝秀堂东建履庆堂七间四进。乾嘉间先大父（四世祖）华西公于履庆堂东建成履和堂五间四进。"二房则衰败下来，"道光八年（1828），二房将凝秀堂西半房屋及隙地并归先大父"。二房从分到房产到卖出房产，只经历了三代人，可见即使在一个家族里贫富分化也十分严重。华西兼并了二房的房产后，将房产连同田产分给四个儿子。长房虽富有，但也不合炊同居。所以是一个大宗族—小家庭的格局。

家庭是在不断分化之中，而宗族则维护着分化之中的稳定。这种格局在徽州占主导地位，在苏州则占次要地位。174 号碑指出义田赡族"文正创于苏郡，自宋迄今，效法文正踵而为之者数十家矣"。这个估计保守了一些。据民国二十年（1931）吴县社会调查处编制的《吴县城区慈善救济团体调查表》，吴县城区共有义庄 32 所，如加上郊县当不下百所，但在苏州区域范围内仍是少数。难怪林则徐在其撰写的《邹太学家传》中，一方面对邹珏设义田的义举大加赞叹；另一方面又不得不慨叹邹氏的义行"世多有笑之者。嗟夫士之强立特行，卓然不囿于流俗者，其不为众人所笑也几希矣。"（177 号碑）

苏州占主导地位的家庭结构是怎样的呢？《明清以来苏州社会史碑刻集》收有 173 块墓志铭。每一块墓志铭都要介绍铭主的婚姻、子女和生活，因此一块墓志铭就是一个家庭的简史。这些铭主大多是普通人，总计 180 人（含合铭者），其中又以妇女为多，有 65 人，反映了 158 个家庭的基本情况（部分铭主为同一家庭）。他们中 7 家无子女；2 代同堂 39 家；3 代同堂 77 家；4 代同堂 31 家；5 代同堂 4 家。无子女家庭大多立嗣为继。他们与 2 代同堂的家庭共同构成为核心家庭，占家庭总数的 29.11%。3 代同堂的家庭属主干家庭，占 48.73%，他们又可分为两类：一类是主干双核心家庭，三代人中的第一、二代有两个核心家庭同财共居；一类是三代人中只有一个核心家庭，即主干单核心家庭。这些二、三代同居的小家庭占了 77.84%。所以苏州人的家庭规模较小，据统计，上述 158 个家庭平均每户有子女 4 人，男孩与女孩的比例是 1.18∶1，这类小家庭的人口平均当为 6 人至 8 人。至于第四、五代同居的家庭则占 22.15%，这类家庭规模较大，但他们的构成并非一定是共祖家庭。多代同居的原因主要与苏州人的年龄构成相关。据墓志铭所提供的妇女年龄统计，明代 53 人，平均年龄 62.77 岁，其中最大者 97 岁，80 岁以上 13 人，占 24.55%；清代 8 人，平均年龄 61.75 岁，最大者 90 岁，80 岁以上占 12.5%。明清两代平均年龄 62.66 岁。80 岁以上占 23%，这个比例与第四、五代同居家庭占家庭总数的 22.15% 的比例是相对应的。可见，造成第四、五代同居的主要原因是年龄因素。从碑刻具体内容来看，这些家庭的规模因多代同居而稍大，大约在 8 人至 10 人之间，只含两个核心家庭，仍属主干家庭的范畴。10 人以下的小家庭占了被统计家庭的 97.5%。

真正构成为共祖大家庭的仅 4 个，他们是第 8 号、34 号、86 号及 46 号碑。明初陶彦清妻厉妙清墓志铭云：彦清的曾祖父是良医，彦清则为地主，厉氏既归，"下驭子姓、僮仆仅千指，未寒而裘已备，未暑而葛已纫"。这个百口之家是一个同财共居的大家庭。成、弘年间的李世贤妻胡妙静墓志铭说的也是一个名医世家，世贤之父文翰"以术鸣于时"，世贤之弟"以医征入太医院，历官院判，名勖京邑"，世贤方将克绍父业，不幸早逝。"李氏家口数百指共爨，皆孺人综理。"这个兄弟、父子共爨的共祖家庭之所以能维持下去，原因便是"甚富"。成化间罗宗常墓志铭云，商人宗常"弱冠即奋然任家事，或出而商、或居而贾，贸迁经营者数年，业复振。诸弟咸在童稚，君抚之皆抵成立，为之婚娶。后□□虽众，聚食者余三百指，至于今犹一突而爨，称其友爱者内外无间。"兄弟一突共爨也是一个典型的共祖家庭。弘治间刘世恩妻王孺人墓志铭说："刘以世宦□家，食指尝数百。孺人来归，上下处之惟当。"不久刘进京为官，独立为一个小家庭，所以用一个"尝"字，说明这种共祖家庭难以持久。共祖家庭所占比例仅为2.5%。以上关于年龄、人口的统计仅是一个抽样调查，还须进一步利用谱牒资料作验证。这里要指出的是，墓志铭所提供的子女，尤其是女孩子的人数是明确的，而谱牒则常会忽略女孩子的记录。

　　苏州的家庭构成是以小家庭为主体，而大宗族—小家庭与共祖家庭则居于次要地位。同是在商品经济的影响下，苏州与徽州的家庭构成为何会有不同的发展路向？这主要是由地理区位和自然环境造成的。苏州地处东南水陆交通要冲，京杭大运河绕城而过，是全国财货集散、转运和信息交流的中心，又濒临太湖，乃鱼米之乡，素有"苏湖熟，天下足"之说。徽州则处于内地山区，交通不便、土地贫瘠、经济落后。徽州商人虽是"足迹遍天下"，但其商业活动只是促进了客地的商业繁荣（徽商集中的苏州自然也在其列），徽州本土的商业却因交通闭塞而难望苏州之项背。苏州是容纳天下商贾的大都会，社会流动性大，商业竞争激烈，商品经济直接瓦解着这里的宗族和大家庭结构。徽州容受的是遍天下的徽商输回的商业利润，这些钱被用来置族田、修族谱、造祠堂，强化了宗族组织。两地小家庭的构成亦不同，就核心家庭所占的比重来看，徽州约占65.1%，而苏州仅占29.11%；就主干家庭而言，徽州仅占34.9%；而苏州则占48.73%。其原因有二：一是总体家庭结构的不同，徽州是在大宗族下的小家庭，因其宗族血缘合作比较完善，核心小家庭就可以应对生产和灾变，而且家庭规模越小便越利于减缓商业财富共有所造成的家庭矛盾。苏州绝大多数的小家庭之上没有大宗族，缺乏宗族血缘的合作，因此保持 6—8 人的家庭规模是应对生产和灾变所必要的。二是年龄构成的不同。徽州男性平均年龄是 53.5 岁，女性是 55 岁①，而苏州男女性均达 63 岁弱。苏州人的平均年龄要比徽州人高 5.75 岁，这与生活条件相关。徽州山区生存空间小，自然条件恶劣，生活艰苦。徽州人虽受到宗族的保护，但宗族内部有贫富的分野，大多数贫困者不可能从根本上改变其贫苦的生活。徽州的年龄构成限制了他们三代共同生活的时间，使主干家庭的比例较小。生活在被誉为"天堂"的苏州人，生存条件优于徽州，较高的年龄构成使三代以上共同生活的可能性增大，这是苏州主干家庭的比例反高于徽州的原因所在。应该说，明清以来苏州与徽州的家庭结构有相似之处，两地同以小家庭为主，但徽州的小家庭之上还有个大宗族，而苏州的小家庭是独立的。

## 二

社区是由一定地域关系联结而成的社会生活单位，是一个具体而又直观的社会实体。社区研究可以用具体、真实的资料直接展示商人对社会变迁的推动作用。根据碑刻资料，我们拟对苏州社区内的社会管理与社会保障做一考察。

1. 社区管理。在商品经济的冲击下，苏州社区原有的社会秩序失范，出现了种种新的社会问题。为了协调社会关系，保障社区的正常运作，苏州各级衙门加强了社区管理。在失范与规范不断磨合的过程中，社区管理日趋细密和完善，古老的苏州城缓慢地实现着自身的转型。同时，透过有关社区管理的碑刻资料，还可以观照苏州社区生活的复杂性和多样性。

首先是商业管理。随着商品经济的繁兴，乱设摊点成了市政管理的新问题。《吴县示禁清理张广泗桥附近摊柜以防火灾而通水埠碑》说："桥之四堍，向均有起水埠头，现在西南角一水埠，今春为沈万兴鸡鸭店搭出柜台，占住水路，西北角之水埠为糖果摊子及垃圾堆满，仅剩东北及东南两埠可通行走，桥面也为摊棚所占，只剩狭路，火起之时，尚不

---

① 关于徽州家庭与年龄的统计，参见前揭唐力行《明清徽州的家庭与宗族结构》。

肯拆，以至南北往来，极为拥挤。后□之合，水龙不能在张广泗桥水埠取水"。张广泗桥一派市井繁荣景象，但是乱设摊点酿成了火灾，吴县政府示禁："桥塈四旁不准摆出柜台，桥面桥塈亦不准摆摊搭棚，以防火灾而通火埠"（485 号碑）。火灾还推动了市政建设中的消防事业，这在《常熟县为公置水龙救火器具经示禁约碑》（484 号碑）、《吴县县政府布告保护苏州救火联合会公墓碑》（500 号碑）等都有反映。

由于商业的繁荣，苏州出现了一批附着于各行业，专以敲诈勒索为生的地棍、恶霸。从《太仓州奉宪取缔海埠以安海商碑》可以知道，清政府对海商的管理十分严格："出口商舡俱属身家殷实，而舵水人等俱有年、貌、籍贯，各有保人，由县结报，始准给照驾驶。而出入海口，又系层层盘诘。"乾隆年间，出海口浏河镇"不意忽有游棍江三和、许永裕、张永吉、马合顺等呈县创设海埠，勒索牙用"（436 号碑）。此举显然对官府也有好处，海埠被批准建立。商人在上完税课，下还水脚之外，还被节外抽收每两银三分，于是联合起来逐级上告，并终获胜。又如，《苏州府示谕枫桥米市斛力碑》揭示了地棍借建会馆为名敲诈勒索的情况（437 号碑）。除了地棍骚扰外，劳资矛盾也日益激化。《吴县禁止板箱业作伙私立行规、行簿倡众停工碑》称，板箱业作伙联合起来私立行的组织，倡众停工，要求提高工资，与作主对抗，并有"把持行凶"、"肆毁家伙"等行动。官府一方面申明"作内雇用工匠，无论何处人士，悉由作主自便，不准作伙把持"；另一方面又要求"倘有匠伙在苏病故，殡殓诸费应听作主料理"。调节双方矛盾，弹压工匠的反抗（496 号碑）。

道光初年，出现了一块保护商标的碑刻，即《元和县示禁保护沈丹桂堂碑》。该碑介绍了一则商标侵权案："据沈立芳呈称：身祖世安遗制白玉膏丹，有沈丹桂堂招牌讫为凭，历在台治临顿路、小日晖桥开张发兑，专治裙疯臁疮、一切肿毒等症，应验驰名。近有无耻之徒，假冒本堂碑记，或换字同音，混似射利，粘呈牌记，叩求示禁，等情。"针对侵权行为，县给禁示："自示之后，如有棍徒敢于假冒《沈丹桂堂图记》，以及换字同音混卖者，许即指名禀县，以凭提究"（418 号碑）。众多的工商管理碑刻是苏州商业繁荣的见证，也留下了苏州城市转型的痕迹。

其次，有关赋役、治安、宗族、寺观的管理。这些管理的强化都与商业的发展相关。商品经济的发展动摇着封建社会现存的秩序，侵蚀着封建官僚机构和社会各个阶层。《仁宗（嘉庆）谕禁生监勒索漕规碑》斥责秀才监生耐不得寂寞而染指漕规，且人数多达三百余名。他们"挟官长吵闹漕仓，强索规费，此直无赖棍徒所为，岂复尚成士类"（434 号碑）。治安方面有官匪勾结敲诈百姓的种种弊政。《长吴二县饬禁着犯株连无辜碑》揭示了官匪勾结，勒索富人，着犯株连无辜的行为："更有一种恶棍，或与人有仇，心思报复；或知其殷实，图诈无由，即串通捕役衙蠹，于命盗等案，或唆令尸亲呈某凶犯在某处某人家，或教令盗犯，供板某同伙、某窝家，着某处某人要，无论隔府隔县，差提络驿。无辜之人，一为着犯，俨同真盗真凶，强刑吊拷，无所不至。即或买求幸脱，无不荡产倾家。"（413 号碑）此外，《长洲县谕禁捕盗勾结诈民碑》（414 号碑）、《震泽县奉宪禁起窃赃碑》（415 号碑）等也都揭示了官匪勾结"亏商累民"的事实。统治阶级虽然不断地示禁，但都治表不治本，这个过程一直伴随到封建制度的崩溃。

宗族组织也抵挡不住商品经济的侵蚀。康熙年间申时行家族中出现破坏族产的子孙，"申振六、申直公、申丰源不遵遗训，侵蚀租米，抗欠五十一二等年条漕，复将赐茔、祖茔树木，米□□□□祭田，秋穰盗卖"。《吴县示禁保护申氏族产碑》将其称之为"灭祖侵盗"（446 号碑）。传统的宗族组织单靠道德人心已难以维持，只有仰仗官府的权力。碑刻集所收 11 块族产碑，都是请求政府给帖加以保护。

一向被视为佛门清净之地的寺观在商品经济的潮流中亦不能免俗。《长洲县永禁滋扰圆妙观搭建摊肆碑》（465 号碑）披露了方丈道士在观外场地盖造摊棚，出租给商贩以收取租金的事实。官府给示："尔等如有愿在观门场地贸易，准向道士处按月交租，毋得抗欠"。此外，还有在寺庙里开设茶馆书场的，有道士和尚盗卖庙产者，有出租寺屋为旅舍者，不一而足。

再次，环境和市政管理。明清以来苏州社区对环保是相当重视的。第 481、482 、483 三块碑都是保护天平山，不准开山取石、伐木。其中，《吴县县政府、苏州公安局、吴县公安局布告第一四五号》载有孙中山葬事筹备处致吴县县政府的公函称："总理孙先生陵墓，将为吾国历史上之永久纪念，建筑所选用之材料，均须上等。今陆姓石山（按，该石山系在天平山禁采界线以内）所出之石，既属上乘，事关总理国葬工程，拟请准予开采，所采之石料，限于陵工之用"。吴县县政府婉拒了这一要求，说明不能开采的理由，"盖一动斧凿，则历年禁案不攻自破，藩篱既撤，防止难周。"从而保护了天平山的自然环境。第477、479号碑是禁止滥捕滥捉水生动物，以保护生态平衡，还有关于建立城市消防系统以及公共卫生系统的。苏州社区近代功能在不断完善之中。

2. 社区保障。变迁给社区生活以生机和色彩，也给社区生活带来动荡和灾异。如《苏州俞问樵捐松筠家庵于轮香局用作殡舍碑》所云："吾苏素称繁富，因是浮靡者有之，淫佚者有之，非有善举绵延不绝，阴为补救，曷由开悔祸之机，以挽回气数？"明清以来苏州的社区保障系统逐渐形成并完善起来。工商业的发展为社会合作提供了物质基础。从碑刻资料可以看到苏州城乡已经形成了三个社会保障系统：（1）宗族生活与互济；（2）行业生活与互济；（3）公共生活与公益事业。

宗族保障系统是以义庄为物质基础的。道光二十一年（1841）《济阳丁氏义庄碑记》指出，"苏郡自宋范文正公建立义庄，六七百年，世家巨室踵其法而行者，指不胜屈，要皆赀力殷富，号称素封；或入朝登显秩，归而出其俸余，以赡支族，势分崇厚，故为之易成也。"（196号碑）有能力建义庄者不外富商巨贾或官宦世家。这里要指出的是，由于明清时期商品经济的发展，官商合流已成为普遍的社会现象，社会上形成一个绅商阶层。盛宣怀就是绅商的代表人物，他在苏州"捐建义庄，并附设家善堂"，规模甚大。《盛氏为留园义庄奏咨立案碑》云，盛氏义田有"官则田二千二十五亩六分八毫，计得价银二万五百余两，又祠堂、家善堂、义庄、园林，统共基地二十八亩六分，房屋八十余楹，池榭树石，悉隶义庄，计得价银一万九千余两"（198号碑）。丁氏是一个贾儒结合的世家，"世以通经饬行为名儒，越数传，至赠州同知半帆公，弃儒就贾，精于会计，节俭勤苦，无声色戏玩之娱。晚年稍有余积，每念同族生齿日加，多贫乏不自存，恐祖贤遗泽，渐致漂替为惧，乃置负郭田三百亩，慨然思建义庄，以垂久远"（195号碑）。民国八年（1919）《吴县苏常道等请旌鲍氏捐置传德义庄碑》碑主鲍氏宗汉兼有众议员与商人身份，乃是新式的贾儒结合。"年来厕身商界，稍有积蓄，因之置产，力图缵述"。"捐赠族田五百六亩一分八厘七毫"，"统计田价税契建置庄祠等项，共用洋二万七千余元"（201号碑）。建立义庄所需费用不菲，《徐氏义庄记》指出一庄之田当是 1000 亩，而徐氏义庄只有 500 亩田，"适符半庄"（203 号碑）。《吴县陈氏义庄记》统计该庄耗银达 40000 两（199号碑），自不是寻常人家所能承担的。义庄"原为族之贫乏无依而设"，剖析义庄规条，可以看出它的社会合作与保障的功能。《济阳义庄规条》中规定下列情况者受到不同程度的抚恤：（1）"贫老无依，不能自养者，无论男女，自五十一岁为始"；（2）"族之贫乏无依，三十以内苦志守节者"；（3）"族之贫乏幼孤男女"；（4）"族之贫乏废疾，无人养恤者"；（5）"间或势处极贫，因病失业，人尚安分，子女多而命运不济"；（6）"族中无力成殓者"；（7）"族中无力婚嫁者"；（8）"族中生育，极贫苦之家"。举凡族中穷人生老病死都有帮助，从而缓解了社会矛盾。义庄之设，从根本上来说是维护封建秩序。"族中子弟，如有不孝不悌，流入匪类，或犯娼优隶卒，身为奴仆，卖女作妾，玷辱祖先者，义当出族，连妻子，均不准支领赠米"。而参加科举考试或节孝建坊，却可以得到大笔的赠款。

行业保障系统。苏州商业繁荣，竞争激烈。关于苏州的商业性会馆与公所的研究早已引起中外学者的关注。会馆公所除有工商业经营的功能之外，还有加强商人在地缘、业缘范围里社会合作的功能。同乡同行捐资或按一定比例"销货取厘"、抽取月捐等，集腋成裘以救济"年老失业，贫病难堪，倘遇病故，棺殓无着，或帮孤寡无依，衣食难周"者。各会馆公所资金积累多寡不一，所办公益事业也有程度上的差异。《吴县示禁保护金腿业永仁堂善举碑》指出："以丙舍义阡、抚嫠二者为重要，若学堂、惜字、修路等项，俟力量□行，再为增充"（217 号碑）。《吴县示谕保护布业经义公所善举碑》议定，"凡伙友病故，孤寡无力赡养，由同业中贴钱抚养，贴到其子二十岁成立为止，无子者终身为止"（221号碑）。会馆公所的善举，为工商业者提供了必要的社会保障，强化了同乡同行的凝聚力。苏州因工商业的发达，会馆公所数量极多。以公所而言，江苏省博物馆在建国初的调查数为 130 余个。《苏州市志》的统计数是199 个。综合各家统计，剔除重复者，共计有 213 个。本资料集新收公所5 个，它们分见于以下 5 块碑刻：《吴县示谕保护布业经义公所善举碑》、《长洲县示禁保护茧绸业敦仁堂公所善举碑》、《财神堂公议碑》（挑夫）、《太仓州奉宪取缔海埠以安海商碑》（浏河镇公所）、《常熟县为公置水龙救火器具给示禁约碑》（新桥武庙公所）。这样，到目前为止，苏州公所的数量已达 218 个，居于全国商业城市之前列。

　　除了受血缘、地缘、业缘关系限制的社会合作之外，苏州还有一般意义上的市民社会合作。"吾苏全盛时，城内外善堂可偻指数者不下数十。生有养，死有葬，老者、废疾者、孤寡者、婴者，部分类叙，日饩月给，旁逮惜字、义塾、放生之属，靡弗周也"（276 号碑）。善堂之中最有名的当推建虎丘普济堂，《长洲县奉宪倡捐善田碑》介绍该堂的规模，称之为"诚天下第一善堂"。此碑立于康熙五十三年（1714），碑文中有"见虎新建普济"，可见该善堂建于康熙后期。据乾隆七年（1742）《毕案田房遵奉督抚院宪批示永归苏堂济茕碑》所述苏州普济堂历史上溯至雍正十一年（1733），其与虎丘普济堂当非同一堂。此堂规模亦大，雍正间即有 150 余人入住。"迨后投堂病老日多，常有三百余口"，"乾隆七年，病老拥塞"（272 号碑）。此碑"毕案田房"系"入官田房"，坐落在松江，已"拨给苏郡普济堂收息充费"。松江普济堂因经费不足，要求将毕案田房拨回松江，未获批准。从碑文可知苏郡普济堂的田产有相当一部分是由政府拨给的没官田，且分布在松江、溧阳、江阴等地。政府还参与普济堂的管理。由乾隆五十二年（1787）《苏州府示谕整顿苏郡男普济堂碑》可知，政府革除了"经理不善，堂务废弛"的男普济堂毛煊的司总之职，并规定了新的管理体制，由 12 个身家殷实的绅商轮阄正副二总，今年之副总即为次年之正总，12 年中轮值正副总各一年。可见，市民的社会合作是由政府倡导、支持，市民参与、捐助，共同建立起来的。市民社会合作的内容是多方面的，本碑刻集中所录碑文涉及市民捐资建书院、小学、义学，修筑路、桥、亭，捐家庵为殡舍以及建立惠民药局广施医药于贫民等等。

　　宗族、行业、社会三个保障系统，形成一个遍布苏州城乡的社区合作网络，维持着明清以来变迁中的苏州社会的稳定。当社会出现急剧动荡时，保障体系被破坏，一旦平定下来，苏州人就会迅速修复它。前揭第 181 号碑就述及咸丰庚申之变邹氏义庄被毁，同治甲子后"次第修复旧观"之经过，兹不再赘。行业保障系统也是如此，例如《苏州府示谕保护麻油业聚善堂善举碑》云："嗣因庚申避乱星散，克复后公所被毁，示碑无存"，不久又"会集同业，凑资置买吴邑护龙街任姓房地起造房屋，作为办善公所"（214 号碑）。又如，辛亥革命民国建立，清政府给予公所之示谕已失去法律效用，工商各业纷纷请求新政府的保护。民国元年《吴县布告保护面业公所碑》揭示了这一情景："民等均业面馆，向有公所一处，坐落旧长境元一图宫巷中，系先业许大坤于前清乾隆二十二年购地创建，专为同事议事之所，并以办理赙恤等项善举。""民国建元，正拟更请新示……旧朝示谕已失效力，先后呈奉给予布告。民等幸隶帡幪，事同一律，为敢□呈碑摹旧示及判决正本，沥情呈请电鉴恩准，循案颁发布告。俾资遵守，而赖保护"（212 号碑）。社会保障系统并未因改朝换代而中止，而是"事同一律"受到保护。

社区保障系统是在社会变迁中建立起来的，商品经济是社会变迁的内在动力，绅商阶层为苏州城乡社区保障系统的建立提供了雄厚的物质基础。社会合作本身也成了苏州社区生活的重要内容。例如苏州普济堂的经费，除了前述没官田之租息外，还有绅商的捐款，273 号碑指出："谕商救济"，"准商之协济"是经费重要的来源。可见商人已是明清以来参与苏州社区生活最为活跃的一个阶层。

与商业大都会苏州社区相比，徽州社区的管理、保障系统则要简单得多，属传统的乡村范式。徽州社区是一个宗族社会，赵吉士《寄园寄所寄》说："新安各姓聚族而居，绝无一杂姓搀入者。其风最为近古，出入齿让。姓各有宗祠统之，岁时伏腊，一姓村中，千丁皆集，祭用文公家礼，彬彬合度。父老尝谓新安有数种风俗，胜于他邑：千年之冢，不动一抔；千丁之族，未尝散处；千载谱系，丝毫不紊"。徽州的社区管理是政权通过族权来实现的。《歙风俗礼教考》云："各村自为文会，以名教相砥砺。乡有争竞，始则鸣族；不能决，则诉于文会，听约束焉；再不决，然后讼之官，比经文会公论者，而官藉以得其款要过半矣，故其讼易解。若里约坊保，绝无权焉，不若他处之把持唆使之纷纷也。"[1] 徽州的社区保障也是通过宗族系统来实现的。可见，徽商的商业利润把徽州的中世纪状态保存并加固起来；而他们的商业活动却使苏州社区生活趋于复杂多变。管理与保障的复杂化、细密化，正是苏州社区向近代转型的标志。

---

① 许承尧：《歙事闲谭》第 16 册，《歙风俗礼教考》。

# 三

大众心态是由信仰与心态两个相互作用的层面构成的。苏州人的社会信仰是多元的，主要有道教、佛教、回教、基督教、民间神祇、先贤祠祀，祖先崇拜和行业神灵等。由于商业繁荣、经济发达，苏州的寺庙道观特别多，而苏州人的社会信仰与商业的关系也相当密切。

首先，商业的繁荣有赖于社会的稳定，而宗教功能有稳定社会的一面。嘉庆二十一年（1816）《江南苏州府吴县城隍神庙记》指出："圣朝怀柔百神"，让百姓同时"承帝泽而沐神庥"，最清楚不过地说明了宗教有维持秩序的功能，该碑进而指出，"吴邑为东南财赋之区，民稠地广，政务甲他邑"，更需要宗教的配合（296 号碑）。宣德四年（1429）《重修三清殿记》也强调道教能"消融其暴悍之念，兴起其良善之心"（291 号碑）。乾隆六年（1741）《斋田记》指出："佛门焚修之徒，谨守法律，香灯鱼梵，早晚顶礼诸天，祝圣寿无疆，祈国祚之绵远"（307 号碑）。清季基督教在苏州广为传播，论者多将其归为不安定因素，其实也不尽然。光绪三十年（1904）《苏州府永禁佃户藉端抗租碑》称：吴江佃户"近来奸计万端，每届秋收登场，赶砻出粜，不剩颗粒，避匿他境，提追无从，芒种之后，回家播种，业户恐妨东作，无复顾问，年复一年。刁佃视为得计，日甚一日，纷纷效尤。"佃户之中"土客民教混杂，在教者幸经神符司铎主教函请，如有藉教抗租，照例送请比追，不致公然挺比"（330 号碑）。基督教在一定程度上维持了农村社会的秩序。先贤崇拜是将历史上的惠民之官神化，立祠祭祀，以图规范官宦的行为，维持有利于商业的社会秩序。万历四十五年（1617）《崇恩祠记》就是为纪念内阁首辅、乡贤申时行而镌的碑文。其中有一段话颇耐人寻味："自先生去后，上下睽而志不通，于是深居宫禁，鲜与臣下接，阉尹得以矿税中之，至今同卿贰虚席，台省空署，虽元老敝舌，谏臣秃笔，不能挽回于万一"（352 号碑）。这里，把矿监税使之设，归结为申的去职，一方面发泄了商人对扰商之政的痛恨；另一方面也寄托了商人呼唤先贤再世的愿望。民国初《虎丘新建陆文烈公祠碑记》更是直截了当地摆出了纪念他的理由："宣统元年（1909），擢江苏布政使，前后官苏者且十年，与士庶相见以诚，不为赫赫名，而议缓刑狱，市不扰，革陋规，求民瘼，吴民甚戴之"。民间众多神中最显赫的当推关云长，顺治六年（1649）《都督杨公新建娄门关帝庙碑记》披露了清初苏州人把关公请出来镇守城门，以保"市廛不悚"。"姑苏重门六，娄最险要。"最险要的娄门有"神圣威武"的关公把守，市廛自然万无一失。

其次，商场风急浪高变幻莫测，商人难以把握自己的命运，不得不把希望寄托于冥冥之中的神灵。各行各业都有自己的保护神，本书所收各业保护神有：面业关圣大帝，剃头业罗祖先师，杭线业武帝，水炉业协天三宫大帝与观音大士，玉石业邱真人，木业张班、鲁班，玉器业周宣灵王等。还有超越行业意义的神祇，例如金龙四大王，就为客居苏州的济宁各业商贾所尊此神的来历与济宁完全无关，《敕封黄河福主金龙四大王庙碑记》说该神原是浙江人，"按王姓谢氏，讳绪，行四，本武康诸生，居浙之金龙山，为赵宋懿亲，宋亡，慷慨赋诗二章，赴水死。后明太祖起兵，王默佑太祖，大败元兵，伸忠义于数十年之后，舒积愤于国破身亡之余。太祖封为金龙四大王，有以也夫。"这完全是统治者编造的一个神话，之所以成为商人的保护神，碑文也有解释："王之精忠大义，凛如烈日秋霜，凡有血气者，莫不尊亲可也，岂止区区利涉之功，有裨于淮扬济泗间，而往来行客，怀其德感其惠也哉！独济宁诸商贾，尤敬且信。及于贸迁之地，如盛湖一隅，亦巍然其庙貌"（385 号碑）。一则借助王的威烈，保护往来江湖的行商，二则以王的忠义规范济宁商人之间的行为。又如火神，乃是坐贾敬畏之神。《火神庙重建记》指出："吴郡为东南要津，地大俗庞，金阊门内外居民有百万家，室宇栉比，货物充牣，人浩穰而气炎郁，岁常有火灾为民患"（336 号碑）。金阊是苏州商业最繁华之区，商人踊跃捐款重修该庙。

其三，商业繁兴的结果，势必造成贫富两极分化，加剧社会矛盾。在商为四民之末的传统社会里，富商巨贾难免成为众矢之的。宗教的因果报应之说，也便成了化解矛盾之利器，商人们不惜斥资在寺庵道观镌刻善书，劝世劝善。这些善书十分形象地描绘了商品经济下人们心理的失衡，以及由此而造成的种种违背传统伦理的社会现象。《靠天吃饭图说》指出："近来有等世人，呼朋引类，成群结党，终日打算诈人、害人、谋人、骗人，暂时虽得几个钱，岂能常有，试问若辈可曾成家立业否？徒然坏了自己良心，究竟恶贯满盈，终有报应"（403 号碑）。就连最为平静的农村也发生了天翻地覆的变化。《书示义庄领米诸人》讲述了商品经济下宗族内部的争斗："近闻不肖子，百计欺良淳。人生各有业，总由勤俭至。自不能树立，妒人堆金银……始犹借贷托，继遂强暴邻。廉耻道自尽，养育情睪醇"（407 号碑）。面对剧烈的社会矛盾，403 号碑要求人们把命运交给冥冥之中的天："信步行将去，凭天付下来。古今大家小户谁不靠天吃饭，冥冥之中自有定数，只要安分守己，顺理行去，何必朝思夕想，枉费心计。又语云：千算万算，难逃天止一算。"《忍字歌》则倡导各式人等都要忍，其中"贫贱之人尤要忍，忍则安分作善良"；"行商坐贾须要忍，和气不怕走津梁"；"富贵之人固要忍，必能造福逾绵长"。所谓"一忍不为少，百忍不为多"（405 号碑）。商品经济冲击下，传统道德观的失落是伴随着社会的进步同时出现的。商人一方面以自己的商业行为改变着传统社会；另一方面又力图稳定传统社会秩序以维护自己的商业利益，这正是中国商人的两难之处。

可见，正是商业发展的需要，造成了社会信仰的多元化；而商业的繁兴，也为社会信仰的多元化提供了物质基础。社会心态是与社会信仰相联系的。社会信仰的多元化，造成一种开放的心态，并由此而造成苏人心态之多元、变通、求实的特征。苏人信佛道者甚多，民间往往佛道兼敬，目的在于祈福免灾。如《故陈景祥妻倪氏硕人墓志铭》载倪氏"年既老，食止蔬菜，诵释老以自娱"（006 号碑）。佛教的出世、轮回、因果报应，道教的遁世绝俗、幽隐山林，及求长生富贵，"一人得道，泽及家人"的教义，与苏州人长期以来在政治经济重压之下求生存、求发展的境遇，相互渗透并浸淫累积为强烈的功名心态和市隐心态。明清苏州是全国赋税最重的一个府，也是政治上严加控制的一个地区。明代"苏州之田居天下八十八分之一弱，而赋约居天下十分之一弱"①。清代地丁银定额江苏冠全国，苏州则冠江苏，苏州面积仅占江苏 5.99%，地丁银却占江苏之 18.96%；江苏漕粮占全国 41.62%，苏州则占江苏之

---

① 顾炎武：《日知录·苏松二府田赋之重》。

36.62%。① 清代苏州城里重重叠叠盘踞着从布政司、府到县的三级衙门。苏州人在重压下并不采取极端的行动，而是重理性，求变通，善于在夹缝中找到舒展自己才能的天地。农业上精耕细作，让土地的效能发挥到传统农业经济的极致。种桑养蚕植棉，以副补本，使苏州成为重赋之下最富足的地区。办学需要钱，经济与文化在苏州实现了良性循环。苏州人重教，即使妇女也多有较好的文化修养，前揭"诵释老以自娱"的倪氏，自幼"父母授以孝经、小学、女传，即能了其义"。碑刻中有关姆师的记载甚多，所读之书大体也与倪氏同。明清时期文化的繁兴，一方面造成苏州科举的全国之最②；另一方面也造成苏州商业的全国之最。苏州商业的繁荣是客商与本地商人共同创造的。但苏州商人文化水平较高，善于经商则是不争的事实。苏州人虽有强烈的进取心，但同时却又有着浓烈的市隐心态。为官者多不恋位。申时行即为一例。功成身退，求田问舍，在苏州留下了众多精致的园林。《皇清敕赠安人亡妻席氏墓志》是其夫赐进士出身授儒林郎翰林院编修邵齐寿所撰，文中写道："初安人至京师，郁郁思乡土，因劝余归曰：'君以诸生为侍从近十年足矣。故乡亦不恶，美官岂可遍历耶？'余心是其言。会罢归，而安人殁已二年矣。"（055 号碑）市隐心态渗入社会各层，即便功利心最强的商人也是如此。《故陈景祥墓志铭》的铭主"性乐闲旷，暮年尤脱略，悉以家政委诸子，磊土石于轩前，环莳以花竹，列图书尊彝，日与兄景祯吟啸其中。虽不嗜酒然好客不倦，客有过之，命酒觞咏必与尽欢。世事荣辱淡然弗染于心"（078 号碑）。此类记载在碑刻集中俯拾皆是。隐逸心态又造成苏州人温文尔雅的性格，民间尚文而不尚武。功名富贵与退让隐逸构成苏人心态的两端，却又十分和谐地调节着苏人的人生选择。由此而生发出奢侈与勤俭并存的格局。苏人求富贵，富贵必自勤俭始，如相国潘世恩的族女潘氏就"生平自奉极约"，曾说："救贫莫如勤，惜福莫如俭"（060 号碑）。碑刻集中颇多勤俭的记载。然而苏州人并不把勤俭看作人生的终极目的，市隐心态使他们在创业之余也不忘消费。"今吴俗竞尚奢靡"，

---

① 王树槐：《中国现代化的区域研究·江苏省（1860—1916）》，台北"中研院"近代史研究所 1985 年版，第 17—22 页。

② 同上书，第 48—54 页。

富者修筑园林隐逸享受，贫者也注重衣着。奢靡是一种过热的消费行为，它虽然会给社会风气带来负面影响，却有利于生产和流通，有利于社会的转型。

苏人心态又表现为守旧与创新的多元变通。苏州优越的人文经济环境造成苏人安土重迁的心理，碑刻集中每有外地人迁移苏州，独无苏人迁离苏州的记载。有之，则为明初富民。本集中有两例：《明故退省顾宗善墓志铭》载："君讳能，宗善其字，退省别号也。世为长洲旧族。……洪武间以富民填任京师，今籍为应天人。"宗善死后，归葬苏州"武丘乡祖茔之北"（123号碑）。另一例则为《故丘德润墓志铭》，吴县人丘德润"永乐中，应富户实京师，以母老不能行，契妻子以往，敬慎服劳鲜有败事，惟不得奉母日夕怀思弗遑宁处"。母死，他"归治葬"；自己死后也归"葬吴县之胥台乡先茔"（113号碑）。又如，对妇女的期望也是传统的。我对本集墓志铭中所出现的108名妇女的名字做了一个统计，其中出现最多的字排列如下：妙（51次），安（15次），清（15次），真（14次），淑（12次），宁（11次），素（10次），贞（7次），秀（6次），善（6次）。名字中使用妙字者高达51人，占被统计妇女总数的47.22%。有意思的是，母女两代名字都用妙的有6家，三代同用妙的有1家，并不避讳。重名者也多，同叫妙安的有10人，妙真有8人，妙宁有6人，妙清有5人，妙静有2人。女少为妙，自然寄托着永葆青春美妙的希望；同时，妙还常被用作为僧尼道姑的法名，可见释道渗入民间家庭之深。与妙连用的字以及出现最多的字，都体现了传统伦理对妇女的要求。再如，碑刻集中在都能看到人们对祖先的崇拜敬畏，诸如，"吾有子不教，何以亢厥祖？""或生平无过，人第不敢为龊龊以辱先世，今已矣，在吾弟教吾孤、抚吾幼，得无忝吾宗祖者，志愿也"。由于千百年来深厚的文化积累，传统观念仍是苏人心态的主流。

但是，苏州人并不因袭守旧，而是求实变通，其心态伴随着社会转型也在变化之中。例如《潘元卿室陈硕人墓志铭》在叙述弘治、正德年间的陈氏生平时论述了妇德，其中关于"顺、贞、慈"的解说，与传统儒家的道德观并无异趣，惟有"俭"的解说则稍稍透露了商品经济发展所造成的明代人观念的变化："惟俭则生财有道"，这里的俭字还不止是一般意义上的节约，而是"善理财而阜厥家，斯可谓之慈俭矣。"（053

号碑）善于理财乃至生财成为妇女四德之一，成为妇女贤能的标准之一，这不能不说是传统道德观的一大变化，显示了人们对妇女期望值的巨大变化。价值观的变化也证实了商品经济发展是苏州人心态变迁的内在动力。清季，中西文化交汇，苏州得风气之先，苏人心态更有一大变迁。如对妇女的期望，苏人似乎更青睐于受新式教育的新女子。《清太仓女子俞庆和之墓志铭》引用了这个肄业于上海务本女塾而早夭的女学生的话："妇子之废，己实竟之，非他人之能为竟也，然自竟必自一家始，一家必自一身始"。称赞"其瑰琦而壮于志也"（063 号碑）。《杏秀桥碑》讲的是美国博士来苏州省立第二女子师范学校讲学时，毛女士在参与活动时发生车祸，溺水而死，苏州人为这个新式女生的不幸亡故而举城哀悼之事（065 号碑）。女师为毛女士建亭立碑，比之历史上的苏州人为妓女立碑，这无疑是价值趋向的一大变化。商人也以新的姿态出现，《清封资政大夫分部员外郎候选州同杭君墓志铭》说，这位"弃儒术习贾"的纱缎商人，后来成了苏州国货维持会的支部长、省总商会的议董。他"请愿国会，诣阙政府，勇言得失"，"任（民团）中路团长，寒夜风雪策骑周巡"，以积极进取的姿态出现在世人面前（100 号碑）。商品经济所引起的社会变迁改变着苏州人的心态，使之以前所未有的勇气投入近代化的事业。

与苏州人的多元社会信仰相比，徽州人的社会信仰却受到了极大限制。雍正茗州《吴氏家典·序》说："我新安为朱子桑梓之邦，则宜读朱子之书，取朱子之教，秉朱子之礼，以邹鲁之风自待，而以邹鲁之风传之子若孙也。"宗族制度是理学的实践，也是理学滋生的沃土。在徽州宗族社会里，商人不得不以儒商自饰，他们的商业利润在加固着理学的统治。《歙风俗礼教考》指出："徽州不尚佛老之教，僧人道士惟用之以事斋醮耳，无敬信崇奉者。所居不过施汤苟之寮，奉香火之庙，求其崇宏壮丽，所设浮屠老子之宫，绝无有焉。于以见文公道学之邦，有不为歧路途惑者，其教泽入人深哉。""徽州独无教门，亦缘族居之故，非惟乡村中难以错处，即城中诸大姓，亦各分段落。所谓天主之堂、礼拜之寺，无从建矣，故教门人间有贸易来徽者，无萃聚之所，遂难久停焉。"徽州不尚佛老，在各宗族的族规中也有明文规定，为僧道者要受到出族的处分。所以徽州民间虽有各种信仰，但都是受压制的，惟有理学处于独尊的地位。由此派生的是对朱熹和对祖先的崇拜心理,徽州人的祠堂、会馆往往又称为文公堂。信仰的一元格局,使徽州人的心理处于压抑之中,但却有利于加强以血缘与地缘为纽带的内聚力。正是这种心理内聚力造成了徽州科举、商业和宗族的社区生存系统。① 与苏州人的安土重迁不同,徽州"习俗每喜远商异地";② 与苏州人的重文轻武不同,徽州人"性颇刚猛,勇于私斗","宁甘斗讼,好义故争"。③ 这些由心理压力所引发的逆反心理,有利于徽商的发展。但是,徽商与封建宗族势力的紧密结合却又加固了徽州的封建状态,并最终使徽商成为封建势力的殉葬品。

综上所述,我们可以清楚地看到家庭、社区、大众心态是苏州社会系统内的三个相互作用又相互制约的层面,而商品经济则是推动它们在明清以来不断变迁的内在动力。还可以看到相近、互动的区域社会系统由于地理区位、人文自然条件的不同,即使同在商品经济的推动下,其家庭、社区、大众心态的变迁也会走上不同的、甚至是相反的路向。明清以来苏州与徽州社会变迁的差异,即便今天看来仍富有启迪意义。

---

① 参见唐力行《论徽州宗族社会的变迁与徽商的勃兴》,《中国社会经济史研究》1997 年第 2 期。

② 婺源《敦煌洪氏统宗谱》卷 59。

③ 分见《婺源乡土志》《歙问》。